HISTOIRE PARLEMENTAIRE

DE LA

RÉVOLUTION FRANÇAISE,

OU

JOURNAL DES ASSEMBLÉES NATIONALES,

DEPUIS 1789 JUSQU'EN 1815.

PARIS. — Imprimerie d'ADOLPHE EVERAT et C⁰,
rue du Cadran, 16.

HISTOIRE PARLEMENTAIRE

DE LA

RÉVOLUTION

FRANÇAISE

OU

JOURNAL DES ASSEMBLÉES NATIONALES

DEPUIS 1789 JUSQU'EN 1815,

CONTENANT

La Narration des événemens; les Débats des Assemblées; les Discussions des principales Sociétés populaires, et particulièrement de la Société des Jacobins: les Procès-Verbaux de la Commune de Paris, les Séances du Tribunal révolutionnaire; le Compte-Rendu des principaux procès politiques; le Détail des budgets annuels; le Tableau du mouvement moral, extrait des journaux de chaque époque, etc.; précédée d'une Introduction sur l'histoire de France jusqu'à la convocation des États-Généraux;

PAR P.-J.-B. BUCHEZ ET P.-C. ROUX.

TOME TRENTE-NEUVIÈME.

PARIS.

PAULIN, LIBRAIRE,
RUE DE SEINE-SAINT-GERMAIN, N° 33.

M. DCCC. XXXVIII.

HISTOIRE PARLEMENTAIRE

DE LA

RÉVOLUTION FRANÇAISE.

FIN DE L'HISTOIRE DU CONSULAT.

DU 16 THERMIDOR AN X (4 AOUT 1802) AU 28 FLORÉAL AN XII (18 MAI 1804).

En lisant ce qui précède, il est impossible de n'être pas étonné du succès inespéré qui couronne toutes les tentatives de Bonaparte et encourage incessamment son audace. On est surpris de voir une nation qui parut naguère si terrible dans ses exigences libérales, si facile à émouvoir, si méfiante, si redoutable enfin les armes à la main, se soumettre sans résistance à un homme, et céder sans peine à sa parole et à ses promesses. Ce contraste, quelque imprévu qu'il soit, n'est cependant point inexplicable, lorsqu'on tient compte des habitudes nationales qu'une longue pratique des devoirs sociaux et des croyances catholiques a fondées en France. A la différence de bien des peuples, chacun de nous est habitué à tirer sa gloire individuelle de la gloire de son nom national; nous nous identifions tellement avec notre patrie, que tout ce qui lui est propre nous est en quelque sorte personnel; le sentiment de la communauté nationale est chez nous plus qu'une doctrine; il s'est en quelque sorte fait chair; il est devenu un instinct qui croît avec nous et ne nous quitte qu'avec la vie. Nous aimons la liberté; mais c'est, avant tout, celle de notre patrie; celle qui résulte d'une indépendance, d'une supériorité nationale incontestable, que rien ne peut gêner. Nous voulons l'égalité, mais c'est pour avoir droit aux mêmes devoirs sociaux. Nous voulons la fraternité, mais nous entendons par-là le libre dévouement du fort au faible, celui du peuple puissant au peuple malheureux. C'est parce que la noblesse et les derniers princes de la race des Bourbons avaient cessé de comprendre ces sentimens qu'ils furent considérés par la nation comme des oppresseurs et des étrangers. Ceux-là, en effet, tiraient vanité d'eux-mêmes; ils n'aimaient pas la France par-dessus tout; mais eux-mêmes plus que la France. A leurs yeux, l'autorité était une propriété personnelle, et non une fonction sociale. Ces hommes étaient en opposition de croyances, de langage et d'habitudes avec la masse du peuple. Aussi, dès que le peuple fut interrogé, il répondit par une explosion de mépris et de haine, sous laquelle ils ne pouvaient que succomber. Cependant à une nation pareille à la nôtre, où chacun s'identifie avec tous, il faut un pouvoir qui représente cette grande unité, et sache donner carrière à l'activité qui en est le signe et l'effet. Aussi, dans cette crise de 1789 à 1795, où, selon les assertions du philosophisme, on se proposait surtout de conquérir la liberté individuelle, il n'y eut pour les individus de liberté nulle part, mais, au contraire, un dévouement aux pouvoirs, une obéissance volontaire à leurs ordres, qui donna à la révolution cette force qui la fit triompher partout. Après le 9 thermidor, il n'y eut plus de pouvoir; c'est-à-dire que parmi ceux qui en tenaient la place, personne ne sentait plus la pensée nationale, personne ne comprenait la France; il n'y avait parmi eux que des factions et des intérêts particuliers; personne donc à qui l'on pût croire et se fier. La nation attendit; il sembla, sous le directoire, qu'elle ne fût plus composée que de coteries, et qu'elle allât tomber en dissolution. Mais le premier qui se présenterait avec les mots du sentiment national à la bouche, promettant et prouvant qu'il était capable de les comprendre, et de conduire la France là où elle aspirait, cet homme devait être adopté. Cet homme fut Bonaparte. La France le crut aussi franc, aussi loyal, aussi désintéressé qu'il aurait dû l'être; il promit, et elle se fia à sa parole.

Il n'y avait d'ailleurs personne pour disputer à Bonaparte ses grandes destinées. Le parti hébertiste n'existait plus ; et avec lui s'était évanouie cette rage de méfiance, cette indiscipline, ces fureurs anti-religieuses, qui avaient tant embarrassé Robespierre, et couvert son époque de si sombres couleurs. Les dantonistes ne formaient plus un parti; ils avaient ce qu'ils avaient désiré, du pouvoir et des jouissances. L'opinion monarchique se jeta du côté où elle voyait des espérances de repos et d'ordre ; les catholiques, rendus à la liberté, et avec eux la majorité du peuple, bénissaient l'autorité nouvelle. Les hommes de 89 seuls montraient de l'hésitation et de la crainte; mais le premier consul sut en rallier autour de lui le plus grand nombre et s'en faire des instrumens.

Aussi, dès l'instant où le sénat eut prononcé sur la nouvelle Constitution, tout le monde s'empressa autour du premier consul. Il n'y eut si petite autorité qui ne demandât à lui présenter ses félicitations. Bonaparte renvoya la cérémonie de ces réceptions, ainsi que la publication de l'acte constitutif du 16, au 27 thermidor (15 août), jour qui se trouvait en même temps celui de la fête de l'Assomption, l'anniversaire de la ratification du concordat, et l'anniversaire de sa naissance. Ce jour fut consacré par une fête magnifique, des illuminations, des feux d'artifice, des danses publiques, des distributions. Les Tuileries furent assiégées par les députations de toutes les autorités constituées. Parmi les réponses du premier consul, une phrase seule est remarquable, ainsi que le dit Thibaudeau; c'est celle-ci : « Les destins du peuple français sont désormais à l'abri de l'influence de l'étranger, qui, jaloux de notre gloire et ne pouvant plus vaincre, aurait saisi toutes les occasions de nous diviser. » Ainsi Bonaparte présentait l'autorité qu'on venait de lui donner comme le moyen de l'unité française. Les adresses furent d'ailleurs la plupart bassement adulatrices. Les ordonnateurs de l'illumination trouvèrent aussi le moyen de se distinguer au milieu de cette adulation générale. A quarante pieds au-dessus de la plate-forme de l'une des tours de Notre-Dame, ils firent élever une étoile de trente pieds de diamètre. Au centre était placé le signe du zodiaque sous lequel se levait le jour de la naissance du premier consul. Cette étoile brilla toute la nuit. Cependant, en même temps qu'on fêtait sur les places publiques le jour de la naissance de Bonaparte, l'église fêtait l'Assomption; et l'archevêque de Paris donnait à Notre-Dame l'ordination épiscopale à un parent du premier consul, à l'abbé Fesch, son oncle. C'était une sorte d'alliance que Bonaparte contractait avec l'église. Il semblait chercher toutes les occasions de lui donner des gages de réconciliation complète. Un arrêté *des consuls* du 2 fructidor apprit au public qu'un bref du pape Pie VII, donné à Rome le 29 juin précédent, *rendait à la vie séculière et laïque* le citoyen Charles-Maurice Talleyrand, ministre des relations extérieures. Cette mesure, en effaçant un scandale, rendait plus saillant celui que présentait encore Fouché, ex-prêtre, ex-oratorien, ministre de la police, et exerçant, comme Talleyrand, la vie laïque. Fouché au reste ne resta pas long-temps ministre.

Le 3 fructidor, le premier consul alla, pour la première fois, présider le sénat. Il s'y rendit avec une pompe royale. Il traversa Paris entre deux haies de troupes, avec une escorte nombreuse et brillante. Il fut reçu par les sénateurs avec un cérémonial tout monarchique. Les orateurs du conseil d'état présentèrent divers projets. L'un était un réglement du sénat. Le premier article mettait ce corps sous la dépendance du pouvoir; il portait que les consuls convoquaient le sénat et indiquaient les jours et heures de ses séances. Un autre projet était relatif à l'ordre dans lequel les cinq séries seraient appelées à présenter leurs députés au corps législatif, et à la désignation des membres du tribunat qui sortiraient les quatre années suivantes. Un troisième projet se rapportait au mode de dissolution du corps législatif et du tribunat. Un quatrième proposait la réunion de l'île d'Elbe au territoire de la République, etc., etc. Tous les projets réglementaires furent convertis en *sénatus-consulte* et proclamés par le premier consul le 12 fructidor suivant. La liste des tribuns surtout fut arrêtée le 14, et le décret de réunion de l'île d'Elbe futrend u le 18.

Le 24 fructidor, un *sénatus-consulte* réunit au territoire de la République les départemens du Pô, de la Doire, de Marengo, de la Sezia, de la Stura et du Tanaro, c'est-à-dire tout le Piémont, et accorda à ces départemens dix-sept députés au corps législatif.

Le 28 fructidor, le premier consul nomma membres du sénat Abrial, ministre de la justice; Dubelloy, archevêque de Paris; le général Aboville; Fouché, ministre de la police générale, et Rœderer, conseiller d'état. Comme la fonction de sénateur était incompatible avec le ministère ainsi qu'avec le conseil d'état, Abrial, Fouché et Rœderer se trouvèrent en réalité destitués et fort mécontens. Cependant on sut calmer leur mauvaise humeur. On donna à Fouché 1,200,000 francs sur la caisse des jeux, et de plus on ménagea son amour-propre. Il ne fut pas remplacé à la police; ce ministère fut provisoirement supprimé. Nous ignorons quels furent exactement les motifs de ces destitutions. Quoi qu'il en soit, Bonaparte semblait prendre à tâche de reconnaître la faveur dont on venait de l'honorer par un redoublement d'activité.

Cependant, il se formait une opposition dans l'armée. Elle se groupait autour de deux hommes qui se tenaient en dehors de la cour consulaire, Moreau et Bernadotte. Moreau vivait retiré à la campagne, affectant dans ses manières et son costume une simplicité qui contrastait avec la dignité et le luxe de Bonaparte. Il ne dissimulait pas son mécontentement; il refusa d'assister au *Te Deum* chanté à l'occasion du concordat. Bernadotte alla plus loin. Nommé commandant en chef de l'armée de l'Ouest, il prépara à Rennes, son quartier-général, le plan d'une insurrection militaire. Il fut dénoncé. On arrêta Simon son chef d'état-major, et Marbot, son aide-de-camp. Quant à lui, on se borna à le destituer; on respecta dans sa personne le beau-frère de Joseph Bonaparte. Cette espèce de pardon ne séduisit pas Bernadotte. De retour à Paris, il s'entoura de nouveau de mécontens, et accueillit tous ceux qui craignaient l'ambition de Bonaparte ou étaient jaloux de sa fortune. On le soupçonna, injustement sans doute, d'avoir eu connaissance d'un complot contre la vie du premier consul, pour lequel furent arrêtés le général Donadieu, le colonel Fournier et quelques autres. Le général Delmas s'échappa. On cacha avec soin toutes ces tentatives, qui pouvaient en exciter d'autres. On savait qu'en ces sortes d'affaires, l'insuccès n'est point toujours un motif de découragement, que les conspirations sont des maladies contagieuses; et d'ailleurs on craignait de faire soupçonner aux citoyens que l'armée était moins affectionnée qu'ils ne le pensaient. Toutes ces tentatives déjouées n'empêchaient pas Bernadotte de prêter l'oreille aux opposans. Il allait souvent chez madame de Staël qui avait cessé d'aimer Bonaparte dès qu'elle n'avait plus eu à le protéger. « Il se formait autour de Bernadotte, dit madame de Staël (1), un parti de généraux et de sénateurs qui voulaient savoir de lui s'il n'y avait pas quelques résolutions à prendre contre l'usurpation. Il proposa divers plans qui se fondaient tous sur une mesure législative quelconque, regardant tout autre moyen comme contraire à ses principes. Mais, pour cette mesure, il fallait une délibération au moins de quelques membres du sénat, et pas un d'eux n'osait souscrire un tel acte. »

Le général Lannes faisait aussi de l'opposition, mais dans les salons des Tuileries. Il était commandant de la garde du premier consul. Celle-ci, successivement renforcée, se composait déjà de quatre bataillons d'infanterie et de deux régimens de cavalerie. Il était important qu'elle dépendît d'un homme sûr. On ne se défiait pas de Lannes; on le croyait trop loyal pour trahir la confiance qu'on avait en lui. Cependant, on profita d'un déficit qu'on trouva dans la caisse de la garde dont le soin lui appartenait

(1) *Dix années d'exil.*

pour se montrer irrité et pour l'éloigner ; on l'envoya ambassadeur en Portugal.

La France ne savait rien de tous ces petits soins, de tous ces petits arrangemens de personnes qui préoccupaient la cour consulaire ; elle ne voyait que les faits publics.

Cependant, le premier consul avait profité de la paix avec l'Angleterre pour poursuivre plusieurs expéditions maritimes. Nous parlerons d'abord de celle qui fut commencée et terminée en l'an x. Elle fut dirigée sur Alger. Depuis quelques mois, des armemens sortis des ports de cette régence parcouraient la Méditerranée, insultaient les pavillons des alliés de la République, osaient menacer nos côtes et arrêter quelques-uns de nos bâtimens. On fit faire des représentations ; on rappela les termes du traité signé le 26 frimaire ; Mustapha-Pacha, alors dey d'Alger, répondit en demandant qu'on lui payât une indemnité de 200,000 piastres. En conséquence, le contre-amiral Leissègues reçut ordre de se rendre avec une division navale devant la ville d'Alger. Il avait à bord le commandant Hullin, porteur d'une lettre de Bonaparte dont le style sévère et froidement menaçant était de nature à effrayer le dey. Celui-ci accorda tout ce qu'on lui demandait. Il envoya de plus un ambassadeur rendre hommage au représentant de la République, et il lui adressa des présens.

On était moins heureux dans une seconde expédition maritime commencée déjà depuis long-temps. Nous voulons parler de celle qui avait eu pour destination Saint-Domingue, et avait été chargée de faire rentrer cette colonie sous l'obéissance de la République.

Depuis long-temps, à Saint-Domingue, le règne des noirs et des hommes de couleur avait succédé à celui des blancs. Les colons avaient été chassés ; leurs habitations étaient devenues la propriété de ceux qui les cultivaient, ou des chefs insurgés qui s'en étaient emparés. Cependant le drapeau tricolore flottait encore dans cette île ; c'était celui de l'armée noire comme de l'armée mulâtre. On y reconnaissait la France comme la mère patrie ; on avait repoussé les tentatives des Anglais ; on s'y considérait enfin comme Français; mais on craignait de se soumettre au gouvernement de la République, les uns, de peur de perdre une autorité qu'ils considéraient comme usurpée; les masses, par crainte du retour des colons et du rétablissement de l'esclavage.

Deux chefs régnaient à Saint-Domingue et se partageaient le territoire : l'un était le mulâtre Rigaud, qui, à la tête des hommes de sa couleur, occupait la partie sud; l'autre était le nègre Toussaint-Louverture, qui occupait la partie nord à la tête des noirs.

Le directoire avait envoyé à plusieurs reprises des agens chargés de réorganiser la colonie; ils avaient été accueillis avec des démonstrations de respect, mais ils n'avaient jamais obtenu la moindre obéissance. Toussaint-Louverture, auquel on s'était adressé particulièrement, n'avait cessé de protester de sa fidélité à la République. Il avait même envoyé ses deux fils en France, et les y faisait élever, les donnant ainsi en quelque sorte comme otages de sa foi, mais n'en agissait pas moins en chef indépendant. Le dernier envoyé du directoire fut le général Hédouville. Celui-ci chercha à raccommoder les deux chefs qui se disputaient l'île; il ne réussit point. Sur ces entrefaites, Toussaint-Louverture entra en négociations avec les Anglais pour obtenir d'eux la cession de quelques points qu'ils occupaient sur la côte de l'île et qu'il n'avait pu leur arracher. Hédouville se plaignit; Toussaint répondit que cette affaire ne le regardait pas, et qu'en cette circonstance il agissait dans l'intérêt de l'intégrité coloniale. En effet les Anglais évacuèrent ces points, parce qu'ils leur coûtaient trop cher à garder. C'était le Port-au-Prince et le môle Saint-Nicolas. Cependant Hédouville s'embarqua pour la France, laissant à Rigaud des pouvoirs qui l'établissaient commandant de la partie sud, et donnaient à son autorité une légitimation que Toussaint ne possédait pas. Cette circonstance amena la guerre entre les hommes des deux couleurs : elle fut atroce et sanguinaire.

Les choses étaient en cet état lorsque le premier consul commença à s'en occuper. Il résolut de donner l'autorité au parti qui lui parut le plus fort, c'est-à-dire aux noirs. Il résolut de rappeler en France le général Rigaud, et de nommer Toussaint général en chef. En conséquence, trois envoyés, Vincent, Raimond, homme de couleur, et le général Michel partirent de France et se rendirent auprès de Toussaint-Louverture. Celui-ci, qui ignorait le but de leur mission, les fit sous main arrêter dès qu'ils furent débarqués. On saisit leurs papiers ; puis le général noir, feignant d'être étranger à leur arrestation, les fit mettre en liberté et leur donna audience. On pense bien que Toussaint ne repoussa point le surcroît d'autorité qu'on lui donnait. Il eut soin de faire connaître sa confirmation au grade de général en chef ; mais il ne fit pas imprimer la proclamation du premier consul. Il en redoutait l'effet sur ses noirs. En effet, Bonaparte y rappelait que le peuple français était le seul qui reconnût *leur liberté et l'égalité de leurs droits*. Il promettait enfin que l'esclavage était à jamais aboli à Saint-Domingue. Cependant, Rigaud et ses mulâtres se soumirent aux ordres de la mère-patrie. Le premier s'embarqua pour la France, et Toussaint-Louverture alla occuper la partie espagnole de Saint-Domingue cédée à la France par le traité de Bâle.

Possesseur de l'autorité suprême, Toussaint convoqua une *assemblée centrale* qui fut chargée de rédiger une constitution. On y décida que tout homme, quelle que fût sa couleur, était admissible à tous les emplois ; que le pouvoir législatif serait exercé par l'assemblée centrale ; que l'administration de la colonie serait confiée à un administrateur qui correspondrait directement avec le gouvernement de la métropole ; que Toussaint était nommé gouverneur à vie, avec pouvoir de choisir son successeur ; mais ce successeur devait être remplacé après cinq ans de pouvoir.

Vincent fut chargé de porter cette constitution au premier consul, et de la soumettre à sa sanction. Celui-ci ne put supporter l'idée qu'on voulût faire la loi à la France, et malgré les observations de Vincent, encouragé par les sollicitations des colons, il résolut l'expédition qui eut de si tristes résultats.

Le 30 brumaire an x (21 novembre 1801) une armée navale forte de trente-cinq vaisseaux de ligne et vingt-trois frégates sortit de Brest sous les ordres du vice-amiral Villaret-Joyeuse. Elle portait une armée de débarquement de vingt mille hommes commandée par le général Leclerc, beau-frère de Bonaparte. Une partie de la flotte se porta le 12 pluviose (1er février 1801) vis-à-vis du Cap. On demanda l'entrée du port; elle fut refusée. On alla débarquer à quelques lieues; le noir Christophe évacua la ville du Cap après l'avoir incendiée. Pendant ce temps d'autres débarquemens avaient lieu plus heureusement. Le général Boudet s'emparait du Port-au-Prince, dont les défenses lui étaient livrées par le mulâtre Bardet; le môle Saint-Nicolas et les Cayes se rendaient; le général Kerversan s'emparait sans résistance de la partie espagnole. Ainsi l'armée était en possession de tous les points militaires de la colonie. Elle reçut bientôt des renforts considérables qui en portèrent l'effectif à trente-quatre mille hommes. Alors elle se mit à agir. Les noirs furent battus partout où on les rencontra. La plupart des chefs se rendirent, et Toussaint-Louverture lui-même, après avoir tenté la fortune dans huit combats, se soumit au gouvernement et se retira dans une habitation qu'il s'était appropriée près des Gouaïves. Mais il s'agissait de rendre la pacification stable. Dans ce but, on essaya d'incorporer l'armée noire dans l'armée française; mais les préventions de couleur rendirent cette mesure impossible. D'un autre côté, la situation de notre armée était affreuse. La fièvre jaune y faisait des ravages terribles auxquels elle ne pouvait échapper. La mortalité était effrayante, chaque jour l'épidémie faisait une centaine de victimes. Elle frappait les généraux comme les soldats; les généraux Ledoyen, Hardy, Debelle, venaient de succomber. Sur ces entrefaites, on saisit des lettres de Toussaint qui apprirent qu'il n'attendait, pour reprendre les armes, que le moment où la maladie aurait suffisamment affaibli l'armée. On fit arrêter Toussaint et on l'envoya en France. On résolut de désarmer les noirs. Cette mesure reçut un commencement d'exécution; les noirs y répondirent bientôt par des insurrections partielles; enfin, le feu de la révolte gagnant de proche en proche s'étendit à toute la colonie. L'armée n'était plus en état de l'éteindre; sur les trente-quatre mille hommes qui la composaient primitivement à la fin de l'an x, vingt-quatre mille étaient morts, sept mille étaient dans les hôpitaux ; il n'en restait que deux mille cinq cents sous les armes, qui eurent bien de la peine à se conserver quelques villes de la côte où ils s'étaient réfugiés. Ce fut dans cette situation affreuse que Leclerc lui-même succomba au Cap dans la nuit du 10 au 11 brumaire an xi (1 à 2 novembre 1802). Rochambeau lui succéda dans le commandement.

Cependant, le premier consul, instruit de cette situation, s'empressa de faire partir des renforts. Environ quinze mille hommes furent encore sacrifiés. Rochambeau, se trouvant à la tête de ces nouvelles forces, tenta une seconde campagne ; il débarrassa d'abord le Cap des troupes noires qui l'assiégeaient; puis il s'avança dans le sud. Mais ses troupes n'étaient pas assez nombreuses; déjà les affreux effets du climat les avaient affaiblies. Il fut obligé, après des marches qui multiplièrent les maladies, et des engagemens désastreux, de rentrer au Cap avec trop peu de soldats pour en prolonger long-temps la défense.

Nous terminerons en quelques mots l'esquisse de cette désastreuse expédition. Au moment où le général désespérait de la défense, les hostilités recommençaient entre la France et l'Angleterre. La rupture du traité d'Amiens ne permettait plus de compter sur des secours; Rochambeau aima mieux remettre le Cap aux noirs que le rendre aux Anglais. Il traita avec Dessalines, et évacua la ville le 9 frimaire an xii (1er décembre 1803). La garnison s'embarqua avec un grand nombre de familles qui fuyaient la férocité des noirs. Mais pour comble de malheur, ce convoi tomba entre les mains des Anglais, et ceux-ci montrèrent dans cette occasion une rapacité qui a déshonoré pendant long-temps leur nom dans les Antilles. Parmi les généraux qui occupaient les autres points des côtes, Brunet se rendit aux Anglais, Sarrazin réussit à se retirer à Cuba, Noailles s'embarqua aussi pour se réfugier dans cette île; attaqué dans sa navigation par une corvette anglaise, il s'en empara à l'abordage, mais il fut tué. Ses troupes au moins furent sauvées. Il ne resta plus à Saint-

Domingue que le général Ferrand, qui continua à occuper San-Domingo, capitale de la partie espagnole.

Nous avons considérablement anticipé sur la narration qui va suivre pour rendre compte en une seule fois d'une expédition impolitique qui coûta à la France près de cinquante mille hommes de ses meilleures troupes, et perdit pour toujours une riche colonie. Nous allons maintenant retourner en arrière pour reprendre notre récit au point où nous l'avions laissé lorsque nous avons entrepris de raconter le triste épisode des campagnes de Saint-Domingue.

Après les rudes secousses qui avaient ébranlé l'Europe et les changemens qu'avaient apportés les conquêtes de la République, il restait un ébranlement que la paix entre les grandes puissances n'avait pas fait cesser. Les princes allemands dépossédés par nos acquisitions sur les bords du Rhin demandaient des indemnités. Ils en discutaient entre eux le réglement. Cette affaire fut terminée dans le commencement de l'an XI. On reprocha en cette circonstance à la France d'avoir appelé l'intervention de la diplomatie russe pour régler les intérêts germaniques. Mais ce que le premier consul voulait par-dessus tout, c'était arriver à un état stable et arrêté, qui lui semblait une des meilleures garanties de la paix. Il réussit dans ses désirs en employant la médiation du czar. Le succès justifia les moyens dont il s'était servi en cette occasion.

En même temps, le premier consul cherchait à rétablir des relations amicales avec l'Orient. La paix signée avec la Porte n'avait pas suffi pour rouvrir à notre commerce les voies que la guerre avait fermées de ce côté. D'une autre part, les troupes anglaises tenaient encore garnison à Alexandrie. Il s'agissait de connaître le but et les chances de cette occupation prolongée. Ce fut l'objet d'une mission dont fut chargé Sébastiani. Celui-ci, qui n'était alors que colonel, s'embarqua à Toulon le 29 fructidor an X (29 août 1802). Il se rendit d'abord à Tripoli, sur la côte d'Afrique; de là il alla à Alexandrie, au Caire, à Saint-Jean-d'Acre. Partout il fut magnifiquement accueilli. Mais, les journaux anglais firent mille commentaires sur ce voyage; ils en inférèrent que le cabinet des Tuileries n'avait pas renoncé à ses projets sur l'Égypte.

Il s'agissait enfin de ramener la paix en Helvétie, que la guerre civile désolait. Les fédéralistes étaient aux mains avec les militaires ; ils voulaient rétablir les choses sur l'ancien pied en détruisant tout ce qu'avait fait le directoire. On se souvient que celui-ci, en envahissant la Suisse, avait forcé les anciens cantons à renoncer à leurs droits de souveraineté féodale sur les cantons qui étaient auparavant leurs tributaires, et à les admettre comme leurs égaux; enfin le directoire avait établi en Suisse un gouvernement unitaire. Or, après le traité de Lunéville, à peine les troupes françaises eurent-elles évacué le territoire des cantons, que les fédéralistes et l'aristocratie commencèrent à remuer; ils prirent enfin les armes, attaquèrent et chassèrent le gouvernement fédéral.

Le premier consul ordonna à Ney d'entrer en Suisse à la tête d'une armée, d'occuper le pays et de faire mettre bas les armes aux deux partis. Cette opération ne coûta pas une goutte de sang; elle eut lieu dans le commencement de brumaire an XI (octobre et novembre 1802). Cinquante-six députés notables se rendirent à Paris, et vinrent y former un congrès. On comptait parmi eux trente-deux unitaires et quinze fédéralistes. Une commission de sénateurs composée de Barthelemy, Fouché, Rœderer et Desmeuniers fut chargée de les écouter et de convenir avec eux d'un réglement qui terminât les différends. Ce fut de ce congrès que sortit la constitution qui régit la Suisse jusqu'en 1814. Le premier consul la sanctionna, ou plutôt lui donna force de loi, par un acte qui fut appelé *acte de médiation,* et qui le constituait en réalité *médiateur de la confédération suisse,* titre qu'il prit en effet lorsqu'il se fut revêtu de la couronne impériale.

Il y avait dix-neuf cantons de reconnus, et trois espèces de constitutions : les constitutions démocratiques, les constitutions aristocratiques et les constitutions des nouveaux cantons. Les premières n'étaient que la réintégration des anciennes coutumes qui gouvernaient ces cantons ; les secondes étaient fondées encore sur la réintégration des lois anciennes, mais modifiées par la doctrine de l'égalité des droits. Quant aux cantons nouveaux, l'acte de médiation y créait le système que chacun d'eux avait paru désirer. On voit que le premier consul entendait un peu mieux que le directoire l'intérêt français. Il comprenait très-bien que cet intérêt commandait à la France de s'entourer autant que possible de fédérations, parce que celles-ci ne peuvent jamais présenter à notre activité les obstacles et la force de résistance que pourraient lui opposer des gouvernemens unitaires. Quoi qu'il en soit, voici l'*Acte de médiation* tel qu'il fut signé par Bonaparte, le 30 pluviose an XI (19 février 1803). Il fut publié dans les journaux du temps le 3 ventose suivant.

« *Acte de médiation fait par le premier consul de la République française entre les partis qui divisent la Suisse.*

» Bonaparte, premier consul de la République, président de la république italienne, aux Suisses.

» L'Helvétie, en proie aux dissensions, était menacée de sa dissolution ; elle ne pouvait trouver en elle-même les moyens de se reconstituer. L'ancienne affection de la nation française pour ce peuple recommandable, qu'elle a récemment défendu par ses armes et fait reconnaître comme puissance par ses traités ; l'intérêt de la France et de la république italienne, dont la Suisse couvre les frontières ; la demande du sénat, celle des cantons démocratiques, le vœu du peuple helvétique tout entier, nous ont fait un devoir d'interposer notre médiation entre les partis qui le divisent. Les sénateurs Barthélemy, Rœderer, Fouché et Desmeunier ont été par nous chargés de conférer avec cinquante-six députés du sénat helvétique, et des villes et cantons, réunis à Paris. Déterminer si la Suisse, constituée fédérale par la nature, pouvait être retenue sous un gouvernement central autrement que par la force ; reconnaître le genre de constitution qui était le plus conforme au vœu de chaque canton ; distinguer ce qui répond le mieux aux idées que les cantons nouveaux se sont faites de la liberté et du bonheur ; concilier dans les cantons anciens les institutions consacrées par le temps avec les droits restitués à la masse des citoyens, tels étaient les objets qu'il fallait soumettre à l'examen et à la discussion. Leur importance et leur difficulté nous ont décidés à entendre nous-mêmes dix députés nommés par les deux partis, savoir : les citoyens d'Affry, Glutz, Jauch, Monnot, Reinhart, Sprecher, Stapfer, Ustery, Vatteville et Vonflue; et nous avons conféré le résultat de leurs discussions tant avec les différens projets présentés par les députations cantonnales qu'avec les résultats des discussions qui ont eu lieu entre ces députations et les sénateurs-commissaires. Ayant ainsi employé tous les moyens de connaître les intérêts et la volonté des Suisses, nous, en qualité de médiateur, sans autre vue que celle du bonheur des peuples sur les intérêts desquels nous avions à prononcer, et sans entendre nuire à l'indépendance de la Suisse, STATUONS ce qui suit. »

Suivent les dix-neuf constitutions et l'acte fédéral qui réglait que la présidence de la fédération appartiendrait annuellement à un canton. Suivaient encore divers arrêtés du premier consul : l'un nommait le canton directeur pour 1803, et le landaman de la Suisse pour 1802 ; l'autre réglementait tout ce qui était relatif à la dette publique, aux créances et aux biens nationaux. Cet acte de médiation fut généralement bien accueilli en Suisse ; il fut mis partout à exécution sans résistance. Quelques mois auparavant, le Valais avait été détaché de la Suisse et érigé en république indépendante. C'est ainsi qu'on prépara l'incorporation de cette contrée au territoire de l'empire français.

La session du corps législatif de l'an XI fut ouverte le 2 ventose (21 février 1803). On y vota un grand nombre de lois dont nous allons mentionner les plus importantes. Nulle opposition, nulle discussion même, ne troubla la tranquille uniformité des séances du tribunat. On y entendit seulement des discours apologétiques. Il semblait que les membres de ce corps se fussent entendus pour démontrer que leur coopération à la formation des lois était une pure affaire de formes, et par conséquent leurs fonctions une superfétation dans un gouvernement aussi bien conduit que celui possédé alors par la République. Cette réflexion ressortait d'autant plus naturellement de l'examen des séances, que l'on savait avec quel soin les projets étaient étudiés dans le conseil d'état et par le premier consul lui-même. Quoi qu'il en soit, on vota sans bruit beaucoup de lois administratives utiles. On organisa l'exercice de la médecine ; on rétablit les examens et les réceptions. On décréta l'organisation du notariat. On régla les formalités à suivre pour changer de nom et de prénom, mesure rendue nécessaire par le désir qu'éprouvaient beaucoup de personnes de se débarrasser de leurs prénoms empruntés au calendrier républicain ou à l'histoire romaine. On établit des chambres consultatives pour les manufactures, les arts et les métiers. On décréta l'ouverture de nouvelles routes et de quelques canaux. On établit l'administration forestière, le martelage pour le service de la marine, les gardes champêtres particuliers, etc. On ordonna la levée de cent mille conscrits pris sur l'an xi et l'an xii (loi du 6 floréal — 26 avril 1803). Une loi régla la solde des retraites, le régime des invalides, les traitemens de réforme et les secours alloués aux veuves et orphelins des militaires. On créa des camps de vétérans. On accorda à la banque de France de nouveaux priviléges. On s'occupa du budget. Les recettes de l'an xi devaient s'élever à 589 millions. Comme on prévoyait la guerre, on les fixa (le 4 germinal) à la même somme pour l'an xii; mais on ouvrit au gouvernement un crédit de 400 millions. On alloua au premier consul une liste civile de 6 millions, et à chacun des deux autres consuls une indemnité de 600,000 francs. Enfin, le corps législatif adopta le titre préliminaire et les onze titres suivans formant le premier livre du code civil.

La session de l'an xi fut close le 8 prairial (28 mai 1803) mais sous des auspices sombres. Dans la séance du 30 floréal précédent, le gouvernement annonça que l'ambassadeur d'Angleterre venait d'être rappelé, et que l'ambassadeur de France était également sorti de Londres. Le traité d'Amiens était rompu ; on allait commencer cette guerre qui ne devait se terminer qu'à la restauration. Mais on était loin alors de prévoir un tel avenir. On croyait que l'on n'aurait à combattre que la seule Angleterre, et non l'Europe entière acharnée contre nous. L'Angleterre ne devait pas l'espérer non plus. Aussi est-on en droit de s'étonner de la voir s'engager seule contre une puissance telle que la République. Ce fut chez eux une affaire de lutte parlementaire et d'opinion publique, le résultat du triomphe obtenu dans les chambres par le parti aristocratique sur le parti populaire, des tories sur les wigs, plutôt que la suite de dissentimens diplomatiques insurmontables.

Quoi qu'il en soit nous allons donner sur cette guerre, qui eut une si grande influence sur les destinées de notre patrie, les documens qui en expliquent les causes ou les prétextes. Nous les trouvons réunis dans un discours qui fut prononcé au tribunat. Le voici :

Rapport sur les pièces relatives au traité d'Amiens et à sa rupture, fait au tribunat, par Daru, organe d'une commission spéciale. — *Séance du 3 prairial an* XI (23 *mai* 1803).

« Tribuns, lorsque vous avez entendu un cri de guerre retentir dans l'Europe, vous avez regardé autour de vous : vous avez vu l'Europe pacifiée, le Nord tranquille, l'empire d'accord sur son organisation, l'Autriche en possession de ses nouveaux états, la Suisse reprenant son ancien gouvernement et sa liberté, le Saint-Siége relevé, le royaume de Naples évacué par nos troupes, la maison d'Espagne assise sur les trois trônes que les traités lui ont assurés, les républiques d'Italie organisées, l'Angleterre établie dans ses conquêtes ; et, jetant ensuite les yeux sur vos alliés, vous avez dû croire qu'eux seuls avaient à se plaindre. La république Batave attendait encore la restitution du cap de Bonne-Espérance ; l'empire Ottoman celle de l'Égypte ; vous mêmes celle de Malte à l'ordre qui en est le souverain ; et cependant ce n'était ni de la Hollande, ni de la Turquie, ni de la France que s'élevait ce cri de guerre ; c'était de chez ce peuple qui seul donnait un juste sujet de plainte en retenant encore ces importantes possessions.

» Vous avez su qu'il y avait une négociation ouverte, quoiqu'il ne parût pas qu'il y eût de nouveaux intérêts à discuter ; et vous venez d'apprendre que le seul résultat de cette négociation est une provocation offensante de la part de la puissance qui a différé l'exécution des traités, et qui s'y refuse aujourd'hui formellement.

» Vous avez sous les yeux les pièces originales d'une si importante négociation ; et quoique le délai de quelques heures soit insuffisant à un orateur pour en développer toutes les conséquences, il ne l'est pas pour que vous ayez déjà médité les grands intérêts dont je viens vous entretenir.

» Je vais vous présenter l'analyse de la négociation, l'exposé des griefs de l'Angleterre et de la France, l'examen des conditions proposées, et les résultats probables de la guerre par rapport aux deux états.

» Lorsque la nation française, réunie pour la première fois en assemblée vraiment représentative, entreprit l'examen de son ancienne charte constitutionnelle, et ressaisit les droits imprescriptibles qui appartiennent à tous les peuples civilisés, on commença à concevoir quelques craintes sur les dispositions du cabinet anglais. Son ambassadeur, témoin oculaire de ces grands événemens, s'empressa d'assurer l'assemblée nationale « du désir » ardent que le ministère anglais avait d'entretenir (1) l'amitié, » l'harmonie qui subsistaient entre les deux nations. »

» Pour ôter aux étrangers tout prétexte de prendre part à nos discussions intérieures, les représentans du peuple proclamèrent l'amour de la nation pour la paix, sa renonciation à tout projet de conquête, son respect pour l'indépendance de tous les gouvernemens.

» Quels projets d'agression aurait-on pu supposer à un peuple

(1) « Lettres de M. le duc de Dorset, ambassadeur d'Angleterre, des 26 juillet et 5 août 1789. »

qui luttait avec effort contre son gouvernement, contre deux classes privilégiées, contre tant de préjugés ou d'habitudes ; à un peuple divisé en plusieurs partis, agité dans ses villes, dans ses campagnes mêmes, épuisé dans ses finances, et égaré jusqu'à abolir précipitamment des impôts déjà insuffisans, quoique odieux ; à un peuple enfin dont les armées n'avaient jamais été si faibles, et qui les voyait commandées par des chefs ennemis de sa révolution ?

» Un politique ordinaire pouvait dès lors prédire au peuple français : vous allez avoir toute l'Europe à combattre ; une guerre civile dévastera le tiers de la France ; un grand nombre de vos citoyens ira se joindre à vos ennemis ; vos flottes, vos places fortes, vos colonies seront livrées par la trahison ; les factions vont vous déchirer ; le sang coulera au dedans comme au dehors, et la famine atteindra ceux qu'épargnera la hache ou l'épée.

» Mais où est le génie qui eût osé ajouter : Français, ne désespérez point de votre indépendance ; que les citoyens restent fermes à leur poste ; qu'un million de soldats se précipite vers les frontières : il est de grands hommes dans ces rangs obscurs ! La constance des gens de bien triomphera du désordre et des factions ; ils resteront inébranlables à l'aspect des têtes sanglantes, comme vos soldats devant les bataillons ennemis ; les meilleures troupes, les plus fameux généraux de l'Europe fuiront devant vous ; la gloire de la nation effacera, adoucira ses malheurs ; vous vous élancerez au delà de toutes vos frontières ; vous porterez vos armes en Afrique et en Asie ; un homme paraîtra qui viendra terminer tout ce qui restait indécis, calmera les factions, éteindra jusqu'aux haines ; l'Europe vous respectera ; les rois deviendront vos amis, et les peuples se presseront autour du faisceau de la République...

» Si quelqu'un eût osé tenir ce langage, on l'aurait traité d'insensé ; je n'ai fait cependant que vous raconter votre histoire : ce qu'il n'était pas permis au génie de prévoir, le peuple français l'a accompli ; mais il ne pouvait pas le prévoir lui-même.

» Ses ennemis étaient si loin de croire à la probabilité de tels prodiges, qu'ils l'accusèrent de méditer une agression, parce qu'eux-mêmes la désiraient : s'ils eussent pu le croire en état de faire la guerre, ils ne lui en auraient pas supposé l'intention. Mais ils furent trompés par leur haine ; ils le furent par les rapports de tous ces transfuges qui leur exagéraient les désordres intérieurs de la France et la puissance d'un parti tout prêt à favoriser les entreprises de l'étranger.

» L'étranger viola notre territoire, et son agression fut le signal de ce noble enthousiasme qu'on n'avait pu prévoir. Nos ennemis s'aperçurent que les calculs des passions sont toujours faux : les Français comprirent qu'il est toujours aussi imprudent que honteux d'appeler les étrangers dans les dissensions intérieures.

» Nous les vîmes se diviser tandis que nous nous réunissions ; conquérir sans savoir ce qu'ils devaient faire de leurs conquêtes; protéger la famille royale, et ne pas lui permettre d'approcher de ces états que l'on envahissait en son nom; fomenter la révolte, et ne fournir aux révoltés que des armes pour nuire, et non pas des secours pour réussir ; faciliter à des Français égarés une invasion dans leur patrie, et les abandonner dans leur défaite.

» Nous les vîmes tour à tour exiger que la France rappelât son ancienne dynastie, et reconnaître aux Français le droit de se choisir un gouvernement; refuser de traiter avec ce gouvernement sous le prétexte de son instabilité, et employer jusqu'au crime pour le détruire ; réclamer le droit des gens, et outrager les ambassadeurs; enlever des représentans du peuple, des ministres, des généraux que la trahison leur avait livrés ; ouvrir des négociations pour la paix, et faire ou laisser assassiner les négociateurs; nous commander la restitution de nos conquêtes, et nous en proposer le partage.

» La République vit successivement diminuer le nombre de ses ennemis, et s'éteindre les passions qu'une lutte si violente, si imprévue, avait allumées. Les désastres d'une campagne malheureuse achevèrent de faire sentir aux Français le besoin de la réunion de tous les partis, et la nécessité de confier les rênes du gouvernement à un homme digne de ces grandes circonstances : la gloire le nommait, et la voix du peuple français est toujours d'accord avec la gloire.

» Dès que le nouveau chef de la nation fut installé dans sa magistrature, sa première pensée fut de mettre un terme à sa gloire militaire, et d'en chercher une autre en rendant à sa patrie la paix, les lois, le commerce et les arts.

» Ici commence cette négociation de trois années dont toutes les pièces originales sont sous vos yeux, et dont je me contenterai de faire une analyse rapide pour rappeler seulement à votre mémoire ce que chacun de vous a déjà profondément médité.

Analyse de la négociation entre la République française et l'Angleterre depuis le 5 nivose an VIII.

» Le chef de la République pouvait à bon droit soupçonner les ministres du cabinet britannique de ne pas désirer la cessation d'une guerre que leurs prodigalités et leurs intrigues prolongeaient depuis huit ans ; il pensa qu'il diminuerait leur fatale influence en s'adressant au monarque, et il écrivit directement au roi d'Angleterre, le 5 nivose an VIII, pour lui proposer l'ouverture d'une négociation, afin de ramener cette paix, *le premier des besoins, la première des gloires* (1).

» D'abord ce système de communications directes entre les chefs des deux états fut rejeté ; le ministère anglais voulut s'en réserver la correspondance, et il répondit « qu'on ne pouvait espérer la
» cessation des causes qui avaient nécessité la guerre en négo-
» ciant avec ceux qu'une révolution nouvelle avait si récemment
» investis du pouvoir en France ; que c'était à une résistance dé-
» terminée qu'on devait la conservation de l'ordre social en Eu-
» rope ; qu'il fallait, pour espérer quelque avantage réel d'une
» négociation, que les causes de la guerre eussent disparu, que
» la résistance cessât d'être une nécessité, qu'on vît régner en

(1) *Voyez* dans le tome précédent la lettre du premier consul au roi d'Angleterre, et la réponse du lord Grenville.   (*Note des auteurs.*)

» France de meilleurs principes; et que le garant le plus naturel
» et en même temps le meilleur de ce changement se trouverait
» dans le rétablissement de cette race de princes qui, durant tant
» de siècles, surent maintenir au dedans la prospérité de la na-
» tion française, et lui assurer de la considération et du respect
» au dehors. Mais, ajoutait-on, quelque déplorable que puisse
» être un pareil événement, et pour la France et pour le monde
» entier, sa majesté britannique n'y attache pas exclusivement la
» possibilité d'une pacification solide et durable; elle ne prétend
» pas prescrire à la France quelle sera la forme de son gouver-
» nement, ni dans quelles mains elle déposera l'autorité (1). »

» Cette reconnaissance du droit qu'ont les nations de déterminer la forme de leur gouvernement était d'autant plus inévitable
que c'est de l'exercice de ce droit que le prince que l'on fait parler ainsi tient sa couronne. Quoique dans cette note on eût affecté
d'essayer l'apologie de la guerre plus que d'indiquer les moyens
de la terminer, le premier consul fit proposer une suspension
d'hostilités et la nomination de plénipotentiaires pour accélérer
la négociation (2).

» Ces deux propositions furent rejetées : le ministère britannique déclara qu'il concerterait avec ses alliés les moyens d'une négociation immédiate, lorsque, *dans son jugement*, il pourrait être
suffisamment pourvu à la sûreté de l'Angleterre et de l'Europe (3).

» Tel fut le résultat des premières tentatives que le gouvernement français avait faites pour la paix : l'Angleterre rejeta même
ces propositions de suspendre les hostilités et de négocier.

» La bataille de Marengo servit de réponse à ce refus.

» Le cabinet de Vienne commença une négociation, et bientôt
après celui de Saint-James déclara de son propre mouvement
qu'il était disposé à concourir avec l'Autriche aux négociations
qui pouvaient avoir lieu pour une pacification générale, et à en-

(1) « Note du lord Grenville du 4 janvier 1800. »
(2) « Note du ministre des relations extérieures du 25 nivose an VIII. »
(5) « Note de lord Grenville du 20 janvier 1800. »

voyer des plénipotentiaires aussitôt que l'intention du gouvernement français d'entrer en négociation lui serait connue (1).

» Les événemens subséquens ont fait voir combien ces dispositions étaient peu sincères; ils démontrent que le ministère britannique a refusé de prendre part aux négociations quand on lui a proposé de les entamer, et que lorsqu'elles ont été commencées il n'a demandé à y être admis que pour les rompre.

» Le gouvernement français ne refusa pourtant point cette intervention; mais il exigea qu'elle fût précédée d'une cessation d'hostilités entre la France et l'Angleterre; et il le devait, puisque la France avait suspendu les forces prêtes à accabler l'allié de la Grande-Bretagne; il le devait, parce que « l'intervention de
» l'Angleterre compliquait tellement la question de la paix avec
» l'Autriche qu'il était impossible de prolonger plus long-temps
» l'armistice sur le continent, à moins que sa majesté britannique
» ne le rendît commun aux trois puissances (2). »

» Dans la correspondance relative à cet armistice, les ministres anglais épuisèrent tous ces moyens qui prouvent moins le désir de faire la paix que celui de recommencer la guerre avec plus d'avantage : ils refusèrent et l'armistice que le gouvernement français avait proposé pour traiter en commun, et de traiter séparément sous les conditions d'armistice qu'eux-mêmes avaient offertes (3).

» La bataille d'Hohenlinden répondit à ces refus.

» La paix avec l'empereur fut conclue à Lunéville; et si le gouvernement anglais n'y intervint pas, ce fut parce qu'il n'avait pas voulu y concourir avec son allié lorsque celui-ci était dans une position moins désavantageuse.

» A l'instant où l'on signait ce traité, une révolution s'opérait dans le cabinet britannique, et les nouveaux ministres, qui succédaient aux partisans de la guerre, cherchaient à se concilier la

---

(1) «Note du lord Minto, ambassadeur d'Angleterre à Vienne, du 9 août 1800.»
(2) « Note du citoyen Otto, du 17 fructidor an VIII.»
(3) « Note du citoyen Otto, du 24 fructidor an VIII. »

bienveillance publique en provoquant l'ouverture d'une nouvelle négociation (1).

» Il était naturel de ne pas l'entreprendre au milieu des événemens militaires, qui changent inopinément les circonstances. On demanda une suspension d'hostilités (2).

» Elle fut refusée (3).

» Le gouvernement britannique fit des propositions qu'il ne prit pas même le soin de signer, et par lesquelles, en indiquant ce qu'il offrait de rendre de ses conquêtes, il voulait retenir Malte, Ceylan, la Trinité, la Martinique, Tabago, Demerari, Berbice, Essequibo, et tous les états conquis sur Tipoo-Saïb (4); on demandait (5) que la France évacuât Nice, tous les états du roi de Sardaigne; que le grand-duc de Toscane fût rétabli, et que le reste de l'Italie recouvrât son ancienne indépendance. Ce n'était qu'à ces dernières conditions qu'on offrait l'évacuation de l'île de Malte.

» Ces demandes furent le sujet d'une longue correspondance. D'abord, quant à la Martinique, le gouvernement même n'était pas autorisé à accéder à la cession d'une partie intégrante du territoire français; et en second lieu, cette île n'avait pas été conquise, mais livrée (6). Quant à Malte, le premier consul fit représenter au gouvernement anglais « qu'une île de plus ou de
» moins ne pouvait être une raison suffisante pour prolonger les
» malheurs du monde. » Il proposa de restituer cette île à l'ordre, d'en faire raser les fortifications (7).

» Le ministère anglais déclara que « si le gouvernement fran-
» çais voulait admettre un arrangement raisonnable relativement
» aux Indes-Orientales, S. M. Britannique était prête à entrer

---

(1) « Note du lord Hawkesbury, du 21 mars 1801. »
(2) « Note du citoyen Otto, du 21 germinal an IX. »
(3) « Note du lord Hawkesbury, du 2 avril 1801. »
(4) « Aperçu écrit de la main du lord Hawkesbury, page 52 du recueil des pièces officielles. »
(5) « Note du lord Hawkesbury, du 25 juin 1801. »
(6) « Note du citoyen Otto, du 4 thermidor an IX. »
(7) « Idem. »

» dans des explications ultérieures relativement à l'île de Malte,
» et désirait sérieusement de concerter les moyens de faire pour
» cette île un arrangement qui la rendît indépendante de la
» Grande-Bretagne et de la France (1).

» La restitution de cette île à l'ordre fut convenue peu de temps après dans les conférences entre les deux négociateurs (2). Le ministre anglais proposa de la mettre sous la garantie et la protection d'une autre puissance, d'inviter la Russie à y envoyer une garnison, en ajoutant que sa proposition tendait à écarter tout motif de jalousie à ce sujet (3). Dans une note subséquente, il proposa que cette île fût mise sous la garde de toute autre puissance (4).

» Pendant ces négociations, les armées de la République, réunies à celles du roi d'Espagne, avaient conquis une province du Portugal. Cet événement avait amené de nouvelles propositions, et l'on finit par conclure, le 9 vendémiaire an X, les préliminaires de la paix, dont l'article 4 porte « que l'île de Malte avec ses dé-
» pendances sera évacuée par les troupes anglaises, et sera ren-
» due à l'ordre de Saint-Jean de Jérusalem. Pour assurer l'indé-
» pendance absolue de cette île de l'une ou de l'autre des deux
» parties contractantes, elle sera mise sous la garantie et la pro-
» tection d'une puissance tierce qui sera désignée par le traité dé-
» finitif. »

» L'époque de l'évacuation n'était point stipulée dans cet article; mais, dans une note remise par le gouvernement anglais huit jours auparavant (le 22 septembre), il était dit : « Sa ma-
» jesté ne persistera point à vouloir entretenir garnison anglaise
» dans cette île jusqu'à l'établissement du gouvernement de l'or-
» dre de Saint-Jean ; elle sera prête au contraire à l'évacuer
» dans le délai qui sera fixé pour les mesures de ce genre en

---

(1) « Note du lord Hawkesbury, du 5 août 1801. »
(2) « Page 76 du recueil des pièces officielles. »
(3) « Procès-verbal d'une conférence tenue le 20 fructidor an IX, entre lord Hawkesbury et le citoyen Otto. »
(4) « Note du lord Hawkesbury, du 22 septembre 1801. »

» Europe; pourvu que l'empereur de Russie, comme protecteur
» de l'ordre, ou toute autre puissance reconnue par les parties
» contractantes, se charge efficacement de la défense et de la
» sûreté de Malte. »

» Enfin les articles préliminaires furent convertis en traité définitif après de longues discussions, dont l'île de Malte fut en grande partie le sujet. « Il est très-important, disait le ministre » anglais (1), pour les deux nations et même pour l'Europe » entière, de fixer un plan d'arrangement pour cette île qui » puisse ne rien laisser d'incertain sur son état futur. C'est » d'après ce principe que le gouvernement britannique agit, » principe qui ne peut naître que de son désir d'éloigner toute » cause de mésintelligence future entre lui et le gouvernement » français. »

» C'était pour atteindre le même but que le plénipotentiaire français proposait de remettre sur-le-champ cette île à l'ordre à qui elle devait être restituée. Le ministre anglais parut craindre que l'ordre ne fût pas dans ce moment assez fort pour la conserver. On lui représenta que la garantie de six grandes puissances devait suffire pour préserver cette île de toute agression. Il ajouta que les habitans avaient eu besoin d'être contenus, et proposa de remettre la garde de l'île à une autre puissance jusqu'à la formation des troupes de l'ordre : il écarta la proposition de la confier à des troupes russes, attendu le trop grand éloignement de la Russie, et proposa que cette garde fût confiée aux troupes napolitaines.

» Les objections du plénipotentiaire français furent qu'il n'était pas naturel de remettre cette île au seul prince qui, en sa qualité de suzerain, pût élever quelques prétentions sur elle. Il fut proposé de lever à frais communs un corps de mille Suisses pour cet objet, ou d'y envoyer deux cents hommes des troupes de chacune des puissances contractantes et garantes. Ces deux propositions furent écartées, et on revint au projet de confier l'île aux troupes du roi de Naples.

(1) « Protocole du 15 ventose an x. »

» On discuta ensuite la force de cette garnison, la durée de son séjour, et le traité d'Amiens régla définitivement que les troupes anglaises évacueraient l'île trois mois après l'échange des ratifications, ou plus tôt s'il était possible ; qu'à cette époque elle serait remise au grand-maître ou à ses commissaires, et que S. M. sicilienne y enverrait deux mille hommes pour y tenir garnison pendant un an.

» Par les autres articles du traité d'Amiens la république Batave céda à l'Angleterre ses possessions à Ceylan, et le roi d'Espagne l'île de la Trinité. Toutes les autres conquêtes de l'Angleterre furent restituées ; la république des Sept-Iles fut reconnue.

» Je ne suis point entré dans le détail des négociations relatives à ces divers objets, ni dans l'analyse de quelques autres articles moins importans, parce qu'ils sont étrangers à l'objet qui nous occupe.

» Ainsi se terminèrent ces longues négociations qui honorent également et la prudence de celui qui les a dirigées, et l'esprit conciliateur de celui qui a su écarter tant d'obstacles et amener de si heureux résultats.

» La paix fut reçue en France avec transport, avec cette joie franche d'un peuple qui ne craint pas qu'on le soupçonne de redouter la guerre. Chez le peuple anglais elle excita aussi beaucoup d'enthousiasme ; mais il s'éleva dans le même temps un parti qui en blâmait les dispositions : il était difficile de distinguer si ce parti haïssait la paix ou les ministres qui l'avaient signée.

» Bientôt il fut douteux si les ministres eux-mêmes voulaient la maintenir : ils laissèrent insulter la France et ses magistrats par de misérables écrivains ; ils continuèrent de soudoyer dans les îles voisines de notre territoire des hommes qui y préparaient des assassinats. (1)

---

(1) On s'était plaint à plusieurs reprises au gouvernement anglais de l'asile qu'il donnait aux chouans. Ceux-ci ne cessaient de communiquer avec la Bretagne ; ils y entretenaient leurs anciennes relations et en formaient de nouvelles ; ils y répandaient des écrits royalistes ou hostiles au gouvernement. Enfin, ils y

» On tolérait les rassemblemens de ces Français égarés qui se flattent encore de voir rétablir dans leur ancienne patrie des priviléges abolis, et, en leur permettant de porter les marques fastueuses de distinctions qui ne sont plus, on semblait autoriser leurs folles espérances; on jetait sur nos côtes des écrits incendiaires et des mandemens perfides, tracés par ces mains qui avaient été consacrées pour s'élever vers un Dieu de paix. Ces anciens ministres de l'Église tentaient d'empêcher le retour de la tranquillité dans les consciences; après s'être appuyés de l'autorité de leur chef dans leur révolte, ils la méconnaissaient lorsqu'elle leur commandait la soumission.

» Et lorsque le ministre de la République désigna au gouvernement anglais les auteurs de toutes ces indignes manœuvres (1), qui peuvent bien nuire à la France, mais non pas l'ébranler, le cabinet britannique éluda un acte de justice que son propre honneur et peut-être sa propre sûreté lui conseillaient.

» Le gouvernement français cessa de s'en occuper; mais il ne pouvait pas rester aussi indifférent sur le retard que les Anglais apportaient à l'évacuation de l'Égypte et de Malte. Quelques prétextes prolongeaient encore ces délais, lorsque tout à coup, sans provocation, sans motif apparent, sans prétexte plausible, le roi d'Angleterre appela sa nation aux armes par son message du 17 ventose dernier.

» Il annonçait au parlement que des préparatifs militaires considérables se faisaient dans les ports de France et de Hollande, et qu'il existait entre les deux gouvernemens des discussions de grande importance, dont le résultat demeurait incertain.

» Le premier fait était d'une fausseté évidente. Le gouvernement anglais savait trop bien qu'on ne faisait dans nos ports que les préparatifs de quelques expéditions coloniales; et s'il pouvait avoir été induit en erreur sur ce point, il n'était pas possible

---

faisaient colporter des lettres signées des anciens évêques de la province qui attaquaient le concordat et insultaient le pape Pie VII. (*Note des auteurs.*)

(1) « Note du citoyen Otto, ambassadeur de France, du 28 thermidor an x. »

qu'il le fût sur l'incertitude de négociations qui n'existaient pas.

» Aussi le ministère anglais et son ambassadeur à Paris, interpellés pour expliquer de si étranges imputations, ne parlaient-ils dans leur réponse ni des armemens de la France, ni des difficultés survenues entre les deux cabinets. Le ministère anglais déclara qu'on avait dû considérer le traité d'Amiens comme conclu *eu égard à l'état de possession des puissances contractantes à l'époque de sa signature;* que, la France ayant depuis cette époque accru son influence sur la Suisse et sur la Hollande, et son territoire en Italie, le roi d'Angleterre était fondé à réclamer des équivalens qui pussent servir de contre-poids à l'augmentation de la puissance française; et qu'avant d'entrer dans une discussion ultérieure relativement à l'île de Malte on attendrait qu'il fût donné des explications sur cet objet.

» Jusque-là le ministère britannique se fondait sur l'accroissement de la puissance de la France pour refuser l'évacuation de Malte; mais dans les paragraphes suivans il entreprenait de justifier le retard de cette évacuation par les dispositions mêmes du traité d'Amiens. « L'île de Malte, disait-il, doit être rendue sous
» certaines conditions; l'évacuation de l'île à une époque précise
» est une de ces conditions, et si l'exécution graduelle des autres
» conditions avait été effectuée, sa majesté aurait été obligée,
» aux termes du traité, d'ordonner à ses troupes d'évacuer l'île. »

» Cet aveu est précieux sans doute, et il ne reste plus qu'à examiner quelles étaient les conditions dont l'inexécution autorisait les délais du ministère britannique; les voici :

» Le refus de la Russie d'accéder à l'arrangement pris, à moins que la langue maltaise ne fût abolie; le silence de la cour de Berlin; l'abolition des prieurés espagnols; enfin la déclaration du gouvernement portugais, manifestant son intention de séquestrer les biens du prieuré portugais, comme faisant partie de la langue d'Espagne, à moins que les prieurés espagnols ne fussent rendus (1).

(1) « Note du lord Hawkesbury du 15 mars 1805. »

» On verra que ces difficultés ont été levées, et que, quand elles seraient de nature à empêcher l'exécution du traité, cette exécution n'en serait pas moins une obligation du ministère britannique.

» D'abord le refus de deux puissances appelées à garantir un traité ne dispense pas les nations qui l'ont signé de s'y soumettre; seulement elles n'ont plus ce garant de leurs conventions. En second lieu l'abolition d'un prieuré de l'ordre de Malte, ne changeant en aucune manière sa constitution politique, n'a pas été prévue dans ce traité, et n'intéresse nullement les puissances contractantes.

» Le premier consul fit répondre à cette déclaration que l'accroissement de la puissance de la République française depuis le traité d'Amiens était une erreur de fait; que depuis cette époque au contraire la France avait évacué une grande partie de ses conquêtes; qu'il ne voulait point relever le défi que l'Angleterre avait jeté à la France, et que quant à Malte il n'y avait aucune matière à discussion, le traité ayant tout prévu (1).

» Bientôt des sujets de plainte plus réels vinrent provoquer les réclamations du gouvernement français. Des vaisseaux de guerre anglais jetèrent des brigands sur nos côtes, forcèrent même une chaloupe française de porter à terre des étrangers (2). Cependant tous ces événemens pouvaient être considérés comme les torts de quelques subalternes; mais la révocation des ordres donnés pour l'évacuation du cap de Bonne-Espérance n'était pas un de ces faits dont le ministère pût feindre de n'avoir pas connaissance, ou qu'il pût rejeter sur autrui. Au reste il ne tarda pas à déclarer que des ordres avaient été donnés (le 20 novembre) pour la restitution de cette colonie (3).

» Mais il demanda explication et satisfaction sur des griefs qu'il n'énonçait pas, et la cession de Malte en toute propriété et souveraineté.

(1) « Note du général Andréossi du 7 germinal an XI. »
(2) « Note du ministre des relations extérieures du 4 germinal an XI. »
(3) « Note du lord Whitworth du 7 avril 1803. »

» La réponse du gouvernement français fut que tout ce qui avait pour but la violation de l'indépendance de Malte ne serait jamais consenti; que pour tout ce qui ne serait pas contraire au traité d'Amiens, on pouvait s'entendre sur les griefs respectifs allégués par les deux gouvernemens (1).

» Quelques jours après, l'ambassadeur d'Angleterre proposa de laisser le gouvernement civil de Malte et l'ordre de Saint-Jean, et les fortifications sous la garde des troupes britanniques (2). Cette proposition n'était pas même signée.

» Le 6 floréal le même ministre demanda que les troupes anglaises restassent à Malte pendant six ans; que celles de la République évacuassent la Hollande, et que l'île de Lampedouse fût cédée en toute propriété à l'Angleterre.

» Ces étranges demandes étaient faites verbalement, et l'ambassadeur, qui refusait de les signer, annonçait son départ si l'on ne les acceptait pas dans le délai de sept jours.

» Le premier article était contraire au traité d'Amiens; le gouvernement français ne pouvait se dispenser de répondre qu'il fallait le communiquer aux autres puissances contractantes. Quant à l'évacuation de la Hollande, il annonça qu'elle aurait lieu immédiatement après l'exécution du traité d'Amiens, et quant à l'île de Lampedouse, elle n'appartient point à la République, et son gouvernement ne pouvait ni la refuser ni la donner (3).

» Avant d'avoir reçu cette réponse l'ambassadeur anglais demanda des passeports.

» Le premier consul ne se départit point encore du système de modération qu'il avait suivi dans toute cette négociation. Il fit proposer à l'ambassadeur britannique de remettre Malte sous la garde de l'une des puissances garantes du traité d'Amiens, l'Autriche, la Prusse ou la Russie (4).

(1) « Lettre du lord Whitworth, page 225 du recueil des pièces officielles. »
(2) « Note du lord Whitworth du 17 germinal an XI. »
(3) « Note du ministre des relations extérieures du 12 floréal an XI. »
(4) « Note du ministre des relations extérieures du 14 floréal an XI. »

» On avait d'autant plus droit de s'attendre à voir cette proposition acceptée, que le gouvernement anglais lui-même l'avait faite dès le 20 fructidor an IX; aussi, pour la refuser, s'est-il contenté de dire que cette proposition était impraticable par le refus de l'empereur de Russie de s'y prêter (1).

» Quand ce refus de la Russie aurait été réel, les deux autres puissances garantes, c'est-à-dire l'Autriche ou la Prusse, auraient pu fournir à l'île de Malte la garnison qu'on leur demandait; mais était-il possible que le 20 floréal (10 mai) on eût connaissance de la détermination de la cour de Pétersbourg sur une proposition faite à Paris six jours auparavant? Et que put répondre le ministre anglais lorsque, le jour même de sa déclaration, on vit arriver de Pétersbourg une lettre par laquelle l'empereur de Russie manifestait, « avec une énergie particulière, la peine qu'il
» avait éprouvée d'apprendre la résolution où était sa majesté
» britannique de garder Malte; renouvelait les assurances de sa
» garantie, et faisait connaître qu'il accepterait la demande de sa
» médiation si les deux puissances y avaient recours...? »

» L'ambassadeur s'est contenté d'offrir au gouvernement français un moyen de masquer la cession définitive de cette île, en stipulant ostensiblement que les Anglais l'occuperaient jusqu'à ce qu'ils eussent pu former un établissement à Lampedouse, qui n'en est guère susceptible, et en signant un article secret par lequel la France s'engagerait à ne pas les requérir d'évacuer Malte avant dix ans (2).

» Mais cette disposition, pour être secrète, n'en était pas moins honteuse; le traité n'en était pas moins violé; et il faut remarquer que dans ce traité le cabinet britannique avait soin de faire naître une prétention de plus, une difficulté nouvelle, en exigeant une provision territoriale convenable pour le roi de Sardaigne en Italie.

» Ces propositions n'ont pas été acceptées, elles ne pouvaient

---

(1) « Note du lord Whitworth du 4 mai 1803. »
(2) « Projets d'articles remis par le lord Whitworth, le 1er mai 1803. »

l'être ; et l'ambassadeur anglais exigeait qu'elles le fussent dans trente-six heures. Il est parti.

» Français, c'est un langage nouveau pour vous que ce langage impérieux du cabinet britannique ! Ces demandes hautaines, ces formes insolites et ces assertions fausses, ces propositions qu'on ne daigne pas même signer, ce terme fatal qu'on prescrit à vos délibérations, voilà donc le respect que vos victoires vous ont acquis dans l'Europe ! Désormais vous ne pouvez plus accepter l'alliance d'une nation, lui fournir le secours de vos troupes, rétablir la paix chez vos voisins, faire une conquête, un échange de territoire, sans que l'Angleterre vienne vous dire que vous n'êtes plus dans l'état où vous étiez lorsque vous avez traité avec elle ; qu'il faut que vous renonciez à ce que vous avez acquis, ou qu'elle exige une garantie de ses possessions, garantie qu'elle ne demande que parce qu'elle vous croit hors d'état de les attaquer ! Elle trace autour de vous le cercle de Popilius.

» Quelque étrange que soit cet excès d'orgueil et d'impudence, il est une chose plus étonnante encore, c'est l'impassibilité, c'est la modération, l'extrême modération du gouvernement français. Pour la justifier il ne faut pas moins que toute sa gloire.

» Mais cette modération est le calme de la force. Imitons-la, et, sans nous appesantir sur des insultes dont je vous ai épargné la moitié, examinons avec autant d'impartialité qu'il nous sera possible les griefs réciproques de l'Angleterre et de la France.

« *Examen des griefs réciproques de l'Angleterre et de la France.*

» Les ministres britanniques n'ont pas énoncé formellement les griefs qu'ils avaient à alléguer ; on est forcé de les deviner et de croire qu'ils ont voulu qualifier ainsi deux faits qui sont répétés plusieurs fois dans leurs diverses notes.

» Le premier est l'impression du rapport d'un officier français envoyé en Égypte. La réponse à cette plainte se trouve dans la note de notre ambassadeur du 7 germinal dernier. « Un colonel » de l'armée anglaise a imprimé en Angleterre un ouvrage rempli

» des plus atroces et des plus dégoûtantes calomnies contre l'ar-
» mée française et son général. Les mensonges de cet ouvrage
» ont été démentis par l'accueil fait au colonel Sébastiani. La
» publicité de son rapport était en même temps une réfutation et
» une réparation que l'armée française avait le droit d'attendre. »

» Le second fut, à ce qu'il paraît, le séjour de nos troupes en Hollande, l'intervention de la France dans les affaires de la Suisse, les changemens survenus en Italie.

» Le séjour de nos troupes en Hollande est le résultat d'un ancien traité que nous avions avec cette puissance. Nos troupes y étaient, et même en plus grand nombre, à l'époque du traité d'Amiens, et le traité ne parle que de l'évacuation du royaume de Naples et de l'état romain. Au reste, le gouvernement français a annoncé que cette demande n'était susceptible d'aucune difficulté.

» L'intervention de la France dans les affaires de la Suisse n'avait pas été prévue, parce qu'on ne devait pas s'attendre à voir éclater une guerre civile dans ce pays. Nos troupes l'occupaient au mois de germinal an x, époque où le traité fut conclu, et elles nous y donnaient une influence contre laquelle le gouvernement britannique ne crut pas alors devoir réclamer. Le traité ne portait rien à cet égard; par conséquent, il n'en résultait aucune obligation pour nous par rapport à l'Angleterre. Depuis, nos troupes ont été retirées de l'Helvétie, et ce pays a payé bien cher l'avantage de se garder lui-même, puisque la guerre civile y a éclaté aussitôt. S'il était possible que cette guerre eût une autre cause que les divisions qui existaient entre les citoyens, serait-on en droit de reprocher au gouvernement français une médiation que les instigateurs de ces troubles civils avaient rendue nécessaire? Quel a été d'ailleurs le résultat de cette médiation? D'arrêter l'effusion du sang, et de procurer à la Suisse un gouvernement qu'elle désirait. Ce gouvernement est-il plus analogue que l'autre aux intérêts de la France? Il n'y a point de raison de le croire. Plus les Suisses seront ramenés à leurs anciennes habitudes, plus ils formeront d'états particuliers, moins ils seront susceptibles d'éprouver l'influence de leurs voisins.

» Transportons-nous en Italie. Tout ce qui s'y est fait est antérieur au traité : une république nouvelle s'était constituée ; une autre avait changé son organisation ; le roi de Sardaigne s'était démis de ses états du Piémont ; la famille qui régnait à Parme avait préféré à ses anciennes possessions le trône d'Étrurie. Tous ces événements étaient si évidemment antérieurs aux négociations d'Amiens, que durant ces négociations on avait proposé au plénipotentiaire anglais de reconnaître la nouvelle existence politique de ces divers états : il s'y était refusé, et ce refus imprudent obligea le ministre français à lui faire sentir que par là le cabinet britannique s'interdisait le droit de prendre part à tout ce qui concernait ces états, et que le refus de reconnaître ces puissances les obligerait à chercher leur sûreté dans une plus étroite alliance avec la république française. Il n'est donc pas exact de dire que la France soit aujourd'hui dans un autre état de possession que celui où elle était à l'époque du traité d'Amiens, à moins qu'on ne veuille parler des conquêtes qu'elle a abandonnées ; et l'on ne peut fonder sur un accroissement de puissance qui n'existe pas la demande légitime d'une compensation.

» Passons maintenant à l'examen des griefs de la France, et parmi ces griefs dédaignons de compter les injures méprisables que les folliculaires ont écrites, et que le gouvernement a tolérées. Le ministère britannique n'a pas nié ces griefs ; mais il s'est déclaré dans l'impossibilité de les réprimer. Cette excuse donne la certitude qu'il les approuvait : d'abord une partie de ces insultes étaient commises par des étrangers, et les étrangers sont sous la main du gouvernement ; les indigènes eux-mêmes peuvent être réprimés par l'autorité lorsqu'ils compromettent l'intérêt national et la décence publique, et il y en a plusieurs exemples. Apparemment que les ministres n'ont pas cru que des outrages propres à exciter l'indignation de la France pussent compromettre la sûreté de la nation anglaise.

» L'asile, la protection, le traitement accordés à des hommes dangereux, signalés par le gouvernement français ; ce rassem-

blement de plusieurs d'entre eux à Jersey, l'introduction dans nos départemens de leurs écrits et de leurs machines, ce débarquement d'une bande étrangère sur notre territoire, sont des faits qu'on ne peut qualifier que de violation manifeste du droit des gens ; et ces faits peuvent-ils être douteux, lorsque le roi d'Angleterre déclare que moyennant qu'on lui accorde la souveraineté de Malte il promettra de prendre des mesures pour que les hommes qui, sur les différens points de l'Angleterre, ourdissent des trames contre la France, soient efficacement réprimés ? Eh ! quelle sainteté pourrait avoir cette promesse, de plus que celle signée un an auparavant ? « Les parties contractantes
» apporteront la plus grande attention à maintenir une parfaite
» harmonie entre elles et leurs états, sans permettre que de part
» ni d'autre on commette aucune sorte d'hostilités par terre ou
» par mer, pour quelque cause et sous quelque prétexte que ce
» puisse être ; elles éviteront soigneusement tout ce qui pourrait
» altérer à l'avenir l'union heureusement rétablie, et ne donne-
» ront aucun secours ni protection, soit directement ou indirec-
» tement, à ceux qui voudraient porter préjudice à aucune d'elles. »

« Quoi ! il ne suffit pas du droit des gens, il ne suffit pas du texte d'un traité solennel ; il faut encore l'île de Malte au roi d'Angleterre pour faire ce que la loyauté commande, et ce qu'il a juré ! Il faut l'avouer, c'est ici une distraction inconcevable des rédacteurs du cabinet britannique ; elle est aussi précieuse que leur notification du refus de l'empereur de Russie, démentie à l'instant par une lettre de ce souverain. Quelle est donc la malheureuse condition des hommes, de voir leur fortune, leur repos, leur vie, dépendre de ces petites et perverses combinaisons !

» Le gouvernement anglais a reproché à celui de France l'accroissement de la puissance de la République depuis le traité d'Amiens : nous venons de démontrer la fausseté de cette assertion, et le cabinet britannique n'avait pas besoin qu'on l'en avertît. Quel a pu donc être son objet en nous faisant ce reproche ? D'en prévenir un autre, sans doute, un autre qui serait bien autrement fondé, celui d'avoir envahi d'immenses états dans les Indes.

Que dis-je ! il ne craint pas ces reproches ; il les provoque ; et en témoignage des faits que je vais citer, je n'appellerai que ses orateurs.

» La première fois que les Anglais parurent dans les Indes-
» Orientales, ils s'y montrèrent comme des marchands sans am-
» bition, jaloux seulement d'étendre leur commerce, satisfaits
» de pouvoir le faire en liberté, et ne pensant pas même à une
» domination territoriale. Il n'y a pas bien longtemps encore que
» leurs possessions dans cette partie du monde étaient comptées
» pour peu de chose : un rocher nu à Terre-Neuve était d'une
» plus grande importance aux yeux du public que la restitution
» de Madras, assurée par le traité d'Aix-la-Chapelle. »

» C'est ainsi que s'exprimait le docteur Lawrence au milieu du parlement d'Angleterre (1). Il ajoutait : « Bientôt nous acquîmes
» dans l'Inde une domination immense. Que nos droits à cette
» domination fussent fondés ou non dans le principe, il fallut au
» moins empêcher les Français et les Hollandais de s'en emparer. »

» Demandez à M. Dundas sur quels titres la puissance des Anglais dans l'Inde est fondée ; il répond (2) : « Il est vrai que nous
» reçûmes des concessions de ceux qui, depuis huit siècles, avaient
» passé pour les souverains légitimes de toute la péninsule ; mais
» c'était uniquement pour caresser les préjugés des naturels
» du pays. Quant aux nations européennes, nous leur dirons :
» Nous avons conquis cet empire par la force des armes ; c'est
» par la force de nos armes que nous le conserverons. »

» On va voir si c'est uniquement à la force de ses armes que l'Angleterre doit toutes ses acquisitions.

» Après la guerre que les Anglais avaient faite à Hyder-Aly, et qui finit en 1769, ils lui garantirent, par le traité signé à cette époque, toutes ses possessions même acquises (3) ; et quelques

---

(1) « Séance de la chambre des communes du 12 mai 1802. *Moniteur du 8 prairial an 10.* »

(2) « *Ibid.* »

(3) « Discours du lord Porchester à la chambre des pairs, séance du 11 avril 1791. *Moniteur du 25 avril 1791.* »

années après ils conclurent avec le Nizam et les Marattes un traité pour le partage de ses états.

» Bientôt le fils de ce prince a eu trois guerres à soutenir contre la compagnie anglaise, et, après avoir été forcé d'abandonner la moitié de ses possessions, il a vu envahir le reste, et a, du moins, su mourir glorieusement sous les ruines de sa capitale. C'est là une conquête immense; mais les divisions excitées entre les princes, au mépris de l'acte du parlement de la vingt-quatrième année du règne de Georges III, c'est-à-dire de 1784, qui défend à la compagnie de prendre aucune part aux querelles des princes indiens, d'entrer même avec eux dans aucun traité offensif ou de garantie; la destruction continuelle du plus faible par le plus fort, la part exigée dans le partage de ses possessions, enfin toutes les violations les plus odieuses du droit de la nature et des gens, sont-ce là de glorieuses conquêtes?

» Bientôt sans doute les Anglais jouiront d'un autre spectacle que leur vanité trouvera peut-être flatteur : ils verront le fils du nabab du Carnate demander justice de la déposition de son père, de l'envahissement de ses états; ils recevront les supplications des princes de la famille du dernier nabab d'Arcot, qui implorent une captivité moins rigoureuse.

» Mais ces malheureux princes veulent-ils savoir quel sera le résultat de cette ostentation de justice? Qu'ils écoutent un orateur de la chambre des communes (1) déclarer d'avance « qu'il regarde » tout ce qui s'est passé dans le Carnate comme entièrement conforme à l'équité la plus rigoureuse, et qu'il n'y trouve rien » qu'il ne voulût avouer. »

» En effet, il ne s'agit que d'avouer une invasion dans le palais d'un allié, sa mort subite, la supposition d'une correspondance, l'arrestation de sa famille, la proposition faite au fils de conserver la dignité de son père en abandonnant ses revenus, son armée, et jusqu'à l'exercice de l'autorité administrative et judiciaire dans ses états; la déposition de ce prince adolescent en pu-

(1) « M. Wallace, séance du 11 juin 1802. »

nition de son refus, sa captivité, sa mort, celle de son beau-père, et celle d'un vieillard vénérable, assez courageux pour lui conseiller de préférer la mort à la honte.

» Il sera beau de voir plaider solennellement une pareille cause, et de comparer la prétendue trahison du nabab avec cette lettre du gouverneur général de l'Inde, en date du 21 octobre 1801, au comité secret de la cour des directeurs, dans laquelle, après avoir félicité le comité sur l'acquisition du Carnate, il s'exprime en ces termes : « C'est pour moi une grande satisfac-
» tion d'avoir enfin rempli un objet désiré depuis si longtemps
» avec inquiétude par l'honorable compagnie, et qui m'avait été
» recommandé particulièrement par la cour des directeurs lors-
» qu'on me fit l'honneur de me conférer cette place importante. »

» Voilà donc l'explication de cette correspondance de trahison imputée au dernier nabab du Carnate, prétexte de la compagnie pour s'emparer de la souveraineté de cet empire! La compagnie, vous l'avez entendu, désirait depuis long-temps et avec inquiétude les états de son ancien allié.

» On établira sans doute « qu'il est juste de dépouiller l'héri-
» tier de ce trône en punition de crimes imputés à son aïeul.
» Quand on examinera les preuves qui constatent la réalité de
» ces crimes, il faudra savoir qui les a découverts ; on répondra
» que c'est le gouvernement de l'Inde ; qui sont les accusateurs?
» le gouvernement de l'Inde ; qui sont les témoins ? le gouverne-
» ment de l'Inde ; qui sont les juges? le gouvernement de l'Inde ;
» au profit de qui tournera le châtiment ? au profit du gouver-
» nement de l'Inde. »

» Ce n'est pas moi qui parle ici ; c'est un orateur du parlement d'Angleterre (1) ; je me plais à lui rendre cette justice. Mais quelque odieuses que paraissent ces usurpations, elles n'en sont pas moins profitables ; elles ne changent pas moins l'état de possession où était l'Angleterre à l'époque de la paix. Leur effet devrait donc être d'interdire au cabinet britannique tout reproche pa-

(1) « M. Shéridan. »

reil s'il y en avait à adresser à la France, et d'autoriser au contraire les réclamations de la République contre un excès de puissance qui compromet en Asie la dignité de toutes les nations.

Examen des conditions proposées, et des résultats de la guerre par rapport à l'Angleterre et à la France.

» Cependant ce mépris du droit des gens, ces trames ourdies en Angleterre contre la tranquillité de la France et contre son gouvernement, ces usurpations du territoire de quelques princes sans défense, ce prodigieux accroissement qui, dans un demi-siècle, a changé un comptoir de commerce en un vaste empire, tout cela n'aurait peut-être point compromis la paix si le cabinet britannique ne l'eût voulu. Mais l'a-t-il voulu positivement, constamment? C'est ce qu'il est presque impossible à la raison humaine de décider. Vous le voyez se plaindre des retards d'une négociation qu'il n'a pas commencée; faire des préparatifs formidables pour repousser un armement qui n'existe pas; bloquer un port, et ne pas en bloquer un autre; refuser de rendre le cap de Bonne-Espérance, et évacuer l'Égypte; refuser de rendre Malte, et promettre d'évacuer le cap de Bonne-Espérance; rétracter ensuite cette promesse, puis revenir sur sa rétractation; proposer l'indépendance de Malte, en exiger la propriété, s'en désister, la redemander encore, vouloir enfin la garder dix ans.

» Telles sont les irrésolutions d'un ministère qui, déjà en possession de l'objet qu'il voulait conserver, pouvait, dans la négociation, garder la défensive, et qui a pris l'offensive sans paraître avoir aucun objet déterminé.

» Que demande-t-il aujourd'hui à la République? De violer à la fois un traité solennel et son intérêt, d'offenser les puissances garantes, de justifier les plaintes des autres états, qu'elle sacrifierait. Et pourquoi la République y consentirait-elle? Pour accroître la puissance de la Grande-Bretagne.

» Je ne veux point ici provoquer une indignation trop naturelle, et je vais comparer, avec les conditions qu'on nous impose, la paix qu'à ce prix on veut bien nous permettre d'espérer.

» Je commence par oublier que ces conditions sont inadmissibles en ce qu'elles ne dépendent pas de la France. Je suppose que les puissances qui sont intervenues au traité, soit comme contractans, soit comme garans, ne mettront aucun obstacle à son infraction ; je suppose que le roi de Naples se prêtera à tous les sacrifices qu'on exigera de lui, et qu'il ne trouvera point de protecteur, et je me transporte au moment où les conditions dictées par l'ambassadeur anglais auront été signées.

» L'Angleterre aura Malte pour dix ans, et Lampedouse pour toujours. La France aura la paix, elle jouira de la paix, c'est-à-dire de son commerce, si la nation anglaise, en la menaçant de la guerre, ne vient pas encore lui prescrire des conditions onéreuses ; elle jouira d'une libre navigation si les Anglais ne la soumettent pas au droit humiliant qu'ils exercent déjà sur tant d'autres puissances ; elle jouira de la paix, mais elle ne jouira pas de la considération de l'Europe ; et dans quelque temps, lorsque l'Europe se sera reposée de ses efforts récens, lorsque les armées de la République seront moins aguerries, le cabinet britannique ne manquera pas de lui susciter des ennemis sur le continent. Cependant l'Angleterre possédera l'un des meilleurs ports, l'une des plus belles forteresses du monde ; de cette position, elle maîtrisera le commerce de la Méditerranée ; elle observera le Levant, et sera prête à profiter des premières occasions pour l'envahir.

» On se demande : Malte vaut-il la guerre ?

» Non pas pour les Anglais, sans doute, parce qu'ils ont beaucoup d'autres moyens de conserver une grande prépondérance sur les mers. D'ailleurs que propose aujourd'hui le gouvernement français à l'Angleterre ? Ce qu'elle a elle-même demandé dès le commencement des négociations. Quelle était cette demande ? De remettre l'île de Malte à la Russie ou à une autre puissance. Sur quoi insiste le premier consul ? Sur la nécessité de laisser cette île indépendante des deux états. L'Angleterre a-t-elle reconnu la nécessité de cette indépendance ? Elle en a exprimé le désir dans plusieurs de ses notes. Que veut-elle aujourd'hui? La possession de Malte. Quel sacrifice fait-elle pour la garder? Celui de la paix. Quelle importance y ajoute-t-elle? Vous allez l'entendre. Lorsqu'il fut question du traité de paix au parlement d'Angleterre, les ministres, le lord Nelson s'attachèrent à démontrer que tout ce qui importait à la Grande-Bretagne, c'était d'empêcher que cette position restât à la France; qu'elle n'était pas favorable pour surveiller le port de Toulon; qu'elle ne servirait que médiocrement au commerce des Anglais dans le Levant; qu'enfin l'entretien de sa garnison et de ses fortifications coûterait annuellement quatre cent mille livres sterling. Si tout cela est sincère, quel est donc le véritable motif de cette rupture? Quant à la France, elle ne peut accorder Malte à l'Angleterre parce qu'il y va de l'honneur d'abord, et puis de l'existence de l'empire turc et du commerce de la Méditerranée.

» On a offert à l'Angleterre ce que de tout temps elle a dit être le seul objet désirable. Que lui a-t-on refusé? Ce qui ne nous appartenait pas. Qu'exige-t-elle? Vous avez entendu ce qu'on vous propose.

» L'Angleterre se croit sans doute revenue au temps où ces rois, qui, suivant son expression, faisaient si bien respecter notre nation au dehors, signaient les traités de commerce qu'elle avait dictés, comblaient nos ports parce qu'elle l'ordonnait, et payaient un commissaire anglais pour mieux constater notre humiliation par sa présence.

» A cette paix si dangereuse opposons la supposition de l'état de guerre. Les objets que le commerce nous apporte de l'Inde et de l'Amérique n'arriveront que difficilement, et augmenteront de prix; mais si ces denrées, qu'on peut appeler de luxe, deviennent plus rares pour nous, les denrées de première nécessité, le pain, doubleront de prix en Angleterre. Notre commerce pourra être intercepté, mais celui de nos ennemis aura moins de débouchés. Nous conserverons ou nous reprendrons des positions qui peuvent nous faciliter l'attaque ou la défense. Les puissances du continent qui ont signé ou garanti le traité d'Amiens n'en approuveront pas sans doute l'infraction; elles ne pourront pas blâmer les prétentions de la France, puisqu'elle ne demande rien; elles ne pourront voir sans inquiétude le système de domination d'une puissance usurpatrice. Le continent enfin évitera, nous devons le croire, de rallumer une guerre générale pour favoriser l'ambition du gouvernement anglais. Quelle sera l'attitude des deux puissances belligérantes? L'une fera voltiger ses vaisseaux autour de nos côtes sans oser y aborder; à cet égard votre sécurité est parfaite; on ne conçoit pas même la possibilité d'une entreprise; et si au moment où je parle on venait vous apprendre que les Anglais ont opéré un débarquement sur nos côtes, quel est celui de vous qui ne voudrait qu'on leur laissât faire de grands pas dans le continent pour être plus certain de leur entière destruction? Comparez l'impression que ferait ici cette nouvelle à l'alarme que répandrait en Angleterre l'arrivée d'une armée française, dont le passage est plus difficile sans doute, mais dont l'effet serait bien plus terrible. Nous sommes les maîtres de conquérir les états que le roi d'Angleterre possède sur le continent, et si nous mettons le pied dans son île la puissance anglaise est renversée : elle ne peut nous faire que de légères blessures, nous pouvons l'atteindre au cœur.

» Une armée de quatre cent mille hommes, si bien aguerrie, est prête à s'élancer sur le territoire d'une nation rivale, et ce gouvernement, qui a peu de troupes de terre, se verra obligé de porter une grande partie de sa population sur ses côtes pour attendre notre débarquement : la presse excite déjà de violens murmures; la milice achèvera le mécontentement. Le séjour d'une grande armée sur les côtes sera nécessairement fort dispendieux pour nos ennemis, tandis qu'il ne nous occasionnera aucun surcroît de dépenses. Enfin, il est probable que la France termine cette guerre en un jour, et on ne peut dire combien il faudrait d'années pour obliger la France à demander la paix.

» Ces considérations n'échapperont pas sans doute aux membres du parlement britannique qui ne partagent pas les passions de leur ministère; mais nous, qui ne pouvons craindre la guerre, nous savons apprécier la paix. Remercions notre premier magistrat des efforts qu'il a faits pour la maintenir; remercions-le d'avoir surmonté cette indignation qu'il a dû sentir plus encore que nous-mêmes; disons-lui qu'on ne l'accusera pas d'avoir désiré la guerre, puisque ni la nation ni lui n'ont besoin ni de plus de gloire ni de plus de puissance; disons-lui que le peuple français confirme cette négociation. Il ne faut pas que le gouvernement anglais s'accoutume à traiter la République comme les princes de l'Asie, et à calculer froidement son oppression sur la patience de la faiblesse; il faut que l'Europe, spectatrice de ces grands événemens, voie l'Angleterre provoquer notre indignation par des outrages, et attaquer la France parce qu'elle ne consent pas à la violation des traités.

» Cependant aujourd'hui que devons-nous proposer? De continuer les négociations? Le cabinet britannique les a interrompues. De prouver la justice de votre cause? Elle résulte de la négociation. D'applaudir à la conduite du gouvernement de la République? Vous l'avez fait. De choisir entre la paix ou la guerre? Vous ne le pouvez pas; toutes nos paroles sont vaines; les étrangers sont déterminés, et ne veulent pas être convaincus. Il convient d'attendre leur déclaration de guerre? Oui, sans doute; mais dans cette attente votre commission vous propose le projet de vœu dont la teneur suit :

« Le tribunat, en vertu du droit que lui donne l'article 29 du
» titre III de la Constitution, après avoir pris connaissance de la
» négociation qui a eu lieu entre la République et l'Angleterre;

» Convaincu que le gouvernement a fait pour conserver la paix
» tout ce que l'honneur du peuple français pouvait souffrir;

» Que cependant le cabinet britannique s'est permis durant
» cette négociation des formes insolites, des allégations fausses,
» des demandes injustes, et même des actes hostiles;

» Que la paix qu'on laisse à la France doit être achetée par
» l'infraction d'un traité solennel, par une injure envers ses
» alliés;

» Arrête que le vœu suivant sera porté au gouvernement par
» le tribunat en corps :

» Le tribunal émet le vœu qu'il soit pris à l'instant les plus éner-
» giques mesures afin de faire respecter la foi des traités et la di-
» gnité du peuple français.

» Le présent vœu sera communiqué au sénat et au corps lé-
» gislatif par un message. »

— Cette proposition fut adoptée. Le corps législatif et le sénat imitèrent le tribunat et allèrent comme lui porter leurs adresses au premier consul. Les discours qui furent prononcés en cette occasion étaient également menaçans et pleins d'une énergie qu'ils communiquèrent au public. Bientôt, en effet, les départemens s'empressèrent de voter, les uns des vaisseaux, les autres des frégates et des bâtimens de guerre de toute espèce, d'autres enfin des canons. La ville de Paris offrit un vaisseau de cent vingt canons portant son nom, et les maires ouvrirent une souscription pour la construction des chaloupes canonnières. En même temps Bonaparte demandait aux évêques d'ordonner des prières publiques pour le succès de la guerre; tout fut employé pour donner un grand mouvement à l'opinion publique.

La France au reste avait peu à perdre dans une guerre maritime. Saint-Domingue ne lui appartenait déjà plus. On venait de céder (le 10 floréal — 30 avril 1803) aux États-Unis la Louisiane, moyennant une somme de 60 millions. Les autres colonies étaient peu importantes ou en état de se défendre.

Les Anglais, selon leur usage, commencèrent les hostilités avant que la guerre fût déclarée, en saisissant tous les bâtimens français qui étaient dans leurs ports, faisant les hommes prisonniers et confisquant les marchandises. Ils prirent également sur mer tous les bâtimens qu'ils rencontrèrent.

Le premier consul, par représailles, lança, le 2 prairial, un arrêté qui ordonnait d'arrêter et de retenir prisonniers tous les sujets du roi d'Angleterre, enrôlés dans la milice de leur nation, qui se trouveraient sur le territoire français. Ils ne devaient être remis en liberté qu'autant qu'ils seraient échangés contre les Français arrêtés avant la déclaration de guerre. On arrêta en outre tous les bâtimens anglais qui se trouvaient dans les ports des alliés ou des sujets de la République. Enfin, l'armée d'Italie reçut ordre d'aller prendre position dans le royaume de Naples; cette occupation n'éprouva pas d'obstacles; elle nous assura la fidélité d'un allié douteux.

Enfin on s'occupa des préparatifs d'une descente en Angleterre. Bonaparte ordonna la formation d'une *grande armée* divisée en six corps, dont la masse fut campée sur les rivages qui faisaient face à l'Angleterre et dont les deux ailes extrêmes étaient, l'une en Hollande, l'autre à Bayonne. En même temps, on pressait les travaux des ports. On donnait une activité extrême aux anciens ateliers de construction, et l'on en ouvrait un grand nombre pour les chaloupes canonnières.

Tous ces préparatifs causèrent une vive commotion en Angleterre. La population tout entière fut alarmée, et craignit de voir le feu de la guerre envahir ses tranquilles contrées. On y forma une armée de quatre-vingt-dix mille hommes, appuyée par cinquante mille hommes de réserve; la levée en masse fut proclamée; on traça des camps; enfin le duc d'York, généralissime de l'armée, prescrivit, par une proclamation publique, les mesures qu'on devait prendre en cas de débarquement. Il ordonnait aux milices d'éviter tout engagement, mais de harceler l'ennemi, de le fatiguer.

Pendant ce temps, le général Mortier envahissait le Hanovre. Les députés des villes et l'armée, forte de vingt-cinq mille hommes, traitèrent séparément avec les Français. Les premiers signèrent leur soumission le 14 prairial (3 juin 1803); la seconde mit bas les armes le 16 messidor (5 juillet 1803). Le Hanovre resta occupé par les troupes de la République, et l'on utilisa aussitôt les ressources qu'il présentait; on y forma des bataillons; on en tira des impôts, du bois et de l'artillerie. Plus de cinq cents pièces de canon étaient en effet tombées dans nos mains.

Cependant le premier consul, pour activer les armemens et pour connaître par lui-même le littoral de l'Océan, partait de Paris le 5 messidor et allait visiter les départemens du nord. Il fit de ce voyage une promenade. Il emmena avec lui Joséphine et une cour pompeuse. Il fut reçu en tous lieux triomphalement. Il visita Amiens, Saint-Valery, Boulogne, Calais, Dunkerque, Lille, Ostende, Bruges, Flessingue, Gand, Anvers, Bruxelles, Louvain, Maëstricht, Liége, Namur, Givet, Mezières, Reims, etc. Partout il commanda ou promit des améliorations ; il visita les manufactures, les établissemens de charité ; il ne négligea point les églises, et dans ces contrées catholiques il prit un soin particulier de plaire au clergé.

Il fut de retour à Saint-Cloud le 23 thermidor (11 août 1803). Il était donc encore absent de Paris lorsque vint l'anniversaire du 14 juillet. Depuis 1789, c'était l'occasion d'une fête qui était annoncée par une proclamation. En l'an XI, il n'y eut point de proclamation. On se borna à faire tirer un feu d'artifice et à donner des spectacles *gratis*. A compter de cette époque, les anciennes fêtes nationales furent abrogées de fait ; l'autorité n'en parla plus, et bientôt tout le monde cessa d'y penser. Par compensation, en quelque sorte, le premier consul autorisa la ville d'Orléans à relever le monument de Jeanne d'Arc, et à rétablir la fête anniversaire du 8 mai 1429, jour où cette vierge française avait fait lever le siège d'Orléans. Il ordonna l'érection d'un monument à Kléber, et commanda en outre un grand nombre d'autres statues et de tableaux. L'industrie fut appelée à donner une exposition de ses produits. Ce genre d'exposition, commencé sous le directoire, était un des spectacles qui occupaient le plus vivement les Parisiens. On établit une école d'arts et de métiers ; enfin on publia un réglement général d'organisation de l'enseignement dans les lycées. Au milieu de ces louables créations, on glissa un acte qui avait une signification aussi peu équivoque que l'oubli des fêtes républicaines. L'Institut fut réorganisé. On augmenta le nombre des places, mais on supprima la classe des *sciences morales et politiques*.

Tout au reste manifestait une tendance monarchique. Le premier consul avait une cour. Le mot de *citoyen* avait fait place à celui de *monsieur*. Il y avait des préfets du palais auxquels on avait donné la police des spectacles, comme plus tard sous la restauration on la donna au directeur des menus-plaisirs du roi. Des dames du palais représentaient très-bien les anciennes dames d'honneur. Il y avait enfin une étiquette et presque un costume de réception. Bonaparte en outre ressaisit le droit tout royal des lettres d'exil. Il l'exerça pour la première fois contre madame de Staël. Elle reçut l'ordre de s'éloigner à quarante lieues de Paris ; mais, après avoir inutilement réclamé ou sollicité, elle quitta la France et alla s'établir en Allemagne.

A peine de retour à Paris, le premier consul s'occupa de concentrer les troupes destinées à former l'armée d'Angleterre. Quand le projet d'une invasion destinée à en finir avec le dernier de ses ennemis n'eût pas incessamment occupé ses pensées, les actes de l'Angleterre ne lui auraient point permis d'en perdre le souvenir. Une escadre de cette nation était particulièrement chargée d'insulter nos côtes depuis Dunkerque jusqu'à l'embouchure de la Seine. Le Havre, Granville, Dieppe, Fécamp, Saint-Valéry, Boulogne et Calais furent bombardées. Mais le bruit fut plus grand que le mal ; le total des pertes causés par les projectiles anglais ne s'éleva pas à 50,000 francs. Cependant on ne parlait que de bombardement et l'on se demandait quand arriverait le débarquement promis, qui devait mettre un terme à ces alarmes. Les militaires pensionnés firent don d'une partie de leur solde pour construire un vaisseau qui s'appellerait *le Vétéran*. On vit avec joie le premier consul organiser, sous le nom de *marins de la garde consulaire*, un corps de matelots levés dans les ports, et ordonner la formation d'un corps de guides-interprètes. Enfin, Bonaparte partit de Paris pour Boulogne le 11 brumaire an xi (3 novembre 1803). Il voulait seulement s'assurer de la possibilité de passer le détroit avec les bâtimens qui composaient la flottille réunie dans les ports de la Manche. Mais on espérait davantage, et en Angleterre on crut que le moment décisif était arrivé. Voici l'énumération des moyens de résistance qu'on avait préparés. Soixante mille hommes de troupes de ligne avaient été réunis dans les comtés d'Essex, de Kent et de Sussex, sur les points les plus propres à permettre une concentration rapide, pour se porter vers les lieux menacés. Il faut joindre à ces troupes de nombreux corps de volontaires qui campaient avec elles. On avait préparé des chariots particuliers destinés à transporter plus rapidement l'armée et à en opérer la réunion. Les côtes étaient hérissées de redoutes et parcourues par des patrouilles de jour et de nuit. On avait établi sur toutes les éminences des signaux et des feux destinés à donner l'alarme. L'embouchure de la Tamise, celle de l'Humber, étaient barrées par des lignes de vaisseaux rasés, hérissés d'artillerie; des mines étaient préparées pour détruire les routes et les ponts. Enfin, en cas de débarquement, il était prescrit aux habitans de fuir avec leurs troupaux et d'incendier tout ce qu'ils ne pourraient enlever. Si la Grande-Bretagne avait été en effet envahie, et que les dernières mesures eussent été exécutées elle se serait fait à elle-même plus de mal que la conquête ne pouvait en aucun cas lui en apporter.

Ses préparatifs au reste lui coûtèrent des sommes considérables et jetèrent une grande perturbation dans ses affaires commerciales. Le nombre des vaisseaux de ligne, frégates et autres bâtimens armés par la Grande-Bretagne, était de cinq cent onze; elle avait en outre une flottille de six cent quatre-vingts petits bâtimens. Les équipages montaient à quatre-vingt-dix-huit mille marins et vingt-cinq mille fencibles marins. L'armée de terre dans les trois royaumes avait été par des augmentations successives portée à cent quatre-vingt-quatre mille hommes de troupes de ligne et milice. Les volontaires présentaient un effectif de près de quatre cent mille hommes; mais ils étaient mal équipés. Soit défiance, soit réellement faute de fusils, le plus grand nombre d'entre eux était armé seulement de sabres et de piques ou de fusils de chasse. Ils étaient en outre peu exercés, pour ne pas dire nullement. Ils avaient demandé à nommer leurs officiers; on le leur avait refusé. Les Anglais d'ailleurs ne manquaient pas de généraux instruits de la tactique française. Pichegru et Dumouriez leur avaient offert, assure-t-on, leurs services.

L'armée française était loin de présenter un pareil nombre;

mais elle était composée de ces vieux soldats qui avaient vaincu toute l'Europe. La flottille réunie dans la Manche était forte seulement de mille huit cent cinquante et un bâtimens tant de guerre que de transport, divisés en plusieurs corps; le centre, composé de sept cent neuf bâtimens était à Boulogne.

Le premier consul arriva à Boulogne le 12 brumaire. Le 13, il fit manœuvrer dans la rade une division de cent chaloupes canonnières. L'escadre anglaise vint l'attaquer; mais, après une vive canonnade, elle prit le large. Cette occasion mit Bonaparte à même de savoir à quel point il pouvait compter sur l'espèce de bâtimens qui fut alors engagée. Le 16, il fit exercer l'armée à des manœuvres d'embarquement. Ces expériences faites, il revint à Paris; il y rentra le 26 (18 novembre). Son retour ajourna les inquiétudes de l'Angleterre. Mais les discussions qui avaient eu lieu dans son parlement à l'occasion de la défense nationale, ramenèrent Pitt à la tête du ministère. Cet habile homme d'état sentait que le moyen le plus efficace d'assurer la sécurité de son pays était, non d'en armer les milices, mais de susciter à la France une guerre continentale. On sait quel fut le résultat de sa politique sous ce rapport.

Le premier consul ne quittait jamais le centre du gouvernement sans réfléchir combien son pouvoir était précaire, combien une révolution législative était facile et redoutable pour lui; à plus forte raison était-il tourmenté de ces pensées lorsqu'il songea sérieusement à mettre la mer entre la France et lui et à s'engager dans une guerre qui pourrait le retenir longtemps de l'autre côté de la Manche. Il ne concevait qu'un moyen de s'assurer quelque certitude à cet égard : c'était de mettre partout à la tête des corps de l'état des hommes dont il fût assuré et qui tinssent tout de lui. C'est dans ce but qu'il fit modifier la constitution du corps législatif. Il voulait que cette assemblée ne pût se réunir, délibérer ni voter que sous la présidence et par les soins d'hommes qu'il aurait choisis. Voici le texte du *sénatus-consulte* qu'il avait en conséquence commandé au sénat.

SÉNATUS-CONSULTE ORGANIQUE.

du 28 frimaire an XII (20 décembre 1803).

TITRE Ier. *De la manière dont seront ouvertes les sessions du corps législatif.*

ART. 1. Le premier consul fera l'ouverture de chaque session du corps législatif.

2. Il désignera douze membres du sénat pour l'accompagner.

3. Il sera reçu à la porte du palais du corps législatif par le président, à la tête d'une députation de vingt-quatre membres.

4. Les membres du conseil d'état se placeront dans la partie de la salle assignée aux orateurs du gouvernement.

5. Lorsque les consuls auront pris place, les membres du tribunat seront introduits, et placés dans la partie de la salle assignée aux orateurs de ce corps.

6. Le premier consul, après avoir ouvert la séance, recevra le serment des nouveaux membres du corps législatif et du tribunat qui ne l'auront pas encore prêté ; les conseillers d'état feront ensuite les communications que le gouvernement aura arrêtées, et la séance sera levée.

Pendant le jour de l'ouverture de la session du corps législatif, la police de son palais sera remise au gouverneur du palais du gouvernement, et à la garde consulaire.

TITRE II. *Des président, vice-présidens et secrétaires du corps législatif.*

ART. 8. Le premier consul nommera le président du corps législatif sur une présentation de candidats qui sera faite par le corps législatif, au scrutin secret et à la majorité absolue.

9. Les candidats seront présentés dans le cours de la session annuelle pour l'année suivante, et à l'époque de cette session que le gouvernement désignera.

10. Il sera pris un candidat dans chacune des séries qui devront rester au corps législatif l'année suivante.

11. Si le premier consul n'a pas encore nommé le président à l'ouverture de la session, le corps législatif présentera à sa première séance un cinquième candidat pris dans la série entrante dans l'année, et le premier consul choisira entre les cinq candidats.

12. Les fonctions du président commenceront avec la session annuelle s'il est nommé avant l'ouverture de cette session, ou le jour de sa nomination si elle n'a lieu qu'après que la session sera ouverte.

Il pourra sans intervalle être présenté comme candidat, et élu de nouveau.

13. Le sceau du corps législatif sera déposé chez le président. Les expéditions des lois décrétées par le corps législatif ne seront scellées qu'en présence de son président.

14. Le président logera au palais du corps législatif.

La garde d'honneur sera sous ses ordres.

Les messages du gouvernement lui seront remis.

15. Le président aura, en cas de vacance, la nomination aux emplois du corps législatif.

16. A l'ouverture de chaque session, le corps législatif nommera quatre vice-présidens et quatre secrétaires au scrutin secret et à la majorité absolue.

17. Ils seront renouvelés tous les mois; ils remplaceront le président en cas d'absence ou d'empêchement, et dans l'ordre de leur nomination.

Titre III. *Des questeurs.*

Art. 18. Le corps législatif choisira, au scrutin secret et à la majorité absolue, douze candidats parmi lesquels le premier consul nommera quatre questeurs, dont deux seront renouvelés chaque année, sur une désignation de six membres, faite de la même manière.

19. Les fonds votés dans le budget annuel pour les dépenses du corps législatif seront mis par douzième, de mois en mois, à la disposition des questeurs, sur l'ordonnance du ministre des finances.

20. Tous les mandats de dépenses seront délivrés par l'un des questeurs, qui en sera spécialement chargé.

21. L'emploi des fonds affectés aux dépenses du corps législatif, excepté ceux nécessaires au paiement des indemnités de ses membres, sera arrêté dans un conseil d'administration composé du président, des vice-présidens et des questeurs.

22. Un des questeurs fera les fonctions de secrétaire de ce conseil.

23. La révocation des employés du corps législatif sera délibérée par ce conseil, et notifiée par le président.

24. Le conseil recevra et arrêtera le compte annuel des recettes et dépenses du corps législatif.

25. La délivrance des mandats de paiement, les fonctions relatives à l'administration et à la police du palais du corps législatif, et toutes celles dont les questeurs pourront être chargés, seront réparties entre eux par le conseil d'administration.

TITRE IV. *Dispositions particulières.*

ART. 26. La session de l'an XII s'ouvrira suivant les formes précédemment observées.

27. Immédiatement après l'ouverture de la session, le corps législatif procédera, avec le bureau provisoire, au choix de cinq candidats, parmi lesquels le premier consul nommera le président.

Il sera pris un candidat dans chacune des séries du corps législatif.

28. Immédiatement après l'installation du président, il sera procédé à la nomination des vice-présidens, des secrétaires et des candidats pour la questure.

29. Les comptes de la commission administrative du corps législatif seront rendus dans un conseil formé ainsi qu'il est dit article 21, et avant que les questeurs entrent en fonctions.

TITRE V. *Des cas où le corps législatif se forme en comité général.*

ART. 30. Le corps législatif, toutes les fois que le gouvernement lui aura fait une communication qui aura un autre objet que le vote de la loi, se formera en comité général pour délibérer sa réponse.

Ce comité sera toujours présidé par le président du corps législatif, ou par un des vice-présidens désigné par le président en cas d'empêchement.

31. Si le corps législatif désire quelques renseignemens sur la communication que le gouvernement lui aura faite, il pourra, par une délibération préalable, charger son président d'en faire la demande au gouvernement.

Les orateurs du gouvernement porteront sa réponse au corps législatif.

32. Les délibérations du corps législatif seront prises à la majorité des voix, et sans nomination de commission ni de rapporteur.

33. Les délibérations prises par le corps législatif en vertu de l'article 30 seront portées au gouvernement par une députation.

34. Les députations du corps législatif seront composées du président, qui portera la parole, de deux vice-présidens, de deux questeurs et de vingt membres.

35. Les secrétaires du corps législatif consigneront les procès-verbaux des délibérations prises en comité général dans un registre particulier, qui sera déposé chez le président avec le sceau du corps législatif.

TITRE VI. *De la nomination des membres du grand conseil de la Légion-d'Honneur.*

ART. 36. Le grand conseil de la Légion-d'Honneur ne sera complété qu'à la paix.

37. Les membres du grand conseil de la Légion-d'Honneur seront nommés par le premier consul sur la présentation de trois candidats choisis par les corps auxquels auront appartenu les membres dont les places se trouveront vacantes, et pris dans leur sein (1).

---

(1) Conformément à ce sénatus-consulte, le corps législatif présenta pour candidats, savoir :

A la présidence, Toulongeon, Latour-Maubourg, Viennot-Vaublanc, Fon-

— Il n'est point difficile d'apercevoir le but de ce réglement, il est évidemment destiné à accroître la dépendance du corps législatif. En donnant au premier consul le choix du président et des questeurs, il mettait l'assemblée à peu près dans l'impossibilité de se réunir sans son autorisation. L'expérience de ce qui s'était passé dans le conseil des cinq-cents avait appris en effet que le président et le comité des inspecteurs, qu'on rétablissait, sous le nouveau nom de questeurs, étaient, en réalité, la seule fraction active et redoutable de la législature, parce que seule elle pouvait délibérer en secret, et possédait, dans certaines limites, un pouvoir d'exécution.

Depuis long-temps déjà, il s'était attaché le sénat non moins étroitement, mais par un autre moyen, par un moyen de corruption. Un sénatus-consulte du 14 nivose an XI (4 janvier 1803) avait arrêté un réglement du sénat dont voici les articles les plus importans.

« *Titre I*er. — Il y aura une sénatorerie par arrondissement de tribunal d'appel.

» Chaque sénatorerie sera dotée d'une maison et d'un revenu annuel en domaines nationaux de vingt à vingt-cinq mille francs.

» Les sénatoreries seront possédées à vie. Les sénateurs qui en seront pourvus seront tenus d'y résider au moins trois mois par année.

» Ils rempliront les missions extraordinaires que le premier consul jugera à propos de leur donner dans leur arrondissement, et lui en rendront compte directement.

» Les sénatoreries seront conférées par le premier consul, sur la présentation du sénat, qui, pour chacune, désignera trois sénateurs. »

Le titre II, parmi divers articles réglementaires, en renfermait

tanes et Duranteau. Le premier consul nomma Fontanes président (le 20 nivose an XII.)

A la questure, Thiry, Lesperut, Despaillères, Jacopin, Rabaut, Papin, Chapuy, Borie, Terrasson, Bord, Viennot-Vaublanc, Delattre. Le premier consul nomma *questeurs* Delattre, Jacopin, Viennot-Vaublanc et Terrasson (le 29 nivose an XII).

quelques-uns d'importans. Ceux-ci mettaient le chancelier, le trésorier et les préteurs du sénat, c'est-à-dire tous les fonctionnaires de ce corps, à la nomination du premier consul. On avait réalisé ainsi, à l'égard du sénat, les mêmes moyens de dépendance auxquels plus tard on soumit le corps législatif.

Le 1er nivose, le tribunat fut convoqué extraordinairement pour recevoir communication du sénatus-consulte portant règlement du corps législatif. Il n'y eut point de délibération; il n'y eut pas d'autres discours que celui du conseiller d'état qui faisait la communication, et la réponse laudative et approbative du président Boissy-d'Anglas.

La session de l'an XII fut ouverte le 15 nivose (6 janvier 1804). Ce ne fut pas cependant le premier consul qui présida à la première séance; elle fut ouverte, comme à l'ordinaire, par un discours du ministre. Il fallait, en effet, avant que le sénatus-consulte fût mis à exécution, qu'il fût supposé connu de l'assemblée. Au reste, elle n'attendit pas une communication officielle; elle s'y conforma de suite en élisant des candidats à la présidence, et des candidats à la questure, selon les formes et dans le nombre prescrits par le nouveau règlement. Le premier consul ne se refusa pas à cet excès de zèle; il en accepta les effets, et nomma Fontanes président du corps législatif.

La législature de l'an XII vota, sur la présentation du gouvernement, plusieurs lois importantes. L'une était relative aux engagemens et échanges de biens nationaux; une autre à la police du roulage. On décréta l'établissement des séminaires nationaux, l'organisation des écoles de droit. On ordonna la levée de soixante mille hommes sur la conscription de l'an XIII. On acheva le Code civil.

Cette année, le gouvernement consulaire, pour la première fois, communiqua aux chambres un compte général des finances. On régla de la manière suivante le passé, le présent et l'avenir en cette matière.

An XI. — La somme de 30,000,000 pour dépenses extraordinaires de guerre fut accordée pour faire, avec celle de 589,500,000 fr.

comprise dans la loi du 4 germinal an xi, celle de 619,500,000 fr. qui avait été dépensée. Ce surplus fut imputé sur les revenus et sur les ressources extraordinaires de l'an xi.

An xii. — La somme de 300,000,000 faisant, avec celle de 400,000,000 portée dans la loi du 4 germinal an xi, celle de 700,000,000, fut mise à la disposition du gouvernement pour être employée de la manière suivante :

1° Dette publique.	71,153,766
2° Ministères, grand-juge, etc.	23,000,000
3° Relations extérieures.	7,000,000
4° Intérieur.	34,750,919
5° Finances.	77,677,000
6° Trésor public.	8,000,000
7° Guerre.	168,000,000
8° Administration de la guerre (1).	100,000,000
9° Marine et colonies.	180,000,000
10° Frais de négociation.	15,000,000
11° Fonds de réserve.	15,438,315

Pour faire face à ce surcroît de dépenses, une loi constitua, sous le nom de *droits réunis*, un impôt sur la consommation des vins et eaux-de-vie. On augmenta les droits sur les tabacs. On multiplia les cautionnemens, et on en exigea le montant.

An xiii. — La fixation des dépenses et des recettes fut maintenue la même que pour l'an xii.

Ne figuraient pas au budget diverses recettes éventuelles, mais qui existaient en l'an xii et ne diminuèrent pas par la suite. Elles consistaient : 1° en une somme annuellement fournie par la république italienne pour l'entretien des troupes; 2° dans les subsides de l'Espagne, montant, selon Thibaudeau, à 72,000,000; 3° dans les subsides du Portugal, évalués à 12,000,000; 4° dans

---

(1) Le 17 ventose an x (8 mars 1802), on avait fait un ministère particulier de l'administration de la guerre. Dejean avait été nommé ministre; le 16 thermidor an x (4 août 1801) suivant; le premier consul arrêta que le ministre de la justice prendrait le titre de grand-juge.

ce que payait la cour de Naples pour l'entretien de l'armée d'occupation qui venait d'y entrer; 5° dans les sommes soldées par le Hanovre pour l'armée qui venait d'en prendre possession.

La session du corps législatif fut close le 3 germinal an xii° (24 mars 1804). Cette dernière séance fut close par une motion d'ordre de Marcorelle, dont nous allons donner le texte, afin de donner une idée du style adulateur dont on se servait à cette époque. Il semble qu'il fut décrété que, dans ce corps législatif muet, les législateurs n'auraient la parole que pour proposer des bassesses envers le pouvoir qui les tenait asservis.

Marcorelle, par motion d'ordre. «Législateurs, la France depuis long-temps était courbée sous le fardeau d'une législation civile incohérente, et formée d'élémens hétérogènes et grossiers; la diversité innombrable de coutumes n'était que le résultat de l'anarchie des siècles malheureux qui les virent naître. La sagesse du droit romain en avait amélioré, il est vrai, les dispositions; mais il ne les avait pas toutes atteintes, et il restait toujours d'un amalgame fait sans unité de plan, ni de temps, ni de lieu, l'inconvénient monstrueux que les droits et les devoirs des citoyens changeaient à toutes les démarcations territoriales. Bonaparte a voulu que tous les habitans de ce vaste empire fussent gouvernés par une même loi, et qu'en écartant ce qui est étranger à son siècle et à nos mœurs on mît enfin une juste harmonie entre nos besoins et nos lois. Le Code civil, en réalisant les espérances de son génie, recommandera à la justice des siècles les noms de ceux qui, comme vous, distingués par des hauts faits militaires, éprouvés par la sagesse de leur caractère et par leur haute expérience, ont contribué à la gloire de cette institution.

» Le jour où vous mettrez la dernière main à ce chef-d'œuvre de la philosophie, de la justice, ce jour doit être marqué dans les fastes de la République.

» Mandataires du peuple, vous devez être l'organe de sa reconnaissance.

» Vous éprouvez vous-mêmes le besoin de satisfaire à ce sentiment profond envers le héros à qui la patrie est redevable de sa félicité.

» C'est à l'histoire à fixer le rang qui lui appartient parmi les législateurs des nations ; mais la France le contemple avec orgueil, et ses sentimens devancent le jugement de la postérité.

» Élevons au restaurateur de la religion, de la morale et de nos lois un monument digne de lui et de nous. Qu'un acte éclatant de notre amour annonce à l'Europe que celui qu'ont menacé les poignards de quelques vils assassins est l'objet de notre affection et de notre admiration ; que les sentimens les plus vrais et les plus intimes lient à ses destinées celles du peuple français ; que désormais l'image chérie du chef suprême de l'état décore ce sanctuaire auguste, et que cette inauguration solennelle atteste à nos derniers neveux le souvenir de nos besoins et de ses bienfaits, de sa gloire et de notre hommage. En conséquence j'ai l'honneur de vous proposer l'arrêté suivant :

» Le corps législatif, voulant éterniser l'époque à laquelle le
» Code civil devient la règle générale du peuple français, et l'hom-
» mage de sa reconnaissance envers le chef suprême de l'état, ar-
» rête ce qui suit :

» Art. 1. Le buste en marbre blanc de Bonaparte sera placé,
» à l'ouverture de la session prochaine, dans le lieu des séances
» du corps législatif.

» 2. Les questeurs du corps législatif sont chargés de donner à
» cette inauguration toute la pompe et la solennité qui convien-
» nent à la dignité de son objet.

» 3. Le présent arrêté sera présenté au premier consul par une
» députation de membres du corps législatif. » (Adopté par ac-
» clamation.)

— Ce fut à la suite de cette motion que furent introduits les conseillers d'état qui venaient clore la session. Fourcroy, l'un d'eux, fit un petit discours où il exalta le zèle des législateurs et la reconnaissance que l'on avait pour leur coopération. Le président Fontanes répondit à l'orateur du gouvernement. Il loua longuement le premier consul ; il le mit au-dessus de Charlemagne, de Narsès, de Bélisaire, de Justinien, et termina en déclarant la session close. Le lendemain cependant il alla porter à Bonaparte les hommages de l'assemblée qu'il présidait. Voici son discours :

Discours prononcé par Fontanes, orateur de la députation chargée de porter au premier consul la délibération du corps législatif prise sur la motion de Marcorelle. — Le 4 germinal an XII.

« Citoyen premier consul, un empire immense repose depuis quatre ans sous l'abri de votre puissante administration : la sage uniformité de vos lois en va réunir de plus en plus tous les habitans. Le corps législatif veut consacrer cette époque mémorable ; il a décrété que votre image, placée au milieu de la salle de ses délibérations, lui rappellerait éternellement vos bienfaits, ses devoirs, et les espérances du peuple français. Le double droit de conquérant et de législateur a toujours fait taire tous les autres : vous l'avez vu confirmé dans votre personne par le suffrage national. Qui pourrait nourrir encore le criminel espoir d'opposer la France à la France ? Se divisera-t-elle pour quelques souvenirs passés, quand elle est unie par tous les intérêts présens ? Elle n'a qu'un chef, et c'est vous ; elle n'a qu'un ennemi, et c'est l'Angleterre.

» Les tempêtes politiques ont pu jeter quelques sages euxmêmes dans des routes imprévues : il était facile de se méprendre au milieu des orages où combattaient tous les partis, dans ces temps funestes où les factions se montraient partout, et la patrie nulle part. Mais sitôt que votre main a relevé les signaux de la patrie, tous les bons Français les ont reconnus et suivis ; tous ont passé du côté de votre gloire. Ceux qui conspirent au sein d'une terre ennemie renoncent irrévocablement à la terre natale. Et que peuvent-ils opposer à votre ascendant ? Vous avez des armées invincibles, ils n'ont que des libelles et des assassins ; et tandis que toutes les voix de la religion s'élèvent en votre faveur au pied des autels que vous avez relevés, ils vous font outrager par quelques organes obscurs de la révolte et de la superstition. L'impuissance de leurs complots est prouvée. Ils rendront tous les jours la destinée plus rigoureuse en luttant contre ses décrets. Qu'ils cèdent enfin à ce mouvement irrésistible qui emporte l'univers, et qu'ils méditent en silence sur les causes de la ruine et de l'élévation des empires ! »

— Un événement imprévu et un acte terrible de violence avaient signalé la dernière période de cette session. On avait découvert la conspiration royaliste de Georges, Pichegru et Moreau ; on venait d'arrêter et de mettre à mort le duc d'Enghien. On comprend que le premier de ces faits ait provoqué une exagération officielle de zèle et d'adulations de la part de tous les hommes qui tenaient au pouvoir ; mais on ne comprend pas que le second n'ait pas refroidi, si ce n'est quelques attachemens secrets, au moins les marques publiques de dévouement au premier consul. Lorsque Fontanes prononça son discours, la mort du duc d'Enghien était connue ; son jugement avait été publié dans le *Moniteur* et dans tous les journaux. Mais on ne jugeait pas alors de cet acte comme on l'a fait dans ces derniers temps. On y vit une garantie contre le retour des Bourbons, une approbation des mesures les plus terribles de la révolution. Il est certain que la conduite de Bonaparte, loin de nuire à ses projets, loin de fermer la route que lui ouvraient les conspirations répétées contre sa vie, la lui facilitèrent encore. En effet, si d'une part le moyen de rendre illusoire toute espérance contre-révolutionnaire fondée sur la mort du premier consul était d'assurer l'hérédité du pouvoir suprême dans sa famille, d'un autre, l'acte terrible par lequel il avait rompu avec le passé garantissait aux hommes qui avaient pris part à la révolution qu'il leur serait toujours particulièrement attaché. Cet acte fit de ces hommes les plus zélés partisans de l'empire.

Mais avant de faire l'histoire de l'institution impériale, il nous faut faire celle des deux événemens qui l'ont préparée. Nous empruntons à la vie de Napoléon, par Thibeaudeau, les détails relatifs à la conspiration de Georges et à la mort du duc d'Enghien. Cette narration est aussi succincte et aussi exacte que nous pouvons le désirer. Nous y ajouterons, mais en note, le texte de quelques pièces dont l'écrivain que nous citons fait seulement mention.

« C'était un bruit général répandu dans les trois royaumes, en Europe, jusque dans les Antilles, que la France touchait à une catastrophe, à l'anéantissement du gouvernement consulaire et au rétablissement du trône et de l'ancienne dynastie. Pour le succès de ce plan il fallait commencer par se débarrasser du premier consul. Le *Courrier de Londres*, journal français, publia la traduction du pamphlet intitulé : *Tuer n'est pas assassiner*, composé sur la fin du protectorat de Cromwell, avec l'observation qu'on n'y avait ajouté que ces mots : *Necesse est unum mori pro populo*, et qu'on croyait par cette publication servir le peuple français.

» D'après une lettre du commandant de la frégate anglaise *l'Émeraude* au général Ernouf, capitaine-général à la Guadeloupe : « Le dernier rapport que le commandant avait reçu d'Eu-
» rope l'informait d'un trouble en France ; mais comme ce rap-
» port n'était pas authentique, il le donnait tel qu'il l'avait reçu.
» Le premier consul avait eu un échec. Moreau avait planté l'é-
» tendard royal, autour duquel des milliers de partisans s'étaient
» réunis. Louis XVIII était aux frontières, et une contre-révolu-
» tion aurait lieu incessamment, à ce que l'on croyait. Il espé-
» rait journellement un vaisseau d'Europe qui lui donnerait avis
» que les hostilités avaient cessé. On devait bien désirer cet évé-
» nement après une guerre de dix années (1). »

» On écrivit de Vienne à Paris : « Ici comme chez vous l'hiver
» a été très-doux, mais on craint pour la fin de février. Des per-
» sonnes bien instruites prétendent que vous aurez un trem-
» blement de terre. Si donc vous avez des opérations à faire,
» tenez cet avis pour certain. Je ne puis m'expliquer davan-
» tage (2). »

» On lut dans le *Morning Chronicle* que, le 30 janvier, on avait

---

(1) Lettre d'Ernouf au sénateur Lefebvre, 28 vendémiaire an XII, *Moniteur* du 15 ventôse.
(2) *Moniteur* du 7 ventôse.

AU 28 FLORÉAL AN XII (18 MAI 1804).

affiché dans toute la ville de Londres un écrit commençant par ces mots : « L'assassinat de Bonaparte et la restauration de » Louis XVIII devant arriver, la plupart des Français s'en re- » tourneront en France. » C'était un maître de langues qui offrait ses services au public pour donner des leçons en place des émigrés français.

» D'après une lettre du général Monnet, écrite de Flessingue, une personne arrivant d'Angleterre lui avait dit qu'on annonçait publiquement à Londres que le premier consul avait été assassiné ; qu'en conséquence les volontaires rentreraient bientôt chez eux, que les manufactures allaient reprendre leurs travaux. En effet, depuis quinze jours on annonçait tous les matins à la Bourse de Londres l'assassinat du premier consul (1).

» Le gouvernement anglais avait à sa solde les émigrés et les princes. Un ordre du conseil privé du 14 janvier 1804 (23 nivose) leur enjoignit de se rendre sur les bords du Rhin. On leur accordait un traitement, savoir : aux officiers-généraux, cinq shillings par jour ; aux colonels, lieutenans-colonels, capitaines, trois shillings ; aux officiers subalternes, un shilling et demi ; aux nobles à pied et à cheval, un shilling.

» Une circulaire du prince de Condé leur avait fait un appel. C'était un fait connu de toute la ville de Hambourg qu'un nommé Maillard y était chargé des fonds pour les recruter et les expédier sur le Rhin. La rive droite se couvrait journellement de ces nouveaux légionnaires (2).

» La source où se puisent tous ces faits pourrait peut-être paraître suspecte, s'ils n'avaient pas été confirmés depuis par des témoins oculaires, par des acteurs, et s'ils n'étaient pas devenus de notoriété publique. « L'Angleterre, dit Walter Scott, et son » autorité est ici irrécusable, poussa les partisans de la royauté à » de nouvelles attaques contre le gouvernement consulaire. Les » ministres accueillirent avec trop de facilité les promesses et les

(1) *Moniteur* des 5 et 7 ventose.
(2) *Moniteur*, 50 ventose.

» plans d'individus qui, trop exaltés pour apprécier le véritable
» état des choses, exagérèrent encore auprès du gouvernement
» britannique leurs espérances (1). »

Quels étaient ces plans? C'était de « soulever les royalistes
» dans l'Ouest, où le duc de Berry devait faire une descente et fa-
» voriser l'insurrection. Le duc d'Enghien fixa son séjour, sous la
» protection du margrave de Bade, au château d'Étenheim, afin
» sans doute d'être toujours prêt à se mettre à la tête des royalistes
» de l'Est, ou même, si l'occasion s'en présentait, de ceux de Paris. »
Ce sont les propres termes de sir Walter Scott. Il n'est pas douteux que le comte d'Artois approuvait l'entreprise, et que même
il avait pris l'engagement de venir dans la capitale. Pendant que
les princes français attendaient, sur les frontières, l'effet des sou-
lèvemens intérieurs, Pichegru, Georges Cadoudal et environ
trente autres royalistes déterminés débarquaient secrètement en
France et se dirigeaient vers la capitale. Nul doute que ces agens,
et Georges en particulier, ne vissent dans Bonaparte le plus grand
obstacle à leur entreprise, et qu'ils n'eussent résolu d'abord de
l'assassiner. Constamment dans la compagnie de Georges, Pichegru était assurément instruit de son projet. On reconnut qu'il
fallait peu compter sur la réussite, à moins que Moreau n'entrât
dans la conspiration. Pichegru entreprit de rendre Moreau favorable à l'entreprise des royalistes (2).

» Deux individus, liés avec ces deux généraux, l'abbé David et
le général Lajolais, leur servirent d'intermédiaires; ils firent des
voyages de Paris à Londres. D'après les assurances par eux données du concours de Moreau, l'expédition contre Bonaparte fut
décidée.

» Les avertissemens arrivant de toutes parts, il semblait que
le premier consul ne pouvait être pris au dépourvu. Il savait depuis long-temps que le cabinet britannique était capable de se
porter envers lui à toutes les extrémités. La police française avait

(1) *Vie de Napoléon*, t. v, p. 88.
(2) *Vie de Napoléon*, p. 89.

à sa solde dans Londres même, des émigrés et des espions anglais qui lui fournissaient des renseignemens précieux sur les complots tramés contre le gouvernement consulaire. C'étaient les smogleurs qui transportaient la correspondance et les espions ; leur rendez-vous était à Dunkerque (1). On en arrêtait, il ne se trouvait parmi eux aucun homme de marque. On connaissait leurs mauvaises intentions, mais on ne pouvait pénétrer leurs véritables projets. La police semblait être aux abois.

» Georges, avec un premier peloton de ses officiers, partit de Londres sur un bâtiment de la marine royale commandé par le capitaine Wright. Il les débarqua, le 3 fructidor an XI, à la falaise de Béville. Un agent expédié à l'avance y avait tout disposé pour leur réception. Les logemens étaient faits jusqu'à Paris, par des routes obscures, chez des paysans isolés. Il y eut d'autres débarquemens du 18 au 28 frimaire an XII. Pichegru, avec les Polignac, de Rivière, Lajolais et plusieurs autres, débarquèrent le 25 nivose. Tout ce monde se rendit à Paris. Ce même jour, dans l'exposé de la situation de la République, on disait : Le gouvernement britannique tentera de jeter, et il a peut-être déjà jeté sur nos côtes quelques-uns de ces monstres qu'il a nourris pendant la paix pour déchirer le sol qui les a vus naître.

» Pour le succès de l'entreprise, Georges avait jugé nécessaire de réunir à Paris une élite de deux ou trois cents hommes. Avant son départ de Londres, il avait envoyé en Bretagne son lieutenant Debar pour les recruter. Depuis son arrivée à Paris, il avait encore expédié Lahaye Saint-Hilaire avec trois cents louis pour accélérer cette levée. Les émissaires avaient eu peu de succès, ils avaient trouvé les chouans apathiques et craintifs. Au commencement de pluviose, Georges n'avait rallié autour de lui qu'une quarantaine d'hommes d'exécution dont la moitié était venue d'Angleterre. Ce mécompte ne l'arrêtait pas ; mais le concours de Moreau était un piont essentiel. Avant d'agir, il fallait s'en assurer.

(1) O'Meara, t. I, p. 232.

Pichegru et Georges l'abordèrent, et ne le trouvèrent pas décidé à les seconder, ainsi qu'on les en avait flattés; il marchanda avec eux. C'était pour eux un grand désappointement. Il ne leur restait plus d'autre parti que de battre en retraite, ou de tenter un coup désespéré.

» L'autorité ne savait encore rien de toutes ces menées. Elle avait des indices, le pressentiment d'une crise, mais elle était loin de soupçonner que Georges et Pichegru fussent à Paris. Les journaux anglais affectaient même de parler de Pichegru et de ses démarches, comme s'il eût été à Londres.

» Dans la nuit du 4 pluviose, le premier consul, comme par inspiration, ordonna la mise en jugement de cinq détenus, faisant, mais à son insu, parti du complot. Deux, entre autres Desol de Grizolles lieutenant de Georges, furent acquittés; Picot et Bourgeois, venus de Londres en même temps que Georges, mais par une autre route, furent condamnés comme espions et exécutés. Le cinquième, nommé Querelle, également condamné à mort, demanda à faire des révélations. Murat, gouverneur de Paris, les reçut. Sur son rapport, le premier consul crut que c'était un conte imaginé dans l'espoir d'une grâce. Il chargea le conseiller d'état Réal d'interroger Querelle; il déclara qu'il avait débarqué avec Georges et plusieurs autres, venus à Paris, avec le projet de tuer le premier consul. Il désigna les lieux par lesquels ils avaient passé et les maisons où ils avaient logé. Il ajouta que Desol de Grizolles, acquitté la veille, était venu au-devant d'eux à Saint-Leu-Taverny, et avait introduit Georges dans Paris. Querelle ne put rien dire de ce que les conjurés avaient fait depuis, parce qu'il avait été arrêté peu de jours après son arrivée, et détenu au secret.

» Des officiers de police furent envoyés à Béville pour vérifier cette déclaration. On amena à Paris un nommé Troche, horloger dans le voisinage. Il se tint d'abord sur la négative. Ensuite il donna les détails des trois débarquemens, les noms des principaux personnages, excepté celui de Pichegru qu'on n'avait nommé devant lui que *le général;* l'autorité ne soupçonna donc pas encore qu'il fût à Paris. Troche annonça un prochain et quatrième débarquement.

» Savary fut envoyé à Béville pour le surprendre. On aperçut en effet un brick anglais qui louvoyait. Mais ayant reçu probablement quelques avis de la côte, ou voyant que les signaux étaient mal répondus, il s'éloigna et disparut. La ligne d'étapes et des logemens fut explorée et reconnue exacte. Plusieurs individus furent arrêtés. L'un d'eux, Danouville, amené au Temple, s'y pendit le jour même de son arrivée.

» Murat fut investi du commandement des troupes de la première division, de la garnison et de la garde nationale de Paris, avec le titre de gouverneur, correspondant directement avec le premier consul. La police manquant de nerf et d'habileté depuis la suppression du ministère chargé de ce département, le conseiller d'état Réal connu par son activité et sa pénétration, fut attaché au département du grand-juge ministre de la justice et spécialement chargé de l'instruction et de la suite de toutes les affaires relatives à la tranquillité et à la sûreté intérieure de la République (1). Ces dispositions annonçaient un danger et que le gouvernement était sur ses gardes.

» Les perquisitions redoublèrent dans Paris; on parvint à arrêter d'abord trois individus, parmi lesquels était Picot, domestique de Georges; ensuite Coster et Roger Saint-Victor, un des complices de la machine infernale; enfin, en moins de quinze jours, une bonne partie des autres conjurés. Jusqu'au 22 pluviose, il n'y avait pas encore pour l'autorité d'autre chef connu que Georges.

» Ce jour-là, Bouvet de Lozier fut arrêté. Il se pendit de désespoir dans sa prison; on accourut à temps pour lui sauver la vie. Au milieu d'exclamations incohérentes, il parla de Moreau, de Pichegru; il accusa Moreau d'être la cause de la perte du parti royaliste. Quand il eut tout à fait recouvré ses sens, Bouvet de Lozier fit une déclaration au grand-juge (le 24). Il en résultait

---

(1) Arrêtés des 24 nivose et 11 pluviose.

que Moreau avait promis de se réunir à la cause des Bourbons; que les royalistes étant venus à Paris, il s'était rétracté; qu'il leur avait proposé de travailler pour lui et de le faire nommer dictateur. Le général Lajolais avait été et était encore l'intermédiaire entre Moreau et Pichegru. Ces deux généraux avaient eu des entrevues, et Georges s'y était trouvé.

« Comment, dit le premier consul, Moreau s'est-il engagé dans » une telle affaire? Le seul homme qui pût me donner des inquié- » tudes, le seul qui pût avoir des chances contre moi, se perdre » si maladroitement! J'ai une étoile. »

» On proposa l'arrestation de Moreau. Le premier consul s'y refusa. « Moreau, dit-il, est un homme trop important; il m'est » trop directement opposé; j'ai un trop grand intérêt à m'en » défaire pour m'exposer ainsi aux conjectures de l'opinion. — » Mais pourtant, répondit-on, si Moreau conspire avec Pichegru? » — Alors c'est différent, répliqua le premier consul. Prouvez- » moi que Pichegru est ici et je signe aussitôt l'arrestation de » Moreau. » Un frère de Pichegru, un ancien moine, habitait Paris. Il fut interrogé, et avoua qu'il avait tout récemment vu son frère. Il n'en fallut pas davantage, Moreau fut arrêté (1).

» Le premier consul convoqua un conseil privé, et lui donna connaissance de tout ce qui concernait la conspiration. Il y eut des avis pour traduire les prévenus devant une commission militaire, en finir le plus tôt possible, et frapper comme la foudre. Le premier consul ne le voulut pas, et décida que le procès serait suivi dans les formes et devant les tribunaux ordinaires. Trouvant qu'il n'y avait personne trop élevé en dignité pour un général tel que Moreau et une affaire aussi grave, il chargea le grand-juge d'aller, accompagné de Locré, secrétaire général du conseil d'état, l'interroger, et lui dit : « Monsieur Régnier, avant tout in- » terrogatoire, voyez si Moreau veut me parler ; mettez-le dans » votre voiture et amenez-le moi; que tout se termine entre nous » deux; » et lui répéta trois fois cet avertissement en ajoutant :

---

(1) Las Cases, t. VII, p. 520.

» Vous m'entendez ? » Lorsque le grand-juge revint rendre compte de l'interrogatoire, le premier consul lui demanda avant tout : « Eh bien ! Moreau ? me l'amenez-vous ? — Non, il ne m'a pas » demandé à vous voir. — Voilà ce que c'est, répliqua le premier » consul, en se tournant vers une personne présente à ce colloque, » que d'avoir affaire à un imbécile ! » Si le grand-juge avait compris sa mission, l'intention du premier consul était, dit-on, après avoir eu une explication avec Moreau, de le renvoyer chez lui.

» Dans son interrogatoire, le général nia connaître la présence de Georges et de Pichegru à Paris, par conséquent qu'il les eût vus, et encore plus qu'il fût instruit de leurs projets. Si l'on n'avait pu saisir ces deux personnages qui n'étaient pas arrêtés, Moreau aurait eu beau jeu pour crier à la calomnie.

» Pour éclairer Paris et la France, le gouvernement donna de la publicité à ces manœuvres criminelles. Une grande conspiration fut annoncée ; son but était l'assassinat du premier consul et la contre-révolution. Ses chefs étaient Georges Cadoudal, chef de chouans, Pichegru et Moreau. C'était en Angleterre, que la conspiration avait été ourdie ; c'était le cabinet anglais qui l'avait excitée et dirigée ; c'était lui qui avait fourni aux conjurés des armes, de l'argent, tous les moyens d'exécution. Ils avaient traversé la mer sur des bâtimens anglais, débarqué sur les côtes de France, et s'étaient rendus à Paris d'après un itinéraire tracé d'avance ; ils avaient eu des conférences avec Moreau ; il était arrêté ainsi que Lajolais, principal intermédiaire entre ce général et Pichegru ; on était à la poursuite de celui-ci et de Georges (1)

» Moreau conspirateur ! c'est impossible. Conspirateur avec

---

(1) *Rapport au premier consul, par le grand-juge ministre de la justice (Régnier), communiqué le 27 pluviose an XII (17 février 1804), au sénat, au corps législatif et au tribunat.*

« Citoyen premier consul, de nouvelles trames ont été ourdies par l'Angleterre ; elles l'ont été au milieu de la paix qu'elle avait jurée ; et quand elle violait le traité d'Amiens c'était bien moins sur des forces qu'elle comptait que sur le succès de ses machinations.

» Mais le gouvernement veillait : l'œil de la police suivait tous les pas des

Georges et Pichegru, et pour la contre-révolution ! Jamais on ne persuadera qu'il ait pu jusqu'à ce point souiller sa gloire, flétrir ses lauriers. Moreau arrêté ! Bonaparte a conjuré la perte d'un illustre guerrier dont il envie la renommée, d'un grand citoyen dont les sentimens républicains l'importunent. Georges et Pichegru à Paris ! c'est insulter par une fable grossière au bon sens du public. Voilà ce qu'opposaient certaines personnes au rapport du grand-juge. L'instruction du procès apprendra ce qu'il faut croire.

» Des orateurs du gouvernement communiquèrent ce rapport aux grands corps de l'état. Au tribunat, Moreau, frère du général, déclara avec le sentiment de la plus vive douleur qu'il était

agens de l'ennemi ; elle comptait les démarches de ceux que son or ou ses intrigues avaient corrompus.

» Déjà sans doute on s'imaginait à Londres entendre l'explosion de cette mine qu'on avait creusée sous nos pas ; on y semait du moins les bruits les plus sinistres, et l'on s'y repaissait des plus coupables espérances.

» Tout à coup les artisans de la conspiration sont saisis ; les preuves s'accumulent, et elles sont d'une telle force, d'une telle évidence, qu'elles porteront la conviction dans tous les esprits.

» Georges et sa bande d'assassins étaient restés à la solde de l'Angleterre ; ses agens parcouraient encore la Vendée, le Morbihan, les Côtes-du-Nord, et y cherchaient en vain des partisans que la modération du gouvernement et des lois leur avait enlevés.

» Pichegru, dévoilé par les événemens qui précédèrent le 18 fructidor an v, dévoilé surtout par cette correspondance que le général Moreau avait adressée au directoire, Pichegru avait porté en Angleterre sa haine contre sa patrie.

» En l'an VIII il était avec Millot à la suite des armées ennemies pour se rallier aux brigands du Midi.

» En l'an IX il conspirait avec le comité de Bareuth.

» Depuis la paix d'Amiens il était encore le conseil et l'espoir des ennemis de la France.

» La perfidie britannique associe Georges à Pichegru, l'infâme Georges à ce Pichegru que la France avait estimé, qu'elle avait voulu longtemps croire incapable d'une trahison.

» En l'an XI, une réconciliation criminelle rapproche Pichegru et le général Moreau, deux hommes entre lesquels l'honneur devait mettre une haine éternelle. La police saisit à Calais un de leurs agens au moment où il retournait pour la seconde fois en Angleterre : cet homme est sous sa main avec toutes les pièces qui constatent la réalité d'un raccommodement inexplicable alors si les nœuds n'en avaient pas été formés par le crime.

» À l'arrestation de cet agent le général Moreau paraît un moment agité ; il fait des démarches obscures pour s'assurer si le gouvernement est instruit ; mais tout se tait, et lui-même, rendu à sa tranquillité, il tait au gouvernement un événement innocent de toutes les atrocités qu'on lui imputait, qu'il se justifierait si on lui en donnait les moyens, et demanda qu'on apportât au jugement du général la plus grande solennité. Le conseiller d'état Treilhard donna l'assurance que les prévenus auraient pour leur défense la plus grande latitude.

» Le sénat, le corps législatif, le tribunat, vinrent exprimer au premier consul les sentimens dont ils étaient animés. Le président du corps législatif, Fontanes, se supassa, s'il est possible :

« Trente millions de Français, dit-il, frémissant pour une vie
» où leurs espérances sont attachées, se lèvent pour la défendre...
» Oui, j'en atteste toute la France, elle ne voit son salut que dans
» vous; elle ne veut reprendre, dans l'ordre des choses passées,

qui a droit d'alarmer sa surveillance; il le tait lors même que Pichegru est appelé publiquement aux conseils du ministère britannique, lorsqu'il s'unit avec éclat aux ennemis de la France.

» Le gouvernement ne voulait voir dans son silence que la crainte d'un aveu qui l'aurait humilié, comme il n'avait vu dans son éloignement de la chose publique, dans ses liaisons équivoques, dans ses discours plus qu'indiscrets, que de l'humeur et un vain mécontentement.

» Le général Moreau, qui devait être suspect puisqu'il traitait secrètement avec l'ennemi de sa patrie; qui, sur ce soupçon plus que légitime, eût été arrêté à toute autre époque, jouissait tranquillement de ses honneurs, d'une fortune immense, et des bienfaits de la République. Cependant les événemens se pressent : Lajolais, l'ami, le confident de Pichegru, va furtivement de Paris à Londres, et revient de Londres à Paris, porte à Pichegru les pensées du général Moreau, rapporte au général Moreau les pensées et les desseins de Pichegru et de ses associés. Les brigands de Georges préparent dans Paris même tout ce qui est nécessaire à l'exécution des projets communs.

» Un lieu est assigné entre Dieppe et Tréport, loin de toute inquiétude et de toute surveillance, où les brigands de l'Angleterre, conduits par des vaisseaux de guerre anglais, débarquent sans être aperçus, où ils trouvent des hommes corrompus pour les recevoir, des hommes payés pour les guider pendant la nuit de stations en stations convenues, et les amener jusqu'à Paris.

» A Paris, des asiles leur sont ménagés dans des maisons louées d'avance, où sont des gardiens affidés; ils en ont dans plusieurs quartiers, dans plusieurs rues : à Chaillot, dans la rue du Bac, dans le faubourg Saint-Marceau, dans le Marais.

» Un premier débarquement est opéré; c'était Georges avec huit de ses brigands.

» Georges retourne sur les côtes pour assister au débarquement de Coster Saint-Victor (condamné par le jugement rendu sur l'affaire du 3 nivose) et de dix autres brigands.

» Dans les premiers jours de ce mois, un troisième débarquement a lieu : c'est Pichegru, Lajolais, Armand-Gaillard, frère de Raoul, Jean-Marie, un des

» que ce qui sera jugé par vous-même utile et nécessaire à l'ordre
» présent... Un grand exemple doit être donné : une poignée de
» brigands va rendre compte de tous les maux qu'elle préparait,
» en voulant nous enlever l'auteur de toutes nos prospérités. On
» est frappé de terreur en songeant qu'un poignard dans la main
» d'un scélérat obscur pouvait abattre un grand homme, et mettre
» en deuil tout l'empire dont il est l'appui... Tous les crimes se-
» ront inutiles contre une vie si miraculeusement protégée. Rien
» n'interrompra vos desseins : vous suivrez tranquillement le cours
» de vos destinées qui semblent entraîner celles de l'univers. La
» nouvelle époque du monde que vous devez fixer aura le temps
» de recevoir de vous son éclat, son influence et sa grandeur. »

premiers affidés de Georges, et quelques autres brigands de cette espèce. Georges, avec Joyau, dit d'Assas, Saint-Vincent, et Picot, dit le Petit, allèrent au-devant de ce troisième débarquement; la réunion se fit à la ferme de la Poterie.

» Un quatrième débarquement est attendu; les vaisseaux sont en vue; mais les vents contraires les empêchent d'approcher ; il y a peu de jours encore qu'ils faisaient des signaux de reconnaissance.

» Georges et Pichegru arrivent à Paris; ils sont logés dans la même maison, entourés d'une trentaine de brigands auxquels Georges commande; ils voient le général Moreau; on connaît le lieu, le jour, l'heure où la première conférence s'est tenue. Un second rendez-vous était convenu, et ne s'est pas réalisé. Un troisième, un quatrième ont eu lieu dans la maison même du général Moreau.

» Cette présence de Georges et de Pichegru à Paris, ces conférences avec le général Moreau sont constatées par des preuves incontestables et multipliées. Les traces de Georges et de Pichegru sont suivies de maison en maison : ceux qui ont aidé à leur débarquement; ceux qui, dans l'ombre de la nuit, les ont conduits de poste en poste; ceux qui leur ont donné asile à Paris, leurs confidens, leurs complices, Lajolais, leur principal intermédiaire, le général Moreau sont arrêtés; les effets et les papiers de Pichegru sont saisis, et la police suit ses traces avec une grande activité.

» L'Angleterre voulait renverser le gouvernement, et par ce renversement opérer la ruine de la France, et la livrer à des siècles de guerre civile et de confusion. Mais renverser un gouvernement soutenu par l'affection de trente millions de citoyens, et environné d'une armée forte, brave, fidèle, c'était une tâche à la fois au-dessus des forces de l'Angleterre et de celle de l'Europe; aussi l'Angleterre ne prétendait-elle y parvenir que par l'assassinat du premier consul et en couvrant cet assassinat de l'ombre d'un homme que défendait encore le souvenir de ses services.

» Je dois ajouter que les citoyens ne peuvent concevoir aucune inquiétude : la plus grande partie des brigands est arrêtée; le reste en fuite, et vivement poursuivi par la police. Aucune classe de citoyens, aucune branche de l'administration n'est atteinte par aucun indice, par aucun soupçon. »

« Depuis le jour où je suis arrivé à la première magistrature, répondit le premier consul, un grand nombre de complots ont été formés contre ma vie. Nourri dans les camps, je n'ai jamais mis aucune importance à des dangers qui ne m'inspirent aucune crainte.

» Mais je ne puis me défendre d'un sentiment profond et pénible lorsque je songe dans quelle situation se trouverait aujourd'hui ce grand peuple si le dernier attentat avait pu réussir ; car c'est principalement contre la gloire, la liberté et les destinées du peuple français que l'on a conspiré.

» J'ai depuis long-temps renoncé aux douceurs de la condition privée ; tous mes momens, ma vie entière sont employés à remplir les devoirs que mes destinées et le peuple français m'ont imposés.

» Le ciel veillera sur la France, et déjouera les complots des méchans. Les citoyens doivent être sans alarmes : ma vie durera tant qu'elle sera nécessaire à la nation. Mais ce que je veux que le peuple français sache bien, c'est que l'existence, sans sa confiance et sans son amour, serait pour moi sans consolation et n'aurait plus aucun but. »

» L'exemple donné par le président du corps législatif fut suivi par toute la France ; jamais il n'y eut un concert plus unanime d'indignation contre les conspirateurs, contre l'Angleterre qui les avait vomis de son sein, et de sentimens d'attachement et d'amour pour le chef de l'état.

» Des messes, des prières, des mandemens, des *Te Deum*, des adresses des fonctionnaires, des autorités, du civil et du militaire, des généraux, de tous les corps de terre et de mer, remplirent les pages du *Moniteur* ; n'ayant pu suffire pendant plusieurs mois à rapporter les adresses, il finit par ne les donner qu'en extraits pendant plusieurs mois encore.

» De toutes parts on félicitait le premier consul d'avoir échappé aux poignards, on demandait la punition des coupables. Un seul d'entre eux était encore l'objet de quelques ménagemens. En appelant la vengeance des lois sur la tête de Moreau lui-même s'il était coupable, ou semblait déplorer son sort; et l'opinion, celle de l'armée surtout, se soulevait à l'idée que ce général eût pu entrer dans le complot, et paraissait avoir besoin d'être éclairée sur la culpabilité d'un guerrier illustré par de glorieux services (1).

» Le premier consul ne se le dissimulait pas; il répondit à sa garde et aux troupes de la garnison de Paris, lorsqu'elles vinrent lui offrir de lui faire un rempart de leurs corps : « Les soldats » de la République, qui ont reçu du peuple français l'honorable » mission de la défendre contre ses ennemis, mission dont les ar- » mées se sont acquittées avec autant de gloire que de bonheur, » ont plus de droit que les autres citoyens de s'indigner des tra- » mes que notre plus cruel ennemi avait formées jusqu'au sein de » la capitale. Quels que soient les services rendus par les citoyens, » ils n'en sont que plus coupables lorsqu'ils oublient leurs devoirs » envers leur patrie, et qu'ils ourdissent contre elle des trames » criminelles. Les circonstances actuelles offriront à la postérité » deux inconcevables exemples (2)... J'ai été trois jours sans pou- » voir croire à des trames aussi noires qu'insensées; mais j'ai été » forcé de me rendre à l'évidence des faits, et de ne plus arrêter » la marche de la justice. Jamais sous mon gouvernement, des » hommes quels qu'ils soient, quels que soient les services qu'ils » aient rendus, ne fausseront leurs sermens et ne pratiqueront » impunément des liaisons avec les ennemis de la France... »

» Le sénat délibéra, le 8 ventose, un sénatus-consulte portant

---

(1) » Adresse du général Dessolles, ami de Moreau. Il y en avait aussi où l'amitié était moins scrupuleuse. Mathieu Dumas, conseiller d'état, chef de l'état-major à Ostende, disait dans un ordre du jour, 30 pluviose : « L'armée verra avec étonnement, mais avec la plus vive indignation, que le général Moreau, qui lui-même proclama la trahison de Pichegru, ait souillé sa gloire jusqu'à s'associer, non-seulement avec ce général transfuge, soldé par l'ennemi, avili jusqu'à servir ces princes armés contre leur pays et portant comme eux depuis plusieurs années la cocarde anglaise; mais encore avec Georges, le chef des assassins et le principal instrument de l'Angleterre dans le complot de la machine infernale *. »

(2) Moreau et Pichegru.

* *Moniteur* du 3 nivose.

que les fonctions du jury seraient suspendues pendant le cours des ans xii et xiii dans tous les départemens pour le jugement des crimes de trahison, d'attentat contre la personne du premier consul, et autres contre la sûreté intérieure et extérieure de la République ; que les tribunaux criminels seraient, à cet effet, organisés conformément aux dispositions de la loi du 23 floréal an x, sans préjudice du pourvoi en cassation. Ainsi une conspiration avortée contre l'état et son chef en faisait réussir une contre une institution qu'on avait accoutumé la nation à regarder comme une des plus fortes garanties de la sûreté personnelle !

» Les aveux de Lajolais, général de brigade, depuis long-temps attaché à Pichegru, jetèrent un grand jour sur cette affaire. Il savait depuis long-temps que ce général et Moreau étaient réconciliés. Moreau lui avait témoigné le désir d'avoir une entrevue avec Pichegru. Lajolais alla en Angleterre exprès pour le lui dire. Pichegru répondit qu'il saisirait la première occasion d'un rapprochement. Elle ne tarda pas à se présenter. Ils partirent ensemble d'Angleterre et arrivèrent en France sur le bâtiment du capitaine Wright. Lajolais quitta le général en route, pour le précéder à Paris. Pichegru le fit avertir de son arrivée dans cette ville ; il logeait à Chaillot. A trois reprises eurent lieu des conférences entre Pichegru et Moreau : la première sur le boulevard de la Madeleine, la deuxième et la troisième dans la maison même de Moreau. Lajolais avait été l'intermédiaire des deux premières entrevues ; et pour la troisième, Fresnières, secrétaire de Moreau, était allé chercher Pichegru, logé chez Rolland, et l'avait emmené dans le cabriolet de cet individu. Lajolais n'avait point assisté à ces entrevues ; mais en revenant de la dernière, Pichegru dit d'un air mécontent, en parlant de Moreau : « Il paraît que ce » b.....-là a aussi de l'ambition et qu'il voudrait régner. Eh bien ! » je lui souhaite beaucoup de succès ; mais, à mon avis, il n'est » pas en état de gouverner la France pendant deux mois. » Pichegru et Georges s'étaient vus à Paris. Lajolais savait, par les affidés du chef de chouans, que son projet était de tuer le premier consul. Joyau, dit Villeneuve, aide-de-camp de Georges, avait fait sonder les dispositions de Moreau par Fresnières et n'en avait obtenu que des réponses évasives (1).

» Rolland convint d'abord qu'il avait logé chez lui Pichegru son ami, et sur tout le reste prétendit ne rien savoir (2) ; mais il finit par faire des aveux. Il avait été l'intermédiaire d'une entrevue entre ce général et Moreau. Comme ils n'étaient pas tombés d'accord, il alla le lendemain, de la part de Pichegru, demander à Moreau si décidément il voulait conduire un mouvement royaliste, ou, dans le cas contraire, et le mouvement se faisant, s'il voulait s'engager à mettre l'autorité en des mains légitimes. Le général répondit : « Je ne puis me mettre à la tête d'aucun mou-
» vement pour les Bourbons. Un essai semblable ne réussirait
» pas. Si Pichegru fait agir dans un autre sens, et dans ce cas je
» lui ai dit qu'il faudrait que les consuls et le gouverneur de Pa-
» ris disparussent, je crois avoir un parti assez fort dans le sénat
» pour obtenir l'autorité : je m'en servirai aussitôt pour mettre
» tout le monde à couvert, ensuite de quoi l'opinion dictera ce
» qu'il conviendra de faire : mais je ne m'engagerai à rien par
» écrit. » Il ajouta que depuis la première ouverture de Pichegru, il avait parlé à plusieurs de ses amis (3).

» Muni de tous ces renseignemens, le grand-juge retourna interroger Moreau. Un mandat d'arrêt avait été décerné contre Fresnières, son secrétaire. Le général le crut arrêté. Persistant dans son système de dénégation, il convint seulement que Fresnières, l'avait sondé de la part de quelqu'un pour savoir s'il ne prendrait pas d'engagement avec les princes français ; mais qu'il avait repoussé cette ouverture comme une haute folie, et qu'on ne lui avait parlé ni de Georges, ni de qui que ce fût (4).

» Le 8 ventose, à trois heures du matin, Pichegru fut arrêté rue de Chabanais. Il était à Paris depuis le 4 pluviose ; il avait souvent changé de maison. Plusieurs de ses gîtes lui avaient coûté

(1) » Interrogatoires des 25, 26, 27 et 30 pluviose.
(2) » Interrogatoire du 25.
(3) » Interrogatoire du 29 pluviose.
(4) » Interrogatoire du 29 pluviose.

douze ou quinze mille francs. Il fut trahi, dit-on, par un de ses anciens amis qui offrit de le livrer pour une somme de cent mille francs qui lui fut comptée (1). Six gendarmes d'élite et un agent de police entrèrent si brusquement dans sa chambre, qu'il fut surpris endormi dans le lit de Leblanc, un de ses amis et aide-de-camp, qu'il n'eut pas le temps de faire usage des pistolets et du poignard qui étaient sur sa table de nuit. Il essaya cependant de se défendre. Sa présence à Paris n'était donc pas un roman. Son arrestation déconcerta un peu ceux qui avaient intérêt à jeter du doute sur l'existence de la conspiration. Interrogé par le conseiller d'état Réal, Pichegru se renferma imperturbablement dans un système de dénégation des faits les plus avérés. Il nia savoir que Georges était en France, et s'étonna de voir accoler son nom à celui de *cet homme-là*. Il nia avoir vu Moreau, et s'étonna qu'on le crût réconcilié avec le général, quand ils ne s'étaient pas arrangés ensemble comme cela a lieu entre militaires. Enfin il donna pour motif de son retour en France que, fatigué d'un éloignement aussi prolongé de son pays, des calomnies des journaux français sur son compte, qui disaient qu'il était à la tête, tantôt des armées de l'étranger, tantôt de ses conseils, il avait cru ne pouvoir mieux faire que de revenir en France (2). Singulier prétexte de la part d'un traître qui ne pouvait espérer un pardon !

» Le premier consul dit à Réal : « Revoyez Pichegru ; avant de
» faire une faute, il a servi et honoré son pays par des victoires.
» Dites-lui que ceci n'est qu'une bataille perdue ; je n'ai pas be-
» soin de son sang, mais il ne pourrait rester en France. Causez
» avec lui sur Cayenne ; que pourrait-on faire de cette colonie ?
» Je me fierais à lui, et il y serait sur un bon pied. Mais ne pro-
» mettez rien, ne vous engagez à rien. »

» Dans une conversation avec Pichegru, Réal jeta des insinuations sur cet objet. Le général les reçut fort bien, sans cependant montrer une grande confiance dans cette perspective flatteuse. Il

---

(1) » O'Meara, t. I, p. 419.
(2) » Interrogatoire du 8 ventose.

traita la question de Cayenne en homme qui avait étudié le pays. Cette communication n'eut aucun résultat.

» Georges, le plus audacieux des conjurés, et plusieurs de ses complices, avaient échappé jusqu'alors à l'activité de la police. En vain elle avait renouvelé l'ordre aux citoyens qui auraient des étrangers logés chez eux, de les déclarer dans les vingt-quatre heures de leur arrivée. Le gouvernement crut devoir effrayer les réceleurs par une mesure extraordinaire. Il présenta au corps législatif un projet de loi portant que le recèlement de Georges et des soixante brigands actuellement cachés dans Paris ou les environs, soudoyés par l'Angleterre pour attenter à la vie du premier consul et à la sûreté de la République, serait jugé et puni comme le crime principal.

» Le projet définissait le délit de recèlement, sa peine, et promettait à ceux qui se conformeraient à la loi dans le délai prescrit qu'ils ne seraient point poursuivis.

» Le président Fontanes, en répondant à la communication de ce projet de loi, le proclama une véritable mesure de salut public.

» Il fut unanimement adopté par le tribunat et par le corps législatif, Siméon en fut le rapporteur. Écoutons tonner alors contre les conspirateurs un homme qui ne passait ni pour enthousiaste ni pour révolutionnaire : « Jusqu'à quand, dit-il, souffrirons-nous
» de si épouvantables outrages? et parce que le ciel veille sur
» nous, négligerons-nous les moyens qu'il a mis en notre pou-
» voir? On veut nous arracher le chef que nous nous sommes
» donné... Une poignée de vils assassins est jetée au milieu de
» nous; de nous, Français, accoutumés à couvrir de notre corps
» notre ennemi que l'on voudrait frapper sans défense; et des
» scélérats lâchement armés contre notre bienfaiteur, contre
» notre vengeur, contre notre chef enfin, trouveraient des asiles !
» Combien nous est nécessaire cette vie que nos ennemis trouvent
» trop longue avant même qu'elle ne soit à son midi! Ah! qu'elle
» soit défendue de toute la force d'une nation qui s'honore et
» s'aime elle-même dans son chef, de toute la majesté des lois qui
» consacrent le magistrat suprême *comme l'image de la Divinité*,

» et qui punissent ceux qui élèvent contre lui des mains parricides,
» comme d'impies sacriléges ; qu'elle soit conservée par cette pro-
» vidence qui fit luire le 18 brumaire et les jours de restauration
» qui l'ont suivi. C'est pour nous tous, pour le salut de la France
» entière, que nous la remercierons, l'implorerons et lui deman-
» derons d'achever ses desseins et de protéger son ouvrage. »

» Informé par le corps législatif que le projet venait d'être adopté, le tribunat, sur la proposition de Gary, émit le vœu que cette loi fût promulguée dans le jour et qu'on l'envoyât porter au premier consul par une députation,

» Des factionnaires furent placés le long des murs de Paris; personne ne pouvait de nuit passer par les barrières. Le jour, des officiers de police, des adjudans de police et des gendarmes vérifiaient les passeports, et reconnaissaient tous les individus sortans, pour s'assurer que les assassins ne s'échapperaient pas. Le signalement de Georges Cadoudal et de ses complices fut affiché (1).

» La loi portée contre les recéleurs produisit son effet ; ils prirent l'épouvante ; les conjurés furent obligés d'errer pour ainsi dire sans pouvoir trouver un asile. Un officier de paix, Petit, avait découvert qu'un cabriolet devait, le 18 ventose, vers sept heures du soir, aller chercher Georges et quelques autres individus de sa bande. Il disposa ses inspecteurs de police et suivit ce cabriolet depuis le pont des Tuileries jusque vis-à-vis du Panthéon. Comme le cabriolet allait extrêmement vite, il ne put arriver qu'avec Destavigny, son collègue, et trois de ses agens. Au moment même, Georges se précipita dans le cabriolet avec Léri-

(1) « Cinq pieds quatre pouces, extrêmement puissant et ventru, épaules larges, d'une corpulence énorme, tête remarquable par sa prodigieuse grosseur. Cou très-court, poignet fort, doigts courts et gros, jambes et cuisses peu longues. Le nez écrasé et comme coupé dans le haut, large du bas; yeux gris dont un sensiblement plus petit que l'autre; sourcils légèrement arqués et séparés. Cheveux châtain clair, assez fournis, coupés très-court, ne frisant point, excepté le devant où ils sont plus longs. Teint frais, blanc et coloré ; joues pleines et sans rides. Bouche bien faite, dents très-blanches, barbe peu garnie, favoris presque roux, assez fournis, ni larges ni longs, menton renfoncé. Marchant en se balançant, les bras tendus, les mains en dehors. Sans accent, voix douce.

dan, et sans attendre Durban, qui devait monter avec lui, il partit aussitôt en traversant la rue Saint-Jacques et descendant la rue Saint-Hyacinthe, la place Saint-Michel et la rue de la Liberté. Petit et trois de ses agens suivirent à toute course le cabriolet qui descendait rapidement. Georges, ayant aperçu par le vasistas des hommes en sueur qui couraient auprès de la voiture, dit à son conducteur de fouetter fort et d'aller encore plus vite. Au moment où le cabriolet entrait dans la rue des Fossés-Monsieur-le-Prince, l'inspecteur de police Calliol, arrivé le premier, saisit le cheval par la bride; Buffet, autre inspecteur, s'avança bientôt pour regarder dans la voiture. Georges, de deux coups de pistolets tirés en même temps, renversa Buffet raide mort et blessa très-grièvement Calliol. Aussitôt Georges et Léridan sautèrent du cabriolet, l'un à gauche, l'autre à droite; le troisième inspecteur courut après Léridan. Petit saisit Georges au collet et fut aussitôt assisté par Destavigny; mais ils auraient eu de la peine à contenir Georges qui avait encore son poignard, si Thomas, chapelier, ne se fût précipité sur lui, tandis que les frères Lamotte le désarmaient. Plusieurs citoyens, et notamment Coquelais et Langlumé, de la rue Thionville, prêtèrent main-forte. Georges fut lié et transféré à la préfecture de police.

» Le premier consul ordonna que les enfans d'Étienne Buffet et de Calliol seraient élevés aux frais de l'état; qu'il serait fait une enquête authentique pour découvrir le nom des citoyens qui, dans cette circonstance, avaient manifesté leur courage et leur dévouement, et qu'ils seraient récompensés par des distinctions d'honneur. Tout ce qui fut pris sur Georges montant à une valeur de soixante à quatre-vingt mille francs, fut donné à la veuve et aux enfans de Buffet.

» La présence de Georges à Paris n'était donc pas non plus un roman, et son arrestation suivant de près celle de Pichegru, dissipait tous les nuages jetés par la malveillance sur l'existence de la conspiration.

» Les complices de Georges furent successivement arrêtés à Paris et dans les départemens où ils s'enfuyaient en se sauvant de la capitale. On trouva sur Villeneuve un passeport de lord Pelham pour sortir d'Angleterre et y rentrer, avec une recommandation à toutes les stations, à tous les commandans. Il y eut de ces individus qui soutinrent des combats avec la gendarmerie. Deville fut exécuté; Armand Gaillard eut sa grâce; Raoul Gaillard se brûla la cervelle pour ne pas se laisser prendre. Des citoyens de diverses communes près Pontoise avaient concouru à leur arrestation. Le premier consul ordonna qu'ils lui fussent présentés; que Cousin, l'un d'eux, serait admis dans la Légion-d'Honneur, et que les sommes saisies sur les deux brigands seraient données à la commune de Mériel, pour être employées à des objets d'utilité publique; car tous les conspirateurs étaient venus d'Angleterre abondamment pourvus.

» Dans son interrogatoire, Georges ne dissimula point. Le chef de chouans, fidèle à son rôle, conserva son caractère, à la différence des deux généraux républicains, dont l'attitude se ressentait de la fausseté de leur situation; il avoua hautement qu'il était venu à Paris de concert avec les princes français pour tuer le premier consul et rétablir les Bourbons. Il nia seulement, et par générosité, d'avoir communiqué ses projets à Moreau, qu'il n'avait ni vu ni connu; et à Pichegru, qu'il n'avait vu que deux ou trois fois à Londres, et avec lequel il n'avait eu aucun rapport en France. Il ne devait agir que lorsqu'un des princes serait arrivé à Paris. Du reste, il ne nomma, il ne compromit personne.

» La veille de l'arrestation de Georges, le juge instructeur se présenta pour interroger Moreau. Il persista dans les réponses qu'il avait faites, les 25 et 29 pluviose, au grand-juge, et demanda qu'il fût sursis à toute nouvelle interpellation jusqu'au lendemain sept heures du soir, ce qui lui fut accordé (1).

» La demande de ce délai avait pour but d'attendre l'effet que produirait sur le premier consul une lettre que Moreau venait de lui écrire. Qu'il eût cédé aux conseils de ses amis, à des suggestions du palais consulaire, ou à ses propres terreurs, le général

(1) « Interrogatoire du 17 ventose. »

qui depuis trois ans refusait de fléchir devant le pouvoir, qui, au moins confident de trames ourdies pour le renverser, avait nié obstinément d'y avoir pris part ni d'en avoir eu connaissance, descendit de la hauteur où il s'était placé, essaya de se justifier et demanda grâce.

» D'abord il rappelait ses anciens rapports avec Pichegru, non plus dans les termes peu favorables de ses lettres au directoire, des ans v et vii; il cherchait au contraire à atténuer la trahison de ce général. Quant à la conspiration, Moreau répétait et affirmait qu'il n'y avait pas eu la moindre part. Pendant les deux dernières campagnes et depuis la paix, il lui avait bien été fait des ouvertures pour le mettre en relation avec les princes français, mais il avait trouvé cela si ridicule qu'il n'y avait pas même fait de réponse. Il ne concevait pas comment une poignée d'hommes épars pouvait espérer de changer la face de l'état, et de remettre sur le trône une famille que les efforts de toute l'Europe et la guerre civile réunis n'avaient pu parvenir à y placer; et qu'on pût le croire assez déraisonnable pour y perdre le fruit de tous ses travaux. Quelque proposition qui lui eût été faite, il l'avait donc repoussée par opinion et regardée comme la plus insigne de toutes les folies. Mais une délation répugnait trop à son caractère; presque toujours jugée avec sévérité, elle devenait odieuse et imprimait un sceau de réprobation sur celui qui s'en était rendu coupable vis-à-vis de personnes à qui on devait de la reconnaissance, et avec qui on avait eu d'anciennes liaisons d'amitié; le devoir même pouvait quelquefois céder au cri de l'opinion publique.

» On avait donc tiré des inductions bien fausses et bien hasardées de démarches et d'actions qui, peut-être imprudentes, étaient loin d'être criminelles; et il ne doutait pas que si on lui eût fait demander sur la plupart de ces faits des explications qu'il se serait empressé de donner, elles n'eussent évité au premier consul le regret d'ordonner sa détention, et à lui l'humiliation d'être dans les fers, peut-être d'être obligé d'aller devant les tribunaux dire qu'il n'était pas un conspirateur, et d'appeler à l'appui de sa justification, une probité de vingt-cinq ans qui ne s'était jamais démentie, et les services qu'il avait rendus à son pays.

« Je ne vous parlerai pas de ceux-ci, général, ajoutait Moreau ;
» j'ose croire qu'ils ne sont pas encore effacés de votre mémoire ;
» mais je vous rappellerai que, si l'envie de prendre part au gou-
» vernement de la France avait été un seul instant le but de mes
» services et de mon ambition, la carrière m'en a été ouverte d'une
» manière bien avantageuse quelques instans avant votre retour
» d'Égypte, et sûrement vous n'avez pas oublié le désintéresse-
» ment que je mis à vous seconder au 18 brumaire. Des ennemis
» nous ont éloignés depuis ce temps ; c'est avec bien des regrets
» que je me vois forcé de parler de moi et de ce que j'ai fait ; mais
» dans un moment où je suis accusé d'être le complice de ceux
» que l'on regarde comme agissant d'après l'impulsion de l'An-
» gleterre, j'aurai peut-être à me défendre moi-même des piéges
» qu'elle me tend. J'ai l'amour-propre de croire qu'elle doit
» juger du mal que je puis encore lui faire par celui que je lui ai
» fait.

» Si j'obtiens, général, toute votre attention, alors je ne doute
» plus de votre justice. J'attendrai votre décision sur mon sort
» avec le calme de l'innocence, mais non sans l'inquiétude de
» voir triompher les ennemis qu'aura toujours la célébrité. »

» A travers le vague dont Moreau s'enveloppait dans cette lettre, se trahissaient, malgré lui, son embarras et sa frayeur. Cependant on y voit que des propositions lui avaient été faites de renverser le gouvernement, qu'il ne les avait pas révélées parce qu'il lui répugnait d'être le dénonciateur de Pichegru ; il l'avait bien dénoncé au 18 fructidor ! Il avouait des démarches et des actions peut-être imprudentes ; c'en était assez pour se compromettre, trop peu pour se justifier. Il aurait donné des explications au premier consul s'il les avait demandées : n'était-ce pas au général à les offrir ? Pourquoi ne les avait-il pas offertes au chef de la magistrature envoyé deux fois pour l'interroger ? Pourquoi refusa-t-il de s'expliquer et justifia-t-il les soupçons dont il était l'objet, par son obstination à nier des relations qu'il avouait un mois après? Qu'importaient vingt-cinq ans de probité, de glorieux souvenirs, de désintéressement politique, si l'on avait prêté l'oreille aux conspirateurs et gardé le silence sur leurs complots? Eh quoi! c'étaient des ennemis qui avaient éloigné Moreau du premier consul? Ce n'était donc pas l'amour de la République et de la liberté? Dans cette démarche tardive et maladroite on cherche en vain un grand citoyen, on n'y trouve plus même le grand général.

» La réponse du premier consul fut ce qu'elle devait être, le grand-juge en fut l'interprète :

« Au premier interrogatoire, lorsque la conspiration et la com-
» plicité de Moreau n'avaient point encore été dénoncées aux
» premières autorités et à la France entière, le premier consul
» avait chargé le grand-juge, si le général lui en avait témoigné
» le désir, de le mener à l'heure même devant lui. Il eût pu con-
» tribuer à sauver l'état du danger où il se trouvait encore. Avant
» de saisir la justice, on avait voulu, par un second interrogatoire,
» s'assurer s'il n'y aurait pas possibilité de séparer de cette odieuse
» affaire le nom du général; il n'en avait donné aucun moyen.
» Maintenant que les poursuites juridiques étaient commencées,
» les lois voulaient qu'aucune pièce à charge ou à décharge ne
» pût être soustraite aux regards des juges, et le gouvernement
» avait ordonné de faire joindre la lettre du général à la procé-
» dure (1). »

» Moreau en fut donc pour l'humiliation d'avoir imploré trop tard la clémence du premier consul, qui le renvoya à la justice des tribunaux.

» Les ambassadeurs de toutes les puissances, moins la Russie, firent connaître au premier consul la profonde indignation que leurs gouvernemens avaient éprouvée en apprenant les machinations tramées contre lui, ajoutant qu'ils étaient pénétrés de l'importance dont il était pour la tranquillité de l'Europe qu'il ne s'élevât aucun trouble ni aucune division en France.

(1) « Lettre du 17 ventose. »

» Un événement tragique vint distraire de ce procès l'attention publique, ou plutôt la partager.

» Toutes les déclarations s'étaient accordées sur un projet de destruction violente du premier consul sous les ordres d'un Bourbon, qui serait de sa personne à Paris. On répandait même qu'il y était caché. Le premier consul fit vérifier la situation de tous les membres de la famille. Le comte de Lille et le duc d'Angoulême étaient à Varsovie; le comte d'Artois, les ducs de Berry et d'Orléans, les princes de Condé et de Bourbon, à Londres; le duc d'Enghien à Ettenheim, à une marche du Rhin. L'information sur Ettenheim arriva la première. Un officier de gendarmerie, qui y avait été détaché, écrivit qu'il y avait trouvé le duc, et, trompé par la prononciation allemande, il nomma parmi les officiers de son état-major le général Dumouriez au lieu du général Thumery. On a attribué à ce quiproquo un effet immense, la détermination du premier consul de frapper un grand coup sur le Bourbon qui se trouvait sous sa main. Le nom de Dumouriez ne dut pas être sans influence sur lui; mais son ame était déjà profondément ulcérée par toutes les machinations flagrantes tramées contre sa vie..

» Faisant son plan sur la carte pour l'enlèvement du duc d'Enghien, le premier consul dit à Réal qui venait au travail : « Eh
» bien, monsieur Réal, vous ne me dites point que le duc d'En-
» ghien est à quatre lieues de ma frontière, organisant des com-
» plots militaires... Suis-je donc un chien qu'on peut assommer
» dans la rue?.... tandis que mes meurtriers seront des êtres sa-
» crés! On m'attaque au corps! je rendrai guerre pour guerre!»

» Et à Talleyrand qui entrait : « Que fait donc M. Massias à
» Carlsruhe, lorsque des rassemblemens armés de mes ennemis
» se forment à Ettenheim? Je saurai punir leurs complots; la tête
» du coupable m'en fera justice.

» — J'ose penser, dit Cambacérès, que si un tel personnage
» était en votre pouvoir, la rigueur n'irait pas jusqu'à ce point?

» — Que dites-vous? répliqua le premier consul, le mesurant

» de la tête aux pieds; sachez que je ne veux pas ménager ceux
» qui m'envoient des assassins (1). »

» Après une conférence à laquelle étaient présens le second et le troisième consul, Talleyrand, le grand-juge et Fouché, le premier consul donna l'ordre d'enlever le duc d'Enghien. Les généraux Ordenner et Caulincourt furent envoyés pour cette expédition. Il ne paraît pas qu'aucun des hauts fonctionnaires qui en eurent connaissance en manifestât son improbation. C'était un parti pris par le premier consul; sa volonté fut, comme de coutume, ponctuellement obéie. Le ministre des relations extérieures, Talleyrand, par une dépêche du 11 mars (20 ventose), prévenait le grand-duc de Bade de cette expédition.

» Tandis que l'attention publique était fixée sur la conspiration de Georges et Pichegru, et qu'on attendait avec impatience l'issue de la procédure, Louis-Antoine-Henri de Bourbon, duc d'Enghien, fut arrêté à Ettenheim dans la nuit du 24 au 25 ventose (15 au 16 mars), mis en route sur Paris, déposé le 29, de 4 à 5 heures du soir, à Vincennes, jugé par une commission militaire, condamné à mort et fusillé.

» Le 30, une rumeur se répandit à Paris qu'un personnage avait été jugé et exécuté à Vincennes. On assure que c'est ainsi que la police elle-même l'apprit, à son grand étonnement, puisque Réal était chargé d'interroger le duc d'Enghien et se disposait à aller remplir sa mission.

» Le public n'en fut véritablement instruit qu'en lisant le jugement dans le *Moniteur* du 1er germinal.

» Il déclarait le prince coupable : 1° d'avoir porté les armes contre la République française; 2° d'avoir offert ses services au gouvernement anglais, ennemi du peuple français; 3° d'avoir reçu et accrédité près de lui des agens du gouvernement britannique, de leur avoir procuré des moyens de pratiquer des intelligences en France, et d'avoir conspiré avec eux contre la sûreté intérieure et extérieure de l'état; 4° de s'être mis à la tête d'un rassemble-

(1) « Autre version : « Vous êtes devenu bien avare du sang des Bourbons. »

ment d'émigrés français et autres, soldés par l'Angleterre, formé sur les frontières de France, dans les pays de Fribourg et de Bade ; 5° d'avoir pratiqué dans la place de Strasbourg des intelligences tendantes à faire soulever les départemens circonvoisins, pour y opérer une diversion favorable à l'Angleterre ; 6° d'être l'un des fauteurs et complices de la conspiration tramée par les Anglais contre la vie du premier consul, et d'avoir dû, en cas de succès de cette conspiration, entrer en France.

» On avait arrêté à Ettenheim, en même temps que le duc d'Enghien, plusieurs généraux de l'armée de Condé : MM. de Vauborel, de Mauroy, de Thumery. Dans les papiers du général Vauborel se trouvait un billet à lui adressé de la main du duc, ainsi conçu :

« Je vous remercie, mon cher Vauborel, de votre avertisse-
» ment sur les soupçons que mon séjour ici pourrait inspirer à
» Bonaparte, et des dangers auxquels m'expose sa tyrannique in-
» fluence en ce pays. Là où il y a du danger, là est le poste d'hon-
» neur pour un Bourbon. En ce moment, où l'ordre du conseil
» privé de sa majesté britannique enjoint aux émigrés retraités
» de se rendre sur les bords du Rhin, je ne saurais, quoi qu'il en
» puisse arriver, m'éloigner de ces dignes et loyaux défenseurs
» de la monarchie. »

» Dans les papiers du même général était l'ordre ci-dessus relaté du conseil privé du 14 janvier 1804.

» Ces deux pièces furent portées d'abord au premier consul, qui les garda.

» Dans les papiers du duc d'Enghien, saisis à Ettenheim, on trouva encore la lettre suivante, qui lui était adressée par le comte de Lanan, colonel du régiment de son nom à l'armée de Condé :

« Munich, 11 février 1804.

» Si, comme je le pense, les vues énergiques des gouverne-
» mens qui nous protégent si particulièrement sont reconnues
» par de grandes puissances comme le seul moyen de rendre la
» tranquillité à l'Europe par une paix juste, ces bases seront né-

» cessairement le rétablissement de la monarchie; c'est ce qui me
» fait désirer vivement que votre altesse ait le projet de s'éloigner
» un peu des rives du Rhin. Monseigneur verra également comme
» moi, que si l'ennemi a quelque crainte du continent, sa pre-
» mière opération sera de prévenir et d'occuper la rive droite du
» Rhin; c'est un coup de main qui ne demande pour son exécu-
» tion que l'ordre de marcher, et cette idée m'est pénible. La
» personne de votre altesse nous est trop précieuse pour n'être
» pas alarmés des dangers qu'elle pourrait courir. »

» Le duc d'Enghien n'était donc pas sur les bords du Rhin pour faire l'amour, et se livrer au plaisir de la chasse. Il n'est pas douteux, et Walter Scott l'atteste, que sa présence à la frontière se liait avec le complot tramé par le cabinet anglais contre la vie du premier consul. Le seul reproche qu'on pût lui faire était le secret et la précipitation apportés dans son jugement et son exécution. La procédure de Vincennes ressemblait beaucoup à celle des *oubliettes*. C'est sous ce rapport, et non pour l'intérêt qu'on portait aux Bourbons, qu'elle trouva quelques improbateurs jusque dans les entours du premier consul. Il vint à l'improviste au conseil d'état qui était rassemblé pour des affaires courantes, et entra en explications :

» La population de Paris était un ramas de badauds qui ajoutaient foi aux bruits les plus ridicules. N'avaient-ils pas imaginé de dire que les princes étaient cachés dans l'hôtel de l'ambassadeur d'Autriche? Comme s'il n'aurait osé les aller chercher dans cet asile! Était-on à Athènes, où les criminels ne pouvaient être poursuivis dans le temple de Minerve? Le marquis de Bedmar ne fut-il pas arrêté dans sa propre maison, par le sénat de Venise, et n'aurait-il pas été pendu sans la crainte de la puissance espagnole? Le droit des gens avait-il été respecté à Vienne à l'égard de Bernadotte, ambassadeur français, quand le drapeau national, arboré sur son hôtel, fut insulté par une foule menaçante?

» Il respecterait les jugemens de l'opinion publique quand ils seraient légitimes; mais elle avait des caprices qu'il fallait savoir mépriser. C'était au gouvernement et à ceux qui en faisaient partie à l'éclairer, et non à la suivre dans ses écarts. Il avait pour lui la volonté de la nation, et une armée de cinq cent mille hommes. Avec cela, il saurait faire respecter la République.

» Il aurait pu faire exécuter publiquement le duc d'Enghien ; s'il ne l'avait pas fait, ce n'était point par crainte, c'était pour ne pas donner occasion aux partisans secrets de cette famille d'éclater et de se perdre ; ils étaient tranquilles, c'était tout ce qu'il leur demandait : il ne voulait point poursuivre les regrets au fond des cœurs. Aucune plainte ne lui était portée contre les émigrés amnistiés ; ils n'étaient pour rien dans la conspiration ; ce n'était point chez eux que Georges et les Polignac avaient trouvé asile, mais chez des filles publiques et quelques mauvais sujets.

» Il n'avait garde de revenir aux proscriptions en masse. Ceux qui affectaient de le craindre ne le croyaient pas ; mais malheur à ceux qui se rendraient individuellement coupables ! ils seraient sévèrement punis.

» Il ne consentirait à la paix avec l'Angleterre qu'autant qu'elle renverrait les Bourbons, comme Louis XIV renvoya les Stuarts, parce que leur présence en Angleterre serait toujours dangereuse pour la France. La Russie, la Prusse et la Suède les avaient renvoyés. Le prince de Bade n'avait pas hésité à livrer le duc d'Enghien. On ne souffrait les autres membres de la famille à Varsovie que parce que le premier consul y consentait. Le roi de Prusse l'engageait à faire une pension aux Bourbons pour les soustraire à la dépendance du gouvernement anglais ; il s'y était refusé, parce qu'il ne voulait pas que l'argent de la France allât à ses ennemis, et servît à lui faire la guerre.

» Après cette allocution, il leva la séance.

» Voilà qui répond à tous les romans publiés sur la surprise faite au premier consul par Murat, sur la précipitation par lui non prescrite dans le jugement et dans l'exécution, sur ses regrets, ses remords.

» Prétendre que la mort du duc d'Enghien répandit une consternation générale à Paris, dans les provinces, dans les châteaux, à l'étranger; que, suivant un mot de Pitt, Napoléon se fit par cet acte plus de mal que ne lui en avaient fait les Anglais; que dès ce moment l'empereur Alexandre montra des dispositions telles que l'Angleterre put concevoir l'espérance de renouer une nouvelle coalition (1), c'est tirer de cet événement des conséquences exagérées. L'ancienne noblesse en fut, sans contredit, émue; son deuil ne fut pas de longue durée : pas un seul noble ne quitta la cour de Napoléon; elle ne continua pas moins à y accourir en foule (2). La nation y fut indifférente; son instinct lui disait qu'un Bourbon mort était un ennemi de moins. Les cours étrangères ne pouvaient être que vivement touchées de la fin tragique d'un prince; mais en traitant avec les juges de Louis XVI, elles avaient donné la mesure de l'intérêt qu'elles étaient capables de prendre à la mort du duc d'Enghien. Ce ne fut qu'un prétexte pour Alexandre; de plus puissans motifs le jetèrent dans la coalition et l'armèrent contre la France. A Tilsitt, à Erfurt vengeait-il la mémoire du prince?

» Dix ans, vingt ans après, cet événement a fourni matière à beaucoup d'écrits, d'accusations; la restauration en a inondé la France et l'Europe. Des débats scandaleux se sont élevés entre les hommes qui participèrent à la mort du duc d'Enghien; il y a eu des amendes honorables. Du rocher de Sainte-Hélène, il est venu des versions contradictoires : tout cela ne mérite pas une place dans l'histoire. Bonaparte a tout pris sur son compte; ce que, dans le moment même, il dit dans son allocution au conseil d'état, il l'a confirmé par son testament : « J'ai fait, y dit-il, ar-
» rêter et juger le duc d'Enghien, parce que cela était nécessaire
» à la sûreté, à l'intérêt et à l'honneur du peuple français, lorsque
» le comte d'Artois entretenait, de son aveu, soixante assassins à
» Paris; dans une semblable circonstance, j'agirais encore de
» même. » Et tous les rois de la terre aussi : ils l'ont prouvé pour Murat et Napoléon.

(1) « Bourienne, t. VI, p. 1. »
(2) « Châteaubriand seul. Nommé ministre auprès de la république du Valais, il donna sa démission. »

» Loin de mêler sa voix au concert des puissances empressées à manifester au premier consul l'indignation qu'excitaient en elles les complots tramés contre lui, l'empereur Alexandre prit le deuil pour le duc d'Enghien et le fit prendre par ses ambassadeurs. Ensuite d'Oubril remit une note à Talleyrand (30 avril); il y était dit que l'empereur Alexandre, médiateur et garant de la paix continentale, venait de notifier aux états de l'empire qu'il considérait l'enlèvement du duc d'Enghien comme mettant en danger leur sûreté et leur indépendance; qu'il ne doutait pas que le premier consul ne prît de promptes mesures pour rassurer tous les gouvernemens, en donnant des explications satisfaisantes sur un événement que l'on pouvait regarder comme d'un sinistre présage.

» La Russie remit aussi (6 mai) une note à la diète de Ratisbonne. Cette violation, disait-elle, cette transgression criminelle de la loi et du droit des nations, avaient d'autant plus affecté l'empereur, qu'il devait moins s'y attendre de la part d'une puissance qui, d'accord avec la Russie, avait dirigé l'arrangement des affaires de l'Allemagne, et, par conséquent, s'était engagée à partager ses soins pour le bonheur et la tranquillité de l'empire germanique.

» Sept jours après, le roi de Suède, informé de cette démarche, fit aussi remettre à la diète germanique une note par laquelle il déclarait que, s'il était question de garans de la constitution de l'empire, il pouvait se compter, à juste titre, comme un des plus anciens, et que, s'il n'avait pas cru nécessaire d'énoncer plus tôt ses sentimens à cet égard, c'était parce qu'il avait toujours cru que le chef de l'empire ferait connaître sa manière de penser et d'agir.

« Lorsque tous les souverains de l'Allemagne gardaient le si-
» lence, à quel titre, répondit Talleyrand, l'empereur de Russie
» exigeait-il, pour leur satisfaction, ce qu'ils ne réclamaient pas
» eux-mêmes? D'où venait cette étrange prétention de la Russie,
» de se mêler si audacieusement de ce qui ne la touchait en au-
» cune manière? Pouvait-elle fonder ce droit d'intervention sur
» des précédens dont on eût, par son propre exemple, consacré
» l'autorité? Lorsque l'empereur Paul tomba sous les coups de

» ses assassins, vendus à l'Angleterre, la France s'avança-t-elle
» pour exercer un droit politique d'examen dans ce mystère
» d'iniquité? Et si l'on avait fait arrêter les auteurs du complot à
» deux lieues de la frontière russe, le cabinet de Saint-Péters-
» bourg aurait-il vu de bon œil qu'on lui demandât des explica-
» tions sur cette *violation* du territoire? La Russie parlait *du droit*
» *des nations!* Était-ce donc conformément aux maximes en hon-
» neur chez les nations civilisées, qu'elle protégeait les machina-
» teurs de complots à Dresde, à Rome, à Paris, et qu'un ambas-
» sadeur (Markoff) avait naguère tramé tant d'intrigues contre la
» sûreté du pays où ce titre l'accréditait? La Russie voulait la
» guerre, rien n'était mieux démontré; mais au lieu de descendre
» à ces détours, au lieu de se couvrir de ces vains prétextes, que
» n'agissait-elle ouvertement (1)? »

» Le premier consul ordonna au général Hédouville de quitter
Pétersbourg dans quarante-huit heures, et de n'y laisser que son
secrétaire comme chargé d'affaires.

» La note de Talleyrand a été blâmée. Ne disait-elle pas vrai?
Elle contenait des personnalités. N'en était-ce pas une sanglante
que le deuil pris, commandé par l'empereur Alexandre? Jamais
représaille ne fut plus juste, ni mieux appliquée.

» Depuis quarante-quatre jours que Moreau était arrêté, il
avait persisté à nier qu'il eût vu Pichegru, encore moins Georges;
il laissait seulement présumer dans sa lettre du 15 ventose, au
premier consul, qu'il avait eu des relations avec le premier de ces
personnages. Cependant Rolland et Lajolais avaient donné les détails des entrevues; un nouveau témoin, Couchery, les avait confirmés; il avait parlé de celle à laquelle Georges s'était trouvé.
Ils furent confrontés avec Moreau, et soutinrent devant lui leurs
déclarations. Nous en avons rapporté le contenu. Moreau avoua
enfin qu'il avait vu deux fois chez lui Pichegru, et communiqué
avec lui par Rolland et Fresnières. Il nia la troisième entrevue
sur le boulevard de la Madeleine, parce que Georges y était.

---

(1) « Note de Talleyrand. »

AU 28 FLORÉAL AN XII (18 MAI 1804).

Quant au but de ces entrevues, aux propos, aux paroles qu'on lui prêtait, il sen référa à sa lettre, qui, comme on l'a vu, était loin de contenir des explications catégoriques, et laissait couvertes d'épais nuages les relations de Moreau avec les conjurés (1). L'accusation la plus grave était de s'être trouvé avec Georges. Moreau lui avait fait dire que le gouvernement savait qu'il était caché dans Paris, qu'il redoublât de vigilance. Il fut mis en question entre le général et ses trois conseils, Bonnet, Bellart, Pérignon et deux autres personnes, s'il nierait l'entrevue, et décidé qu'il ne l'avouerait pas. L'écrivain, défenseur de la mémoire de Moreau, qui révèle ces faits (2) ajoute : « Ce n'était le temps ni de les con-
» fesser, ni de proclamer son désir de voir rentrer les Bourbons.
» Un tel aveu eût été un arrêt de mort. » Cet écrivain n'est pas le seul qui prête ce désir à Moreau ; il en est d'autres qui le déclarent chef d'une association formée dans ce but entre des républicains mécontens et les royalistes. Seulement ceux-ci rappelaient les Bourbons avec l'ancien régime, et Moreau ne les voulait qu'avec des garanties pour quelques résultats de la révolution. De là ses incertitudes et ses hésitations (3).

» Vomir des assassins à Paris pour tuer le premier consul dans

(1) « Confrontations des 9, 12 et 29 germinal. »
(2) « *Histoire du général Moreau*, par Châteauneuf. Paris, Michaud, 1814. »
(3) » L'existence de cette association a été révélée, mais depuis la chute de l'Empire. Quoique son histoire la plus complète ne se trouve que dans un ouvrage anonyme *, et y soit encore enveloppée de nuages, on croit utile de la faire connaître pour l'intelligence de certains événemens qu'on prétend y rattacher.
» Presque aussitôt que Bonaparte s'empara du pouvoir, une société dite des *Philadelphes* conspira son renversement. Un militaire nommé Oudet en fut le fondateur, l'âme et le chef. Son foyer était à Besançon. Il la propagea dans l'armée. Le complot d'Aréna fut la première tentative de la société. Oudet ayant été exilé, ses pouvoirs furent transférés à Moreau. Pendant son procès Oudet les reprit, avec le projet d'éclater si ce général était condamné à mort. A la distribution des décorations de la Légion-d'Honneur dans la chapelle des Invalides, quelques philadelphes eurent une velléité d'assassiner Napoléon. Après l'exil de Moreau, les philadelphes, qui avaient eu jusqu'alors une tendance républicaine, conclurent une alliance avec les bourbonniens. Ils se mirent aussi en relation avec les sociétés secrètes formées en Allemagne. Oudet, ayant encore

* *Histoire de Sociétés secrètes de l'armée*, Paris, 1815.

l'espoir d'en finir avec la France, c'était de la part du gouvernement anglais le dénouement d'un grand complot dont les fils étaient entre les mains des agens diplomatiques de l'Angleterre sur le continent. A Vienne, en décembre 1803, le chargé d'affaires anglais donna à un aventurier 3,000 florins en lettres de change de la maison Fries pour livrer le chiffre et la correspondance de l'ambassadeur de France. L'aventurier décampa. La maison Fries demanda le montant de ces lettres de change. L'agent anglais refusa. Il fut poursuivi judiciairement et condamné.

» On fit bientôt après une découverte autrement importante.

» Le grand-juge annonça, par un rapport, qu'il avait cru devoir distraire de l'instruction du complot les pièces d'une correspondance accessoire, qui, dans cette grande affaire n'était qu'un simple incident, mais qui, considérée politiquement, semblait propre à ouvrir les yeux de l'Europe sur le caractère de la diplomatie anglaise, sur la bassesse de ses agens et sur les misérables expédiens qu'elle employait pour arriver à ses vues.

» Cette correspondance consistait en dix lettres écrites de la main de Drake, ministre d'Angleterre près la cour de Bavière, et dont les originaux avaient été représentés au sénat. Il en résultait

---

été exilé, céda ses pouvoirs à Malet. Ce général organisa un complot à Paris, en 1808, il avorta. Oudet, remis en activité en 1809, fut tué à la bataille de Wagram, où il commandait un régiment. La société fut comme dissoute par la mort de son chef, qu'on représente comme un homme extraordinaire. Les philadelphes perdirent l'espoir de réussir, surtout par l'intérieur de la France. En 1812, la continuation de la guerre parut leur offrir des chances du côté de l'étranger ; ils spéculèrent sur l'empereur Alexandre, sur Bernadotte et Moreau. Lahorie, membre de la société, en surveillance ou détenu depuis la condamnation de Moreau, demanda à être banni aux États-Unis pour remplir auprès de lui une mission. Le complot de Malet éclata ; il manqua par sa précipitation et le défaut de concert ; Lahorie périt avec lui. Un autre philadelphe remplit sa mission auprès de Moreau. Il arriva en Europe, et fut tué dans les rangs de l'étranger par un boulet français. Là finit l'histoire des philadelphes, dans laquelle le livre dont nous tirons cette analyse et d'autres écrivains, tels que Charles Nodier, ont rattaché à un centre commun, à une direction unique et continue, des faits sans connexion, et donné à quelques vérités une couleur et une exagération romanesque.

» Un homme qui, par ses fonctions, a été long-temps initié dans les affaires de la haute police, Desmarets assure qu'il n'a jamais connu l'existence de la secte des philadelphes. »

que ce ministre envoyait, payait et dirigeait des agens au sein de la France, pour y organiser la révolte, l'assassinat, une guerre de brigandage, le meurtre du premier consul et le renversement du gouvernement (1).

» Spencer Smith, ministre anglais en Wurtemberg, jouait le

(1) *Rapport au premier consul par le grand-juge ministre de la justice (Régnier). — Du 1er germinal an* XII. (*Communiqué le 2 au sénat.*)

« Citoyen premier consul, je crois devoir distraire de l'instruction du complot infâme que bientôt la justice doit dévoiler et punir les pièces d'une correspondance accessoire qui, dans cette grande affaire, et sous des rapports de police, n'est qu'un simple accident, mais qui, considérée politiquement, me semble propre à ouvrir les yeux de l'Europe sur le caractère de la diplomatie anglaise, sur la bassesse de ses agens, et sur les misérables expédiens qu'elle emploie pour remplir ses vues.

» Un ministre du gouvernement anglais est accrédité auprès d'une cour voisine de la France. L'usage, les mœurs, le droit des gens, attachent des distinctions, des prérogatives à cette place; et ce n'est pas sans motif : l'existence d'un ministre étranger est partout destinée à constater et maintenir les liens d'amitié, de confiance et d'honneur qui unissent les états, et dont la durée fait la gloire des gouvernemens et le bonheur des peuples.

» Mais tel n'est pas le but de la mission des agens diplomatiques du gouvernement anglais. Je mets sous vos yeux, citoyen premier consul, la correspondance directe que M. Drake, ministre du roi d'Angleterre près la cour électorale de Bavière, entretient depuis quatre mois avec des agens envoyés, payés, dirigés par lui au sein de la République.

» Cette correspondance consiste en dix lettres originales; elle sont toutes écrites de sa main.

» Je mets également sous vos yeux les instructions que M. Drake est chargé de distribuer à ses agens, et l'état authentique des sommes payées et des sommes promises pour récompenser et encourager des crimes que les législations les plus indulgentes punissent partout du dernier supplice.

» Ce n'est pas pour représenter son souverain que M. Drake est venu à Munich revêtu du titre de ministre plénipotentaire; cette représentation n'est que le rôle apparent, le prétexte de sa légation. Son véritable objet est de recruter des agens d'intrigue, de révolte, d'assassinat, de faire une guerre de brigandage et de meurtre au gouvernement français, et enfin de blesser la neutralité et la dignité du gouvernement près lequel il réside.

» Ainsi, ostensiblement, M. Drake est un homme public; mais réellement il est, ses instructions en font foi, le directeur secret de la police anglaise sur le continent. Les moyens de cette police sont l'or, les séductions, les folles espérances de tous les intrigans, de tous les ambitieux de l'Europe : son objet se trouve clairement exposé dans les dix-huit articles des instructions que M. Drake fournit à tous ses agens, et qui forment la première des pièces jointes à ce rapport.

» Les numéros 2, 7, 8, 9 et 15 de ces instructions sont remarquables :

» Art. 2. Le but principal du voyage étant le renversement du gouvernement » actuel, un des moyens d'y parvenir est d'obtenir la connaissance des plans de

même rôle à Stuttgard ; cette autre branche des intrigues de l'Angleterre fut l'objet d'un second rapport du grand-juge, appuyé de pièces incontestables.

» Les correspondans de Drake en France étaient des hommes

» l'ennemi. Pour cet effet, il est de la plus haute importance de commencer
» avant tout par établir des correspondances sûres dans les différens bureaux,
» pour avoir une connaissance exacte de tous les plans, soit pour l'extérieur, soit
» pour l'intérieur. La connaissance de ces plans fournira les meilleures armes
» pour les déjouer : et le défaut de succès est un des moyens de discréditer abso-
» lument le gouvernement, premier pas vers le but proposé, et le plus impor-
» tant.

» 7. On pourrait, de concert avec les associés, gagner les employés dans les
» fabriques de poudre, afin de les faire sauter quand l'occasion s'en présentera.
» 8. Il est surtout nécessaire de s'associer et de s'assurer de la fidélité de quel-
» ques imprimeurs et graveurs, pour imprimer et faire tout ce dont l'association
» aura besoin.

» 9. Il serait à désirer que l'on connût au juste l'état des partis en France, et
» surtout à Paris.

» 15. Il est entendu qu'on emploiera tous les moyens possibles pour désorga-
» niser les armées, soit au dehors, soit au dedans. »

» Ainsi, corrompre les administrations, établir des volcans partout où la République a des magasins de poudre, se procurer des imprimeurs et des graveurs fidèles pour en faire des faussaires, pénétrer dans le sein de tous les partis pour les armer l'un contre l'autre, et enfin de soulever et désorganiser les armées, tels sont les objets effectifs de la mission diplomatique de M. Drake en Bavière.

» Mais heureusement le génie du mal n'est pas aussi puissant dans ses moyens qu'il est fécond en illusions et en projets sinistres ! S'il en était autrement, les sociétés humaines n'existeraient plus. La haine, l'astuce, l'argent, l'indifférence sur le choix des moyens ne manquent ni à M. Drake, ni à la politique immorale de son gouvernement ; mais il leur manque de pouvoir ébranler en France une organisation forte comme la nature, établie sur l'affection de trente millions de citoyens, cimentée par la force, par l'intérêt de tous, et animée par la sagesse et le génie du gouvernement.

» Des hommes qui ne mettent de prix qu'à l'or, et qui n'ont d'habileté que pour de basses intrigues, ne sont pas capables de concevoir quelle est la consistance et le pouvoir d'un état de choses qui est le résultat de dix années de souffrances et de victoires, d'un grand concours d'événemens, et de la maturité d'une noble nation, formée par les dangers et les efforts d'une guerre glorieuse et d'une terrible révolution.

» Dans ce bel ensemble de puissances et de volontés, M. Drake ne voit que des occasions d'intrigue et des scènes d'espionnage. « Pendant mon séjour en
» Italie, » dit-il à ses correspondans (Munich, 27 janvier), « j'ai eu des liaisons
» avec l'intérieur de la France ; il en doit être de même à présent, d'autant plus
» que je me trouve être dans ce moment un des ministres anglais les moins éloi-
» gnés de la frontière. »

» Tels sont ses titres pour travailler au bouleversement de la France. Ses moyens valent-ils mieux que ses titres ?

» Il a des agences auxquelles il n'ose se fier. Ses correspondans incertains lui

mis en avant par la police française pour mystifier ce ministre, et pour acquérir les preuves écrites des machinations de l'Angleterre. L'un d'eux, Mehée, homme d'esprit, adroit et d'une réputation faite dans les intrigues diplomatiques et révolutionnaires, venait de Londres où il s'était fait passer pour une victime et un

écrivent par la Suisse, par Strasbourg, par Kehl, Offembourg, et Munich. Il a des subalternes dans ces villes pour soigner la sûreté de sa correspondance. Il fait usage de faux passeports, de noms de convention, d'encre sympathique. Tels sont les moyens de communication par lesquels il transmet ses idées, ses projets, ses récompenses; et c'est par les mêmes voies qu'on l'informe des trames ourdies sous sa direction pour soulever d'abord quatre départemens, y former une armée, la grossir de tous les mécontens, et renverser le gouvernement du premier consul.

» Sans doute ces tentatives et ces promesses sont insensées et les vils et misérables moyens qu'on a mis en œuvre sont trop disproportionnés avec les difficultés de l'entreprise pour qu'on doive concevoir la moindre inquiétude sur son succès; mais ce n'est pas toujours sur des motifs de crainte et dans les vues de punir qu'agit cette politique intérieure et domestique à laquelle on a donné le nom de *police*, et dont l'objet capital n'est pas seulement de prévenir et de réprimer le crime, comme celui de la politique extérieure est d'enchaîner l'ambition, mais encore d'ôter au vice et à la faiblesse même jusqu'aux occasions, jusqu'à la tentation de faillir.

» Dans les pays les mieux gouvernés il y a des esprits capables d'être détournés de la ligne du devoir par une sorte de penchant naturel à l'inconstance : dans la société la mieux organisée il y a des hommes faibles et des hommes pervers. Il a toujours été reconnu par mes prédécesseurs que c'était remplir un devoir d'humanité de veiller sur ces hommes, non dans la vaine espérance de les rendre bons, mais pour arrêter le développement de leurs vices ; et, comme à cet égard toutes les nations policées ont le même intérêt à défendre et les mêmes devoirs à remplir, il a toujours été reçu en maxime générale qu'aucun gouvernement ne devait souffrir qu'il s'élevât nulle part une bannière autour de laquelle les hommes corrompus de tous les pays et de toutes les professions pussent se rallier, s'entendre, et comploter la désorganisation générale; et, dans cette vue, ils doivent moins encore souffrir qu'il s'établisse autour d'eux une école infâme de séduction et d'embauchage, qui éprouve la fidélité, la constance, et attaque à la fois les affections et la conscience des citoyens.

» M. Drake avait une agence à Paris ; mais d'autres ministres, instrumens de discorde et embaucheurs comme lui, peuvent aussi avoir des agences. M. Drake, dans sa correspondance, dévoile tous ceux qui existent en France par le soin même qu'il prend de nier qu'il les connaisse. « Je répète, » dit-il dans ses lettres, « que je n'ai aucune connaissance de l'existence d'aucune autre société que » la vôtre. Mais je vous répète, » dit-il en plusieurs endroits, « que s'il en existe » je ne doute nullement que vous et vos amis ne preniez toutes les mesures con- » venables, non-seulement pour ne pas vous embarrasser, mais pour vous aider » mutuellement. » Et enfin il ajoute (Munich, 9 décembre 1803), avec une fureur grossière et digne du rôle qu'il joue : « Il importe fort peu par qui l'animal » soit terrassé ; il suffit que vous soyez tous prêts à joindre la chasse.

ennemi du premier consul, et avait obtenu une recommandation du ministère pour ses agens. Drake, totalement dupe de cet artifice, remit à Mehée des sommes considérables, et lui fit des propositions que celui-ci se hâta de révéler à son gouvernement. Il se vanta ensuite dans un pamphlet intitulé : *Alliance des Jacobins*

» C'est par suite de ce système que, lors de la première manifestation du complot qui, dans ce moment, occupe la justice, il écrit : « Si vous voyez les » moyens de tirer d'embarras quelqu'un des associés de Georges, ne manquez » pas d'en faire usage. » Et comme, dans ses disgrâces, le génie du mal ne se décourage jamais, M. Drake ne veut pas que ses amis s'abandonnent dans ce revers inattendu. « Je vous prie très-instamment, » écrit-il (Munich, 25 février 1804), » de faire imprimer et adresser sur-le-champ une courte adresse à » l'armée (officiers et soldats). Le point principal est de chercher à gagner des » partisans dans l'armée ; car je suis fermement dans l'opinion que c'est par l'armée » seule qu'on peut raisonnablement espérer d'opérer le changement tant désiré. »

» La vanité de cette espérance est aujourd'hui hautement caractérisée par la touchante unanimité des sentimens qui ont éclaté de toute part au moment où l'on a su de quels dangers la France avait été menacée.

» Mais après la tentative d'un crime dont la méditation seule est une offense contre l'humanité, dont l'exécution eût été une calamité non-seulement nationale ; mais, si je puis le dire, européenne, il faut à la fois une réparation pour le passé et une garantie pour l'avenir.

» Des brigands épars, isolés, en proie au besoin, sans concert, sans appui, sont partout plus faibles que la loi qui doit les punir, que la police qui doit les intimider. Mais s'il existait pour eux un moyen de s'unir ; s'ils pouvaient correspondre entre eux et avec les autres brigands des autres pays ; si, dans une profession la plus honorable de toutes, puisque la tranquillité des états et l'honneur des souverains en dépendent, il y avait des hommes autorisés à se servir de toutes les facultés que leur position leur donne pour recruter partout le vice, la corruption, l'infamie, la scélératesse, et faire de tout ce qu'il y a de plus vil et de plus pervers dans le monde une armée d'assassins, de révoltés, de faussaires, aux ordres du plus immoral, du plus ambitieux de tous les gouvernemens, il n'existerait aucun motif de sécurité en Europe pour la consistance des états, pour la morale publique, et pour la durée même des principes de la civilisation.

» Il n'appartient pas à mon ministère de discuter les moyens qui peuvent être en votre pouvoir de rassurer l'Europe, en la garantissant contre de tels dangers. Je me contente de vous informer et de vous prouver qu'il existe à Munich un Anglais, nommé Drake, revêtu d'un caractère diplomatique, qui, à la faveur de ce caractère et du voisinage, entretient de sourdes et criminelles menées au sein de la République ; qui embauche des agens de corruption et de révolte ; qui réside hors de l'enceinte de la ville, pour que ces agens puissent entrer chez lui sans scandale et sortir sans être exposés, et qui dirige et soudoie en France des hommes chargés par lui de préparer le renversement du gouvernement.

» Cette nouvelle espèce de crime échappant par sa nature aux moyens de répression que les lois mettent en mon pouvoir, j'ai dû me borner à vous la dévoi-

de France avec le ministère anglais (1), de l'adresse avec laquelle il avait attrapé les guinées du ministre britannique. L'autre correspondant était le capitaine Rosey, que le préfet du Bas-Rhin avait dépêché à ce ministre pour contrôler les opérations de Méhée, et avoir un témoignage de plus.

» Talleyrand envoya le rapport du grand-juge aux membres du corps diplomatique, et les pièces de la correspondance furent adressées en original à l'électeur de Bavière.

» Les ambassadeurs et ministres de Rome, d'Espagne, d'Autriche, de Prusse, de Russie, de Danemarck, de Naples, de Bavière, de Wurtemberg, de Saxe, de Portugal, de l'archi-chancelier de l'Empire, de Hesse-Darmstadt, de Hesse-Cassel, de Bade, d'Étrurie, des Républiques Helvétique, Italienne, Batave, Ligurienne, Lucquoise, du grand-maître de Malte, et des États-Unis, protestèrent, dans des réponses individuelles, de l'indignation qu'ils éprouvaient et qu'éprouveraient leurs gouvernemens, en apprenant cette odieuse profanation d'un caractère sacré commise par le ministre anglais.

» Les réponses, probablement concertées de Cobentzel et d'Oubril, évitaient toute expression blessante pour l'Angleterre, mais elles contenaient une condamnation implicite des agens anglais. Celle du ministre de Prusse abondait en témoignages de la vive joie qu'éprouverait le roi de voir le premier consul triompher des

---

ler, en vous exposant en même temps ses sources, ses circonstances et ses suites.
» Salut et respect. — *Signé* Régnier. » — (*Suivaient les pièces, dont les originaux furent communiqués au sénat.*)

(Dans un second rapport, en date du 20 germinal an XII, le grand-juge démontre « que M. *Drake* n'est pas le seul agent de l'Angleterre dont la mission politique n'est que le masque plausible d'un ministère occulte de séduction, de trouble et d'assassinat; il met sous les yeux du consul de nouvelles pièces qui prouvent que M. *Spencer-Smith*, agent diplomatique de l'Angleterre dans les états de Wurtemberg, à l'exemple de M. *Drake*, ne s'occupe, depuis son arrivée dans le lieu de sa résidence, qu'à prostituer son caractère public, son influence et l'or de son gouvernement à cet infâme ministère. » *Voyez* ces rapports du grand-juge dans les *Moniteurs* des 4 et 25 germinal an XII.)

(1) Paris, de l'imprimerie de la République, germinal an XII. Dans un *Mémoire sur divers procès et événemens politiques*, publié en 1815 par Mehée, il désavoue l'*Alliance des Jacobins*, etc., et l'attribue à la police. Le manuscrit lui fut vendu par Mehée. Seulement le premier consul imagina le titre.

complots de tous ses ennemis, quels qu'en fussent les directeurs et les instrumens.

« Le tendre attachement de sa sainteté, répondit le cardinal » Caprara, pour la personne du premier consul, le respect que je » lui ai voué, les services essentiels qu'il a rendus à la religion, » la protection spéciale qu'il accorde à l'église, la reconnaissance » que lui doivent non-seulement les catholiques français, mais en- » core ceux des pays voisins, ont fait naître en moi la plus vive » douleur, quand j'ai appris que sa vie avait été en danger. J'étais » alors bien éloigné de penser qu'aucun des agens diplomatiques » pût être impliqué dans ce complot... Je suis persuadé que sa » sainteté sera aussi sensible que je le suis moi-même à cette fâ- » cheuse nouvelle. Daignez assurer le premier consul que le sou- » verain pontife a vu et verra toujours avec horreur tout ce qui » tendrait à troubler la paix intérieure de son gouvernement, sur » laquelle repose l'édifice entier du rétablissement de la religion » catholique en France. Tout attentat contre ses jours précieux » serait aux yeux de sa sainteté un crime aussi atroce en lui-même, » que funeste pour l'église, pour le repos et la tranquillité de la » France. »

» Le premier consul ne se borna pas à la lettre de Talleyrand aux agens diplomatiques de toutes les puissances sur les manœuvres de l'Angleterre. Il fit adresser en particulier de vives réclamations aux cours de Bavière et de Wurtemberg. Il y représentait qu'ayant anéanti des machinations qui menaçaient le roi de Naples et le pape, et qu'ayant fait poursuivre à Strasbourg les fabricateurs de faux billets de la banque de Vienne, il avait le droit d'exiger des états de l'empire germanique une entière réciprocité.

» Les électeurs de Bavière et de Wurtemberg, et la confédération helvétique, avaient déjà éloigné de leurs états des rassemblemens d'émigrés; ils repoussèrent des agens diplomatiques qui avaient à ce point abusé de leur caractère. L'électeur de Bavière, qui avait sous les yeux les originaux des lettres de Drake, lui fit notifier, de la manière la plus énergique, qu'il ne pouvait plus avoir de communications avec lui, qu'il le devait à sa dignité, à son honneur et à l'intérêt de son peuple. Drake et Smith prirent d'ailleurs l'épouvante et se sauvèrent en toute hâte, craignant d'être enlevés par des gendarmes français.

» Taylor, ministre anglais près de l'électeur de Hesse-Cassel, travaillait aussi au renversement du premier consul, on le découvrit plus tard.

» Le ministère anglais gardait le silence et assumait paisiblement sur lui tout l'odieux de la conduite de ses agens et le ridicule qu'ils avaient attiré sur eux. Dans la chambre des communes (17 avril), lord Morpeth attira l'attention sur la correspondance de Drake qui, suivant lui, déshonorait l'Angleterre, à moins qu'on ne prouvât qu'elle était l'ouvrage de la méchanceté et de la calomnie. Il somma les ministres de déclarer s'ils avaient participé à une action aussi atroce, s'ils avaient aiguisé les poignards des assassins et s'ils s'étaient livrés à une espèce de guerre aussi criminelle. Le chancelier de l'Échiquier répondit que c'était une grossière et atroce calomnie. Il affirma que nul pouvoir n'avait été donné, qu'aucunes instructions n'avaient été envoyées à aucun individu à l'effet d'agir contre les usages reçus; que ni lui ni ses collègues n'avaient autorisé aucune créature humaine à se conduire d'une manière contraire à l'honneur du pays ou au droit des nations.

» S'envelopper dans des dénégations aussi vagues, c'était éluder de répondre et avouer sa turpitude. On se rappelait la convention d'El-Arich et le désaveu de Sidney Smith par le cabinet anglais. Personne ne crut que les agens du ministère eussent d'eux-mêmes compromis leur caractère. Quand il les aurait fait pendre, il ne se serait pas lavé de la tache qu'il avaient imprimée sur lui; mais loin de les blâmer, il les accueillit comme d'honorables serviteurs et d'innocentes victimes, que leur haine aveugle de la France avait jetés dans les filets de sa police.

» Le cri de l'Europe et les sentimens de réprobation hautement exprimés à Paris par les représentans de toutes les puissances, forcèrent enfin le ministère anglais à s'expliquer catégorique-

ment. Il adressa donc, le 30 avril, aux ministres étrangers, résidant à Londres, une note dans laquelle, au sujet de la conspiration de Georges, il disait : « Si le gouvernement de sa majesté né-
» gligeait d'avoir égard aux sentimens de ceux des habitans de la
» France qui sont à juste titre mécontens du gouvernement ac-
» tuel de ce pays ; s'il refusait de prêter l'oreille aux projets qu'ils
» forment pour délivrer leur patrie du joug honteux et de l'escla-
» vage flétrissant sous lequel elle gémit maintenant, ou de leur
» donner aide et assistance, autant que ces projets sont loyaux et
» justifiables, il ne remplirait pas ce que tout gouvernement juste
» et sage se doit à lui-même et au monde en général, dans des cir-
» constances semblables aux circonstances actuelles... C'est un
» droit reconnu aux puissances belligérantes de profiter de tous
» les mécontentemens existans dans les pays avec lesquels ils peu-
» vent être en guerre. »

» Relativement aux menées de Drake et de Smith, la note ajoutait : « Si quelque ministre, accrédité par sa majesté auprès
» d'une cour étrangère, a entretenu des correspondances avec
» des personnes résidant en France, dans la vue d'obtenir des in-
» formations sur les projets du gouvernement français, ou pour
» tout autre objet légitime, il n'a rien fait de plus que ce que les
» ministres, dans des circonstances pareilles, ont toujours été re-
» gardés comme ayant droit de faire par rapport aux pays avec
» lesquels leur souverain était en guerre. Un ministre, dans un
» pays étranger, est obligé, par la nature de sa charge et les de-
» voirs de sa place, de s'abstenir de toute communication avec les
» mécontens du pays où il est accrédité, ainsi que de tout autre
» acte nuisible aux intérêts de ce pays ; mais il n'est pas sujet aux
» mêmes restrictions, par rapport aux pays avec lesquels son gou-
» vernement est en guerre. Ses actes à leur égard peuvent être
» dignes de louange ou de blâme, selon la nature des actes eux-
» mêmes ; mais ils ne constituent la violation de son caractère pu-
» blic qu'autant qu'ils militent contre le pays, ou la sécurité du
» pays où il est accrédité. »

» L'aveu était clair. Voilà quel était le droit des gens de l'Angleterre. On le savait bien ; on n'ignorait pas que le ministère n'avait cessé de le pratiquer ; mais c'était peut-être la première fois qu'abjurant toute pudeur, il osait le professer ouvertement. Ainsi, armer les mécontens d'un pays pour assassiner le chef du gouvernement, renverser ses lois, et bouleverser son existence, c'était ce qu'on appelait un projet *loyal et justifiable !* C'était en effet la maxime de tout ce que l'école anglaise envoyait sur le continent. Tandis que les Drake, les Taylor, les Smith s'efforçaient en Allemagne de mettre en action leur théorie, Elliot, à Naples, et Frère, à Madrid, établissaient en principe que tuer un homme qui commandait une armée destinée à faire une descente en Angleterre, était une chose bonne en soi et légitime. Dans un article du 4 germinal, le *Moniteur* avait flétri cette doctrine et son auteur. C'était le raisonnement du musulman qui assassina Kléber en Égypte ; mais en Europe, il révoltait la conscience publique, celle des cabinets n'avait pas encore cette latitude, leur morale ne s'était pas élevée à cette hauteur. Le prince de la paix avait hautement improuvé la doctrine de Frère ; il y eut entre eux à ce sujet une correspondance qui fut imprimée. Le prince fit avorter une intrigue ourdie par cet ambassadeur anglais pour s'emparer des archives de la légation française. On disait au premier consul : Puisque c'est ainsi que le cabinet de Londres entend la guerre, pourquoi êtes-vous plus scrupuleux ? Combattez à armes égales ! Usez de représailles ! Fomentez les mécontentemens ! Corrompez ! Envoyez des assassins ! Armez ceux que vous êtes sûr de trouver dans Londres ! Qu'ils y allument des machines infernales ! Qu'ils portent le poignard sur le roi, les princes, les ministres, *pour délivrer l'Angleterre d'une dynastie usurpatrice, du joug honteux et de l'esclavage flétrissant d'une insolente aristocratie !* Plus d'une fois on offrit au premier consul de le débarrasser des personnages qu'on représentait comme étant à la tête de toutes les machinations ourdies contre sa vie. Rien n'était plus facile. Il repoussa toujours ces conseils et ces offres avec horreur. Sa grande maxime était qu'en guerre comme en politique, tout mal, fût-il dans les règles, n'était excusable qu'autant qu'il était absolument nécessaire; que tout ce qui était au-delà était crime.

» Talleyrand adressa plus tard une circulaire à tous les agens diplomatiques de la France pour réfuter les principes de morale politique et sociale professés par le ministère britannique. Il leur était prescrit de déclarer aux gouvernemens, près desquels ils résidaient, que Napoléon ne reconnaîtrait pas le corps diplomatique anglais en Europe, tant que le gouvernement ne s'abstiendrait pas de charger ses ministres d'aucune agence de guerre, et ne les contiendrait pas dans les limites de leurs fonctions (1).

» Alors arrivèrent de toutes parts des révélations sur les complots tramés en Angleterre. Un agent de Georges, Revoire, ancien officier de marine, condamné à la déportation comme convaincu d'un complot formé en l'an IX pour livrer Brest aux Anglais, transmit, du fond de sa prison, au grand-juge les aveux les plus positifs sur cette mission, qui lui avait été donnée à Londres ainsi que celle d'assassiner le premier consul (2).

» Mais la révélation la plus importante fut celle de Maurice-Jacques Roques de Montgaillard, émigré. Long-temps agent des princes, notamment de Condé et du comte de Lille, il les avait servis avec fidélité; mais abreuvé de dégoûts, las de ce métier et ennuyé de voir que toutes les tentatives faites pour rétablir l'ancienne dynastie avaient échoué par la faute des principaux personnages, il était rentré en France et avait écrit en l'an VI un *Mémoire concernant la conjuration de Pichegru* dans les années III, IV et V (3).

» Il semblait que la fatalité rassemblât les incidens les plus imprévus pour imprimer à l'affaire de la conspiration le caractère le plus tragique. Le 16 germinal, à sept heures du matin, Popon, porte-clef du Temple, étant entré dans la chambre de Pichegru pour y allumer du feu, et ne l'ayant ni vu ni entendu remuer, alla prévenir Fauconnier, concierge, qui en donna de suite avis

(1) « Lettre du 18 fructidor. »
(2) « Lettre au grand-juge. *Moniteur*, 16 germinal. »
(3) « Ce mémoire, dont l'original se trouvait aux archives du gouvernement, fut publié à Paris par l'imprimerie de la République, en germinal. »

aux diverses autorités. Aussitôt accoururent un commissaire de police, un chirurgien, le conseiller d'état Réal, envoyé par le grand-juge, et Savary, commandant la gendarmerie d'élite, dépêché par le premier consul. Savary et Réal arrivèrent en même temps. Pichegru était mort dans son lit, couché sur le côté droit, ayant autour du cou la cravate de soie noire qu'il portait habituellement, tressée en forme de corde, dans laquelle était passé un bâton long de quarante centimètres, en ayant quatre ou cinq de circonférence, formant tourniquet, ce qui avait produit l'étranglement dont la face du cadavre portait tous les signes. Sur la table de nuit était un volume de Sénèque, que Pichegru avait demandé à Réal. Le livre était ouvert, la page où est décrite la mort de Caton était cornée.

» Le porte-clef Popon déclara que la veille, à dix heures du soir, après avoir servi à souper à Pichegru, il avait emporté la clef de la chambre et qu'elle était restée dans sa poche jusqu'à sept heures du matin. Le gendarme Sirot, qui avait passé la nuit renfermé lui-même dans l'antichambre, n'avait rien entendu, sinon que le général avait beaucoup toussé de onze heures à minuit. Le gendarme Lapointe, qui était de planton à la tour du Temple, n'avait entendu rien du tout.

» Le tribunal criminel envoya cinq de ses membres au Temple. Six chirurgiens ou médecins, par eux commis, dressèrent procès-verbal de l'examen du corps, et déclarèrent qu'ils estimaient que, d'après la position où ils l'avaient trouvé, et les observations qu'ils avaient faites et dont ils rendaient compte, l'individu dont ils avaient visité le cadavre, et qu'on leur avait dit être celui du général Pichegru, s'était étranglé lui-même.

» Qu'on fasse ce qu'on voudra, dit le conseiller d'état Réal, on
» n'en dira pas moins que, n'ayant pu le convaincre, nous l'avons
» étranglé. » On le dit en effet. Les partisans des conspirateurs, le parti royaliste, les amis de Moreau le proclamèrent à l'envi. Ils soutenaient qu'un homme ne pouvait s'étrangler lui-même avec sa cravate et un tourniquet, et que le premier consul avait fait expédier Pichegru par des gendarmes, des soldats, des mame-

lucks. Dans le public, toujours porté à adopter les bruits les plus exagérés et les formes les plus tragiques, bien des gens le crurent. Des agens diplomatiques l'écrivirent à leurs cours, la calomnie circula dans toute l'Europe, et, après le renversement de Napoléon, elle a, comme beaucoup d'autres, pris sa place dans l'histoire.

« Que le mode de strangulation, par lequel Pichegru s'était suicidé, ne soit pas physiquement impossible, c'est ce qu'attestent les hommes de l'art les plus instruits; il y en a des exemples, même en Angleterre, où l'on fut si empressé à rejeter sur le premier consul la mort de ce général. En 1814, après l'abdication de Napoléon, nous en avons entendu citer un en France par M. Gaillard, nommé depuis membre de la cour de cassation, pour les services par lui rendus à la cause royale. Un accusé fut condamné à mort aux assises de Melun, présidées par ce magistrat. Il ordonna toutes les précautions pour qu'il ne pût attenter à sa vie; cependant on le trouva dans son cachot étranglé par un tourniquet qu'il avait fait avec un cerceau du baquet destiné à ses besoins. Le fait est identique (1).

« Si la strangulation de Pichegru avait été opérée par d'autres que par lui, cela ne se serait pas fait sans violence; il était fort et vigoureux; il s'était débattu contre douze hommes qui l'avaient arrêté dans son lit : il y aurait eu quelque trace de violence sur son corps. On ne l'aurait pas exposé aux regards de quinze ou vingt personnes. Sa chambre n'était pas isolée, elle était près de celles de Bouvet de Lozier et de Georges, ouvrant sur le grand vestibule d'entrée. Les assassins chargés d'expédier Pichegru ne pouvaient pas tomber des nues dans sa chambre. D'après l'ordre établi pour la police du Temple, ils ne pouvaient s'y introduire

---

(1) En 1826, M. Villeneuve lut à l'académie de médecine l'observation authentique d'un homme qui s'était étranglé à l'aide d'un mouchoir entortillé autour de sa cravate déjà fortement serrée. Après cette lecture, MM. Marc, Leroux, Louyer-Vilermey, Ollivier, Collineau, Nacquart, Merat, Chomel, Villermé, citèrent des faits concluans, qui nous mettaient la possibilité du suicide en question hors de toute espèce de doute.

sans qu'on leur ouvrît les portes. Il y avait là concierge, porte-clef, officier de garde, factionnaire à endormir, à écarter ou à mettre dans le secret. Est-ce que, pour les récompenser de leur complaisance, on les aurait aussi expédiés, comme cela se pratique en Turquie? et leurs assassins, à leur tour, que seraient-ils devenus?

» Tout ce monde-là, dira-t-on, était payé, gagné par le pouvoir, et devait, sous peine de la vie, obéir et se taire; oui, tant qu'a régné l'homme revêtu de ce pouvoir. Mais il a été détrôné, enchaîné, il est mort. De ces honnêtes exécuteurs ou de ces lâches complices qui avaient pu trembler pour leur vie, plusieurs ont survécu, et pas un d'entre eux n'a fait la plus petite révélation, pas un d'eux n'a cédé aux offres, aux menaces des amis de Pichegru, des vengeurs de sa mémoire! il n'y avait plus de danger à flétrir celle du premier consul. C'était une justice, une œuvre méritoire!

» Un crime sans utilité n'est pas présumable. L'assassinat de Pichegru était inutile. Général, il avait trahi la République et l'armée; proscrit, il s'était vendu aux ennemis les plus acharnés de la France. Il y était revenu clandestinement avec Georges pour renverser le gouvernement. Les charges qui pesaient sur lui étaient accablantes; il ne pouvait échapper à la vengeance des lois. Un crime utile peut-être, c'était l'assassinat de Moreau, dont la gloire avait encore de l'éclat, qui n'avait pas quitté sa patrie, qui passait pour avoir sacrifié la faveur du pouvoir à l'amour de la liberté, qui n'avait pas encore perdu l'estime de la nation et de l'armée. Dira-t-on que le premier consul craignait les révélations de Pichegru, son influence sur le peuple, sur l'armée? Son influence ! il n'en avait plus. Depuis dix années il était hors des rangs. Aux uns il était inconnu, pour les autres oublié; chez ceux qui l'avaient estimé, sa trahison, sa conduite actuelle avaient effacé le souvenir de ses services. Ses révélations! s'il ne les avait pas d'avance confiées, qu'en sait-on? S'il les avait communiquées, pourquoi ceux qui s'étaient associés à son destin, et qui lui ont survécu, ne les ont-ils jamais publiées?

» Du caractère connu du premier consul, de l'absence de tout document qui puisse établir l'existence du crime, de son inutilité, de la situation de Pichegru, d'après les lois évidemment dévoué à l'échafaud, nous concluons qu'il s'est fait justice lui-même.
» Noble fin, s'écria le premier consul, pour celui qui a conquis
» la Hollande! » (THIBAUDEAU. *Histoire de Bonaparte*, tome III, chapitre 41.)

Nous ajouterons pour confirmer la vérité de l'opinion de Thibaudeau sur la réalité du suicide de Pichegru, que les médecins ont recueilli dans ces derniers temps plusieurs observations d'individus qui s'étaient étranglés en serrant autour de leur cou une simple cravate. Aussi à nos yeux rien ne nous permet de douter que l'ex-général républicain n'ait été lui-même l'instrument de sa mort. Mais laissons cette question de médecine légale, et reprenons notre narration.

L'heureuse découverte de la conspiration de Georges provoqua un grand nombre d'adresses au premier consul. Chacun s'empressa de témoigner son zèle et son attachement pour sa personne; préfets, généraux, juges, conseils généraux, colléges électoraux, tous se hâtèrent à l'envi de faire parvenir leurs félicitations et leurs vœux. On demandait à Bonaparte de rassurer définitivement la France; d'ôter l'espoir aux conspirateurs; d'assurer la stabilité de l'état en la fondant sur la perpétuité d'une famille. On demandait enfin clairement l'établissement d'une dynastie napoléonienne.

Le premier consul acceptait ces marques de zèle; il en remerciait les auteurs; mais il attendait que l'un des grands corps de l'état s'associât à ces vœux. Ce fut le sénat qui cette fois prit l'initiative. La communication des pièces relatives à la conspiration du ministère anglais lui en fournit l'occasion. La commission chargée d'en faire le rapport proposa de porter au chef de la République une adresse de félicitations. Fouché, qui sans doute avait le mot, s'écria que ce n'était pas assez, qu'il fallait des institutions pour ôter l'espoir des conspirateurs, qu'il fallait enfin assurer l'existence du gouvernement même au-delà de la vie de son chef. On le comprit et l'on rédigea une adresse dont nous rapporterons la partie significative.

« Les circonstances font un devoir au sénat de s'expliquer sur deux objets importans, que la découverte de ces horribles complots lui paraît rendre dignes de votre plus prompte et plus sérieuse attention.

» A la vue de tous ces attentats, dont la Providence a sauvé un héros nécessaire à ses desseins, une première réflexion a frappé le sénat.

» Quand on médite votre perte, c'est à la France qu'on en veut : les Anglais et leurs complices savent que votre destinée est celle du peuple français. Si leurs exécrables projets avaient pu réussir, ils ne se doutent pas de la vengeance épouvantable que ce peuple en aurait tirée! Le ciel préservera la terre de la nécessité où seraient les Français de punir un crime dont les suites bouleverseraient le monde. Mais ce crime a été tenté; mais il peut l'être encore; nous parlons de vengeance, et nos lois ne l'ont pas prévue.

» Oui, citoyen premier consul, le sénat doit vous le dire.

» En réorganisant notre ordre social, votre génie supérieur a fait un oubli qui honore la générosité de votre caractère, mais qui augmente peut-être vos dangers et nos craintes. Toutes nos constitutions, excepté celle de l'an VIII, avaient organisé ou une haute-cour ou un juri national. Vous avez eu la confiance qu'un pareil tribunal ne serait pas nécessaire; et la postérité, qui doit vous tenir compte de tout ce que vous avez fait, vous comptera aussi ce que vous n'avez pas voulu prévoir.

» Mais, citoyen premier consul, vous vous devez à la patrie : vous n'êtes point le maître de négliger votre existence; et le sénat, qui par essence est le conservateur du pacte social de trente millions d'hommes, demande de leur part que la loi s'explique sur le premier objet de cette conservation.

» Citoyen premier consul, un grand tribunal national assurera d'une part la responsabilité des fonctionnaires publics, et de l'autre il offrira aux conspirateurs un tribunal tout prêt, tout investi de la consistance et des pouvoirs nécessaires pour maintenir la sûreté et l'existence d'un grand peuple, attachées à la sûreté, à l'existence de son chef.

» Mais ce juri national ne suffit pas encore pour assurer en même temps et votre vie et votre ouvrage, si vous n'y joignez pas des institutions tellement combinées que leur système vous survive. Vous fondez une ère nouvelle; mais vous devez l'éterniser : l'éclat n'est rien sans la durée.

» Nous ne saurions douter que cette grande idée ne vous ait occupé, car votre génie créateur embrasse tout, et n'oublie rien; mais ne différez point.

» Vous êtes pressé par le temps, par les événemens, par les conspirateurs, par les ambitieux; vous l'êtes dans un autre sens par une inquiétude qui agite tous les Français. Vous pouvez enchaîner le temps, maîtriser les événemens, mettre un frein aux conspirateurs, désarmer les ambitieux, tranquilliser la France entière en lui donnant des institutions qui cimentent votre édifice, et prolongent pour les enfans ce que vous fîtes pour les pères.

» Citoyen premier consul, soyez bien assuré que le sénat vous parle ici au nom de tous les citoyens : tous vous admirent et vous aiment; mais il n'en est aucun qui ne songe souvent avec anxiété à ce que deviendrait le vaisseau de la République s'il avait le malheur de perdre son pilote avant d'avoir été fixé sur des ancres inébranlables. Dans les villes, dans les campagnes, si vous pouviez interroger tous les Français l'un après l'autre, il n'y en a aucun qui ne vous dît, ainsi que nous : — Grand homme, achevez votre ouvrage en le rendant immortel comme votre gloire! Vous nous avez tirés du chaos du passé; vous nous faites bénir les bienfaits du présent; garantissez-nous l'avenir.

» Dans les cours étrangères la saine politique vous tiendrait le même langage. Le repos de la France est le gage assuré du repos de l'Europe.

» Telles sont, citoyen premier consul, les observations que le sénat a cru devoir vous présenter. Après vous avoir exprimé ce vœu national, il vous répète, en son nom et au nom du peuple français, que dans toutes les circonstances, et aujourd'hui plus que jamais, le sénat et le peuple ne font qu'un avec vous.

» Signé : CAMBACÉRÈS, second consul, président; MORARD DE GALLES et JOSEPH CORNUDET, secrétaires. »

Le premier consul promit de réfléchir sur la demande du sénat. Il convoqua le conseil d'état, et sembla le consulter. Celui-ci consacra quatre séances à discuter la question de l'hérédité du pouvoir, à chercher le titre par lequel on désignerait cette autorité héréditaire, etc. Personne ne proposa le titre de *roi*, et, chose étrange, sur vingt-sept conseillers appelés à délibérer et à voter, sept opinèrent pour l'ajournement de la mesure; Berlier osa dire que c'était un pas rétrograde, que c'était manquer le but de la révolution; d'autres que c'était rouvrir la porte aux Bourbons. Il ne put y avoir de doutes sur l'avis des conseillers; car n'ayant pu tomber d'accord sur la rédaction des procès-verbaux, chacun fit le procès-verbal de son opinion.

Pendant que ces choses se passaient au conseil d'état, Lucien Bonaparte ouvrait chez lui des conférences et y appelait les personnages les plus influens du sénat, du tribunat et même du corps législatif, quoique celui-ci ne fût plus en session. « Il fallait se hâter, y disait-on, si l'on ne voulait pas que l'armée prît l'initiative. Il était dangereux d'attendre; on ne devait pas oublier que le sénat romain avait perdu toute considération et toute autorité du jour où les légions s'étaient attribué l'élection des empereurs. Enfin on proposait le titre d'empereur.

En même temps on répandit le bruit que Murat contenait avec peine l'élan de la garnison de Paris; qu'elle avait résolu de saluer, à la première revue, le premier consul du titre d'empereur.

Près d'un mois s'écoula ainsi en démarches et en intrigues de toute sorte. Enfin le 3 floréal (23 avril 1804) un homme peu connu, le tribun Curée, déposa sur le bureau du tribunat une *motion d'ordre tendant à ce que Napoléon Bonaparte actuellement premier consul, fût déclaré empereur des Français et à ce que la dignité impériale fut déclarée héréditaire dans sa famille.* Cette motion fut mise à l'ordre du 10, en séance extraordinaire.

Alors, Bonaparte crut pouvoir répondre à l'adresse du sénat. Il le fit en ces termes :

Message du premier consul au sénat conservateur. — Saint-Cloud, le 5 floréal an XII.

« Sénateurs, votre adresse du 6 germinal dernier n'a pas cessé d'être présente à ma pensée ; elle a été l'objet de mes méditations les plus constantes.

» Vous avez jugé l'hérédité de la suprême magistrature nécessaire pour mettre le peuple français à l'abri des complots de nos ennemis et des agitations qui naîtraient d'ambitions rivales. Plusieurs de nos institutions vous ont en même temps paru devoir être perfectionnées pour assurer sans retour le triomphe de l'égalité et de la liberté publiques, et offrir à la nation et au gouvernement la double garantie dont ils ont besoin.

» Nous avons été constamment guidés par cette grande vérité, que la souveraineté réside dans le peuple français en ce sens que tout, tout sans exception, doit être fait pour son intérêt, pour son bonheur et pour sa gloire. C'est afin d'atteindre ce but que la suprême magistrature, le sénat, le conseil d'état, le corps législatif, les colléges électoraux et les diverses branches de l'administration sont et doivent être institués.

» A mesure que j'ai arrêté mon attention sur ces grands objets, je me suis convaincu davantage de la vérité des sentimens que je vous ai exprimés, et j'ai senti de plus en plus que, dans une circonstance aussi nouvelle qu'importante, les conseils de votre sagesse et de votre expérience m'étaient nécessaires pour fixer toutes mes idées.

» Je vous invite donc à me faire connaître votre pensée tout entière.

» Le peuple français n'a rien à ajouter aux honneurs et à la gloire dont il m'a environné ; mais le devoir le plus sacré pour moi, comme le plus cher à mon cœur, est d'assurer à ses enfans les avantages qu'il a acquis par cette révolution qui lui a tant coûté surtout par le sacrifice de ce million de braves morts pour la défense de ses droits.

» Je désire que nous puissions lui dire, le 14 juillet de cette année : — Il y a quinze ans, par un mouvement spontané, vous courûtes aux armes; vous conquîtes la liberté, l'égalité et la gloire. Aujourd'hui ces premiers biens des nations, assurés sans retour, sont à l'abri de toutes les tempêtes ; ils sont conservés à vous et à vos enfans : des institutions conçues et commencées au sein des orages de la guerre intérieure et extérieure, développées avec constance, viennent se terminer au bruit des attentats et des complots de nos plus mortels ennemis, par l'adoption de tout ce que l'expérience des siècles et des peuples a démontré propre à garantir les droits que la nation a jugés nécessaires à sa dignité, à sa liberté et à son bonheur.

» Le premier consul. — *Signé*, BONAPARTE. »

— Le message du premier consul parvint le 6 floréal (26 avril 1804) au sénat. Il fut soumis à l'examen d'une commission composée de dix membres dont voici les noms : c'étaient François de Neufchâteau, Fouché, Rœderer, Lecouteux-Canteleu, Boissy-d'Anglas, Vernier, Lacépède, Vaubois, Laplace et Fargues. Cette commission sembla cette fois être un moyen d'attermoyer une décision définitive. Elle ne précipita point son travail ; elle y mit au contraire une sage lenteur. Le sénat voulait attendre pour connaître le parti que prendrait le tribunat.

Le 10 floréal, le tribunat s'assembla, et Curée monta à la tribune. Voici comment il termina son discours :

» Hâtons-nous, mes collègues, de demander l'hérédité de la suprême magistrature ; car en votant l'hérédité d'un chef, comme disait Pline à Trajan, nous empêcherons le retour d'un maître.

» Mais en même temps donnons un grand nom à un grand pouvoir ; concilions à la suprême magistrature du premier empire du monde le respect d'une dénomination sublime.

» Choisissons celle qui, en même temps qu'elle donnera l'idée des premières fonctions civiles, rappellera de glorieux souvenirs, et ne portera aucune atteinte à la souveraineté du peuple,

» Je ne vois pour le chef du pouvoir national aucun titre plus digne de la splendeur de la nation que le titre d'empereur.

» S'il signifie consul victorieux, qui mérita mieux de le porter? quel peuple, quelles armées furent plus dignes d'exiger qu'il fût celui de leur chef?

» Je demande donc que nous reportions au sénat un vœu qui est celui de toute la nation, et qui a pour objet :

» 1° Que Napoléon Bonaparte, actuellement premier consul, soit déclaré empereur, et en cette qualité demeure chargé du gouvernement de la République française;

» 2° Que la dignité impériale soit déclarée héréditaire dans sa famille;

» 3° Que celles de nos institutions qui ne sont que tracées soient définitivement arrêtées.

» Tribuns, il ne nous est plus permis de marcher lentement; le temps se hâte; le siècle de Bonaparte est à sa quatrième année; et la nation veut un chef aussi illustre que sa destinée. »

— Vingt-quatre orateurs se levèrent aussitôt, et se succédèrent à la tribune pour appuyer la motion anti-républicaine. Arnould, Albisson, Carion-Nisas, Carret, Chabaud-Latour, Chabot, Costaz, Challan, Chassiron, Delaître, Delpierre, Duveyrier, Duvidal, Favard, Faure, Fréville, Gallois, Gillet, Grenier, Jaubert, Koch, Perrin, Sahuc et Siméon, lurent des discours préparés en faveur de l'hérédité. Ce concert d'opinions fut troublé par un seul homme; un seul homme osa parler contre ce qui semblait être l'avis unanime du tribunat : ce fut Carnot. Voici son discours:

Discours du tribun Carnot. — Séance du 11 floréal an XII.
(1er *mai* 1804).

» Citoyens tribuns, parmi les orateurs qui m'ont précédé, et qui tous ont appuyé la motion d'ordre de notre collègue Curée, plusieurs ont été au devant des objections qu'on pouvait faire contre elle, et ils y ont répondu avec autant de talent que d'aménité : ils ont donné l'exemple d'une modération que je tâcherai d'imiter en proposant d'autres observations qui m'ont paru leur avoir échappé. Et quant à ceux qui, parce que je combattrai leur avis, pourraient m'attribuer des motifs personnels indignes du caractère d'un homme entièrement dévoué à sa patrie, je leur livre pour toute réponse l'examen scrupuleux de ma conduite politique depuis le commencement de la révolution, et celui de ma vie privée.

» Je suis loin de vouloir atténuer les louanges données au premier consul : ne dussions-nous à Bonaparte que le Code civil, son nom mériterait de passer à la postérité. Mais, quelques services qu'un citoyen ait pu rendre à sa patrie, il est des bornes que l'honneur autant que la raison imposent à la reconnaissance nationale. Si ce citoyen a restauré la liberté publique, s'il a opéré le salut de son pays, sera-ce une récompense à lui offrir que le sacrifice de cette même liberté? et ne serait-ce pas anéantir son propre ouvrage que de faire de ce pays son patrimoine particulier?

» Du moment qu'il fut proposé au peuple français de voter sur la question du consulat à vie, chacun put aisément juger qu'il existait une arrière-pensée, et prévoir un but ultérieur.

» En effet, on vit se succéder rapidement une foule d'institutions évidemment monarchiques ; mais à chacune d'elles on s'empressa de rassurer les esprits inquiets sur le sort de la liberté, en leur protestant que ces institutions n'étaient imaginées qu'afin de lui procurer la plus haute protection qu'on pût désirer pour elle.

» Aujourd'hui se découvre enfin d'une manière positive le terme de tant de mesures préliminaires : nous sommes appelés à nous prononcer sur la proposition formelle de rétablir le système monarchique, et de conférer la dignité impériale et héréditaire au premier consul.

» Je votai dans le temps contre le consulat à vie : je voterai de même contre le rétablissement de la monarchie, comme je pense que ma qualité de tribun m'oblige à le faire : mais ce sera toujours avec les ménagemens nécessaires pour ne point réveiller l'esprit de parti ; ce sera sans personnalités, sans autre passion que celle du bien public, en demeurant toujours d'accord avec moi-même dans la défense de la cause populaire.

» Je fis toujours profession d'être soumis aux lois existantes, même lorsqu'elles me déplaisaient le plus : plus d'une fois je fus victime de mon dévouement pour elles, et ce n'est pas aujourd'hui que je commencerai à suivre une marche contraire. Je déclare donc d'abord que, tout en combattant la proposition faite, du moment qu'un nouvel ordre de choses sera établi, qu'il aura reçu l'assentiment de la masse des citoyens, je serai le premier à y conformer toutes mes actions, à donner à l'autorité suprême toutes les marques de déférence que commandera la hiérarchie constitutionnelle. Puisse chacun des membres de la grande société émettre un vœu aussi sincère et aussi désintéressé que le mien !

» Je ne me jetterai point dans la discussion de la préférence que peut mériter en général tel ou tel système de gouvernement sur tel ou tel autre ; il existe sur ce sujet des volumes sans nombre ; je me bornerai à examiner en très-peu de mots, et dans les termes les plus simples, le cas particulier où les circonstances nous ont placés.

» Tous les argumens faits jusqu'à ce jour sur le rétablissement de la monarchie en France se réduisent à dire que sans elle il ne peut exister aucun moyen d'assurer la stabilité du gouvernement et la tranquillité publique, d'échapper aux discordes intestines, de se réunir contre les ennemis du dehors ; qu'on a vainement essayé le système républicain de toutes les manières possibles ; qu'il n'est résulté de tant d'efforts que l'anarchie, une révolution prolongée ou sans cesse renaissante, la crainte perpétuelle de nouveaux désordres, et par suite un désir universel et profond de voir rétablir l'antique gouvernement héréditaire, en changeant seulement la dynastie. C'est à cela qu'il faut répondre.

» J'observerai d'abord que le gouvernement d'un seul n'est rien moins qu'un gage assuré de stabilité et de tranquillité. La durée de l'empire romain ne fut pas plus longue que ne l'avait été celle de la république : les troubles intérieurs y furent encore plus grands, les crimes plus multipliés; la fierté républicaine, l'héroïsme, les vertus mâles y furent remplacés par l'orgueil le plus ridicule, la plus vile adulation, la cupidité la plus effrénée, l'insouciance la plus absolue sur la prospérité nationale. A quoi eût remédié l'hérédité du trône? Ne fut-il pas regardé par le fait comme l'héritage légitime de la maison d'Auguste? Un Domitien ne fut-il pas le fils de Vespasien, un Caligula le fils de Germanicus, un Commode le fils de Marc-Aurèle?

» En France, à la vérité, la dernière dynastie s'est soutenue pendant huit cents ans; mais le peuple fut-il moins tourmenté? Que de dissensions intestines! que de guerres entreprises au dehors pour des prétentions, des droits de succession, que faisaient naître les alliances de cette dynastie avec les puissances étrangères! Du moment qu'une nation entière épouse les intérêts particuliers d'une famille, elle est obligée d'intervenir dans une multitude d'événemens qui sans cela lui seraient de la plus parfaite indifférence.

» Nous n'avons pu établir parmi nous le régime républicain, quoique nous l'ayons essayé sous diverses formes plus ou moins démocratiques... Mais il faut observer que, de toutes les constitutions qui ont été successivement éprouvées sans succès, il n'en est aucune qui ne fût née au sein des factions, et qui ne fût l'ouvrage de circonstances aussi impérieuses que fugitives : voilà pourquoi toutes ont été vicieuses. Mais, depuis le 18 brumaire, il s'est trouvé une époque, unique peut-être dans les annales du monde, pour méditer à l'abri des orages, pour fonder la liberté sur des bases solides, avouées par l'expérience et par la raison. Après la paix d'Amiens, Bonaparte a pu choisir entre le système républicain et le système monarchique : il eût fait tout ce qu'il eût voulu; il n'eût pas rencontré la plus légère opposition. Le dépôt de la liberté lui était confié; il avait juré de la défendre : en tenant sa promesse, il eût rempli l'attente de la nation, qui l'avait jugé seul capable de résoudre le grand problème de la liberté publique dans les vastes états; il se fût couvert d'une gloire incomparable. Au lieu de cela, que fait-on aujourd'hui?

On propose de lui faire une propriété absolue et héréditaire d'un pouvoir dont il n'avait reçu que l'administration. Est-ce là l'intérêt bien entendu du premier consul lui-même ? Je ne le crois pas.

» Il est très-vrai qu'avant le 18 brumaire l'état tombait en dissolution, et que le pouvoir absolu l'a retiré des bords de l'abîme; mais que conclure de là ? Ce que tout le monde sait ; que les corps politiques sont sujets à des maladies qu'on ne saurait guérir que par des remèdes violens ; qu'une dictature momentanée est quelquefois nécessaire pour sauver la liberté : les Romains, qui en étaient si jaloux, avaient pourtant reconnu la nécessité de ce pouvoir suprême par intervalles. Mais parce qu'un remède violent a sauvé un malade, doit-on lui administrer chaque jour un remède violent ? Les Fabius, les Cincinnatus, les Camille sauvèrent la liberté romaine par le pouvoir absolu ; mais c'est qu'ils se dessaisirent de ce pouvoir aussitôt qu'ils le purent : ils l'auraient tuée par le fait même s'ils l'eussent gardé. César fut le premier qui voulut le conserver ; il en fut la victime ; mais la liberté fut anéantie pour jamais. Ainsi tout ce qui a été dit jusqu'à ce jour sur le pouvoir absolu prouve seulement la nécessité d'une dictature momentanée dans les crises de l'état, mais non celle d'un pouvoir permanent et inamovible.

» Ce n'est point par la nature de leur gouvernement que les grandes républiques manquent de stabilité ; c'est parce qu'étant improvisées au sein des tempêtes, c'est toujours l'exaltation qui préside à leur établissement. Une seule fut l'ouvrage de la philosophie, organisée dans le calme, et cette république subsiste pleine de sagesse et de vigueur : ce sont les États-Unis de l'Amérique septentrionale qui offrent ce phénomène, et chaque jour leur prospérité reçoit des accroissemens qui étonnent les autres nations. Ainsi il était réservé au Nouveau-Monde d'apprendre à l'Ancien qu'on peut subsister paisiblement sous le régime de la liberté et de l'égalité. Oui, j'ose poser en principe que lorsqu'on peut établir un nouvel ordre de choses sans avoir à redouter l'influence des factions, comme a pu le faire le premier consul, principalement après la paix d'Amiens, comme il peut le faire encore, il est moins difficile de former une république sans anarchie qu'une monarchie sans despotisme; car comment concevoir une limitation qui ne soit point illusoire dans un gouvernement dont le chef a toute la force exécutive dans les mains, et toutes les places à donner? On a parlé d'institutions que l'on dit propres à produire cet effet : mais avant de proposer l'établissement du monarque, n'aurait-on pas dû s'assurer préalablement, et montrer à ceux qui doivent voter sur la question, que de pareilles institutions sont dans l'ordre des choses possibles? que ce ne sont pas de ces abstractions métaphysiques qu'on reproche sans cesse au système contraire? Jusqu'ici on n'a rien inventé pour tempérer le pouvoir suprême, que ce qu'on nomme des corps intermédiaires ou privilégiés : serait-ce donc d'une nouvelle noblesse qu'on voudrait parler par ce mot d'institutions? Mais le remède n'est-il pas pire que le mal? car le pouvoir absolu n'ôte que la liberté, au lieu que l'institution des corps privilégiés ôte tout à la fois et la liberté et l'égalité; et quand même dans les premiers temps les grandes dignités ne seraient que personnelles, on sait assez qu'elles finiraient toujours, comme les grands fiefs d'autrefois, par devenir héréditaires.

» A ces principes généraux j'ajouterai quelques observations particulières. Je suppose que tous les Français donnent leur assentiment à la mesure proposée; mais sera-ce bien le vœu libre des Français que celui qui résultera de registres où chacun est obligé de signer individuellement son vote? Qui ne sait quelle est en pareil cas l'influence de l'autorité qui préside? De toutes les parties de la France éclate, dit-on, le désir des citoyens pour le rétablissement d'une monarchie héréditaire... Mais n'est-on pas autorisé à regarder comme factice une opinion concentrée presque exclusivement jusqu'ici parmi les fonctionnaires publics, lorsqu'on sait les inconvéniens qu'il y aurait à manifester une opinion contraire, lorsqu'on sait que la liberté de la presse est tellement anéantie qu'il n'est pas possible de faire insérer dans un journal quelconque la réclamation la plus respectueuse et la plus modérée?

» Sans doute il n'y aurait pas à balancer sur le choix d'un chef héréditaire, s'il était nécessaire de s'en donner un : il serait absurde de vouloir mettre en parallèle avec le premier consul les prétendans d'une famille tombée dans un juste mépris, et dont les dispositions vindicatives et sanguinaires ne sont que trop connues. Le rappel de la maison de Bourbon renouvellerait les scènes affreuses de la révolution, et la proscription s'étendrait infailliblement soit sur les biens, soit sur les personnes de la presque totalité des citoyens. Mais l'exclusion de cette dynastie n'entraîne point la nécessité d'une dynastie nouvelle. Espère-t-on, en élevant une nouvelle dynastie, hâter l'heureuse époque de la paix générale? Ne sera-ce pas plutôt un nouvel obstacle? A-t-on commencé par s'assurer que les autres grandes puissances de l'Europe adhéreront à ce nouveau titre? Et si elles n'y adhèrent pas, prendra-t-on les armes pour les y contraindre? Ou, après avoir rabaissé le titre de consul au-dessous de celui d'empereur, se contentera-t-on d'être consul pour les puissances étrangères, tandis qu'on sera empereur pour les seuls Français? Et compromettra-t-on pour un vain titre la sécurité et la prospérité de la nation entière?

» Il paraît donc infiniment douteux que le nouvel ordre de choses puisse offrir plus de stabilité que l'état présent. Il n'est pour le gouvernement qu'une seule manière de se consolider : c'est d'être juste, c'est que la faveur ne l'emporte pas auprès de lui sur les services; qu'il y ait une garantie contre les déprédations et l'imposture. Loin de moi toute application particulière, toute critique de la conduite du gouvernement; c'est contre le pouvoir arbitraire en lui-même que je parle, et non contre ceux entre les mains desquels ce pouvoir peut résider.

» La liberté fut-elle donc montrée à l'homme pour qu'il ne pût jamais en jouir! fut-elle sans cesse offerte à ses vœux comme un fruit auquel il ne peut porter la main sans être frappé de mort! Ainsi la nature, qui nous fait de cette liberté un besoin si pressant, aurait voulu nous traiter en marâtre? Non, je ne puis consentir à regarder ce bien si universellement préféré à tous les autres, sans lequel tous les autres ne sont rien, comme une simple illusion ; mon cœur me dit que la liberté est possible, que le régime en est facile, et plus stable qu'aucun gouvernement arbitraire, qu'aucune oligarchie.

» Cependant, je le répète, toujours prêt à sacrifier mes plus chères affections aux intérêts de la commune patrie, je me contenterai d'avoir fait entendre encore cette fois l'accent d'une âme libre, et mon respect pour la loi sera d'autant plus assuré, qu'il est le fruit de longs malheurs, et de cette raison qui nous commande impérieusement aujourd'hui de nous réunir en faisceau contre l'ennemi implacable des uns comme des autres, de cet ennemi toujours prêt à fomenter nos discordes, et pour qui tous les moyens sont légitimes, pourvu qu'il parvienne à son but d'oppression universelle et de domination sur toute l'étendue des mers.

» Je vote contre la proposition. »

— Ce discours ne manqua pas de réfutations. Grenier, Carion-Nisas, Chabot, Arnould, répliquèrent. Ils semblaient s'être entendus ; car chacun d'eux vint apporter un argument contre une partie du discours. Le premier lui rappela durement qu'il avait fait partie du comité de salut public, et on s'étonna qu'il osât ne pas laisser l'oublier ; le second lui demanda s'il voulait le retour de la Constitution de 1793. Le discours de Carnot fut une protestation vaine et sans écho.

Enfin, le 13 floréal (3 mai 1804), au nom d'une commission composée de Curée, Sahuc, Jaubert de la Gironde, Duveyrier, Duvidal, Gillet de Seine-et-Oise, Fréville, Carion-Nisas, Savoye Rollin, Albisson, Grenier, Delaitre, Chabaud-Latour, Fabre, Faure, Siméon et Arnould, Jard-Pavillers, fit son rapport sur la motion de Curée et en proposa l'adoption.

Voici le projet d'arrêté que la commission avait rédigé et dont le rapporteur fit lecture au tribunat.

« Le tribunat, considérant qu'à l'époque de la révolution où la
» volonté nationale put se manifester avec le plus de liberté, le

» vœu général se prononça pour l'unité individuelle dans le pou-
» voir suprême, et pour l'hérédité de ce pouvoir;

» Que la famille des Bourbons, ayant par sa conduite rendu le
» gouvernement héréditaire odieux au peuple, en fit oublier les
» avantages, et força la nation à chercher une destinée plus heu-
» reuse dans le gouvernement démocratique;

» Que la France, ayant éprouvé les divers modes de ce gou-
» vernement, ne recueillit de ces essais que les fléaux de l'anar-
» chie;

» Que l'état était dans le plus grand péril lorsque Bona-
» parte, ramené par la Providence, parut tout à coup pour le
» sauver;

» Que sous le gouvernement d'un seul, la France a recouvré au
» dedans la tranquillité, et acquis au dehors le plus haut degré
» de considération et de gloire;

» Que les complots formés par la maison de Bourbon, de
» concert avec un ministère implacable ennemi de la France,
» l'ont avertie du danger qui la menace, si, venant à perdre Bo-
» naparte, elle restait exposée aux agitations inséparables d'une
» élection;

» Que le consulat à vie, et le droit accordé au premier con-
» sul de désigner son successeur, ne sont pas suffisans pour pré-
» venir les intrigues intérieures et étrangères qui ne manque-
» raient pas de se former lors de la vacance de la magistrature
» suprême;

» Qu'en déclarant l'hérédité de cette magistrature on se con-
» forme à la fois à l'exemple de tous les grands états anciens et
» modernes, et au premier vœu que la nation exprima en 1789;

» Qu'éclairée par l'expérience, elle revient à ce vœu plus forte-
» ment que jamais, et le fait éclater de toutes parts;

» Qu'on a toujours vu, dans toutes les mutations politiques, les
» peuples placer le pouvoir suprême dans la famille de ceux aux-
» quels ils devaient leur salut;

» Que quand la France réclame pour sa sûreté un chef hé-

» réditaire, sa reconnaissance et son affection appellent Bona-
» parte;
» Que la France conservera tous les avantages de la révolution
» par le choix d'une dynastie aussi intéressée à les maintenir que
» l'ancienne le serait à les détruire;
» Que la France doit attendre de la famille de Bonaparte, plus
» que d'aucune autre, le maintien des droits et de la liberté du
» peuple qui la choisit, et toutes les institutions propres à les ga-
» rantir;
» Qu'enfin il n'est point de titre plus convenable à la gloire de
» Bonaparte et à la dignité du chef suprême de la nation française
» que le titre d'empereur;
» Le tribunat, exerçant le droit qui lui est attribué par l'ar-
» ticle 29 de la Constitution, émet le vœu :
» 1° Que Napoléon Bonaparte, premier consul, soit proclamé
» *empereur des Français*, et en cette qualité chargé du gouverne-
» ment de la République française;
» 2° Que le titre d'*empereur* et le pouvoir impérial soient hérédi-
» taires dans sa famille de mâle en mâle, et par ordre de primogé-
» niture;
» 3° Que, faisant dans l'organisation des autorités constituées
» les modifications que pourra exiger l'établissement du pouvoir
» héréditaire, l'égalité, la liberté, les droits du peuple soient con-
» servés dans leur intégrité.
» Le présent vœu sera présenté au sénat par six orateurs,
» qui demeurent chargés d'exposer les motifs du vœu du tri-
» bunat. »

« Le tribunat adopta immédiatement l'arrêté proposé par Jard-
Panvilliers. Il nomma pour porter ce vœu au sénat, les tribuns
Albisson, Challan, Goupil Préfeln, Lahary, Sahuc, Jard-Panvil-
liers. — Sur la proposition de Sahuc, et séance tenante, tous les
membres du tribunat signèrent le vœu qui venait d'être proclamé.
Ainsi *signé*, Paris, le 13 floréal an XII ; Fabre de l'Aude, *prési-
dent*; Arnoud, Jard-Panvilliers, Siméon, Faure, *secrétaires*;
Garry, J. Albisson, Savoye-Rollin, Daugier, Tarrible, Favard,

Chabaud, Mauricault, Mallarmé, Pougeard-Dulimbert, Pinteville-Cernon, Duvidal, Grenier, Perrée, Challan, Lahary, Chabot de l'Allier, Gillet-Lajacqueminière, Joseph Moreau, Dacier, Périn, Bosc, Curée, Labrouste, Honoré Duveyrier, Ch. Van Hulthem, Goupil-Préfeln, G. Malès, Koch, Thouret, Jaubert de la Gironde, Gallois, Beauvais, Pierre-Charles Chassiron, Carret, Sahuc, Max. V. Fréville, L. Costaz, Delaistre, Carion-Nisas, Gillet de Seine-et-Oise, Jubé, Delpierre. »

— Cette députation se rendit au sénat le 14 floréal (4 mai). Jard-Panvilliers porta encore la parole. Le président François de Neufchâteau les félicita d'avoir si bien usé *de cette initiative populaire et républicaine que leur avaient déléguée les lois fondamentales.* Il leur déclara que *comme eux le sénat voulait élever une nouvelle dynastie.* En effet, à peine la députation fut-elle sortie, que la commission fit son rapport et le sénat vota la réponse suivante au message du premier consul.

Réponse du sénat au message du premier consul, du 14 floréal an XII (4 mai 1804.) (1).

« Citoyen premier consul, vous venez par un message mémorable de répondre, d'une manière digne de vous et de la grande nation qui vous a nommé son chef, au vœu que le sénat vous avait exprimé, et aux sollicitudes que lui avait inspirées l'amour de la patrie. Vous désirez, citoyen premier consul, *de connaître la pensée tout entière du sénat sur celles de nos institutions qui nous ont paru devoir être perfectionnées pour assurer sans retour le triomphe de l'égalité et de la liberté publiques, et offrir à la nation et au gouvernement la double garantie dont ils ont besoin.*

» Le sénat a réuni et comparé avec soin les résultats des méditations de ses membres, les fruits de leur expérience, les effets du zèle qui les anime pour la prospérité du peuple, dont ils sont chargés de conserver les droits.

(1) L'adresse du sénat du 6 germinal et le message du consul du 5 floréal ne furent publiés qu'après la délibération du tribunat.

» Il a rappelé le passé, examiné le présent, porté ses regards sur l'avenir ; il vous transmet le vœu que lui commande le salut de l'état.

» Les Français ont conquis la liberté ; ils veulent conserver leur conquête : ils veulent le repos après la victoire.

» Ce repos glorieux ils le devront au gouvernement héréditaire d'un seul, qui, élevé au-dessus de tous, investi d'une grande puissance, environné d'éclat, de gloire et de majesté, défende la liberté publique, maintienne l'égalité, et baisse ses faisceaux devant l'expression de la volonté souveraine du peuple qui l'aura proclamé.

» C'est ce gouvernement que voulait se donner la nation française dans ces beaux jours de 89 dont le souvenir sera cher à jamais aux amis de la patrie ; où le noble enthousiasme, que l'image seule de ce gouvernement faisait naître, était involontairement partagé par ceux même dont la révolution blessait les intérêts, et auxquels un étranger perfide osait déjà montrer de loin des armes parricides pour le combattre ; et où l'expérience des siècles, la raison des hommes d'état, le génie de la philosophie et l'amour de l'humanité inspiraient les représentans que la nation avait choisis.

» C'est ce gouvernement, limité par la loi, que le plus grand génie de la Grèce, l'orateur le plus célèbre de Rome, et le plus grand homme d'état du dix-huitième siècle, ont déclaré le meilleur de tous.

» C'est celui qui seul peut mettre un frein aux rivalités dangereuses dans un pays couvert de nombreuses armées commandées par de grands capitaines.

» L'histoire le montre comme un obstacle invincible contre lequel viennent se briser et les efforts insensés d'une anarchie sanglante, et la violence d'une tyrannie audacieuse qui se croirait absoute par la force, et les coups perfides d'un despotisme plus dangereux encore, qui, tendant dans les ténèbres ses redoutables rets, saurait attendre avec une patience hypocrite le moment de jeter le masque et de lever sa massue de fer.

» Elle dit à une nation brave et généreuse : « Tu as perdu ton
» indépendance, ta liberté, ton nom, pour n'avoir pas voulu re-
» noncer à élire ton chef suprême. »

» Elle dévoile cette longue suite de tumultes, de dissensions,
de discordes civiles qui ont précédé ou suivi les époques où un
peuple a élu un nouveau chef; heureux encore lorsqu'il n'a pas
été condamné à la honte, plus insupportable que la mort, de recevoir d'un pouvoir étranger, conquérant ou corrupteur, un chef
avili, asservi lâchement ou bassement perfide!

» Elle nous fait voir la ville des Césars, la capitale du monde,
livrée en proie à tous les désordres, à tous les crimes, à toutes
les fureurs, par l'or, le fer ou le poison des contendans à l'empire, jusqu'au moment où une hérédité régulière remplaça un
assemblage monstrueux d'élections contestées, de sanctions déri-
soires, de successions incertaines, d'adoptions méconnues, et
d'acclamations méprisées.

» Après les quinze siècles écoulés depuis 89, après toutes les
catastrophes qui se sont succédé, après les dangers sans nombre
qui ont environné le corps social, et lorsque nous avons vu s'ouvrir l'abîme dans lequel on s'efforçait de le précipiter avant que
le sauveur de la France nous eût été rendu, quel autre gouvernement que le gouvernement héréditaire d'un seul, réglé par la
loi pour le bonheur de tous, et confié à une famille dont la destinée est inséparable de celle de la révolution, pourrait protéger
la fortune d'un si grand nombre de citoyens devenus propriétaires de domaines que la contre-révolution leur arracherait, garantir la tête de tous les Français qui n'ont jamais cessé d'être fidèles au peuple souverain, et défendre même l'existence de ceux
qui, égarés dans le commencement des tourmentes politiques,
ont réclamé et obtenu l'indulgence de la patrie?

» Quelle autre égide que ce gouvernement peut repousser pour
toujours ces complots exécrables qui, se reproduisant sous toutes
les formes, mettant en jeu tous les ressorts, échauffant toutes
les passions, chaque jour anéantis, et cependant renaissant chaque jour, pourraient finir par lasser la fortune, et auxquels se

livrent en aveugles furieux ces hommes qui, dans leur délire coupable, croient pouvoir reconstruire, pour une famille que le peuple a proscrite, un trône uniquement composé de trophées féodaux et d'instrumens de servitude, que la foudre nationale a réduits en poudre?

» Et enfin quel autre gouvernement peut conserver à jamais cette propriété si chère à une nation généreuse, ces palmes du génie et ces lauriers de la victoire dont les ennemis de la France, affranchie de l'antique joug féodal, voudraient de leurs mains sacriléges dépouiller son front auguste?

» Ce gouvernement héréditaire ne peut être confié qu'à NAPOLÉON BONAPARTE et à sa famille.

» La gloire, la reconnaissance, l'amour, la raison, l'intérêt de l'état, tout proclame NAPOLÉON empereur héréditaire.

» Mais, citoyen premier consul, le bienfait de notre pacte social doit durer, s'il est possible, autant que votre renommée.

» Nous devons assurer le bonheur et garantir les droits des générations à venir.

» Le gouvernement impérial doit être inébranlable.

» Que l'oubli des précautions réclamées par la sagesse ne laisse jamais succéder les orages d'une régence, mal organisée d'avance, aux tempêtes des gouvernemens électifs.

» Il faut que la liberté et l'égalité soient sacrées; que le pacte social ne puisse pas être violé; que la souveraineté du peuple ne soit jamais méconnue, et que, dans les temps les plus reculés, la nation ne soit jamais forcée de ressaisir sa puissance et de venger sa majesté outragée.

» Le sénat pense, citoyen premier consul, qu'il est du plus grand intérêt du peuple français de confier le gouvernement de la République à NAPOLÉON BONAPARTE, empereur héréditaire.

» Il développe, dans le mémoire qu'il joint à son message, les dispositions qui lui paraissent les plus propres à donner à nos institutions la force nécessaire pour garantir à la nation ses droits les plus chers, en assurant l'indépendance des grandes autorités, le vote libre et éclairé de l'impôt, la sûreté des propriétés, la liberté individuelle, celle de la presse, celle des élections, la responsabilité des ministres, et l'inviolabilité des lois constitutionnelles.

» Ces dispositions tutélaires, citoyen premier consul, *mettront le peuple français à l'abri des complots de nos ennemis, et des agitations qui naîtraient d'ambitions rivales;* elles maintiendront le règne de la loi, de la liberté et de l'égalité.

» L'amour des Français pour votre personne, transmis à vos successeurs avec la gloire immortelle de votre nom, liera à jamais les droits de la nation à la puissance du prince.

» Le pacte social bravera le temps.

» La République, immuable comme son vaste territoire, verrait s'élever en vain autour d'elle les tempêtes politiques.

» Pour l'ébranler il faudrait ébranler le monde; et la postérité, en rappelant les prodiges enfantés par votre génie, verra toujours debout cet immense monument de tout ce que vous devra la patrie.

» *Signé* FRANÇOIS (de Neufchâteau), vice-président; MORARD DE GALLES et JOSEPH CORNUDET, secrétaires. »

A cette réponse, le sénat joignit un mémoire secret dans lequel ses membres spéculaient pour eux-mêmes, et demandaient au futur empereur la monnaie ou le prix du trône qu'ils lui offraient. Ils avaient conclu leur mémoire par cinq demandes, savoir : 1º Que la dignité de sénateur fût héréditaire; 2º Que les sénateurs ne pussent être jugés que par leurs pairs; 3º Que le sénat eût l'initiative des lois ou au moins le *veto;* 4º Que le conseil d'état ne pût interpréter les sénatus-consultes; 5º Que deux commissions fussent instituées dans le sein du sénat, l'une pour protéger la liberté de la presse, l'autre pour garantir la sûreté individuelle.

C'était demander presque à partager l'autorité impériale. Aussi le premier consul garda le silence. Il se borna à tenir des conseils privés dans lesquels il appelait tour à tour les personnages qui faisaient partie des assemblées nationales. Chacun répétait pour son compte particulier la scène dont le sénat avait donné l'exemple. Les tribuns et les membres du corps législatif demandaient qu'on augmentât leurs traitemens. Que pouvait craindre le premier consul d'hommes si préoccupés d'eux-mêmes?

Pendant ce temps, les adresses monarchiques arrivaient de toutes parts. Chaque jour le *Moniteur* en enregistrait plusieurs. Fontanes était fort embarrassé de représenter le corps législatif dans ce concours de suffrages volontaires. Ce corps n'était point en session. Il prit le parti de réunir tous ceux qui se trouvaient à Paris. On délibéra une adresse; et le président alla à la tête d'une députation dire au premier consul que le corps législatif formait les mêmes vœux que le tribunat et le sénat. Enfin, le 26 floréal (16 mai 1804), eut lieu au sénat la proposition directe de l'institution impériale. Nous donnons à nos lecteurs l'histoire officielle de ces séances.

SÉNAT CONSERVATEUR. — *Séance du 26 floréal an* XII, *présidée par le second consul* (*Cambacérès*). — *Proposition d'un sénatus-consulte organique. Orateurs du gouvernement: les conseillers d'état Portalis, Defermont et Treilhard.*

Discours prononcé à l'ouverture de la séance par le consul président.

« Citoyens sénateurs, vous avez communiqué au premier consul votre pensée sur la nécessité de donner un principe de permanence à l'ordre actuel, et vous l'avez éclairé sur les circonstances qui déterminent l'urgence et l'opportunité de cette disposition.

» Avec un peu de réflexion, l'esprit occupé d'un but aussi important ne voit pour l'atteindre que l'établissement d'un gouvernement héréditaire.

» Votre prudence a pressenti le vœu de la nation; elle vous a fait connaître que l'opinion était mûre pour le retour d'une institution dont la conservation nous parut nécessaire lorsque l'effervescence des passions n'avait point encore confondu toutes les idées, et vers laquelle tout nous ramène depuis que les faits ont détruit des illusions inspirées par le zèle bien plus que par la prévoyance.

» Aussi le bruit de votre démarche s'est à peine répandu que des milliers de voix ont réclamé un chef héréditaire sous un titre qui fût tout à la fois digne de la grandeur de la nation, et compatible avec les principes de nos lois constitutionnelles.

» Toutes ont déféré à Napoléon Bonaparte ce témoignage de la confiance la plus signalée, et de la reconnaissance le plus universellement sentie.

» Les adresses des tribunaux, des administrations, des municipalités, celles des armées; le cri de tous les bons citoyens, ont annoncé un élan dont le gouvernement n'a pu ni méconnaître ni négliger l'expression, et que votre sagesse, de concert avec lui, est appelée à diriger.

» Citoyens, le projet de sénatus-consulte organique soumis à votre délibération est fondé sur cette grande base de l'organisation sociale :

» Il confie le soin de régir la France au héros qui l'a retirée de l'abîme;

» Il le transmet héréditairement à sa descendance, et au défaut de celle-ci à des souches de sa ligne collatérale;

» Il sanctionne les acclamations du peuple entier.

« Ce peuple demande au ciel que le sauveur de la République puisse être long-temps l'auteur de sa gloire, et que des rejetons de sa race, imitateurs de ses vertus, puissent étendre jusqu'à nos derniers neveux le bonheur que nous lui devons.

» Sénateurs, lorsque vous avez provoqué la grande disposition qui nous occupe, vous avez senti que tout ce qui pouvait exister avait besoin d'être mis en harmonie avec elle.

» Cette indication a été suivie, et, en resserrant le principe et l'action du gouvernement, toutes nos institutions ont été conservées et n'ont subi que des modifications commandées par le nouvel ordre de choses.

» Vous le savez, le grand art du législateur consiste à régénérer les états sur les bases existantes, et sa tâche est de subvenir aux circonstances avec les matériaux qu'il a sous la main.

» Vos yeux exercés reconnaîtront dans le projet que l'on vous présente, l'empreinte du génie qui l'a tracé.

» Si ce projet n'a pas atteint toute la perfection dont une imagination hardie conçoit la possibilité, il renferme du moins les élémens qui peuvent l'y conduire.

» Les améliorations durables sont toujours l'ouvrage de l'expérience et du temps.

» Vous y trouverez d'ailleurs des garanties contre les écarts de l'ambition, tout ce qui est nécessaire pour assurer l'indépendance et la dignité des grands corps, et la création de premières places dont les fonctions seront souvent utiles et toujours nécessaires pour ajouter à la pompe qui doit environner le chef de l'état dans les actes éclatans de la puissance publique.

» Il est glorieux pour vous, sénateurs, d'être dans une époque aussi mémorable les interprètes et les arbitres d'une grande nation, et de concourir à assurer sa prospérité sur des bases inébranlables.

» S'il était permis de mêler le langage des affections personnelles à la pensée des plus grands intérêts, je vous dirais qu'en terminant la carrière à laquelle la confiance du premier consul et le suffrage de la patrie m'avaient appelé, il est doux pour moi de déposer dans votre sein l'expression de mon admiration, de ma reconnaissance, et de mon respectueux dévouement pour celui que nous nommons à juste titre le père et le chef du peuple français. »

Motifs du projet de sénatus-consulte organique, exposés par le conseiller d'état Portalis.

» Citoyens sénateurs, c'est un beau spectacle que celui d'une grande nation qui, à peine sortie de la révolution la plus terrible, vient, dans le silence de tous les partis et dans le calme de toutes les passions, choisir elle-même les institutions les plus convenables à sa gloire et à son bonheur.

» L'époque mémorable à laquelle nous sommes arrivés, et qui

doit fixer pour toujours le sort de la France, a été préparée par les prodiges d'une administration de quelques années.

» Déjà le libérateur à qui nous sommes redevables de ces prodiges avait été établi par le vœu public magistrat suprême de l'état.

» Des hommes qui regardent l'exercice de la puissance plutôt comme un privilége que comme un honorable et généreux dévouement, peuvent croire que la nation a fait assez pour son chef; mais la nation, éclairée sur ses véritables intérêts, et avertie par les événemens et les dangers de toute espèce qui l'environnent, sent qu'elle n'a pas assez fait pour elle-même.

» Les Français n'ont pu voir sans effroi les horribles conspirations tramées contre leur patrie et contre le héros qui la gouverne : ils ne se sont plus contentés d'applaudir au présent; la crainte des maux passés les a conduits à chercher une garantie pour l'avenir. Votre vœu, citoyens sénateurs, le vœu du tribunat et des diverses autorités constituées, celui de toute la France, ont appelé des institutions capables d'assurer à jamais la prospérité publique.

» La nature a fixé le terme ordinaire de la vie des individus; elle n'a pas également fixé celui de la durée des états; il est donc permis à la sagesse humaine de chercher à le reculer par des établissemens utiles et par de bonnes lois : c'est ce que l'on s'est proposé dans le projet de sénatus-consulte que nous avons l'honneur de vous présenter.

» Citoyens sénateurs, il est des principes qui peuvent être obscurcis dans les temps de trouble et de factions, mais qui roulent à travers les siècles et avec les débris des empires, et sur lesquels on sent le besoin de se reposer après les tempêtes politiques.

» Le premier de ces principes est que les grands états ne comportent que le gouvernement d'un seul. Cette importante vérité se trouve même déjà consacrée par l'ordre existant des choses : plus un état s'agrandit, plus le gouvernement doit se resserrer; car le gouvernement doit être plus fort et plus actif à proportion que le territoire est plus vaste et que la nation est plus nombreuse.

» Dans le gouvernement de plusieurs, la magistrature s'affaiblit en se divisant; à force de délibérer on délibère mal, ou on perd même d'avance le fruit d'une bonne délibération.

» Sous le gouvernement d'un seul il y a plus de secret et de célérité dans les affaires; le magistrat suprême fait tout mouvoir en paraissant immobile. Cette sorte de gouvernement est celle où, avec un moindre effort, on peut produire l'action la plus étendue et la plus considérable.

» Dans le gouvernement de plusieurs, ceux qui administrent les affaires publiques peuvent être agités par des ambitions particulières; aucun d'eux n'est assez puissant ni assez élevé pour ne pas désirer de l'être davantage. D'autre part, dans l'espèce de gouvernement dont nous parlons, personne n'attachant proprement son nom au bien ou au mal qui arrive, chaque administrateur demeure plus indifférent à la gloire des succès et à la honte d'une administration vicieuse; la chose publique disparaît presque toujours au milieu du choc perpétuel des intérêts et des opinions.

» Quand un seul gouverne il sent que toutes les affaires pèsent sur lui; il y pense: il est d'ailleurs, selon l'expression d'un publiciste célèbre, *le plus grand citoyen de l'état*; il ne peut donc placer son bonheur particulier que dans le bonheur général, il ne peut avoir d'autre intérêt que l'intérêt de l'état même.

» Le second principe, qui est également de droit commun dans les matières politiques, est celui de l'hérédité du pouvoir dans une famille choisie par la nation.

» Nous savons que la puissance publique n'est ni une propriété ni un patrimoine: la propriété n'est établie que pour l'intérêt privé du maître; la puissance publique n'est établie que pour l'intérêt général de la société. Les peuples n'existent pas pour les magistrats ou pour les princes, mais les magistrats et les princes n'existent que pour les peuples.

» Aussi l'hérédité n'est-elle qu'un mode d'arriver au pouvoir :

elle n'a aucune influence sur la nature du pouvoir même; c'est une simple forme que l'on emprunte du droit civil, sans rien changer dans les idées ni dans les principes du droit politique. Tous les jours, à la suite d'une guerre, et dans les traités de gouvernement à gouvernement, de nation à nation, on emprunte les formes établies par le droit civil en matière de cession, de transport et de contrat; quoiqu'il s'agisse souvent d'objets qui ne peuvent tomber dans la classe des biens et des droits susceptibles d'être réglés par des contrats proprement dits : cela vient de ce que notre esprit aperçoit et nos besoins établissent plus de rapports que la langue n'a de mots, et la législation n'a de formes pour les exprimer et pour les régir.

» Depuis long-temps des auteurs profonds nous ont présenté les inconvéniens et les avantages du système héréditaire et du système électif; nous n'avons point à revenir sur des discussions épuisées. Les anciens avaient été si fatigués des tristes résultats du système électif qu'ils avaient préféré le jugement aveugle du sort aux brigues et aux maux qui accompagnaient les élections.

» L'hérédité est une barrière contre les factions et les intrigues; elle place la suprême magistrature dans une région, et, j'ose dire, dans un sanctuaire qui la rend inaccessible aux pensées et aux machinations des ambitieux.

» Dans les circonstances où nous vivons, c'est en établissant l'hérédité du pouvoir dans une famille nouvelle que nous réussirons à détruire jusque dans leur germe les espérances chimériques d'une ancienne famille qui se montre moins jalouse de recouvrer ses titres que de faire revivre les abus qui les lui ont fait perdre; qui s'est liguée avec les éternels ennemis de la France, et dont le retour, marqué par des secousses et des vengeances de toute espèce, deviendrait une source intarissable de calamités publiques et privées.

» C'est en établissant l'hérédité du pouvoir dans une famille nouvelle que nous communiquerons au nouvel ordre de choses un caractère de stabilité que le système électif n'offre pas et ne saurait offrir. On connaît tous les dangers auxquels ce système expose les états qui l'admettent : les intervalles de chaque vacance sont des intervalles de crise et d'anarchie ; on est dans l'agitation au dedans, et on devient incapable de résister au dehors ; chacun est plus occupé des intérêts de son parti que du péril universel.

» Aujourd'hui surtout, où les nations de l'Europe ont entre elles des rapports si multipliés, le système électif livrerait la nation chez laquelle il serait adapté à toutes les intrigues étrangères ; l'époque de chaque vacance pourrait être celle du renversement ou de la dissolution de l'état.

» Nous ne dissimulerons pas que, dans le système héréditaire, le hasard de la naissance ne donne pas toujours de bons princes ; mais des élections n'en donnent-elles jamais de mauvais? Sans doute la sagesse, le talent et la vertu obtiendraient toute faveur dans le système électif, si des électeurs pouvaient se défendre contre leurs propres passions et celles des autres ; mais, nous en appelons à l'expérience, toutes les fois qu'il s'agit d'une élection importante les divers partis se froissent ; celui qui prévaut écrase la liberté, et l'on ne voit bientôt plus que l'audace de quelques hommes, et l'oppression de tous.

» On objecte contre le système héréditaire l'inconvénient des minorités. Mais dans ce système ce ne sont pas toujours des mineurs qui succèdent ; d'ailleurs dans les temps de minorité, le gouvernement peut être plus faible ; mais il n'y a jamais, comme dans le système électif, absence absolue de tout gouvernement.

» La famille à laquelle le gouvernement est confié peut s'éteindre, et alors on retombe dans le système électif ; mais les familles ne passent pas aussi rapidement que les individus ; elles peuvent exister et se perpétuer pendant un temps plus ou moins long.

» L'histoire des états nous présente des intervalles de plusieurs siècles dans la succession des familles, tandis que les individus se succèdent presque toujours dans l'espace de quelques années.

» Ceux qui réclament le principe de l'égalité pour écarter le système héréditaire sont plus préoccupés des fantaisies particulières de l'ambition ou de la vanité que de la grande pensée du bien public. Une nation ne peut exister sans gouvernement : dans toute société politique il est nécessaire qu'il y ait une magistrature suprême. La concession de cette magistrature à un seul, à plusieurs ou à une famille, ne saurait donc compromettre l'égalité qui doit régner entre les familles et les citoyens d'un même état. Cette égalité peut être blessée par des préférences arbitraires et injustes; elle ne l'est pas par des institutions que l'intérêt public commande, et que la nation est autorisée à regarder comme la sauve-garde de l'état.

» La loi de l'hérédité n'offense donc aucune de nos maximes nationales, et elle est elle-même un grand principe de conservation et de tranquillité publique.

» Dira-t-on que le dernier sénatus-consulte semblait prévenir tous les dangers du système électif par la faculté qu'il laisssait au chef de l'état de désigner son successeur? Mais cette désignation n'était pas forcée; elle pouvait n'être pas faite : le sort de l'état ne reposait donc sur aucune base fixe; car, le magistrat suprême ne désignant point son successeur, nous retombions dans les abus et les dangers des élections ordinaires

» En second lieu, suppose-t-on la désignation d'un successeur? Comment se ferait-elle? Serait-ce par un acte solennel et entre vifs? Un tel mode serait rarement choisi; on ne se donne guère un héritier de son vivant : on ne pourrait même le faire sans quelque danger. On pourrait avoir le désir de varier dans son propre choix, et ce désir serait inséparable de quelque trouble : avec les meilleures intentions, et avec la prudence la plus consommée, il serait possible que l'on ne fît qu'un choix dangereux pour soi-même et désastreux pour l'état.

» Si l'on ne faisait qu'un choix secret dont le mystère ne dût être révélé qu'après la mort de celui qui gouverne, un tel choix ne serait pas plus respecté que ne l'ont été les testamens des plus puissans princes.

» Au surplus, la désignation d'un successeur faite par celui auquel on doit succéder n'est jamais qu'un acte arbitraire de la volonté d'un homme ; or un tel acte, qui dans une foule de circonstances peut produire des jalousies et des rivalités redoutables, n'est capable dans aucun cas d'imposer suffisamment à l'opinion publique. Si l'on voit les peuples se plier facilement à ce qui est déterminé par les lois, par les formes établies, c'est qu'ils n'y voyaient que le résultat d'un système, au lieu d'y voir les caprices d'un homme ; mais vous n'obtiendriez plus la même confiance ni le même respect si vous mettiez la volonté arbitraire d'un homme à la place d'un système établi par la loi.

» L'hérédité est donc préférable à tout ; elle ne laisse aucun intervalle entre celui qui gouverne et celui qui lui succède. La personne qui est revêtue de la suprême magistrature meurt, le prince ne meurt jamais ; il est toujours présent au corps entier de la nation.

» Nous ajouterons que l'instinct des autorités constituées est de marcher toujours dans le sens des institutions existantes : on a plus d'une fois remarqué qu'elles demeurent constamment fidèles à l'ordre établi, dans leur égarement même (1). C'est donc un très-grand avantage du système héréditaire que de leur offrir un point de ralliement qui n'est offert par aucun autre système. Les autorités constituées entraînent la masse, plus jalouse du repos que du pouvoir, et elles sont ordinairement plus fortes qu'une faction, qui peut s'élever, mais qui n'a rien préparé, et qui peut être écartée avec facilité par ceux qui parlent au nom des lois, et qui sont armés de la puissance.

» Aussi la sagesse des grandes nations n'a pas hésité de préférer le système héréditaire à tout autre. Ce système, nous le savons, ne s'est naturalisé dans les divers états de l'Europe que peu à peu et par une sorte d'usage indélibéré. Les hommes ne sauraient être, avant l'expérience, ce qu'ils ne peuvent devenir que par elle. Mais aujourd'hui, où tant d'événemens nous ont

---

(1) Mémoires du cardinal de Retz.

éclairés sur nos vrais intérêts, serait-il convenable, en s'abandonnant au temps, de s'exposer aux dangers que le temps peut amener, et que la prudence peut prévenir? Dans les siècles barbares on a pu laisser l'initiative à la coutume; nous serions inexcusable de ne pas la donner à la raison.

» Le système héréditaire est donc adopté par le projet de sénatus-consulte.

» Dans ce projet on s'est occupé de désigner la magistrature suprême de l'état par un titre qui pût assortir dignement cette grande magistrature, sans compromettre les droits de la liberté nationale.

» Le titre de *roi*, dans la plupart des gouvernemens connus, tient plus ou moins à des principes de seigneurie féodale; parmi nous ces principes sont proscrits, et cette proscription est une conquête de la liberté.

« *Si nous avons un prince*, disait Pline à Trajan, *c'est pour
» nous empêcher d'avoir un maître.* »

» Il fallait donc donner au chef suprême de l'état un titre qui ne supposât ni maître ni esclaves, et qui fût compatible avec la qualité de citoyen et d'homme libre.

» Le titre d'*empereur* a été indiqué par la voix publique, et adopté par le projet de sénatus-consulte.

» Ce titre n'est pas plus étranger aux républiques qu'aux monarchies; il ne s'est jamais lié à des idées de pouvoir absolu dans le prince, ni à des idées de *servage* dans les citoyens : ainsi l'ancienne Rome avait ses empereurs; le titre d'empereur est donné au chef du corps germanique, qui est une république de rois.

» D'autre part, ce titre n'est point une de ces dénominations arbitraires choisies pour satisfaire le besoin du moment, ou pour se conformer aux idées du jour : de telles dénominations, qui s'écartent des titres et des noms que le respect des peuples a consacrés, semblent ne tenir qu'à la mobilité des événemens multipliés dont une révolution se compose; elles se lient à des idées de changement bien plus qu'à des idées de stabilité; elles peuvent entretenir des espérances perfides. Il ne suffit pas qu'une nation ait la conscience de sa propre dignité, il faut encore qu'elle en inspire le sentiment aux autres. Le choix des titres et des noms destinés à désigner la première magistrature d'un état ne saurait être indifférent; rien n'est petit dans un si grand intérêt: c'est par les noms et les titres que l'on parle aux sens, à l'imagination, et à l'opinion; les mots accréditent les choses; ils ont sur les nations comme sur les particuliers une grande puissance : il importait donc plus qu'on ne pense de revenir à des expressions qui rappellent aux hommes tout ce qu'il y a de sacré, de saint et d'auguste dans l'exercice de la suprême magistrature.

» La puissance impériale est déférée à Napoléon Bonaparte et à sa famille. Ici le projet de sénatus-consulte ne fait que promulguer le vœu de tous les Français. Quel autre que l'homme extraordinaire qui a sauvé la France pourrait être appelé à la gouverner? quelle autre famille que la sienne pourrait offrir les mêmes droits, les mêmes espérances et la même garantie?

» Nous apprenons par l'histoire que la bienfaisance, la sagesse, le courage, le talent, le génie, aidés de la fortune, ont été les premiers fondateurs des empires. Les peuples se seraient civilisés plus tard, ou, dans d'autres circonstances, ils eussent été plus long-temps dévorés par l'anarchie, si la nature n'eût produit par intervalle, et à des époques décisives, quelques-unes de ces ames vastes, élevées, nées pour les grandes choses, marquées des caractères d'une sorte de souveraineté naturelle, et capables d'influer sur la destinée des nations. La nature, il est vrai, n'a fait ni magistrats, ni princes, ni citoyens; elle n'a fait que des hommes; mais elle a, pour ainsi dire, ébauché tous les gouvernemens en faisant sentir à la multitude le besoin d'un ordre public, et en donnant à quelques hommes l'aptitude et les qualités qui les disposent à faire le bien des autres.

» Sachons donc profiter de tous nos avantages. Qu'il soit empereur des Français celui qui a su agrandir leur territoire par ses succès et ses triomphes, et les conduire au bonheur par la sagesse de son administration; que la puissance impériale soit héréditaire dans une famille dont les membres se sont déjà distingués par d'importans services rendus à l'état, et dans laquelle de grands souvenirs ne pourront que perpétuer de grandes vertus.

» En rendant la puissance impériale héréditaire dans la famille de Napoléon Bonaparte, on a réglé le plan de cette hérédité d'après des principes conformes au goût et aux mœurs de la nation. Le projet de sénatus-consulte appelle uniquement les mâles, l'ordre de primogéniture gardé. Chez un peuple essentiellement guerrier, les femmes ont dû être perpétuellement exclues. La loi civile n'a pu à cet égard diriger la loi politique, car on ne saurait gouverner par les mêmes principes des choses qui son d'un ordre si différent.

» Il était impossible de ne pas prévoir les cas de minorité et de régence, qui peuvent se vérifier plus ou moins fréquemment dans le système héréditaire; relativement à ces cas, on a distingué ce qui concerne la garde de la personne du mineur d'avec ce qui concerne l'administration de l'état.

» On donne des conseils au régent; on limite son pouvoir; on en règle sagement l'exercice.

» On détermine que la minorité finira à dix-huit ans; elle finissait autrefois à quatorze; on a toujours senti la nécessité de ne pas prolonger un intervalle pendant lequel l'état est exposé à languir.

» Quand on défère la suprême magistrature à un chef et à sa famille, il y a une grande distance entre ce chef, les membres de sa famille et les citoyens ordinaires; l'état manquerait donc de liaison s'il n'y avait pas des dignités, des institutions et des corps intermédiaires. De là le projet de sénatus-consulte vous présente l'établissement de grands dignitaires, de grands officiers dans l'ordre civil et militaire, que l'on déclare inamovibles, et qui sont à la fois une décoration pour le trône impérial, et un lien de communication entre le prince et les citoyens.

» Le chef de l'empire n'exerce point des droits qui lui soient propres; il exerce ceux de la nation. Sa dignité est donc celle de la nation elle-même : on ne saurait environner de trop de majesté le chef d'un grand empire. Il est chargé de faire respecter les lois dans l'intérieur, et de représenter partout la majesté nationale. Tout ce que l'on donne à l'appareil, à la grandeur, adoucit l'exercice de la puissance : on n'a pas besoin alors d'arracher par la force ce qui est toujours librement offert par le respect, l'admiration et l'amour.

» Quand les formes d'un gouvernement changent, c'est ou parce qu'il se corrompt, ou parce qu'il s'améliore.

» Le gouvernement se corrompt quand les principes s'affaiblissent ou se dénaturent à mesure que les formes changent ; il s'améliore quand on ne change les formes que pour mieux assurer les principes.

» Or, le projet de sénatus-consulte consacre les grands principes de la souveraineté nationale, de l'égalité des droits, de la liberté politique, civile et religieuse des citoyens. Il conserve toutes les institutions existantes ; il leur communique une nouvelle force, et il les environne d'un plus grand éclat ; il trace le serment solennel que l'empereur doit prêter pour s'engager à les défendre, serment qui est comme l'abrégé de toutes les constitutions de l'empire.

» Dans ce moment permettez-moi, citoyens sénateurs, de fixer votre attention sur un objet qui n'est peut-être pas assez observé.

» Quelle était la position de la France quand le gouvernement a été confié au héros qui la gouverne ? Je ne retracerai point le tableau de nos malheurs passés ; mais je dirai que l'état inclinait vers la démocratie absolue, espèce de gouvernement si peu convenable à un grand état ; toute l'autorité était tombée entre les mains du peuple ou de ses représentans. Une assemblée représentative qui parle et agit au nom du peuple, qui fait les lois et les change quand elle veut, qui peut à chaque instant accuser ou détruire le pouvoir chargé de les exécuter, ne connaît point de limites à ses droits ; en limitant son pouvoir, elle croirait attenter à la souveraineté même du peuple. Un tel ordre de choses ne présente pour ainsi dire qu'un gouvernement sans gouvernement ;

il n'offre qu'une puissance redoutable que rien n'arrête, et qui menace tout.

» Dans une situation si périlleuse, une nation est exposée à perdre jusqu'à l'ombre de sa liberté, si, au lieu de tomber dans les bras d'un libérateur, elle est jetée par les événemens dans ceux d'un oppresseur ambitieux qui la subjuge et l'enchaîne : aussi nous voyons par l'histoire qu'il n'y a pas de servitude pareille à celle d'un peuple qui passe subitement de la démocratie au gouvernement absolu d'un seul; le pouvoir du despote est alors d'autant plus immense qu'il remplace celui du peuple, qui n'avait pas pensé à limiter son propre pouvoir.

» Que serait devenue la France si, à l'époque dont nous parlons, un génie tutélaire n'eût pas veillé sur ses destinées? Mais ce génie, se promenant sur l'abîme dans lequel nous étions plongés, a débrouillé le chaos, et a ramassé les débris épars ; il a refait et recomposé l'ordre social; il a détruit la tyrannie populaire au profit du peuple; en acceptant le pouvoir qu'on lui confiait, il a laissé à la liberté le soin de créer des institutions capables de le tempérer; plus prévoyant que la liberté même, il a cherché à donner successivement à ces institutions une forme plus régulière, une action plus forte, et à les rendre populaires et nationales, par l'établissement des colléges électoraux : quels titres n'a-t-il donc pas à notre reconnaissance!

» C'est le grand homme à qui nous sommes redevables de tant d'institutions libérales qui est appelé à gouverner l'empire. Un sénat permanent continuera de veiller sur les destinées de la France. Ce sénat, sans partager le pouvoir législatif, aura la garde et le dépôt des lois; il garantira la Constitution des surprises qui pourraient être faites au législateur lui-même; il remplira auprès de l'empereur, et dans certains cas déterminés, l'office de la conscience, en l'avertissant des erreurs qui peuvent se glisser dans les lois nouvelles, et qui seraient capables de compromettre les droits que nous avons conquis par la révolution.

» Le même sénat protégera la liberté de la presse contre les prohibitions arbitraires, et la liberté individuelle contre les arrestations illégales : rien n'est plus propre à rehausser la dignité du citoyen que de voir le premier corps de l'état occupé à protéger et à défendre les droits du moindre particulier, avec la même sollicitude que s'il s'agissait de défendre la Constitution même.

» Les lois ne sont pas de purs actes de puissance : ce sont des actes de raison, de sagesse et de justice. La délibération est de l'essence des lois; elles continueront d'être préparées dans le conseil du prince, d'être épurées par les discussions du tribunat, et d'être sanctionnées par les députés du peuple.

» Dans un gouvernement libre, le respect pour la propriété ne permet pas de lever des impôts et des taxes sans le consentement des députés choisis par des assemblées de propriétaires; ce grand principe est maintenu et respecté.

» Les tribunaux acquièrent une nouvelle dignité, et ils conservent leur première indépendance.

» Personne ne pouvant être au-dessus de la justice, comme personne ne peut être avili au-dessous de l'humanité, une haute-cour jugera les ministres et ceux qui remplissent de grandes fonctions dans l'état.

» La même cour jugera les crimes commis ou tramés contre la patrie, contre la personne de l'empereur et celle de l'héritier présomptif du trône. Elle jugera pareillement les délits personnels des princes, des titulaires des grandes dignités, des grands officiers, des sénateurs et des conseillers d'état.

» Cette attribution ne rompt pas l'égalité; elle la rétablit; car des hommes qui exercent une censure sur les autres, ou qui peuvent être l'objet de leur jalousie, seraient plus exposés et plus malheureux que les citoyens ordinaires s'ils pouvaient être justiciables de ceux mêmes sur lesquels ils exercent leur juridiction, ou dont ils peuvent exciter le mécontentement et la haine.

» Le siége de la haute-cour sera dans le sénat : son organisation est telle qu'elle offrira une garantie suffisante à l'état contre l'impunité, et une garantie suffisante aux accusés contre l'injustice.

» Le gouvernement doit être essentiellement *un* ; toutes les parties doivent correspondre entre elles pour former le même tout ; elles doivent aboutir à un centre commun : ce centre est la puissance impériale, qui est comme la clef de la voûte.

» Tous les actes seront faits au nom de l'*empereur* : c'est une conséquence nécessaire du grand principe de l'unité de la puissance publique.

» Les différentes branches de cette puissance seront distinctes sans être divisées ; elles ne reposeront pas dans les mêmes mains, mais elles seront dirigées par le même esprit. Aucune volonté particulière ne pourra prévaloir sur la volonté générale. Les cours d'appel, les membres de la cour de cassation, en cas de forfaiture ou de prise à partie, pourront être cités devant la haute-cour, qui est chargée de juger les justices mêmes.

» On ne s'est pas uniquement occupé de ce qui peut organiser l'état ; on s'est occupé encore de ce qui pouvait former et maintenir les mœurs et l'esprit général de la nation. La Légion-d'Honneur devient pour cet objet un grand ressort. Les membres de cette Légion sont distribués dans les départemens et dans les colléges électoraux pour y propager l'amour de la patrie, et pour y perpétuer le véritable esprit public. On a pensé avec raison que des hommes qui se sont distingués par le courage militaire ou par le courage civil peuvent entretenir et faire naître les bonnes pensées et les bons sentimens, et devenir pour ainsi dire les canaux par lesquels les véritables vertus civiles peuvent circuler et se répandre dans toutes les classes de citoyens.

» Tel est, citoyens sénateurs, l'ensemble du projet du *sénatus-consulte*. Vous en avez jeté les premières bases, achevez votre ouvrage. Vous allez donner une nouvelle vie aux corps politiques, et une nouvelle garantie à la nation, en adoptant le plan d'organisation que nous avons l'honneur de vous présenter. Quel moment plus favorable pour assurer à jamais le bonheur de la France ! Le temps est passé où chaque nouvelle loi était une tempête ; aujourd'hui chaque nouvelle loi est un bienfait. Je parle d'après votre vœu, d'après celui de la nation : qu'il soit *empereur des Français* celui sur qui le salut de la France entière repose, et que nos nouvelles institutions soient immortelles comme sa gloire! »

Séance du 28 floréal an xii (*18 mai* 1804). *Présidence de Cambacérès.* — *Rapport sur le sénatus-consulte organique présenté le 26 floréal an* xii, *fait au sénat par Lacépède, organe de la commission spéciale de dix membres* (1).

« Citoyen consul président, le sénat a renvoyé à sa commission spéciale le projet de *sénatus-consulte* organique qui lui a été présenté par des orateurs du gouvernement, et dont je viens de faire lecture.

» La commission m'a chargé d'avoir l'honneur de soumettre au sénat les résultats de l'examen qu'elle a fait de ce projet.

» Ce sera une grande époque dans l'histoire des nations que celle où le peuple français, faisant entendre de nouveau sa volonté souveraine, met un frein à la fureur des discordes civiles, termine la plus mémorable des révolutions, fixe ses glorieuses destinées, et consacre un monument digne de lui à la liberté, à l'égalité, à la raison, à la reconnaissance, en assurant dans la famille de son héros cette couronne impériale qui va briller sur un front décoré tant de fois des lauriers de la victoire!

» C'est vous, citoyens sénateurs, qui avez pressenti ce grand événement, qui l'avez préparé, et dont la décision, que désire avec tant d'ardeur la France attentive, va donner le mouvement aux élans généreux de la grande nation.

» Mais les pères de la patrie doivent commander à l'enthousiasme du sentiment. Vous avez émis un vœu solennel pour que le gouvernement de la République fût confié à Napoléon, empereur héréditaire; vous avez désiré que nos institutions fussent en même temps perfectionnées pour assurer à jamais le règne de la liberté et de l'égalité. Les mesures qui doivent garantir et les

(1) François (de Neufchâteau), Fouché, Rœderer, Lecouteulx-Canteleu; Boissy d'Anglas, Vernier, Lacépède, Vaubois, Laplace, Fargues.

droits de la nation et la durée de l'empire héréditaire vous sont aujourd'hui présentées dans les formes prescrites par les constitutions de la République.

» Le projet de *sénatus-consulte* qui les renferme est sous vos yeux. L'orateur du gouvernement vous en a développé les motifs. Vous avez pu en méditer la nature, en rechercher les résultats, en observer les liaisons.

» Vous avez surtout étudié ces rapports secrets qui lient les unes aux autres les différentes parties de ses nombreuses dispositions.

» Ils peuvent échapper à des yeux vulgaires, ces rapports qui font concourir au même but tant de moyens divers, qui rapprochent tant d'objets éloignés, qui fortifient tant de ressorts, qui modèrent tant de mouvemens, et qui établissent dans le tout cette correspondance, cette harmonie et cet équilibre garans de la stabilité.

» Mais, qui sait mieux que vous, citoyens sénateurs, que les grandes institutions ne peuvent être bien jugées que d'en haut; qu'en cherchant à perfectionner un détail, on dénature souvent l'ensemble, et que tant de lois n'ont produit des effets opposés à ceux que l'on attendait que parce que, dans leur examen, on n'avait considéré qu'une face, on n'avait écouté qu'une crainte, on n'avait consulté qu'une espérance!

» Votre commission a donc cru superflu de vous retracer des dispositions que vous connaissez, des motifs que chacun de vous a pesés, des mesures dont vous avez vu l'enchaînement.

» Vous avez dû remarquer, citoyens sénateurs, avec quelle attention on a prévu tous les événemens qui auraient pu, en rendant le droit de succéder douteux et l'hérédité incertaine, exposer la patrie à ces guerres désastreuses dont elle a tant souffert, et ramener ces calamités effroyables sous lesquelles nos pères, braves, mais malheureux contemporains de l'infortuné Charles VI, ont vu la France presque expirante par les coups d'enfans dénaturés de la mère commune, et par ceux d'un ennemi audacieux et perfide.

» L'ordre prescrit pour la succession à l'empire présente le nom du sage que la patrie reconnaissante a vu à Lunéville et dans les murs d'Amiens faire briller du doux éclat de la paix l'olivier consolateur que lui avait remis la main triomphante de son auguste frère ; et celui de ce jeune Louis, qui, compagnon de l'Hercule français dès l'âge le plus tendre, et combattant près du héros de l'Europe, de l'Afrique et de l'Asie, dans les plaines de l'Italie, sur les rives du Nil, et non loin des ruines de l'antique Sidon, a pu de bonne heure accoutumer ses yeux à tout l'éclat de la gloire.

» En ordonnant que les pères de la patrie régleront avec le chef suprême de l'empire l'éducation des princes appelés à gouverner un jour la République, la loi fondamentale de l'état assure à nos neveux que les premières pensées de ceux qui devront perpétuer leur bonheur seront pour les devoirs que leur imposera la patrie, et leurs premières affections pour le peuple qui aura élevé leur race sur le pavois impérial.

» Admis de bonne heure dans cette enceinte, et dans celle du conseil d'état, ils y trouveront, au milieu des nombreux résultats d'une longue expérience, cette suite imposante de maximes fondamentales et sacrées qui ne se développent et ne se conservent que dans les corps dont le renouvellement est insensible, et qui donnent aux institutions et tant de durée, et tant de force, et tant de majesté.

» La régence, établie avec prévoyance, n'étant jamais ni usurpée, ni contestée, ni livrée à des mains trop faibles ou étrangères, ne confère le pouvoir de conserver qu'en enchaînant l'autorité qui tendrait à détruire.

» De grandes dignités, ajoutant à la splendeur du trône, en fortifient la base sans pouvoir l'ébranler ; en détournent la foudre dans les temps orageux ; donnent aux conseils plus de maturité; peuvent, en écartant toute barrière funeste, ne laisser aucune pensée utile perdue pour l'empereur, aucune action vertueuse perdue pour l'état, aucune affection de l'empereur perdue pour le peuple ; offrent aux plus grands services la plus brillante palme; ne deviennent l'objet de toutes les ambitions que pour les éloigner de tout dessein pervers; n'inspirent les grands projets et les grandes actions qu'en forçant à maintenir la Constitution de l'état, et n'élèvent des citoyens dans un rang éclatant que pour faire voir de plus loin le triomphe de l'égalité.

» Toutes les fois qu'un nouveau prince prend les rênes du gouvernement, son serment solennel lui rappelle ses devoirs, les droits inviolables de la propriété, et tous les autres droits imprescriptibles du peuple.

» Le dépôt sacré de la liberté individuelle et de la liberté de la presse est remis au sénat plus spécialement que jamais.

» Et dans quelles mains pourrait-il être plus en sûreté!

» Ne trouve-t-on pas dans le sénat *le nombre*, qui, par la diversité des opinions, des affections et des intérêts, écarte de la majorité tous les germes de séduction; l'*âge*, qui fait taire toutes les passions devant celle du devoir; *la perpétuité*, qui ôte à l'avenir toute influence dangereuse sur le présent; *l'étendue de l'autorité et la prééminence du rang*, qui délivrent des illusions funestes l'ambition satisfaite?

» La liberté sainte, devant laquelle sont tombés les remparts de la Bastille, déposera donc ses craintes; l'homme d'état sera satisfait; et les ombres illustres du sage l'Hôpital, du grand Montesquieu et du vertueux Malesherbes seront consolées de n'avoir pu que proposer l'heureuse institution que consacre le sénatus-consulte.

» Les difficultés relatives aux opérations des colléges électoraux ne pouvant être résolues qu'avec l'intervention du sénat, le vœu du peuple ne sera jamais méconnu.

» Les listes des candidats que ces colléges choisissent étant souvent renouvelées, l'une des plus belles portions de la souveraineté du peuple sera fréquemment exercée.

» Les membres du corps législatif, rééligibles sans intervalle, seront, s'il est possible, des organes plus fidèles de la volonté nationale; les discussions auxquelles ils se livreront, et leurs communications plus grandes avec le tribunat, éclaireront de plus en plus les objets soumis à leur approbation ; et une plus longue durée des fonctions des tribuns ajoutera à leur expérience dans les affaires.

» Une haute-cour, garante des prérogatives nationales confiées aux grandes autorités, de la sûreté de l'état et de celle des citoyens, formera un tribunal véritablement indépendant et auguste, consacré à la justice et à la patrie.

» Son siége tutélaire et redoutable sera dans cette enceinte.

» Les conservateurs du pacte social, les dépositaires des lois civiles y rassureront l'innocence, en faisant trembler le crime, qu'aucun asile ne pourra dérober à la puissance de la nation.

» L'aréopage d'Athènes jugeait au milieu des ombres de la nuit; c'était un emblème de l'impartiale équité. La France aura la réalité de cette image.

» La haute-cour, placée au sommet de l'état, n'apercevra ni les intérêts privés ni les affections particulières, que la distance fera disparaître.

» Elle ne verra que la République et la loi.

» Elle assurera la responsabilité des grands fonctionnaires, de ceux particulièrement qu'un grand éloignement de la métropole pourrait soustraire à la crainte de la vengeance des lois.

» Elle assurera surtout la responsabilité des ministres, cette responsabilité sans laquelle la liberté n'est qu'un fantôme derrière lequel se cache le despotisme.

» Enfin le sénatus-consulte organique rend l'hommage le plus éclatant à la souveraineté nationale.

» Il détermine que le peuple prononcera lui-même sur la proposition d'établir l'hérédité impériale dans la famille de Napoléon Bonaparte.

» Il fait plus, et je prie qu'on soit attentif à cette observation, il consacre et fortifie, par de sages institutions, le gouvernement que la nation française a voulu dans les plus beaux jours de la révolution, et lorsqu'elle a manifesté sa volonté avec le plus d'éclat, de force et de grandeur.

» La commission a donc pensé à l'unanimité qu'elle devait proposer au sénat d'adopter le projet de sénatus-consulte qui lui a été présenté.

» Que Napoléon Bonaparte soit empereur des Français !

» Et puisse-t-il faire le bonheur de nos arrière-neveux, comme il fera à jamais l'admiration de la postérité !

» Ce sentiment nous amène à l'expression de la reconnaissance publique envers les deux consuls, qui, pendant tout le cours de leur haute magistrature, n'ont cessé de bien mériter de la patrie, et que l'estime du sénat suivra dans tous les rangs où le bien de l'état les portera.

» Mais, citoyens sénateurs, lorsque vous aurez adopté le projet de sénatus-consulte qui vous est présenté, il vous restera encore un grand devoir à remplir envers la patrie.

» Le peuple sera consulté sur la proposition de l'hérédité de la dignité impériale dans la famille de Napoléon Bonaparte.

» Nous attendrons avec respect sa décision souveraine sur cette importante proposition.

» Mais c'est par le sénatus-consulte organique qui vous est soumis que la dignité consulaire est changée en dignité impériale pour Napoléon, et pour le successeur que les constitutions actuelles de la République lui donnent le droit de présenter.

» A l'instant où vous aurez imprimé le sceau de votre autorité au sénatus-consulte, *Napoléon est empereur des Français*.

» Hâtez-vous de satisfaire la juste impatience des citoyens, des magistrats, de l'armée, de la flotte, de la France entière !

» Donnez le signal qu'on vous demande de toutes parts, et qu'une démarche solennelle proclame l'empereur !

» Votre commission a donc l'honneur de vous proposer à l'unanimité :

» *Premièrement* d'adopter le projet de sénatus-consulte organique présenté par les orateurs du gouvernement ;

» *Secondement* de rendre le décret suivant :

» *Le sénat en corps présentera, immédiatement après sa séance,*
» *le sénatus-consulte organique de ce jour à Napoléon Bonaparte,*
» *empereur des Français.*

» *Le président du sénat, Cambacérès, portera la parole.* »

(« Le sénat, sur ce rapport, a dans la même séance adopté le projet de sénatus-consulte organique.

» Il a pareillement adopté le projet de décret proposé par sa commission.

» En conséquence de ce décret, le sénat en corps s'est mis en marche pour Saint-Cloud immédiatement après la fin de sa séance. Le cortége était accompagné de différens corps de cavalerie.

» Le sénat, à son arrivée, a été admis à l'audience de l'empereur. » — *Procès-verbal.*)

Discours prononcé par le second consul, président du sénat, Cambacérès, en remettant au premier consul le sénatus-consulte organique du 28 floréal an XII *(18 mai 1804).* — (*Le même jour à Saint-Cloud.*)

» Sire, le décret que le sénat vient de rendre, et qu'il s'empresse de présenter à votre majesté impériale, n'est que l'expression authentique d'une volonté déjà manifestée par la nation.

» Ce décret, qui vous défère un nouveau titre, et qui après vous en assure l'hérédité à votre race, n'ajoute rien ni à votre gloire ni à vos droits.

» L'amour et la reconnaissance du peuple français ont depuis quatre années confié à votre majesté les rênes du gouvernement, et les constitutions de l'état se reposaient déjà sur vous du choix d'un successeur.

» La dénomination plus imposante qui vous est décernée n'est donc qu'un tribut que la nation paie à sa propre dignité, et au besoin qu'elle sent de vous donner chaque jour des témoignages d'un respect et d'un attachement que chaque jour voit augmenter.

» Eh! comment le peuple français pourrait-il trouver des bornes pour sa reconnaissance, lorsque vous n'en mettez aucune à vos soins et à votre sollicitude pour lui?

» Comment pourrait-il, conservant le souvenir des maux qu'il a soufferts lorsqu'il fut livré à lui-même, penser sans enthousiasme au bonheur qu'il éprouve depuis que la Providence lui a inspiré de se jeter dans vos bras !

» Les armées étaient vaincues, les finances en désordre, le crédit public anéanti; les factions se disputaient les restes de notre antique splendeur; les idées de religion et même de morale s'étaient obscurcies; l'habitude de donner et de reprendre le pouvoir laissait les magistrats sans considération, et même avait rendu odieuse toute espèce d'autorité.

» Votre majesté a paru. Elle a rappelé la victoire sous nos drapeaux; elle a établi la règle et l'économie dans les dépenses publiques : la nation, rassurée par l'usage que vous en avez su faire, a repris confiance dans ses propres ressources; votre sagesse a calmé la fureur des partis; la religion a vu relever ses autels; les notions du juste et de l'injuste se sont réveillées dans l'âme des citoyens quand on a vu la peine suivre le crime, et d'honorables distinctions récompenser et signaler les vertus.

» Enfin, et c'est là sans doute le plus grand des miracles opérés par votre génie, ce peuple, que l'effervescence civile avait rendu indocile à toute contrainte, ennemi de toute autorité, vous avez su lui faire chérir et respecter un pouvoir qui ne s'exerçait que pour sa gloire et son repos.

» Le peuple français ne prétend point s'ériger en juge des constitutions des autres états.

» Il n'a point de critiques à faire, point d'exemples à suivre; l'expérience désormais devient sa leçon.

» Il a, pendant des siècles, goûté les avantages attachés à l'hérédité du pouvoir.

» Il a fait une épreuve courte, mais pénible, du système contraire.

» Il rentre, par l'effet d'une délibération libre et réfléchie, dans un sentier conforme à son génie.

» Il use librement de ses droits pour déléguer à votre majesté impériale une puissance que son intérêt lui défend d'exercer par lui-même.

» Il stipule pour les générations à venir, et, par un pacte solennel, il confie le bonheur de ses neveux à des rejetons de votre race.

» Ceux-ci imiteront vos vertus.

» Ceux-là hériteront de notre amour et de notre fidélité.

» Heureuse la nation qui, après tant de troubles et d'incertitudes, trouve dans son sein un homme digne d'apaiser la tempête des passions, de concilier tous les intérêts, et de réunir toutes les voix!

» Heureux le prince qui tient son pouvoir de la volonté, de la confiance et de l'affection des citoyens!

» S'il est dans le principe de notre constitution, et déjà plusieurs exemples semblables ont été donnés, de soumettre à la sanction du peuple la partie du décret qui concerne l'établissement d'un gouvernement héréditaire, le sénat a pensé qu'il devait supplier votre majesté impériale d'agréer que les dispositions organiques reçussent immédiatement leur exécution; et, pour la gloire comme pour le bonheur de la République, il proclame à l'instant même Napoléon empereur des Français. »

L'empereur a répondu en ces termes :

» Tout ce qui peut contribuer au bien de la patrie est essentiellement lié à mon bonheur.

» J'accepte le titre que vous croyez utile à la gloire de la nation.

» Je soumets à la sanction du peuple la loi de l'hérédité. J'es-
» père que la France ne se repentira jamais des honneurs dont
» elle environnera ma famille.

» Dans tous les cas, mon esprit ne sera plus avec ma postérité
» le jour où elle cesserait de mériter l'amour et la confiance de la
» grande nation. »

Le sénat a été ensuite admis à l'audience de sa majesté l'impératrice. Le consul Cambacérès, président, lui a dit :

« Madame, nous venons de présenter à votre auguste époux le décret qui lui donne le titre d'empereur, et qui, établissant dans sa famille le gouvernement héréditaire, associe les races futures au bonheur de la génération présente.

» Il reste au sénat un devoir bien doux à remplir, celui d'offrir à votre majesté impériale l'hommage de son respect, et l'expression de la gratitude des Français.

» Oui, Madame, la renommée publie le bien que vous ne cessez de faire; elle dit que, toujours accessible aux malheureux, vous n'usez de votre crédit auprès du chef de l'état que pour soulager leur infortune, et qu'au plaisir d'obliger votre majesté ajoute cette délicatesse aimable qui rend la reconnaissance plus douce et le bienfait plus précieux.

» Cette disposition présage que le nom de l'impératrice Joséphine sera le signal de la consolation et de l'espérance; et, comme les vertus de Napoléon serviront toujours d'exemple à ses successeurs pour leur apprendre l'art de gouverner les nations, la mémoire vivante de votre bonté apprendra à leurs augustes compagnes que le soin de sécher les larmes est le moyen le plus sûr de régner sur tous les cœurs.

» Le sénat se félicite de saluer le premier votre majesté impériale; et celui qui a l'honneur d'être son organe ose espérer que vous daignerez le compter au nombre de vos plus fidèles serviteurs. »

« *Lettre de Sa Majesté impériale aux consuls Cambacérès et Lebrun.* » (*Remise à Saint-Cloud le même jour.*)

« Citoyen consul Cambacérès (Lebrun), votre titre va changer; vos fonctions et ma confiance restent les mêmes. Dans la haute dignité d'archi-chancelier de l'empire (d'archi-trésorier) dont vous allez être revêtu, vous manifesterez, comme vous l'avez fait dans celle de consul, la sagesse de vos conseils et les talens distingués qui vous ont acquis une part aussi importante dans tout ce que je puis avoir fait de bien.

» Je n'ai donc à désirer de vous que la contination des mêmes sentimens pour l'état et pour moi.

» Donné au palais de Saint-Cloud, le 28 floréal an XII.

» *Signé* NAPOLÉON, par l'empereur. Le secrétaire d'état H.-B. MARET. »

SÉNATUS-CONSULTE ORGANIQUE

du 28 floréal an XII (18 mai 1804).

TITRE PREMIER.

ART. 1er. Le gouvernement de la république est confié à un empereur qui prend le titre d'EMPEREUR DES FRANÇAIS.

La justice se rend, au nom de l'EMPEREUR, par les officiers qu'il institue.

2. NAPOLÉON BONAPARTE, premier consul actuel de la République, est EMPEREUR DES FRANÇAIS.

TITRE II. — *De l'hérédité.*

3. La dignité impériale est héréditaire dans la descendance directe, naturelle et légitime de Napoléon Bonaparte, de mâle en mâle, par ordre de primogéniture, et à l'exclusion perpétuelle des femmes et de leur descendance.

4. Napoléon Bonaparte peut adopter les enfans ou petits-enfans de ses frères, pourvu qu'ils aient atteint l'âge de dix-huit ans accomplis, et que lui-même n'ait point d'enfans mâles au moment de l'adoption.

Ses fils adoptifs entrent dans la ligne de sa descendance directe;

Si, postérieurement à l'adoption, il lui survient des enfans mâles, ses fils adoptifs ne peuvent être appelés qu'après les descendans naturels et légitimes.

L'adoption est interdite aux successeurs de Napoléon Bonaparte et à leurs descendans.

5. A défaut d'héritier naturel et légitime, ou d'héritier adoptif de Napoléon Bonaparte, la dignité impériale est dévolue et déférée à Joseph Bonaparte et à ses descendans naturels et légitimes par ordre de primogéniture et de mâle en mâle, à l'exclusion perpétuelle des femmes et de leur descendance.

6. A défaut de Joseph Bonaparte et de ses descendans mâles,

la dignité impériale est dévolue et déférée à Louis Bonaparte et à ses descendans naturels et légitimes par ordre de primogéniture et de mâle en mâle, à l'exclusion perpétuelle des femmes et de leur descendance.

7. A défaut d'héritier naturel et légitime, ou d'héritier adoptif de Napoléon Bonaparte;

A défaut d'héritiers naturels et légitimes de Joseph Bonaparte et de ses descendans mâles;

De Louis Bonaparte et de ses descendans mâles,

Un sénatus-consulte organique, proposé au sénat par les titulaires des grandes dignités de l'empire, et soumis à l'acceptation du peuple, nomme l'empereur, et règle dans sa famille l'ordre de l'hérédité de mâle en mâle, à l'exclusion perpétuelle des femmes et de leur descendance.

8. Jusqu'au moment où l'élection du nouvel empereur est consommée, les affaires de l'état sont gouvernées par les ministres qui se forment en conseil de gouvernement et qui délibèrent à la majorité des voix. Le secrétaire d'état tient le registre des délibérations.

TITRE III. — *De la famille impériale.*

9. Les membres de la famille impériale, dans l'ordre de l'hérédité, portent le titre de princes français.

Le fils aîné de l'empereur porte celui de prince impérial.

10. Un sénatus-consulte règle le mode de l'éducation des princes français.

11. Ils sont membres du sénat et du conseil d'état lorsqu'ils ont atteint leur dix-huitième année.

12. Ils ne peuvent se marier sans l'autorisation de l'empereur.

Le mariage d'un prince français fait sans l'autorisation de l'empereur emporte privation de tout droit à l'hérédité tant pour celui qui l'a contracté que pour ses descendans.

Néanmoins, s'il n'existe point d'enfant de ce mariage et qu'il vienne à se dissoudre, le prince qui l'avait contracté recouvre ses droits à l'hérédité.

13. Les actes qui constatent la naissance, les mariages et les décès des membres de la famille impériale sont transmis, sur un ordre de l'empereur, au sénat, qui en ordonne la transcription sur ses registres et le dépôt dans ses archives.

14. Napoléon Bonaparte établit par des statuts auxquels ses successeurs sont tenus de se conformer :

1° Les devoirs des individus de tout sexe, membres de la famille impériale, envers l'empereur ;

2° Une organisation du palais impérial conforme à la dignité du trône et à la grandeur de la nation.

15. La liste civile reste réglée ainsi qu'elle l'a été par les articles 1 et 4 du décret du 26 mai 1791.

Les princes français, Joseph et Louis Bonaparte, et à l'avenir les fils puînés naturels et légitimes de l'empereur, seront traités conformément aux articles 1, 10, 11, 12 et 13 du décret du 21 décembre 1790.

L'empereur pourra fixer le douaire de l'impératrice et l'assigner sur la liste civile. Ses successeurs ne pourront rien changer aux dispositions qu'il aura faites à cet égard.

16. L'empereur visite les départemens ; en conséquence, des palais impériaux sont établis aux quatre points principaux de l'empire.

Ces palais sont désignés, et leur dépendances déterminés par une loi.

TITRE IV. — *De la régence.*

17. L'empereur est mineur jusqu'à l'âge de dix-huit ans accomplis ; pendant sa minorité il y a un régent de l'empire.

18. Le régent doit être âgé au moins de vingt-cinq ans accomplis.

Les femmes sont exclues de la régence.

19. L'empereur désigne le régent parmi les princes français ayant l'âge exigé par l'article précédent ; et à leur défaut parmi les titulaires des grandes dignités de l'empire.

20. A défaut de désignation de la part de l'empereur, la ré-

gence est déférée au prince le plus proche en degré, dans l'ordre de l'hérédité, ayant vingt-cinq ans accomplis.

21. Si, l'empereur n'ayant pas désigné le régent, aucun des princes français n'est âgé de vingt-cinq ans accomplis, le sénat élit le régent parmi les titulaires des grandes dignités de l'empire.

22. Si, à raison de la minorité d'âge du prince appelé à la régence dans l'ordre de l'hérédité, elle a été déférée à un parent plus éloigné, ou à l'un des titulaires des grandes dignités de l'empire, le régent entré en exercice continue ses fonctions jusqu'à la majorité de l'empereur.

23. Aucun sénatus-consulte organique ne peut être rendu pendant la régence ni avant la fin de la troisième année qui suit la majorité.

24. Le régent exerce jusqu'à la majorité de l'empereur toutes les attributions de la dignité impériale.

Néanmoins il ne peut nommer ni aux grandes dignités de l'empire ni aux places de grands-officiers qui se trouveraient vacantes à l'époque de la régence, ou qui viendraient à vaquer pendant la minorité, ni user de la prérogative réservée à l'empereur d'élever des citoyens au rang de sénateur.

Il ne peut révoquer ni le grand-juge ni le secrétaire d'état.

25. Il n'est pas personnellement responsable des actes de son administration.

26. Tous les actes de la régence sont au nom de l'empereur mineur.

27. Le régent ne propose aucun projet de loi ou de sénatus-consulte et n'adopte aucun règlement d'administration publique qu'après avoir pris l'avis du conseil de régence composé des titulaires des grandes dignités de l'empire.

Il ne peut déclarer la guerre ni signer des traités de paix, d'alliance ou de commerce, qu'après en avoir délibéré dans le conseil de régence dont les membres, pour ce seul cas, ont voix délibérative. La délibération a lieu à la majorité des voix, et, s'il y a partage, elle passe à l'avis du régent.

Le ministre des relations extérieures prend séance au conseil de régence lorsque ce conseil délibère sur des objets relatifs à son département..

Le grand-juge, ministre de la justice, peut y être appelé par l'ordre du régent.

Le secrétaire d'état tient le registre des délibérations.

28. La régence ne confère aucun droit sur la personne de l'empereur mineur.

29. Le traitement du régent est fixé au quart du montant de la liste civile.

30. La garde de l'empereur mineur est confiée à sa mère, et, à son défaut, au prince désigné à cet effet par le prédécesseur de l'empereur mineur.

A défaut de la mère de l'empereur mineur et d'un prince désigné par l'empereur, le sénat confie la garde de l'empereur mineur à l'un des titulaires des grandes dignités de l'empire.

Ne peuvent être élus pour la garde de l'empereur mineur ni le régent et ses descendans, ni les femmes.

31. Dans le cas où Napoléon Bonaparte usera de la faculté qui lui est conférée par l'article 4, titre II, l'acte d'adoption sera fait en présence de titulaires des grandes dignités de l'empire, reçu par le secrétaire d'état et transmis aussitôt au sénat pour être transcrit sur ses registres et déposé dans ses archives.

Lorsque l'empereur désigne soit un régent pour la minorité, soit un prince pour la garde d'un empereur mineur, les mêmes formalités sont observées.

Les actes de désignation soit d'un régent pour la minorité, soit d'un prince pour la garde d'un empereur mineur, sont révocables à volonté par l'empereur.

Tout acte d'adoption, de désignation ou de révocation de désignation, qui n'aura pas été transcrit sur les registres du sénat avant le décès de l'empereur, sera nul et de nul effet.

TITRE V. — *Des grandes dignités de l'empire.*

32. Les grandes dignités de l'empire sont celles :
De grand-électeur ;

D'archi-chancelier de l'empire,
D'archi-chancelier d'état,
D'archi-trésorier,
De connétable,
De grand-amiral.

53. Les titulaires des grandes dignités de l'empire sont nommés par l'empereur.

Ils jouissent des mêmes honneurs que les princes français, et prennent rang immédiatement après eux.

L'époque de leur réception détermine le rang qu'ils occupent respectivement.

54. Les grandes dignités de l'empire sont inamovibles.

55. Les titulaires des grandes dignités de l'empire sont sénateurs et conseillers d'état.

56. Ils forment le grand conseil de l'empereur.

Ils sont membres du conseil privé.

Ils composent le grand conseil de la Légion-d'Honneur.

Les membres actuels du grand conseil de la Légion-d'Honneur conservent, pour la durée de leur vie, leurs titres, fonctions et prérogatives.

57. Le sénat et le conseil d'état sont présidés par l'empereur.

Lorsque l'empereur ne préside pas le sénat ou le conseil d'état, il désigne celui des titulaires des grandes dignités de l'empire qui doit présider.

58. Tous les actes du sénat et du corps législatif sont rendus au nom de l'empereur, et promulgués ou publiés sous le sceau impérial.

59. Le grand-électeur fait les fonctions de chancelier;

1° Pour la convocation du corps législatif, des colléges électoraux et des assemblées de canton;

2° Pour la promulgation des sénatus-consulte portant dissolution soit du corps législatif, soit des colléges électoraux.

Le grand-électeur préside en l'absence de l'empereur lorsque le sénat procède aux nominations des sénateurs, des législateurs et des tribuns.

AU 28 FLORÉAL AN XII (18 MAI 1804).

Il peut résider au palais du sénat.

Il porte à la connaissance de l'empereur les réclamations formées par les colléges électoraux ou par les assemblées de canton pour la conservation de leurs prérogatives.

Lorsqu'un membre d'un collége électoral est dénoncé, conformément à l'article 21 du sénatus-consulte organique du 16 thermidor an x, comme s'étant permis quelque acte contraire à l'honneur ou à la patrie, le grand-électeur invite le collége à manifester son vœu. Il porte le vœu du collége à la connaissance de l'empereur.

Le grand-électeur présente les membres du sénat, du conseil d'état, du corps législatif et du tribunat, au serment qu'ils prêtent entre les mains de l'empereur.

Il reçoit le serment des présidens des colléges électoraux de département et des assemblées de canton.

Il présente les députations solennelles du sénat, du conseil d'état, du corps législatif, du tribunat et des colléges électoraux, lorsqu'elles sont admises à l'audience de l'empereur.

40. L'archi-chancelier de l'empire fait les fonctions de chancelier pour la promulgation des sénatus-consultes organiques et des lois.

Il fait également celles de chancelier du palais impérial.

Il est présent au travail annuel dans lequel le grand-juge, ministre de la justice, rend compte à l'empereur des abus qui peuvent s'être introduits dans l'administration de la justice, soit civile, soit criminelle.

Il préside la haute-cour impériale.

Il préside les sections réunies du conseil d'état et du tribunat, conformément à l'article 95, titre xi.

Il est présent à la célébration des mariages et à la naissance des princes, au couronnement et aux obsèques de l'empereur; il signe le procès-verbal que dresse le secrétaire d'état.

Il présente les titulaires des grandes dignités de l'empire, les ministres et le secrétaire d'état, les grands officiers civils de la

T. XXXIX. 11

couronne et le premier président de la cour de cassation, au serment qu'ils prêtent entre les mains de l'empereur.

Il reçoit le serment des membres et du parquet de la cour de cassation, des présidens et procureurs-généraux des cours d'appel et des cours criminelles.

Il présente les députations solennelles et les membres des cours de justice admis à l'audience de l'empereur.

Il signe et scelle les commissions et brevets des membres des cours de justice et des officiers ministériels; il scelle les commissions et brevets des fonctions civiles, administratives, et les autres actes qui seront désignés dans le réglement portant organisation du sceau.

41. L'archi-chancelier d'état fait les fonctions de chancelier pour la promulgation des traités de paix et d'alliance, et pour les déclarations de guerre.

Il présente à l'empereur et signe les lettres de créance et la correspondance d'étiquette avec les différentes cours de l'Europe, rédigées suivant les formes du protocole impérial dont il est gardien.

Il est présent au travail annuel dans lequel le ministre des relations extérieures rend compte à l'empereur de la situation politique de l'état.

Il présente les ambassadeurs et ministres de l'empereur dans les cours étrangères au serment qu'ils prêtent entre les mains de S. M. I.

Il reçoit le serment des résidens, chargés d'affaires, secrétaires d'ambassade et de légation, et des commissaires généraux et commissaires des relations commerciales.

Il présente les ambassades extraordinaires et les ambassadeurs et ministres français et étrangers.

42. L'archi-trésorier est présent au travail annuel dans lequel les ministres des finances et du trésor public rendent à l'empereur les comptes des recettes et des dépenses de l'état, et exposent leurs vues sur les besoins des finances de l'empire.

Les comptes des recettes et des dépenses annuelles, avant d'être présentés à l'empereur, sont revêtus de son *visa*.

Il préside les sections réunies du conseil d'état et du tribunat, conformément à l'article 95, titre x.

Il reçoit tous les trois mois le compte des travaux de la comptabilité nationale, et tous les ans le résultat général et les vues de réforme et d'amélioration dans les différentes parties de la comptabilité; il les porte à la connaissance de l'empereur.

Il arrête tous les ans le grand livre de la dette publique.

Il signe les brevets des pensions civiles.

Il reçoit le serment des membres de la comptabilité nationale, des administrations de finances et des principaux agens du trésor public.

Il présente les députations de la comptabilité nationale et des administrations de finances admises à l'audience de l'empereur.

43. Le connétable est présent au travail annuel dans lequel le ministre de la guerre et le directeur de l'administration de la guerre rendent compte à l'empereur des dispositions à prendre pour compléter le système de défense des frontières, l'entretien, les réparations et l'approvisionnement des places.

Il pose la première pierre des places fortes dont la construction est ordonnée.

Il est gouverneur des écoles militaires.

Lorsque l'empereur ne remet pas en personne les drapeaux aux corps de l'armée, ils leur sont remis en son nom par le connétable.

En l'absence de l'empereur, le connétable passe les grandes revues de la garde impériale.

Lorsqu'un général d'armée est prévenu d'un délit spécifié au code pénal militaire, le connétable peut présider le conseil de guerre qui doit juger.

Il présente les maréchaux de l'empire, les colonels généraux, les inspecteurs généraux, les officiers généraux et les colonels de toutes les armes au serment qu'ils prêtent entre les mains de l'empereur.

Il reçoit le serment des majors, chefs de bataillon et d'escadron de toutes les armes.

Il installe les maréchaux de l'empire.

Il présente les officiers généraux et les colonels, majors, chefs de bataillon et d'escadron de toutes les armes, lorsqu'ils sont admis à l'audience de l'empereur.

Il signe les brevets de l'armée et ceux des militaires pensionnaires de l'état.

44. Le grand-amiral est présent au travail annuel dans lequel le ministre de la marine rend compte à l'empereur de l'état des constructions navales, des arsenaux et des approvisionnemens.

Il reçoit annuellement et présente à l'empereur les comptes de la caisse des invalides de la marine.

Lorsqu'un amiral, vice-amiral ou contre-amiral, commandant en chef une armée navale, est prévenu d'un délit spécifié au code pénal maritime, le grand-amiral peut présider la cour martiale qui doit juger.

Il présente les amiraux, les vice-amiraux, les contre-amiraux et les capitaines de vaisseau au serment qu'ils prêtent entre les mains de l'empereur.

Il reçoit le serment des membres du conseil des prises et des capitaines de frégate.

Il présente les amiraux, les vice-amiraux, les contre-amiraux, les capitaines de vaisseau et de frégate, et les membres du conseil des prises, lorsqu'ils sont admis à l'audience de l'empereur.

Il signe les brevets des officiers de l'armée navale et ceux des marins pensionnaires de l'état.

45. Chaque titulaire des grandes dignités de l'empire préside un collége électoral de département.

Le collége électoral séant à Bruxelles est présidé par le grand-électeur.

Le collége électoral séant à Bordeaux est présidé par l'archichancelier de l'empire.

Le collége électoral séant à Nantes est présidé par l'archichancelier d'état.

Le collége électoral séant à Lyon est présidé par l'archi-trésorier de l'empire.

AU 28 FLORÉAL AN XII (18 MAI 1804).

Le collége électoral séant à Turin est présidé par le connétable.

Le collége électoral séant à Marseille est présidé par le grand-amiral.

46. Chaque titulaire des grandes dignités de l'empire reçoit annuellement, à titre de traitement fixe, le tiers de la somme affectée aux princes conformément au décret du 21 décembre 1790.

47. Un statut de l'empereur règle les fonctions des titulaires des grandes dignités de l'empire auprès de l'empereur, et détermine leur costume dans les grandes cérémonies. Les successeurs de l'empereur ne peuvent déroger à ce statut que par un sénatus-consulte.

TITRE VI. — *Des grands officiers de l'empire.*

48. Les grands officiers de l'empire sont :

Premièrement, des maréchaux de l'empire, choisis parmi les généraux les plus distingués.

Leur nombre n'excède pas celui de seize.

Ne font point partie de ce nombre les maréchaux de l'empire qui sont sénateurs.

Secondement, huit inspecteurs et colonels-généraux de l'artillerie et du génie, des troupes à cheval et de la marine.

Troisièmement, des grands officiers civils de la couronne, tels qu'ils seront institués par les statuts de l'empereur.

49. Les places des grands officiers sont inamovibles.

50. Chacun des grands officiers de l'empire préside un collége électoral qui lui est spécialement affecté au moment de sa nomination.

51. Si, par un ordre de l'empereur, ou par toute autre cause que ce puisse être, un titulaire d'une grande dignité de l'empire ou un grand officier vient à cesser ses fonctions, il conserve son titre, son rang, ses prérogatives, et la moitié de son traitement. Il ne les perd que par un jugement de la haute-cour impériale.

TITRE VII. — *Des sermens.*

52. Dans les deux ans qui suivent son avénement ou sa majorité, l'empereur, accompagné

Des titulaires des grandes dignités de l'empire,

Des ministres,

Des grands officiers de l'empire,

Prête serment au peuple français sur l'Évangile, et en présence:

Du sénat,

Du conseil d'état,

Du corps législatif,

Du tribunat,

De la cour de cassation,

Des archevêques,

Des évêques,

Des grands officiers de la Légion-d'Honneur,

De la comptabilité nationale,

Des présidens des cours d'appel,

Des présidens des colléges électoraux,

Des présidens des assemblées de canton,

Des présidens des consistoires,

Et des maires des trente-six principales villes de l'empire.

Le secrétaire d'état dresse procès-verbal de la prestation du serment.

53. Le serment de l'empereur est ainsi conçu :

« Je jure de maintenir l'intégrité du territoire de la Républi-
» blique; de respecter et de faire respecter les lois du concor-
» dat et la liberté des cultes; de respecter et de faire respecter
» l'égalité des droits, la liberté politique et civile, l'irrévocabi-
» lité des ventes des biens nationaux; de ne lever aucun impôt,
» de n'établir aucune taxe qu'en vertu de la loi; de maintenir
» l'institution de la Légion-d'Honneur; de gouverner dans la seule
» vue de l'intérêt, du bonheur et de la gloire du peuple français. »

54. Avant de commencer l'exercice de ses fonctions, le régent, accompagné

Des titulaires des grandes dignités de l'empire,

Des ministres,

Des grands officiers de l'empire,

Prête serment sur l'Évangile et en présence,

Du sénat,

Du conseil d'état,

Du président et des questeurs du corps législatif,

Du président et des questeurs du tribunat,

Et des grands officiers de la Légion-d'Honneur.

Le secrétaire d'état dresse procès-verbal de la prestation du serment.

55. Le serment du régent est conçu en ces termes :

« Je jure d'administrer les affaires de l'état conformément aux
» constitutions de l'empire, aux sénatus-consultes et aux lois ; de
» maintenir dans toute leur intégrité le territoire de la Républi-
» que, les droits de la nation et ceux de la dignité impériale et de
» remettre fidèlement à l'empereur, au moment de sa majorité,
» le pouvoir dont l'exercice m'est confié. »

56. Les titulaires des grandes dignités de l'empire, les ministres et le secrétaire d'état, les grands officiers, les membres du sénat, du conseil d'état, du corps législatif du tribunat, des colléges électoraux et des assemblées de canton, prêtent serment en ces termes :

« Je jure obéissance aux Constitutions de l'empire et fidélité à l'empereur. »

Les fonctionnaires publics civils et judiciaires, et les officiers et soldats de l'armée de terre et de mer, prêtent le même serment.

TITRE VIII. — *Du sénat.*

57. Le sénat se compose :

1º Des princes français ayant atteint leur dix-huitième année ;

2º Des titulaires des grandes dignités de l'empire ;

3º Des quatre-vingts membres nommés sur la présentation de candidats choisis par l'empereur sur les listes formées par les colléges électoraux de département ;

4º Des citoyens que l'empereur juge convenable d'élever à la dignité de sénateur.

Dans le cas où le nombre de sénateurs excédera celui qui a été fixé par l'article 63 du sénatus-consulte organique du 16 thermidor an x, il sera à cet égard pourvu par une loi à l'exécution de l'article 17 du sénatus-consulte du 14 nivose an xi.

58. Le président du sénat est nommé par l'empereur, et choisi parmi les sénateurs.

Ses fonctions durent un an.

59. Il convoque le sénat sur un ordre du propre mouvement de l'empereur, et sur la demande, ou des commissions, dont il sera parlé ci-après, articles 60 et 64; ou d'un sénateur, conformément aux dispositions de l'article 70; ou d'un officier du sénat pour les affaires intérieures du corps.

Il rend compte à l'empereur des convocations faites sur la demande des commissions ou d'un sénateur, de leur objet, et des résultats des délibérations du sénat.

60. Une commission de sept membres, nommés par le sénat et choisis dans son sein, prend connaissance, sur la communication qui lui en est donnée par les ministres, des arrestations effectuées conformément à l'article 46 de la Constitution, lorsque les personnes arrêtées n'ont pas été traduites devant les tribunaux dans les dix jours de leur arrestation.

Cette commission est appelée *commission sénatoriale de la liberté individuelle*.

61. Toutes les personnes arrêtées et non mises en jugement après les dix jours de leur arrestation peuvent recourir directement, par elles, leurs parens ou leurs représentans, et par voie de pétition, à la commission sénatoriale de la liberté individuelle.

62. Lorsque la commission estime que la détention prolongée au delà des dix jours de l'arrestation n'est pas justifiée par l'intérêt de l'état, elle invite le ministre qui a ordonné l'arrestation à faire mettre en liberté la personne détenue, ou à la renvoyer devant les tribunaux ordinaires.

63. Si, après trois invitations consécutives, renouvelées dans l'espace d'un mois, la personne détenue n'est pas mise en liberté ou renvoyée devant les tribunaux ordinaires, la commission de-

mande une assemblée du sénat, qui est convoqué par le président, et qui rend, s'il y a lieu, la déclaration suivante :

« Il y a de fortes présomptions que N. est détenu arbitrairement. »

On procède ensuite conformément aux dispositions de l'article 112, titre XIII, *de la haute-cour impériale.*

64. Une commission de sept membres, nommés par le sénat et choisis dans son sein, est chargée de veiller à la liberté de la presse.

Ne sont point compris dans son attribution les ouvrages qui s'impriment et se distribuent par abonnement et à des époques périodiques.

Cette commission est appelée *commission sénatoriale de la liberté de la presse.*

65. Les auteurs, imprimeurs ou libraires qui se croient fondés à se plaindre d'empêchement mis à l'impression ou à la circulation d'un ouvrage peuvent recourir directement et par voie de pétition à la commission sénatoriale de la liberté de la presse.

66. Lorsque la commission estime que les empêchemens ne sont pas justifiés par l'intérêt de l'état, elle invite le ministre qui a donné l'ordre à le révoquer.

67. Si, après trois invitations consécutives, renouvelées dans l'espace d'un mois, les empêchemens subsistent, la commission demande une assemblée du sénat, qui est convoqué par le président, et qui rend, s'il y a lieu, la déclaration suivante :

« Il y a de fortes présomptions que la liberté de la presse a été violée. »

On procède ensuite conformément aux dispositions de l'article 112, titre XIII, *de la haute-cour impériale.*

68. Un membre de chacune des commissions sénatoriales cesse ses fonctions tous les quatre mois.

69. Les projets de loi décrétés par le corps législatif sont transmis, le jour même de leur adoption, au sénat, et déposés dans ses archives.

70. Tout décret rendu par le corps législatif peut être dénoncé

au sénat par un sénateur, 1° comme tendant au rétablissement du régime féodal; 2° comme contraire à l'irrévocabilité des ventes des domaines nationaux; 3° comme n'ayant pas été délibéré dans les formes prescrites par les Constitutions de l'empire, les réglemens et les lois; 4° comme portant atteinte aux prérogatives de la dignité impériale et à celles du sénat, sans préjudice de l'exécution des articles 21 et 57 de l'acte des Constitutions de l'empire en date du 22 frimaire an VIII.

71. Le sénat, dans les six jours qui suivent l'adoption du projet de loi, délibérant sur le rapport d'une commission spéciale, et après avoir entendu trois lectures du décret dans trois séances tenues à des jours différens, peut exprimer l'opinion qu'*il n'y a pas lieu à promulguer la loi.*

Le président porte à l'empereur la délibération motivée du sénat.

72. L'empereur, après avoir entendu le conseil d'état, ou déclare par un décret son adhésion à la délibération du sénat, ou fait promulguer la loi.

73. Toute loi dont la promulgation dans cette circonstance n'a pas été faite avant l'expiration du délai de dix jours ne peut plus être promulguée si elle n'a été de nouveau délibérée et adoptée par le corps législatif.

74. Les opérations entières d'un collége électoral, et les opérations partielles qui sont relatives à la présentation des candidats au sénat, au corps législatif et au tribunat, ne peuvent être annulées pour cause d'inconstitutionnalité que par un sénatus-consulte.

TITRE IX. — *Du conseil d'état.*

75. Lorsque le conseil d'état délibère sur les projets de lois ou sur les réglemens d'administration publique, les deux tiers des membres du conseil en service ordinaire doivent être présens.

Le nombre des conseillers d'état présens ne peut être moindre de vingt-cinq.

76. Le conseil d'état se divise en six sections, savoir:

Section de la législation,
Section de l'intérieur,
Section des finances,
Section de la guerre,
Section de la marine,
Et section du commerce.

77. Lorsqu'un membre du conseil d'état a été porté pendant cinq années sur la liste des membres du conseil en service ordinaire, il reçoit un brevet de conseiller d'état à vie.

Lorsqu'il cesse d'être porté sur la liste du conseil d'état en service ordinaire ou extraordinaire, il n'a droit qu'au tiers du traitement de conseiller d'état.

Il ne perd son titre et ses droits que par un jugement de la haute-cour impériale emportant peine afflictive ou infamante.

TITRE X. — *Du corps législatif.*

78. Les membres sortant du corps législatif peuvent être réélus sans intervalles.

79. Les projets de lois présentés au corps législatif sont renvoyés aux trois sections du tribunat.

80. Les séances du corps-législatif se distinguent en séances ordinaires et en comités généraux.

81. Les séances ordinaires sont composées des membres du corps législatif, des orateurs du conseil d'état, des orateurs des trois sections du tribunat.

Les comités généraux ne sont composés que des membres du corps législatif.

Le président du corps législatif préside les séances ordinaires et les comités généraux.

82. En séance ordinaire, le corps législatif entend les orateurs du conseil d'état et ceux des trois sections du tribunat, et vote sur le projet de loi.

En comité général, les membres du corps législatif discutent entre eux les avantages et les inconvéniens du projet de loi.

83. Le corps législatif se forme en comité général :

1° Sur l'invitation du président pour les affaires intérieures du corps;

2° Sur une demande faite au président, et signée par cinquante membres présens :

Dans ces deux cas le comité général est secret, et les discussions ne doivent être ni imprimées ni divulguées ;

3° Sur la demande des orateurs du conseil d'état spécialement autorisés à cet effet :

Dans ce cas le comité général est nécessairement public.

Aucune délibération ne peut être prise dans les comités généraux.

84. Lorsque la discussion en comité général est fermée, la délibération est ajournée au lendemain en séance ordinaire.

85. Le corps législatif, le jour où il doit voter sur le projet de loi, entend, dans la même séance, le résumé que font les orateurs du conseil d'état.

86. La délibération d'un projet de loi ne peut, dans aucun cas, être différée de plus de trois jours au-delà de celui qui avait été fixé pour la clôture de la discussion.

87. Les sections du tribunat constituent les seules commissions du corps législatif, qui ne peut en former d'autres que dans le cas énoncé article 113, titre XIII, *de la haute-cour impériale*.

TITRE XIII. — *Du tribunat.*

88. Les fonctions des membres du tribunat durent dix ans.

89. Le tribunat est renouvelé par moitié tous les cinq ans.

Le premier renouvellement aura lieu pour la session de l'an XVII, conformément au sénatus-consulte organique du 16 thermidor an X.

90. Le président du tribunat est nommé par l'empereur, sur une présentation de trois candidats faite par le tribunat au scrutin secret et à la majorité absolue.

91. Les fonctions du président du tribunat durent deux ans.

92. Le tribunat a deux questeurs.

Ils sont nommés par l'empereur, sur une liste triple de candidats choisis par le tribunat au scrutin secret et à la majorité absolue.

Leurs fonctions sont les mêmes que celles attribuées aux questeurs du corps législatif par les articles 19, 20, 21, 22, 23, 24 et 25 du sénatus-consulte organique du 24 frimaire an XII.

Un des questeurs est renouvelé chaque année.

93. Le tribunat est divisé en trois sections; savoir :

Section de la législation,

Section de l'intérieur,

Section des finances.

94. Chaque section forme une liste de trois de ses membres parmi lesquels le président du tribunat désigne le président de la section.

Les fonctions du président de section durent un an.

95. Lorsque les sections respectives du conseil d'état et du tribunat demandent à se réunir, les conférences ont lieu sous la présidence de l'archi-chancelier de l'empire, ou de l'archi-trésorier, suivant la nature des objets à examiner.

96. Chaque section discute séparément et en assemblée de section les projets de loi qui lui sont transmis par le corps législatif.

Deux orateurs de chacune des trois sections portent au corps législatif le vœu de leur section, et en développent les motifs.

97. En aucun cas les projets de loi ne peuvent être discutés par le tribunat en assemblée générale.

Il se réunit en assemblée générale, sous la présidence de son président, pour l'exercice de ses autres attributions.

TITRE XII. — *Des colléges électoraux.*

98. Toutes les fois qu'un collége électoral de département est réuni pour la formation de la liste des candidats au corps législatif, les listes de candidats pour le sénat sont renouvelées.

Chaque renouvellement rend les présentations antérieures de nul effet.

99. Les grands officiers, les commandeurs et les officiers de la Légion-d'Honneur sont membres du collége électoral du département dans lequel ils ont leur domicile, ou de l'un des départemens de la cohorte à laquelle ils appartiennent.

Les légionnaires sont membres du collége électoral de leur arrondissement.

Les membres de la Légion-d'Honneur sont admis au collége électoral dont ils doivent faire partie, sur la présentation d'un brevet qui leur est délivré à cet effet par le grand électeur.

100. Les préfets et les commandans militaires des départemens ne peuvent être élus candidats au sénat par les colléges électoraux des départemens dans lesquels ils exercent leurs fonctions.

TITRE XIII. — *De la haute cour impériale.*

101. Une haute cour impériale connaît :

1° Des délits personnels commis par des membres de la famille impériale, par des titulaires des grandes dignités de l'Empire, par des ministres, par le secrétaire d'état, par des grands officiers, par des sénateurs, par des conseillers d'état ;

2° Des crimes, attentats et complots contre la sûreté intérieure et extérieure de l'état, la personne de l'empereur et celle de l'héritier présomptif de l'empire ;

3° Des délits de *responsabilité d'office* commis par les ministres et les conseillers d'état chargés spécialement d'une partie d'administration publique ;

4° Des prévarications, et abus de pouvoir commis soit par des capitaines généraux des colonies, des préfets coloniaux et des commandans des établissemens français hors du continent, soit par des administrateurs généraux employés extraordinairement, soit par des généraux de terre ou de mer ; sans préjudice, à l'égard de ceux-ci, des poursuites de la juridiction militaire dans les cas déterminés par les lois ;

5° Du fait de désobéissance des généraux de terre et de mer qui contreviennent à leurs instructions.

6° Des concussions et dilapidations dont les préfets de l'intérieur se rendent coupables dans l'exercice de leurs fonctions ;

7° Des forfaitures ou prises à partie qui peuvent être encourues par une cour d'appel, ou par une cour de justice criminelle, ou par des membres de la cour de cassation ;

8° Des dénonciations pour cause de détention arbitraire et de violation de la liberté de la presse.

102. Le siége de la haute-cour impériale est dans le sénat.

103. Elle est présidée par l'archi-chancelier de l'empire.

S'il est malade, absent ou légitimement empêché, elle est présidée par un autre titulaire d'une grande dignité de l'empire.

104. La haute-cour impériale est composée des princes, des titulaires des grandes dignités et grands officiers de l'empire, du grand-juge ministre de la justice, de soixante sénateurs, des six présidens de section du conseil d'état, de quatorze conseillers d'état, et de vingt membres de la cour de cassation.

Les sénateurs, les conseillers d'état et les membres de la cour de cassation sont appelés par ordre d'ancienneté.

105. Il y a auprès de la haute-cour impériale un procureur-général, nommé à vie par l'empereur.

Il exerce le ministère public, étant assisté de trois tribuns, nommés chaque année par le corps législatif, sur une liste de neuf candidats présentés par le tribunat, et de trois magistrats que l'empereur nomme aussi ; chaque année, parmi les officiers des cours d'appel ou de justice criminelle.

106. Il y a auprès de la haute-cour impériale un greffier en chef, nommé à vie par l'empereur.

107. Le président de la haute-cour impériale ne peut jamais être récusé ; il peut s'abstenir pour des causes légitimes.

108. La haute-cour impériale ne peut agir que sur les poursuites du ministère public. Dans les délits commis par ceux que leur qualité rend justiciables de la cour impériale, s'il y a un plaignant, le ministère public devient nécessairement partie jointe et poursuivante, et procède ainsi qu'il est réglé ci-après.

Le ministère public est également partie jointe et poursuivante dans les cas de forfaiture ou de prise à partie.

109. Les magistrats de sûreté et les directeurs de jury sont tenus de s'arrêter, et de renvoyer, dans le délai de huitaine, au procureur-général près la haute-cour impériale, toutes les pièces de la procédure lorsque, dans les délits dont ils poursuivent la répa-

ration, il résulte, soit de la qualité des personnes soit du titre de l'accusation, soit des circonstances, que le fait est de la compétence de la haute-cour impériale.

Néanmoins les magistrats de sûreté continuent à recueillir les preuves et les traces du délit.

110. Les ministres ou les conseillers d'état chargés d'une partie quelconque d'administration publique, peuvent être dénoncés par le corps législatif s'ils ont donné des ordres contraires aux constitutions et aux lois de l'empire.

111. Peuvent être également dénoncés par le corps législatif :

Les capitaines généraux des colonies, les préfets coloniaux, les commandans des établissemens français hors du continent, les administrateurs généraux, lorsqu'ils ont prévariqué ou abusé de leur pouvoir;

Les généraux de terre ou de mer qui ont désobéi à leurs instructions;

Les préfets de l'intérieur qui se sont rendus coupables de dilapidation ou de concussion.

112. Le corps législatif dénonce pareillement les ministres ou agens de l'autorité lorsqu'il y a eu, de la part du sénat, déclaration de *forte présomption*, *de détention arbitraire* ou *de violation de la liberté de la presse*.

113. La dénonciation du corps législatif ne peut être arrêtée que sur la demande du tribunat, ou sur la réclamation de cinquante membres du corps législatif, qui requièrent en comité secret à l'effet de faire désigner, par la voie du scrutin, dix d'entre eux pour rédiger le projet de dénonciation.

114. Dans l'un et l'autre cas, la demande ou la réclamation doit être faite par écrit, signée par le président et les secrétaires du tribunat, ou par les dix membres du corps législatif.

Si elle est dirigée contre un ministre ou un conseiller d'état chargé d'une partie d'administration publique, elle leur est communiquée dans le délai d'un mois.

115. Le ministre ou le conseiller d'état dénoncé ne comparaît point pour y répondre.

L'empereur nomme trois conseillers d'état pour se rendre au corps législatif le jour qui est indiqué, et donner des éclaircissemens sur les faits de la dénonciation.

116. Le corps législatif discute en comité secret les faits compris dans la demande ou dans la réclamation, et il délibère par la voie du scrutin.

117. L'acte de dénonciation doit être circonstancié, signé par le président et par les secrétaires du corps législatif.

Il est adressé par un message à l'archi-chancelier de l'empire, qui le transmet au procureur-général près la haute-cour impériale.

118. Les prévarications ou abus de pouvoir des capitaines généraux des colonies, des préfets coloniaux, des commandans des établissemens hors du continent, des administrateurs généraux; les faits de désobéissance de la part des généraux de terre ou de mer aux instructions qui leur ont été données, les dilapidations et concussions des préfets, sont aussi dénoncés par les ministres, chacun dans ses attributions, aux officiers chargés du ministère public.

Si la dénonciation est faite par le grand-juge ministre de la justice, il ne peut point assister ni prendre part aux jugemens qui interviennent sur sa dénonciation.

119. Dans les cas déterminés par les articles 110, 111, 112 et 118, le procureur général informe sous trois jours l'archi-chancelier de l'empire qu'il y a lieu de réunir la haute-cour impériale.

L'archi-chancelier, après avoir pris les ordres de l'empereur, fixe dans la huitaine l'ouverture des séances.

120. Dans la première séance de la haute-cour impériale elle doit juger sa compétence.

121. Lorsqu'il y a dénonciation ou plainte, le procureur général, de concert avec les tribuns et les trois magistrats officiers du parquet, examine s'il y a lieu à poursuites.

La décision lui appartient; l'un des magistrats du parquet peut tre chargé par le procureur général de diriger les poursuites.

Si le ministère public estime que la plainte ou la dénonciation ne doit pas être admise, il motive les conclusions sur lesquelles la haute-cour impériale prononce, après avoir entendu le magistrat chargé du rapport.

122. Lorsque les conclusions sont adoptées, la haute-cour impériale termine l'affaire par un jugement définitif.

Lorsqu'elles sont rejetées, le ministère public est tenu de continuer les poursuites.

123. Dans le second des cas prévus par l'article précédent, et aussi lorsque le ministère public estime que la plainte ou la dénonciation doit être admise, il est tenu de dresser l'acte d'accusation dans la huitaine, et de le communiquer au commissaire et au suppléant, que l'archi-chancelier de l'empire nomme parmi les juges de la cour de cassation qui sont membres de la haute-cour impériale. Les fonctions de ce commissaire, et à son défaut du suppléant, consistent à faire l'instruction et le rapport.

124. Le rapporteur ou son suppléant soumet l'acte d'accusation à douze commissaires de la haute-cour impériale, choisis par l'archi-chancelier de l'empire, six parmi les sénateurs, et six parmi les autres membres de la haute-cour impériale. Les membres choisis ne concourent point au jugement de la haute-cour impériale.

125. Si les douze commissaires jugent qu'il y a lieu à accusation, le commissaire rapporteur rend une ordonnance conforme, décerne les mandats d'arrêt, et procède à l'instruction.

126. Si les commissaires estiment au contraire qu'il n'y a pas lieu à accusation, il en est référé par le rapporteur à la haute-cour impériale, qui prononce définitivement.

127. La haute-cour impériale ne peut juger à moins de soixante membres. Dix de la totalité des membres qui sont appelés à la composer peuvent être récusés sans motifs déterminés par l'accusé, et dix par la partie publique. L'arrêt est rendu à la majorité absolue des voix.

128. Les débats et le jugement ont lieu en public.

129. Les accusés ont des défenseurs; s'ils n'en présentent point, l'archi-chancelier de l'empire leur en donne d'office.

130. La haute-cour impériale ne peut prononcer que des peines portées par le code pénal.

Elle prononce, s'il y a lieu, la condamnation aux dommages et intérêts civils.

131. Lorsqu'elle acquitte, elle peut mettre ceux qui sont absous sous la surveillance ou à la disposition de la haute police de l'état pour le temps qu'elle détermine.

132. Les arrêts rendus par la haute-cour impériale ne sont soumis à aucun recours.

Ceux qui prononcent une condamnation à une peine afflictive ou infamante ne peuvent être exécutés que lorsqu'ils ont été signés par l'empereur.

133. Un sénatus-consulte particulier contient le surplus des dispositions relatives à l'organisation et à l'action de la haute-cour impériale.

TITRE XIV. — *De l'ordre judiciaire.*

134. Les jugemens des cours de justice sont intitulés ARRÊTS.

135. Les présidens de la cour de cassation, des cours d'appel et de justice criminelle sont nommés à vie par l'empereur, et peuvent être choisis hors des cours qu'ils doivent présider.

136. Le tribunal de cassation prend la dénomination de *cour de cassation.*

Les tribunaux d'appel prennent la dénomination de *cours d'appel;*

Les tribunaux criminels, celle de *cours de justice criminelle.*

Le président de la cour de cassation et celui des cours d'appel divisées en sections prennent le titre de *premier président.*

Les vice-présidens prennent celui de *président.*

Les commissaires du gouvernement près de la cour de cassation, des cours d'appel et des cours de justice criminelle prennent le titre de *procureurs-généraux impériaux.*

Les commissaires du gouvernement auprès des tribunaux prennent le titre de *procureurs impériaux.*

TITRE XV. — *De la promulgation.*

157. L'empereur fait sceller et fait promulguer les sénatus-consultes organiques,

Les sénatus-consultes,

Les actes du sénat,

Les lois.

Les sénatus-consultes organiques, les sénatus-consultes, les actes du sénat, sont promulgués au plus tard le dixième jour qui suit leur émission.

158. Il est fait deux expéditions originales de chacun des actes mentionnés en l'article précédent.

Toutes deux sont signées par l'empereur, visées par l'un des titulaires des grandes dignités, chacun suivant leurs droits et leurs attributions, contre-signées par le secrétaire d'état et le ministre de la justice, et scellées du grand sceau de l'état.

159. L'une de ces expéditions est déposée aux archives du sceau, et l'autre est remise aux archives de l'autorité publique de laquelle l'acte est émané.

140. La promulgation est ainsi conçue :

« N. (*le prénom de l'empereur*), par la grâce de Dieu et les
» Constitutions de la République, empereur des Français, à tous
» présens et à venir, SALUT :

» Le sénat, après avoir entendu les orateurs du conseil d'état,
» a décrété (ou arrêté), et nous ordonnons ce qui suit : »

(*Et s'il s'agit d'une loi.*)

» Le corps législatif a rendu le..... (*la date*) le décret suivant, conformément à la proposition faite au nom de l'empereur, et après avoir entendu les orateurs du conseil d'état et des sections du tribunat, le..... Mandons et ordonnons que les présentes, revêtues des sceaux de l'état, insérées au bulletin des lois, soient adressées aux cours, aux tribunaux et aux autorités administratives, pour qu'ils les inscrivent dans leurs registres, les observent et les fassent observer; et le grand-juge, ministre de la justice, est chargé d'en surveiller la publication. »

141. Les expéditions exécutoires des jugemens sont rédigées ainsi qu'il suit :

« N. (*le prénom de l'empereur*), par la grace de Dieu et les Constitutions de la République, empereur des Français, à tous présens et à venir, SALUT :

» La cour de... (*ou le tribunal de... si c'est un tribunal de première instance*) a rendu le jugement suivant :

(*Ici copier l'arrêt ou le jugement.*)

» Mandons et ordonnons à tous huissiers sur ce requis de mettre ledit jugement à exécution ; à nos procureurs généraux et à nos procureurs près les tribunaux de première instance d'y tenir la main ; à tous commandans et officiers de la force publique de prêter main-forte lorsqu'ils en seront légalement requis.

» En foi de quoi le présent jugement a été signé par le président de la cour (*ou du tribunal*) et par le greffier. »

TITRE XVI ET DERNIER.

142. La proposition suivante sera présentée à l'acceptation du peuple dans les formes déterminées par l'arrêté du 20 floréal an x.

« Le peuple veut l'hérédité de la dignité impériale dans la descendance directe, naturelle, légitime et adoptive de *Napoléon Bonaparte*, et dans la descendance directe, naturelle et légitime de *Joseph Bonaparte* et de *Louis Bonaparte*, ainsi qu'il est réglé par le sénatus-consulte organique. »

— A peine ce sénatus-consulte lui eut-il été communiqué, que, sans attendre que le suffrage populaire eût confirmé l'arrêté du sénat, Napoléon Bonaparte prit possession de l'empire et qu'il s'attribua et reçut le titre de majesté. Les sujets imitèrent le maître ; on vit reparaître les titres de prince, d'altesse, d'excellence. Toutes les formules impériales et monarchiques furent rétablies ; en un mot, la révolution fut aussi complète et aussi rapide dans les noms qu'elle l'avait été dans la Constitution. Cependant on lut encore long-temps sur l'exergue des monnaies même nouvellement frappées, d'un côté ces mots : *République française*, et de l'autre : *Napoléon empereur*.

Napoléon n'attendit pas d'avantage le résultat du vote populaire pour faire publier les Constitutions de l'empire. Le sénatus-consulte fut proclamé à Paris, dans une grande pompe, par le chancelier du sénat en personne, accompagné des présidens du corps législatif et du tribunat, et suivi d'un nombreux et magnifique cortége. Cette proclamation fut accueillie par un morne silence. Les témoignages contemporains sont unanimes à cet égard, quoi qu'en aient dit les procès-verbaux et les journaux du temps.

On remarqua que la rédaction du titre XVI du sénatus-consulte était faite de telle sorte que deux frères de Bonaparte, Lucien et Jérôme, étaient exclus de la succession impériale. On dit que le premier avait été repoussé à cause de ses opinions républicaines ; on ajouta qu'il s'était vivement opposé à l'établissement de l'empire ; on citait même des anecdotes. Mais la vérité est que Napoléon repoussait ses deux frères parce qu'ils avaient fait des mariages d'amour sans son aveu ; Lucien avait épousé une dame Jauberton malgré lui ; Jérôme, commandant une frégate en station sur les côtes des États-Unis, y avait épousé miss *Paterson*, fille d'un négociant de Baltimore. Napoléon voulait gouverner sa famille comme la France.

Ce ne fut que le 12 brumaire an XIII (5 novembre 1804) que le procès-verbal du recensement des votes fut arrêté par la commission sénatoriale nommée à cet effet. Trois jours après il fut lu au sénat. Il fut présenté à l'empereur la veille de son sacre. Il résultait de ce procès-verbal : « 1º Que sur la proposition de l'hérédité du pouvoir impérial, telle qu'elle est énoncée en l'article 142 du sénatus-consulte du 28 floréal dernier, et rapportée au commencement du présent acte, le nombre des votans, tel qu'il était parvenu peu de jours avant la rédaction du projet de sénatus-consulte, en y comprenant les quatre cent mille votes de l'armée de terre et les cinquante mille des armées navales, se trouve de trois millions cinq cent vingt-quatre mille deux cent cinquante-quatre, et le nombre des registres de soixante mille huit cent soixante-dix; que le nombre des votes affirmatifs est de trois millions cinq cent vingt et un mille six cent soixante-quinze, et celui des votes négatifs de deux mille cinq cent soixante-neuf;

» 2º Que le nombre des votans, tel qu'il se trouve aujourd'hui d'après la totalité des pièces représentées aux commissaires, est de trois millions cinq cent soixante-quatorze mille neuf cent huit votans, et le nombre des registres de soixante et un mille neuf cent soixante-huit; que le nombre des votes affirmatifs est de trois millions cinq cent soixante-douze mille trois cent vingt-neuf, et celui des votes négatifs de deux mille cinq cent soixante-dix-neuf; qu'ainsi le nombre des votes affirmatifs excède aujourd'hui de cinquante mille six cent cinquante-quatre la quantité des mêmes votes énoncés au projet de sénatus-consulte. »

PRÉSIDENS DU CORPS LÉGISLATIF PENDANT LE RÉGIME CONSULAIRE.

An VIII.	Nivose,		Perrin.
	Pluviose,	1re quinzaine,	Duval.
		2e	Girod-Pouzols.
	Ventose,	1re	Dedelay.
		2e	Tarteyron.
An IX.	Frimaire,	1re	Chatry-Lafosse.
		2e	Pison-Dugallan.
	Nivose,	1re	Bourg-Laprade.
		2e	Bréard.
	Pluviose,	1re	Rossée.
		2e	Poisson.
	Ventose,	1re	Leclerc.
		2e	Lefèvre-Cayet.
An X.	Frimaire,	1re	Dupuis.
		2e	Baraillon.
	Nivose,	1re	Lefèvre-Laroche.
		2e	Belzais-Courmenil.

184   CONSULAT. — DU 16 THERM. AN X (4 AOUT 1802)

	Ventose,	1er	Couzard.
		2e	Devisme.
	Germinal,		Marcorelle.
	Floréal,	1re	Lobjoie.
		2e	Rabaud-Pommier.
An xi.	Ventose,	1re	Delatre.
		2e	Meric.
	Germinal,	1re	Girod (de l'Ain).
		2e	Félix Faucon.
	Floréal,	1re	Vaublanc.
		2e	Lagrange.
	Prairial,		Reynaud-Lascours.
An xii.	Nivose,		Fontanes, *nommé conformément au sénatus-consulte du 28 frim. an* xii.

PRÉSIDENS DU TRIBUNAT.

An viii.	Nivose.	Daunou.
	Pluviose.	Desmeuniers.
	Ventose.	Chassiron.
	Germinal.	Bérenger.
	Floréal.	Faure.
	Prairial.	Duchesne.
	Messidor.	Jard-Panvilliers.
	Thermidor.	Moreau.
	Fructidor.	Andrieux.
An ix.	Vendémiaire.	Crassous.
	Brumaire.	Siméon.
	Frimaire.	Thiessé.
	Nivose.	Mouricault.
	Pluviose.	Thibault.
	Ventose.	Savoye-Rollin.
	Germinal.	Humbert.

(Ajournement de trois mois.)

AU 28 FLORÉAL AN XII (18 MAI 1804). 185

	Thermidor.	Curée.
	Fructidor.	Fabre (de l'Aude.)
AN X.	*Vendémiaire.*	Arnould.
	Brumaire.	Perrée.
	Frimaire.	Chabaud-Latour.
	Nivose.	Favard.
	Pluviose.	Delpierre.
	Ventose.	Goupil-Préfeln.
	Germinal.	Girardin.
	Floréal.	Chabot (de l'Allier).
	Prairial.	Gallois.
	Messidor.	Adet.
	Thermidor.	Challan.
	Fructidor.	Laussat.
AN XI.	*Vendémiaire.*	Grenier.
	Brumaire.	Jaucourt.
	Frimaire.	Malès.
	Nivose.	Gillet.
	Pluviose.	Fréville.
	Ventose.	Garry.
	Germinal.	Duveyrier.
	Floréal.	Costaz.
	Prairial.	Trouvé.
	Messidor.	Costé.
	Thermidor.	Riouffe.
	Fructidor.	Lebreton.
AN XII.	*Vendémiaire.*	Perreau.
	Brumaire.	Beaujour.
	Frimaire.	Boissy-d'Anglas.
	Nivose.	Carrion-Nisas.
	Pluviose.	Jaubert.
	Ventose.	Duvidal.
	Germinal.	Gillet-Lajaqueminière.
	Floréal.	Fabre.

MINISTRES.

De la justice. — De brumaire à nivose an VIII, Cambacérès; de nivose an VIII à fructidor an X, Abrial, alors remplacé par Régnier, grand-juge.

De l'intérieur. — De brumaire à nivose an VIII, Laplace; de nivose an VIII à brumaire an IX, Lucien Bonaparte, alors remplacé par Chaptal.

Des relations extérieures. — Talleyrand, continué depuis brumaire an VIII.

De la guerre. — De brumaire à germinal an VIII, Berthier, alors remplacé par Carnot; en vendémiaire an IX, rentrée de Berthier au ministère.

De la marine. — An VIII, Forfait, remplacé dans l'an IX par Decrès.

Des finances. — Depuis brumaire an VIII, Gaudin.

Du trésor. — Barbé-Marbois, pluviose an IX. (Création de ce ministère.)

De la police. — De brumaire an VIII à fructidor an X, Fouché. Le ministère de la police fut alors réuni à celui de la justice.

FIN DU CONSULAT.

EMPIRE.

CONSIDÉRATIONS PRÉLIMINAIRES.

La période où nous entrons est complétement vide d'intérêt parlementaire. Il n'existe plus en réalité de représentation nationale, ou plutôt le gouvernement entier est considéré comme en faisant partie ou en tenant lieu. L'empereur fait des décrets qui statuent souverainement sur des questions autrefois réservées aux assemblées représentatives. Le sénat est devenu un corps constituant. Le corps législatif qui n'était déjà plus sous le consulat qu'un moyen d'administration et de gouvernement entre les mains de Bonaparte, un jury plutôt qu'un conseil, le corps législatif devint sous l'empire un corps sans fonction politique déterminée, représentant un souvenir plutôt qu'une réalité, véritable superfétation, à tel point dépourvue de puissance et d'utilité que l'on put se dispenser de le réunir sans exciter ni réclamations, ni étonnement, ni embarras. Le seul corps délibérant échappé au consulat, le tribunat, ne tarde pas à disparaître. On le remplace par des commissions du corps législatif, sans autorité, qui ne parlent ni ne discutent en public. En voyant la parfaite nullité à laquelle était réduite la législature, on se demande pourquoi l'empereur ne jugea pas à propos de supprimer cette institution. Il est facile de répondre à cette question. Il était d'abord inutile de détruire une apparence qui n'était point un obstacle, et dont l'absence eût excité du mécontentement et peut-être quelques résistances. En conservant ce corps, on gardait le moyen d'un semblant de sanction nationale, utile dans certaines circonstances ; c'était un intermédiaire par lequel le pouvoir semblait communiquer directement avec la nation, un instrument propre à aller chercher et à rapprocher de l'empereur, comme par une sorte de conscription, un certain nombre d'hommes capables; un lieu où l'on pouvait en quelque manière en emprisonner et en annihiler quelques autres ; enfin, Bonaparte a eu soin de nous en instruire : c'était, pardessus tout, un moyen propre à garantir son autorité personnelle. En effet, sans des corps semblables, ainsi que le disait l'empereur, le gouvernement eût été purement militaire ; un caporal et quatre hommes eussent pu renverser le pouvoir et le changer de mains. La présence des grands corps de l'état rendait l'entreprise difficile, si ce n'est impossible; il fallait préalablement obtenir leur autorisation. Le corps législatif et le sénat étaient donc des obstacles opposés à toute ambition qui voudrait se faire jour, et une garantie en faveur du pouvoir existant.

Napoléon, d'ailleurs, se considérait lui-même comme le seul et véritable représentant de la nation, son seul élu. Une note dictée par lui ne permet pas d'en douter. Nous allons mettre cette pièce importante sous les yeux de nos lecteurs. Voici à quelle occasion elle fut rédigée.

Le 12 novembre 1808, Napoléon adressa au corps législatif douze drapeaux pris à Burgos en Espagne par l'armée qu'il commandait. Une députation de cette assemblée alla, le 20 novembre, présenter à l'impératrice ses félicitations respectueuses sur la victoire remportée par son auguste époux. L'impératrice Joséphine répondit : « Monsieur le président, messieurs, je
» suis infiniment sensible à la démarche du corps législatif
» et très-satisfaite que le premier sentiment que S. M. ait
» éprouvé après sa victoire ait été pour *le corps qui représente la*
» *nation*. » Cette réponse parvint, quelques jours après, à

Napoléon. Il la trouva absurde, et ordonna sur le champ l'insertion dans le journal officiel de la note suivante :

« Plusieurs de nos journaux ont imprimé que S. M. l'impératrice, dans sa réponse à la députation du corps législatif, avait dit qu'elle était bien aise de voir que le premier sentiment de l'empereur avait été *pour le corps législatif, qui représente la nation.*

» S. M. l'impératrice n'a point dit cela : elle connaît trop bien nos Constitutions; elle sait trop bien que *le premier représentant de la nation, c'est l'empereur;* car tout pouvoir vient de Dieu et de la nation.

» Dans l'ordre de nos Constitutions, après l'empereur est le sénat; après le sénat est le conseil d'état; après le conseil d'état est le corps législatif; après le corps législatif viennent chaque tribunal et fonctionnaire public dans l'ordre de ses attributions : car s'il y avait dans nos Constitutions un corps représentant la nation, ce corps serait souverain; les autres corps ne seraient rien, et ses volontés seraient tout.

» La Convention, même le corps législatif, ont été représentans : telles étaient nos Constitutions alors; aussi le président disputa-t-il le fauteuil au roi, se fondant sur ce principe que le président de l'assemblée de la nation était avant les autorités de la nation. Nos malheurs sont venus en partie de cette exagération d'idées. Ce serait une prétention chimérique et même criminelle que de vouloir représenter la nation avant l'empereur.

» Le corps législatif, improprement appelé de ce nom, devrait être appelé *conseil législatif,* puisqu'il n'a pas la faculté de faire des lois, n'en ayant pas la proposition. Le conseil législatif est donc la réunion des *mandataires des colléges électoraux;* on les appelle *députés des départemens* parce qu'ils sont nommés par les départemens.

» Dans l'ordre de notre hiérarchie constitutionnelle, le premier représentant de la nation est l'empereur, et ses ministres, organes de ses décisions; la seconde autorité représentante est le sénat; la troisième, le conseil d'état, qui a de véritables attributions législatives ; le conseil législatif a le quatrième rang.

» Tout rentrerait dans le désordre si d'autres idées constitutionnelles venaient pervertir les idées de nos Constitutions monarchiques. » (*Moniteur du 15 décembre* 1808.)

— Cette note officielle rédigée par les ordres et sous les yeux de l'empereur, explique toute sa conduite antérieure en fait de législation constitutive; elle ne peut laisser de doutes sur les principes qui avaient guidé Bonaparte dans les diverses créations organiques dont nous avons raconté l'histoire. C'est parce qu'il avait voulu être l'expression de la volonté générale, dans toute la rigueur des doctrines admises sur ce sujet par la Convention, qu'à chaque accroissement de son pouvoir personnel, il avait bien consenti que les corps de l'état lui en énonçassent le désir, mais qu'il n'avait jamais accepté d'intermédiaire entre le peuple et lui-même. Ainsi nous avons vu qu'il se faisait d'abord demander par ces corps d'accepter le surcroît de puissance qu'il méditait; puis, il exerçait l'initiative, en réglementant et saisissant les droits nouveaux qu'il ambitionnait. Ensuite, il consultait le peuple, et le faisait voter. Reste à savoir ce qu'il aurait fait, si le résulat des votes eût tourné contre ses desseins? Quoi qu'il en soit, cependant, en suivant cette marche, il se donnait les moyens de justifier par une argumentation qui n'aurait pas manqué de rigueur, le titre de représentant de la nation dont il voulait se revêtir, et l'autorité que ce titre supposait, S'il se fût contenté de recevoir sa puissance du sénat ou du corps législatif, il aurait, par le fait, reconnu que l'un de ces corps était supérieur à lui.

Ainsi le pouvoir qui avait, dans les premières périodes révolutionnaires, appartenu tout entier à la Constituante, à la Législative et à la Convention, passa, sous le consulat et l'empire, entre les mains d'un seul homme. Nous avons déjà indiqué par quelles circonstances sociales cet effet eut lieu. Nous avons dit qu'au commencement de la crise dont nous faisons l'histoire, le pouvoir révolutionnaire avait été défendu par deux institutions, les Jacobins à l'intérieur, les armées à l'extérieur. Les clubs, les sociétés populaires, la presse, étaient des agens parfaitement appropriés à la nature d'une autorité qui règne et gouverne par la parole. Ces agens furent tout puissans tant que l'autorité ne fut pas divisée contre elle-même et contre ses agens, tant que ceux-ci ne furent pas en révolte les uns contre les autres; mais, l'élément destructif de toute unanimité et de toute société, le principe séparateur par excellence, l'égoïsme et toutes ses passions s'était introduit dans leur sein. Il triompha, et les Jacobins furent détruits; il ne resta plus alors d'autre force révolutionnaire que l'armée qui combattait l'ennemi extérieur, ce fut elle qui sauva la République au 18 fructidor; ce fut elle qui fit tous les coups d'état dont nous avons raconté l'histoire. Enfin elle sauva, non pas la révolution qu'elle ne comprenait peut-être pas, mais les révolutionnaires, en donnant à la France un pouvoir sorti de son sein.

Devenu empereur, Bonaparte se proposa Charlemagne pour modèle. Il projeta une œuvre semblable à celle qu'avait réalisée ce grand homme; mais il se trompa sur le caractère de l'œuvre elle-même, ou plutôt il fut trompé par la lecture de mauvais historiens. Il ne connut de Charlemagne que le côté administratif et militaire; il n'aperçut pas le côté moral. Il le jugea à la manière des écrivains du dix-huitième siècle; il vit en lui un grand général, un grand administrateur, l'auteur des capitulaires; il ne se douta pas que le fils de Pépin était un grand révolutionnaire. Quel historien en effet avait parlé de ces choses? On ne lui apprit pas que Charlemagne avait opéré une révolution religieuse dans les pays qu'il conquit à l'empire: on ne lui dit pas que les armées françaises marchaient alors à la suite des missionnaires apostoliques, que les capitulaires et le système administratif, ne furent entre les mains du grand empereur que des moyens pour opérer, ou assurer, ou parfaire la transformation morale qu'il avait à cœur. C'est par cette raison, que l'empire des Francs put être disloqué après sa mort, sans que son nom et ses institutions, cessassent de dominer les destinées des nations qu'il avait réunies à la France. Napoléon, au contraire, ne fut rien de plus qu'un conquérant. Il donna sans doute à quelques contrées de l'Europe, le système administratif français et le régime de nos codes, mais il ne changea point la situation morale ou politique des peuples. Pour faire une œuvre, non pas égale à celle de Charlemagne, mais au moins analogue, il eût fallu qu'il se fît l'agent des idées d'égalité, de fraternité et de liberté, proclamées en politique par la révolution. Partout alors, ainsi que la Constituante l'avait fait en France, il eût supprimé les priviléges; mais il se garda de toutes ces choses. Napoléon était surtout un grand administrateur et un puissant logicien; il fut peut-être même grand guerrier, surtout parce qu'il était habile administrateur et puissant logicien. Hors le système civil et le mécanisme gouvernemental inventé par les révolutionnaires, il ne voulut rien comprendre, ou ne comprit rien de la révolution. Cependant, parce qu'il n'avait pas le sentiment des choses morales auxquelles seules on peut se dévouer, il n'eut d'autre but que lui-même et il ne chercha que sa gloire et sa puissance propre. C'est encore l'un des points par lesquels il se sépara complétement du modèle qu'il avait choisi.

Ces préliminaires serviront, nous le croyons, à expliquer ce qui va suivre. Nous allons maintenant entrer dans l'histoire de l'empire. La nullité de cette époque, sous le rapport parlementaire, a fait qu'en traçant le plan général de cet ouvrage, nous y avons réservé peu d'espace. Nous nous bornerons donc à une simple esquisse destinée seulement à présenter le lien des événemens.

ANNÉES 1804 ET 1805.

Pendant que l'empire s'élevait, on jugeait celui qui avait un moment pensé être le rival de Bonaparte. Les débats de l'affaire Moreau et Georges, s'ouvrirent le 8 prairial an XII (28 mai 1804). Ils furent publics et très-suivis, particulièrement par les militaires; il y avait, disait-on, un parti pris de sauver Moreau s'il succombait. Le général Lecourbe, beau-frère de Moreau, ne manqua pas une audience; il semblait vouloir le protéger dans sa défense. Sa fidélité lui valut une disgrace complète. Moreau nia tout. Georges ne s'occupa que de sauver ceux qu'on lui donnait pour complices. Le jugement fut rendu dans la nuit du 20 au 21 prairial (du 9 au 10 juin). Moreau fut condamné à deux ans de détention qui furent convertis par l'empereur en un exil. Ce général s'embarqua pour les États-Unis. Georges et dix-neuf de ses coaccusés furent condamnés à mort, quatre autres furent condamnés à la détention, et vingt et un acquittés. Napoléon fit grâce à quelques-uns des condamnés, entre autres à Armand de Polignac.

L'élévation de Bonaparte à la dignité impériale fut favorablement accueillie dans les diverses cours de l'Europe avec lesquelles on était en paix. Louis XVIII, qui était alors à Varsovie, protesta; on ne lui répondit pas autrement qu'en faisant insérer cet acte dans le *Moniteur*. La cour d'Autriche fit une objection singulière: elle trouva que le titre d'empereur lui appartenant seulement à titre électif, la souveraineté héréditaire de Napoléon constituait un titre de supériorité qu'elle ne pouvait accueillir. Elle trouva cependant un moyen de concilier toutes choses. Le 10 août, dans un grand conseil composé des archiducs, des princes et des ministres, François II se proclama empereur héréditaire d'Autriche, et reconnut ensuite Napoléon. Quant à la Russie, il fallait vider un autre débat avant d'en venir à une question de reconnaissance. On négociait depuis long-temps relativement à l'affaire du duc d'Enghien. Le cabinet de Pétersbourg demandait l'évacuation du royaume de Naples, qu'on respectât la neutralité du corps germanique, etc. On ne put s'entendre : les négociations furent rompues, et les ambassadeurs des deux nations se retirèrent respectivement des deux cours. On ne fut plus en paix; on ne pouvait encore être en guerre.

Tous les actes de l'empereur étaient calculés dans le but de se faire accepter chez les princes de l'Europe comme le restaurateur de la monarchie en France, le vengeur de leur dignité si long-temps insultée en ce pays. Il reprenait toutes les allures de l'ancienne cour. Il se donnait un grand aumônier, c'était le cardinal Fesch; Talleyrand était nommé grand-chambellan; Duroc grand-maréchal du palais; Caulaincour, grand-écuyer; Berthier, grand-veneur; Ségur, grand-maître des cérémonies. Il faisait dix-huit maréchaux avec un traitement annuel de 60,000 fr. C'étaient Augereau, Bernadotte, Berthier, Bessières, Brune, Davoust, Kellermann, Jourdan, Masséna, Lannes, Moncey, Lefebvre, Murat, Mortier, Ney, Pérignon, Serrurier et Soult. En agissant ainsi, il espérait en outre se les attacher par le moyen de l'intérêt. Il ne négligeait pas pour cela d'autres précautions; il rétablit le ministère de la police, et en chargea Fouché.

Mais ce fut le clergé surtout qui accueillit cette élévation avec joie. On crut voir en lui un nouveau Clovis, un nouveau Charlemagne. Des négociations furent ouvertes avec la cour de Rome pour déterminer le saint-père à venir sacrer le nouvel empereur. Pie VII partit en effet de Rome le 2 novembre 1804; il arriva le 25 novembre (4 frimaire an XIII) à Fontainebleau, où l'empereur alla au-devant de lui. Le 2 décembre 1804 (11 frimaire an XIII), Napoléon et Joséphine furent sacrés par le pape dans Notre-Dame. Le saint-père quitta Paris le 4 avril 1805 (14 germinal an XIII), emportant du peuple de France un souvenir qui ne pouvait être autrement que satisfaisant, car partout il avait été accueilli avec respect, et recherché par une foule respectueuse. Il n'eut pas autant à se louer des dignitaires qui prétendaient représenter le peuple; ceux-ci voyaient avec peine les hommages qui entouraient le pape; leurs sentimens voltairiens en étaient blessés.

Pendant son séjour à Paris, le pape avait été témoin d'une succession d'événemens politiques qui durent accroître en lui le désir d'appuyer l'église sur le bras de la France.

Le 27 décembre 1804 (6 nivose an XIII) Napoléon fit l'ouverture du corps législatif, d'après le cérémonial prescrit par le sénatus-consulte de l'an XII. L'assemblée fut effacée par la majesté impériale. Napoléon prit en quelque sorte possession de la France, en l'appelant *son* peuple. Les députés se dirent ses fidèles sujets. Cette session, au reste, ne fut occupée que de questions administratives ; le budget en est la seule affaire intéressante, car il est curieux de connaître ce que l'empire coûta à la France en argent et en hommes ; mais, pour ne pas interrompre notre narration, nous renvoyons aux documens complémentaires, qui seront à la suite de notre chapitre de l'empire, l'analyse de tous les budgets de cette époque. La session fut terminée le 15 ventose (6 mars).

En même temps on opérait une révolution dans le gouvernement des républiques Batave et Italienne. En Hollande, on suivit la marche qui avait été expérimentée en France. Le gouvernement des Provinces-Unies conserva, en cette affaire, les apparences de l'indépendance ; mais, en réalité, il ne faisait qu'obéir. L'ambassadeur de ce pays, Schimmelpenninck, fut l'intermédiaire qui négocia à Paris la nouvelle Constitution ; il y était autorisé par le directoire batave. On formula une Constitution qui rappelait celle du consulat ; on jugeait cette transition nécessaire pour conduire plus doucement les Hollandais à accepter la royauté. Le pouvoir devait appartenir à un grand pensionnaire à vie qui serait le négociateur lui-même, Schimmelpenninck. Ce projet fut soumis à l'approbation du peuple, il fut accepté par la presque unanimité des votans ; la majorité fut de trois cent cinquante-trois mille trois cent vingt-deux contre cent trente-six. Par ce simple procédé, l'organisation du pouvoir fut achevée, et le grand pensionnaire nommé d'un seul coup.

En Italie, on alla plus vite et plus franchement. Le vice-président de la République, Melzi qui, après Bonaparte son président, y exerçait en réalité l'autorité souveraine, la consulte d'état, et une députation, se rendirent à Paris, et toutes choses étant convenues, ils vinrent ensemble aux Tuileries en audience solennelle, lui offrir la couronne d'Italie. Le lendemain, 27 ventose an XIII (18 mars 1805), l'empereur se rendit en grande pompe au sénat, qui avait été convoqué extraordinairement. Les députés italiens s'y rendirent aussi. Après un discours de Talleyrand dans lequel l'orateur mettait Bonaparte au-dessus d'Alexandre et de Charlemagne, l'Italien Marescalchi fit lecture de ce qu'on appelait alors le *statut constitutionnel délibéré par la consulte d'état*, qui portait que Napoléon était roi d'Italie, que la couronne était héréditaire dans sa descendance, de mâle en mâle, par ordre de primogéniture, etc., et les Italiens prêtèrent ensuite serment à leur nouveau roi. Napoléon termina par quelques mots d'acceptation, et des promesses pour l'avenir. Dans cette séance, il fit lire un décret par lequel il *donnait* à la *princesse* Éliza sa sœur la principauté de Piombino.

L'empereur et l'impératrice partirent pour l'Italie, presque en même temps que le pape; ils visitèrent en route plusieurs villes; ils reçurent les félicitations des autorités; ils retrouvèrent le saint-père à Turin. Après l'avoir été visiter, ils se rendirent à Milan où ils furent couronnés par le cardinal Caprara. A peine intronisé, l'empereur et roi se hâta d'organiser le gouvernement de ses nouveaux états; il nomma vice-roi le prince Eugène Beauharnais, (fils de Joséphine; il fonda l'ordre de la Couronne-de-Fer; enfin impatient d'arriver à Paris, il quitta Milan le 10 juin.

Pendant son séjour dans cette capitale il reçut le doge de Gênes et une députation qui venait lui apporter le vœu émis par la République de Gênes, et constaté par le vote unanime du peuple (il n'y avait eu que trente-six votes négatifs) d'être réunis à la France. Ce vœu fut accepté; quelques mois plus tard (le 5 octobre 1805), un sénatus-consulte prononça définitivement la réunion. En même temps que l'empereur recevait communication de la décision des citoyens génois, il prononçait la suppression de la petite république de Lucques, l'érigeait en principauté et la réunissait à celle de Piombino. Napoléon et Joséphine étaient de retour à Fontainebleau le 11 juillet (22 messidor).

Tous ces voyages et les nombreuses occupations dont ils étaient l'occasion ne détournaient point l'attention de Napoléon de la guerre qu'il avait avec l'Angleterre ni de ses projets de débarquement. Dès son élection à l'empire il avait cru devoir témoigner de ses intentions pacifiques. Il écrivit une lettre au roi de la Grande-Bretagne, dans laquelle, en même temps qu'il lui faisait part de sa nouvelle dignité, il lui proposait de traiter. Cette lettre resta sans réponse. L'empereur s'attendait à ce résultat, aussi la rédigea-t-il plutôt pour la France où elle fut rendue publique, que dans une espérance quelconque du côté de l'Angleterre. Il ne discontinua point ses armemens. Pendant qu'il était en Italie, il commanda à ses flottes divers mouvemens, qui avaient pour objet de disperser les forces anglaises, et de dérouter l'ennemi. Tel fut le but des courses qu'il commanda à ses escadres dans la Méditerranée, sur l'Océan, et jusque dans la mer des Antilles. Son projet réussit : les Anglais se mirent en effet à la recherche de ces flottes; l'amiral Nelson se mit à la piste de celle de l'amiral Villeneuve, qui était sortie de la Méditerranée et avait fait voile pour l'Amérique. Pendant qu'il le cherchait ainsi à une extrémité de l'Océan, Villeneuve, selon les ordres qu'il avait reçus, revenait de la Martinique en Europe. Ses instructions portaient qu'il devait se rendre de la Martinique au Ferrol; son escadre, déjà forte de vingt vaisseaux, devait y rallier quatorze autres vaisseaux français et espagnols. De là il devait se porter à Lorient, à Rochefort, à Brest, y prendre les bâtimens de guerre qui l'attendaient, et se rendre à Boulogne où serait l'empereur. En suivant ces instructions, Villeneuve eût amené devant ce port une flotte de soixante et un vaisseaux de ligne. Il y avait une autre escadre dans les bouches de l'Escaut qui devait opérer simultanément. En définitive, l'empereur avait calculé qu'en procédant ainsi, les Anglais, grace à la dispersion de leurs forces, ne pourraient opposer au plus, et encore en admettant d'assez longs retards dans les mouvemens, que cinquante-quatre bâtimens de haut bord, à soixante-cinq vaisseaux qu'il se préparait à faire agir contre eux.

Cependant Napoléon se rendit à Boulogne le 2 août (14 thermidor). Il y passa en revue l'armée de terre et la flottille, qui était tout entière réunie. En attendant l'arrivée de Villeneuve, il essaya les forces de la flottille; il la fit avancer en pleine mer; elle engagea avec la croisière anglaise une canonnade qui força celle-ci à s'éloigner des côtes. Cependant Villeneuve était arrivé au Ferrol, mais il s'y arrêtait plus long-temps qu'il n'aurait dû. Enfin il en sortit le 22 thermidor. L'amiral Gantheaume qui commandait à Brest, instruit par l'empereur de cet événement, sortit de ce port avec vingt et un vaisseaux, et fit des démonstrations pour occuper l'escadre de blocus. En même temps l'amiral Lallemand, avec une escadre de six vaisseaux, faisait sentinelle en quelque sorte dans le golfe de Gascogne. Tout le monde attendait la grande flotte de Villeneuve; mais celui-ci, on ignore par quel motif, par timidité, disent ses amis, au lieu de faire voile vers le Nord, se promena d'abord sous les parages du Ferrol et de Vigo, et enfin fit voile au Sud et alla se réfugier, le 3 fructidor (21 août), à Cadix. Fatigués d'attendre, Lallemand courut à Vigo, Gantheaume rentra à Brest, et Napoléon, instruit le 4 fructidor, par le télégraphe, de l'arrivée de Villeneuve, après avoir attendu encore quelque temps et cherché, dit-on, quelques combinaisons pour donner suite à son projet, retourna à Paris, mécontent et irrité. Cependant il ne punit point Villeneuve; et certes cet amiral, qui avait si positivement enfreint toutes ses instructions, méritait de passer devant un conseil de guerre. Sous le régime conventionnel, il eût pu commettre une pareille faute, mais il ne l'eût point fait impunément. La longanimité de Napoléon en cette circonstance fut cause de bien d'autres désobéissances aussi fâcheuses qui eurent lieu par la suite. Quant à la patience de l'empereur, peut-être est-elle explicable par l'occupation que lui donnèrent les nouvelles d'Allemagne, dont nous allons parler. Peut-être même considéra-t-il la désobéissance de l'amiral comme un coup de sa destinée (on sait qu'il y croyait) qui l'empêchait de tenter une expédition que la situation du continent rendait dangereuse. En effet, l'Angleterre était fatiguée d'être toujours en crainte pour elle-même et de s'épuiser en solde de troupes de terre et de mer; son armée de terre, sans compter cent quinze mille volontaires auxquels on avait enfin donné des armes, s'élevait dans les trois royaumes à plus de cent quatre-vingt mille hommes tant de troupes de ligne que de milice. Napoléon n'avait composé son armée d'invasion que de cent soixante-seize mille hommes. Mais le ministre anglais ne se dissimulait pas que, si elle mettait pied à terre, cette armée, aguerrie, commandée par les meilleurs généraux de l'Europe, aurait toutes les chances pour elle ; il n'y avait qu'un moyen de garantir l'Angleterre, que la désobéissance de Villeneuve venait de sauver une première fois, c'était de susciter à la France des ennemis sur le continent ; c'était de détourner ses forces.

Or, il se trouvait que l'empereur avait rompu avec la Russie, que ses derniers envahissemens en Italie, la prise de la couronne lombarde, la réunion de Gênes, etc., avaient fortement indisposé l'Autriche. Ce fut de ce côté que le cabinet de Londres tourna son attention. Le 11 avril, un traité de coopération contre la France fut signé entre la Russie et l'Angleterre. Les deux puissances coalisées cherchèrent ensuite à attirer l'Autriche dans leur alliance. Au mois d'août, l'Autriche accéda à la coalition ; on fit des propositions à la Prusse, qui hésita. En conséquence de ces traités, l'Autriche mit ses troupes en mouvement, et une armée russe s'avança pour opérer sa jonction avec elles. On croyait surprendre la France, et on n'épargnait ni les notes, ni les démarches diplomatiques, pour la tenir en sécurité. Mais, en quittant Boulogne, Napoléon avait ordonné que l'armée qui était réunie se dirigeât sur le Haut-Rhin.

Le 1er vendémiaire an XIV (23 septembre 1805), l'empereur se rendit au sénat et lui dénonça la guerre contre l'Autriche ; il lui fit demander ensuite une levée de quatre-vingt mille conscrits, et la réorganisation de la garde nationale dans le but, disait-on, de protéger les côtes. Ces deux mesures extra-légales, puisque jusqu'à ce moment elles avaient été dans les attributions du corps législatif, furent cependant décrétées quelques jours après dans deux séances successives. En outre, le chef de l'état avait mis en activité toutes les réserves restant des conscriptions antérieures ; il avait rappelé sous les drapeaux les anciens soldats valides en leur faisant des avantages particuliers. L'empereur n'attendit point l'effet de ces mesures de prévoyance, il partit pour l'armée le 2 vendémiaire (24 septembre).

Les forces avec lesquelles les alliés se proposaient d'entrer en campagne étaient de trois cent soixante-dix mille hommes ; mais elles n'étaient pas encore réunies. Les Autrichiens étaient seuls en ce moment en ligne; ils présentaient deux cent vingt mille hommes, divisés en trois corps, savoir : en Bavière, sous l'archiduc Ferdinand et Mack, quatre-vingt-cinq mille hommes; en Tyrol, sous l'archiduc Jean, trente-cinq mille hommes; en Italie, sous l'archiduc Charles, cent mille hommes. Les Russes, au nombre de cent vingt mille hommes, étaient en marche; mais ils n'étaient pas arrivés; il en était de même des contingens suédois et anglais; enfin, la Prusse hésitait; si l'on lui accordait du temps, elle pouvait se laisser entraîner dans la coalition. Il fallait donc précipiter les hostilités, prévenir par la rapidité des opérations la réunion des forces ennemies, et tenter par un brusque succès de changer les dispositions peu rassurantes du cabinet de Berlin.

L'empereur avait sur le Rhin environ deux cent mille hommes tant Français que troupes électorales; celles-ci montaient à peu près à vingt mille hommes en Italie; Masséna commandait dans le nord cinquante mille hommes, et Saint-Cyr quinze mille hommes dans le midi.

Cependant les Autrichiens avaient envahi la Bavière; ils avaient occupé Augsbourg, Ulm, et poussaient des avant-postes jusqu'à Stockach. Ils se proposaient de défendre le terrain situé entre le Danube et le Rhin, tant de fois disputé dans le cours des campagnes précédentes. L'armée française manœuvra de manière à leur ôter cet espoir : pendant que Mack était dans l'incertitude à l'égard de ses mouvemens, elle opérait selon un plan réglé d'avance pour s'emparer de la vallée du Danube, s'asseoir sur les deux rives de ce fleuve, et séparer les forces autrichiennes en deux corps; ce résultat fut obtenu presque sans combat, et fut suivi d'une suite de succès. Les Autrichiens, attaqués, sur tous les points presque à l'improviste, furent chassés de la Bavière. Enfin, Mack se trouva enfermé sous les murs de Ulm et dans cette ville avec le gros des forces autrichiennes, et forcé de capituler. Le 28 octobre (6 brumaire an XIV), trente-six mille hommes mirent bas les armes et livrèrent quarante drapeaux, soixante pièces de canon attelées. Le 26, dix mille hommes restant de vingt-cinq mille, commandés par l'archiduc Ferdinand, mirent bas les armes et se livrèrent prisonniers à Trotchtelfingen. Ainsi, un mois après le départ de Napoléon, l'armée ennemie qui avait envahi la Bavière était détruite, et les Français envahissaient le territoire autrichien. Une proclamation leur annonça qu'une seconde campagne, dirigée contre l'armée austro-russe, allait commencer: en effet, l'empereur ordonna que le mois d'octobre compterait pour une campagne sur les états de service de tous les militaires de la grande armée.

Ces succès avaient été si rapides, si imprévus, qu'ils déroutèrent toutes les menées diplomatiques que l'on faisait pour accroître les forces de la coalition. Les cours du Nord croyaient que quatre-vingt-cinq mille hommes feraient assez de résistance pour donner le temps au moins aux renforts d'arriver. L'empereur de Russie, en se rendant à son armée, passa par Berlin et détermina le roi de Prusse à faire un traité d'alliance offensive et défensive, et à adhérer à la coalition. On allait signer, lorsqu'on apprit les malheurs des troupes autrichiennes à Ulm et à Trotchtelfingen. Le roi pouvait difficilement refuser à son auguste visiteur de ratifier une promesse qu'il avait donnée. Il se borna à introduire dans l'acte des réserves qui lui permissent d'agir selon les circonstances, et il signa le 3 novembre. Alexandre courut à son armée, assuré que la première faveur de la fortune donnerait ce nouvel allié à la coalition. Il comptait sur la victoire.

De leur côté, les Autrichiens concentraient toutes leurs forces pour défendre le territoire: ils rappelaient à Vienne l'armée du Tyrol; le prince Charles recevait l'ordre d'envoyer trente-deux bataillons, et de venir lui-même avec tout ce qu'il pourrait amener. Mais cette dernière prescription n'était pas facile à exécuter. Masséna avait attaqué Vérone les 3 et 4 septembre, et s'était emparé de ce passage sur l'Adige. Instruit, le 28 octobre, de la situation de la grande armée, il fit des dispositions pour livrer une affaire générale. On se battit le 30 avec acharnement; les ennemis eurent trois mille hommes tués ou blessés, et trois mille cinq cents prisonniers. Le champ de bataille resta aux

Français; mais les Autrichiens, de leur côté, restèrent en bon ordre. Le lendemain Masséna recommença l'attaque, mais sans pouvoir chasser l'ennemi des positions qu'il avait prises. Ce fut alors sans doute que le prince Charles reçut l'invitation de se rapprocher du théâtre principal de la guerre. Il commença sa retraite, suivi par Masséna qui lui enlevait chaque jour du monde. Le 1er novembre, une division tout entière fut enveloppée et mit bas les armes. Le 2, nous fîmes six cents prisonniers; le 3, neuf cents; le 4, nous arrivâmes sur les bords de la Brenta, dont les ponts avaient été détruits; cette circonstance permit à l'archiduc Charles de gagner une marche sur l'armée qui le poursuivait. Tout pressait la retraite de ce prince : Ney, avec un corps détaché de la grande armée, envahissait le Tyrol. Aussi, après avoir jeté dix-huit bataillons dans Venise, le prince se hâta de gagner la vallée de Raal, où il se joignit aux corps du Tyrol, pour de là tâcher d'aller se joindre aux réserves russes qui venaient se former en arrière de Vienne. Masséna continua de suivre la route de Laybach, et alla bloquer Trieste; tandis que Ney, faisant mettre bas les armes à deux divisions autrichiennes, et s'emparant du Tyrol, établissait des communications avec lui.

La grande armée n'était pas restée immobile pendant ce temps. Déjà on en était aux mains avec l'avant-garde de l'armée russe, forte de quarante mille hommes, commandée par Kutusof, et on la forçait à reculer rapidement, perdant du monde et laissant des prisonniers. Une brigade de cavalerie, commandée par Sébastiani, entra à Vienne le 22 novembre. La cour impériale avait évacué cette ville depuis quelques jours, et s'était retirée à Olmütz. Napoléon traversa cette ville dans la nuit du 22 au 23, et alla établir son quartier général à Schœnbrunn. Il fit passer le Danube à toutes les troupes qui étaient à sa disposition, et se porta sur la route de Brunn pour marcher contre les Russes.

Le premier effet de ce mouvement pouvait être de couper Kutusof. Mais ce général réussit à se retirer jusqu'à Olmütz. Là il fut rejoint par la grande armée russe et par les réserves autrichiennes. Aussitôt il se porta en avant et marcha sur Austerlitz.

L'empereur, de son côté, recula, combinant ses mouvemens de manière à donner à croire à l'ennemi qu'il craignait de s'engager. Ce fut en effet l'opinion des deux empereurs de Russie et d'Autriche, qui se trouvaient réunis, et de Kutusof, leur général en chef. Cette opinion les perdit : en effet, elle les conduisit sur le champ de bataille que Napoléon avait choisi ; elle leur fit occuper les positions qu'il semblait leur abandonner, et prendre, par suite, les dispositions les plus favorables à ses projets. Les Austro-Russes manœuvrèrent comme s'ils eussent été instruits des désirs de Bonaparte, et qu'ils eussent voulu y obéir.

Nous allons tâcher de donner une idée du terrain choisi par Napoléon. Que l'on se figure une équerre formée de deux chaînes parallèles de hauteurs, séparées par une vallée que parcourt un gros ruisseau. L'angle rentrant de cette équerre regardait Vienne ; l'armée française l'occupait. Sur la partie extérieure de cette équerre était massée l'armée austro-russe. L'une et l'autre armée n'occupaient cependant que l'une des branches de l'équerre, celle où l'on devait s'étendre pour défendre la route de Vienne ou pour s'en emparer. Elles étaient campées face à face, séparées seulement par le vallon. Quant au côté de l'équerre qui était dirigé vers Vienne, les Français l'avaient laissé vide de toute défense. En conséquence, l'ennemi, voulant tourner notre droite, fit descendre sa gauche, c'est-à-dire le tiers de ses forces, des hauteurs qu'elles occupaient, et les fit marcher dans le vallon qui était creusé dans cette dernière branche de l'équerre. On le laissa faire ce mouvement et s'engager sans lui présenter la moindre résistance. Puis, le moment venu, profitant du brouillard, un corps de notre armée, commandé par Soult, alla prendre possession des hauteurs que les Russes avaient quittées pour nous tourner. Elles se trouvèrent, par ce fait seul, avoir elles-mêmes tourné l'ennemi et le prendre en flanc. En même temps toute la ligne donna ; le centre ennemi fut enfoncé, et la plus affreuse déroute le livra aux charges de notre cavalerie. Quant à sa droite qui s'était engagée dans la vallée dont nous avons parlé, une partie fut faite prisonnière ; une partie, qui s'était réfugiée sur la glace qui couvrait le lac de Ménitz, s'abîma dans l'eau. Cette bataille, l'une des plus belles et des moins chèrement achetées qu'aient remportées les armées impériales, fut donnée le 2 décembre 1805 (12 frimaire an xiv). Les soldats l'appelèrent la bataille des trois empereurs. Napoléon lui donna le nom d'Austerlitz.

Deux jours après, l'empereur d'Autriche rendit visite à Napoléon. Un armistice fut convenu entre les Autrichiens et les Français. Enfin, le 26, la paix fut signée à Presbourg entre les deux nations. L'empereur d'Autriche cédait à la France les états vénitiens, l'Istrie et la Dalmatie qu'il possédait depuis le traité de Campo-Formio ; il cédait à la Bavière le margraviat de Burgaw, la principauté d'Eichstaed, le Tyrol, Brixen, Trente, le Voralberg, etc. Enfin, il s'obligeait par un traité secret à payer à la France 40 millions de francs.

Quant à l'empereur de Russie et à son armée, ils firent à la hâte leur retraite. Cette armée, réduite à vingt-six mille hommes, sans canons ni caissons, et en partie sans armes, se trouva coupée. Les Français la suivaient ; les Français étaient devant elle, et allaient s'emparer d'un pont qu'il fallait absolument franchir. Il s'agissait de passer. L'empereur Alexandre usa de ruse. Il écrivit un billet de sa main, dans lequel il annonçait qu'un armistice était signé entre Napoléon et les alliés. Cela était faux ; l'armistice ne regardait que les Autrichiens. Le général français crut à la parole impériale et laissa défiler l'armée russe. C'est ainsi que l'armée russe et son empereur échappèrent sans avoir fait de traité. La Prusse renouvela le sien.

La cour de Naples n'avait pas été aussi prudente que la Prusse. Elle avait également accédé à la coalition ; mais, instruite trop tard sans doute de la situation des affaires en Allemagne, elle accueillit, le 19 novembre, un débarquement de vingt mille Anglo-Russes et y joignit ses troupes. En conséquence, le jour même du traité de Presbourg, Napoléon annonça à ses troupes que la dynastie de Naples avait *cessé de régner*, et ordonna à un détachement de la grande armée d'exécuter ce décret. Il le fut en effet. Joseph fut placé sur le trône de Naples. La famille condamnée, chassée du continent, ne régna plus que sur la Sicile.

Mais le bonheur qui suivait Napoléon sur terre l'abandonnait sur mer. Le désastre de Trafalgar troubla toutes les joies que lui avait fait éprouver la campagne d'Autriche. En partant pour cette campagne, il avait ordonné au ministre de la marine Decrès de remplacer l'amiral Villeneuve par l'amiral Rosily. Decrès n'obéit pas; il instruisit Villeneuve dont il était l'ami de la disgrace où il était tombé, et, sans doute pour lui donner quelque occasion favorable à sa fortune, lui envoya l'ordre de sortir de Cadix et de rentrer à Toulon. Celui-ci espéra se racheter par une victoire; il résolut de combattre la flotte anglaise commandée par Nelson qui surveillait le port de Cadix. Il sortit donc avec trente-trois vaisseaux, dont dix-huit français et quinze espagnols. Nelson n'en avait que vingt-sept; mais il avait l'avantage du vent, et il manœuvra de manière à couper en deux la flotte qui lui était opposée. Il se forma donc en deux colonnes et alla, vent arrière, attaquer les ennemis. L'amiral Collingwood, à la tête d'une des colonnes, se porta sur le vaisseau monté par un des amiraux espagnols et attaqua la queue de la ligne; Nelson lui-même, à la tête de l'autre colonne, s'engagea contre l'amiral Villeneuve, et coupa de son côté la ligne française. Les dispositions des Anglais étaient si bien prises que la mort de Nelson, tué au commencement de la bataille, ne nuisit point au succès. Il résulta de cette manœuvre que les vaisseaux français et espagnols ne reçurent plus d'ordres de leurs amiraux, que chacun de ces bâtiments eut à combattre en même temps plusieurs ennemis, en sorte qu'ils purent être détruits les uns après les autres. Une partie des vaisseaux français, commandée par Dumanoir, contrariés, dit-on, par le vent, ne purent arriver à temps là où était le danger; ils prirent le parti de se retirer; l'amiral Gravina seul ne s'abandonna pas dans le danger : il réussit à rallier onze vaisseaux espagnols et français et rentra à Cadix. Les Anglais ne prirent que dix-huit bâtimens, encore plusieurs réussirent à se sauver dans la nuit. Mais la flotte n'en était pas moins détruite, et, ce qui est plus fâcheux, le moral de l'armée de mer anéanti; car, dès ce jour, les matelots n'eurent plus confiance dans leurs chefs, et les officiers ne purent plus compter les uns sur les autres.

Il n'y avait qu'un moyen de rétablir la confiance et de relever le moral de l'armée navale : c'était de sévir contre ceux qui avaient désobéi avant le combat, et contre ceux qui n'avaient pas fait leur devoir pendant la durée de l'action. Or, on ne fit aucune de ces choses; Napoléon semblait craindre de punir ses serviteurs, ou, comme l'ont dit ses ennemis, ses complices. Le ministre Decrès, qui avait laissé à Villeneuve le commandement de la flotte de Cadix, lorsqu'il lui était ordonné de le donner à un autre, le ministre était coupable. Cependant il ne fut pas destitué. Villeneuve, qui avait été d'abord conduit prisonnier en Angleterre, ayant été renvoyé en France, ne fut pas puni autrement que par la défense de se rendre à Paris. Il se fit justice lui-même; il se suicida. Dumanoir, qui, pendant la bataille, avait tenu sa division immobile, fut envoyé devant une commission d'enquête. Celle-ci fut, comme toutes les commissions du même genre, pleine d'indulgence pour un homme qui connaissait chacun des membres qui la composaient à titre de collègue ou d'ami. Elle répondit que Dumanoir n'avait pu faire davantage, et l'empereur se contenta de cette réponse.

On déroba d'ailleurs autant que l'on put au public la connaissance d'un si grave désastre. Heureusement les victoires d'Allemagne préoccupaient uniquement l'esprit du plus grand nombre, et les masses firent peu d'attention à un fait dont on ne leur parlait pas. Le 30 décembre 1805 (9 nivose an XIV), le tribunat « émit le vœu que, sur une des principales places de la » capitale, il fût érigé une colonne surmontée de la statue de » l'empereur. Cette colonne devait porter pour inscription : » A NAPOLÉON LE GRAND LA PATRIE RECONNAISSANTE. » Le 1ᵉʳ janvier 1806, le sénat décréta « qu'au nom du peuple français, il consacrerait un monument triomphal à *Napoléon le Grand.* » Ce décret fut exécuté. Mais ce ne fut qu'après la campagne de Prusse que Napoléon fit élever avec le bronze des canons pris sur l'ennemi la colonne qui décore la place Vendôme. Seulement, il la dédia à la grande armée.

ANNÉES 1806 ET 1807.

Un sénatus-consulte du 22 fructidor an XIII (9 septembre 1805), rendu sur la proposition du conseil d'état, avait ordonné qu'à compter du 1er janvier 1806 le calendrier républicain cesserait d'être en usage, et que l'on reprendrait celui du calendrier grégorien; en conséquence, à partir de l'époque où nous sommes, les actes publics furent datés selon le style ancien connu de toute l'Europe.

La session de 1806 fut ouverte le 2 mars 1806 par l'empereur. Quelques lois importantes furent présentées à la législature. Il n'y eut, comme à l'ordinaire, point de discussion dans le tribunat, mais seulement quelques discours apologétiques. Le corps législatif était toujours muet; nous nous bornerons donc à faire mention de ses lois. Le système des conseils de prud'hommes fut institué. Ils étaient destinés à juger les différends industriels qui pouvaient s'élever entre les fabricans et les ouvriers. Ils devaient être composés de neuf membres, dont cinq fabricans et quatre chefs d'ateliers. Le gouvernement était autorisé à en établir partout où il le jugerait nécessaire (loi du 18 mars). Une loi en trois articles ordonna qu'il serait formé, sous le nom d'université impériale, un corps chargé exclusivement de l'enseignement et de l'éducation publique; 2° que les membres du corps enseignant contracteraient des obligations civiles, spéciales et temporaires; 3° que le projet d'organisation de ce corps serait présenté au corps législatif dans la session de 1810. (Loi du 10 mai.) Le Code de procédure civile fut adopté, pour être exécuté à partir de 1807. On réorganisa la Banque de France; pendant la campagne dernière, par suite de faux calculs, elle s'était trouvée à court de numéraire et embarrassée dans ses paiemens. On lui donna un gouverneur chargé d'en surveiller les opérations, et d'en modérer les acceptations; ensuite on en augmenta le capital. Enfin on s'occupa du budget. On apura le passé; on régularisa l'avenir de manière à y établir le nouvel ordre annuel, qui remplaçait l'ordre en usage sous le règne du calendrier républicain. Le droit de passe sur les routes fut supprimé. Le droit sur le sel fut rétabli. Les tissus de fabrique anglaise furent prohibés. La session du corps législatif fut close le 12 mai.

Que se passait-il dans l'empire, pendant qu'à Paris on s'occupait paisiblement de l'organisation de l'éducation, de la justice, de l'industrie et de l'administration? L'armée française achevait la conquête du royaume de Naples. Elle en avait occupé la capitale le 8 février; Capoue s'était rendue le 13; la Calabre était soumise le 19 mars. Gaëte, la plus forte place du royaume, résistait encore; elle ne se rendit que le 18 juillet. Cependant l'empereur disposait de ces conquêtes. Le 30 mars, il adressa un message au sénat, par lequel il lui donnait communication des décrets suivans :

Par un statut impérial, il déclarait que, voulant assurer d'une manière stable le sort des peuples de Naples et de Sicile tombés en son pouvoir par droit de conquête, et faisant d'ailleurs partie du grand empire, il reconnaissait pour *roi de Naples et de Sicile son bien-aimé frère Joseph Napoléon*, etc.; de plus, il instituait dans ces deux royaumes six *grands fiefs de l'empire*, avec le titre de *duchés* pour être à perpétuité à sa nomination et à celle de ses successeurs.

Par un autre statut impérial, les états vénitiens étaient réunis au royaume d'Italie; mais l'empereur érigeait en *duchés grands fiefs* les provinces vénitiennes ci-après désignées : la Dalmatie, l'Istrie, le Frioul, Cadore, Bellune, Conegliano, Trévise, Feltri, Bassano, Vicence, Padoue et Rovigo. Il se réservait de donner l'investiture desdits fiefs, pour être transmis *héréditairement, par ordre de primogéniture*, aux descendans mâles de ceux en faveur de qui il en disposerait.

Par un troisième acte, il nommait grand-duc de Clèves et de Berg son beau-frère Joachim *Murat*, lui en accordant la pleine souveraineté avec les droits et priviléges qu'y avaient possédés les rois de Prusse et de Bavière.

Par un quatrième, le maréchal Berthier était investi en toute souveraineté et propriété de la principauté de Neufchâtel.

Un cinquième érigeait en duchés grands fiefs avec les mêmes droits que les duchés institués dans les provinces vénitiennes, les principautés de Massa et Carrara, et les états de Parme et Plaisance.

Enfin, un sixième disposait de la principauté de Guastalla en faveur de Pauline Borghèse sœur de l'empereur.

Ainsi, Napoléon commençait la restauration des priviléges princiers et territoriaux, auxquels la France faisait la guerre depuis plus de sept siècles, et que la révolution française, sa mère, avait voulu effacer à jamais. Il semait le germe d'un système féodal, analogue à celui qui régnait en Allemagne. Il est vrai qu'il respectait encore le territoire français. Il fallait cependant que le tribunat et le corps législatif fussent bien résolus à se taire, puisqu'ils consentirent à garder le silence à l'égard d'actes qui blessaient si vivement les sentimens nationaux. Quant au sénat, il était depuis long-temps dévoué aux volontés du trône; il en était complice. Comment, autrement, serait-il descendu à n'être plus, dans les questions les plus importantes, qu'un corps chargé d'enregistrer les rescrits impériaux, comme les parlemens sous la monarchie?

L'empereur cessa bientôt de respecter le territoire français; il voulut y implanter les domaines nobles et héréditaires de mâle en mâle par ordre de primogéniture. Il créa les *majorats*; mais il n'osa point cependant attaquer de front l'opinion bien prononcée de la nation. Il s'y prit d'une manière subreptice; d'accord avec le sénat, il cacha les articles organiques des majorats dans un décret qui avait, en apparence seulement, pour but de régler une affaire de famille, et dont le titre ne pouvait attirer l'attention de ceux qui n'étaient pas intéressés : ce fut à l'occasion d'un échange de biens destiné à indemniser la princesse Borghèse de la cession qu'elle faisait au royaume d'Italie, de la principauté de Guastalla dont nous avons parlé plus haut. Ce décret est trop important, trop contre-révolutionnaire, pour que nous ne l'insérions pas ici. Nous le donnons tel qu'il est indiqué et rapporté dans le *Bulletin des Lois.*

Sénatus-consulte qui autorise l'acquisition en France de biens destinés à remplacer la principauté de Guastalla, cédée au royaume d'Italie par la princesse Pauline et le prince Borghèse son époux. — *Du 14 août 1806.*

« Napoléon, par la grâce de Dieu et *les Constitutions de la République*, empereur des Français, à tous présens et à venir, salut.

» Le sénat, après avoir entendu les orateurs du conseil d'état, a décrété et nous ordonnons ce qui suit :

» Art. 1er. La principauté de Guastalla ayant été, avec l'autorisation de S. M. l'empereur et roi, cédée au royaume d'Italie, il sera acquis, du produit de cette cession, et en remplacement, des biens dans le territoire de l'empire français.

» 2. Ces biens seront possédés par S. A. I. la princesse Pauline, le prince Borghèse son époux, et les descendans nés de leur mariage, de mâle en mâle, quant à l'hérédité et à la réversibilité, quittes de toutes charges, de la même manière que devait l'être ladite principauté, et aux mêmes charges et conditions, conformément à l'acte du 30 mars dernier.

» 3. Dans le cas où S. M. viendrait à autoriser l'échange ou l'aliénation des biens composant la dotation des duchés relevant de l'empire français, érigés par les actes du même jour 30 mars dernier, ou de la dotation de tous nouveaux duchés ou autres titres que S. M. pourra ériger à l'avenir, il sera acquis des biens en remplacement, sur le territoire de l'empire français avec le prix des aliénations.

» 4. Les biens pris en échange ou acquis seront possédés, quant à l'hérédité et à la réversibilité, quittes de toutes charges, conformément aux actes de création desdits duchés ou autres titres, et aux charges et conditions y énoncées.

» 5. Quand S. M. le jugera convenable, soit pour récompenser de grands services, soit pour exciter une noble émulation, soit pour concourir à l'éclat du trône, elle pourra autoriser un chef de famille à substituer ses biens libres pour former la dotation d'un titre héréditaire que S. M. érigerait en sa faveur, réversible à son fils aîné, né ou à naître, et à ses descendans en ligne directe de mâle en mâle, par ordre de primogéniture.

» 6. Les propriétés ainsi possédées sur le territoire français, conformément aux articles précédens, n'auront et ne conféreront aucun droit ou privilége relativement aux autres sujets français de S. M. et à leurs propriétés.

» 7. Les actes par lesquels S. M. autoriserait un chef de famille à substituer ses biens libres, ainsi qu'il est dit à l'article précédent, ou permettrait le remplacement en France des dotations des duchés relevant de l'empire, ou autres titres que S. M. érigerait à l'avenir, seront donnés en communication au sénat, et transcrits sur ses registres.

» 8. Il sera pourvu par des réglemens d'administration publique à l'exécution du présent sénatus-consulte, et notamment en ce qui touche la jouissance et conservation tant des propriétés réversibles à la couronne que des propriétés substituées en vertu de l'article 5. »

— Nous avons anticipé de quelques mois sur la suite des temps, pour placer ce décret remarquable à côté de tous ceux qui avaient le même but, et que vit éclore l'année 1806. Nous aurions dû mentionner auparavant les changemens que Napoléon introduisit en Hollande. Il avait fait savoir, dès le commencement de l'année, au grand pensionnaire Schimmelpenninck, son désir d'établir dans le pays qu'il administrait le gouvernement monarchique, et de placer à la tête son frère Louis Bonaparte. Le magistrat hollandais fit tout ce qu'il put pour éviter ce malheur à sa patrie. Il adressa des représentations; voyant qu'on persistait, il convoqua, sous le nom d'assemblée générale des notables, les membres des états-généraux, du conseil d'état et les ministres; il les instruisit des volontés impériales. On décida qu'une députation se rendrait à Paris pour porter de nouvelles représentations ; que, si la députation n'obtenait point satisfaction, elle tâcherait au moins d'obtenir les meilleures conditions. La Hollande était en effet entre les mains de l'empereur. Comme on devait le prévoir, la députation fut mal reçue. On donna au gouvernement républicain et au grand pensionnaire dix jours de délai pour prendre une résolution ; ce terme expiré l'empereur userait d'autorité. En conséquence les notables hollandais s'assemblèrent de nouveau, et jetèrent les bases d'un traité par lequel ils reconnaissaient Louis Bonaparte pour roi, et spéculaient des garanties nationales et constitutionnelles. Cet arrangement fut accepté à Paris ; Schimmelpenninck, patriote jusqu'au bout, refusa pour son compte de le ratifier ; l'assemblée des notables, plus prudente ou plus timide, le sanctionna le 28 mai. En conséquence, le 5 juin, l'amiral Verrhuell et les plénipotentiaires vinrent aux Tuileries, en audience publique, prier l'empereur de leur donner pour roi son frère Louis. Napoléon leur répondit aussitôt : « Je proclame, dit-il, » roi de Hollande le prince Louis. Vous, prince, régnez sur ces » peuples... Ne cessez jamais d'être Français. La dignité de con» nétable de l'empire sera possédée par vous et vos enfans ; elle » vous rappellera les devoirs que vous avez à remplir envers » moi..... » Cet acte fut communiqué le même jour au sénat.

C'était sans doute une grande gloire et un grand moyen d'influence pour Bonaparte de disposer ainsi des couronnes ; mais il disposait et dissipait de cette manière le trésor d'autorité et d'alliance que lui avait légué la République, et ce fut d'ailleurs, dans le cas dont il s'agit, une grande faute politique de sa part, que d'avoir si peu consulté les sentimens des Hollandais. Il est certain que, jusqu'à ce moment, ils avaient été dévoués à la cause de la France ; ils avaient rendu témoignage de leur attachement, et sur terre et sur mer. Il n'en fut plus de même par la suite. On pouvait prévoir ce résultat, en réfléchissant que ce qui nous avait donné les Hollandais lors de l'invasion de Pichegru, c'était la haine qu'ils portaient au pouvoir absolu d'un stathouder que la Prusse leur avait imposé : nous leur apportions la République, ils nous accueillirent comme des libérateurs; l'empereur leur donna un roi, ils ne virent plus dans les Français que des conquérans et des oppresseurs.

Enfin l'empereur se fit élire protecteur de la confédération du Rhin. D'après un traité secret qui fut rendu public le 1er août, les rois de Bavière et de Wurtemberg, l'électeur archi-chancelier de l'empire germanique, l'électeur de Bade, le duc de Berg et de Clèves, le prince de Hesse-Darmstadt et dix autres petits princes souverains, se séparaient de l'empire, se réunissaient en une confédération particulière gouvernée par une diète et un primat. Le prince primat nommé par l'acte constitutif, était l'électeur ancien archi-chancelier de l'empire. L'empereur des Français était nommé protecteur de la confédération, avec le droit de nommer le successeur du prince primat actuellement élu. Il y avait entre les états confédérés alliance offensive et défensive, en vertu de laquelle toute guerre continentale que l'un des alliés aurait à soutenir, serait à l'instant commune à tous. Dans ce cas, la France s'engageait à fournir deux cent mille hommes; la Bavière, trente mille; le Wurtemberg, douze mille; Bade, huit mille; Berg et Clèves, cinq mille; Darmstadt, quatre mille, et les autres princes, quatre mille. On se réservait enfin de recevoir par la suite dans la confédération, les autres princes des états d'Allemagne qu'il serait utile d'y admettre. — Le 1er août, les confédérés annoncèrent à la diète de Ratisbonne leur séparation du corps de l'empire, et Napoléon, de son côté, déclara à la diète qu'il ne reconnaissait plus l'existence du corps germanique.

L'institution de la confédération germanique paraît la cause déterminante de l'établissement d'une agence anglaise ou autrichienne, dont on ne tarda pas à voir les effets. Elle était spécialement destinée à exciter l'esprit public des Allemands contre la France, et à présenter la mesure précédente comme un attentat à leur indépendance nationale. On fit courir des brochures et des pamphlets de toutes sortes. Dans quelques-uns on cherchait à exciter chez le peuple des sentimens nationaux; dans d'autres, on allait jusqu'à prêcher la résistance et l'assassinat des hommes et des corps isolés. On arrêta quelques libraires. L'un d'eux, Palm de Nuremberg, fut condamné à mort par une commission militaire et exécuté. Cette violence fit jeter les hauts cris dans toute l'Allemagne.

Toutes ces créations de l'empereur n'étaient pas propres à rassurer la diplomatie. Elles anéantissaient complétement l'ancien système de balance européenne ; elles donnaient à la France une prépondérance telle, elles annonçaient une telle ambition de famille, que nulle puissance indépendante ne se croyait en sécurité dans la paix, et ne voyait dans celle-ci qu'un moyen de préparer la guerre. L'empereur, trop confiant en ses forces, ne pensa pas qu'elles pussent être usées, et lorsqu'elles étaient dans leur plus haut degré de vigueur, il eut le tort de ne pas comprendre qu'il fallait opter entre deux systèmes, ou celui de détruire tous les royaumes avec lesquels il entrerait en guerre, en détrôner les princes, en changer la Constitution d'une manière avantageuse aux peuples, ou celui de donner aux hautes puissances une garantie incontestable de ses intentions pacifiques et de sa modération.

Sur ces entrefaites, en effet, William Pitt était mort en Angleterre ; par suite, les tories avaient été remplacés par les wighs au maniement des affaires. Fox arriva au pouvoir. En conséquence, des pourparlers s'établirent entre la France et l'Angleterre ; lord Yarmouth et lord Lauderdale en furent les agens à Paris. Mais l'extension incessante que Napoléon donnait à son pouvoir, la manière même dont il montrait la nécessité de la paix, disant qu'elle était dans l'intérêt de ses adversaires et non dans le sien, puisque chaque guerre était pour lui une occasion et une obligation de s'agrandir ; aucun de ces motifs n'était propre à convertir ces pourparlers préliminaires en conférences sérieuses. Nos relations diplomatiques avec la Grande-Bretagne n'eurent qu'un résultat, ce fut de produire la guerre de Prusse. En effet l'empereur avait cédé le Hanovre à cette dernière puissance. Or, l'Angleterre ayant déclaré préalablement qu'aucune transaction n'était possible, si le Hanovre ne lui était rendu, Napoléon se montra disposé à cette concession. Le cabinet de Potsdam en fut instruit et n'hésita plus un instant à se jeter dans l'alliance qu'on lui proposait depuis long-temps. L'Angleterre, en effet, négociait à tout hasard une nouvelle coalition, pendant le temps même où son envoyé séjournait à Paris ; car, comme elle, toute l'Europe hésitait entre la paix et la guerre : l'Autriche même, qui avait été si rudement abattue, quoique complétement dépourvue, exécutait de mauvaise grace les articles du traité de Presbourg qui avaient été laissés à sa bonne foi ; elle devait remettre aux Français les bouches du Cattaro. Le général qui commandait s'arrangea de manière à les faire tomber entre les mains des troupes russes, qu'une escadre de cette nation y apporta. La mauvaise foi était évidente, mais on feignit d'être dupe. On ouvrit à Vienne des négociations avec un envoyé russe ; toutes les difficultés semblèrent bientôt aplanies, on rédigea une convention pour l'évacuation de Cattaro, mais Alexandre refusa de la ratifier. L'envoyé russe vint de Vienne à Paris ouvrir de nouveaux pourparlers ; il était porteur d'instructions tout-à-fait pacifiques. Les négociations, cependant, eurent les mêmes conclusions que les premières. Le diplomate russe signa un traité ; il alla le porter à Saint-Pétersbourg, où il fut refusé. Le négociateur lui-même, nommé d'Oubril, fut destitué, comme n'ayant point compris l'esprit de ses instructions.

Il suffisait d'une faible circonstance pour faire pencher d'un côté ou d'un autre des princes qui hésitaient. Dans tous les cas, la guerre ne pouvait qu'être ajournée ; il était impossible d'espérer une solide paix. La mort de Fox, arrivée le 13 septembre, est la circonstance qui paraît avoir déterminé la brusque détermination des cabinets du Nord. En Angleterre, le cabinet wigh fut remplacé par un ministère composé dans le système de Pitt. A l'instant tous les liens de la coalition furent resserrés, et les agens anglais travaillèrent de toutes leurs forces à amener une rupture avec la France. Une nouvelle coalition fut formée. L'Angleterre, la Russie, la Prusse, la Suède, la Saxe, s'engagèrent réciproquement à s'aider et à se soutenir. La Prusse, qui avait une belle armée de deux cent quarante mille hommes, qui se souvenait des succès du grand Frédéric, ne doutait pas de la victoire. Elle se mit en mouvement la première. Le prince de Hohenlohe entra en Saxe à la tête de cinquante-cinq mille hommes ; en même temps les troupes russes se mirent en marche pour se rapprocher du territoire prussien.

L'empereur, parfaitement instruit de tous ces mouvemens, s'était mis en mesure : il avait réuni cent quatre-vingt-quinze mille hommes sur le Mein, et il résolut de déjouer par la rapidité de ses opérations, les projets des ennemis, d'attaquer les Prussiens avant qu'ils eussent été rejoints par les autres armées coalisées, et, après les avoir vaincus, de combattre, s'il était nécessaire, leurs alliés séparément. Il n'attendit pas l'*ultimatum* du roi de Prusse. Il quitta Paris le 25 septembre, pour aller veiller lui-même à la concentration de ses troupes qui accouraient de toutes les parties de l'empire, et se trouver en place pour agir aussitôt qu'il jugerait ses forces suffisantes. Ce fut du quartier-général de Bamberg (7 octobre 1806), qu'il envoya le message par lequel il donnait connaissance au sénat de la nécessité d'entrer en campagne. Parmi les pièces diplomatiques jointes à ce message était l'*ultimatum* du roi de Prusse, daté du 1er octobre 1806. En voici un extrait :

« Les agrandissemens et la prépondérance de l'empire français ont fait de S. M. prussienne, si long-temps alliée fidèle et loyale, un voisin alarmé sur sa propre existence, et nécessairement armé pour la défense de ses plus chers intérêts... Cet accroissement gigantesque d'une puissance essentiellement militaire et conquérante laisse sans aucune garantie S. M. prussienne au milieu des bouleversemens dont elle est entourée... Le roi de Prusse ne voit autour de lui que des troupes françaises ou des vassaux de la France prêts à marcher avec elle... Les déclarations et les mesures de l'empereur des Français annoncent que cette attitude ne changera point... Cependant cet état de choses ne peut durer ; le danger croît chaque jour. Il faut s'entendre d'abord, ou l'on ne s'entendrait plus. En conséquence, S. M. prussienne demande : 1° que les troupes françaises, qu'aucun titre fondé n'appelle en Allemagne, repassent incessamment le Rhin, toutes, sans exception, en commençant leur marche du jour même où le roi de Prusse se promet la réponse de l'empereur des Français, et en la poursuivant sans s'arrêter; et le ministre de S. M. prussienne est chargé *d'insister avec instance pour que cette réponse de S. M. impériale arrive au quartier général du roi le 8 octobre...*; 2° qu'il ne soit plus mis de la part de la France aucun obstacle quelconque à la formation de la ligue du Nord, qui embrassera sans aucune exception tous les états non nommés dans l'acte fondamental de la confédération du Rhin. »

— « Maréchal, avait dit l'empereur à Berthier en recevant cette pièce, on nous donne un rendez-vous d'honneur pour le 8; jamais un Français n'y a manqué. Mais il y a, dit-on, une belle reine qui veut être témoin des combats; soyons courtois, et marchons, sans nous coucher, pour la Saxe. »

En effet, l'armée se mit en marche le 7 octobre. Les premiers engagemens eurent lieu à Schleitz le 9, et à Saalfield le 10, où les Prussiens furent vivement repoussés et perdirent beaucoup de monde. Enfin, l'armée de l'empereur atteignit Hohenlohe, en arrière d'Iena. Celui-ci avait sous ses ordres plus de soixante-dix mille hommes prussiens et saxons; mais il ne sut pas les tenir réunis. Attaqué à l'improviste le 14, il fut écrasé, et son armée mise dans une déroute telle qu'on en voit rarement de pareille. Pas un corps n'avait conservé ses rangs; toutes les armes étaient mêlées, chacun se hâtant de se dérober aux désastres du champ de bataille. Tous les canons furent abandonnés.

Pendant que l'empereur attaquait Hohenlohe, le même jour, 14 octobre, Brunswick, à la tête d'une armée de soixante-cinq mille hommes des meilleures troupes de la Prusse, dont douze mille de cavalerie, marchait à Auerstadt contre le troisième corps, commandé par Davoust, fort à peine de trente-deux mille quatre cents hommes, croyant aller au-devant de l'armée impériale. Brunswick avait avec lui la garde royale prussienne, et le roi de Prusse fortifiait cette armée de sa présence.

Davoust, qui s'était assuré dès la veille des forces et des dispositions de l'ennemi qu'il avait devant lui, se hâta de faire prendre à ses troupes, composées presque entièrement d'infanterie, une position avantageuse. Il écrivit en outre à Bernadotte, qui commandait plusieurs divisions et opérait sur ses flancs, de venir le joindre. Celui-ci refusa. Davoust envoya dans la nuit messages sur messages sans obtenir davantage; il écrivit aussi aux généraux Nansouty et Beaumont, commandant une réserve de cavalerie. Celui-ci déclara qu'il ne pouvait marcher sans un ordre de Bernadotte. Ainsi Davoust fut réduit à ses propres forces. Les soldats français furent admirables : assaillis avec acharnement par la cavalerie, ils la repoussèrent à la baïonnette et par un feu meurtrier; attaqués ensuite par l'infanterie, ils restèrent inébranlables, et bientôt ils commencèrent à gagner eux-mêmes du terrain. Le prince Guillaume de Prusse se mit lui-même à la tête d'un corps de cavalerie d'élite et vint charger la division Morant; il fut repoussé à la baïonnette; le prince prussien fut blessé lui-même. Les réserves d'infanterie prussienne furent à leur tour lancées contre les Français; elles furent repoussées, et ceux-ci continuèrent à gagner du terrain. Enfin les Prussiens se mirent en retraite; mais elle ne tarda pas à se convertir en déroute. Ils avaient en effet perdu presque tous leurs généraux; leur général en chef lui-même, le duc de Brunswick, avait été tué. Qu'on juge du désordre qui s'introduisit dans ces masses, lorsque la nuit elles furent choquées par les colonnes de fuyards qui se retiraient du champ d'Iéna! On ne savait plus où était l'ennemi. Une terreur panique s'empara des débris de l'armée prussienne. Les soldats jetèrent leurs armes et ne songèrent qu'à se tirer individuellement du danger. Cette armée, qui la veille ne doutait pas de la victoire, fut changée en un attroupement sans discipline, sans chef, sans but commun, n'ayant qu'une pensée, celle de la peur.

Bonaparte fut instruit le lendemain de la bataille d'Auerstadt et du succès de Davoust. Il demanda ce qu'avait fait Bernadotte; on répondit qu'il ne s'y était pas trouvé. « Bernadotte s'est mal conduit, s'écria Bonaparte; il eût été enchanté que Davoust manquât cette affaire : ce Gascon n'en fera jamais d'autres! »

Quelques jours après, l'empereur alla passer la revue du troisième corps. Il le trouva bien diminué, car il avait laissé sept mille hommes sur le champ de bataille d'Auerstadt. Là il apprit dans tous les détails la coupable conduite de Bernadotte; il en parut indigné. « Cela est si odieux, dit-il, que si je le remets à un conseil de guerre, c'est comme si je le faisais fusiller. Il vaut mieux n'en pas parler! » Ainsi, Bonaparte donna une seconde fois à l'armée la preuve qu'il n'osait punir ses officiers supérieurs, que la loi n'était pas la même pour les grands et pour les petits. Cet exemple, qui se répéta encore par la suite, porta de fortes atteintes à la discipline militaire dans les grades supérieurs. L'empereur plus tard en recueillit les fruits : un grand nombre d'opérations militaires furent manquées; le sang français fut nombre de fois versé sans utilité, particulièrement en Espagne, par le seul fait de la désobéissance des généraux. N'étant plus maintenus dans le sentiment de l'intérêt commun, ils devinrent incapables de concourir à un résultat unique toutes les fois qu'il eût fallu sacrifier dans ce but les intérêts de leur vanité ou de quelque égoïsme moins noble encore. Bonaparte prévit-il cette conséquence de son indulgence? Bonaparte craignait-il de punir ceux qui avaient été ses égaux? ne se sentait-il pas assez d'autorité pour cela, ou redoutait-il de rendre précaire sa position personnelle en attentant à celle de ses lieutenans? Nous l'ignorons; mais, quoi qu'il en soit, sa conduite en ces circonstances affaiblit, et finit par détruire ce zèle de l'intérêt commun que l'inflexibilité de la Convention avait inspiré à tous les officiers supérieurs.

Pour effacer les mauvais effets de sa faiblesse envers Bernadotte, Bonaparte honora le troisième corps de toutes les récompenses militaires dont il pouvait disposer. Entre autres il ordonna qu'il entrerait le premier à Berlin, précédé d'un héraut d'armes qui proclamerait incessamment à haute voix un ordre du jour rédigé en son honneur. Cette cérémonie, qui enthousiasmait les soldats, eut lieu le 25 octobre; car après les deux batailles d'Iéna et d'Auerstadt, la monarchie prussienne tomba en moins d'un mois tout entière aux mains du vainqueur. L'empe-

reur sut profiter de la victoire et de la terreur qu'il avait inspirée.
Il lança toutes ses troupes à la poursuite de l'ennemi, les poussant dans diverses directions, mais combinant leurs mouvemens de telle sorte que la dispersion des Prussiens fût complétée, et qu'ils ne pussent se rassembler nulle part. La cavalerie rendit particulièrement service : lancée par masses dans diverses directions, elle se trouvait en quelque sorte partout. Ses mouvemens furent si rapides qu'on fut obligé de la remonter trois fois, aux dépens de l'ennemi, il est vrai. C'est dans cette campagne que l'on vit une ville fortifiée, Stettin, se rendre à quelques escadrons de hussards. En moins d'un mois le Hanovre, la Hesse électorale, la Saxe, étaient occupés par nos armées. On traita avec l'électeur de Saxe, et on rendit la liberté aux prisonniers saxons. Cet électeur prit le titre de roi, et accéda à la confédération du Rhin. Cinq autres petits princes suivirent son exemple. Cela augmenta les forces de la confédération d'environ vingt-cinq mille hommes. Cependant, le 16 novembre, la conquête de toutes les possessions prussiennes jusqu'à la Vistule était achevée. L'empereur consentit alors à accepter un armistice, par lequel il fut convenu que le roi de Prusse se retirerait avec ce qui lui restait de troupes à Kœnisberg, entre le Niémen et la Vistule ; que l'armée française occuperait tout le pays et toutes les places jusqu'à la Vistule, depuis le confluent du Bug jusqu'à Dantzig, la Silésie et les places de Glogau et de Breslau ; que l'espace intermédiaire, savoir, la Nouvelle-Prusse orientale et la Pologne prussienne, serait neutre et ne serait occupé ni par les Prussiens ou les Russes, ni par les Français ; enfin, que des négociations pour la paix auraient lieu à Charlottenbourg. Chose singulière ! ce fut le roi de Prusse qui refusa cet armistice. Après avoir fait attendre quelque temps sa signature, il répondit par une proclamation dans laquelle, rappelant la conduite de ses ancêtres dans la guerre de sept ans, il annonçait qu'il ne désespérait point de la victoire ; que l'armée russe accourait à son secours, et que la Prusse et la Russie avaient juré de vaincre ou de tomber ensemble. Ainsi, l'armée française allait avoir à faire une nouvelle cam-

pagne; pour obtenir la paix avec la Prusse, il fallait battre les Russes.

Avant de donner une idée de cette nouvelle campagne, nous allons dire quelques mots de ce qui passait en dehors des affaires militaires. Les succès obtenus en octobre et en novembre 1806 avaient exalté les Français, mais cela n'empêchait pas l'opinion publique de s'effrayer de voir nos armées s'éloigner à ce point de nos frontières et s'enfoncer dans le nord, laissant sur leurs flancs et sur leurs derrières tant d'alliés peu assurés et tant d'ennemis secrets. On crut voir, dans une adresse de félicitations qu'une députation du sénat alla porter à Berlin, l'expression de ces craintes de l'opinion publique. Mais le langage de cette adresse est tellement adulateur qu'il est difficile d'y reconnaître la moindre trace d'un vœu librement émis. On y parlait beaucoup de paix; mais ce mot n'était-il pas aussi toujours dans la bouche de l'empereur? On y disait que « le sénat, dévoué comme » le peuple à sa personne sacrée, faisait taire cette voix secrète » qui réclamait la présence de sa majesté, etc.; » mais cela devait-il être pris pour autre chose que pour une flatterie? En entendant des phrases aussi obscures, Napoléon ne dut pas se douter des craintes que l'on éprouvait en France. Loin de là, le sénat s'était empressé d'ordonner une nouvelle conscription pour satisfaire aux nécessités de la guerre, et il avait accueilli avec enthousiasme un décret que l'empereur venait de rendre à Berlin et qui n'était rien moins que pacifique. Par ce décret, daté du 21 novembre 1806, les îles Britanniques étaient déclarées en état de blocus; toute correspondance et toute relation avec ces îles étaient proscrites; le commerce était défendu; les marchandises anglaises, en quelque lieu qu'on les trouvât, étaient confisquées. Ce fut ce décret qui établit ce que l'on nommait dans le temps le système continental.

L'empereur, au reste, s'en fiait sur les succès obtenus pour conserver les alliances douteuses. Il savait que l'Autriche était mal disposée en sa faveur; mais il avait, avec raison, espéré que la victoire resserrerait les traités qui le maintenaient en paix avec cette puissance. Il comptait plus fermement sur l'alliance espagnole; il n'avait jamais pensé qu'elle pût être rompue. Cependant il apprit que le prince de la Paix avait, par une proclamation du 5 octobre, appelé les Espagnols aux armes, sans dire, il est vrai, à qui s'adressait cette levée extraordinaire. Il put et il dut croire que c'était contre la France. Mais ce fut pour lui un motif nouveau de prendre confiance dans l'influence du succès sur les cours étrangères. A peine eut-on appris à Madrid la défaite des armées prussiennes, qu'on se hâta de faire des excuses; on assura que l'on n'avait pas d'autres ennemis en vue que les Anglais et l'empereur de Maroc, dont on redoutait une attaque. Le prince de la Paix demanda humblement pardon. On le lui accorda à condition que l'Espagne fournirait le contingent depuis long-temps promis et toujours ajourné. En conséquence, un corps espagnol, commandé par la Romana, traversa la France et l'Allemagne, et vint en Prusse prendre place en ligne.

Sur ces entrefaites, l'empereur, instruit de la détermination du roi de Prusse, faisait passer l'Oder à ses troupes, envahir le duché de Posen et la Poméranie prussienne, et marchait sur Varsovie. Les Français furent reçus à bras ouverts en Pologne; ils furent accueillis en libérateurs et en amis. Le général polonais Dembrowski, qui depuis long-temps servait dans l'armée française, avait adressé à ses compatriotes des proclamations qui les firent accourir de tous côtés. Dans un grand nombre de villes, les Polonais s'insurgèrent et désarmèrent les garnisons prussiennes. Des députés du duché de Posen vinrent à Berlin présenter leurs vœux à l'empereur; il répondit d'une manière évasive: les phrases les plus claires de sa réponse étaient que « la France » n'avait jamais reconnu le partage de la Pologne; qu'il fallait » que les Polonais s'unissent et prouvassent au monde qu'un » même esprit animait toute la nation polonaise. » Elles furent suffisantes : quarante mille Polonais se trouvèrent bientôt réunis. On leur donna des armes et des équipemens français.

Cependant l'avant-garde de l'armée française entrait à Varsovie le 28 novembre; elle y fut accueillie par des cris de joie et les acclamations de tout le peuple. Les soldats français comprirent tous que les Polonais étaient leurs frères, et de là peut-être data cette confraternité d'armes entre la France et la Pologne qui fait chez nous partie des croyances populaires et nationales. Les corps de Murat et de Davoust suivirent l'avant-garde, et traversèrent la Vistule. Enfin l'empereur transporta, le 19 décembre, son quartier-général à Varsovie.

Les troupes françaises ne tardèrent pas à rencontrer les Russes. Le général Berningsen couvrait Pulstuck avec quarante mille hommes. Attaqué par Lannes le 26 décembre, il fut obligé de battre en retraite après une bataille vivement disputée qui dura tout le jour. Le général russe profita de la nuit pour se retirer. L'armée française prit alors des quartiers d'hiver. En janvier 1807, Bernardotte, avec son corps, était à Elbing, appuyé à la mer; Ney avait son quartier général à Gilgenburg; Lefebvre était derrière lui à Thorn, gardant les parages de la Vistule; Soult avait son corps rangé sur la petite rivière d'Omulew; enfin, les corps de Davoust, de Lannes, d'Augereau, étaient échelonnés de Pulstuck à Varsovie. La garde et la cavalerie étaient concentrées à Varsovie. Toutes ces troupes formaient ensemble environ cent dix mille hommes. Le reste de l'armée était occupé à garder la Prusse, à conquérir les places de la Silésie, de la Poméranie prussienne et suédoise, et à paralyser les troupes suédoises. On croyait passer ainsi l'hiver, et attendre le printemps; mais les Russes ne nous le permirent pas.

Berningsen venait d'être nommé général en chef; il avait reçu des renforts qui portaient son armée à près de cent mille hommes, sans compter un corps prussien de quinze mille hommes, seul débris échappé aux désastres de la campagne précédente. Il résolut de se porter sur le corps de Ney, de l'écraser, de couper ainsi notre gauche, d'acculer Bernardotte à la mer et de le forcer à se rendre; ensuite il se proposait de forcer le passage de la Vistule à Thorn, et, s'appuyant sur les places de Dantzig, de Grandeutz et de Colberg, encore occupées par des garnisons prussiennes, de transporter le siége de la guerre dans la Prusse occidentale, et de forcer l'empereur à repasser la Vistule.

On eut connaissance des mouvements de l'ennemi dès le 24 janvier 1807. L'empereur aussitôt ordonna de concentrer ses troupes : les corps de Soult, Lannes, Davoust, Murat, Bessières et sa garde s'échelonnèrent sur la route de Varsovie à Kœnisberg. Bernadotte reçut l'ordre d'attirer l'ennemi dans la direction de Thorn, pendant que l'empereur se portait lui-même en avant pour couper l'armée russe.

Pendant ce temps les Russes avaient attaqué Bernadotte, mais sans pouvoir l'entamer. Celui-ci commença le mouvement qui lui était commandé pour attirer l'ennemi sur Thorn. Mais il arriva alors un de ces événemens qu'on ne peut prévoir. Une dépêche adressée à l'empereur fut prise par les Cosaques, avec l'officier qui en était porteur. Berningsen apprit ainsi les projets des Français : il cessa aussitôt de suivre Bernadotte et se mit en retraite. Il indiqua comme point de ralliement à ses colonnes la ville d'Eylau, en avant de Kœnisberg ; c'était aussi sur ce point que marchait l'armée impériale. Le 7 février, Soult attaqua un corps russe posté en avant d'Eylau, et le força de reculer. On se battit dans la ville ; les Russes défendirent le terrain pied à pied, mais ils furent obligés de se retirer. L'empereur porta son quartier-général dans la ville qu'ils venaient d'abandonner. Le lendemain matin, 8, commença la sanglante bataille connue dans l'histoire sous le nom de bataille d'Eylau. Les Russes étaient réunis au nombre de quatre-vingt mille hommes ; les Français n'en avaient pas plus de soixante-huit mille en ligne, et ils avaient à combattre, outre l'ennemi, contre un climat auquel ils n'étaient pas habitués et un vent glacial de nord-est qui leur soufflait par momens à la figure, des orages de neige qui dérobaient à leur vue les lignes ennemies. Voici le bulletin de cette affaire. On commence par y raconter le combat du 8.

Combat d'Eylau.

« A un quart de lieue de la petite ville de Preussich-Eylau est un plateau qui défend le débouché de la plaine. Le maréchal Soult ordonna au quarante-sixième et au dix-huitième régiment de ligne de l'enlever. Trois régimens qui le défendaient furent culbutés ; mais, au même moment, une colonne de cavalerie russe chargea l'extrémité de la gauche du dix-huitième, et mit en désordre un de ses bataillons. Les dragons de la division Klein s'en aperçurent à temps ; les troupes s'engagèrent dans la ville d'Eylau. L'ennemi avait placé dans une église et un cimetière plusieurs régimens ; il fit là une opiniâtre résistance, et, après un combat meurtrier de part et d'autre, la position fut enlevée à dix heures du soir. La division Legrand prit ses bivouacs au-devant de la ville, et la division Saint-Hilaire à la droite ; le corps du maréchal Augereau se plaça sur la gauche. Le corps du maréchal Davoust avait, dès la veille, marché pour déborder Eylau, et tomber sur le flanc gauche de l'ennemi s'il ne changeait pas de position. Le maréchal Ney était en marche pour le déborder sur son flanc droit. C'est dans cette position que la nuit se passa.

Bataille d'Eylau.

» A la pointe du jour l'ennemi commença l'attaque par une vive canonnade sur la ville d'Eylau et sur la division Saint-Hilaire.

» L'empereur se porta à la position de l'église, que l'ennemi avait tant défendue la veille. Il fit avancer le corps du maréchal Augereau, et fit canonner le monticule par quarante pièces d'artillerie de sa garde. Une épouvantable canonnade s'engagea de part et d'autre.

» L'armée russe, rangée en colonnes, était à demi-portée de canon ; tout coup frappait. Il parut un moment, aux mouvemens de l'ennemi, qu'impatienté de tant souffrir, il voulait déborder notre gauche. Au même moment, les tirailleurs du maréchal Davoust se firent entendre, et arrivèrent sur les derrières de l'armée ennemie ; le corps du maréchal Augereau déboucha en même temps en colonnes pour se porter sur le centre de l'ennemi, et, partageant ainsi son attention, l'empêcher de se porter tout entier contre le corps du maréchal Davoust. La division Saint-

Hilaire déboucha sur la droite, l'une et l'autre devant manœuvrer pour se réunir au maréchal Davoust. A peine le corps du maréchal Augereau et la division Saint-Hilaire eurent-ils débouché, qu'une neige épaisse, et telle qu'on ne distinguait pas à deux pas, couvrit les deux armées. Dans cette obscurité, le point de direction fut perdu, et les colonnes, s'appuyant trop à gauche, flottèrent incertaines. Cette désolante obscurité dura une demi-heure. Le temps s'étant éclairci, le grand-duc de Berg, à la tête de la cavalerie, et soutenu par le maréchal Bessières à la tête de la garde, tourna la division Saint-Hilaire, et tomba sur l'armée ennemie ; manœuvre audacieuse s'il en fut jamais, qui couvrit de gloire la cavalerie, et qui était devenue nécessaire dans la circonstance où se trouvaient nos colonnes. La cavalerie ennemie, qui voulut s'opposer à cette manœuvre, fut culbutée ; le massacre fut horrible. Deux lignes d'infanterie russe furent rompues ; la troisième ne résista qu'en s'adossant à un bois. Des escadrons de la garde traversèrent deux fois toute l'armée ennemie.

» Cette charge brillante et inouïe, qui avait culbuté plus de vingt mille hommes d'infanterie, et les avait obligés à abandonner leurs pièces, aurait décidé sur le champ la victoire sans le bois et quelques difficultés de terrain. Le général de division d'Hautpoult fut blessé d'un biscayen. Le général Dalhmann, commandant les chasseurs de la garde, et un bon nombre de ses intrépides soldats, moururent avec gloire. Mais les cent dragons, cuirassiers ou soldats de la garde, qu'on trouva sur le champ de bataille, on les y trouva environnés de plus de mille cadavres ennemis. Cette partie du champ de bataille fait horreur à voir. Pendant ce temps, le corps du maréchal Davoust débouchait derrière l'ennemi. La neige, qui plusieurs fois dans la journée obscurcit le temps, retarda aussi sa marche et l'ensemble de ses colonnes. Le mal de l'ennemi est immense ; celui que nous avons éprouvé est considérable. Trois cents bouches à feu ont vomi la mort de part et d'autre pendant douze heures. La victoire, longtemps incertaine, fut décidée et gagnée lorsque le maréchal Davoust déboucha sur le plateau et déborda l'ennemi, qui, après avoir fait de vains efforts pour le reprendre, battit en retraite. Au même moment, le corps du maréchal Ney débouchait par Altorff sur la gauche, et poussait devant lui le reste de la colonne prussienne échappée au combat de Deppen. Il vint se placer le soir au village de Schenaditten, et par là l'ennemi se trouva tellement serré entre les corps des maréchaux Ney et Davoust, que, craignant de voir son arrière-garde compromise, il résolut, à huit heures du soir, de reprendre le village de Schenaditten. Plusieurs bataillons de grenadiers russes, les seuls qui n'eussent pas donné, se présentèrent à ce village ; mais le sixième régiment d'infanterie légère les laissa approcher à bout portant, et les mit dans une entière déroute. Le lendemain, l'ennemi a été poursuivi jusqu'à la rivière de Frischling. Il se retire au-delà de la Prégel. Il a abandonné sur le champ de bataille seize pièces de canon et ses blessés ; toutes les maisons des villages qu'il a parcourus la nuit en sont remplies.

» Le maréchal Augereau a été blessé d'une balle. Les généraux Desjardins, Heudelet, Lochet, ont été blessés. Le général Corbineau a été enlevé par un boulet. Le colonel Lacuée, du soixante-troisième, et le colonel Lemarois, du quarante-troisième, ont été tués par des boulets. Le colonel Bouvières, du onzième régiment de dragons, n'a pas survécu à ses blessures. Tous sont morts avec gloire. Notre perte se monte exactement à mille neuf cents morts, et à cinq mille sept cents blessés, parmi lesquels un millier, qui le sont grièvement, seront hors de service. Tous les morts ont été enterrés dans la journée du 10. On a compté sur le champ de bataille sept mille Russes.

» Ainsi l'expédition offensive de l'ennemi, qui avait pour but de se porter sur Thorn en débordant la gauche de la grande armée, lui a été funeste. Douze à quinze mille prisonniers, autant d'hommes hors de combat, dix-huit drapeaux, quarante-cinq pièces de canon, sont les trophées trop chèrement payés sans doute par le sang de tant de braves.

» De petites contrariétés de temps, qui auraient paru légères dans toute autre circonstance, ont beaucoup contrarié les combinaisons du général français. Notre cavalerie et notre artillerie ont fait des merveilles. La garde à cheval s'est surpassée; c'est beaucoup dire. La garde à pied a été toute la journée l'arme au bras, sous le feu d'une épouvantable mitraille, sans tirer un coup de fusil ni faire aucun mouvement; les circonstances n'ont point été telles qu'elle ait dû donner. La blessure du maréchal Augereau a été aussi un accident défavorable, en laissant pendant le plus fort de la mêlée son corps d'armée sans chef capable de le diriger.

» Ce récit est l'idée générale de la bataille. Il s'est passé des faits qui honorent le soldat français; l'état-major s'occupe de les recueillir.

» La consommation en munitions à canon a été considérable; elle a été beaucoup moindre en munitions d'infanterie.

» L'aigle d'un des bataillons du dix-huitième régiment ne s'est pas retrouvée; elle est probablement tombée entre les mains de l'ennemi. On ne peut en faire un reproche à ce régiment; c'est, dans la position où il se trouvait, un accident de guerre: toutefois l'empereur lui en rendra une autre lorsqu'il aura pris un drapeau à l'ennemi.

» Cette expédition est terminée; l'ennemi battu et rejeté à cent lieues de la Vistule. L'armée va reprendre ses cantonnemens, et rentrer dans ses quartiers d'hiver. » (LVIIIe *bulletin*.)

La publication de ce bulletin produisit en France un effet fâcheux. On était depuis long-temps habitué à des succès plus décisifs, moins disputés et moins chèrement achetés. On disait que notre perte réelle était bien supérieure à celle que l'on avouait. Il est certain que dans le bulletin on s'était trompé même sur celle des Russes; elle fut beaucoup plus considérable, suivant les relations russes elles-mêmes. Peut-être aussi en avait-on diminué le chiffre afin de pouvoir avec plus de probabilité dissimuler la nôtre. Quoi qu'il en soit, l'opinion fut profondément émue à Paris; les fonds publics éprouvèrent une baisse notable. L'historien se demande cependant d'où vient que l'armée russe, si facilement vaincue à Austerlitz, présenta une résistance si acharnée à

Eylau. La rigueur du climat, l'état du ciel le 8 février, l'avantage de combattre en plaine dans une position égale, ne suffisent pas pour expliquer cette différence. La vérité est que l'infériorité des Russes, sous le rapport militaire, était largement compensée par la supériorité du sentiment moral qu'on avait excité dans le cœur du soldat. Le czar, en sa qualité de primat de l'église grecque, avait eu recours aux moyens de la religion pour exalter le courage de ses soldats. Ceux-ci combattaient pour mourir avec toute l'énergie que donne la foi, tandis que les nôtres n'étaient soutenus que par le sentiment de l'honneur national.

Cette résistance des Russes fit penser à Paris que le succès de la campagne était loin d'être assuré. On spécula sur les éventualités d'un revers. D'un autre côté, le mécontentement public réveilla les faibles restes du parti républicain qui subsistait encore.

Le général Mallet, déjà soupçonné d'avoir eu connaissance d'un projet d'enlèvement du premier consul à son passage à Lyon pour Marengo, encore plus suspect pour avoir osé voter contre l'empire et en avoir écrit même à Bonaparte, était à Paris en état de réforme. Il voyait plusieurs sénateurs. Il tâchait en outre de faire de la propagande et de grouper des hommes résolus. Il les entretenait de la possibilité de rétablir la République par un sénatus-consulte. Le préfet de police, instruit de ses démarches, le fit arrêter. On l'interrogea : il ne dit rien. L'empereur, ne voulant pas ébruiter cette affaire, ordonna que Mallet fût détenu dans une prison d'état.

Cependant en Pologne plusieurs généraux, parmi lesquels on cite Berthier et Murat, sollicitèrent Napoléon afin qu'il repassât la Vistule ; mais l'empereur sentit que ce serait porter une atteinte grave à l'opinion qu'il lui importait de donner à l'Europe de ses forces. Il ordonna au contraire au général Lefebvre d'assiéger et de prendre Dantzig. Cette ville renfermait une garnison de dix-huit mille hommes, Russes et Prussiens. Le corps de Lefebvre n'était pas plus nombreux. Cependant la tranchée fut ouverte la nuit du 1er au 2 avril ; la place capitula le 24 mai ; la garnison l'évacua le 27, et alla rejoindre l'armée coalisée après avoir prêté serment de ne point servir pendant un an contre nous. L'empereur récompensa Lefebvre en le nommant duc de Dantzig.

La reddition de cette ville était un événement des plus heureux pour la France. L'armée russe avait été réorganisée et fortifiée; l'empereur Alexandre y était de sa personne. Il avait réuni sous ses ordres environ cent quatre-vingt mille hommes, sans compter les Prussiens. Le corps principal destiné à agir offensivement ne montait pas à moins de cent trente mille hommes. L'armée française avait aussi été renforcée; elle comptait environ cent soixante-dix mille combattans réunis, mais l'ennemi l'ignorait.

Les Russes prirent les premiers l'offensive. Ils commencèrent un mouvement semblable à celui qu'ils avaient tenté dans l'hiver. Ils croyaient surprendre leurs adversaires; mais ils furent eux-mêmes surpris par une manœuvre analogue à celle qui les avait déjà forcés de reculer avant la bataille d'Eylau. Le premier engagement entre les deux armées eut lieu, le 10 juin, à Heilsberg, sur l'Alle. Il s'agissait pour les Français de rejeter l'ennemi sur la rive droite de cette rivière, afin de posséder la rive gauche, ce qui les mettait à même de les prévenir à Kœnisberg. Le combat de Heilsberg, quoiqu'il ne fût qu'une affaire secondaire dans l'ordre des opérations méditées à l'avance, reçut cependant le nom de bataille, à cause des pertes considérables qu'éprouvèrent les deux armées. Le résultat fut favorable aux Français; les Russes furent rejetés sur la rive droite avec une perte double de la nôtre, trois mille morts et neuf mille blessés. Après cet échec, il ne restait au général russe Beningsen qu'un moyen de ressaisir la route de Kœnisberg et de nous la disputer; c'était de se hâter d'arriver à Friedland, et de traverser l'Alle sur le pont de cette ville, de manière à ressaisir la rive gauche. C'est ce qu'il fit. Il déboucha, le 13 juin, par cette place, espérant prendre l'armée française en flanc et l'attaquer partiellement. Mais il trouva la ville occupée par un régiment de cavalerie légère du corps de Lannes. Alors, craignant d'être prévenu et attaqué ayant d'avoir fait passer assez de troupes, il s'empressa de faire défiler son armée, et la déploya en avant de Friedland. Pendant ce temps la cavalerie française se retirait sur Eylau et annonçait au maréchal l'arrivée des masses ennemies. Lannes aussitôt porta son corps sur Friedland. Il lui fit occuper une chaîne de collines à deux lieues de la ville, et envoya un message à l'empereur. Tous ces mouvemens eurent lieu le même jour, 13 juin. Le lendemain Napoléon lui-même était arrivé avec sa garde, les corps de Ney et de Mortier; la plus grande partie de la journée du 14 se passa en préparatifs et en dispositions. La bataille ne commença qu'à cinq heures de l'après-midi. Voici quelle était la position de l'ennemi.

Friedland est en plaine, sur la rive gauche de l'Alle. Elle est située dans un coude de cette rivière dont le rentrant était du côté des Russes. Ce rentrant s'ouvrait peu à peu du côté des Français. Le fond de cette anse était si étroit qu'il était rempli en partie par la petite ville de Friedland, et en partie par une prairie basse, coupée par un long étang qui allait de la ville se jeter dans l'Alle après avoir fait tourner plusieurs moulins. Le seul pont par lequel, en cas de défaite, les Russes pussent passer sur la rive droite était dans Friedland. Or, Beningsen avait commis l'imprudence de ranger son armée en bataille dans la plaine en avant de cette position, la couvrant tout entière avec sa gauche, et étendant fort loin sa droite le long de la rivière vers Kœnisberg. Il était évident que si la gauche et le centre de cette armée étaient enfoncés, toute la droite était coupée et perdue.

L'empereur, en effet, fit ses dispositions pour enfoncer la gauche. Ney fut chargé de cette opération. Lannes dut attaquer le centre. Toute la cavalerie fut massée de manière à charger la droite de l'ennemi lorsque, inquiet de la situation de son centre, il essaierait de se mettre en retraite.

La bataille commença à cinq heures de l'après-midi. Une salve d'artillerie tirée au quartier-général de Napoléon en donna le signal. Ney aussitôt, protégé par une artillerie formidable, aborda la gauche de l'ennemi et le refoula dans l'anse occupé par Friedland et les étangs. L'ennemi fit tous ses efforts pour ressaisir sa position. On se battit pêle-mêle; une partie de la gauche réussit à faire retraite. Mais les Français qui la suivaient s'emparèrent de la ville, et mirent le feu au pont. En ce moment la droite des Russes arriva à son tour pour passer; Ney tint ferme dans la ville, pendant que Lannes pressait l'ennemi sur le flanc et que la cavalerie le chargeait en queue. Le désordre devint effroyable; les Russes se précipitèrent dans la rivière, abandonnant armes et canons. A huit heures du soir tout était terminé : l'armée russe était détruite. Les Français entrèrent à Kœnisberg le 16, et le 19 à Tilsit sur le Niémen. Dans cette marche en avant ils ne rencontrèrent plus d'ennemis, mais seulement des blessés et des prisonniers à recueillir, et partout les traces d'une retraite précipitée.

Le 19, l'empereur Alexandre fit demander à traiter d'un armistice; il fut signé le 22. Les deux empereurs eurent une entrevue le 25, sur le Niemen, où ils jetèrent les bases de la paix. Le roi de Prusse vint lui-même rendre visite à Napoléon, et bientôt la reine de Prusse vint rejoindre son époux. Napoléon fut caressé par tous ces princes; il ne put résister à leurs demandes; il voulut se conduire comme s'il eût été l'un d'eux et gagner leur amitié. Il fut généreux après la victoire.

Il ne retira à la Prusse que les provinces polonaises. Il les donna au roi de Saxe, sous le nom de grand-duché de Varsovie; il rendit à la ville de Dantzig son indépendance première. Il traita aussi dans l'intérêt de la Turquie; les hostilités devaient cesser entre la Russie et la Porte; les troupes russes devaient évacuer la Valachie et la Moldavie; un district de la Pologne prussienne était cédé à la Russie, « afin d'établir des limites naturelles entre cet empire et le duché de Varsovie. » On rendait leurs états aux ducs de Saxe-Cobourg, d'Oldenbourg et de Mecklenbourg-Schwerin. Enfin la Prusse renonçait à tout ce qu'elle possédait entre l'Elbe et le Rhin. La paix fut signée avec la Russie le 7 juillet, et avec la Prusse le 9. Tout étant terminé, les princes se séparèrent. Napoléon était de retour à Paris le 27 juillet.

On vit avec peine en France ces dispositions politiques. On blâma universellement l'empereur de n'avoir pas rétabli la Pologne. C'était une faute grave, disait-on avec raison, de ne pas avoir profité de l'occasion pour se créer dans le Nord un allié puissant, dont la fidélité et le dévouement à la France n'eussent jamais été douteux, et dont la situation d'ailleurs était telle, que les Russes n'eussent pu faire un mouvement offensif vers le midi sans menacer son existence.

C'était, selon nous, une faute non moins grave, après avoir fait tant de mal à la Prusse, d'avoir laissé subsister ce royaume, et, de plus, de l'avoir rendu à son ancien maître. On l'avait trop maltraité pour espérer jamais l'avoir pour ami. On était certain d'avoir en lui un ennemi qui ne garderait que par crainte l'alliance qu'on lui imposait, et qui serait toujours attentif, toujours prêt à saisir ou à faire naître l'occasion de venger ses revers, et de ressaisir ce qu'on lui avait arraché. En laissant ce royaume à l'ancienne famille royale, on rendait cette hostilité héréditaire comme le trône. Enfin, puisqu'on ne voulait pas effacer de la liste des dynasties européennes les successeurs des margraves de Brandebourg, pourquoi leur avoir laissé six millions de sujets? pourquoi ne pas leur avoir ôté la Silésie, et ne pas avoir donné cette province à la Pologne, etc.? Pourquoi ne pas avoir agrandi le Danemarck, qui, par cet acte de munificence, fût devenu notre allié fidèle; pourquoi ne pas l'avoir agrandi du Meklenbourg, de la Poméranie, etc.? Puisque Napoléon prétendait, au dix-neuvième siècle, renouer la succession impériale des Romains, puisqu'il s'attribuait les titres de César et d'Auguste, il eût dû pousser l'imitation au-delà de ces vaines traditions. Il devait prendre pour modèle la politique qui les rendit maîtres du monde. Or jamais ceux-ci ne pardonnaient à un ennemi vaincu.

On a dit, pour justifier ces dispositions impolitiques, que l'empereur craignait une rupture avec l'Autriche. Telles étaient en effet les conséquences du système qu'il avait adopté, que la paix ne reposait que sur les dispositions bienveillantes des cours, et non sur l'intérêt et la reconnaissance des peuples : ainsi il avait été obligé, pendant la dernière guerre de Pologne, de laisser une partie de ses forces inactives ; il avait fallu conserver en Italie un corps d'armée considérable, prêt à agir contre l'Autriche. Il avait aussi fallu conserver un corps d'armée d'observation en Poméranie. Il est vrai que les Suédois battus avaient conclu un armistice ; mais ils pouvaient le rompre à tout instant. En conséquence, Brune, avec une armée composée de trois divisions françaises, de quatorze mille Hollandais, et du contingent espagnol, était resté en Poméranie. D'un autre côté, Napoléon avait tout à redouter de l'activité de l'Angleterre. Celle-ci lui suscitait incessamment des ennemis. On a vu que l'Espagne avait été sur le point de s'armer contre lui. Pendant que l'on combattait en Pologne, on s'était battu dans les Calabres. Il avait fallu y apaiser une insurrection, et repousser un débarquement de troupes anglo-siciliennes. Il eût été besoin d'une armée française à Constantinople et en Égypte. Une flotte anglaise était venue menacer la capitale de l'empire ottoman ; on voulait forcer le sultan à renoncer à la guerre contre les Russes. L'ambassadeur français Sébastiani rendit, en cette circonstance, un service signalé à la Porte. Il se mit à la tête des troupes turques ; il fit armer les forts, et réussit à repousser la flotte anglaise, et à lui faire éprouver de graves avaries. D'un autre côté, les généraux anglais Mackensie et Fraser débarquaient en Égypte, s'emparaient d'Alexandrie et de Rosette. Ce fut là l'origine de la fortune de Méhémet-Ali. Ce pacha assaillit courageusement les Anglais, avant qu'ils eussent eu le temps de s'établir ; il leur causa des pertes considérables, et les força à capituler. Débarqués le 15 mars, les Anglais remontèrent sur leurs vaisseaux le 19 avril.

L'empereur arriva assez à temps à Paris pour ouvrir la session de 1807, le 16 août. Il pouvait annoncer que la France n'avait plus que quatre ennemis avoués, la Suède, le Portugal, la Sicile et l'Angleterre ; mais il ne parla que des succès qu'il venait d'obtenir, et de la bonne situation de l'administration intérieure. Il ne donna pas même à soupçonner qu'il méditât un changement dans la Constitution. Il voulait enfin abolir le tribunat.

On ne donna connaissance au tribunat et au corps législatif du sénatus-consulte qui prononçait cette suppression, que le jour même de la clôture de la session, le 18 septembre 1807. Cependant ce sénatus-consulte avait été délibéré le 19 août précédent. En voici le texte :

SÉNATUS CONSULTE DU 19 AOUT 1807.

« Art. 1ᵉʳ. A l'avenir, et à compter de la fin de la session qui va s'ouvrir, la discussion préalable des lois, qui est faite par les sections du tribunat, le sera pendant la durée de chaque session par trois commissions du corps législatif, sous le titre : la première de *commission de législation civile et criminelle*; la seconde, de *commission d'administration intérieure*; la troisième, de *commission des finances*.

» 2. Chacune de ces commissions délibérera séparément et sans assistans ; elle sera composée de sept membres nommés par le corps législatif, au scrutin secret et à la majorité absolue des voix. Le président sera nommé par l'empereur, soit parmi les membres de la commission, soit parmi les autres membres du corps législatif.

» 3. La forme du scrutin sera dirigée de manière qu'il y ait, autant qu'il sera possible, quatre jurisconsultes dans la commission de législation.

» 4. En cas de discordance d'opinions entre la section du conseil d'état qui aura rédigé le projet de loi et la commission compétente du corps législatif, l'une et l'autre se réuniront en conférence sous la présidence de l'archi-chancelier de l'empire, ou de l'archi-trésorier, suivant la nature des objets à examiner.

» 5. Si les conseillers d'état et les membres de la commission du corps législatif sont du même avis, le président de la commission sera entendu après que l'orateur du conseil d'état aura exposé devant le corps législatif les motifs de la loi.

» 6. Lorsque la commission se décidera contre le projet de loi, tous les membres de la commission auront la faculté d'exposer devant le corps législatif les motifs de leur opinion.

» 7. Les membres de la commission qui auront discuté un projet de loi seront admis, comme les autres membres du corps législatif, à voter sur le projet.

» 8. Lorsque les circonstances donneront lieu à l'examen de quelque projet d'une importance particulière, il sera loisible à l'empereur d'appeler dans l'intervalle de deux sessions les membres du corps législatif nécessaires pour former les commissions, lesquelles procéderont de suite à la discussion préalable du projet. Ces commissions se trouveront nommées pour la session prochaine.

» 9. Les membres du tribunat qui, aux termes de l'acte du sénat conservateur en date du 17 fructidor an x, devaient rester jusqu'en l'an xvii, et dont les pouvoirs avaient été, par l'article 89 de l'acte des Constitutions de l'empire du 28 floréal an xii, prorogés jusqu'en l'an xxi, correspondant à l'année 1812 du calendrier grégorien, entreront au corps législatif, et feront partie de ce corps jusqu'à l'époque où leurs fonctions auraient dû cesser au tribunat.

» 10. A l'avenir nul ne pourra être nommé membre du corps législatif *à moins qu'il n'ait* QUARANTE ANS *accomplis* (1). »

Cette communication ne donna lieu à aucune apparence de résistance. Le président du tribunat, Fabre de l'Aude, répondit aux orateurs du gouvernement que le corps auquel ils s'adressaient « recevait avec respect et confiance le sénatus-consulte » qui conférait ses attributions au corps législatif. » Et, quant au tribunat lui-même, il décida, sur la proposition de Carion-Nisas, qu'une députation irait « porter aux *pieds du trône* une
» adresse qui frappât *les peuples* de cette idée que les tribuns
» avaient reçu l'acte du sénat sans regret pour leurs fonctions
» politiques, sans inquiétude pour la patrie, et que les sentimens
» d'amour et de dévouement pour le *monarque*, qui avaient
» animé le corps vivraient éternellement dans chacun de ses

---

(1) Cette disposition, introduite furtivement dans le sénatus-consulte, ne fut appuyée d'aucun *motif* par les orateurs du gouvernement, ni devant le tribunat, ni devant le corps législatif.

» membres. » Ainsi le tribunat alla remercier le pouvoir du coup qu'il voulait bien lui donner. Le sénatus-consulte dont il s'agit fut lu le même jour au corps législatif, par le conseiller d'état qui venait clore la session. Il y fut reçu comme un accroissement de pouvoir : « La majesté des assemblées nationales, s'écria » le président Fontanes, va renaître sous les auspices d'un grand » homme; ces enceintes, naguère accoutumées à tant de cla» meurs, s'étonnaient de leur silence, et ce silence va cesser. » Celui qui fit taire toutes les factions ne veut point que des » voix respectueuses, mais libres, soient plus long-temps enchaî» nées. Rendons-nous dignes d'un tel bienfait ! » On s'en rendit digne : on ne parla pas davantage; les dispositions de l'arrêté sénatorial ne le permettaient d'ailleurs pas.

Le sénatus-consulte du 19 août ne fut appliqué que dans la session de l'an VIII. Les travaux de l'an VII eurent lieu dans la forme ordinaire, c'est-à-dire que les projets du gouvernement furent présentés au corps législatif, de là adressés au tribunat, où ils étaient discutés, puis du tribunat renvoyés au corps législatif pour être convertis en lois.

Les résultats les plus importans de cette session furent le vote du budget, le Code de commerce, quelques corrections au Code civil, et la création de la cour des comptes. Le Code de commerce fut adopté en cinq séances du corps législatif, les 10, 11, 12, 14 et 15 septembre. Parmi les corrections faites au Code civil, la plupart étaient sans importance ; elles consistaient dans quelques changemens de dénominations, et dans la suppression des dates républicaines; une seule était grave, en ce qu'elle introduisait dans la loi civile la disposition principale sur laquelle reposait l'institution des majorats. Elle portait que les biens libres formant la dotation d'un titre héréditaire pourraient être transmis héréditairement. Ainsi l'empereur détruisait, autant que possible, le principe d'égalité qui formait la perfection du Code civil. Chose remarquable ! on a fait à Napoléon l'honneur d'une législation dont les principes avaient été posés par les assemblées révolutionnaires. Un travail de classification et de rédaction a été glorifié en lui comme une œuvre de création! et personne n'a observé que le principe d'égalité, qui fait le mérite de ce code, était tellement loin de sa pensée, que ce fut lui-même qui y porta la plus grave et la plus directe atteinte par son institution des majorats. Évidemment, s'il avait eu la parfaite intelligence de ce qui constitue le fond de cette loi, s'il n'avait pas eu un esprit contraire, il n'aurait jamais consenti à en renverser l'économie tout entière. L'opinion en France était, au reste, tellement opposée au système des majorats, que peu de gens en profitèrent. Si l'on met de côté les majorats que Napoléon créa lui-même, et la noblesse qu'il institua, il n'y eut que très-peu de personnes qui sollicitèrent de leur propre mouvement un avantage de ce genre. Les majorats formés sous l'empire, de biens particuliers, ne s'élevèrent qu'au nombre de deux cent douze, représentant un revenu de 1,885,922 francs. L'importance des affaires européennes ne permettait guère à l'attention publique de s'attacher aux travaux du corps législatif; elle était incessamment occupée de faits militaires et politiques. En effet, le 19 août 1807, Brune entrait dans Stralsund, dont il chassait les Suédois; le 5 septembre, il prenait l'île de Rugen par capitulation, et achevait ainsi la conquête de la Poméranie suédoise. Depuis que les Français stationnaient dans cette dernière contrée, le roi de Danemarck avait concentré ses troupes sur la frontière de ses états pour en garantir la neutralité. Il s'y était rendu de sa personne dans les premiers jours d'août. Les Anglais profitèrent de son éloignement ainsi que de celui de son armée pour attaquer Copenhague. Ils désiraient vivement posséder cette ville, qui les eût rendus maîtres de l'entrée de la Baltique, et mis en quelque sorte sous leur sujétion la Suède et la Russie. Ils voulaient de plus, dirent-ils, détruire une flotte qui pouvait servir à la France. Ils étaient en pleine paix avec le Danemarck; mais l'intérêt de leur politique l'emporta sur les devoirs que leur imposait le droit des gens. Une flotte de 54 bâtimens vint jeter l'ancre devant Copenhague, et débarqua du 15 au 16 août environ vingt mille hommes à trois milles de cette ville. La place fut à plusieurs reprises sommée de se rendre; cette indigne proposition fut autant de fois rejetée. Les Anglais commencèrent alors le bombardement de la ville et du port. Enfin la ville étant menacée d'une entière destruction, après avoir supporté pendant cinq jours le feu le plus violent; le général commandant la place envoya un parlementaire proposer un armistice pour traiter une capitulation. Les Anglais ne consentirent à cesser les hostilités qu'à condition d'entrer de suite en possession de la flotte, des arsenaux et de la citadelle. Leur demande fut accordée; la capitulation fut signée le 7 septembre. Cet attentat, qui indigna toute l'Europe, donna à la France l'alliance du Danemarck. Ce royaume nous resta fidèle jusqu'au dernier moment, même dans nos revers.

Pendant ce temps, l'empereur de Russie refusait sous divers prétextes d'évacuer la Moldavie et la Valachie, et se montrait fidèle aux conventions dans la voie qui convenait à ses intérêts. Il commençait la guerre contre la Suède pour la forcer, disait-il, à faire la paix avec Napoléon; il faisait entrer une armée en Finlande. C'est de cette époque que date la possession de cette province par la Russie. Ainsi ce fut en quelque sorte de l'aveu de Napoléon qu'Alexandre dépouilla la Suède et acquit un des agrandissemens les plus utiles à sa couronne et surtout à la sûreté de sa capitale

Bonaparte se consolait en faisant un roi. Il donna, le 15 novembre, une constitution au royaume de Westphalie, et Jérôme son frère en prit possession le 1er décembre. Cet événement était au reste depuis long-temps prévu, car il avait fait l'objet d'un article du traité de Tilsit. De plus, Bonaparte se préparait dans le silence à révolutionner l'Espagne, et faisait envahir le Portugal. Toutes ses pensées en ce moment étaient tournées de ce côté. Aussi était-il peu disposé à faire aucune démarche qui pût altérer l'alliance dont il avait besoin dans le nord. Il ferma les yeux sur les actes d'Alexandre; ils n'étaient point menaçans pour lui, c'est tout ce qu'il désirait. Il s'occupa aussi à se mettre en sécurité du côté de l'Autriche; il s'agissait de la déterminer à entrer dans le système continental contre l'Angleterre. Ce fut là, dit-on, le motif de son voyage en Italie. Il partit de Paris le 16 novembre; il alla visiter Milan et Venise; il y fut reçu partout avec une pompe triomphale. Peut-être voulait-il encore détourner l'attention de ce qu'il opérait en Portugal et de ce qu'il méditait du côté de l'Espagne. Quoi qu'il en soit, il était de retour à Paris le 1er janvier 1808. Ses projets sur la Péninsule étaient alors en pleine voie d'exécution. Nous allons essayer d'en donner une idée dans le chapitre suivant. Nous avons renvoyé à ce moment tout ce que nous avons à dire de l'invasion de Portugal; car dans la pensée de Napoléon cet acte ne faisait qu'une seule et même affaire avec ce qu'il se proposait en Espagne.

ANNÉE 1808.

Un traité conclu, le 27 octobre 1807, à Fontainebleau, entre la France et l'Espagne, contenait les conventions suivantes : L'Espagne donnait le passage et les vivres à une armée française chargée d'envahir le Portugal; elle fournissait elle-même un corps de troupes destiné à coopérer dans la même direction. La conquête achevée, on devait disposer des provinces qui composaient le royaume ainsi qu'il suit : la province dite d'entre Duero et Minho était donnée en toute propriété et souveraineté, y compris la ville d'Oporto, au roi d'Étrurie, et érigée en royaume sous le nom de Lusitanie septentrionale; la souveraineté des Algarves et de l'Alentejo était donnée au prince de la Paix, Emmanuel Godoy, qui prendrait le titre de prince des Algarves. Ces deux principautés devaient reconnaître le roi d'Espagne pour protecteur. La France gardait sous le sequestre, pour en disposer à la paix générale, la ville de Lisbonne, les provinces de Tras-os-Montès, de Beira et d'Estramadure. En conséquence, la reine d'Étrurie, exerçant la régence pour son fils mineur, devait abdiquer et remettre ses possessions d'Italie entre les mains de l'empereur.

Cette princesse, qui était alors en Italie la seule représentante de la famille d'Espagne, abdiqua en effet pendant le voyage de Napoléon et se retira à Madrid.

Les bases de ce traité étaient arrêtées déjà depuis quelque temps; car on le mettait en exécution avant même qu'il fût signé à Fontainebleau. L'armée de Portugal, commandée par Junot, avait passé la Bidassoa le 18 octobre 1807, c'est-à-dire neuf jours avant la signature.

Napoléon avait depuis long-temps le projet d'envahir le Portugal et de mettre ainsi fin à la neutralité que gardait ce royaume, neutralité sans avantage pour la France, et qui conservait aux Anglais le moyen de mettre à tout instant le pied sur le continent. Les documens communiqués au parlement de la Grande-Bretagne prouvent que le cabinet de Londres en avait connaissance dès 1806. La guerre de Prusse et de Pologne les avait fait ajourner. Mais, en 1808, Napoléon se proposait sans doute davantage. La conquête du Portugal était un prétexte à l'aide duquel il voulait introduire ses armées en Espagne et s'emparer d'une ligne importante d'opérations. Personne cependant ne paraît avoir été instruit de ses intentions secrètes; il n'en fit lui-même confidence à personne. Il est fort douteux qu'il en ait parlé à Alexandre lors de l'entrevue de Tilsitt. Il est probable que l'imprudent appel aux armes du prince de la Paix, pendant la campagne de Prusse, avait rappelé l'empereur à la politique de Louis XIV, et lui avait fait sentir la nécessité d'avoir ses derrières assurés lorsqu'il opérait en Allemagne ou en Pologne. D'un autre côté, les divisions qui agitaient la famille royale d'Espagne lui offraient une occasion qu'il crut habile d'exploiter.

Charles IV, roi d'Espagne, était l'esclave de sa femme. Celle-ci était à son tour sous l'influence d'un favori auquel elle s'était complétement abandonnée. C'était Emmanuel Godoy, que la faveur avait été chercher dans le rang de simple garde du corps et avait élevé à un degré de puissance auquel on avait vu rarement un sujet parvenir. La reine avait fait Godoy prince de la Paix; elle lui avait donné pour femme une cousine germaine de Charles IV et en avait fait ainsi un allié de la famille royale. Enfin, par ses conseils, le roi lui avait concédé le commandement général des armées et le droit de traiter de la paix et de la guerre.

Un tel excès de faveur, si peu ou si honteusement méritée, avait indigné tous les honnêtes gens. L'héritier de la couronne, Ferdinand, prince des Asturies, partageait à cet égard les sentimens du peuple. Tout le monde se taisait cependant, lorsque Godoy, voulant s'allier encore de plus près avec la famille royale, voulut donner pour femme à Ferdinand la sœur cadette de sa femme. Le prince repoussa cette proposition, et, ne sachant où trouver un appui pour résister à l'audace du favori et aux obsessions de la reine, il s'adressa à l'ambassadeur de France et fit, par son canal, passer une lettre à l'empereur, dans laquelle il sollicitait sa protection, et le priait de lui choisir une épouse dans le sein de sa famille. Cette lettre était datée du 11 octobre 1807. Les démarches du prince royal ne furent pas si secrètes que la reine n'en eût bientôt connaissance. On fit arrêter le prince royal; on saisit ses papiers. On y trouva, entre autres, un projet de décret, dans lequel Ferdinand, prenant le titre de *roi*, donnait au duc de l'Infantado le gouvernement des Castilles. On jugea qu'il avait le projet de s'emparer de la couronne. La reine alors dicta à son mari une lettre dans laquelle le vieux roi, s'adressant à Napoléon, se plaignait amèrement de son fils, qui, disait-il, *avait formé le complot de le détrôner et s'était porté jusqu'à l'excès d'attenter contre la vie de sa mère.* Cette missive était datée du 29 octobre 1807. Ainsi l'empereur des Français se trouva constitué arbitre entre le père et le fils. Charles IV ne borna point à cette simple démarche les effets de sa colère. Poussé par les imprudens conseils de la reine et de Godoy, il mit le public dans la confidence des dissensions de la famille royale. Il rendit un décret par lequel il mettait son fils en arrestation et ordonnait de poursuivre ses conseillers ou complices. Puis, reculant devant les suites d'une démarche sévère, il consentit à pardonner à tout le monde, pourvu que Ferdinand fît preuve de repentir et de soumission; et en même temps une junte, composée de onze personnes, fut chargée de juger que les conspirateurs étaient innocens. La junte prononça comme on le désirait ; le prince écrivit ce que l'on lui demandait, et le 5 novembre 1807, un nouveau décret royal annonça au public que *la voix de la nature désarmait le bras de la vengeance.* Cependant l'Espagne tout entière prit le parti de Ferdinand ; elle sut que l'héritier de la couronne haïssait le favori autant qu'elle; elle apprit que son opinion avait un appui dans la famille royale, et tous les ennemis de Godoy, c'est-à-dire tout le peuple, commencèrent à faire reposer ses espérances sur le prince des Asturies.

Pendant ce temps, le corps d'armée commandé par Junot avait traversé, au pas de course, faisant dix lieues par jour, les provinces espagnoles, et avait pénétré en Portugal. Le 24 novembre il entra à Abrantès. La cour de Lisbonne, effrayée, publia et afficha qu'elle se retirait à Rio-Janeiro ; elle s'embarqua en effet le 27, avec environ quinze mille Portugais, qui s'exilaient comme elle. Retenue deux jours par les vents contraires, la flotte mit à la voile le 29. Le même jour, Junot avec son avant-garde était à deux lieues de la ville. Les autorités vinrent lui faire leur soumission, et le 30 il entra dans la capitale à la tête des soldats qui avaient pu le suivre. Ils étaient à peine quinze cents. Le reste de l'armée, arrêté par la pluie et les mauvais chemins, était resté en arrière, marchant à la débandade. Heureusement la terreur du nom français était si grande, qu'à elle seule elle valait des bataillons. Protégé par l'opinion qu'on avait de nous, Junot prit hardiment, presqu'à lui seul, possession d'une ville de trois cent mille ames, ayant une garnison de quatorze mille hommes; et comme il n'avait pas de cavalerie, il prit pour lui servir d'escorte la cavalerie portugaise. Cependant, peu à peu, ses troupes le rejoignirent. C'était une longue suite de soldats petits, maigres, affaiblis par les marches forcées et la disette, armés de fusils rouillés, n'ayant point de cartouches. Les Portugais, qui s'attendaient à trouver dans les vainqueurs de l'Europe une apparence aussi redoutable que leur nom, furent saisis de honte et de dépit. Napoléon avait eu le tort de composer cette armée de nouvelles levées. Ces jeunes soldats imberbes étaient sans doute pleins de courage : ils en donnèrent bientôt la preuve ; mais ils n'avaient ni ces corps robustes qui permettent de supporter la fatigue et la faim, ni cet aplomb militaire qui en impose aux populations ennemies.

Ainsi se trouvait réalisée la première partie du traité de Fontainebleau. Le prince de la Paix était impatient de voir mettre à exécution la seconde, qui lui concédait la souveraineté des Algarves ; mais il ne recevait aucune communication sur ce sujet ; et cependant, sous le prétexte d'assurer l'occupation du Portugal, de nouveaux corps français entraient en Espagne. Le 22 novembre, le corps de Dupont, fort de vingt-sept mille hommes, avait passé la frontière et était venu occuper Valladolid et Salamanque. Le 9 janvier, Moncey, à la tête d'une force à peu près égale, franchit la Bidassoa et occupa la Biscaye. Une autre armée se formait à Perpignan ; le général Duhesme la conduisit en Catalogne, où il entra le 9 février 1808. Ces troupes s'emparèrent, moitié par surprise, moitié à titre d'alliés, des principales places frontières. On prit ainsi Barcelone, Pampelune, Figuières, Saint-Sébastien, etc. Tous ces mouvemens, que le traité de Fontainebleau ne justifiait pas, étonnèrent et effrayèrent Godoy ; mais telle était la situation de ce favori, qu'il n'osait ouvrir les yeux ni les ouvrir à ses maîtres, et croyait peut-être détourner un grand malheur par un excès de complaisance. Ainsi il ordonna à tous les commandans de place qui montrèrent quelque velléité de se défendre, de céder aux sommations des généraux français. Enfin tout fut éclairci à ses yeux. L'empereur chargea un agent de la cour de Madrid, Izquierdo, d'aller lui signifier que l'intérêt de la France exigeait impérieusement la réunion à l'empire des provinces situées entre l'Èbre et les Pyrénées, et d'annoncer qu'il offrait en compensation à S. M. C. la totalité du Portugal. Izquierdo ne borna pas son message à ces communications ; il dit à Godoy qu'il se croyait assuré que Napoléon méditait de détrôner les Bourbons d'Espagne. Cet avis arrivait trop tard, c'est-à-dire lorsqu'il n'était plus possible de penser à opposer la moindre résistance. On se plaisait encore à douter de la vérité de sa révélation. Néanmoins on répondit, le 10 mars 1808, qu'on consentait à céder à la France la ligne de l'Èbre. C'était accorder ce qu'on ne pouvait refuser : les troupes françaises l'occupaient déjà et l'avaient dépassée. Elles augmentaient incessamment en nombre. Enfin, le 13 mars, Murat arriva à Burgos, pour prendre le commandement en chef, avec le titre de lieutenant de l'empereur. Et en même temps l'on apprenait que de nouvelles armées et une partie même de la garde impériale s'acheminait du centre de la France vers l'Espagne.

On ne douta plus alors des projets de Napoléon. Godoy proposa à ses maîtres d'imiter la maison de Bragance, et de se retirer dans leurs états d'Amérique. Cet avis fut adopté; mais au lieu de partir incognito, on se prépara à cette fuite comme on se serait préparé à une promenade royale. On fit échelonner des troupes d'Aranjuez à Séville ; on rassembla une escorte nombreuse. Enfin, on donna connaissance du projet au prince des Asturies. Celui-ci réunit aussitôt ses conseillers. Ce fut là qu'on prit le parti d'empêcher le départ et d'exciter une insurrection. Tous les amis de Ferdinand se mirent en mouvement. Soit effet de leurs démarches, soit effet de l'inquiétude générale qui remuait les esprits et qu'excitaient et la marche des Français et le bruit du départ du roi, une multitude considérable du peuple des campagnes et de Madrid était accourue à Aranjuez. On avait fixé le départ pour la nuit du 17 au 18 mars. Le 17 au soir, les troupes et le peuple se mirent en mouvement et occupèrent les avenues du Château. Le prince de la Paix fut arrêté le lendemain 18 mars, Charles IV abdiqua en faveur de son fils. Ferdinand fut proclamé roi d'Espagne à Aranjuez et à Madrid, aux applaudissemens unanimes de la population.

A cette nouvelle, Murat se hâta d'arriver à Madrid. Il y fit son entrée le 24, à la tête d'une brigade de la garde impériale, d'une division d'infanterie, d'une brigade de cuirassiers et d'un nombreux train d'artillerie. Le peuple, qui croyait que ces troupes venaient soutenir son nouveau roi, les reçut avec des démonstrations bruyantes d'amitié. Ce fut en effet le même jour que Ferdinand entra à Madrid.

Cependant Murat garda une parfaite neutralité entre le prince qui venait de monter sur le trône et celui qui venait d'en descendre. Il rendit également à l'un et à l'autre les honneurs royaux. Le vieux roi lui avait fait remettre et parvenir à Napoléon une protestation contre son abdication. Le premier effet de cet acte fut de faire délivrer Godoy et de l'envoyer en France, démarche qui commença à jeter du mécontentement dans la population qui haïssait ce favori comme l'auteur de tous les maux qui affligeaient l'Espagne.

La situation des affaires dans la Péninsule parut à l'empereur propre à faciliter ses projets, si l'on savait en profiter habilement. Il résolut de ne confier à d'autres qu'à lui-même le soin de les conduire. En conséquence, il partit, le 2 avril 1808, pour Bayonne, sans intention d'aller plus loin; mais on croyait à Madrid qu'il pousserait jusqu'à cette capitale afin de s'entendre avec Ferdinand. On ne fut pas détrompé par le départ du vieux roi et de sa femme qui étaient déjà en route pour les Pyrénées; on croyait qu'ils se retiraient en France pour y vivre sous la protection de l'empereur, loin des lieux où ils avaient régné. D'un autre côté, Savary déterminait Ferdinand à venir au-devant de Napoléon. Ce prince se mit en route, malgré tous les avis par lesquels on essaya de le retenir; il espérait, ainsi que ses conseillers, disposer Bonaparte en sa faveur. Arrivé à Vittoria, il se trouva au milieu des troupes françaises; il n'était plus guère maître de se retirer. Cependant il hésita; il s'arrêta et écrivit à Napoléon. Celui-ci lui répondit, le 16 avril, une lettre dans laquelle il y avait textuellement cette phrase: « Si l'abdication du roi Charles » est de pur mouvement; s'il n'y a pas été forcé par l'insurrec- » tion et l'émeute d'Aranjuez, je ne fais aucune difficulté de l'ad- » mettre, et je reconnais votre altesse royale comme roi d'Es- » pagne. » (*Mémoires de Rovigo, t. III.*) Cette réponse, au lieu d'arrêter Ferdinand et ses conseillers, les excita au contraire à se rendre à Bayonne. Ils partirent donc le 19 de Vittoria. Le peuple, plus éclairé par son sentiment et plus habile que les ministres, coupa les traits des mules, arrêta la voiture. On triompha de cette opposition, et l'on entra le 20 à Bayonne. On dit que Bonaparte, en apprenant son arrivée, s'écria : « Comment ! » il vient ? non, cela n'est pas possible ? » Dix jours après, Charles IV et la reine arrivèrent à leur tour à Bayonne. Ainsi, toute la famille royale d'Espagne était entre les mains de l'empereur.

Alors commencèrent une suite d'entrevues et d'intrigues trop longues à raconter, dont le résultat fut que Ferdinand, cédant aux récriminations, aux menaces et aux ordres de son père et de sa mère, et de plus à la volonté bien exprimée de Napoléon, abdiqua la couronne qu'il possédait depuis si peu de temps, et la remit à son ancien maître. Le vieux roi, à son tour, par un traité du 5 mai 1808, céda tous ses droits à l'empereur. Ferdinand, de son côté, adhéra, le 10, à la cession faite par Charles IV. Son exemple fut suivi par ses frères; ceux-ci renoncèrent aussi. Charles IV avait poussé la complaisance jusqu'à se rendre complice de toutes les mesures qui pouvaient assurer la soumission des Espagnols. Ses derniers actes royaux furent la nomination du grand-duc de Berg, Murat, pour lieutenant-général du royaume; et une proclamation qui invitait les Espagnols à traiter les Français en frères. Ce prince ensuite se rendit à Compiègne, où il alla vivre en simple particulier. Le prince des Asturies, don Carlos, son frère, et don Antonio, son oncle, se retirèrent à Valençay. Ainsi, les Bourbons d'Espagne s'étaient en quelque sorte rendus prisonniers en France.

Leurs anciens sujets tenaient à leurs maîtres plus que ceux-ci à la couronne. Dès que l'on apprit à Madrid que Ferdinand était entre les mains des Français, le peuple commença à s'émouvoir. Le 2 mai, l'insurrection éclata. Les Français qui furent rencontrés isolément furent assassinés. Mais lorsque les troupes furent réunies, le peuple essaya faiblement de résister; il fut rapidement dispersé. On peut juger, par la perte qu'il éprouva, du peu de ténacité de ses efforts, et de la modération de nos soldats. Le conseil de Castille, dans le manifeste qu'il publia sur sa conduite dans cette circonstance, porte la perte des Espagnols à cent quatre morts et cinquante-quatre blessés. Il évalue au contraire le nombre des Français assassinés à plus de cinq cents. Le *Moniteur* présenta ces faits conformément aux exigences de la politique du moment. Il réduisit à presque rien notre perte, et porta celle de la population de Madrid à quelques milliers.

Après avoir apaisé la révolte, on publia une amnistie, ce qui n'empêcha pas de faire juger par une commission militaire quelques révoltés pris les armes à la main, et de fusiller ceux qu'elle condamna. On a dit que c'étaient les Français qui avaient suscité ce mouvement pour avoir l'occasion d'imposer une terreur utile à leur domination. Cette accusation est absurde. On cherche à se faire aimer des peuples qu'on veut acquérir, et non à se faire haïr. Les instructions de Napoléon à Murat étaient rédigées dans ce sens : il y disait que, si on tirait un coup de fusil, tout était perdu. D'ailleurs, pourquoi, lorsque la révolte éclata, les Espagnols se trouvèrent-ils tous armés, et les Français au contraire dispersés de manière qu'un grand nombre périrent assassinés?

Lorsque ces scènes éclatèrent, l'infant don Antoine était encore à Madrid. Il était président de la junte chargée de la régence du royaume. Il fut effrayé au point de quitter précipitamment la ville et de se réfugier à Bayonne. En partant, il écrivit à la junte de gouvernement une lettre qui se terminait par cette phrase étrange : « Adieu, messieurs, jusqu'à la vallée de Josaphat! »

Murat, lieutenant-général du royaume par le choix de Charles IV, confirmé ensuite par décret de l'empereur, lui succéda naturellement comme président de cette junte. Il lui donna connaissance des événemens de Bayonne et la consulta sur le choix du nouveau monarque qui devait succéder à la dynastie démissionnaire. Il n'eut pas de peine à la décider à voter dans le sens des désirs de l'empereur. Elle demanda donc, par délibération du 13 mai, Joseph Bonaparte.

Instruit de ces faits et muni de tous les actes par lesquels les Bourbons d'Espagne renonçaient à la couronne et lui cédaient leurs droits, Napoléon convoqua à Bayonne, pour le 15 juin, une grande junte d'état composée de députés du clergé, de la grandesse et de la bourgeoisie. En même temps, il signa une proclamation au peuple espagnol, dans laquelle il lui promettait d'être *le régénérateur de sa patrie*.

Tous les désirs de l'empereur s'accomplirent d'abord de manière à lui faire espérer le meilleur avenir. La junte qu'il avait convoquée se réunit à Bayonne ; elle se montra souple et complaisante ; elle alla présenter ses hommages au nouveau roi, qui venait d'accourir de Naples et de renoncer à sa paisible couronne d'Italie pour prendre un trône qui ne promettait déjà plus d'être tranquille. On était alors au commencement de juin. Le cardinal de Bourbon, archevêque de Tolède, adressa, pour son compte, sa renonciation à toute prétention hostile. Enfin, la junte rédigea une constitution calquée sur le modèle de celle de l'an VIII. Le 7 juillet, le roi Joseph prêta serment à la nation entre les mains de son président. Le 13 juillet, l'empereur approuva tout ce qui était fait. Le 15, il nomma le grand-duc de Berg, Murat, roi de de Naples. Le 20, il partit pour Paris.

Mais déjà tout avait pris un aspect redoutable en Espagne. Les nouvelles de Bayonne avaient partout soulevé la nation. L'insurrection, d'abord bornée à quelques provinces, était devenue générale dès le mois de juin. Sur tous les points non occupés par l'armée française, le peuple s'était spontanément soulevé. Il déchirait les proclamations et les actes du gouvernement nouveau et massacrait les Français isolés. Des juntes se formaient pour donner une direction au mouvement. Une junte suprême s'installa à Séville et lança une déclaration de guerre. L'armée espagnole, sauf les corps réunis à Madrid, prit partout le parti du peuple. Ainsi, les Espagnols eurent tout d'un coup un gouvernement, des généraux et des soldats. Dupont, qui fut envoyé pour occuper l'Andalousie et Cadix, trouva le peuple en armes. Il fallut combattre pour continuer sa marche. Cordoue refusa de le recevoir ; elle fut prise d'assaut. Le général français, sous prétexte d'y attendre de nouveaux ordres, s'y arrêta pour piller et frapper des contributions sur ces riches contrées. Ce fut sa première faute ; s'il eût poussé vivement en avant, il fût entré dans Séville que le désastre de Cordoue avait épouvantée ; il fût sans doute parvenu à temps à Cadix.

Partout les généraux français rencontrèrent, dès le mois de juin, une résistance pareille ou plus grande. Le maréchal Moncey, chargé de s'assurer de Valence, eut d'abord à combattre une armée de dix mille insurgés qu'il mit en déroute le 24 ; puis il trouva la ville disposée à se défendre. Il l'attaqua vainement, se fit tuer deux mille hommes sur sept mille qu'il commandait, et se mit en retraite le 29. En Castille, en Catalogne, en Aragon, en Galice, l'insurrection avait les armes à la main. On se battait partout ; partout on rencontrait des rassemblemens qu'on faisait reculer sans les détruire. Lefèbvre-Desnouettes, chargé, avec six mille hommes, d'occuper Saragosse, fut obligé de forcer le passage de l'Èbre, puis de livrer une bataille ; il arriva enfin sur Saragosse. Mais la ville était à l'abri d'un coup de main et résolue à se défendre. D'un autre côté, Palafox, ayant rallié ses troupes, menaçait nos derrières ; il fallut aller livrer un second combat pour disperser l'ennemi. Alors la division française renforcée et portée à huit mille hommes vint bloquer Saragosse. Le général Verdier fut chargé de ce siége. Ainsi on avait partout la guerre, guerre d'autant plus terrible que tout le monde était armé contre nous. Les routes nous étaient coupées ; nos courriers, nos traînards, nos malades étaient massacrés, et souvent après avoir subi de cruelles tortures. Le général René, qui revenait de Portugal en voyageur, fut scié vivant entre deux planches. Toutes les troupes espagnoles qui occupaient le Portugal s'étaient réunies en Castille et marchaient sous les ordres de Black ; elles manœuvraient pour couper la route de Madrid à Bayonne. Bessières alla au-devant de cette armée qui comptait environ trente mille hommes, tant de troupes régulières que de bataillons insurgés auxquels les Anglais avaient déjà fourni des fusils, des canons et des officiers. Il la rencontra à Médina-del-Rio-Seco, le 14 juillet ; il la battit à plate-couture, lui tua beaucoup de monde, lui enleva des canons et ses magasins.

On dit qu'en recevant la nouvelle de cette bataille Napoléon s'écria que Bessières avait mis Joseph sur le trône ; que cette victoire lui aplanissait le chemin de Madrid. En effet, Joseph s'avançait lentement vers Madrid, recevant les félicitations et les hommages officiels, mais ne trouvant sur son passage qu'un peuple morne et silencieux. Il entra à Madrid le 20 juillet, mécontent, peu assuré, regrettant sa paisible couronne de Naples, déjà désabusé, tandis que Napoléon, comptant pour rien les bandes insurgées, et croyant tout gagné par la victoire de Bessières sur les troupes régulières, retournait, ainsi que nous l'avons vu, satisfait à Paris.

Le séjour de Joseph à Madrid ne fut pas long. Un grand désastre le força bientôt à se mettre en retraite avec toute sa cour.

Dupont était toujours en Andalousie, seulement il s'était retiré de Cordoue et replyé sur Andujar, ville située sur le Guadalquivir, en avant de la Ramblar, à cheval sur la route qui traverse la Sierra-Morena. Il avait été renforcé par la division Védel, et cependant il restait immobile, laissant l'ennemi s'organiser devant lui. La junte de Séville réunit, sous les ordres du suisse Reding, d'un émigré français nommé Coupigny, et de Castaños, seize mille hommes de vieilles troupes, et trente mille hommes de nouvelles levées. Elle avait tiré de Cadix un beau matériel et d'excellens équipemens. Elle ordonna d'attaquer Dupont. Ce général, après plusieurs engagemens avec ces troupes qui essayaient de le tourner, prit le parti de se mettre en retraite. Il ne prévint pas Védel de sa résolution ; celui-ci, suivant un système de manœuvre qui avait pour but de se maintenir à Andujar, marchait alors sur la Caroline remontant le Guadalquivir, pendant que son général en chef préparait sa retraite. Dupont se mit en route le 18 juillet au soir, dans l'ordre suivant : l'avant-garde, forte de deux mille six cents hommes, était conduite par lui-même ; ensuite venait le corps de Barbon fort de sept mille hommes, et enfin l'arrière-garde forte de mille sept cents hommes ; mais ces corps étaient séparés par de grands intervalles occupés par de longues files de voitures et de bagages de toute sorte ; l'arrière-garde était, dit-on, à près de deux lieues de distance de l'avant-garde. Dupont n'avait pu se résoudre à perdre le fruit de ses rapines, et tous ceux qui l'avaient imité emmenaient aussi avec eux ces richesses mal acquises : c'est ce qui fit leur perte. Ajoutons que le corps de Dupont était en grande partie composé de conscrits, peu capables, attendu leur âge, de supporter la fatigue, la chaleur et la soif, et manquant de la fermeté qui est le propre des vieux soldats. Les seules troupes aguerries étaient les mille sept cents hommes d'arrière-garde.

Les Français, embarrassés de tant de bagages, s'avancèrent lentement; au point du jour, ils atteignirent la Ramblar, qu'il fallait passer avant d'entrer dans les gorges de la Sierra; mais la moitié de l'armée ennemie, commandée par Reding, les avait devancés : elle était déjà rangée en bataille de l'autre côté de la rivière, en sorte que les premières files de l'avant-garde eurent à peine traversé le pont, qu'elles furent accueillies par la fusillade. Il fallait forcer le passage; on se forma donc sous le feu de l'ennemi. On réussit plusieurs fois à le faire reculer; mais il revenait chaque fois à la charge avec des troupes fraîches. D'un autre côté, nos corps étaient si éloignés les uns des autres, qu'on ne pouvait les faire donner d'ensemble; ils étaient de plus à jeun, fatigués par une longue marche de nuit, et accablés par la chaleur qui était extrême. En ce moment, Castaños, qui avait pénétré à Andujar après que les Français eurent évacué cette ville, et qui s'était mis sur leur trace, attaqua l'arrière-garde. On était obligé de combattre en tête et en queue. La position était terrible, et malheureusement toute l'armée en était pénétrée. Deux régimens suisses qui faisaient partie du corps de Dupont passèrent alors à l'ennemi. Le général Dupré était tué, le général Schramm blessé, deux mille Français avaient été mis hors de combat. Il n'y avait plus d'autre parti à prendre que de mourir. Nul doute que nos compatriotes n'eussent accepté cet honneur. Alors on eût évacué la rive gauche de la Ramblar; on se fût borné à en garder le pont, on se fût fait un abri de ses rives, on se fût servi des bagages comme de chevaux de frise, on eût fait face en arrière et en avant. Dupont prit un autre parti; il envoya un parlementaire à Reding et fit proposer une suspension d'armes. Elle fut accordée, et l'on commença à traiter des conditions d'une capitulation.

En ce moment, Védel arriva avec sa division. N'ayant point trouvé d'ennemis à la Caroline, il était revenu à Baylen, et de là il était accouru au bruit du canon; il se trouva sur les derrières des Espagnols qui faisaient face à Dupont. Son premier mouvement fut de tirer l'épée et de charger. Cette attaque impétueuse réussit. Un régiment fut fait prisonnier; l'ennemi pliait abandonnant des canons, quand un aide-de-camp de Dupont, traversant le champ de bataille, vint ordonner à Védel de cesser le feu, et lui annoncer qu'on négociait. Le général s'arrêta et replia ses troupes. Les Français, en cette occasion, furent victimes de la maxime de l'obéissance passive : car si la division victorieuse eût continué son mouvement offensif, Dupont eût été délivré.

Cependant Dupont capitulait et se rendait prisonnier de guerre, lui et tous les corps placés sous son commandement, c'est-à-dire la division Védel elle-même. Instruit de ces négociations, Védel fit proposer à Dupont de recommencer le combat. Le général en chef refusa et lui prescrivit itérativement d'obéir. Védel alors commença un mouvement de retraite. Les Espagnols, voyant que ce corps allait leur échapper, ou leur coûterait encore du sang et les chances d'un combat, menacèrent de passer au fil de l'épée les soldats qui étaient cernés. Cette considération arrêta le général: la capitulation portait d'ailleurs que les prisonniers seraient dirigés sur les ports voisins, pour y être embarqués et de là transportés en France. Védel assembla un conseil de guerre et se soumit à sa décision; celui-ci prononça qu'il fallait se rendre. Toute l'armée mit donc bas les armes : elle était forte de dix-sept mille six cent trente-cinq hommes, suivant le général Foy; mais il faut en retirer les morts, les blessés et les Suisses qui avaient déserté.

Les Espagnols déshonorèrent leur victoire par les atrocités dont ils se rendirent coupables envers les vaincus. En outre, ils n'exécutèrent pas la capitulation. Ils ne se croyaient peut-être point obligés à garder leur parole envers les soldats d'un prince qui les avait eux-mêmes indignement trompés; mais c'était se déshonorer et justifier leur adversaire. C'était se venger sur des innocens, et non punir les coupables. Les généraux seuls furent transportés en France; le reste des troupes fut retenu en Angleterre, ou entassé sur des pontons à Cadix. Un millier d'hommes de ces dernières réussirent à se délivrer. Lorsque plus tard les Français bloquaient Cadix, ils profitèrent du vent et de la marée pour couper les amarres qui retenaient leurs prisons; ils allèrent échouer sur la côte, où leurs compatriotes les recueillirent.

C'était la première fois depuis 1792 qu'une armée capitulait en rase campagne, et ce fut la dernière jusqu'en 1815. Napoléon apprit cette nouvelle à Bordeaux. Il en fut malade. « C'est une tache pour le nom français, s'écriait-il, il eût mieux valu qu'ils fussent tous morts les armes à la main, ajoutait-il. Nous les eussions vengés. On retrouve des soldats; il n'y a que l'honneur qui ne se retrouve point! » Il protestait ensuite qu'il ferait de Dupont un exemple terrible, puis il l'accusait d'avoir sacrifié l'armée pour sauver ses fourgons. Cependant lorsque Dupont et les autres généraux de Baylen eurent été débarqués en France, il se borna à les faire détenir. La nation ne fut pas moins affectée de ce désastre inouï; mais en Espagne cette défaite, qu'on appela la capitulation de Baylen, produisit un enthousiasme universel. Elle exalta l'orgueil espagnol et multiplia les soldats. A Madrid même la population ne dissimula pas son contentement. Le jour où l'on y apprit cette nouvelle fut un jour de fête. La joie n'eut plus de bornes, elle éclata même d'une manière bruyante lorsqu'on sut que Castaños s'avançait sur la capitale. Joseph ne crut point pouvoir lutter contre une explosion qui paraissait prochaine et qui le menaçait partout; il donna l'ordre de se replier sur la ligne de l'Èbre; lui-même quitta Madrid le 1er août, la garnison le suivit sans être inquiétée.

On n'était pas plus heureux en Portugal; le peuple de cette contrée avait imité les Espagnols. Les Anglais débarquèrent à Mondego une armée de trente-cinq mille hommes commandés par le général Dalrymple et par Arthur Willesley, si célèbre plus tard sous le titre du duc de Wellington, qu'il mérita dans cette guerre. Les Français avaient eu de la peine à dissiper les rassemblemens d'insurgés qui se formaient autour d'eux; ils ne pouvaient espérer de faire face en même temps à l'insurrection, aux troupes de ligne portugaises qui s'étaient tournées du côté de leurs compatriotes, et à une armée régulière anglaise bien équipée et bien commandée, dont les forces, à elles seules, dépassaient les leurs de plus d'un tiers. On l'essaya cependant. On alla attaquer les Anglais à Vimeiro : l'on ne fut pas battu, mais on ne put les faire reculer. Alors Junot pensa à négocier; il proposa d'évacuer le pays à condition que nos troupes seraient transportées en France avec armes et bagages. Les Anglais acceptèrent ces propositions avantageuses pour les deux partis. La convention fut signée à Cintra le 30 août. Les Français montèrent tout armés sur les vaisseaux anglais et allèrent débarquer sur les côtes de leur patrie, d'où elles ne tardèrent pas à rentrer en Espagne. Ainsi toute l'habileté de l'empereur avait abouti à soulever sur nos derrières cet ennemi qu'il craignait lorsqu'il faisait la guerre en Allemagne, et à le rendre cent fois plus redoutable qu'il n'eût jamais pu l'être sous le gouvernement régulier de ses princes.

Napoléon sentit que sa présence et celle de la grande armée étaient nécessaires en Espagne; mais il hésita à changer la direction de la masse principale de ses forces, qu'il tenait toujours tournées vers le Nord.

Le système de guerre qu'il avait adopté, et qui consistait à procéder par mouvemens rapides et par grandes masses, le peu de sécurité que lui offraient ses alliances vers le Nord, exigeaient qu'il eût toujours sous la main une armée aguerrie, disponible, prête à entreprendre un de ces coups de main qui l'avaient rendu l'arbitre de l'Europe continentale. Il ne cessait d'ailleurs de fournir aux puissances du Nord des griefs contre lui, par l'extension continuelle qu'il donnait à sa puissance. Ainsi, il s'était fait céder Flessingue par la Hollande; il rattachait, afin d'avoir des ponts sur le Rhin, à la frontière de France, la ville de Kehl vis-à-vis Strasbourg, Cassel vis-à-vis Mayence; en Italie, il faisait des duchés de Parme et de Plaisance, un département français, sous le nom de département du Taro (24 mai 1808); il s'emparait de la Toscane, la divisait en trois départemens, et lui appliquait les lois françaises. Cependant il en ajourna la réunion; il les mit sous la direction d'un gouverneur général; enfin, des troupes occupaient les États romains, et il était en discussion avec le saint-père, auquel il demandait, soit des concessions, soit des actes, que celui-ci ne croyait pas pouvoir accorder. Telle était en effet la situation de Napoléon, qu'il ne pouvait se conserver qu'en s'agrandissant toujours. Or, ses forces étaient bornées; il ne pouvait avoir en même temps la supériorité partout. Pour écraser le Midi, il fallait dégarnir le Nord. Napoléon résolut d'aller s'assurer par lui-même de la situation de ses alliances de ce côté. Il commença par signer un traité avec la Prusse, par lequel il fit cesser l'occupation militaire et le régime de guerre sous lequel il avait maintenu ce pays (8 septembre). Il négocia une entrevue avec l'empereur Alexandre. Le 10 septembre, le sénat ordonna une levée de quatre-vingt mille conscrits destinés à renforcer les armées d'Espagne. On les prenait sur des classes déjà libérées, sur celles de 1806, 1807, 1808 et 1809. Il mit en outre à la disposition du gouvernement cent dix mille conscrits sur la classe de 1810. Déjà en vertu d'un sénatus-consulte du 21 janvier 1808, le gouvernement avait levé quatre-vingt mille hommes sur la classe de 1809. Ainsi en 1808 on demanda à la France et on consomma deux cent soixante-dix mille de ses enfans. Le 11 septembre, l'empereur passa une grande revue aux Tuileries; il annonça aux troupes qu'il allait marcher avec elles en Espagne, où nous avons, leur dit-il, des outrages à venger. Le 22, il quitta Paris pour se rendre dans les états de la confédération. Le 6 octobre, Napoléon et Alexandre se rencontrèrent à Erfurt dans le voisinage d'Iéna. Ils y séjournèrent ensemble jusqu'au 14. Les deux empereurs vécurent dans les termes de l'amitié la plus étroite; ils se promirent qu'elle ne serait point rompue; ils firent en commun une démarche auprès de l'Angleterre pour l'engager à la paix; c'était un acte calculé, surtout dans le but de donner au public une preuve de leur union. Le cabinet de Londres le considéra sous ce point de vue. La réunion d'Erfurt fut très-brillante : plusieurs des princes souverains de la confédération du Rhin s'y étaient rendus en personne; un envoyé de la maison d'Autriche vint présenter, de la part de son maître, les assurances les plus pacifiques. Napoléon quitta donc Erfurt, certain d'avoir le temps, à ce qu'il croyait, de pacifier l'Espagne. Pendant ce temps, les corps de la grande armée évacuaient l'Allemagne, traversaient la France, et se dirigeaient sur les Pyrénées.

L'empereur était de retour à Saint-Cloud le 18 octobre. Avant d'aller rejoindre ses troupes, il ouvrit la session du corps législatif, le 25 octobre; il lui annonça que l'empereur de Russie et lui *étaient d'accord et invariablement amis pour la paix comme pour la guerre*. Il lui apprit en même temps qu'il allait se mettre à la tête de son armée, et, *avec l'aide de Dieu, couronner dans Madrid le roi d'Espagne, et planter ses aigles sur les forts de Lisbonne*. Il partit en effet quatre jours après. Mais, avant de le suivre, nous allons donner un aperçu des lois peu nombreuses rendues dans la session de 1808, et de quelques mesures organiques acceptées par le sénat dans le cours de cette année.

La session ne dura que cinquante jours. On soumit au corps législatif le budget, le code d'instruction criminelle, et treize projets relatifs soit à quelques points de droit civil, soit à des objets d'intérêt local. Ces lois furent votées, comme à l'ordinaire, dans le silence. La session fut close le 31 décembre 1808. Les décrets organiques que Napoléon avait fait présenter quelques mois auparavant au sénat y furent accueillis avec le même respect. Voici ces décrets. Ils sont importans pour marquer à quel degré Bonaparte avait fait reculer la révolution.

Premier statut impérial.

« Napoléon, etc.; vu le sénatus-consulte du 14 août 1806, nous avons décrété et décrétons ce qui suit :

» Art. 1er. Les titulaires des grandes dignités de l'empire porteront le titre de *prince* et *d'altesse sérénissime*.

» 2. Les fils aînés des grands dignitaires auront de droit le titre de *duc de l'empire* lorsque leur père aura institué en leur faveur un majorat produisant 200,000 francs de revenu.

» Ce titre et ce majorat seront transmissibles à leur descendance directe et légitime, naturelle ou adoptive, de mâle en mâle, et par ordre de primogéniture.

» 3. Les grands dignitaires pourront instituer, pour leur fils aîné ou puîné, des majorats auxquels seront attachés des titres de *comte* ou de *baron*, suivant les conditions déterminées ci-après.

» 4. Nos ministres, les sénateurs, nos conseillers d'état à vie, les présidens du corps législatif, les archevêques, porteront pendant leur vie le titre de *comte*.

» Il leur sera à cet effet délivré des lettres-patentes scellées de notre grand sceau.

» 5. Ce titre sera transmissible à la descendance directe et légitime, naturelle ou adoptive, de mâle en mâle, par ordre de primogéniture, de celui qui en aura été revêtu ; et, pour les archevêques, à celui de leurs neveux qu'ils auront choisi, en se présentant devant le prince archichancelier de l'empire, afin d'obtenir à cet effet nos lettres-patentes, et en outre aux conditions suivantes :

» 6. Le titulaire justifiera, dans les formes que nous nous réservons de déterminer, d'un revenu net de 30,000 francs en biens de la nature de ceux qui devront entrer dans la formation des majorats.

» Un tiers desdits biens sera affecté à la dotation du titre mentionné dans l'article 4, et passera avec lui sur toutes les têtes où ce titre se fixera.

» 7. Les titulaires mentionnés en l'article 4 pourront instituer en faveur de leur fils aîné ou puîné un majorat auquel sera attaché le titre de *baron*, suivant les conditions déterminées ci-après.

» 8. Les présidens de nos colléges électoraux de département, le premier président et le procureur général de notre cour de cassation, le premier président et le procureur général de notre cour des comptes, les premiers présidens et les procureurs généraux de nos cours d'appel, les évêques, les maires des trente-sept bonnes villes qui ont droit d'assister à notre couronnement, porteront pendant leur vie le titre de *baron*, savoir : les présidens des colléges électoraux lorsqu'ils auront présidé le collége pendant trois sessions ; les premiers présidens, procureurs généraux et maires, lorsqu'ils auront dix ans d'exercice, et que les uns et les autres auront rempli leurs fonctions à notre satisfaction.

» 9. Les dispositions des articles 5 et 6 seront applicables à ceux qui porteront pendant leur vie le titre de *baron ;* néanmoins ils ne seront tenus de justifier que d'un revenu de 15,000 francs, dont le tiers sera affecté à la dotation de leur titre, et passera avec lui sur toutes les têtes où ce titre se fixera.

» 10. Les membres de nos colléges électoraux de département qui auront assisté à trois sessions des colléges, et qui auront rempli leurs fonctions à notre satisfaction, pourront se présenter devant l'archichancelier de l'empire pour demander qu'il nous plaise de leur accorder le titre de *baron ;* mais ce titre ne pourra être transmissible à leur descendance directe et légitime, naturelle ou adoptive, de mâle en mâle et par ordre de primogéniture, qu'autant qu'ils justifieront d'un revenu de 15,000 francs de rente, dont le tiers, lorsqu'ils auront obtenu nos lettres-patentes, demeura affecté à la dotation de leur titre, et passera avec lui sur toutes les têtes où il se fixera.

» 11. Les membres de la Légion-d'Honneur, et ceux qui à l'avenir obtiendront cette distinction, porteront le titre de *chevalier*.

» 12. Ce titre sera transmissible à la descendance directe et légitime, naturelle ou adoptive, de mâle en mâle, par ordre de primogéniture, de celui qui en aura été revêtu, en se présentant devant l'archichancelier de l'empire, afin d'obtenir à cet effet nos lettres-patentes, et en justifiant d'un revenu net de 3,000 francs au moins.

» 13. Nous nous réservons d'accorder les titres que nous jugerons convenables aux généraux, préfets, officiers civils et militaires, et autres de nos sujets qui se seront distingués par les services rendus à l'état.

» 14. Ceux de nos sujets à qui nous aurons conféré des titres ne pourront porter d'autres armoiries ni avoir d'autres livrées que celles qui seront énoncées dans les lettres-patentes de création.

» 15. Défendons à tous nos sujets de s'arroger des titres et qualifications que nous ne leur aurions pas conférés, et aux officiers de l'état civil, notaires et autres, de les leur donner; renouvelant, autant que besoin serait, contre les contrevenans, les lois actuellement en vigueur.

» En notre palais des Tuileries, le 1er mars 1808.

» *Signé :* Napoléon. »

Le second *statut impérial*, daté du même jour, prescrivait les règles de l'institution et de la composition des *majorats*, et déterminait leurs effets quant aux personnes et quant aux biens. En voici le préambule :

« Napoléon, etc. ; Nos décrets du 30 mars 1806, et le sénatus-consulte du 14 août de la même année, ont établi des titres héréditaires avec transmission des biens auxquels ils sont affectés.

» L'objet de cette institution a été non-seulement d'entourer notre trône de la splendeur qui convient à sa dignité, mais encore de nourrir au cœur de nos sujets une louable émulation, en perpétuant d'illustres souvenirs et en conservant aux âges futurs l'image toujours présente des récompenses qui, sous un gouvernement juste, suivent les grands services rendus à l'état.

» Désirant de ne pas différer plus long-temps les avantages assurés par cette grande institution, nous avons résolu de régler par ces présentes les moyens d'exécution propres à l'établir et à garantir sa durée.

» La nécessité de conserver dans les familles les biens affectés au maintien des titres impose l'obligation de les excepter du droit commun, et de les assujettir à des règles particulières qui, en même temps qu'elles en empêcheront l'aliénation ou le démembrement, préviendront les abus en donnant connaissance à tous nos sujets de la condition dans laquelle ces biens sont placés.

» En conséquence, et comme l'article 8 du sénatus-consulte du 14 août 1806 porte qu'il sera pourvu par des réglemens d'administration publique à l'exécution dudit acte, et notamment en ce qui touche la jouissance et la conservation tant des propriétés reversibles à la couronne que des propriétés substituées en vertu de l'article ci-dessus mentionné, nous avons résolu de déterminer les principes de la formation des majorats, soit qu'elle ait lieu à raison des titres que nous aurons conférés, soit qu'elle ait pour objet des titres dont notre munificence aurait, en tout ou en partie, composé la dotation.

» Nous avons voulu aussi établir les exceptions qui distinguent les majorats des biens régis par le *Code Napoléon* (autrefois le *Code civil*), les conditions de leur institution dans les familles, et les devoirs imposés à ceux qui en jouissent.

» A ces causes, vu nos décrets du 30 mars et le sénatus-consulte du 14 août 1806, notre conseil d'état entendu, nous avons décrété et ordonné, décrétons et ordonnons ce qui suit, etc. »

Le sénat ne savait trop sous quelle forme approuver ces décrets qu'on lui envoyait pour être enregistrés, ainsi qu'on le faisait à l'ancien parlement. Il n'imagina rien de mieux qu'une adresse de remerciemens.

La France, au reste, n'avait point les yeux tournés vers ces assemblées serviles et dépourvues même du courage qu'avaient tant de fois montré les parlemens; qui ne pouvaient servir même à transmettre à Napoléon les doléances de la nation. La France pleurait sur des enfans sacrifiés dans un but purement individuel ou purement dynastique. La masse du peuple n'était pas consolée par la gloire; depuis long-temps on était blasé sur la victoire; habitué aux succès, on ne ressentait vivement que les défaites. L'empereur n'inspirait déjà plus les sentimens qu'on avait eus pour le premier consul. Le peuple était mécontent; chaque nouvelle conscription causait une désolation que toutes les familles ressentaient. Les mères calculaient avec anxiété, en voyant croître leurs petits enfans, s'il serait possible que la guerre pût encore durer jusqu'au jour où ils auraient vingt ans. Les sentimens les plus sacrés comme les plus profonds étaient incessamment tenus en souffrance par le terrible système de l'empire : nulle grande et nationale espérance n'était là pour consoler ceux qui craignaient de perdre leurs enfans ; ce n'était ni pour la liberté, ni pour l'égalité, ni pour la fraternité européenne qu'ils devaient combattre : c'était pour la grandeur de Bonaparte et de sa famille. L'empereur ignorait sans doute ce mécontentement. Le peuple était muet et silencieux comme le corps législatif ; la presse était esclave, servile et adulatrice. Lorsqu'il traversait, entre deux haies de soldats, la foule que le spectacle d'un cortège attirait, il ne s'apercevait pas même qu'elle restait silencieuse. A un signal donné de l'épée par leur officier, les troupes criaient ; des bandes soldées par la police suivaient la voiture impériale, faisant retentir l'air de leurs *vivat* salariés. On simulait la joie dans les fêtes publiques ; les commissaires de police allaient, de maison en maison, ordonner à chacun d'illuminer ; et menacer ceux qui oseraient s'en dispenser. Enfin, les jeunes conscrits, nourris dans leurs écoles du récit des hauts faits de l'armée, jeunes, sans expérience, briguant l'éclat de l'uniforme, amoureux de mouvement et de choses nouvelles, partaient, en général, joyeusement. Si Napoléon, moins avide de pouvoir, eût conservé une seule institution libérale, il eût su qu'il fallait s'arrêter, il y eût été forcé ; et, certes, nous savons aujourd'hui que c'eût été un grand service rendu à lui-même et à sa dynastie. Mais suivons l'empereur en Espagne.

Les Espagnols, délivrés de l'occupation française, avaient été loin de mettre le temps à profit. Les différentes juntes de province s'étaient disputées. Cependant du choc des jalousies et des ambitions locales, était sortie une junte centrale composée des députés de chaque junte provinciale. Elle s'était installée le 25 septembre à Aranjuez. Mais l'accord était loin d'être parfait ; on délibérait plus qu'on n'agissait. L'enthousiasme du peuple était grand, mais les effets en furent lents ; de telle sorte que l'armée active espagnole ne dépassait guère en nombre les masses qui s'étaient mises en mouvement le premier jour; elle ne s'élevait pas à plus de cent cinquante mille hommes, dont trente mille bloquaient plutôt qu'ils n'assiégeaient Barcelonne, soixante mille, sous Castaños et Palafox, faisaient face à Moncey en Aragon, et cinquante mille, sous les ordres de Black, avaient leur centre à Bilbao. Ce corps devait être rejoint par les quatorze mille hommes que La Romana amenait de Poméranie. Ce général, comme nous l'avons vu, commandait un contingent espagnol envoyé à la grande armée pendant la campagne de Pologne; on l'avait laissé dans nos nouvelles conquêtes sur les rives de la Baltique. Apprenant les événemens de son pays, impatient d'y prendre part, il réussit à s'entendre avec les Anglais, et s'embarqua avec ses divisions sur une flotte qu'ils lui envoyèrent, et qui alla le débarquer en Espagne. La junte centrale avait donné à La Romana le commandement de l'armée de Black.

Les Espagnols sans doute ne s'attendaient pas à être attaqués aussi rapidement qu'ils le furent. Peut-être, au reste, eût-il mieux valu, dans l'intérêt français, laisser le temps s'écouler; l'enthousiasme du peuple se serait fatigué et refroidi; les rivalités provinciales se seraient prononcées; on eût pu d'ailleurs les exciter; peut-être en attaquant alors, eût-on trouvé des appuis dans une population fatiguée de l'anarchie, et, au lieu d'un peuple en armes, seulement quelques troupes régulières. Pendant ce temps, on se fût borné à garder la ligne de l'Èbre. Napoléon en jugea autrement. Il n'avait pas alors l'expérience que nous a laissée la guerre de la Péninsule. Lorsque l'empereur arriva à Barcelonne, la grande armée était déjà en mouvement : elle avait battu les Espagnols à Viana et à Bilbao. Napoléon établit son quartier-général, le 9 novembre, à Vittoria, et fit continuer le mouvement dans la direction de Madrid. Les Espagnols placés en tête et sur la droite furent écrasés le même jour dans deux batailles sanglantes, à Burgos et à Espinosa. A gauche, l'armée de Castaños et de Palafox fut défaite et mise en pleine déroute à Tudela, le 23. Le défilé de Samo-Sierra, qui paraissait inabordable, défendu par trente pièces de canon, fut enlevé par une charge de lanciers polonais ; enfin, Madrid, qui s'était préparé à se défendre, avait mis en batterie plus de cent pièces de canon, et levé dans les campagnes environnantes une armée irrégulière de quarante mille hommes, capitula et se rendit le 4 décembre. En même temps Gouvion-Saint-Cyr avait délivré la Catalogne.

ANNÉE 1809.

Le 6 octobre de l'année précédente, au moment où la grande armée se rassemblait au pied des Pyrénées, le général Moore, commandant les troupes anglo-portugaises, avait reçu de Londres l'ordre de coopérer à la défense de l'Espagne. Il devait réunir sous son commandement trente-cinq mille Anglais et vingt mille Portugais. On lui promettait en outre de lui envoyer, des ports de la Grande-Bretagne, le général Baird à la tête de dix mille hommes. En conséquence, Moore mit ses troupes en marche au moment où les Français commençaient leur mouvement offensif. La Romana devait le rejoindre avec son corps. Il croyait arriver à temps ; mais la rapidité des marches de Napoléon et surtout la rapidité de ses succès déjouèrent ses espérances. Il avait à peine dépassé Salamanque lorsqu'il apprit la capitulation de Madrid. Il prit à l'instant le parti de battre en retraite ; mais, avant de mettre ce projet à exécution, il voulut au moins obtenir l'honneur d'une victoire. Il résolut de tomber sur Soult qui, avec quatorze mille hommes, occupait la vallée de Carion. L'empereur, instruit de la marche des Anglais, ordonna à Soult de reculer s'il était attaqué. Il jeta un corps chargé de couper la route du Portugal, et lui-même marcha avec sa garde sur l'armée anglaise. Moore, apprenant à son tour les manœuvres des Français, comprit qu'il était perdu si, par une prompte retraite, il n'échappait aux corps qui s'avançaient pour le cerner. Il renonça à la route de Portugal et courut à Benavente pour s'assurer du chemin de la Corogne. Il quitta Benavente le 29 décembre 1808, après avoir fait sauter le pont; les Français y arrivèrent le 30. Notre avant-garde rencontra l'arrière-garde ennemie; elle l'attaqua, la mit en déroute, lui prit et lui tua près de cinq mille hommes.

Cependant Napoléon courait au grand galop sur la route de Benavente à la Corogne, lorsqu'il fut atteint par un courrier venant de Paris; il en reçut des dépêches dont la lecture changea ses dispositions. Il se rendit à Astorga, où il fut rejoint par Soult, auquel il remit le commandement, lui ordonnant de poursuivre les Anglais l'épée dans les reins. Quant à lui, il resta à Astorga, et bientôt retourna à Valladolid, emmenant sa garde avec lui, et décidé à reprendre la route de France. Il venait d'apprendre que l'Autriche prenait les armes et était sur le point d'entrer en campagne.

Soult suivit avec vivacité les ordres de l'empereur; mais peut-être ne fut-il pas secondé avec un zèle égal à celui qu'eût excité l'empereur et ne put-il marcher aussi rapidement. Néanmoins son avant-garde rencontra, le 3 janvier, l'arrière-garde anglaise et la mit dans une déroute complète. On suivait Moore de si près qu'on recueillit, dans la journée du 4, plus de neuf cents de ses traînards, des canons et des bagages. Le 5, on trouva l'ennemi à Puente-Ferreira; il se préparait à en faire sauter le pont; il n'en eut pas le temps : un régiment de dragons l'enleva, et, en poursuivant l'ennemi, saisit le trésor de l'armée. Moore voyait que son armée se désorganisait de plus en plus; il fallait d'ailleurs laisser le temps d'arriver aux transports qu'il avait ordonné de réunir à la Corogne. Il s'arrêta donc le 6 dans une forte position à Lugo. Soult les fit tâter le 7; mais, ne se jugeant pas assez fort, il attendit que le reste de ses troupes et surtout son artillerie l'eussent rejoint, résolu à les attaquer le 9. Si Napoléon eût été présent, l'armée eût été plus nombreuse; il n'est pas douteux qu'il n'eût pas différé un instant l'attaque, ou au moins que, par quelque manœuvre, il leur eût rendu la retraite impossible à moins d'un engagement. Le 9 au matin, on trouva la position abandonnée; les Anglais avaient profité de la nuit pour se retirer. Ils avaient multiplié les obstacles pour arrêter la poursuite. Ils portèrent l'excès jusqu'à mettre le feu aux ponts et à la ville de Betanzos; mais les Français arrivèrent à temps pour l'éteindre. Lorsqu'on atteignit les Anglais, on les trouva, le 16 janvier, rangés en bataille en avant de la Corogne. Moore avait encore vingt-deux mille hommes d'infanterie, et en outre de la cavalerie et de l'artillerie. Soult avait à peine vingt mille hommes. Cependant il n'hésita pas à attaquer. Les Anglais se défendirent avec le courage du désespoir. Leur première ligne de bataille fut enfoncée, et le général Moore tué; l'ennemi se reforma en arrière du champ de bataille, et la nuit, qui survint, ne permit pas de les déposter, et leur donna la facilité de s'embarquer à la hâte. Bien que les Anglais nous eussent échappé, leur armée avait plus souffert que si elle avait perdu deux batailles. Elle avait abandonné ses bagages, ses canons, tous ses blessés, et un plus grand nombre de soldats qui n'avaient pu suivre étaient tombés entre nos mains; mais ses cadres étaient restés entiers. Si elle eût été attaquée à Lugo, elle eût probablement été forcée à capituler; et les conséquences de ce fait eussent été des plus importantes, si ce n'est sous le rapport militaire, au moins sous le rapport politique. Il est probable que le ministère eût été renversé et que l'Angleterre alors fût entrée dans des sentimens plus pacifiques. Quoi qu'il en soit, ce fut une armée de moins à combattre en Espagne. La Corogne, abandonnée à elle-même, se rendit le 20 janvier.

L'empereur, avant de quitter l'Espagne, régla les affaires de ce royaume. Il reçut à Valladolid des députations de Madrid, de Ségovie, d'Astorga, de Léon, etc., qui venaient lui redemander Joseph pour roi. Vingt-huit mille sept cents chefs de famille s'étaient engagés, en jurant devant le Saint-Sacrement, à défendre ce prince si Napoléon voulait le leur rendre. Les corps constitués firent la même démarche. Il paraît que Napoléon hésitait, et, selon l'abbé de Prat, il avait la pensée de réunir la Péninsule à l'empire français. Aussi, il demanda aux députés si leurs instances étaient libres et exemptes de toute insinuation. Enfin, il leur accorda leur demande le 16 janvier. En effet, le 22, Joseph rentra comme roi à Madrid, avec toute la solennité d'usage. L'empereur s'occupa aussi de l'organisation des moyens de conquérir les provinces insurgées. Il donna à Joseph pour conseil et pour chef d'état-major le maréchal Jourdan, puis il se hâta d'arriver à Paris.

La guerre avec l'Autriche se présentait sous un aspect plus grave que jamais. On pouvait être justement en doute sur les dispositions de la Prusse; on apprit que l'empereur Alexandre ne se dispensait que par pudeur de prendre part à cette nouvelle coalition, mais que toute sa cour le poussait à la guerre. On pouvait compter sur sa neutralité, mais non sur sa coopération, ainsi qu'il l'avait laissé espérer au congrès d'Erfurt. On savait que l'Angleterre avait porté à cent mille hommes son armée active, se proposant d'en disposer pour opérer des diversions subites sur les points qu'il lui paraîtrait le plus important d'attaquer. L'armée autrichienne était plus nombreuse qu'elle n'avait jamais été; elle était ainsi disposée : armée d'Allemagne commandée par l'archiduc Charles, 175,000 hommes; — armée d'Italie, sous l'archiduc Jean, 47,000 hommes; — corps de Stoïchewitz, destiné à opérer en Dalmatie, 10,000 hommes; — corps de Jellachich et Chasteler, destiné à envahir le Tyrol, 20,000 hommes; — armée de Pologne sous l'archiduc Ferdinand, 40,000 hommes; — enfin, il y avait une réserve évaluée à 224,000 hommes, composée de 154 bataillons de landwer, ou de garde nationale mobile, des dépôts de régimens de ligne et de l'insurrection hongroise. Au total, le cabinet de Vienne disposait de 516,000 hommes, et ce n'était pas les seules chances qu'il avait disposées en sa faveur : il s'était assuré de la neutralité de la Russie; il avait profité de l'expérience des défaites précédentes pour organiser ses troupes à la française; il les avait divisées, comme nous, en corps d'armées prêts également à agir isolément ou d'ensemble. De plus, il avait fait travailler l'esprit public dans toute l'Allemagne par des écrits et des sociétés secrètes; il avait excité chez les Allemands le sentiment de nationalité; il leur avait proposé l'exemple de la nation espagnole. Depuis long-temps, le fardeau de la guerre et de l'occupation fatiguait les nations germaniques. L'esprit d'insurrection y fermentait partout. Les sociétés secrètes se multipliaient; tout présageait que le peuple sortirait bientôt de l'indifférence qu'il avait montrée jusqu'à ce jour, et qu'il prendrait parti contre les Français. D'un autre côté, on était mécontent à Paris et dans toute la France; on était lassé d'une guerre dont on ne voyait pas le terme; on spéculait déjà sur les chances nombreuses des batailles, dont une seule suffirait pour terminer les jours de Napoléon; quelques personnes osaient même désirer qu'il s'en présentât une. Les hommes haut placés dans l'administration, et, à cause de cela, mieux instruits que personne de l'état de l'opinion publique, calculaient déjà ce qu'il serait le plus utile de faire dans une circonstance pareille. On remarqua que Talleyrand et Foucher, auparavant désunis, avaient recommencé à se voir; on disait qu'ils conspiraient. L'empereur même les soupçonna; il résolut de détourner l'orage en étonnant l'opinion et l'Europe par une de ces campagnes rapides et brillantes qui avaient toujours si bien servi sa politique. Mais il ne disposait pas de moyens aussi puissans que les années précédentes; une partie de ses meilleures troupes étaient occupées en Espagne; le reste était dispersé en France; il n'avait en Allemagne que les corps de Davoust et d'Oudinot, formant environ 80,000 hommes, dont il fallait laisser une partie pour former des garnisons; 15,000 hommes en Dalmatie sous Marmont; 60,000 hommes en Italie, dont à peine 45,000 étaient disponibles.

Il pouvait, il est vrai, compter sur les princes de la confédération du Rhin, ainsi que sur Poniatowski et ses Polonais; ils lui étaient fidèles. C'était même le roi de Bavière qui lui avait donné les renseignemens les plus précis sur les intentions et les démarches de l'Autriche. Ces forces étaient cependant insuffisantes pour tenter un grand coup; il fallait que les corps de Lannes, de Masséna, d'Augereau, et la garde eussent le temps de rejoindre. Il donna aux troupes de la confédération des généraux français:

Bernadotte avait les Saxons sous ses ordres, Vandamme les Wurtembergeois ; Lefebvre dirigeait les Bavarois commandés par leur prince royal. Il calcula qu'il pouvait réunir ainsi prochainement plus de 176,000 hommes sur le Danube. Il fit partir Berthier, lui donnant provisoirement le commandement en chef, après lui avoir indiqué le point de concentration de l'armée française. Mais celui-ci exécuta mal ses ordres. Napoléon apprit, le 12 avril au soir, par le télégraphe, que les Autrichiens avaient commencé leur mouvement offensif et passé l'Inn. Il partit aussitôt. Le 17 avril, il était à Donaverth, occupé à réparer les fautes de Berthier, qui, au lieu de concentrer l'armée, l'avait disséminée.

Il est curieux de voir comment l'empereur jugeait ses ennemis. Dans une lettre qu'il écrivait, le 19 avril, à Masséna, qui occupait l'extrême droite de l'armée, en lui annonçant, pour qu'il se conformât à ses intentions, qu'il voulait refuser sa gauche à l'ennemi, en avançant sa droite, de manière à enfermer l'ennemi dans le triangle formé par le cours de l'Iser et du Danube, et à le couper, il terminait par ces mots : « Ici tout est calcul d'heures. » Douze ou quinze mille hommes de cette canaille doivent être attaqués tête baissée par six mille de nos gens. » Pour expliquer ces paroles, il est bon de savoir que Masséna avait en face de lui des forces supérieures. Quoi qu'il en soit, Napoléon fut servi à souhait ; Masséna et Oudinot culbutèrent une partie de la gauche de l'ennemi à Pfaffenhofen.

Le lendemain, 20 avril, Napoléon résolut de séparer cette gauche de son centre. Il n'avait encore sous la main que peu de troupes françaises. Le seul corps de Davoust avait réussi à rejoindre ceux de Vandamme et de Lefebvre, composés, comme nous l'avons dit, de Wurtembergeois et de Bavarois. Pour opérer cette jonction, qui eut lieu à Abensberg, il avait fallu que Davoust, qui venait de Ratisbonne, passât sur le corps de vingt mille Autrichiens à Tann. L'empereur laissa Davoust dans ses positions ; il s'adressa aux Bavarois et aux Wurtembergeois, leur dit ce qu'il attendait d'eux, et les conduisit pleins d'enthousiasme à l'ennemi, marchant d'Abensberg sur Rohr et Rothembourg. Le mouvement eut un plein succès ; la gauche autrichienne fut refoulée sur ce point avec plus de violence et plus de perte qu'à Pfaffenhofen ; elle fut rejetée tout entière sur le corps de Masséna, et battit précipitamment en retraite. Cette affaire, qui eut lieu le 20, fut appelée la bataille d'Abensberg. Cette gauche semblait perdue. Hiller, qui la commandait, par une manœuvre heureuse, la replia et se retira sur Landshut, ville située de l'autre côté de l'Iser. Il fut poursuivi si vivement que l'on pénétra pêle-mêle avec son arrière-garde sur un premier pont de la ville. Alors, sacrifiant les siens, il fit tirer à la fois sur eux et sur les Français, et fit mettre le feu à un second pont qu'il fallait traverser pour atteindre la place. Cela n'arrêta point les Français. Le général Mouton, alors aide-de-camp de l'empereur, aujourd'hui comte Lobau, s'élança à la tête des troupes, et les conduisit dans la ville où on recommença un combat acharné. Mais Hiller ne put s'y défendre longtemps ; Masséna arrivait sur sa gauche ; il se retira donc de nouveau précipitamment, et ne se crut en sûreté que sur l'Inn. Ainsi, la gauche des Autrichiens échappa à la manœuvre qui avait pour but de l'envelopper et de l'acculer au Danube. Néanmoins Napoléon résolut de ne point laisser échapper de la même manière le centre et la droite de l'archiduc. Laissant Oudinot en réserve à Landshut, et Masséna à la poursuite de Hiller, il fit volte-face, faisant marcher ses lignes droit sur le Danube, pour acculer le reste de l'armée ennemie à ce fleuve et contre les remparts de Ratisbonne, où Davoust avait laissé un régiment en garnison. Tout le succès de cette marche dépendait de la résistance de Ratisbonne ; en effet, si cette ville tenait, l'archiduc n'avait point de retraite possible s'il était battu, et il était obligé de mettre bas les armes. Mais un seul régiment n'était pas suffisant pour garder une si vaste enceinte. Attaqué le jour même où l'on se battait à Tann, il avait été enlevé, et, après une résistance désespérée, obligé de se rendre. Napoléon, qui ignorait sans doute cet événement, continua son mouvement. Il trouva, le 22, l'ennemi, au nombre de cent mille hommes, rangé parallèlement au Danube, d'Eckmuhl à Ratisbonne ; il y retrouva aussi les corps de Davoust et de Lannes. Il fit commencer l'attaque, qui fut dirigée de manière à envelopper encore la nouvelle gauche de l'ennemi, du côté de la Laber, de manière à ne lui laisser d'autre retraite que Ratisbonne. Le succès fut complet ; l'armée de l'archiduc fut mise en déroute ; mais la nuit ne permit pas de le suivre ; on remit au lendemain pour en achever la destruction. Le dernier épisode de cette journée, qui coûta aux Autrichiens cinq mille tués ou blessés et quinze mille prisonniers, fut une charge de cavalerie à l'aide de laquelle l'archiduc essaya d'assurer sa retraite ; il lança sur les cuirassiers français trente-deux escadrons de cavalerie, dont douze de cuirassiers. Il y eut une mêlée à l'arme blanche pendant laquelle tout autre combat fut suspendu sur ce point. Comme aux temps héroïques, les deux armées s'arrêtèrent pour regarder ce spectacle. Il fut court ; on vit bientôt les escadrons ennemis tourner bride et prendre la fuite, écrasant sur leur passage les lignes d'infanterie. Leur défaite acheva la déroute et entraîna les corps qui tenaient encore. Les Autrichiens attribuèrent le rapide succès de nos cavaliers en cette circonstance à la supériorité de leur armement ; ils remarquèrent que nos cuirasses couvraient le dos et la poitrine du soldat, tandis que les leurs ne protégeaient que la poitrine.

Pendant la nuit, l'armée ennemie se réfugia confusément sous les murs de Ratisbonne. L'archiduc fit jeter un pont sur le Danube, au-dessous de cette ville ; mais il n'avait encore eu le temps de passer, lorsque le lendemain, 23 avril, dès l'aube, les Français revinrent à la charge. Alors la confusion devint extrême. Lannes détruisit le pont qu'on venait de construire ; les Autrichiens s'accumulèrent dans Ratisbonne. Napoléon ordonna d'escalader les murailles. On pénétra dans la place, où l'on fit un grand nombre de prisonniers, et l'on délivra le régiment français qui, quelques jours avant, avait été forcé de se rendre. Ce fut à cette attaque que Napoléon reçut une balle morte dans le pied. Cette nouvelle jeta dans les troupes une anxiété extrême et quelque désordre. Lorsque l'on apprit que cette blessure n'était rien, et qu'on le vit parcourir à cheval les lignes de l'armée, on le salua des plus vives acclamations.

Cette suite de batailles et de combats qu'on peut considérer comme ne formant qu'une seule affaire, puisqu'ils avaient un seul but, coûta aux Autrichiens quarante-cinq ou cinquante mille hommes tués, blessés ou prisonniers, un grand nombre de canons, de drapeaux, de bagages, et ses magasins. Le prince Charles, rejeté sur la rive gauche du Danube, se mit en retraite sur la Bohême, et Hiller, forcé de marcher sur la rive droite, se retira sur la Salza.

L'empereur, après ce succès, ne s'occupa plus que de prévenir l'archiduc à Vienne et d'empêcher Hiller de le rejoindre. Comme il venait d'être renforcé par l'arrivée de la garde (vingt-deux mille hommes), il détacha Léfebvre avec les Bavarois pour balayer le Tyrol que Jellachich et Chasteller avaient insurgé. Il envoya l'ordre à Bernadotte, qu'il avait mis à la tête des Saxons, de surveiller les arrière-gardes de l'archiduc en se rapprochant du Danube. Quant à lui, il poussa son armée sur la route de la capitale autrichienne, en faisant toutefois surveiller la rive du Danube, afin que l'archiduc ne pût tenter un passage et se jeter sur son flanc. Par suite de ce mouvement en avant, Hiller continua à être poursuivi l'épée dans les reins. Il essaya d'arrêter les Français à Ebersberg. La position était des plus fortes : pour atteindre les Autrichiens, il fallait traverser un pont en bois de cent toises, aboutissant à une ville fermée, couronnée par des hauteurs d'un accès difficile, défendue par trente mille hommes et quatre-vingts pièces de canon. L'ordre d'attaquer fut donné; le général Cohorn culbuta trois bataillons autrichiens qui gardaient la tête du pont, les suivit jusqu'à la ville, en enfonça les portes et y pénétra. Soutenu par deux autres brigades, il gagna la crête des hauteurs en suivant un chemin creux qui tournait dans la ville; le général Legrand, avec une quatrième brigade vint à son secours ; enfin, Masséna lui-même passa avec le reste de son corps. On se précipita sur l'ennemi formé en bataille. Après avoir essuyé une dernière décharge qui renversa les têtes de colonne, on les aborda. La première ligne fut enfoncée; la seconde se mit précipitamment en retraite. Hiller perdit dans cette affaire sanglante le tiers de son armée. Il réussit, cependant, à en sauver les restes. Il trouva le moyen de passer sur la rive gauche du Danube où il opéra sa jonction avec le prince Charles. (3 mai 1809.)

Enfin l'armée française atteignit Vienne. La ville se montra disposée à se défendre. Les remparts étaient armés; quinze mille hommes de troupes s'y étaient enfermés. On avait exaspéré la population par tous les moyens; on avait employé même la pompe des cérémonies religieuses; aussi on insulta les parlementaires. Il fallut recourir à des moyens militaires. On dressa une batterie d'obusiers qui alluma quelques incendies dans la ville. La garnison l'évacua secrètement, abandonnant les habitans à eux-mêmes. Elle passa sur la rive gauche du Danube et en détruisit le pont. Cette résistance, qui entraîna une perte de quatre jours, n'avait eu pour but que de donner à l'archiduc Charles le temps d'arriver au secours de la capitale ou de faire toute autre tentative pour la délivrer. Mais la lenteur des marches de l'armée ne permit à ce prince de rien faire. Après le départ de la garnison, Vienne capitula, et, le 13 mai au matin, les troupes en prirent possession. Toute la noblesse l'avait évacuée; cependant il y restait une princesse de la maison d'Autriche, l'archiduchesse Marie-Louise, que la maladie avait retenue dans le palais de ses pères.

A peine maître de cette capitale, l'empereur agit en maître. Le 14 mai, il signa un décret qui ordonnait la dissolution de la landwer, et portait des peines sévères contre ceux qui ne seraient pas rentrés dans leurs foyers quinze jours après la publication. En même temps il ordonna de construire deux ponts pour passer sur la rive gauche du Danube, l'un à Nussdorf, une demi-lieue au dessus de Vienne, point où le fleuve n'a que cent quatre-vingts toises; l'autre à deux lieues au-dessous de la ville, où le Danube se divise en plusieurs branches formant des îles considérables, dont l'une de huit mille toises de tour, nommée Lobau. Les travaux de construction furent commencés le 15 mai. On fut obligé d'abandonner bientôt ceux de Nussdorf; en sorte qu'on concentra tous les efforts vers les ponts qui étaient au-dessous de Vienne. Le Danube était fort large sur ce point. On avait quatre bras à traverser, qui n'avaient pas moins de quatre cent soixante-quinze toises, et trois îles fort larges, situées entre ces bras. L'île Lobau était la plus voisine de la rive gauche.

Dès le 18 mai, ces îles furent occupées par les Français. Le 20, à midi, les ponts étaient terminés; l'armée commença à passer. On savait qu'on allait trouver devant soi le corps qui avait tenu garnison à Vienne et les débris de l'armée Hiller; mais on n'avait aucune certitude au-delà.

Le 21, les divisions Molitor et Boudet, et la cavalerie de Lasalle étaient sur la rive gauche; l'empereur s'occupait à reconnaître le terrain. On ne s'attendait guère cependant à être attaqué; on avait devant soi un rideau de cavalerie légère qui n'était pas assez nombreuse pour indiquer la présence d'une armée considérable; d'ailleurs elle recula aux premiers coups de fusil. L'empereur fit sa reconnaissance sans être inquiété. Il trouva qu'en avant de l'île Lobau, au delà d'un bois, est une petite plaine, située entre deux villages. Celui de gauche, nommé Anspern, est à mille toises du Danube; celui de droite, nommé Essling, est à mille cinq cents toises du fleuve et à mille toises du premier village. Enfin, plus à droite encore, à environ huit cents toises d'Essling, était le bourg d'Enzersdorf, qui n'était distant du fleuve que de trois cents toises. Les deux premiers villages étaient bâtis en maçonnerie, entourés de petites levées de terre, présentant des espèces de fortifications naturelles. Napoléon résolut d'établir sa première ligne sur les trois points dont il vient d'être parlé. Ses troupes n'y étaient pas encore établies, lorsque, vers une heure après midi, l'ennemi, repliant le rideau de cavalerie qui le couvrait, montra des masses qu'on put bientôt évaluer à quatre-vingt-dix mille hommes. Il n'y avait alors de passé que trois divisions françaises du corps de Masséna ; la division légère de Lasalle, et la division de cuirassiers du général Espagne, en tout vingt-quatre mille hommes d'infanterie, et cinq mille cinq cents hommes de cavalerie. En ce moment, l'empereur apprit que les ponts étaient rompus du côté de la rive droite ; il pensa un moment à retirer ses troupes dans l'île Lobau ; mais on lui annonça bientôt qu'ils étaient réparés ; alors il résolut de tenir la position pour donner à l'armée le temps de passer. Malheureusement nos troupes étaient déjà engagées, lorsque l'on vint lui dire que, le Danube continuant à croître, les ponts de la rive droite étaient de nouveau rompus.

Les Français se hâtèrent de prendre possession d'Anspern et d'Essling ; Masséna occupa le premier avec les divisions Molitor et Legrand ; Lannes occupa le second avec la division Boudet. La cavalerie garda l'intervalle existant entre eux. L'ennemi attaqua à quatre heures du soir. Il commença par une canonnade terrible ; ensuite il mit ses colonnes en marche. Il y a peu d'exemples de combat aussi acharné que celui qui se livra alors. Anspern, défendu par Masséna, fut six fois perdu et six fois repris. L'ennemi épuisa jusqu'à ses réserves pour s'en emparer. Il tourna ensuite ses efforts sur Essling, où il ne fut pas plus heureux, malgré un feu d'artillerie auquel nous ne pouvions répondre que faiblement. Trois attaques successives échouèrent complétement. Il chercha enfin à pénétrer dans l'intervalle situé entre les deux villages, et par Enzersdorf ; il fut repoussé par des charges furieuses de la cavalerie. Deux de ses carrés furent enfoncés, son artillerie même fut mise en déroute ; on lui prit quatorze pièces de canon. La nuit vint mettre fin à la bataille. Nous restions maîtres du champ de bataille. Nous avions perdu beaucoup de monde, entre autres les généraux Espagne et Souters ; mais la perte de l'ennemi, qui avait toujours attaqué, était bien plus considérable que la nôtre.

Cependant on réparait les ponts ; ils furent enfin en état de servir : aussitôt nos troupes de la rive droite se mirent à défiler ; mais il y avait à peine vingt mille hommes de passés, composés des grenadiers d'Oudinot, de la division Saint-Hilaire, quelques escadrons de cuirassiers et quelques bataillons de la garde, lorsque les ponts furent rompus de nouveau à sept heures du matin. Le Danube, croissant toujours, avait entraîné contre eux des masses de bois flottant qui en emportèrent une partie.

Alors on se battait déjà depuis trois heures. A quatre heures du matin, les Autrichiens étaient revenus à la charge sur Anspern sans plus de succès que la veille. L'empereur, comptant que le passage des troupes continuerait et qu'il aurait bientôt des forces suffisantes, disposa une attaque sur le centre de l'ennemi. Lannes fut chargé de la conduire. Elle fut victorieuse; la ligne autrichienne fut rompue. Nos colonnes avançaient au milieu de l'armée ennemie, renversant tout devant elles; l'archiduc retirait les corps qui menaçaient Anspern et Essling; les divisions qui occupaient ces villages marchaient en avant; quelques escadrons de hussards étaient déjà derrière les lignes ennemies, et atteignaient Breitensée, quartier-général de l'archiduc, lorsque l'empereur apprit la rupture des ponts. La victoire lui échappait; il commanda la retraite. On reprit les positions de la veille, et le combat de la veille recommença. Depuis dix heures du matin jusqu'à quatre heures du soir, les attaques se succédèrent vivement sur toute la ligne. L'archiduc entra cinq fois dans Anspern, autant de fois dans Essling; il fut cinq fois repoussé dans les deux villages. Il attaqua le centre à plusieurs reprises; ses lignes furent culbutées soit par la cavalerie, soit par le feu de l'infanterie et la mitraille. Enfin, il dirigea ses grenadiers hongrois de réserve pour une dernière attaque sur Essling; il entra dans le village; mais les quatre bataillons des fusiliers de la garde, conduits par Rapp et Mouton, abordèrent les Hongrois et les culbutèrent. Alors l'ennemi, fatigué et désorganisé, se borna à entretenir une canonnade à laquelle nous répondions faiblement, faute de munitions. Ce fut un de ces derniers coups de canon qui tua le maréchal Lannes; un boulet perdu vint en ricochant lui briser les deux genoux. Il vécut cependant encore huit jours, et subit inutilement une opération douloureuse. La perte de ce général intrépide, plein de sagacité et d'activité, fut grande pour la France et pour l'empereur.

La nuit venue, Napoléon fit transporter les blessés dans l'île Lobau. L'artillerie et les caissons les suivirent. On enleva tous les débris restés sur le champ de bataille, jusqu'aux fusils et aux cuirasses des morts. L'empereur ne voulait pas que l'ennemi tirât de ce champ un seul trophée dont il pût faire un signe de victoire. A minuit les troupes défilèrent et s'établirent dans l'île de Lobau; et l'on coupa le pont qui la joignait au rivage. On se trouva ainsi séparé de la rive gauche par un bras de plus de quatre cents pieds de large.

La perte, de part et d'autre, dans les journées du 21 et du 22, avait été énorme. Les Autrichiens ont avoué quatre mille morts, dont quatre-vingt-dix-sept officiers supérieurs; seize mille blessés, dont douze généraux, et quinze cents prisonniers. Le Xe bulletin ne reconnut du côté des Français que quinze cents morts, dont trois généraux, et trois mille blessés, dont deux généraux. Cette évaluation est certainement moins au-dessous de la vérité que l'on ne croirait, d'abord parce que les Autrichiens, attaquant, durent perdre beaucoup plus de monde que nous; et ensuite parce que nos forces étaient si faibles, qu'une perte plus considérable les eût désorganisées. Que l'on compare d'ailleurs combien il y eut de part et d'autre de généraux tués et blessés, et l'on reconnaîtra que la perte de notre côté dut être moindre que celle des Autrichiens de plus de moitié. Il est probable que, dans les deux armées, la proportion des tués et des blessés fut la même entre les généraux et les soldats. Quoi qu'il en soit, la bataille d'Essling ne fut point comptée par les Français pour une affaire restée indécise. Les Autrichiens, au contraire, s'attribuèrent la victoire. Toute l'Allemagne apprit que, pour la première fois depuis dix ans, les Français avaient été vaincus et qu'ils avaient reculé. Cette nouvelle donna de l'espérance à tous les ennemis de la France, ranima le courage des Espagnols, et accrut la fermentation qui remuait déjà les populations germaniques. Dès le mois de juin, on vit sortir de Bohême des bandes plus ou moins considérables, qui pénétrèrent en Saxe, en Franconie, en Hesse, en Hanovre, provoquant les populations à la révolte, lançant des proclamations, et recrutant des partisans. « Armez-vous, disaient-elles, pour la liberté et pour la délivrance de l'Europe et du genre humain ! » Une de ces bandes entra à Nuremberg et y établit un comité d'insurrection. On n'avait que des troupes allemandes à leur opposer; partout les bandes tentèrent leur fidélité; elles réussirent à entraîner avec elles quelques corps détachés; mais les généraux français parvinrent en général à les maintenir et à les employer même à la destruction de l'ennemi. En même temps des troubles sérieux éclataient dans le Wurtemberg, dans tous les pays qui avaient appartenu à l'Autriche, aux prélats ou à l'ordre équestre; on découvrit une conspiration à la tête de laquelle était un aide-de-camp de Jérôme. Le roi de Wurtemberg fut obligé de se mettre à la tête d'une petite armée pour les comprimer. Il battit les révoltés à Mergentheim et à Stokach, et les força à se cacher; quelques chefs payèrent leur tentative de leur tête. Un officier prussien essaya un coup de main sur Magdebourg; n'ayant pas réussi, il courut le plat pays, enlevant des caisses et coupant les communications. Un autre colonel prussien insurgea son régiment, sortit de Berlin à la tête de ses hussards, entraîna quelques centaines d'hommes d'infanterie, et fit un mouvement sur Wittemberg et Magdebourg. Il se rabattit ensuite sur le Bas-Elbe, recrutant rapidement sa troupe; de là il traversa le Meklembourg, et se fit remettre la place de Stralsund par les soldats de ce duché auxquels elle avait été confiée. Mais le général Gratien accourut avec un corps danois, et, jugeant que le moindre retard dans une circonstance pareille serait une faute, il tenta l'escalade; la ville fut prise; Schill fut tué dans le combat, et ses soldats tués ou dispersés. Ce brusque succès déconcerta les projets de l'ennemi; on était à peine rentré dans Stralsund, que l'on vit paraître une flotte anglaise qui arrivait chargée de troupes de débarquement. La Prusse désavoua Schill; elle lui fit même faire son procès. Mais l'insurrection la plus considérable était celle du Tyrol. Ce qui s'était passé dans le reste de l'Allemagne n'était point encore de nature à compromettre l'autorité française ; seulement les mauvaises dispositions de la population s'étaient manifestées en ce qu'il avait été possible aux chefs de bandes de parcourir de vastes espaces de terrain sans rencontrer ni dénonciateurs ni opposition. Dans le Tyrol, le peuple, excité par Chasteler, s'était insurgé en masse ; il s'était donné pour chef un des siens, un aubergiste nommé Hofer ; ses succès avaient été considérables : il avait d'abord chassé les Français et les Bavarois de tout le pays ; il avait fait à ses maîtres une guerre atroce, massacrant de sang-froid les prisonniers de guerre et même les gens désarmés. Après la bataille d'Eckmuhl, Lefebvre avait été envoyé avec ses Bavarois pour ramener le pays à l'obéissance ; il avait, en effet, battu les troupes régulières et repoussé les insurgés, qui partout firent une belle défense ; enfin, il avait repris Inspruck, la capitale du Tyrol. Mais, comme il arrive dans les mouvemens populaires, les défaites éprouvées par les révoltés n'eurent qu'un effet momentané. L'insurrection se renouvela et montra une énergie plus grande que la première fois. Elle prit l'offensive ; elle multiplia avec ténacité ses attaques. Les Bavarois furent obligés de se mettre en retraite, d'évacuer le pays et de venir prendre des positions, où ils se bornèrent à couvrir la Bavière. Les progrès des Tyroliens furent accompagnés de violences et d'excès de toute sorte qui leur aliénèrent les populations voisines. Cependant, en juin et juillet, ils s'emparèrent de Constance et poussèrent leurs incursions en Italie jusqu'aux portes de Véronne.

Mais l'armée autrichienne de l'archiduc Jean n'était plus sur ce terrain pour les appuyer ; il est vrai que l'armée d'Italie n'y était pas non plus pour les arrêter. La première avait reculé jusqu'en Hongrie, et la seconde, en la poursuivant, était arrivée à former l'extrême droite de la grande armée.

L'armée d'Italie, commandée par le prince Eugène Beauharnais, vice-roi d'Italie, avait d'abord été obligée de reculer devant les Autrichiens jusqu'à Véronne. Elle était alors très-inférieure en nombre, tous les corps qui devaient la composer n'ayant pas eu le temps de la rejoindre. Le 1ᵉʳ mai, les Autrichiens, ayant appris les succès de Napoléon à Eckmuhl, et sa marche sur Vienne, commencèrent leur retraite. Le vice-roi les suivit pas à pas, attaquant l'arrière-garde, enlevant des postes et des passages. Chemin faisant, il écrasa Jellachich à Saint-Michel; enfin il opéra sa jonction avec la grande armée, le 26 mai. Marmont, en Dalmatie, n'avait pas été moins heureux; après avoir battu l'ennemi dans plusieurs rencontres, il était parvenu, vers la fin de juin, à se lier avec la grande armée par un poste placé dans Gratz. Ce fut sur ce point que deux bataillons d'un régiment, le 84e, arrêtèrent pendant long-temps tous les efforts d'une armée autrichienne, et préparèrent, par cette résistance, la réunion définitive du corps de Marmont. Ces deux bataillons étaient commandés par le colonel Gambin. L'empereur ordonna d'écrire sur son drapeau ces seuls mots : *Un contre dix.*

Pendant que l'on se battait en Allemagne, la guerre avait aussi éclaté en Pologne. L'archiduc Ferdinand et Poniatowski se trouvèrent en présence. Les premiers succès appartinrent aux Autrichiens, car l'armée polonaise n'était ni nombreuse ni réunie. On fut obligé, après un combat très-disputé, de leur livrer Varsovie; mais la Pologne ne capitula pas avec sa capitale; les Autrichiens assiégèrent vainement la ville de Thorn. Poniatowski, ayant doublé son armée, c'est-à-dire disposant presque de quarante mille hommes, se trouva alors en mesure de reprendre l'offensive. Il enleva Varsovie à l'archiduc, le battit à Grochow le 24 avril, à Gora, le 5 mai, envahit la Pologne autrichienne, pénétra en Gallicie, et força l'ennemi, le 10 juillet, à évacuer Varsovie.

L'Italie méridionale n'était pas à l'abri de la guerre: une flotte anglaise portant des troupes de debarquement menaçait les côtes du royaume de Naples, et fit quelques tentatives, mais sans succès important ni solide; la vigilance de Murat déjoua les projets qu'on avait pu former contre la sûreté de son royaume.

Pendant que toutes les parties de l'Allemagne, la Pologne et l'Italie même, étaient aussi agitées ou menacées, l'empereur réorganisait et renforçait son armée à Vienne; il faisait fortifier l'île

Lobau, se proposant toujours de s'en servir pour passer sur la rive gauche ; il multipliait les ponts, les rendait solides et les faisait assurer par des estacades. De son côté, l'archiduc avait fortifié la ligne d'Anspern à Essling, et d'Essling à Enzersdorf ; il s'y préparait à soutenir les nouvelles attaques qu'il prévoyait. Il croyait sans doute que les Français tenteraient le passage encore au même point ; mais l'empereur s'était décidé à passer beaucoup plus bas, de manière à prendre à revers, et à rendre inutiles les retranchemens dressés par les Autrichiens. Il avait choisi, pour servir de passage à son armée, une petite île située au-dessous de l'île Lobau et couverte par les ouvrages élevés dans celle-ci.

Dans la nuit du 4 au 5 juillet, l'armée française se concentra dans l'île Lobau ; en même temps l'empereur fit commencer un feu général de toutes le batteries dont elle était armée ; on le dirigea sur les retranchemens autrichiens, et particulièrement sur Enzersdorf. Ce dernier village fut bientôt enflammé par les bombes et les obus dont on l'écrasait. Les batteries autrichiennes ne tardèrent pas à répondre. Enfin un orage violent vint encore accroître le bruit. Six ponts qui devaient nous mettre en possession de la rive gauche furent jetés sans que l'ennemi s'en aperçût, et l'armée défila rapidement. Le 5 au matin, elle se trouva placée sur le flanc des fortifications de l'archiduc. L'archiduc se retira obliquement sur Wagram, non sans disputer les positions qu'il abandonnait ; il se défendit à Enzersdorf, à Essling, et à Pysdorf. Vers le soir, l'ennemi avait ses différens corps disposés sur une ligne presque parallèlement au fleuve, et nous marchions contre lui dans un ordre semblable. Plus tard la ligne ennemie se creusa vers Wagram, et nos corps marchaient en éventail. L'empereur voulut, dès ce jour même, couper la ligne ennemie ; il fit attaquer des hauteurs formées par les contours d'une petite vallée et d'une petite rivière nommée la Russbach. Ce mouvement eut lieu à la chute du jour, et sans ensemble : il ne réussit point. L'engagement fut suspendu. Le lendemain, les Autrichiens prirent l'offensive ; leur ligne formait à peu près un demi-cercle, dont la concavité nous faisait face. Le centre de ce demi-cercle était à peu près Wagram. Notre armée était dans un ordre convexe parallèle. Si donc l'ennemi, en allongeant ses ailes, parvenait à atteindre nos flancs, il nous séparait du Danube. Le plan de Napoléon consista à faire tourner et repousser l'aile gauche ennemie qui était appuyée à Neusiedel; puis, cette opération faite, à faire attaquer le centre en masse vers Wagram. Il chargea Davoust, avec son corps, composé entièrement de Français, de l'attaque de Neusiedel. Lui-même, pendant ce temps, ne s'occupa qu'à se maintenir, sans engager ses réserves. Ce ne fut point sans peine qu'il y réussit; nous fûmes repoussés de nos positions : à notre gauche, les Saxons de Bernadotte furent d'abord chassés d'Aderklau; Masséna le reprit, mais ne put s'y maintenir; l'armée d'Italie, commandée par le prince Eugène, fut elle-même obligée de reculer. En ce moment, Napoléon improvisa une manœuvre, qu'il employa souvent plus tard pour suppléer à l'insuffisance de ses troupes. Il fit déployer les batteries de la garde; soixante pièces de canons se rangèrent en première ligne comme de l'infanterie, et ouvrirent leur feu. Les Autrichiens s'arrêtèrent. Ils opposèrent canons à canons; mais leur feu fut bientôt éteint. L'armée d'Italie se reforma et se rassura. Cependant les Autrichiens avaient gagné du terrain; leur armée se trouvait former une potence dont un bras était appuyé au Danube, l'angle à Wagram, son autre bras à Neusiedel; son aile droite commençait même à pénétrer entre notre flanc gauche et le Danube. L'inquiétude était extrême dans l'état-major de Napoléon; les nouvelles fâcheuses se succédaient rapidement. A tout moment on envoyait de notre gauche demander des ordres; il ne répondait pas; il n'était attentif qu'à ce qui se passait du côté de Neusiedel. Enfin, voyant que l'attaque de Davoust avait réussi. « La bataille est gagnée ! » s'écria-t-il; et il ordonna le mouvement qui la termina. Il forma son centre en colonne. Macdonald se mit en première ligne avec huit bataillons déployés, et treize bataillons en masse sur les ailes; venait, en seconde ligne, le prince Eugène avec deux divisions, les cuirassiers et la cavalerie légère de la garde sur les ailes; enfin, en troisième ligne, venait Napoléon avec la vieille et la jeune garde, et ses grenadiers à cheval. Cette colonne traversa toute la plaine, rompant le centre ennemi, et atteignit Wagram. L'ennemi rompu, affaibli, après avoir tenté de vains efforts pour arrêter ce mouvement offensif, se mit en retraite. La bataille était gagnée, mais elle nous avait coûté cher. Nous avions six mille cinq cents morts, dont trois généraux, quinze mille blessés, dont vingt et un généraux. Napoléon nomma Macdonald, Oudinot et Marmont, maréchaux sur le champ de bataille; il donna à Masséna le titre de prince d'Essling, à Davoust, déjà surnommé duc d'Averstadt, le titre de prince d'Eckmuhl, et à Berthier, celui de prince de Wagram. On évalua la perte des Autrichiens à trente mille hommes. Ils avouèrent une perte de vingt-quatre mille tués ou blessés, dont treize généraux, et de quarante pièces de canon. L'archiduc Charles, qui chargea lui-même, fut légèrement blessé. On leur fit peu de prisonniers. Leur armée se retira en assez bon ordre par les routes de Bohême et de Moravie.

Cette victoire, extrêmement disputée, fut sur le point d'être enlevée par les Autrichiens. Il est probable que notre armée eût été fortement compromise, si toutes leurs troupes eussent donné. L'archiduc Jean se tint, avec dix-huit mille hommes qu'il commandait, à quatre lieues du champ de bataille; il y resta immobile; il ne prit part qu'à la retraite. On ne s'explique pas cette inaction. Faut-il l'attribuer à quelque jalousie de commandement, ou à des ordres mal donnés et mal compris?

D'un autre coté, Napoléon n'eut pas également à se louer de tous les corps de son armée. Il s'aperçut qu'ils n'étaient pas tous composés de Français. Les Saxons se conduisirent mal. Tout le monde l'avait remarqué. Bernadotte, qui les commandait, afin de les consoler sans doute, leur adressa un ordre du jour dans lequel il louait leur courage, leur attribuait des faits accomplis par d'autres troupes, et ajoutait qu'ils avaient été au milieu du feu semblables à une colonne de granit. Napoléon, mécontent, lui retira son commandement, et le renvoya en France. L'armée d'Italie montra aussi de l'hésitation en plusieurs circonstances importantes. Elle recula lorsque le centre de l'archiduc se précipita sur nous ; sans le terrible feu des batteries de la garde dont Napoléon les fit couvrir, elle eût probablement été enfoncée ; mais elle se reforma sous cette protection improvisée. Napoléon dut alors vivement regretter ses régimens et ses généraux engagés en Espagne. Il dut sentir le besoin de quelques années de paix.

Quoi qu'il en soit, on se mit à la poursuite de l'ennemi. L'armée d'Italie fut chargée de veiller sur les mouvemens de l'archiduc Jean, et le reste des troupes se mit en marche sur Zualm, à la suite de l'archiduc Charles. Ce prince s'arrêta sur ce dernier point, se montrant prêt à accepter le combat. Le 11 juillet, vers sept heures du soir, l'affaire était déjà vivement engagée, lorsque les cris de paix firent cesser le feu. On venait de convenir d'un armistice qui fut signé dans la nuit. Il portait que les armées belligérantes conserveraient à peu près les positions qu'elles occupaient ; les limites assignées à chacune d'elles étaient celles des provinces dont elles étaient maîtresses. Les Autrichiens devaient évacuer les forteresses de Brunn et de Gratz, le Tyrol, le Voralberg et tout le territoire de la confédération du Rhin.

La nouvelle de cet armistice fut mal accueillie par l'empereur François ; il hésita quelque temps avant de la ratifier ; son premier mouvement fut d'écrire, aux différens chefs qui agissaient hors de la dépendance de l'archiduc Charles, de n'en tenir aucun compte. Enfin, le 18 juillet, il se détermina à l'accepter, mais sans perdre la volonté de continuer la guerre, et avec l'intention d'en profiter pour réorganiser ses forces. L'archiduc Charles fut disgracié ; on lui retira son commandement. Napoléon, de son côté, s'occupa de mettre son armée sur le meilleur pied, de préparer des positions et d'armer des places.

L'armistice ne mit pas fin à l'insurrection du Tyrol ; les révoltés refusèrent d'obéir. Cette persistance embarrassa beaucoup Napoléon, qui ne pouvait y envoyer des forces sans s'affaiblir : il leur députa un officier chargé de propositions avantageuses, et autorisé à négocier. Les propositions furent rejetées. Les états de la confédération du Rhin n'étaient pas non plus paisibles. Du 7 au

8 juillet, les Anglais débarquèrent trois mille hommes à Bremersée ; cette nouvelle excita des mouvemens à Osnabruck et jusqu'en Hanovre. En même temps, le duc de Brunswick, à la tête de quatre mille aventuriers, traversa la Saxe, leva des contributions à Leipsig, détruisit un régiment westphalien à Halberstadt, et prit possession de sa principauté de Brunswick le 1er août. On ne l'y laissa pas long-temps tranquille ; le général saxon Thielman et le général Gratien marchaient contre lui d'un côté, tandis que le général Rewbell s'avançait de l'autre. Brunswick livra un dernier combat ; il alla au-devant de Rewbell dont il mit l'infanterie en fuite ; mais il fut écrasé par les cuirassiers westphaliens et le régiment de Berg ; alors perdant tout espoir, ayant appris que les Anglais s'étaient rembarqués, il s'échappa, et se retira dans l'île de Heligoland, à l'entrée de l'Elbe et du Weser.

L'expédition des Anglais à Bremersée avait eu pour but de couvrir une entreprise plus grave, depuis long-temps préparée dans ses ports. La nouvelle de l'armistice de Zualm, la crainte de la paix entre l'Autriche et la France, en hâta l'exécution.

Le 29 juillet on signala au général Monnet, gouverneur de Flessingue, l'apparition d'une flotte considérable que tout annonçait disposée pour opérer et protéger un débarquement. Elle se composait en effet de quarante vaisseaux de ligne, de trente-six frégates, et d'une foule de bâtimens de transport portant quarante mille hommes de débarquement, de l'artillerie de campagne et de siége. Les Anglais débarquèrent sur plusieurs points le 30, et le 2 août ils firent une tentative sur Berg-op Zoom ; ils allèrent assiéger Flessingue. On n'avait, lorsque leur flotte se montra, que quelques centaines de gardes nationaux soldés, en garnison dans l'île de Walcheren. Monnet eut le temps de se renforcer d'un bataillon, et fit des démonstrations qui retardèrent les mouvemens des Anglais. On gagna du temps, assez pour prévenir le ministère à Paris, pour faire venir quelques bataillons et les jeter dans Flessingue, pour mettre la flotte à l'abri dans Anvers. Flessingue fut assiégé le 6 août.

A la nouvelle de ce débarquement, le ministère s'assembla. On hésitait ; les uns voulaient qu'on attendît les ordres de l'empereur ; le ministre de la police Fouché, qui réunissait dans ce moment le ministère de l'intérieur dont le titulaire était malade, se rappela son ancienne énergie révolutionnaire. Il ordonna de mobiliser la garde nationale de tout l'empire. « Prouvons, dit-il, dans une circulaire adressée aux préfets, prouvons que si le génie de Napoléon peut donner de l'éclat à la France, sa présence n'est pas nécessaire pour repousser l'ennemi ! »

Le résultat de cet appel fut de nature à donner une idée redoutable des ressources et de l'esprit militaire des Français. Après les avoir excités, il fallut les modérer. Le 16 août, trente mille gardes nationaux étaient réunis à Anvers : un plus grand nombre se préparait à les joindre. Le seul département du Nord en arma et en équipa quatorze mille. Bernadotte fut revêtu du commandement en chef. Il pensait à passer dans l'île de Walcheren et à débloquer Flessingue ; mais cette ville s'était rendue le 15. Les Anglais y laissèrent dix mille hommes de garnison, et, après avoir tâté, dans différentes directions les avant-postes français, ils se rembarquèrent du 28 au 30 août. Le 4 septembre ils avaient évacué complétement tous les points où ils s'étaient établis, ne conservant que l'île de Walcheren.

L'insuccès de l'expédition anglaise détermina l'Autriche à faire la paix. Les conférences commencèrent ; le traité fut signé le 14 octobre. L'Autriche cédait à la France les provinces illyriennes ; divers territoires à la Saxe et à la Bavière ; toute la Gallicie occidentale, avec un agrandissement autour de Cracovie, et le cercle de Zamosc au grand duché de Varsovie ; et, à l'empereur de Russie, un territoire de l'ancienne Gallicie renfermant quatre cent mille ames. Elle adhéra au système prohibitif adopté contre les marchandises anglaises. Enfin, par des articles secrets, elle s'engagea à payer une contribution de guerre de 85 millions, et à réduire de moitié les cadres de son armée.

Aussitôt cette solution acquise, l'empereur quitta Vienne ; il était de retour à Fontainebleau le 27 octobre.

Telle fut la conclusion de la campagne d'Autriche de 1809. On s'étonne que Napoléon, deux fois possesseur de la capitale de l'empire autrichien, deux fois maître de son sort, ait deux fois commis la même faute, celle de laisser subsister cet empire. Sans doute, en 1809, la victoire lui fut plus disputée ; il lui eut fallu encore livrer une ou deux batailles pour posséder entièrement le sol sur lequel régnait la maison de Lorraine ; mais les difficultés mêmes qu'il avait éprouvées dans cette guerre ; l'assurance de laisser l'empereur François mécontent, dans le regret de tant de provinces perdues et dans le souvenir de tant de cruelles humiliations ; la certitude de n'avoir en lui qu'un allié douteux toujours prêt à rompre au moindre revers, tout devait l'engager à en finir d'un seul coup, en détrônant la maison régnante, et en prononçant la séparation des couronnes d'Autriche, de Bohême et de Hongrie. Nul doute qu'une telle proclamation faite après la prise de Vienne n'eût frappé ses ennemis de terreur, arrêté les hommes timides, excité plusieurs ambitions. Nul doute aussi que la guerre n'eût été plus longue ; mais la confédération du Rhin eût fait plus d'effort et lui eût donné plus de soldats. Nul doute que cette proclamation n'eût rien changé aux succès de Wagram ; en le forçant à continuer la guerre, elle eût amené l'anéantissement des forces autrichiennes. Il ne se fût point arrêté au moment où le nombre était de son côté. D'ailleurs ses troupes eussent redoublé d'énergie en apercevant la fin de leurs efforts, et l'Allemagne, comme la France, eût espéré la paix. Mais, pour agir ainsi, Bonaparte ne se sentait pas une autorité morale suffisante. C'était pour lui-même, pour sa puissance et sa gloire qu'il combattait ; il voulait, avant tout être empereur et roi. Pour avoir, aux yeux de l'Europe, devant l'opinion publique, le droit de disposer des couronnes, il fallait agir en un autre nom que le sien, au nom d'une grande révolution, au nom des principes sur lesquels reposent le passé et l'avenir de l'Europe, au nom des principes d'égalité et de fraternité chrétienne. Il fallait, en un mot, travailler pour le peuple et non pour soi.

Plus tard, Napoléon, abandonné et vaincu, se reprocha sa conduite avec l'Autriche ; il regrettait de l'avoir laissée si redoutable et maîtresse d'une des positions les plus importantes de l'Allemagne, c'est-à-dire de la Bohême. Au reste, les conseils ne lui manquèrent pas sous ce rapport. Le grand duc de Wurtzbourg lui fit faire plusieurs insinuations sur ce sujet. Il lui fit demander, soit de lui donner l'une des trois couronnes de Bohême, de Hongrie ou d'Autriche, soit de le placer sur le trône de l'empire pour lequel il pouvait faire valoir des droits légitimes. Dans le cas où Napoléon y eût consenti, il lui offrait, entre autres garanties, son fils pour aide-de-camp. Tout devait persuader Bonaparte de l'opportunité qu'il y avait à suivre l'un de ces avis. Les mouvemens insurrectionnels tentés en Allemagne, l'état de l'opinion publique lui prouvaient qu'il était impolitique d'y faire une nouvelle guerre. N'avait-il pas lui-même manqué être victime du fanatisme qui commençait à germer dans la jeunesse. A une revue qu'il passait, le 13 octobre, à Schœnbrunn, un jeune homme, âgé de dix-huit ans, nommé Frédéric Staub, avait demandé itérativement à lui parler. Son insistance donna des soupçons à Rapp, qui l'arrêta. On le trouva armé d'un couteau de cuisine fraîchement aiguisé. On chercha à le sauver en faisant semblant de le prendre pour fou ; il dit que, si on le mettait en liberté, il recommencerait. Traduit devant une commission militaire, il fut condamné et exécuté le 16. Son dernier cri fut : *Vivent la liberté et l'Allemagne !* Napoléon devait comprendre qu'il fallait enfin faire quelque chose pour les peuples ; jusqu'à ce moment, il ne s'était fait sentir à eux que par le mal qu'il leur faisait ; n'était-ce pas eux qui supportaient le poids des occupations militaires, le fardeau des contributions de guerre et des conscriptions. Que leur avait-il donné en échange ?

Le roi de Prusse avait été plus habile ; il avait compris qu'il fallait rattacher ses sujets, et, ne pouvant user de force avec eux, il s'était adressé à leurs intérêts. En 1807, il avait fondé les universités de Berlin et de Breslaw ; il avait supprimé les juridictions héréditaires, avec indemnités aux possesseurs ; il avait effacé la distinction des terres nobles, donnant à chacun la liberté d'en acquérir et d'en disposer librement. En 1808, il avait aboli les punitions corporelles dans l'armée, donné à tout soldat, quelle que fût sa naissance, le droit d'aspirer au grade d'officier. En 1809, il ouvrit à tout le monde l'accès aux grades supérieurs, et soumit la noblesse à l'impôt foncier. Enfin, le roi de Prusse s'était fait, sous quelques rapports, le représentant du principe d'égalité; il fut plus libéral que Napoléon, le fils de la révolution.

Napoléon avait d'ailleurs perdu, aux yeux des populations catholiques, l'auguste caractère que lui avait conféré le pape en le sacrant empereur. Le pape le lui avait retiré, en lançant contre lui une bulle d'excommunication. Elle avait été prononcée le 10 juin 1808, vingt-trois jours après un décret de Vienne, en date du 23 mai, qui rangeait les états romains parmi les départemens de l'empire. On peut être étonné de voir le souverain spirituel prendre un parti si extrême pour un motif purement temporel; cependant on se rangea généralement du côté du faible contre le fort; beaucoup de gens même crurent qu'il y avait d'autres motifs, des motifs plus graves, directement attentatoires à la liberté spirituelle de l'Église. Il en était ainsi, en effet; mais cette affaire fut cachée au public. Nous allons en dire quelques mots.

Depuis long-temps l'empereur était en discussion avec le pape; il voulait qu'il entrât dans le système impérial, qu'il fût en paix avec ses amis, en guerre avec ses ennemis. On lui fit comprendre que l'Église était universelle et que son souverain pontife ne pouvait accepter pour ennemis que ceux qui renonçaient à l'Église et travaillaient contre sa fin. L'empereur renonça à cette prétention, mais il demanda que le pape, à titre de prince temporel, entrât dans le système continental, et exclût de ses états les Anglais aussi bien que leurs marchandises. Le saint-père résista; ses devoirs catholiques lui défendaient en effet de repousser personne. Napoléon voulait de plus qu'il approuvât la suppression des couvens qu'il avait prononcée dans ses états d'Italie et qu'il allait prononcer en Espagne; il contestait les droits de la cour de Rome quant à l'élection à certains évêchés, etc. On ouvrit des négociations sur ce sujet. Enfin, on adressa, le 9 janvier, à cette cour, un *ultimatum* qui contenait les propositions suivantes : 1° Que les affaires relatives aux communications avec les Anglais fussent réglées ainsi qu'on l'avait demandé ; 2° que le pape se soumît à payer 400,000 fr. pour les fortifications d'Ancône ; 3° que le saint-père accordât à la France la nomination de trente cardinaux pour former le tiers du collége chargé d'élire le pape et de diriger l'Église ; 4° que la cour de Rome fît arrêter un certain nombre de malveillans, ennemis de la France ; 5° qu'elle reconnût le roi de Naples ; 6° qu'elle éloignât le consul et toutes les personnes attachées au roi de Sicile, Ferdinand IV. — On ajoutait que si, dans cinq jours, on ne recevait pas une réponse satisfaisante, les états romains seraient occupés et qu'il en serait disposé. — Le pape accepta les articles 2, 4 et 5 de l'*ultimatum*; et il déclara qu'il ne lui était pas permis d'accepter les articles 1, 3 et 6 ; il consentait à prohiber les marchandises anglaises, mais il ne pouvait exclure d'une manière absolue les personnes, etc. Vers la fin de janvier, le général Miollis força l'entrée de Rome, et mit garnison au château Saint-Ange. Le pape protesta contre cette usurpation ; il fit afficher cette protestation en invitant en même temps le peuple à rester en paix et à traiter les Français en frères. Le mois suivant, on donna ordre aux cardinaux originaires de Naples de rentrer dans leur pays ; ils refusèrent ; on les enleva de force. Nouvelle protestation du pape. Un mois après, on enjoignit à quatorze cardinaux italiens originaires des provinces formant le royaume d'Italie, ou réunies à l'empire, de quitter Rome pour se rendre dans le pays de leur naissance ou dans leurs évêchés. Ils refusèrent d'obéir. Le 26 mars, on les fit enlever et conduire à leur destination. Quel pouvait être le but de semblables mesures ? C'était évidemment d'isoler le pape et de désorganiser la cour de Rome ; c'était aussi anéantir le gouvernement de l'Église. Le 27 mars 1808, le saint-père adressa à Napoléon un bref dans lequel il l'avertissait et le menaçait des foudres de l'Église.

L'empereur répondit par une note qui ordonnait la division des états romains en trois départemens, et y créa une division militaire. En même temps il prescrivit aux cardinaux, prélats et employés quelconques, nés dans le royaume d'Italie ou en France, de rentrer dans leur pays natal, sous peine de confiscation de leurs biens. Cependant on négociait encore. Un dernier acte détermina le saint-père à recourir aux moyens extrêmes. Le cardinal Gabrielli, son secrétaire d'état, reçut l'ordre de sortir de Rome et de se rendre dans son évêché à Sinaglia. Le pape élut le cardinal Pacca en sa place. Celui-ci à son tour reçut ordre de s'éloigner et de se rendre à Bénévent; il refusa d'obéir. Alors on le fit enlever et en même temps le doyen du sacré-collége. Ainsi on annonçait le projet arrêté d'ôter tout moyen d'action à la cour de Rome. Vint enfin le décret du 25 mai, qui combla la mesure et qui rendit publique l'oppression du saint-père. Tels furent les motifs qui déterminèrent le pape à lancer publiquement l'anathème sur la tête de Napoléon.

On ne permit pas au pape de séjourner long-temps à Rome après cet acte d'indépendance. Le général Miollis chargea le général Radet, inspecteur général de la gendarmerie, de s'emparer de sa personne. Le pape, instruit, avait fait barricader le palais Quirinal qu'il habitait; il voulait qu'il fût bien constaté qu'il n'avait cédé qu'à la violence. Dans la nuit du 5 au 6 juillet 1808, Radet fit escalader le palais par des soldats napolitains; il se rendit lui-même auprès de sa sainteté et lui ordonna de le suivre. Pie VII fut conduit à Grenoble; plus tard il fut transféré à Savone. Cet acte de violence fut mal accueilli par l'opinion; aussi on se crut obligé de répandre le bruit que tout s'était passé à l'insu de l'empereur.

Napoléon fut vivement irrité par la résistance du saint-père; mais d'autres soins détournaient son attention. Il était alors fortement préoccupé des moyens d'assurer la haute position qu'il tenait. L'état de l'opinion publique en Allemagne ne lui avait pas échappé; il avait aperçu tout ce qu'elle présentait de menaçant pour l'autorité qu'il y exerçait et qu'il voulait y conserver. Il méditait donc sur les mesures les plus propres à unir les intérêts de ce pays avec ceux de sa couronne. Il ne lui vint pas même en pensée de chercher ces moyens dans la reconnaissance des peuples, dans quelques améliorations à leur sort. Il ne vit que ceux qui pouvaient en même temps relever et annoblir sa dynastie. Il pensait à s'allier avec la maison d'Autriche. Mais il fallait d'abord rompre son mariage avec l'impératrice Joséphine. Il lui fit connaître ses intentions le 30 novembre. Le 15 décembre, il les rendit publiques. Il avait, à cet effet, convoqué tous les rois et princes de sa famille, le vice-roi de Naples et les principaux dignitaires de l'empire. Joseph seul n'y était pas. « La politique de ma monarchie, dit-il, l'intérêt, le besoin de mes peuples, veulent qu'après moi je laisse à des enfans, héritiers de mon amour pour mes peuples, ce trône où la Providence m'a placé. Cependant, depuis plusieurs années, j'ai perdu l'espérance d'avoir des enfans de ma bien-aimée épouse l'impératrice Joséphine; c'est ce qui me porte à sacrifier les plus douces affections de mon cœur, à n'écouter que le bien de l'état, et à vouloir la dissolution de mon mariage. » L'impératrice parla ensuite; elle déclara qu'elle se sacrifiait au bien de la France et qu'elle consentait au divorce. On rédigea procès-verbal de ces déclarations. Il fut porté au sénat le lendemain, qui déclara, par un sénatus-consulte daté du 16 décembre, que le mariage entre l'empereur Napoléon et l'impératrice Joséphine était dissous, et que celle-ci conserverait toujours le titre d'impératrice-reine. Grégoire avait préparé un discours contre le divorce; mais on ne donna la parole à personne. Cependant, sur quatre-vingt-sept votans, il y eut sept non et quatre billets blancs. C'était une grande marque d'opposition dans le sénat.

Le mariage civil de Napoléon et de Joséphine pouvait être considéré comme rompu par l'acte du sénat; mais il avait été consacré par l'Église le 1er décembre 1804, la veille du sacre; il fallait donc obtenir de l'Église qu'elle prononçât le divorce. On s'adressa à l'officialité de Paris; celle-ci opposa qu'elle n'avait pas des droits suffisans; elle demanda qu'on consultât les évêques. Une commission composée des cardinaux Maury et Cazelli et de cinq évêques ou archevêques décida que l'officialité de Paris avait ce droit. En conséquence elle commença une enquête, à la suite de laquelle elle eut, le 9 janvier 1810, la lâcheté de prononcer la nullité du mariage. Cette sentence fut confirmée par le métropolitain ; mais le pape la déclara irrégulière et la condamna. On ne tint compte de cette dernière décision, qu'on parut prendre pour une vengeance politique. Le peuple vit avec peine la répudiation de Joséphine. Il accueillit cette nouvelle avec une crainte superstitieuse, car il considérait cette femme comme *le bon ange* de Napoléon.

C'est au milieu de ces intrigues que la session de 1809 fut ouverte, le 3 décembre, par l'empereur. Dans son discours, il annonça au corps législatif que, l'Espagne exceptée, le continent était en paix. En effet, après la paix avec l'Autriche, l'armée d'Italie avait été chargée de soumettre le Tyrol. Elle s'en était déjà mise en possession ; les insurgés étaient dispersés ; tout annonçait qu'ils ne tarderaient pas à mettre bas les armes. En effet, les neiges forcèrent les plus intrépides à quitter les montagnes et à rentrer dans leurs villages ; Hofer lui-même fut pris, jugé et fusillé. D'un autre côté, l'Angleterre avait évacué Flessingue. Après avoir vu périr une partie de ses troupes par l'effet de la *fièvre des polders*, le général qui commandait la garnison de cette place l'évacua aussitôt qu'il apprit qu'on allait l'assiéger. Avant de s'embarquer, il en fit sauter les fortifications. Enfin, la Suède elle-même avait mis bas les armes. Les Russes, après avoir conquis la Finlande, avaient, dans l'hiver de 1809, traversé le golfe de Bothnie sur les glaces, et menacé Stockholm. Leur présence provoqua une révolte. Les chefs de l'armée s'emparèrent le 13 mars de la personne de leur roi Gustave-Adolphe IV. Une diète fut convoquée ; elle proclama sa déchéance et celle de sa famille, et transféra la couronne au duc de Sudermanie, qui fut proclamé roi sous le nom de Charles XIII. Et comme celui-ci n'avait point d'enfant, la diète nomma pour lui succéder le prince Christiern-Auguste de Holstein Soudersbourg-Augustembourg. Charles XIII, à peine monté sur le trône, se hâta d'acheter la paix avec les Russes en leur cédant, le 17 septembre, la Finlande, qu'ils ont toujours possédée depuis. Mais revenons au discours de l'empereur.

Le corps législatif y répondit par une adresse dont Fontane, son président, fut le rédacteur et l'organe. Elle était, comme toutes les autres, un modèle d'adulation. La session d'ailleurs fut fort courte et peu intéressante : la loi la plus importante fut celle du budget. On vota en outre quelques projets relatifs à des questions d'administration locale. Cette session ne dura que cinquante jours; elle fut close le 22 janvier 1810.

Pour achever l'histoire de l'année 1809, il nous reste à donner une idée de la situation des affaires en Espagne.

L'armée française de la Péninsule était divisée en divers corps qui agissaient isolément, mais sous la direction du roi Joseph, ou plutôt du maréchal Jourdan, son major-général. Ils formaient ensemble une masse évaluée à plus de deux cent mille hommes de troupes en général très-aguerries. Mais la puissance de cette masse redoutable était amoindrie par la nature même de la guerre, par celle des ennemis qu'elle avait à combattre, et par les dispositions du sol sur lequel elle manœuvrait. Il fallut la disperser, soit pour opérer dans les diverses directions où nous appelaient l'ennemi et la nécessité de soumettre le pays, soit pour garder les points déjà possédés et les maintenir en paix. Les armées espagnole et portugaise ne livrèrent pas un seul combat en rase campagne qui ne se terminât par une défaite prompte et complète; mais rien ne décourageait ni les insurgés ni les généraux; ces armées se reformaient comme par enchantement, réparaient rapidement leurs pertes, et venaient de nouveau menacer nos communications, ou inquiéter et enlever les corps épars et les petites garnisons. Il serait difficile, dans un abrégé tel que celui-ci, de donner une idée complète d'une guerre remplie d'incidens, où les marches et les contre-marches se multiplient, où les engagemens ont toujours un résultat uniforme, la défaite, mais non la destruction de l'ennemi. Trois grandes opérations militaires signalèrent la campagne d'Espagne en 1809;

le siége et la prise de Saragosse; l'invasion du Portugal par Soult, et la marche de Wellington sur Madrid.

On a beaucoup exalté le courage des assiégés à Saragosse; on a dit que leur résistance avait été héroïque : on a raison, si l'on veut parler du courage que montra la population en consentant à tout sacrifier à une défense désespérée et sans espoir; mais on aurait tort de dire que leur résistance fut plus brillante que celle de l'armée assiégeante. Celle-ci, en effet, fut toujours de plus de moitié inférieure à l'armée assiégée.

Le général Palafox s'y était enfermé avec trente-cinq ou quarante mille hommes dont environ dix mille d'anciens régimens de ligne et avec quinze mille paysans armés. La population de Saragosse était de soixante mille ames. L'armée française, forte de trente-deux mille hommes environ, sous les ordres de Moncey, arriva devant la ville à la fin de décembre 1808. La tranchée fut ouverte sur la rive droite de l'Èbre le 29, et la place sommée de se rendre le 30. En ce moment Moncey fut remplacé par Junot dans le commandement du siége, et neuf mille hommes furent détachés sur Madrid, en sorte que les assiégeans se trouvèrent réduits à vingt-trois mille hommes environ. On enleva néanmoins à l'ennemi tous les postes avancés; on le rejeta dans la place. Les assiégés avaient crénelé les maisons, en avaient rempli quelques-unes de terre, et avaient fortifié tous les points propres à la défense ou à servir de passage. Chaque maison était un bastion qui devait être en quelque sorte attaqué et emporté séparément. Cependant le siége n'avançant pas au gré de l'empereur, le maréchal Lannes remplaça Junot le 22 janvier 1809. Il crut d'abord devoir chasser les rassemblemens d'insurgés qui entouraient l'armée. Cette opération fut rapidement faite, sans nuire à l'attaque de la ville. Le 27 janvier, les brèches étant jugées praticables, on donna l'assaut sur trois points. On pénétra dans la ville; mais il fallut combattre de maison en maison, d'étage en étage, et quelquefois de chambre en chambre. Après vingt et un jours d'un combat de ce genre, les deux tiers de la place étaient en notre pouvoir. Lannes, pour terminer la lutte, jugea qu'il fallait porter un nouveau coup et prendre la ville à revers, c'est-à-dire par la rive gauche de l'Èbre, de manière à en occuper tout le diamètre. En conséquence, le 17 février, on attaqua, par le feu de l'artillerie auquel on fit succéder l'assaut, le faubourg de la rive gauche. Il fut enlevé; le pont fut pris avant que l'ennemi pût regagner la partie de la rive droite qui était encore en sa possession. Quatre mille hommes mirent bas les armes. Ce fut alors que la junte offrit de se rendre. La capitulation fut signée le 20 février. La ville fut occupée le 21 par les Français. La garnison, forte encore de quinze mille hommes, défila devant nous, posa les armes, remit quarante drapeaux, cent cinquante pièces de canon, et fut conduite prisonnière en France. On évalue la perte causée aux assiégés, tant par les armes que par la famine et une affreuse épidémie, les uns à cinquante mille, les autres à trente mille hommes. La perte des Français n'est pas mieux connue; les uns la font monter à trois ou quatre mille hommes, les autres à huit mille.

Pendant que Saragosse capitulait, Soult était en Galice du côté opposé de la Péninsule. Il venait de prendre le Ferrol où il avait trouvé huit vaisseaux de ligne, des frégates et une nombreuse artillerie. Il reçut alors de l'empereur l'ordre de pénétrer en Portugal et de marcher sur Porto et sur Lisbonne. Le maréchal Ney était chargé de surveiller la Galice en sa place, de maintenir ses communications libres, et de l'appuyer au besoin.

Soult commandait le deuxième corps fort de quarante-sept mille hommes. Mais il avait été obligé de fournir des garnisons et de nombreux détachemens; il avait aussi beaucoup de malades; en sorte qu'il se trouva ne pouvoir disposer que de vingt-cinq mille hommes dont quatre mille de cavalerie. Néanmoins, il concentra ses troupes sur le Minho, et se mit en mouvement le 28 janvier. Il essaya de passer cette rivière à Tuy; mais il la trouva gonflée par les pluies et par la marée; la rive où il fallait aborder était d'ailleurs garnie d'ennemis : il renonça à tenter le passage sur ce point et remonta la rivière pour chercher un lieu plus favorable. Dans cette marche, il rencontra un rassemblement considérable qu'il dissipa. Le 19, son avant-garde entra à Oreuse assez à temps pour empêcher de couper le pont. Il écrivit de cette ville à Ney pour lui demander de l'appuyer en assurant ses lignes de communication et en maintenant la Galice. Il reçut une réponse peu favorable qui lui apprit qu'il ne pouvait compter sur Ney.

Cependant le deuxième corps se mit en marche sur Chavès, le 4 mars; les villages étaient abandonnés, les campagnes désertes, les chemins détestables, difficiles, tracés à travers des montagnes qui offraient d'excellentes positions défensives; le temps était affreux. On avança cependant, mais lentement. On était entouré d'ennemis; on manquait de vivres. Le 6 mars, le général Franceschi rencontra les Espagnols de la Romana à Abedès; on les attaqua : on leur tua mille deux cents hommes; on fit des prisonniers qui prêtèrent serment au roi Joseph et prirent du service dans l'armée. Le même jour, le général Foy culbuta une division portugaise. Enfin le 10 mars, on aperçut Chavès. Cette ville était défendue par une armée portugaise; on marcha sur ces troupes; mais elles n'attendirent pas : voyant qu'on avançait, elles se mirent à fuir à la débandade. Chavès, bien que fortifié, bien que pourvu d'une forte garnison, se rendit. Soult alors fut embarrassé du grand nombre de ses prisonniers; il leur rendit la liberté, sous promesse de ne plus servir contre les Français. Ils le jurèrent. Les troupes de ligne prirent du service dans notre armée.

De Chavès, Soult se porta sur Braga. Le général Franceschi formait l'avant-garde. Ce fut lui qui fut chargé de vaincre toutes les difficultés qu'on s'attendait à rencontrer; en effet, il fallut forcer trois défilés qui furent défendus quelquefois avec acharnement par les paysans. Le 18, les Français étaient devant Braga. Une armée nombreuse protégeait cette ville. La veille elle avait massacré son général, et avait élu en sa place un major anglais. On essaya cependant d'entrer en communication avec cette multitude furieuse; on lui envoya vingt prisonniers porteurs de proclamations, et accompagnés d'un trompette. Celui-ci fut retenu, et les prisonniers égorgés.

Le 20, Soult fit attaquer cette multitude; elle fut partout mise en fuite; la cavalerie la poursuivit jusqu'à deux lieues du champ de bataille, et en fit un grand carnage; on prit ses canons et ses drapeaux.

Pendant que le maréchal soumettait une grande ville, ou plutôt la rendait à ses habitans, car ils y rentrèrent en grand nombre lorsqu'elle fut en notre pouvoir, Tuy et Chavès, où l'on avait laissé des garnisons et des malades, étaient bloqués. Chavès, où l'on avait laissé plus de malades que de soldats, pressé au-dedans par la population, au-dehors par un corps d'armée portugais, fut obligé de se rendre. Ainsi, les communications que les Français avaient gagnées, et qu'ils croyaient avoir assurées par des victoires, étaient coupées au moment même où ils prenaient possession d'une nouvelle conquête, et les routes étaient si bien interrompues, que leur général n'en sût rien. En conséquence, plein de sécurité, il se mit en route pour Oporto, que l'on eut en vue le 27. Cette ville, peuplée de soixante-dix mille ames, était ouverte; mais on avait voulu en faire une autre Saragosse. On en avait retranché et palissadé tous les alentours; on avait réuni dans cette enceinte quarante mille hommes armés de troupes de ligne, de milices, d'ordenanzas. L'évêque était le généralissime de ce peuple dont il était loin d'être le maître. Soult lui envoya un parlementaire pour déterminer les soldats à le recevoir : il fallut que les officiers leur persuadassent que l'armée française demandait à capituler. Pendant cette espèce d'armistice, trois cents soldats portugais sortirent des lignes et vinrent au général Foy lui criant qu'ils se rendaient. A l'aide de cette ruse, ils l'entourèrent et l'enlevèrent avec le chef de bataillon Roger, qui, ayant essayé de se défendre, fut massacré.

Le 28, les négociations n'ayant pas réussi, on se prépara à attaquer. La nuit suivante, les églises ne désemplirent pas à Oporto. Du haut de la chaire, on lança l'anathème contre les hérétiques; c'est ainsi qu'on désignait nos Français; on entendait les cris des Portugais. Dans leur fureur, ils se mirent à tirer le canon sans but, et massacrèrent plusieurs de leurs officiers sur les plus légers soupçons. Un orage considérable qui éclata vers minuit calma cependant leur ardeur.

Le 29 mars au matin, l'armée française, forte de vingt mille hommes, s'ébranla tout entière ; elle enleva les redoutes et les palissades ; elle pénétra dans les rues, renversa les barricades, poussa les ennemis sur le Duero et dans la mer, où il s'en noya un grand nombre, s'empara du pont du Duero, et arriva avant l'ennemi sur les hauteurs qui couronnaient la rive gauche de ce fleuve. Les Français n'eurent que six cents hommes tués ou blessés dans cette bataille ; on évalua le nombre des Portugais tués ou blessés à huit mille. Celui des noyés était, dit-on, incalculable. Il ne faut pas attribuer cette énorme perte à l'énergie de leur résistance ; elle fut l'effet de la rage qui s'empara de nos soldats, à la vue de plusieurs de leurs camarades qu'ils trouvèrent les yeux et la langue arrachés, mutilés, encore vivans. Jusqu'à ce moment, les troupes avaient montré une grande discipline : elles faisaient des prisonniers ; elles sauvaient les gens qui se noyaient ; mais dès qu'elles eurent eu connaissance de ces atrocités, elles se ruèrent avec force sur leurs auteurs, et poursuivirent avec férocité la vengeance de ce crime. On trouva dans les prisons de la ville le général Foy, vingt soldats, et une centaine de familles portugaises ou françaises que l'on délivra.

Maîtres d'Oporto, on se trouva dans l'abondance. On saisit de nombreux magasins, des tentes, des munitions de toute espèce, trente bâtimens anglais chargés. L'armée put se refaire de ses longues fatigues.

Le maréchal Victor, duc de Bellune, avait reçu ordre d'appuyer avec le premier corps le mouvement de Soult, et de descendre par la vallée du Tage sur Lisbonne, pendant que le deuxième corps s'avançait, ainsi que nous venons de le voir, par une route parallèle à la mer. Victor n'obéit que lentement ; il s'arrêta à Talavera de la Reyna. Enfin, sur les ordres réitérés du roi ou plutôt de Jourdan, il se mit en marche le 15 mars. Il avait devant lui une armée espagnole dont l'avant-garde fut culbutée le 17, et très-maltraitée. Le 27, il entra à Medellin et se trouva en face de l'armée espagnole rangée en bataille au-delà de cette ville; quoiqu'il n'eût guère que dix-sept mille hommes, il n'hésita pas à attaquer. L'ennemi fut mis en déroute, mais après un combat assez rude, dans lequel une charge de dragons fut repoussée par l'infanterie espagnole; la cavalerie française le poursuivit à outrance; et, exaspérée par les insultes que lui avait valu de la part des Espagnols son premier insuccès, elle fit peu de quartier. La moitié de l'armée ennemie fut prise ou tuée; elle ne sauva de toute son artillerie qu'une seule pièce. Après cette victoire, Victor s'arrêta à Merida où il établit ses hôpitaux, et malgré les ordres réitérés d'entrer en Portugal, trouvant ses troupes trop peu nombreuses, ses communications peu assurées, il resta immobile. Il attendait la jonction d'un corps de dix mille hommes commandé par Lapisse, qui, n'obéissant pas plus que lui, restait à Salamanque, et ne le rejoignit que vers la fin d'avril.

Cependant Soult, n'ayant pas de nouvelles, restait immobile et se bornait à nettoyer ses derrières et à balayer les environs d'Oporto. On débloqua Tuy, on battit en plusieurs rencontres les Portugais; quant au maréchal lui-même, il s'occupa de rétablir l'ordre dans Oporto. Un événement singulier signala son séjour dans cette seconde capitale du Portugal. Cette ville même, et celles de Braga, Bacellos, Viana, Villa de Conde, Pavoa de Bareim, Fera et Avar, adressèrent au général des adresses signées par plus de trente mille individus nobles, bourgeois et prêtres, dans lesquelles on demandait un roi à Napoléon. On proposa à Soult d'être ce roi. Il paraît que le général accepta, sauf l'approbation de l'empereur; il adressa en effet à ses généraux divisionnaires une proclamation imprimée, rédigée dans ce sens; elle devait être mise à l'ordre du jour de l'armée, mais les généraux refusèrent d'obéir. L'empereur fut informé de ce fait à Schœnbrunn; il en écrivit à Soult. Plus tard, le général Ricard, chef d'état-major au deuxième corps, et le colonel Donadieu furent arrêtés; mais était-ce uniquement pour avoir participé à ce projet?

Les contemporains regardèrent la proposition dont il s'agit comme une ruse de guerre pour retenir le maréchal à Oporto.

On arrêta le 9 mai, sur quelques renseignemens, l'adjudant-major d'Argenton. Cet officier avoua qu'il avait été à Lisbonne; qu'il avait eu des entrevues avec les Anglais; que ceux-ci, dans peu de jours, s'avanceraient et proposeraient à Soult de se joindre à eux. L'ennemi voulait, en un mot, tenter d'insurger l'armée d'Espagne, puis mettre Moreau à sa tête, et en faire en France l'instrument d'une révolution qui eût précipité Napoléon du trône.

Ce fut par cet officier qu'on apprit le débarquement des Anglais à Lisbonne et l'organisation d'une armée portugaise dont tous les officiers étaient anglais. On y avait mis le temps à profit; lord Wellington y était à la tête de vingt-six mille hommes de troupes de sa nation et de seize mille Portugais bien disciplinés, commandés par lord Beresford.

Soult, abandonné à lui-même, et entouré d'insurrections, ne pouvait tenir contre de pareilles forces. Il fallait se retirer; mais on avait été averti trop tard : déjà l'avant-garde ennemie s'était emparée d'un passage sur le Duero et tournait Oporto; le 12, il fallut combattre et vaincre pour prendre la route de retraite. Nous ne décrirons pas les accidens de cette marche; elle fut encore plus difficile que celle qui nous avait conduits en avant. Il fallut combattre en tête pendant qu'on était menacé en queue, enlever des ponts, forcer des défilés, contenir souvent l'avant-garde ennemie. On réussit à vaincre tous ces obstacles, et on arriva le 10 mai à Oreuse, en bon ordre, au nombre de dix-neuf mille cinq cents hommes.

Cette expédition peut donner une idée de la guerre d'Espagne; cependant si elle échoua, ce fut moins par suite des obstacles qu'elle eut à combattre, que parce qu'elle ne fut pas poussée assez vivement. Elle fut moins rapide qu'elle eût dû l'être, parce que Soult ne disposait pas de forces suffisantes, ou en d'autres termes, parce qu'il ne fut pas convenablement secondé par Victor et par Ney. Ce défaut d'ensemble résultait de l'indépendance où les maréchaux commandant les corps se trouvaient placés vis-à-vis les uns des autres; chacun d'eux jugeait, décidait et agissait pour son compte ; aucun ne voulait obéir à d'autres, soit par jalousie de pouvoir, soit parce qu'il désapprouvait les manœuvres de ses collègues. Jourdan, qui n'était que maréchal, n'avait pas assez d'autorité pour se faire obéir de ses égaux, et par suite pour maintenir l'unité dans les mouvemens militaires. L'empereur porta sur les résultats de l'expédition de Soult le même jugement que Jourdan, le même jugement que l'histoire ; il ordonna que les corps de Ney et de Mortier, les cinquième et sixième, passassent sous le commandement de Soult. Ces deux maréchaux furent instruits de leur disgrace dans les premiers jours de juillet.

Cependant Wellington méditait de s'avancer par la vallée du Tage sur Madrid, de se joindre avec Cuesta qui commandait l'élite des forces espagnoles (trente-sept mille hommes), de s'avancer sur la capitale des Espagnes et d'en chasser Joseph. A peine eut-on avis de ce mouvement à Madrid, que Joseph et le maréchal Jourdan, avec leurs réserves, se portèrent en avant dans cette vallée, et allèrent rejoindre Victor qui était à Talavera de la Reyna. Le quatrième corps commandé par Sébastiani, qui était dans la vallée de la Guadiana à Madridejos, devait venir les joindre. En même temps on invita Soult à traverser les montagnes, et à se jeter sur les derrières de l'ennemi. Le plan était bien conçu : Wellington allait se trouver entre deux armées, chacune de cinquante mille hommes, dont l'une devait lui couper la retraite. Mais ce plan fut mal exécuté.

Victor commença par évacuer Talavera, et se retira sur la Guadarrama. Ce mouvement eût dû être continué plus loin, même jusqu'à Madrid, puisque en attirant l'armée anglaise en Espagne, il la mettait d'avantage en position d'être coupée par Soult qui accourait de Salamanque à travers les montagnes ; mais, au lieu de se retirer, lorsque le roi eut opéré sa jonction avec Victor, on prit l'offensive. Soult cependant écrivait qu'on attendît, pour attaquer, que l'ennemi, averti de sa présence derrière lui, se mît spontanément en retraite. On n'eut point cette patience. Le 26, on culbuta l'avant-garde ennemie sur la route de Talavera ; le 27, on passa la petite rivière de l'Ardèche, et on trouva l'ennemi rangé sur une hauteur rapide plantée d'oliviers et de vignes, et protégée de plus par un ravin et un petit vallon. Il avait en outre fortifié cette position par des ouvrages de campagne. Dès le jour même, quoi qu'il fût tard, Victor ordonna d'attaquer un mamelon très-élevé, dont la pente était escarpée, très-rapide et embarrassée de troncs d'oliviers, et sur lequel était appuyée la gauche des Anglais. Cette attaque fut faite avec courage et à plusieurs reprises, malgré un feu bien nourri; mais nos troupes, arrivant au sommet essoufflées et sans ordre, furent chaque fois repoussées. L'attaque fut suspendue pendant la nuit, et reprise le lendemain matin sans plus de succès. On fit monter successivement quatre régimens, qui furent successivement obligés d'en descendre.

Le roi demanda s'il n'était pas convenable de livrer une bataille générale. Jourdan se prononça fortement contre cette opinion. Dans le même moment, on reçut une dépêche de Soult qui annonçait ne pouvoir atteindre les derrières de l'ennemi, que du 3 au 5 août. Cependant le roi, n'écoutant point les conseils de Jourdan, au lieu de se retirer et d'entraîner l'ennemi à sa poursuite, fût-ce même au-delà de Madrid, se prit à craindre pour la sûreté de sa capitale. Il avait cinquante mille hommes, c'est-à-dire une force égale à celle de l'ennemi. Il ordonna d'attaquer sur toute la ligne. On se battit tout le jour avec des chances diverses, mais la position était trop forte. On cessa d'attaquer à six heures du soir sans avoir rien obtenu.

Le 29, l'armée française se rangea derrière l'Alberge; le roi, toujours inquiet pour Madrid, y laissa Victor, et regagna sa capitale avec ses réserves.

Cette bataille inutile coûta aux deux partis environ huit mille hommes. Les Anglais considérèrent comme une victoire de n'avoir point été vaincus. Wellington, qui n'était encore que lord Wellesley, fut, à cette occasion, décoré du titre de duc de Wellington.

Cependant le général anglais, instruit de la marche de Soult, sachant qu'il était entré le 1er août à Placencia, se mit en retraite le 3. Victor le suivit; mais ses forces étaient insuffisantes pour jeter le désordre dans l'armée ennemie. Wellington, instruit que son adversaire était déjà maître de la rive droite du Tage, se hâta de traverser le fleuve; il couvrit alors sa retraite avec les troupes espagnoles qu'il sacrifia, mais qui bientôt se séparèrent de lui, après avoir éprouvé des échecs considérables. Il ne put cependant éviter lui-même plusieurs engagemens désastreux; mais il sauva les cadres de son armée, et se reforma en assez bon ordre à Jaraicejo, où la poursuite s'arrêta. Telle fut la fin du mouvement offensif par lequel Wellington prétendait délivrer l'Espagne. Il perdait l'armée anglaise, et, selon une expression de Napoléon, lord Wellesley fût venu avec son armée en France prisonnier de guerre, si le roi Joseph eût été moins impatient, et eût continué de reculer, au lieu de s'avancer sur Talavera.

Néanmoins, à Paris, on ne voyait de ces opérations que le résultat, c'est-à-dire des succès disputés et des retraites. On considéra la bataille de Talavera comme une bataille perdue. L'opinion reprochait à Napoléon la guerre d'Espagne comme une entreprise injuste et impolitique; on y voyait une Vendée nouvelle, mais dans des proportions immenses, qui devait dévorer les forces de l'empire. On était mécontent de la campagne d'Autriche, du divorce de Napoléon, et du roi Joseph en Espagne. Le parti républicain se réveilla encore. Un *comité libérateur* se forma; le général Mallet, bien qu'en prison, et l'ex-conventionnel Florent Guyot y étaient affiliés. La police en eut connaissance dans le mois de mai. Elle opéra quelques arrestations: l'affaire fut étouffée et même cachée au public; mais on ignore si le comité libérateur fut dissous.

ANNÉES 1810 ET 1811.

L'empereur paraissait parvenu au plus haut degré de gloire et de puissance. Il avait conquis le droit de disposer souverainement d'un grand nombre de royaumes et de couronnes; il avait imposé son système continental à tous les princes européens ; il les avait tous forcés à s'allier à lui contre l'Angleterre. L'Espagne seule lui résistait ; mais il espérait en finir bientôt avec ce faible ennemi. L'apparence était magnifique. Néanmoins, au milieu de ces signes éclatans de grandeur et de prospérité, on pouvait déjà remarquer des symptômes de décadence. L'opinion était mécontente et fatiguée ; la France n'était pas encore épuisée d'hommes, mais elle commençait à s'apercevoir qu'elle avait beaucoup perdu : les conscriptions, depuis la fin de 1805 jusqu'à la fin de 1809, lui avaient enlevé cinq cent cinquante-six mille hommes. Les finances paraissaient en très-bon état ; mais elles étaient insuffisantes pour un état de guerre pareil à celui qu'on entretenait ; jusqu'à ce moment les supplémens de dépenses avaient été soldés avec les revenus de ce que l'on appelait le domaine extraordinaire, revenus dont on ne rendait pas un compte public, dont l'origine, aussi bien que l'emploi, était tenue secrète. Ce revenu résultait des contributions de guerre et des confiscations faites en pays ennemi. Or les sources d'où on le tirait devenaient moins abondantes chaque jour, et la paix devait les tarir complétement. Il n'en pouvait pas être de même des dépenses. La nécessité d'entretenir une grande armée ne disparaîtrait pas, en effet, aussitôt. C'était seulement par la terreur des armes que l'Europe était maintenue dans notre alliance ; il fallait long-temps continuer à lui imposer par une puissante armée, avant d'atteindre le jour où elle accepterait complétement les nouvelles destinées qu'on lui avait faites. Napoléon prévoyait donc le moment où il serait obligé de suffire avec les seuls revenus de l'empire aux excessives dépenses auxquelles il satisfaisait encore par d'autres moyens. Il avait adopté pour système de multiplier, de perfectionner et d'accroître les impôts sur la consommation, et de diminuer les contributions foncières, afin de pouvoir, dans une circonstance donnée, trouver dans cette dernière espèce de revenu une ressource aussi assurée que puissante. Ainsi, en 1810, il mit le monopole de la fabrication du tabac entre les mains du gouvernement.

Pour les sujets de l'empire, les souffrances présentes et les craintes pour l'avenir n'étaient compensées par aucun avantage. Les fruits de la révolution semblaient perdus : on n'était pas plus libre de parler que d'écrire. La liberté individuelle était abandonnée aux caprices de la police, non que celle-ci y attentât souvent, mais chacun sentait qu'il était à sa merci, et qu'il n'avait nul recours contre ses violences. Les vieillards se souvenaient qu'on était plus libre sous la monarchie absolue renversée en 1789. Les ouvriers, il est vrai, avaient du travail ; la main-d'œuvre était à un haut prix ; mais l'on n'ignorait pas que ces avantages venaient de ce que les bras manquaient. Enfin, si l'on était content et fier de nos succès militaires et de notre grandeur nationale, on s'attristait en voyant un seul homme disposer pour lui-même d'une position achetée au prix de notre sang et de tant d'autres sacrifices ; on se révoltait de ses manières de propriétaire à l'égard des hommes même qui l'avaient élu ; on était blessé d'être appelé par lui *ses sujets, ses peuples, son empire*. Ce langage qui, dans sa bouche, n'était sans doute que d'apparat, blessait profondément les sentimens révolutionnaires qui vivaient dans le cœur des populations. On redoutait fortement cependant qu'un accident vînt trancher ses jours : personne ne croyait que le grand empire pût être conservé après lui ; on pensait qu'il devait périr dans l'anarchie ; que cette unité formée de tant de peuples divers, aux dépens de tant d'ambitions rivales, ne pourrait se maintenir, et qu'on serait bien heureux si l'on ne perdait pas en même temps toutes les conquêtes de la République. En un mot, on n'aimait pas le présent, et cependant on le préférait à l'avenir qui justifia, en effet, tous ces vagues pressentimens de l'opinion publique.

Les années 1810 et 1811 furent remplies par des travaux d'administration intérieure, par quelques modifications dans la situation respective du territoire de l'empire et de celui de l'Europe, et par des tentatives diplomatiques. Mais les fêtes du mariage de l'empereur, celles de la naissance du roi de Rome, et les incidens de la guerre d'Espagne furent les seuls faits qui saisirent l'attention des masses. Nous parlerons en première ligne des travaux législatifs et administratifs; nous nous occuperons ensuite des autres. Quant aux affaires militaires, nous les renvoyons à la fin du chapitre.

La session de 1810 fut ouverte le 1er février, c'est-à-dire huit jours après la clôture de celle de 1809. En conséquence l'empereur crut pouvoir s'abstenir d'en faire lui-même l'ouverture. Il n'y eut donc, à la première séance de cette année, ni publicité, ni pompe, ni discours impérial, mais seulement quelques phrases prononcées par un conseiller d'état. Montesquiou fut nommé président du corps législatif.

Le Code pénal fut le premier projet présenté à la sanction des députés. Ce travail avait occupé le conseil d'état pendant quarante et une séances; l'empereur n'en avait présidé qu'une seule, le 21 janvier 1809. Aussi peut-on dire qu'il n'y avait pris aucune part, et qu'il était l'œuvre des jurisconsultes et des criminalistes plutôt que d'un publiciste. Ce projet fut adopté en sept lois, du 12 au 19 février 1810. On s'occupa ensuite des moyens de pourvoir aux frais du culte dans les communes rurales; ce fut l'objet d'une loi votée le 14 février. Une autre loi du 8 mars régla les conditions et le mode d'expropriation pour cause d'utilité publique, ainsi que le système des indemnités préalables exigibles dans ce cas. Une loi du 20 avril réorganisa l'administration judiciaire; le personnel en fut augmenté. Une partie des juges reçut le titre de conseillers de l'empereur, titre par lequel on marquait que toute justice émanait du trône. On profita de cette réorganisation pour rappeler dans les cours tous les membres encore vivans des anciens parlemens. Le budget fut fixé à 740 millions. Le dernier vote du corps législatif sanctionna la loi sur les mines. La session fut close le 21 avril.

Mais toutes les questions importantes n'étaient pas apportées devant le corps législatif. L'empereur attribuait au sénat la solution de beaucoup d'affaires, ou s'en réservait le soin à lui-même. Nous allons énumérer quelques-unes de ces décisions extra-parlementaires; on verra qu'elles touchent des sujets non moins graves que celles que l'on demandait à l'assemblée des députés des départemens.

Un sénatus-consulte du 30 janvier régla tout ce qui concernait le domaine extraordinaire. Ce domaine se composait des contributions imposées sur les pays ennemis ou par suite des traités, et des biens mobiliers acquis ou conquis en pays étrangers, ainsi que des propriétés achetées en France, soit en terres, soit en rentes, en actions, ou en palais. L'empereur disposait de ce domaine : 1° pour subvenir aux dépenses des armées; 2° pour récompenser les services militaires et civils rendus à l'état; 3° pour élever des monumens, etc. Une administration régulière fut chargée des recettes comme des dépenses. Le budget de ce domaine était en effet presque aussi considérable que celui de l'état lui-même; on en jugera par l'aperçu suivant.

En 1810, le revenu des biens immobiliers du domaine extraordinaire était évalué à 38 millions; et, d'après le compte arrêté au 31 décembre de la même année, les recettes de toute espèce s'étaient élevées à 752,957,174 francs, et les dépenses à à 433,030,228 francs; restait donc disponible la somme de 321,226,946 francs.

Voici un exemple de la manière dont les recettes dont il s'agit étaient dépensées. Il est extrait des comptes de 1810.

Il avait été donné à trente-sept personnages, maréchaux, généraux ou ministres, pour acheter des hôtels, chefs-lieux de majorats, etc., une somme de 18 millions, moitié en argent comptant, moitié en rentes 5 pour 100 au cours de 85 francs. — 11,530,000 francs avaient été distribués en gratifications à l'armée; officiers et soldats en reçurent chacun une part proportionnelle. — Une somme considérable fut distribuée en divers temps pour former cinq mille sept cent seize dotations, dont les plus fortes donnaient un revenu de 5,000 francs et les plus faibles, de 500 francs. — Enfin, en 1810, 299,564,226 francs furent dépensés pour le service de l'armée. — Ce dernier emploi était le seul que l'opinion publique pût approuver, le seul national. Mais, en même temps, il était manifeste que cette ressource extraordinaire, produite en grande partie par des contributions de guerre qui ne pouvaient pas être renouvelées, nécessaire cependant pour entretenir un pied de guerre aussi formidable que celui possédé par la France, devait disparaître un jour. En outre, dans les 521 millions disponibles selon les comptes de 1810, 136 étaient encore à toucher; ils étaient garantis seulement par les obligations de l'Autriche, de la Prusse, de la Saxe, etc. L'empereur certainement prévoyait le moment où ces moyens lui manqueraient; et, dans cette vue, il se préparait à créer de nouvelles espèces de contributions; il méditait déjà le monopole de la fabrication du tabac, qui devait mettre à sa disposition non-seulement un revenu suffisant pour solder cent mille soldats, mais encore une masse de cautionnemens propre à fonder un fonds disponible à l'instant même. En même temps, il excitait l'administration à perfectionner le système des contributions indirectes déjà existantes sur les boissons, de manière à empêcher toute fraude. En effet, cet impôt atteignit le maximum possible. De plus, il faisait en sorte de reporter sur les budgets départementaux toutes les dépenses qu'on pouvait y rejeter. Enfin, il maintenait à un taux peu élevé les contributions foncières, afin de se ménager le droit de demander tout d'un coup de ce côté de forts sacrifices, s'il était nécessaire. En poursuivant ces soins avec persévérance, et en préparant ainsi ses moyens, il espérait se mettre en état de pouvoir brusquement, lorsque le moment arriverait, porter le budget des recettes de l'empire de 740 à 1,100 millions. Napoléon donc, sans se laisser détourner par la prévision des besoins de l'avenir, mettait à exécution son système des dotations, et employait à le réaliser les fonds de son domaine extraordinaire. Il y cherchait une garantie personnelle; il voulait réédifier une noblesse puissante par le nombre, par les droits, les titres, la richesse, et dévouée à sa personne. Il poussa à cet égard l'attention jusqu'à vouloir que chacune de ces nouvelles familles nobles qu'il créait eût, à l'imitation d'une dynastie royale, son hôtel héréditaire à Paris, portant son nom inscrit en lettres d'or au-dessus de la porte. Il est vrai qu'il n'accordait ce privilége qu'à celles qui possédaient un majorat d'un revenu annuel de 100,000 francs. Ces dispositions sont énoncées dans un décret sur l'institution des majorats, daté du 4 mars 1810.

Il n'était pas plus ami de la liberté que de l'égalité. Deux décrets publiés en 1810 rétablirent l'ancien régime quant à la presse, quant à la librairie et quant à la liberté individuelle. C'étaient sans doute des matières dont le réglement appartenait à la législature; mais, en ce sujet, comme en toutes les questions politiques, il prit l'autorité souveraine.

Le 5 février 1810, un décret impérial établit un directeur général de la librairie. Il ordonnait que le nombre des imprimeurs serait fixé; que ceux-ci seraient brevetés et assermentés; que, lors des vacances, leurs successeurs ne pourraient recevoir leur brevet ni être admis au serment, qu'après avoir justifié de leur capacité, de leurs mœurs et de leur opinion politique. Chaque imprimeur était tenu d'inscrire sur un livre le titre de chaque ouvrage qu'il voulait imprimer. Il devait sur-le-champ en informer le directeur général et le préfet. Le directeur général pouvait ordonner la communication et l'examen de l'ouvrage, et faire surseoir à l'impression. Dans ce cas, il l'envoyait à un des censeurs nommés par l'empereur. Le ministre de la police et les préfets avaient les mêmes droits que le directeur de la librairie. Sur le rapport du censeur, le directeur général pouvait indiquer à l'auteur les changemens ou suppressions jugées utiles, et, sur son refus de les faire, défendre l'impression et la vente de l'ouvrage. En cas de réclamation, l'ouvrage était soumis à un nouveau censeur; celui-ci faisait son rapport au directeur général qui décidait définitivement. Tout auteur et tout imprimeur pouvaient soumettre à l'examen de la censure un ouvrage avant l'impression. C'est en effet ce que firent tous les auteurs et tous les imprimeurs. Lorsqu'un ouvrage était imprimé, tout n'était pas fini; il pouvait encore être saisi, défendu, et l'auteur renvoyé devant les tribunaux. Enfin, pour achever l'asservissement, le décret ordonnait que les libraires seraient, ainsi que les imprimeurs, brevetés et assermentés. Ce décret ne changeait rien à la situation de la presse; depuis le consulat elle était esclave, et uniquement soumise au despotisme de la police. Le nouveau réglement ne fit rien de plus qu'organiser l'arbitraire qui existait déjà. On ne cria donc pas contre ce décret ; on ne s'en aperçut même pas.

Le 10 mars, on rétablit sous un nouveau nom les lettres de cachet. Un décret déclara qu'il y aurait des prisons et des prisonniers d'état. Un *conseil privé*, composé conformément au sénatus-consulte du 16 thermidor an x, devait décider de l'application de cette peine. Tous les ans, l'affaire de chaque prisonnier devait être revue et une nouvelle décision devait être rendue. Le *conseil privé* avait aussi le droit de prononcer la mise en surveillance, ce qui revenait en définitif à quelque chose de pis que le système d'exil usité avant 1789.

Pendant que le corps législatif achevait sa session, et que l'on ajoutait à la législation française ces additions extra-parlementaires, on s'occupait à la cour impériale du mariage de Napoléon. On pensa à un grand nombre de princesses, à la fille aînée de Lucien, nièce de l'empereur, à la princesse Charlotte, nièce de Ferdinand, l'ex-prince royal d'Espagne; on pensa à une princesse de Saxe. Voici les révélations que Napoléon, prisonnier à Sainte-Hélène, fit lui-même à ce sujet à son médecin, le docteur O'Meara.

« Dès qu'on sut que les intérêts de la France m'avaient engagé
» à rompre les liens d'un premier mariage, les plus grands sou-
» verains de l'Europe sollicitèrent une alliance avec moi. L'em-
» pereur d'Autriche parut surpris qu'on n'eût point songé à sa
» famille, et le témoigna à Narbonne. On songeait alors à une
» princesse russe ou saxonne. Le cabinet de Vienne envoya des
» instructions à ce sujet au prince de Schwartzenberg, alors am-
» bassadeur à Paris. On reçut aussi des dépêches de l'ambassa-
» deur de Russie; la volonté de l'empereur Alexandre était d'of-
» frir sa sœur la grande duchesse Anne : cependant quelques dif-
» ficultés s'élevèrent à cause de la demande d'une chapelle pour
» le rit grec à établir aux Tuileries. On tint un conseil privé, et
» là majorité fut pour une princesse d'Autriche.

» J'autorisai en conséquence le prince Eugène à faire des ou-
» vertures au prince de Schwartzenberg, et l'on signa des articles
» de mariage semblables à ceux qui furent arrêtés pour Louis XVI
» et Marie-Antoinette.

» L'empereur Alexandre fut mécontent qu'on n'eût point donné
» de suite à ses ouvertures; il crut qu'il avait été trompé, et que
» deux négociations avaient été conduites en même temps, ce qui
» n'était pas.

» On a dit que le mariage de Marie-Louise était un des articles
» secrets du traité de Vienne, conclu quelques mois auparavant.
» Cela est entièrement faux. On ne songeait point à une alliance
» avec l'Autriche avant les dépêches de Narbonne concernant les
» ouvertures qui lui avaient été faites par l'empereur François et
» par Metternich. Le fait est que le mariage avec l'impératrice
» Marie-Louise fut proposé au conseil, discuté, décidé et signé
» dans les vingt-quatre heures, ce qui peut être attesté par des
» membres du conseil encore vivans (1). Plusieurs étaient d'avis
» que j'épousasse une Française, et les argumens en faveur de
» cette opinion étaient assez forts pour me faire balancer un mo-
» ment; cependant la cour d'Autriche prétendit que le refus d'une
» princesse d'une des maisons régnantes de l'Europe serait une
» déclaration tacite de les renverser quand l'occasion s'en présen-
» terait. »

La princesse, dont la main fut demandée par l'empereur, était la même archiduchesse Marie-Louise, que l'empereur avait trouvée retenue à Vienne par une maladie, lorsqu'il s'empara de cette ville en 1809. La convention du mariage fut signée le 16 février. Berthier, prince de Neufchâtel, se rendit à Vienne; il fit la demande solennelle. Le 11 mars 1810, on célébra à Vienne, devant l'église, le mariage entre l'archiduchesse et l'empereur; celui-ci

---

(1) Dans ce conseil, composé de vingt-cinq personnes, l'empereur posa la question du choix. Le roi de Hollande, l'archi-trésorier, le cardinal Fesch, le ministre Clarke, votèrent pour une princesse saxonne; Murat, Cambacérès, Talleyrand et Fouché, votèrent pour la Russie; le reste fut pour l'Autriche.

(*Note des auteurs*)

y était représenté par le prince Charles, auquel il avait envoyé sa procuration. Ce fut l'archevêque de Vienne qui officia et bénit les époux. Le 13 mars, la princesse quitta la capitale d'Autriche, et le 16, elle fut remise, à Braunau, entre les mains de Berthier, représentant l'empereur. Le mariage civil fut célébré le 1ᵉʳ avril à Saint-Cloud, et le lendemain les deux époux firent leur entrée solennelle à Paris. Des fêtes magnifiques qui durèrent plusieurs jours signalèrent cet événement qui remplit de joie tous ceux dont la fortune venait de Napoléon, mais qui mécontenta les hommes de la révolution et le peuple. On voyait dans cette princesse une autre Marie-Antoinette : les ex-conventionnels ne pouvaient oublier que le même sang coulait dans ses veines ; ils ne pouvaient croire surtout qu'elle n'eût point hérité de ses ressentimens. Le peuple la regardait avec une crainte superstitieuse ; il disait que les princesses d'Autriche avaient toujours porté malheur à la France ; d'autres ajoutaient que c'était une étrangère qui trahirait l'empereur et la France. Ces craintes ne furent point le fait de quelques hommes, mais ce fut une opinion générale et publique dont tous ceux qui ont vécu à cette époque peuvent rendre témoignage.

Ce mariage ne fut pas plus populaire en Autriche qu'en France. Le lendemain du départ de l'archiduchesse, il y eut à Vienne des rassemblemens dans les rues, et une manifestation très-vive d'opinions. Cette espèce d'émeute se dissipa d'elle-même ; mais elle suffisait pour montrer que, contrairement aux discours officiels, les Autrichiens n'aimaient pas les Français plus qu'ils n'en étaient aimés. Cependant leur cour sut tirer parti de sa nouvelle alliance ; elle obtint le rapport d'un décret rendu pendant la dernière guerre, et qui avait prononcé la confiscation sur les biens des ci-devant comtes et princes de l'empire germanique.

Quant à Napoléon, il paraissait uniquement occupé de sa jeune impératrice ; il lui avait formé une maison nombreuse entièrement composée avec des membres de l'ancienne noblesse. Il lui montrait ses états, et la montrait elle-même à la France. Il commença, le 27 avril, ce voyage qui ne fut qu'une suite de fêtes et de représentations. Il parcourut tout le Nord ; il se rendit en Belgique, à Anvers, à Flessingue ; là, il décida que les îles de Walcheren, de Sud-Beveland, de Nord-Beveland, de Schourwen et de Lhoten, formeraient un nouveau département sous le nom de département des Bouches-de-l'Escaut. Il se rendit ensuite à Bruxelles, à Lille, à Dunkerque, et revint en passant par Dieppe, le Hâvre et Rouen. Il était à Paris le 1er juin. Il signala son arrivée par une espèce de coup d'état dont voici les motifs.

Pendant son absence, le duc d'Otrante, ministre de la police, c'est-à-dire Fouché, avait pris sur lui d'ouvrir des pourparlers avec le cabinet de Londres. Il en avait chargé Ouvrard, qui s'était rendu à Amsterdam et avait noué les premières relations diplomatiques par l'intermédiaire d'un certain Francis Baring. Il avait fait proposer, comme base des négociations, l'empire du continent de l'Europe à la France, sans colonies, sans marine ; à l'Angleterre, l'empire de la mer. Il ne doutait pas du succès, et il espérait bientôt présenter à l'empereur un projet de traité qu'il ne pouvait refuser. Il croyait sans doute s'assurer ainsi une faveur solide, et faire oublier à la nouvelle cour la part qu'il avait prise dans les actes révolutionnaires ; mais Ouvrard trahit celui qui l'employait, et l'empereur ne put pardonner une pareille initiative qui lui rappelait le néant du pouvoir. Il destitua Fouché, fit saisir les papiers d'Ouvrard, et, afin de dissimuler une disgrace qui eût pu faire ouvrir l'œil au public et lui en faire chercher les motifs, il nomma le duc d'Otrante gouverneur de Rome : il révoqua cette nomination quelques jours après ; mais Savary, duc de Rovigo, était déjà installé en sa place au ministère de la police. Il y avait été appelé le 3 juin.

Dans le même temps, l'empereur se brouillait tout-à-fait avec son frère Louis. Depuis long-temps déjà ils étaient en discussion. Louis, devenu roi de Hollande, s'était fait Hollandais ; il avait oublié qu'il représentait sur ce trône l'esprit de la France ; il avait adopté les doctrines mercantiles des Provinces-Unies. Tel est l'effet de l'égoïsme ! il n'a jamais d'autre patrie que celle où sont campés ses intérêts personnels. Le blocus continental existait partout, excepté en Hollande ; on y recevait les marchandises anglaises. Deux fois la France avait été obligée de fermer ses douanes au commerce hollandais, de peur que l'on ne fût à Paris même encombré des produits de la Grande-Bretagne (*Rapport du ministre des relations extérieures du 9 juillet* 1810.) Dès la fin de 1809, le roi Louis étant venu Paris, l'empereur lui avait fait de vifs reproches de son ingratitude ; il l'avait même menacé de réunir la Hollande à l'empire français. On assure que Louis avait obtenu de son frère qu'avant de recourir à cet acte de violence, il fût fait des ouvertures de paix à l'Angleterre. Quoi qu'il en soit, voici la lettre qu'il écrivit à ses ministres au commencement de 1810.

Lettre du roi de Hollande à ses ministres.— Paris, janvier 1810.

« Messieurs, depuis six semaines que je suis auprès de l'empereur mon frère, je me suis constamment occupé des affaires du royaume. Si j'ai pu effacer quelques impressions défavorables, ou du moins les modifier, je dois avouer que je n'ai pas réussi à concilier dans son esprit l'existence et l'indépendance du royaume avec la réussite et le succès du système continental, et en particulier de la France contre l'Angleterre. Je me suis assuré que la France est fermement décidée à réunir la Hollande, malgré toutes les considérations, et qu'elle est convaincue que son indépendance ne peut plus se prolonger si la guerre maritime continue. Dans cette cruelle certitude, il ne nous reste plus qu'un espoir ; c'est celui que la paix maritime se négocie : cela seul peut détourner le péril imminent qui nous menace ; et, sans la réussite de ces négociations, il est certain que c'en est fait de l'indépendance de la Hollande, qu'aucun sacrifice ne pourra prévenir. Ainsi l'intention claire et formelle de la France est de tout sacrifier pour acquérir la Hollande, et augmenter par là, quelque chose qu'il doive lui en coûter, les moyens à opposer à l'Angleterre. Sans doute l'Angleterre aurait tout à craindre d'une pareille augmentation de côtes et de marine pour la France ; il est donc possible que leur intérêt porte les Anglais à éviter un coup qui peut leur être aussi funeste.

» Je vous laisse le soin de développer cette idée avec toute l'énergie qui sera nécessaire pour faire bien sentir au gouvernement anglais l'importance de la démarche qui lui reste à faire. Faites bien valoir auprès de lui tous les argumens et toutes les considérations qui se présenteront à votre esprit. Faites la démarche dont il s'agit, de vous-mêmes, sans que j'y sois nullement mentionné; mais il n'y a pas de temps à perdre; envoyez de suite quelqu'un d'un commerce sûr et discret en Angleterre; et envoyez-le moi de suite dès qu'il sera de retour. Faites-moi savoir l'époque à laquelle il pourra l'être, car nous n'avons pas de temps à perdre; il ne nous reste plus que peu de jours. Deux corps de la grande armée marchent sur le royaume; le maréchal Oudinot vient de partir pour en prendre le commandement. Faites-moi savoir ce que vous aurez fait en conséquence de cette lettre, et quel jour je pourrai avoir la réponse d'Angleterre.

« *Signé* Louis. »

— Nous doutons que l'empereur ait eu connaissance de cette lettre d'après la vive colère qu'il manifesta lorsqu'il apprit les démarches de Fouché. Il nous semble que, dès qu'il pensa pouvoir être trahi par un des siens, il prit son parti. Il est certain que presque dans le moment même où, par les ordres de Louis, on tentait ces démarches pacifiques, il faisait donner ordre à l'amiral Verhuel, ambassadeur de Hollande, de quitter Paris, et il rappelait le sien. Quoi qu'il en soit, un négociant d'Amsterdam, M. Labouchère, avait reçu ses instructions du ministre hollandais; il était parti le 1er février pour Londres; mais ses démarches avaient été sans succès; ce fut sans doute la connaissance que Fouché eut de cette affaire qui le détermina lui-même à ouvrir des pourparlers, et il est probable que, dans cette circonstance, il s'entendait avec le roi Louis. On peut juger, par la rapide disgrace de ce ministre, de l'opinion que Bonaparte avait sur toutes ces intrigues, et de la part qu'il y avait prise. Les troupes commandées par Oudinot prirent possession d'Utrecht le 29 juin : il demanda qu'Amsterdam lui fût livré. Louis voulut d'abord résister, et couvrir sa capitale par une inondation ; mais ses ministres et ses généraux s'y refusèrent. Il pensa ensuite à émigrer à Batavia avec toute sa cour ; enfin il se détermina à se démettre du trône en faveur de son fils Napoléon-Louis. Il signa cet acte d'abdication le 3 juillet 1810, et l'envoya au corps législatif hollandais avec un message qui était un véritable manifeste de guerre; et, comme s'il eût voulu se dérober à la colère de son frère, il se retira aussitôt en Bohême, sous le nom de Saint-Leu. Plus tard, poursuivi par les ordres de Napoléon, il s'embarqua pour les États-Unis; mais, arrêté en mer par une frégate anglaise, il alla vivre prisonnier dans la Grande-Bretagne.

L'empereur fut surpris d'abord de l'audace du roi Louis; puis il répondit, le 9 juillet, à son abdication par un décret dont le premier article était conçu en ces termes : « *La Hollande est réunie à l'empire.* » Oudinot prit possession d'Amsterdam; l'année suivante l'administration française y fut établie, et le pays fut divisé en départemens.

Par suite de ce décret, le territoire français fut étendu démesurément. L'Allemagne se trouva prise sur ses deux flancs. En effet, la Hollande s'avance au nord sur son flanc droit, comme au midi l'Italie et l'Illyrie sur son flanc gauche. L'empire français semblait ouvrir sur la Germanie deux serres qu'il suffisait de fermer pour la saisir complétement. Mais cette position n'était redoutable qu'en apparence : les Hollandais restèrent Hollandais. Il fallut garder leurs provinces; et ils ne fournirent plus à l'empire que des soldats sans ardeur et sans dévouement; leurs matelots furent un embarras sur nos vaisseaux plutôt qu'un secours; leur mauvais vouloir entrava l'énergie de nos marins et compromit plusieurs fois le sort de nos expéditions maritimes; ils aimaient mieux servir l'Angleterre que la France. Il n'en était point ainsi sous la République. La Hollande alors se considérait non pas comme conquise par la France, mais comme rendue à la liberté. Elle était notre alliée par l'effet même de ses opinions patriotiques et libérales. Elle combattit franchement avec nous.

Dès qu'on lui eut imposé un roi, elle commença à se séparer de nous ; en 1810, elle s'en sépara complétement. Française de nom, elle cessa de l'être par ses sentimens, tandis qu'auparavant elle était Française de sentimens, sans l'être de nom.

Napoléon comptait sans doute sur le temps pour opérer une fusion dont il n'ignorait pas les difficultés. Personne ne pouvait prévoir alors que sa dynastie serait de si peu de durée. L'influence française semblait s'étendre chaque jour sur le continent européen ; en ce moment même un peuple tout entier paraissait se précipiter au-devant d'elle. Nous voulons parler de la Suède.

Le prince royal de Suède avait été frappé d'une attaque d'apoplexie foudroyante au milieu d'une revue, le 18 mai. Le roi Charles XIII, voyant, par suite de cet événement, sa succession vacante, étant d'ailleurs sans enfans et sans espérance d'en avoir, rassembla une diète afin de choisir un nouveau prince royal. L'ambassadeur français proposa le roi de Danemarck ; quelques officiers suédois pensèrent à Bernadotte. Ils avaient eu des relations avec ce général lorsqu'il commandait en Poméranie et en Hanovre. Il fallait à la Suède, dans la situation où elle se trouvait, un chef capable de conduire des armées, capable de la défendre. Cela suffit : Bernadotte fut élu le 21 août par la diète, à Oerebro, prince royal de Suède, à la condition d'embrasser la religion luthérienne et de jurer le maintien des lois fondamentales du royaume et notamment de la Constitution du 6 juin 1809. Bernadotte demanda à Napoléon des lettres d'émancipation ; il les reçut, et de plus une somme considérable d'argent nécessaire pour ses frais de premier établissement. Il fit à Elseneur, le 19 octobre, sa profession de foi luthérienne, et alla prendre possession de son nouveau titre sous le nom de Charles-Jean. Il fit son entrée solennelle à Stockholm le 1er novembre, et le 8 décembre il écrivit à Napoléon que son père adoptif venait de déclarer la guerre à l'Angleterre et se rangeait dans le système du blocus continental.

Ce ne furent pas les seuls changemens qui eurent lieu en Europe. L'empereur compléta le système de ses possessions de manière à les lier et à les appuyer. Il avait concédé le Hanovre au roi de Westphalie ; il avait créé un grand duché de Francfort, qu'il avait donné en toute souveraineté au prince Eugène, vice-roi d'Italie. Un décret du 12 novembre réunit la république du Valais à l'empire sous le nom de département du Simplon. Cette réunion était motivée sur ce que cette contrée était une des grandes voies de communication entre la France et l'Italie. Enfin Napoléon appuya la ligne formée par la Hollande, en donnant en quelque sorte une tête à cette position. A cet effet, il prononça la réunion à l'empire du pays d'Oldenbourg, de quelques territoires westphaliens, de Brême et de Hambourg. Ainsi aux bouches de l'Escaut, de la Meuse, du Rhin, de l'Ems, il ajoutait celles du Weser et de l'Elbe. Tous ces décrets furent confirmés par des sénatus-consultes. Davoust fut nommé gouverneur général des départemens de l'Ems supérieur, des Bouches-du-Weser et des Bouches-de-l'Elbe.

L'éclat du nom français était grand en Europe ; la suprématie de l'empereur paraissait acceptée et son pouvoir solide. Cependant les sociétés secrètes continuaient à faire des progrès en Allemagne. Le roi de Prusse travaillait à s'attacher le peuple ; il abolissait la servitude de la glèbe ; il créait des municipalités, les rendaient électives et donnait le droit d'élection à tous les habitans ; il supprimait les priviléges industriels et les corporations ; en un mot il faisait ce que Napoléon eût dû faire après la campagne d'Iéna. Il suivait en cela les conseils du baron de Stein, c'est-à-dire du même homme qui avait établi les sociétés secrètes. Un membre de ces sociétés, nommé Dominique-Ernest de la Sahla, vint en 1810, à Paris, avec le projet d'assassiner l'empereur. Il était né en Saxe, et était à peine âgé de dix-huit ans. Ses nombreuses démarches pour approcher Napoléon le firent arrêter. Il ne dissimula point ses projets. Cette affaire fut tenue secrète ; on enferma le coupable à Vincennes. Il ne fut délivré qu'en 1814. Cette tentative aurait pu révéler à Napoléon qu'il se tramait quelque chose contre lui en Allemagne, quelque chose de redoutable, parce que cela émanait des sentimens nationaux.

Mais l'empereur, malgré l'expérience de ce qui se passait en Espagne, méprisait les peuples; il ne voyait en Europe que les souverains. Ceux-ci ne se montraient pas d'ailleurs tous également satisfaits. Alexandre réclama contre la réunion de la Hollande et des villes anséatiques; il se plaignit surtout vivement de celle de la principauté d'Oldenbourg; il se trouvait en effet beau-frère du duc qui y régnait. Il demanda des indemnités; on lui offrit la principauté d'Erfurt: il voulait celle de Dantzik. On ne put s'entendre. Il protesta l'année suivante, en 1811, se réservant d'attendre un moment plus favorable pour éclater. Selon les historiens russes, c'est à dater de cette époque que cet empereur commença à préparer les moyens d'une guerre finale qui devrait décider entre Napoléon et lui. Il faisait alors la guerre contre les Turcs; il commença donc par diminuer son armée sur ce point; il se réduisit à la défensive, résolu de saisir la première occasion d'ouvrir des négociations pour la paix. Il établit en outre une diplomatie secrète par laquelle il communiqua avec les ennemis déclarés et les alliés mécontens de son adversaire. Bonaparte, dès ce jour, dut s'attendre à rompre tôt ou tard avec son confédéré du Nord.

C'est au sein de ces apparences brillantes et au milieu de ces négociations que se termina l'année 1810. Mais avant de passer à l'histoire de celle qui la suit, nous devons mentionner deux faits peu honorables pour le gouvernement anglais. L'empereur fit proposer d'échanger les prisonniers anglais et espagnols qui étaient retenus en France, contre les prisonniers français et alliés détenus en Angleterre; mais on ne put s'entendre, parce que le cabinet britannique refusa d'accepter les Espagnols en échange des Français. Ainsi il comptait ses alliés pour rien ou pour peu; il tenait peu à la liberté de ceux qui avaient combattu pour lui. Quelque temps après, il débarqua sur les côtes trois mille soldats invalides, hanovriens, westphaliens, prussiens, suisses, polonais, qui s'étaient usés à son service. Ne pouvant plus les employer, il s'en débarrassa en les jetant sur le continent et en leur donnant à chacun, pour solde de retraite, une somme de 36 francs. Le gouvernement français leur donna des vivres et une feuille de route, pour retourner dans leurs familles. En Angleterre, les prisonniers étaient traités durement : la plupart étaient enfermés dans des pontons, c'est-à-dire dans des vaisseaux hors de service; ils y étaient accumulés et soumis à un régime brutal et malsain à l'aide duquel on cherchait à obliger ces malheureux à renoncer à leur patrie en prenant du service dans l'armée anglaise. En France l'empereur avait fait organiser les prisonniers en trente-cinq bataillons de chacun quatre cents hommes commandés par des officiers français. On les employait aux travaux publics. Les prisonniers étaient payés au même prix que les ouvriers du pays; leur gain tournait tout entier à leur profit. Dans le temps de chômage des travaux, ils étaient entretenus sur les fonds du budget du génie, des ponts-et-chaussées ou de la marine. Quant aux officiers prisonniers de guerre, ils étaient détenus sur parole. Cette organisation, cette condition de labeur imposée aux prisonniers, n'était que la mise en pratique de ce principe de morale qui veut que tout homme gagne son pain par son travail. Cette mesure, loin d'être cruelle, ne fut rien de plus que la réalisation du système dont les philanthropes ont proposé l'application à la classe pauvre des journaliers de notre pays. Qu'est-ce en effet autre chose que ces cadres dont on a demandé l'établissement, ces cadres ouverts à tous ceux qui n'ont que leurs bras pour vivre, et où ils seraient assurés de trouver en tout temps du travail, ou au moins une solde? Mais revenons à notre histoire.

Le 20 mars 1811, l'impératrice Marie-Louise accoucha d'un enfant mâle. On suivit dans cette occasion le cérémonial de l'ancienne cour. Il fut ondoyé d'abord, puis baptisé par le cardinal Maury, qui venait d'être nommé archevêque de Paris. Il reçut les noms de Napoléon-François-Charles-Joseph, prince impérial, roi de Rome. On épuisa en cette occasion toutes les formes de la flatterie envers Napoléon. Tous les corps de l'état, le sénat et le conseil d'état se laissèrent présenter au roi de Rome seulement âgé de quelques jours; ils lui adressèrent des discours auxquels la gouvernante répondit; puis ils défilèrent devant son berceau en lui adressant des révérences. On s'amusa beaucoup de cette scène dans Paris. La naissance de cet enfant fut accueillie avec un enthousiasme réel par tous ceux dont la fortune était attachée à l'empire; on voyait en lui la conservation de la dynastie impériale et la garantie de l'avenir. Cependant il apportait en naissant les germes de la maladie qui devait inévitablement le faire périr plus tard. Mais tout le monde l'ignorait.

Le 16 juin suivant, l'empereur ouvrit la session du corps législatif pour l'année 1811. Une députation de cette assemblée alla, à son tour, présenter une adresse qui n'était que la paraphrase laudative du discours impérial. On remarqua dans la réponse de l'empereur ce passage : « Mon fils répondra à l'attente de la France; il aura pour vos enfans les sentimens que je vous porte. Les Français n'oublieront jamais que leur bonheur et leur gloire sont attachés à la prospérité de ce trône que j'ai élevé, consolidé et agrandi avec eux et pour eux : je désire que ceci soit entendu de tous les Français. Dans quelque position que la Providence et ma volonté les aient placés, le lien, l'amour de la France, est leur premier devoir. » La députation, après avoir reçu pour la France cette sévère admonition, alla humblement discourir et présenter ses hommages devant le berceau du roi de Rome.

On vit à cette session, dans le corps législatif, quelques membres nouveaux qu'on appelait les députés des départemens de la Hollande, des villes anséatiques, des états romains et du Valais. Le sénat les avait nommés, mais sans liste de candidats préalable arrêtée par les colléges électoraux des départemens; car ces colléges électoraux n'étaient pas organisés. On jouait toujours la comédie : croyait-on tromper quelqu'un par ces mensonges? Quoi qu'il en fût, d'après l'exposé de la situation de l'empire, la France s'était augmentée de seize départemens, de cinq millions de population, de cent millions de revenu, et de trois cents lieues de côtes. Attendu cet accroissement, les dépenses furent portées de 740 millions à 954. Sur cette somme, la dette publique et les pensions enlevaient 148 millions. La dette de Hollande y était comprise; elle avait été réduite des deux tiers, c'est-à-dire de 80 millions à 26; mesure qui certainement n'avait pas fait beaucoup d'amis à Napoléon : on comptait, dans ce budget, un crédit de 460 millions pour l'entretien des armées de terre et de 140 millions pour la marine. Ainsi, il ne restait pour le reste des dépenses que 206 millions; mais elles avaient été réduites, comme nous l'avons déjà dit, en en reportant la plus grande partie sur les recettes des départemens; et alors on ne comptait pas, comme dans les budgets actuels, les frais de perception parmi les dépenses. D'ailleurs les crédits ouverts étaient toujours dépassés : en 1808, au lieu de 740 millions, on en avait dépensé 772; en 1809, au lieu de 740, on en avait employé 786; en 1810, au lieu de 740, on en avait consommé 795. Ajoutez à cela les dépenses secrètes soldées avec les revenus cachés de la police et du domaine extraordinaire. Ainsi, ce nom de budget, comme celui même de corps législatif, n'était qu'une apparence. Mais ce qui sans doute était une réalité, c'était le chiffre de l'armée. D'après l'exposé de situation, la France avait huit cent mille hommes sous les armes, dont trois cent cinquante mille employés en Espagne. On n'avait, en effet, malgré l'état comparativement pacifique où l'on vivait, cessé de lever des conscriptions annuelles de cent vingt mille hommes; loin d'avoir été moins rigoureux contre ceux qui cherchaient à se soustraire à cette contribution, on avait augmenté la sévérité des lois contre les réfractaires.

La session fut close le 25 juillet. Le conseiller d'état, comte de Ségur, qui vint opérer la clôture, répéta encore une fois, dans son discours, que la France avait huit cent mille hommes sous les armes. Cette instance, qu'on pouvait prendre pour une menace, annonçait que dans les conseils on ne croyait pas la demi-paix continentale aussi assurée qu'il paraissait. Le corps législatif, au reste, n'avait eu guère d'autre loi à examiner que celle du budget. Il avait trouvé un autre moyen d'occuper plusieurs séances : c'était de charger quelqu'un de ses membres de lui faire un rapport sur les livres qu'on lui adressait. Ainsi, quelquefois on put le prendre pour une réunion littéraire plutôt que pour une assemblée de législateurs.

Suivant l'usage adopté, l'empereur décidait par des décrets les questions qui appartenaient à la législature. Nous ne citerons que ceux relatifs aux feuilles périodiques. Déjà, le 5 août 1810, il avait décidé que, dans les départemens autres que celui de la Seine, il n'y aurait qu'un seul journal. Le 18 février, il décréta que la propriété du *Journal de l'Empire* (actuellement le *Journal des Débats*) était divisée en vingt-quatre actions, ayant droit chacune à la même part dans les bénéfices. Sur ces vingt-quatre actions, huit étaient attribuées à la police et perçues par elle pour constituer des pensions à des gens de lettres; les seize autres devaient être distribuées comme récompenses de services rendus à l'empereur. Par un autre décret du 17 septembre, les journaux publiés sous le nom de *Journal du Soir*, *Journal du Commerce*, *Courrier de l'Europe*, *Feuille économique* et *Journal des Curés*, étaient supprimés et réunis sous le titre de *Journal de Paris*. La propriété était encore divisée en vingt-quatre actions, dont il était fait le même emploi que précédemment. Le 26 septembre on autorisa la publication de treize journaux scientifiques; enfin, le 13 octobre, un décret autorisa la publication de quatre-vingt-treize feuilles périodiques d'annonces dans les départemens. Le ministre de l'intérieur était chargé d'en régler le format, la justification et jusqu'au prix des insertions à la ligne.

Pendant que tout le monde se courbait servilement devant les volontés de Napoléon, un grand nombre de membres du clergé catholique montrèrent qu'ils conservaient encore leur indépendance. L'empereur était fort embarrassé par sa rupture avec le pape, et chaque jour il en sentait davantage les inconvéniens. Il avait d'abord créé une commission ecclésiastique et lui avait soumis diverses questions que ce n'est pas ici le lieu d'énumérer. La commission remit, le 11 janvier 1810, les réponses qu'on lui avait demandées. Sur la première question de savoir si le gouvernement de l'Église était arbitraire, elle répondit que non; que le pouvoir du pape était enfermé dans des limites fixées, en matière de foi, par l'Écriture-Sainte, la tradition et les conciles, et quant au régime intérieur, par la discipline générale approuvée et reçue par l'Église. Sur la seconde question, si le pape pouvait, pour des motifs temporels, refuser son secours spirituel, elle répondit non encore, si le pape jouissait de son indépendance. Sur la troisième question, de savoir si le sacré collége ne devrait pas être composé de prélats de toutes les nations, on répondit que, d'après une décision non exécutée du concile de Bâle, ce collége devait être composé de cardinaux choisis au nombre de vingt-quatre dans tous les états catholiques; qu'au concile de Trente, sur la réclamation des orateurs de France, il avait été arrêté seulement que le pape choisirait ses cardinaux autant que possible dans toutes les nations. Enfin, à cette question : Que faudrait-il faire pour le bien de la religion ? on répondit par la proposition de convoquer un concile national.

Ce fut ce dernier parti que prit l'empereur; il en ajourna cependant encore l'exécution, afin de voir si le temps et des démarches ne changeraient pas l'opinion du saint-père. En attendant, par un décret du 5 février 1810, il renouvela l'édit de Louis XIV sur la déclaration du clergé de France, du mois de mars 1682. Cependant un grand nombre de siéges étaient devenus vacans : on pourvut au remplacement des evêques décédés; mais le pape refusa les lettres de confirmation. Bientôt le même fait se produisit pour l'archevêché de Paris : le cardinal de Maury venait d'être nommé à ce siége; non-seulement le pape refusa les lettres de confirmation, mais il lança un bref contre lui. Ce dernier acte, à ce qu'il paraît, détermina l'empereur. Par une lettre du 5 avril 1811, il convoqua, pour le 9 juin suivant, à Paris, tous les évêques et archevêques de France et des contrées d'Italie et d'Allemagne soumises à l'empire, pour y former un concile national.

En conséquence, le 17 juin 1811, pendant qu'on lisait au corps législatif l'exposé de la situation de l'empire, plus de cent prélats se réunirent à l'archevêché et se rendirent processionnellement à Notre-Dame pour invoquer le Saint-Esprit. Après la messe, on entendit un sermon, puis lecture du décret d'ouverture du concile; et de la profession de foi adoptée par le concile de Trente. Ensuite, le cardinal Fesch, qui avait officié et qui était président, prononça le serment prescrit par la bulle de Pie IV; il commençait par ces mots: « Je jure et promets une véritable obéissance au pontife romain, etc. » Tous les archevêques et évêques répétèrent ces paroles. — Le 20, le concile se réunit pour s'organiser. Le ministre des cultes était présent. Il commença par lire un décret de l'empereur qui fut assez mal accueilli; on y déclarait qu'on agréait le cardinal Fesch pour président. Ensuite il lut un message dans lequel on appelait le concile à décider sur le mode des institutions canoniques. Une commission fut aussitôt nommée pour s'occuper de ce sujet. Celle-ci, après divers pourparlers avec l'empereur, finit par adopter un décret qu'il dicta lui-même, et qui était d'ailleurs conforme à une note non signée que l'on avait obtenue du pape ; cependant, lorsque la commission apporta, le 10 juillet, son rapport dans le concile, elle concluait que le décret ne serait valable qu'après avoir reçu l'approbation du saint-père. Il s'éleva aussitôt une vive discussion. Les uns disaient qu'il fallait passer outre; les autres, en plus grand nombre, que les actes des conciles n'étaient valables qu'autant qu'ils étaient acceptés par le chef de l'Église. La séance fut levée sans qu'il eût été rien arrêté.

A peine l'empereur fut-il instruit de ces débats et des dispositions de la majorité, qu'il prononça par un décret la dissolution du concile. Il ordonna en outre d'arrêter les évêques de Tournay, de Troyes et de Gand, qui s'étaient fait remarquer par l'énergie de leur opposition. L'archevêque de Bordeaux avait été mis sur la liste; mais ce nom fut rayé sur les observations du ministre des cultes : c'était cependant celui qui avait poussé l'opposition le lus loin. A quelques membres qui disaient que le pape avait excédé ses pouvoirs en lançant la bulle d'excommunication, il répondit en jetant sur la table un exemplaire des actes du concile de Trente sur le droit d'excommunier les rois, et en s'écriant : « Condamnez donc l'Église ! » Ce fut la piété de ce prélat qui le sauva ; l'empereur n'osa frapper sur un homme dont les croyances étaient pures de toute arrière-pensée. Les évêques de Tournay, de Troyes et de Gand furent enfermés à Vincennes. Ils se rachetèrent de la prison en donnant leur démission.

Napoléon, après avoir dissous le concile, se conduisit comme s'il avait encore été réuni. Par ses ordres, le ministre des cultes réunit en congrégation ou en commission les évêques qu'il put déterminer à s'y rendre. Il y en eut quatre-vingts qui se laissèrent entraîner. Là on rédigea deux décrets dont l'article le plus important était que, six mois après la nomination d'un évêque, sa sainteté serait tenue de donner l'institution dans la forme réglée par les concordats. Ces décrets servirent de texte pour ouvrir des négociations avec le pape. Le 20 septembre, il donna un bref par lequel il approuvait les décrets de l'*assemblée générale des évêques*. Le conseil d'état fut d'avis de rejeter ce bref, parce que le pape y paraissait ne pas reconnaître le concile. Cet avis fut suivi, et en conséquence les pourparlers recommencèrent. Ainsi Napoléon, par sa propre volonté, se trouva n'avoir rien terminé : il refusa, au moment où il l'avait obtenue, la satisfaction qui le préoccupait d'abord. Il voulait sans doute faire lever son excommunication ; mais les événemens ne lui permirent pas de pousser convenablement les négociations.

En effet, la guerre était sur le point de recommencer. Chaque jour ses relations avec la Russie devenaient plus difficiles. Celle-ci se préparait à tenter les chances d'une nouvelle lutte, et lui-même voulait la rendre décisive. Nous renvoyons au prochain chapitre l'histoire des faits qui poussèrent Napoléon à l'expédition désastreuse où il perdit son armée et épuisa sa fortune ; nous terminerons celui-ci par une esquisse des opérations de l'armée française en Espagne.

Ce fut une grande faute de la part de l'empereur de n'avoir pas marché lui-même en Espagne : sa présence seule pouvait y maintenir l'unité de commandement, et faire réussir les opérations les plus importantes, c'est-à-dire celles dont le succès ne pouvait être assuré que par la coopération franche et vigoureuse de plusieurs corps agissant isolément et à grandes distances ; mais il se borna à renforcer l'armée de la Péninsule, et il se comporta envers son frère comme s'il eût été un prince étranger dont il eût été seulement l'auxiliaire, et dont le sort lui eût été assez indifférent. Chose singulière! il avait voulu avoir l'Espagne, il se l'était fait céder par une trahison peu honorable ; et maintenant qu'il s'agissait de soumettre ceux qu'il se croyait en droit d'appeler des rebelles, il semblait ne plus attacher à cette possession un très-grand intérêt. Il faut sans doute voir dans cet amour du repos qui le prit subitement un effet de son mariage; ce fut l'une des premières fautes que lui fit commettre cette union.

Jourdan, abreuvé de dégoûts et de contrariétés, avait demandé et obtenu son rappel; il avait été remplacé par Soult. L'armée française avait été portée à trois cent mille hommes, disent quelques historiens; à trois cent soixante-douze mille, dont seulement deux cent quatre-vingt mille disponibles, disent quelques autres. L'armée espagnole régulière, en comptant les garnisons des places, ne dépassait guère deux cent mille hommes. En Portugal, il y avait quatre-vingt-dix à cent mille hommes d'armée régulière, tant troupes de la Grande-Bretagne que troupes portugaises commandées par des officiers anglais. C'était peu sans doute pour résister à un nombre égal de Français; mais le pays était difficile, et les armées ennemies étaient appuyées par une nuée de guérillas; on en ignore le nombre en Espagne. En Portugal, où les Anglais s'étaient emparés de l'administration militaire et y avaient établi quelque ordre, le nombre des habitans armés et agissant en partisans fut inscrit sur des tableaux; il était de quatre cent cinquante mille. Aussi les corps français qui agissaient dans la Péninsule étaient plus isolés les uns des autres qu'ils ne l'avaient été jamais dans aucun pays; placés dans une des contrées les plus riches de l'Europe, ils y éprouvaient souvent la faim. Nulle communication n'était assurée. Il fallut incessamment entretenir des colonnes mobiles pour assurer les relations entre les divers points occupés. Malheur aux traînards et aux convois trop faibles! ils étaient enlevés. Cette guerre, où nous éprouvâmes peu de revers, où nous eûmes au contraire de nombreux succès, enleva à la France un grand nombre de soldats ; elle nous fut fatale : chaque victoire nous coûtait des hommes et ne nous donnait rien ; nous ne pouvions garder que les places fortes et les grandes villes. Cependant, si l'on eût réussi à chasser les Anglais de la Péninsule, et à s'emparer des côtes, de manière à les empêcher de communiquer avec l'intérieur, il est probable que l'on fût parvenu à y rétablir la paix. Les succès du maréchal Suchet, sous ce rapport, en Catalogne, en Aragon et dans le royaume de Valence, en sont une preuve. Après s'être rendu maître des places fortes et des côtes, il réussit à rétablir une administration régulière, et à assurer la subsistance et la solde de ses troupes. Il fit faire la police par les Espagnols eux-mêmes ; il fit faire des routes et des embellissemens. Son nom est encore honoré aujourd'hui dans ces provinces ; on s'y souvient de son excellente administration, et toutes ces choses, dit-on, y ont laissé le désir d'appartenir à la France. Mais nous anticipons sur les événemens.

Au commencement de 1810, pour s'emparer de la Péninsule, il fallait conduire avec un égal succès trois grands mouvemens offensifs ; l'un vers l'ouest, destiné à s'emparer des côtes de l'Océan, du Portugal, et à en chasser les Anglais ; l'autre, vers le centre, pour soumettre l'Andalousie ; le troisième, vers l'est, pour conquérir les côtes de la Méditerranée et le royaume de Valence. Ce n'était pas tout encore : il fallait assurer nos derrières en occupant, vers l'ouest, la Navarre, les Asturies et la Galice, et, vers l'est, en achevant la soumission de la Catalogne dont le plus grand nombre des places étaient encore entre les mains des insurgés. De là cinq théâtres d'opérations différentes.

Vers l'est, le septième corps commandé par Augereau, puis plus tard par Macdonald, fut chargé de prendre les places de la Catalogne. Cette tâche fut remplie, mais non sans difficulté et très-lentement ; il fallut faire plusieurs sièges, repousser des débarquemens, dissiper à plusieurs reprises des rassemblemens d'insurgés. En même temps, vers l'ouest, le quatrième corps commandé par Drouet, et plus tard par Reynier, fut chargé de maintenir la Navarre. Il eut également affaire à de nombreux guérillas. Quant aux Asturies et à la Galice, on laissa le soin de les soumettre et de les conserver à l'armée de Portugal dont nous parlerons bientôt. Nous ne nous occuperons pas davantage de ce qui se passa sur ces deux systèmes secondaires d'opérations destinées, comme nous l'avons dit, à assurer la base des trois grands mouvemens offensifs à l'aide desquels on croyait nettoyer la Péninsule; nous nous attacherons seulement à esquisser les généralités de ceux-ci. Nous parlerons d'abord de la marche de l'armée du centre.

Cette armée fut composée des premier, quatrième et cinquième corps de la garde royale espagnole, et des réserves; elle était forte de soixante-cinq mille hommes, et commandée en chef par le maréchal Soult, qui avait sous ses ordres Mortier, Victor et Sébastiani. Le roi Joseph accompagna lui-même l'expédition. Elle se mit en mouvement dans le commencement de janvier. Le 20 janvier 1810, on emporta de vive force les défilés de la Sierra-Morena; on battit deux armées espagnoles; Jaën se rendit; Séville capitula le 31. Le point le plus important à saisir était Cadix. Cette ville n'était pas gardée : on eût dû y marcher rapidement; on pouvait y être dès le 27 janvier, et il est probable qu'une brusque attaque l'eût mise en notre possession; mais, au lieu de cela, on s'arrêta devant Séville, et, lorsque Victor se présenta devant Cadix, le général Albuquerque avait eu le temps de s'y jeter avec un corps espagnol, et les Anglais d'y envoyer quelques troupes de Gibraltar. Cependant les Français, en possession de l'Andalousie, poussèrent des troupes sur leur droite et leur gauche. Victor forma ses lignes en face de Cadix; Mortier entra en Estramadure; Sébastiani marcha sur Malaga, dont il se rendit maître; il ne s'avança pas plus loin et se borna à surveiller le royaume de Murcie. Quant à Joseph, après avoir fait le roi pendant quelque temps, il retourna à Madrid. Vers cette époque, l'empereur, croyant que la pacification de l'Espagne serait plus tôt obtenue s'il y intéressait directement ses généraux, créa des gouvernemens militaires dont les chefs avaient la plénitude de l'autorité civile et militaire : l'Andalousie fut donnée à Soult. Mais cette mesure n'eut point le succès qu'il en attendait. La plupart de ces gouverneurs se satisfirent de la possession de quelques points où ils pouvaient régner sans obstacle; ils s'isolèrent dans leurs commandemens. Ainsi, en Andalousie, on se borna à s'y établir solidement, et à repousser toutes les attaques par lesquelles l'ennemi essaierait d'en troubler la possession. Ce ne fut pas chose facile; on eut à repousser plusieurs invasions venant tantôt de Murcie, tantôt par mer, tantôt de Cadix. En même temps il s'organisa dans les montagnes qui cernent cette belle province une foule de guérillas qui formèrent autour d'elle une ceinture d'ennemis interceptant les communications.

Cependant, à la droite, on se préparait à envahir le Portugal. Le deuxième, le sixième et le huitième corps commandés par Ney et Junot, ainsi que la cavalerie de Montbrun, furent mis sous les ordres de Masséna, prince d'Essling. On réunit sous son autorité les quatre gouvernemens militaires de Salamanque, de Valladolid, des Asturies et de Saint-Aulder. Masséna arriva le 27 juin à l'armée; elle était déjà occupée au siége de Ciudad-Rodrigo, qui se rendit le 10 juillet; car, pour pénétrer en Portugal, il fallait prendre la ceinture de villes fortifiées que l'Espagne avait armées dans d'autres temps, contre un royaume que maintenant elles défendaient. Il porta ensuite l'armée sur Almeida, première place de Portugal, qui eût pu se défendre long-temps; mais le magasin à poudre fut enflammé par une bombe, et la garnison se rendit. De là l'armée, forte de cinquante-quatre mille cinq cents hommes, se mit en route en suivant la rive droite du Mondego, portant pour treize jours de vivres. En effet, par ordre de Wellington, on avait tout détruit sur son passage; la population avait fui; on marchait dans un désert. Cependant l'armée força le passage à Celorico, et l'on se porta sur Busaco. Là, on rencontra les Anglo-Portugais en bataille sur un plateau élevé et escarpé qui coupait la route de Coïmbre. On essaya de l'enlever; il fallut redescendre après avoir perdu beaucoup de monde (27 septembre). Le lendemain, on trouva un chemin qui permettait de tourner la position. On se hâta d'en profiter, et l'on marcha sur Coïmbre. On trouva la ville abandonnée et vide d'habitants; mais on n'avait pas eu le temps de détruire toutes les provisions. L'armée s'y procura donc quelques ressources, heureusement; car le soldat avait épuisé les vivres qu'il avait emportés, et il commençait à souffrir de la faim. On alla de Coïmbre à Leyria sans rencontrer les Anglais, qui se retiraient devant nous. Le 10 octobre, on arriva devant les lignes de Torrès-Vedras. Il y eut ce jour même un engagement contre une arrière-garde anglaise qui fut mise en déroute. Pendant ce temps un corps de partisans entrait dans Coïmbre où nous avions laissé nos blessés, et les massacrait. Ainsi on se trouvait entouré.

Les lignes de Torrès-Vedras avaient été choisies et fortifiées, dit-on, d'après les plans d'un officier français, trouvés parmi les papiers laissés à Lisbonne lors de notre première retraite de Portugal. C'était un camp flanqué à droite par le Tage, à gauche par la mer, ayant Lisbonne et une flotte derrière. Il présentait en première ligne trente redoutes avec fossés et palissades, armées de cent quarante bouches à feu; en seconde ligne, derrière de profonds ravins encaissés d'une muraille de rochers, soixante-cinq ouvrages armés de cent cinquante bouches à feu; enfin une troisième ligne destinée à protéger l'embarquement si les deux premières étaient forcées. Wellington avait réuni dans ce camp cent trente mille hommes, dont plus de soixante-dix mille de troupes de ligne.

Les Français ne tardèrent pas à s'apercevoir que ce camp était inexpugnable. Ils en firent une reconnaissance générale; ils forcèrent, après deux jours de combats, l'ennemi à replier tous ses postes, et à se retirer derrière ses redoutes. Masséna n'avait plus que quarante mille hommes. Il prit position en face de Wellington, attendant des renforts, et qu'une diversion qu'on lui avait promise sur la rive gauche forçât les Anglais à dégarnir les points fortifiés. Il resta dans cette situation environ deux mois, c'est-à-dire jusqu'au 12 décembre, où la nécessité de vivres le força de faire un mouvement pour faciliter ses approvisionnemens. Il alla s'établir à Santarem sur la rive droite du Tage, se mettant ainsi à dos un côté de cette riche vallée; il étendit la ligne de ses cantonnemens jusqu'à Leyria. Les Anglo-Portugais crurent d'abord que c'était un mouvement de retraite; ils marchèrent en conséquence sur Santarem ; mais, après un engagement assez vif, ils se retirèrent et rentrèrent dans leurs lignes, qu'ils continuèrent à fortifier. On a beaucoup blâmé la persistance de Masséna à rester au centre d'un pays qui était tout entier insurgé autour de lui ; mais il ne faisait qu'obéir : on lui promettait des renforts et une diversion. En effet, le général Drouet ne tarda pas à arriver avec quatorze mille hommes ; il occupa Leyria. Ce qui est plus extraordinaire que la persistance de Masséna, c'est l'extrême prudence de Wellington. On avait souvent sans doute des combats d'avant-postes ; mais on s'étonne que les Anglo-Portugais, trois fois plus forts que leurs adversaires, n'aient point tenté les chances d'une bataille. Sans doute ils attendaient que les Français se missent en retraite pour tomber sur eux ; ils savaient qu'ils étaient mal nourris, et que la famine les menaçait à chaque instant ; mais ne devaient-ils pas craindre que Soult, traversant l'Estramadure, ne vînt porter une diversion formidable sur leurs derrières ?

En effet, ce maréchal s'était mis en marche avec vingt mille hommes, et entra dans l'Estramadure espagnole, dans les premiers jours de janvier 1811. Il prit Olivenza après onze jours de siége, et vint prendre position sous les murs de Badajoz le 26. Mais, pour investir cette place, il fallait traverser la Guadiana et chasser une armée espagnole campée sur ses bords et appuyée à la ville ; on ouvrit cependant la tranchée sur la rive gauche où l'on se trouvait, attendant de pouvoir passer la rivière grossie par les pluies. Le 19 février, on tenta le passage ; on joignit l'armée espagnole, qui fut rapidement dissipée, laissant huit mille prisonniers, ses canons, ses drapeaux et ses bagages. Alors on put investir la ville, qui se rendit le 11 mars. La garnison, forte de huit mille hommes, fut faite prisonnière. Les événemens d'Andalousie ne permirent pas à Soult d'avancer davantage. La garnison de Cadix avait fait une sortie, et le général Ballesteros, une tentative sur

Séville. Le maréchal courut au secours de sa province. Lorsqu'il arriva, le danger était passé ; mais l'ennemi avait réussi à empêcher sa marche sur le Portugal.

Pendant ce temps, Masséna, se voyant abandonné, méditait sur sa route de retraite. Il savait que les Anglais venaient de débarquer des renforts ; son armée était réduite à vingt-huit mille fantassins ; il avait dix mille malades ou blessés ; il n'avait point de nouvelles d'Estramadure : les passages avaient été si bien interceptés par les guérillas, qu'il savait à peine si Badajoz était assiégé. Il résolut donc de se retirer : il commença par faire évacuer ses malades et ses blessés ; puis, trompant l'ennemi par ses manœuvres, il gagna des marches sur l'ennemi, et prit la route de Coïmbre, où il arriva le 4 mars. Cette retraite fut pénible, mais heureuse. Il y eut de fréquens engagemens d'arrière-garde ; Ney, qui la commandait, réussit toujours à contenir l'ennemi, et lui fit quelquefois éprouver des pertes. Le 5, on franchit la frontière de Portugal, et on arriva à Ciudad-Rodrigo. Aussitôt que Masséna put entrer en communication avec ses collègues, il demanda des vivres et quelques troupes. Il s'adressa particulièrement à Bessières, dont il ne reçut point de réponse. Cependant il fit un mouvement offensif, et marcha sur Almeida afin de dégager cette place que les Anglais assiégeaient. Là il trouva l'armée anglaise rangée dans une belle position, sur une montagne, selon son habitude, et couvrant la ville. Masséna disposa son attaque. Tous les tacticiens disent qu'elle devait réussir, mais que le général fut mal secondé. La garde impériale, dont il avait un détachement, ne voulut pas charger ; le général Loison, qui était rappelé, montra peu de zèle ; Drouet, qui allait partir pour l'Andalousie, ménagea ses troupes ; Reynier ne bougea pas. Quoi qu'il en fût, l'ennemi fut culbuté sur plusieurs points, la cavalerie anglo-portugaise, mise en déroute, le centre même, entamé. Un effort de plus, et l'armée anglaise était perdue ; mais Masséna n'avait pas assez d'autorité pour donner un élan décisif.

Cette bataille, qui reçut le nom de Fuentès-Onoro, fut indécise : les deux partis s'attribuèrent la victoire. Les deux armées restèrent en présence. Masséna voulait à tout prix délivrer les Français enfermés dans Almeida. Un soldat, nommé Tillet, se chargea de porter une lettre au général Brenier, qui les commandait. Il passa en uniforme à travers les postes ennemis et atteignit la place. Brenier, instruit par lui, mina les principaux bastions, et, le 10 mai, à minuit, sortit en colonne serrée, fit jouer ses mines, et traversa au pas de charge l'armée anglaise réveillée par l'effroyable détonation qu'il avait préparée. Quoique poursuivi et attaqué, il rejoignit en bon ordre le deuxième corps qui l'attendait en bataille. Alors Masséna, satisfait, se retira à Salamanque. Ce fut là qu'il reçut son ordre de rappel; il céda le commandement à Marmont, duc de Raguse.

Pendant que l'on se battait à Fuentès-Onoro, et que les Anglais rentraient dans Almeida démantelée, une autre armée anglaise, commandée par Beresford, traversait l'Estramadure portugaise, y reprenait Olivenza le 15 avril, après six jours de siége, pénétrait dans l'Estramadure espagnole, et investissait Badajoz le 5 mai. Soult aussitôt réunit dix-neuf mille fantassins et quelques mille chevaux, et marcha au secours de cette place. Beresford ne l'attendit pas : il leva le siége et vint prendre position au village d'Albuera. Outre plusieurs divisions anglaises, montant à peu près à vingt mille hommes, ce général avait avec lui un corps portugais et des troupes de ligne espagnoles ; il avait sous ses ordres un peu plus de trente-deux mille hommes. Soult, malgré l'infériorité du nombre, malgré la forte position occupée par l'ennemi, n'hésita pas à l'attaquer. En conséquence, le 16 mai, il poussa contre lui ses colonnes d'attaque ; la bataille fut extrêmement meurtrière. Les Anglais furent sur le point de se mettre en retraite ; malheureusement tous les généraux français ne firent pas leur devoir. Le général Godinot agit mollement. Le champ de bataille devait rester aux plus tenaces ; ce furent les Anglais qui avaient d'ailleurs toujours pour eux l'avantage du nombre et de la position. La perte fut égale de part et d'autre ; de part et d'autre on ramassa ses blessés. Il y eut de chaque côté sept à huit mille morts ou blessés et point de prisonniers. Le 17, les deux armées restèrent en présence, également hors d'état de prendre l'offensive. Le 18, Soult se retira. Lord Wellington rejoignit, le 19, lord Beresford; il lui amena des renforts avec lesquels on alla mettre de nouveau le siége devant Badajoz.

La tranchée fut ouverte dans la nuit du 29 au 30 mai. Le 6 juin la brèche était pratiquée. Les Anglais allèrent à l'assaut à deux reprises; ils furent repoussés avec une perte considérable. Le siége fut levé le 16, et Wellington rentra en Portugal. Cette retraite fut motivée, non-seulement par l'insuccès de ses attaques, mais par un mouvement offensif de Marmont, qui, ayant reçu de l'empereur l'ordre de sauver Badajoz à tout prix, s'était avancé de Ciudad-Rodrigo sur Almaraz, y avait traversé le Tage et venait rejoindre Soult. Les deux généraux, satisfaits de ce succès qui ne leur coûta pas un homme, retournèrent chacun dans leurs commandemens. Soult eut à y combattre diverses tentatives des insurgés espagnols, et les guérillas, dont il vint facilement à bout; la province resta d'ailleurs assez tranquille pendant le reste de l'année 1811. Quant à Marmont, il eut à se maintenir par de simples manœuvres vis-à-vis de l'armée anglaise. Wellington fit, à la fin de septembre, une tentative sur Ciudad-Rodrigo, à laquelle il renonça à l'approche de Marmont. Les deux armées restèrent pendant la fin de l'année en observation l'une vis-à-vis de l'autre, les Anglais ayant leur quartier-général à Almeida, et les Français à Salamanque.

Il nous reste à parler des opérations de l'armée d'Aragon commandée par Suchet. Ce général, auquel l'empereur ne tarda pas à donner le titre de maréchal qu'il mérita par des succès constans, ne tarda pas à être investi du commandement en chef de la Catalogne. Il eut à combattre plusieurs corps d'armée espagnols et de nombreux guérillas; il fallait en même temps qu'il s'emparât d'un grand nombre de places dont le pays était hérissé. Il se conduisit avec autant de prudence que de courage; il eut soin d'assurer chacun de ses pas, de manière que chaque mouvement fût la conséquence de celui qu'il venait de faire; aussi il réussit à ramener l'ordre et la sécurité dans le pays. Il rejeta les bandes de l'Empécinado, de Mina et de Villa-Campa en Navarre, et dans les montagnes de Cuença. A la fin de 1811, il assiégeait Valence et possédait toutes les places qui se trouvaient entre cette ville et les Pyrénées. Les siéges les plus fameux furent ceux de Lérida, de Tortose, de Tarragone et de Murviédro (l'ancienne Sagonte). Pour se rendre maître de Lérida, il fallut quatorze jours de tranchée ouverte, défaire une armée qui venait au secours de la place, enfin donner l'assaut, qui nous mit en possession de la ville. La garnison, forte de huit mille hommes, se retira dans la citadelle, qui capitula le 14 mai 1810. Le siége de Tortose fut moins difficile. Cette ville se rendit le 1er janvier 1811.

C'est à la suite de tous ces siéges, et avec une armée expérimentée à ce genre de guerre, que Suchet résolut d'aller attaquer la grande ville de Tarragone.

Ce siége est l'un des plus mémorables de la campagne, autant par les difficultés que les assiégeans eurent à vaincre, que par la ténacité de la résistance et les suites déplorables auxquelles donna lieu une défense qui était contraire à tous les usages de la guerre.

Tarragone est située au bord de la mer. Elle est divisée en ville basse et en ville haute. La ville haute, qui est quatre ou cinq fois plus étendue que la basse, est assise sur un rocher fortement escarpé de tous côtés et dont une partie est baignée par la mer; en outre elle est entourée d'un rempart, d'un fossé creusé dans le roc, et couverte de nombreuses redoutes. Elle communique avec la ville basse par un prolongement du rocher sur lequel elle est assise. Ce prolongement reste escarpé du côté de la plaine, et il est couronné à son extrémité par un fort nommé le fort Royal; du côté de la mer le rocher forme une pente sur laquelle est située la ville basse : c'est là que se trouvent le môle et le port. L'espace plat par lequel on peut aborder la ville basse est situé entre la mer et la pointe du rocher qui porte le fort Royal à son sommet; il n'a que trois cents mètres, et encore est-il couvert par trois lignes d'ouvrages dont les feux se protégent les uns les autres. Ce n'était pas tout : le rocher sur lequel est Tarragone est couvert par un plateau de rochers dont il est séparé par une vallée profonde; et ce plateau, qui forme comme un ouvrage avancé, était couvert par un fort creusé dans le roc, nommé Olivo. Pour achever la description topographique de Tarragone, il nous reste à dire que la ville haute est du côté de Barcelone, en sorte qu'il en part une route qui va, en suivant la mer, joindre la capitale de la Catalogne. La ville basse est située du côté de Valence. Maintenant nous n'avons plus qu'à faire l'histoire du siège.

L'armée assiégeante était composée de quatorze mille trois cent soixante-dix fantassins, mille quatre cent quarante-sept cavaliers, deux mille quatre-vingt-un artilleurs, sept cent vingt-un hommes du génie, cinq cent soixante-neuf employés aux équipages ou infirmiers; en tout dix-neuf mille cent quatre-vingt-huit hommes et soixante-six bouches à feu. La garnison, commandée par Contreras, était composée de dix-sept mille cinq cents hommes. La place était armée de trois cent trente-sept bouches à feu. De plus, il y avait à l'ancre une flotte anglaise portant deux mille hommes de débarquement. Il se trouva que l'armée assiégeante fut moins nombreuse que l'armée assiégée, car on fut obligé de détacher plusieurs corps d'observation. Deux fois, pendant la durée du siège, Campo-Verde se présenta avec des forces imposantes. Néanmoins, l'investissement fut commencé le 1er mai.

Avant d'arriver à la place, il fallait prendre le fort d'Olivo; mais on ne pouvait ouvrir la tranchée, parce que le sol était du roc pur. En conséquence, pendant la nuit, des hommes s'attelèrent à des canons et les conduisirent en bravant le feu des remparts; on se couvrit avec des sacs à terre. On crut avoir fait brèche le 29; en conséquence, profitant encore de la nuit, on s'approcha du rempart, on descendit dans le fossé; mais il se trouva qu'on n'avait renversé que la muraille élevée de main d'homme, et que les débris ne formaient pas une élévation suffisante pour atteindre la brèche. On essaya d'employer des échelles; elles se trouvèrent trop courtes. Pendant ce temps on était exposé à la fusillade de l'ennemi. Nos troupes étaient exaspérées. Enfin, on découvrit une poterne qu'on parvint à forcer. Nos soldats se précipitèrent par ce chemin. Alors commença une scène de carnage et de lutte individuelle que l'obscurité rendit plus horrible et plus acharnée. Le général Harispe, qui commandait l'assaut, ne put arrêter les troupes, et sauva avec peine quelques prisonniers. Deux mille Espagnols, dit-on, périrent dans cette affreuse mêlée.

Le fort de l'Olivo pris le 1er juin, on commença les approches de la place du côté de la ville basse. On attaqua d'abord le premier des ouvrages avancés : c'était le fort Froncoli. On fut contrarié vivement par les feux de la flotte anglaise contre laquelle on fut obligé d'élever des batteries. Néanmoins, la brèche étant faite, le 7 on donna l'assaut, et le fort fut enlevé. On s'en prit ensuite à la seconde ligne des ouvrages, dite la Lunette-du-Prince. On l'enleva d'assaut le 16. Alors on ouvrit des feux en même temps contre le fort Royal et contre la ville basse. Le 21, les brèches étant praticables, on donna en même temps l'assaut sur les deux points; ils furent également emportés. Une partie de la population et des troupes assiégées, qui ne purent se réfugier dans la ville haute, se retirèrent sur le môle, où on les reçut par capitulation, et la flotte anglaise prit le large.

Alors commencèrent les dispositions pour la dernière attaque. Le 22 on ouvrit les travaux dirigés contre la ville haute. La brèche étant jugée praticable, on donna l'assaut et on pénétra dans la ville. Mais l'ennemi avait formé une barricade qui enfermait un vaste espace situé autour de la brèche; il avait crénelé les maisons : il fallut combattre encore et avec le désordre qui accompagne une lutte partielle de cette espèce. Les Espagnols injuriaient nos soldats et les fusillaient de toutes parts. On se battit dans les maisons. Enfin, une attaque furieuse perça la barricade vers le centre, et nos soldats se jetèrent dans la ville, tuant tout ce qu'ils rencontraient et poursuivant les soldats espagnols avec un acharnement qui tenait de la rage. Une partie de la garnison fut massacrée. Le reste, refoulé vers le rivage avec la classe inférieure de la population, fut acculé à la mer et se rendit, au nombre de dix mille. D'ailleurs la plus grande partie de la population s'était déjà enfuie ; elle était sortie par le côté qui regarde Barcelone et encombrait la route. Quelques-uns de nos régimens, stationnés de ce côté, la virent passer et n'opposèrent aucun obstacle à sa retraite. Cela fut heureux; car les officiers n'étaient plus maîtres des soldats ; ils s'étaient éparpillés, et, excités par deux mois de souffrances, ils se gorgèrent de vin, d'alimens et de pillage, car on n'avait eu le temps de rien emporter. S'il y eut des attentats d'une autre espèce, ce furent des crimes individuels que l'on punit plus tard, et qui furent rares, parce que les habitants avaient presque tous déserté la ville. Il y eut aussi des traits d'humanité remarquables. Le véritable coupable dans cette affaire fut le commandant de la place, qui, malgré plusieurs sommations, ne s'était pas rendu et avait prolongé sa défense plus qu'il n'était raisonnable. Il était certain en effet qu'une barricade ne pouvait sauver la ville, lorsque tant de forts, de fossés et de remparts n'avaient pu la protéger. Suchet fut sur le point de le mettre en jugement ; mais il s'excusa en disant qu'il n'avait pas été le maître, qu'il avait eu la main forcée par le peuple, que cette barricade avait été dressée pour arrêter l'élan de nos troupes et donner à la population le temps de fuir.

Nous avons longuement raconté l'histoire du siége de Tarragone, parce que l'on en a fait un sujet d'accusation contre l'armée. On a indignement exagéré ou plutôt menti sur ce sujet. Nous le répétons, la ville était à peu près déserte ; et si les soldats y restèrent trois jours dispersés, n'obéissant point aux ordres, ils ne se rendirent point et ne purent même se rendre coupables de cette violation générale de toutes les lois morales qu'on leur a prêtée.

Après la prise de Tarragone, et après avoir vengé la discipline par des sévérités exemplaires, Suchet alla ensuite assiéger Sagonte. Une première attaque le rendit maître de la ville. La garnison se retira dans le château. On tenta l'escalade, qui ne réussit pas ; il fallut ouvrir la tranchée. Le 18 octobre, la brèche parut praticable : on donna l'assaut et l'on fut repoussé. Cependant le 24 on parvint à se loger à trois toises du pied de la brèche. Mais en ce moment, Blacke, dont les avant-postes n'avaient cessé d'inquiéter les assiégeans, s'avança de Valence avec vingt-cinq mille hommes, c'est-à-dire avec une armée presque double de celle qu'on pouvait lui opposer. Suchet avait à choisir entre l'alternative d'abandonner le siége, ses travaux, son matériel, ou de livrer bataille. Il choisit le dernier parti. Laissant quelques bataillons pour garder les tranchées, il marcha contre les Espagnols, les culbuta, leur prit ou leur tua six mille hommes. Sagonte se rendit le lendemain 26 octobre. Après ce succès, il attendit des renforts, avec lesquels il marcha sur Valence. Il manœuvra de manière à enfermer l'armée espagnole dans cette ville. Il y réussit en partie. Enfin il l'investit. La tranchée fut ouverte dans la nuit du 1er au 2 janvier 1812 ; le 5, les batteries commencèrent à jouer ; le 6, Suchet proposa à la ville de capituler. Valence avait une population de cent cinquante mille ames ; le maréchal y avait des intelligences ; cependant elles ne suffirent pas pour déterminer le général espagnol ; Blacke refusa. Le bombardement recommença ; cette fois les cris de la population le forcèrent à céder. Le 10 janvier, Blacke se rendit avec une garnison de seize mille hommes, sans compter les malades et les blessés. L'empereur récompensa Suchet en lui donnant le titre de duc d'Albufera et une dotation.

Pendant que les Espagnols combattaient ainsi contre le roi que voulait leur imposer Napoléon, que faisait le prince Ferdinand, dont ils continuaient à se dire les fidèles sujets ? Il menait à Valençay la vie d'un riche gentilhomme. Il prenait part aux joies de l'empire ; il célébrait le mariage de Napoléon, *criait vive l'empereur et l'impératrice, et faisait chanter un Te Deum*. Il demandait enfin à venir faire sa cour à Paris. N'était-ce rien de plus que dissimulation et habileté ? Non ; Ferdinand semblait complétement satisfait de sa destinée. Le gouvernement anglais envoya, en 1810, un certain baron Kolli, chargé de lui proposer et de lui donner les moyens de fuir. La police française, instruite à temps, fit arrêter cet agent, et, voulant éprouver Ferdinand, lui adressa un faux baron Kolli. Celui-ci s'introduisit à Valençay et fit des propositions : le prince les repoussa. Mais si l'Espagne tenait si peu au cœur de celui qu'elle s'obstinait à reconnaître pour roi, ainsi que nous l'avons vu, elle ne s'abandonnait pas elle-même, et l'Angleterre avait su en faire un foyer où s'usaient les forces de la France. A la fin de 1811, la situation des affaires était loin d'être dans l'état satisfaisant que l'on devait attendre, après deux ans d'une guerre sans relâche à laquelle ni les généraux, ni les soldats n'avaient manqué. Les succès obtenus auparavant sur des territoires plus grands et vis à vis d'armées plus nombreuses devaient faire espérer davantage. Les événemens de 1812 vinrent bientôt prouver que notre occupation n'était nullement assurée, et que l'armée qui ne tient que le sol et n'a point pour elle, soit l'assentiment, soit l'indifférence de la population, est perdue au moindre revers.

Nous allons de suite donner une idée de ce qui se passa, en 1812, en Espagne, afin de pouvoir consacrer complétement le chapitre suivant à l'histoire de la campagne de Russie.

Au commencement de 1812, Soult était en Andalousie, Marmont était à Salamanque; mais il avait été obligé de détacher deux corps; l'un pour aider Suchet dans son entreprise sur Valence, c'était la cavalerie de Montbrun; l'autre, commandé par Dorsenne, était allé dissiper une armée espagnole vers Astorga, puis combattre les guérillas de Navarre.

Wellington profita de l'éloignement de ces troupes. Il investit brusquement Ciudad-Rodrigo. Les travaux furent poussés avec vigueur. Après neuf jours de tranchée la brèche était praticable; les Anglais donnèrent l'assaut et s'emparèrent de la place (20 janvier 1812), où ils laissèrent une forte garnison espagnole. Puis ils allèrent reprendre leurs cantonnemens, qu'ils ne quittèrent qu'au mois de mars. A cette époque, Wellington les conduisit assiéger Badajoz. Cette ville, que devaient protéger deux armées, ne le fut par aucune. Soult ne put pas réunir ses forces à temps, et ne se présenta qu'après la prise de la place; alors il n'eut plus qu'à se retirer, après avoir soutenu contre la cavalerie anglaise un engagement brillant à Llerena. Marmont, de son côté, se porta en avant; il envahit le Portugal et pénétra jusqu'à Castel-

Branco ; mais ces démonstrations ne détournèrent point l'attention de l'ennemi du siége important qu'il avait entrepris. Badajoz fut pris le 6 avril, après un siége de vingt jours et une défense brillante : ce fut la trahison qui perdit cette ville. Les Anglais avaient fait une brèche considérable ; alors ils descendirent de nuit dans le fossé, croyant surprendre la place et l'enlever par un coup de main ; mais ils furent surpris eux-mêmes et éprouvèrent une perte effroyable ; ils revinrent à la charge, et furent constamment repoussés. Ce fut alors qu'un bataillon de Nassau, qu'on avait laissé dans la citadelle, la livra aux Anglais, qui par là pénétrèrent dans la ville pendant que la garnison française était occupée sur la brèche. Les Français évacuèrent la brèche en bon ordre, et se formèrent en carré sur une place qui formait le centre de Badajoz. Ils y restèrent long-temps comme oubliés ; les troupes anglaises s'étaient éparpillées dans les rues ; elles avaient pénétré dans les maisons, et s'abandonnaient sur une population qui les recevait en alliés à tous les excès qui peuvent déshonorer une prise de vive force. Attachés au pillage, au meurtre, à la débauche la plus effrénée, leurs officiers ne purent pendant long-temps s'en rendre maîtres. Plusieurs fois les Français eurent envie de prendre l'offensive et de tomber sur cette bande de pillards affaiblis par le vin et la débauche ; mais l'impossibilité de reprendre la citadelle les arrêta. Wellington leur accorda une capitulation honorable. Ce siége lui avait coûté huit mille hommes.

Mais, l'armée anglaise n'avait cessé de recevoir des renforts ; outre les Portugais, Wellington avait une armée espagnole que les cortès avaient mise sous ses ordres. Il put donc continuer l'offensive avec d'autant plus de sécurité que l'empereur faisait revenir d'Espagne plusieurs corps, et entre autres la garde et la cavalerie de Montbrun, qu'il dirigeait vers le Rhin. Aussi Wellington après la prise de Badajoz fit enlever le pont d'Almaraz, sur le Tage (12 mai). C'était le seul point par lequel les armées d'Andalousie et celle de Marmont pussent communiquer. On l'avait fortifié ; mais il n'était défendu que par cinq cents hommes, qui ne purent résister à une armée. Le général anglais s'avança ensuite sur Salamanque. Marmont n'avait plus que vingt-deux mille hommes. Il ne pût empêcher Wellington d'assiéger et de prendre des couvents fortifiés qui couvraient la ville et de s'emparer de celle-ci. Il se retira derrière le Duero, où les Anglais le suivirent. Enfin, renforcé par une division de huit mille hommes, il crut pouvoir prendre l'offensive. Il déboucha par Tordésillas sur l'extrême droite des Anglais, qu'il culbuta. Aussitôt l'armée anglaise se forma en masse, et recula, cherchant, selon son usage, une position où elle pût accepter la bataille en se donnant l'avantage du terrain. Les deux armées marchèrent parallèlement pendant trois jours. Enfin Wellington trouva le lieu qu'il désirait sur une chaîne de hauteurs appuyée à la Tormès, et nommée les Arapiles. Il avait cinquante mille hommes sous ses ordres, et son adversaire seulement trente mille.

Le 22 juillet, à l'aube, l'armée française s'ébranla. Bonnet saisit le plus élevé des Arapiles. Marmont y plaça sur-le-champ du canon, et forma ses colonnes de manière à changer de front, l'aile gauche en avant. Ce début eût sans doute décidé de la victoire si les divers élémens de l'armée eussent eu entre eux cette liaison parfaite que donne une longue habitude. Il n'en était point ainsi : on manœuvra sans ensemble. Les divisions de la gauche, au lieu de mesurer leurs pas sur ceux du centre, s'étendirent témérairement et laissèrent vide un large intervalle dont Wellington profita pour y pousser ses colonnes. Comme Marmont s'apprêtait à parer le coup, il fut grièvement blessé et enlevé du champ de bataille. Bonnet prit sa place et fut presque aussitôt mis hors de combat. Il y eut indécision parmi les généraux divisionnaires. L'aile gauche fut entièrement défaite et le centre profondément ébranlé. La droite seule restait intacte ; Clauzel rallia sur elle les débris de la gauche ; le centre s'établit sur un plateau qui lui permit de braver les efforts de l'ennemi, et parvint, à la nuit, à se mettre en sûreté sur la rive droite de la Tormès. Dans cette journée les pertes furent à peu près compensées : de chaque côté, cinq mille tués ou blessés et, en outre, du côté des Français, deux mille prisonniers. Mais les suites eurent une immense portée. L'armée battue, refoulée à Alba, ne pouvait plus atteindre le Duero sans risquer d'y être prévenue : elle était donc contrainte de se retirer obliquement sur Arrevalo pour gagner Valladolid par un long détour. Cette circonstance seule assurait aux Anglais l'initiative des mouvemens.

Clauzel, après avoir soutenu le lendemain un engagement d'arrière-garde, prolongea sa retraite jusqu'à Burgos. Wellington le fit suivre par un corps d'armée qui prit position, et lui-même marcha sur Madrid. Joseph n'avait pas assez de forces pour s'y défendre; l'armée ennemie venait d'ailleurs d'être encore renforcée, elle s'était mise en communication avec l'armée insurgée de Galice, et le général Hill s'avançait en suivant la vallée du Tage. Ce roi évacua donc successivement Ségovie, Aranjuez et la capitale; il alla se jeter dans les rangs de l'armée de Suchet. Madrid fut occupé par les alliés le 12 août.

En ce moment, Suchet poursuivait une armée espagnole qui venait d'être battue, et marchait contre une expédition anglaise qui venait de débarquer à Alicante. Soult observait Gibraltar et Cadix. A la nouvelle de la prise de Madrid, les deux maréchaux se mirent en marche. Soult évacua l'Andalousie et vint opérer sa jonction dans le royaume de Valence. Le 15 septembre on reprit l'offensive, on marcha sur Aranjuez, que l'ennemi abandonna; on reprit Madrid, et l'on s'avança sur les Anglais qui s'étaient concentrés à Burgos, dont ils s'acharnaient à vouloir prendre le château. Le général Dubreton s'y était enfermé avec une garnison de dix-huit cents hommes. Il s'y défendait depuis trente-cinq jours. Les Anglais avaient employé quatre fois la mine, et avaient donné cinq assauts. La garnison quoique réduite aux plus dures privations, repoussa toutes les attaques victorieusement. Enfin l'armée assiégeante, sérieusement menacée, fut obligée de se retirer le 22 octobre. Les Anglais se concentrèrent encore une fois aux Arapiles. On était résolu de les y attaquer; on avait cette fois l'égalité du nombre; mais l'ennemi, profitant du brouillard et d'un violent orage, évacua la position au moment où on allait l'attaquer avec quelques chances de succès (19 novembre). On le poursuivit avec vivacité; on lui fit quelques milliers de prisonniers, mais on s'arrêta devant les montagnes qui couvraient le Portugal. Les deux armées prirent alors leurs quartiers d'hiver. Ainsi, après trois ans de guerre, nous ne nous trouvions guère plus avancés qu'au commencement de la campagne de 1810.

Pendant ce temps, le gouvernement espagnol s'était organisé. Les cortès, formées de députés élus par les populations qui nous semblaient soumises, s'assemblèrent à Cadix vers la fin de 1810. Elles agirent comme assemblée nationale et souveraine; elles formèrent le seul pouvoir auquel la nation obéit volontairement et auquel elle appartînt de sentiment. Cette assemblée annula les actes de Bayonne; elle reconnut Ferdinand; elle prépara une constitution. La régence de Cadix, de son côté, chercha un Bourbon auquel elle pût confier le pouvoir. Elle s'adressa au duc d'Orléans, qui alors résidait à Palerme. Elle lui envoya une frégate pour le transporter en Catalogne, lui offrant un commandement avec tous les honneurs dus à un infant d'Espagne. Le duc d'Orléans s'embarqua en effet et vingt à Tarragone où, soit influence anglaise, soit vanité nationale, il fut mal reçu. Il en partit donc et se rendit à Cadix, où il fut bien accueilli. La régence voulait se servir de lui pour combattre l'autorité et les opinions libérales des cortès. Le prince se trouva dans une position fausse; il ne pouvait donner à la régence des forces qu'elle n'avait pas. Il fut donc obligé d'obéir à un décret de l'assemblée qui cassa la régence, et le força lui-même à s'éloigner. Ce fut une circonstance heureuse pour lui, car s'il eût pris une part publique à la guerre d'Espagne, jamais il n'eût monté sur le trône de France. Les cortès ne furent pas toujours aussi sages; cédant aux exigences commerciales de la junte municipale de Cadix, elles rapportèrent un décret qui permettait aux colonies d'Amérique une certaine liberté de commerce et en ôtait le monopole aux Espagnols d'origine. En vain les Amériques, qui avaient déjà donné pour la cause de l'indépendance plus de cinq cents millions et avaient même fourni des soldats; en vain les Amériques réclamèrent-elles par l'organe de leurs députés; on ne les écouta pas; on se montra orgueilleux et fier à leur égard; on leur parla en maîtres et en propriétaires, quelques députés les insultèrent même dans leurs discours : ils jetèrent ainsi les germes de l'insurrection des Amériques qui éclata en 1811. — Le 19 mars 1812, les cortès proclamèrent la constitution à laquelle elles travaillaient depuis deux ans. Elles l'avaient calquée sur les modèles que leur avait fournis la révolution française. Aussi, dit-on, ouvrirent-elles avec le roi Joseph des pourparlers auxquels mit fin la bataille de Salamanque. Il était singulier, en effet, qu'en acceptant les idées des Français, ils refusassent le prince que ceux-ci leur offraient.

ANNÉE 1812.

Cette année le corps législatif ne fut pas convoqué. Il est probable qu'il ne l'eût plus été, soit régulièrement, soit autrement, si la campagne de Russie eût été terminée comme toutes celles qui l'avaient précédée; non que l'empereur eût un projet arrêté à cet égard, mais parce qu'il se fût aperçu que ce mensonge représentatif était inutile. En 1812, tout occupé qu'il était de la terrible guerre qu'il méditait, il oublia en quelque sorte cette vaine représentation.

Depuis long-temps, Napoléon et Alexandre avaient compris que deux puissances égales ne peuvent rester long-temps en paix l'une vis-à-vis de l'autre, si elles n'y sont retenues par un principe commun, ou par leur soumission à une autorité spirituelle ou temporelle commune. Or, il n'y avait rien de commun entre la France et la Russie, ni idées, ni croyances, ni intérêts. Nulle puissance continentale n'était de force à maintenir les deux rivaux en paix; nulle ne le désirait. Entre deux hommes qui n'ont point une même foi ou un même criterium pour les juger dans leurs discussions, entre deux hommes qui n'ont d'autre base de raisonnement que leur intérêt individuel, il n'y a que la force qui puisse décider. Il en fut ainsi des deux empereurs. Ils ne reconnaissaient point d'autorité spirituelle à laquelle ils dussent se soumettre; ils différaient de vues et d'intérêts; qui pouvait juger entre eux?. Personne. Alors les moindres difficultés, les plus légers dissentimens, les impulsions mêmes de la vanité humaine, conclurent également et toujours directement à la guerre. La crainte seule de beaucoup hasarder et de tout perdre pouvait les retenir. Elle les retint en effet long-temps.

En adhérant au système continental, la Russie sacrifiait ses intérêts. Aussi elle s'y soumit incomplétement. Le commerce anglais put encore y pénétrer. Ce fut un premier sujet de plaintes. On avait acheté l'adhésion d'Alexandre en lui laissant prendre la Finlande et en lui abandonnant la Turquie. En effet, il avait commencé la guerre contre celle-ci. Mais on blessa ses sentimens de prince, déjà offensés par l'humiliation infligée à tant de familles royales. En s'emparant de la principauté d'Oldenbourg, on attenta à ses amitiés intimes, à ses liens de parenté. Enfin, en se saisissant par de simples décrets du royaume de Hollande et de contrées dont l'indépendance était depuis des siècles respectée et reconnue par tout le monde, telles que les villes anséatiques, on lui avait montré qu'on ne respectait en lui que la force dont il pouvait disposer. De là un refroidissement considérable et des pourparlers. L'abandon de la Turquie par la France parut à la Russie seulement un moyen employé par Napoléon pour l'occuper et détourner son attention, pendant que lui-même assurerait sa position dans le midi de l'Europe. La Russie crut que, tôt ou tard, elle serait attaquée; elle se vit déjà menacée. En conséquence, elle arma; elle réunit des forces nombreuses sur sa frontière; et profitant d'un succès considérable obtenu par Kutusof sur les Turcs, elle ouvrit avec eux, pour la paix, un congrès à Bucharest. L'Angleterre appuya ces négociations par son influence et même par la corruption. La France, au contraire, agit à Constantinople de manière à empêcher une paix fâcheuse pour ses intérêts : ses démarches suffisaient pour révéler, soit des projets, soit des craintes.

Dès 1811, on jugeait en Europe qu'il y aurait rupture entre la France et la Russie. Ainsi, la Prusse entrait en négociation avec ces deux puissances, pour reconnaître sa propre situation. Placée entre elles deux, elle craignait de périr dans le choc. Elle offrit son alliance aux deux empereurs. L'un et l'autre, par le même motif, afin de ne pas dévoiler, soit leurs projets, soit leurs craintes, la refusèrent. Ce fut un malheur pour la France que la Russie ne l'ait pas acceptée; car la guerre eût alors été transportée sur un terrain avantageux pour elle, ou, au moins, accompagnée de chances très-favorables. En effet, s'il eût été nécessaire de pénétrer en Russie, cette opération n'aurait eu lieu qu'après la destruction des armées russes. Chose extraordinaire! Napoléon, ordinairement si habile dans ses calculs, prenait toutes ses précautions pour que la Prusse ne pût lui échapper; il renforçait les garnisons de Dantzick, de Stettin et des places de l'Oder; il y concentrait une armée. Telle était la situation des choses en 1811.

Au commencement de 1812, la guerre paraissait inévitable. La Prusse, toujours inquiète, allant d'une cour à l'autre, fit l'office de médiateur; Alexandre déclara qu'il n'attaquerait point, mais qu'il se défendrait. Napoléon exigea que le cabinet de Berlin se décidât; il donna l'ordre à Davoust de se tenir prêt à s'emparer des états prussiens qu'il avait déjà presque en sa possession, puisque les places les plus importantes étaient occupées par des garnisons françaises. Le roi de Prusse signa donc, le 24 février 1812, un traité d'alliance défensive ne spéculant que des mesures contre l'Angleterre, mais dont les articles secrets stipulaient qu'il fournirait un contingent destiné à agir avec les troupes françaises. Presqu'en même temps, c'est-à-dire dans le mois de janvier précédent, l'empereur avait fait occuper la Poméranie suédoise, qui était devenue un entrepôt de marchandises anglaises. De là de nouvelles négociations, dans lesquelles Bernadotte offrit l'alliance de la Suède au prix de la cession de la

Norwége et d'un subside. Ces demandes furent refusées. Le 24 mars, la Suède signa un traité d'alliance offensive et défensive avec la Russie. Bernadotte promit, en cas de guerre avec la France, de fournir trente mille hommes pour une diversion en Allemagne; il reçut, en échange, l'assurance de la souveraineté de la Norwége. Le 3 mai suivant, l'Angleterre accéda à ce traité. De son côté, Napoléon conclut, le 14 mars 1812, un traité avec l'Autriche, par lequel cette dernière puissance s'engageait à lui fournir un secours de trente mille hommes. L'empereur de Russie, dès cette époque, était en pleine relation avec l'Angleterre; mais, s'en tenant à son premier parti, de ne point commencer la guerre contre Napoléon, et de se borner à être maître dans ses états, ainsi qu'une puissance neutre entre la Grande-Bretagne et la France, il ne signa de traité directement offensif contre elle que lorsque la guerre fut commencée. Ainsi, ce ne fut que le 1er août qu'il contracta une alliance offensive et défensive avec l'Angleterre, et le 20 juillet avec la régence de Cadix. Napoléon fut plus franc ou fut moins habile à ménager l'opinion européenne. Il prit moins de soins de l'apparence que de la réalité; il ne sut point, comme Alexandre, donner à son ennemi l'apparence d'une agression injuste. Il semblait, au contraire, jouer le rôle de provocateur.

Après avoir signé le traité avec la Prusse, il eut une conversation avec Czernicheff, aide de camp de l'empereur de Russie, qui remplissait à Paris, sous l'apparence d'une mission diplomatique, le rôle d'observateur. Cet officier, comme on le sut après par des aveux, avait acheté à prix d'or un employé du ministère de la guerre, qui le tenait au courant de tous nos mouvemens de transports et de l'état de l'armée; il étudiait avec non moins de soin l'état de l'opinion publique. Quoi qu'il en soit, il était en ce moment l'agent des rapports personnels entre Alexandre et Napoléon. L'empereur le fit appeler le 25 février; il s'expliqua catégoriquement avec lui, et le chargea de porter à sa cour des propositions définitives de négociations. Czernicheff partit. Le 24 avril, on reçut la réponse au message qu'il avait porté. C'était l'*ultimatum* de la Russie; on y lisait qu'il fallait nécessairement un pays neutre entre la France et la Russie; que ce pays était la Prusse; qu'elle devait en conséquence être complétement évacuée, ainsi que Dantzick et la Poméranie suédoise; que la Russie continuerait à admettre le commerce des neutres dans ses ports; qu'il consentait à s'interdire le commerce direct avec l'Angleterre; que, quant au duché d'Oldenbourg, on accepterait un équivalent convenable. Or, Napoléon ne pouvait consentir à reculer sans combattre; cet *ultimatum* fut donc considéré par lui comme une déclaration de guerre.

Les deux empereurs étaient d'ailleurs en mesure. Le 1er mai, la grande armée était sur la Vistule; et le 28 avril, Alexandre arrivait à Wilna pour passer la sienne en revue.

Avant de partir, Napoléon mit ordre aux affaires intérieures de l'empire. Craignant que le pape ne fût enlevé à Savonne, il le fit venir et installer à Fontainebleau. L'année avait été mauvaise; il y avait presque disette; dans certains départemens l'hectolitre de blé valut jusqu'à 52 francs. On recourut à la mesure d'un *maximum* mitigé; on renouvela quelques-uns des arrêtés révolutionnaires. L'empereur ne fut pas moins attentif à armer suffisamment la France. Le 13 mars, le sénat rendit un décret dont voici les principales dispositions :

« La garde nationale de l'empire se divise en premier ban, second ban et arrière-ban.—Le *premier ban* se compose des hommes de vingt à vingt-six ans qui, appartenant aux six dernières classes de la conscription mises en activité, n'ont point été appelés à l'armée active lorsque ces classes ont fourni leur contingent; — Le *second ban* se compose de tous les hommes valides depuis l'âge de vingt-six ans jusqu'à l'âge de quarante ans. — L'*arrière-ban* se compose de tous les hommes valides de quarante à soixante ans. *Cent cohortes du premier ban sont mises à la disposition du ministre de la guerre.* Les conscrits des six dernières classes qui se seront mariés avant la publication du présent acte ne feront point partie de ces cohortes. — Les hommes composant les cohortes du premier ban se renouvelleront par sixième chaque année ; à cet effet, ceux de la plus ancienne classe seront remplacés par les hommes de la conscription de l'année courante. — Le premier ban ne doit point sortir du territoire de l'empire ; il est exclusivement destiné à la garde des frontières, à la police intérieure et à la conservation des grands dépôts maritimes, arsenaux et places fortes. — Jusqu'à ce qu'il ait été pourvu par un sénatus-consulte à l'organisation du second et de l'arrière-ban, les lois relatives à la garde nationale sont maintenues en vigueur. »

Un décret impérial, publié dès le lendemain (14 mars 1812), prescrivait le mode de formation, de répartition et de mise en activité des cohortes mises à la disposition du gouvernement. Chaque cohorte comprenait environ onze cents hommes, et contenait une compagnie d'artillerie.

Enfin, l'empereur tenta une démarche auprès du gouvernement anglais. Le ministre des relations extérieures écrivit, le 17 avril, à lord Castlereagh. Il réduisait les causes de la guerre entre la France et la Grande-Bretagne aux affaires de Sicile et de la Péninsule. Il proposait de reconnaître la Sicile comme royaume indépendant de celui de Naples, de garantir l'intégrité du Portugal, de renoncer à toute extension du côté des Pyrénées ; la dynastie actuelle serait déclarée indépendante ; en effet, quant aux autres difficultés, il serait convenu que chaque puissance garderait ce que l'autre ne pourrait lui ôter. Lord Castlereagh répondit, le 25, qu'il fallait fixer ce que l'on entendait par *dynastie actuelle* ; que s'il s'agissait de Ferdinand VII, le ministère était disposé à entrer en négociations. Il fallut donc rompre encore ces pourparlers, car on ne voulait point abandonner Joseph.

Personne alors, en France n'ignorait qu'une nouvelle guerre allait commencer. Quoi qu'on en ait dit, l'opinion publique n'était pas favorable à cette entreprise. Nous ignorons ce que l'on en pensait parmi les favoris de l'empereur et parmi les hommes haut placés ; au moins nous n'en connaissons que ce qu'en rapportent les Mémoires ; mais nous savons ce qu'en disait le peuple.

Nous n'étions qu'un enfant alors, et nous nous souvenons encore des sombres pressentimens dont les hommes étaient préoccupés, et dont ils accompagnaient les troupes qu'ils regardaient passer. Lorsqu'aux revues on voyait manœuvrer tant de si beaux et si brillans régimens, chacun se prenait à dire que bientôt ils n'existeraient plus, et que de toute cette jeunesse si fière et si brave, il ne reviendrait peut-être personne. Je me souviens qu'un soir j'entendis parler des chances de la guerre de Russie, et d'une chose inouïe, pour moi enfant, c'est que nos soldats pouvaient être battus; tous mes sentimens nationaux furent vivement émus à ce point que je ne pus dormir. Je ne fus rassuré qu'en me rappelant une croyance dont nous étions tous imbus : c'est que les Français ne pouvaient être battus, et qu'ils devaient vaincre tout, le climat aussi bien que les hommes. Ainsi, la France n'était point fascinée comme on l'a dit. Si la presse eût été libre, l'opinion publique eût parlé haut; la nation ne voulait pas de cette guerre.

L'empereur quitta Paris, le 9 mai, avec l'impératrice. Il se rendit à Dresde, où il eut une entrevue avec le roi de Prusse et l'empereur d'Autriche. Marie-Louise se retrouva ainsi au milieu de sa famille; elle alla passer quelques jours avec elle à Prague; elle ne fut de retour à Paris que le 18 juillet suivant. Quant à l'empereur, il quitta Dresde le 29 mai. Le 7 juin il était à Dantzick, le 11 à Kœnisberg, et le 19 à Gumbinem, d'où il data son premier bulletin. Il y faisait connaître la marche des troupes dans les deux mois précédens.

« En avril, disait ce bulletin, le premier corps de la grande armée se porta sur l'Oder; le deuxième corps se porta sur l'Elbe; le troisième corps, sur le Bas-Oder; le quatrième corps partit de Vérone, traversa le Tyrol, et se rendit en Silésie; la garde partit de Paris.

» Le 22 avril, l'empereur de Russie prit le commandement de son armée, quitta Pétersbourg, et porta son quartier général à Wilna.

» Au commencement de mai, le premier corps arriva sur la Vistule à Elbing et à Marienbourg; le deuxième corps à Marienwerder; le troisième, à Thorn; le quatrième et le sixième, à Plock;

le cinquième corps se réunit à Varsovie ; le huitième corps, sur la droite de Varsovie ; le septième corps, à Pulavy.

» L'empereur partit de Saint-Cloud le 9 mai, passa le Rhin le 13, l'Elbe le 29, et la Vistule. »

Selon Thibaudeau (*Histoire de la France et de Napoléon*), dont les renseignemens ont été puisés aux meilleures sources, la composition et la force de l'armée française et alliée, qui devait prendre part à la guerre de Russie, avait ainsi été réglée :

Vieille garde, maréchal Lefebvre. — Jeune garde, maréchal Mortier, ensemble . . . . 40,000 hommes.

1er corps,		Davoust.	70,000
2e —		Oudinot.	42,000
3e —		Ney.	40,000
4e —	Italiens,	v.-roi, prince Eugène	45,000
5e —	Polonais,	Poniatowski.	35,000
6e —	Bavarois,	Saint-Cyr.	22,000
7e —	Saxons,	Reynier.	16,000
8e —	Westphaliens,	Junot.	16,000
9e —		Victor.	32,000
10e —	Prussiens,	Macdonald.	32,000
11e —	réserve,	Augereau.	50,000
	Cavalerie.		
1er corps,		Nansouty	12,000
2e —		Montbrun	10,000
3e —		Grouchy.	7,700
4e —		Latour-Maubourg. . .	8,000
Armée autrichienne,		Schwartzemberg. . .	32,000
		Total.	509,700

» Cette armée traînait avec elle, toujours selon Thibaudeau, plus de douze cents pièces de canon, trois mille voitures d'artillerie, quatre mille voitures d'administration, sans compter les fourrages des régimens, les équipages des chefs, les voitures enlevées dans le pays, en tout environ vingt mille voitures et deux cent mille chevaux. » (*tom.* IX, *p.* 28).

ANNÉE 1812.

Selon M. de Ségur (*Histoire de la campagne de 1812*), l'armée qui marchait contre la Russie était plus considérable encore. Nous rapportons textuellement le passage où il en donne l'évaluation ; on y trouvera de plus la position des différens corps d'armée et la désignation des directions dans lesquelles ils devaient agir. Ses comptes sont pris au moment où l'armée allait franchir le Niémen. « D'abord, dit-il, à l'extrême droite, et sortant de la Gallicie sur Drogiczin, le prince de Schwartzemberg et trente-quatre mille Autrichiens (1) ; à leur gauche, venant de Varsovie et marchant sur Bialystok et Grodno, le roi de Westphalie, à la tête de soixante-dix-neuf mille deux cents Westphaliens, Saxons et Polonais ; à côté d'eux, le vice-roi d'Italie, achevant de réunir vers Marienpol et Pilony soixante-dix-neuf mille cinq cents Bavarois, Italiens et Français ; puis l'empereur avec deux cent vingt mille hommes, commandés par le roi de Naples (Murat), le prince d'Eckmuhl (Davoust), les ducs de Dantzick (Lefebvre), d'Istrie (Bessières), de Reggio (Oudinot), d'Elchingen (Ney) ; enfin, devant Tilsit, Macdonald et trente-deux mille cinq cents Prussiens, Bavarois et Polonais formaient l'extrême gauche de la grande armée. Tout était prêt. Des bords du Guadalquivir et de la mer des Calabres jusqu'à ceux de la Vistule, *six cent dix-sept mille hommes, dont quatre cent quatre-vingt mille déjà présents;* six équipages de siége, plusieurs milliers de voitures de vivres, d'innombrables troupeaux de bœufs, treize cent soixante douze pièces de canon, et des milliers de caissons d'artillerie et d'ambulance avaient été appelés, réunis et placés à quelques pas du fleuve des Russes. La plus grande partie des voitures de vivres étaient seules en retard. » (*Tome I, p. 124 et 125*).

Il etait impossible qu'une armée si nombreuse trouvât à vivre dans le pays où elle allait pénétrer. C'était la Lithuanie. Elle marchait trop vite pour que les voitures chargées de transporter les subsistances pussent la suivre. Les routes d'ailleurs étaient

(1) Le corps de Reynier fut joint à celui de Schwartzemberg, pour opérer sur notre extrême droite et couvrir notre flanc gauche et nos derrières.
(*Note des auteurs.*)

mauvaises ; la moindre pluie les rendait impraticables. En vain ces voitures avaient été soumises à une organisation en quelque sorte régimentaire, et distribuées en compagnies et en bataillons ; elles restèrent en arrière dès les premières marches en Lithuanie. Le soldat fut obligé de se livrer à la maraude pour se nourrir. Les Westphaliens commirent des excès que l'on réprima avec peine. Bientôt les soldats faibles, ou que le sentiment du devoir animait faiblement, restèrent en arrière et formèrent une masse de traînards qui s'éparpillèrent dans la campagne, et causèrent des désordres. Les compagnies et les bataillons d'équipages d'administration se désorganisèrent successivement ; la plupart des voitures furent abandonnées sur les routes ou dans les boues. A Wilna on commençait généralement à souffrir de la faim ; l'empereur fut déjà obligé, dans cette ville, de réorganiser le service des vivres ; il tenta de se servir des moyens que lui fournissait le pays ; il commanda de réunir des voitures et de les organiser en compagnies ; mais il fut obligé d'y renoncer, tant ces voitures étaient mauvaises et les difficultés grandes. On essaya de régulariser la maraude. Le corps de Davoust et celui du prince Eugène réussirent par ce moyen à se conserver entiers et en bon ordre. Mais il n'en fut pas de même dans tous le corps. Aussi, en arrivant sur la Dwina, l'armée était déjà beaucoup réduite ; d'un tiers, dit-on. Les hôpitaux étaient remplis de malades ; la dyssenterie causée par l'usage d'un pain de seigle mal cuit (car le soldat était son propre boulanger) faisait de grands ravages. On vit des soldats se livrer au désespoir ; c'étaient les plus jeunes ; ils s'appuyaient le front sur leurs fusils et se faisaient sauter la cervelle au milieu des chemins. (*Ségur*, t. I, p. 168.)

» L'empereur n'ignora point ces détails ; mais il était engagé ; déjà, dès Wilna, tous ces désordres avaient eu lieu. Le duc de Trévise (Mortier), entre autres, l'en instruisit : « Du Niémen à la
» Vilia, disait-il, il n'avait vu que des maisons dévastées, que
» chariots et caissons abandonnés. On les trouvait dispersés sur
» les chemins et dans les champs ; ils étaient renversés, ouverts,
» et les effets répandus çà et là, et pillés comme s'ils avaient été

ANNÉE 1812.

» pris par l'ennemi. Il avait cru suivre une déroute. Dix mille
» chevaux avaient été tués par les froides pluies d'orage, et par
» les seigles verts, leur nouvelle et seule nourriture. Ils gisaient
» sur la route qu'ils embarrassaient; leurs cadavres exhalaient
» une odeur méphytique, insupportable à respirer; c'était un
» nouveau fléau que plusieurs comparent à la famine ; mais celui-
» ci est bien plus terrible : déjà plusieurs soldats de la jeune
» garde sont morts de faim. » — A ce rapport, Napoléon s'écria :
« C'est impossible! Où sont leurs vingt jours de vivres? Les sol-
» dats bien commandés ne meurent jamais de faim..... » Puis il
ajouta qu'il fallait bien supporter la perte des chevaux de quelques équipages, celle même de quelques habitations : « C'est un
torrent qui s'écoule; c'est le mauvais côté de la guerre, un mal
pour un bien, etc. » (*Ségur*, p. 169, 171.)

Ainsi, Napoléon répondait par une apparence d'incrédulité à
des rapports dont il était trop certain. Il fit de nombreux efforts
pour changer cette situation. Les vivres finirent par arriver à
Wilna ; mais l'armée en était partie, et ainsi toujours elle fut en
avant de ses magasins, et bientôt les moyens de transport manquèrent complétement. Ce fut après le passage de la Dwina.

Par suite de tous ces malheurs que l'on eût dû prévoir, l'effectif de l'armée était ainsi réduit, si nous nous en fions à l'exposé
très-détaillé que nous tirons [du *Tableau des guerres de la Révolution* (p. 407).

Premier corps : maréchal Davoust, duc d'Auerstadt, prince
d'Eckmühl, cinq divisions, quatre-vingt-un bataillons français, sept espagnols, seize escadrons français et polonais, en
ligne. . . . . 50,000 hommes.

Deuxième corps : maréchal Oudinot, duc
de Reggio, trois divisions, trente-trois bataillons français, dix-huit portugais, suisses,
croates, vingt escadrons français, en ligne. 26,000

Troisième corps : maréchal Ney, duc d'El-

A reporter. 76,000

Report............	76,000 hommes.
ch'ngen, trois divisions, vingt-sept bataillons français, vingt et un portugais, illyriens, wurtembergeois, vingt-sept escadrons français et wurtemburgeois, en ligne.........	28,000
Quatrième corps : prince Eugène Bauharnais, vice-roi d'Italie, trois divisions italiennes, en ligne.................	28,700
Cinquième corps : prince Poniatowski, trois divisions polonaises, en ligne...........	25,600
Sixième corps : général comte Saint-Cyr, deux divisions bavaroises, en ligne......	18,000
Septième corps : Reynier, deux divisions saxonnes, en ligne...............	14,800
Huitième corps : Jérôme Napoléon, roi de Westphalie, deux divisions westphaliennes, en ligne....................	15,000
Dixième corps : maréchal Macdonald, duc de Tarente, une division franco-rhénane, deux divisions prussiennes, en ligne.....	29,000
Douzième corps : Joachim Murat, roi de Naples, sept divisions de grosse cavalerie, quatre de cavalerie légère, en quatre corps, sous Nansouty, Montbrun, Grouchy, Latour-Maubourg, en ligne...............	30,000
Treizième corps : prince de Schwartzemberg, quatre divisions autrichiennes, en ligne.	30,000
Enfin, la garde impériale, composée d'une division de vieille-garde, sous le maréchal Lefebvre, duc de Dantzick; de deux divisions de jeune garde, sous le maréchal Mortier, duc de Trévise; et d'un corps de cavalerie, sous le maréchal Bessières, duc d'Istrie....	50,800
Total........	325,900 hommes.

Il faut ajouter à ces corps le neuvième, commandé par le maréchal Victor, duc de Bellune, et composé de trois divisions, une française, une polonaise, une allemande, qui entra plus tard en ligne. Il faut y ajouter encore le onzième corps, commandé par Augereau, duc de Castiglione, qui était en ce moment en formation en Prusse, et qui entra aussi plus tard en ligne. Enfin, si l'on veut connaître quelle fut la masse qui marcha sur Moscow, il faut retirer du total précédent : 1° le dixième corps, celui de Macdonald, qui agit dans la Samogitie pour conserver notre gauche ; le septième et le treizième corps, Reynier et Schwartzenberg, qui opérèrent sur notre droite pour couvrir le duché de Varsovie et assurer nos derrières ; 3° enfin le sixième corps, commandé par Saint-Cyr, qui fut laissé sur la Dwina pour couvrir notre gauche et opérer le long de ce fleuve sur Polozk. Ces quatre corps formaient ensemble quatre-vingt-onze mille huit cents hommes, ce qui laisse, marchant sur Moscow, une masse de deux cent trente-quatre mille cent hommes. Il est vrai que cette masse centrale fut incessamment augmentée, d'abord par les traînards qui successivement rejoignirent, puis par des renforts qui arrivèrent à plusieurs reprises ; en sorte que l'on peut affirmer que l'armée d'invasion dépassa en définitive le total général que nous avons donné.

Qu'opposaient les Russes à ces masses formidables ? Trois armées étaient prêtes à agir : deux sur nos flancs, une sur le centre ; celle-ci est évaluée à cent soixante mille hommes ; sur nos ailes, de chaque côté, il y avait environ cinquante mille hommes, sans compter l'armée de Moldavie, forte de quarante ou cinquante mille hommes, que la signature de la paix avec la Porte venait de rendre libre, et qui accourait sur notre droite ; plus, une masse considérable de cavalerie irrégulière. Enfin, en seconde ligne, ils avaient une réserve de quatre-vingt-sept bataillons, cinquante-quatre escadrons, et l'armée de Finlande ; enfin venaient en troisième ligne les levées qui s'opéraient dans tout l'empire. C'étaient certainement des moyens de résistance égaux à ceux de l'attaque. Alexandre opposait aux trois cent vingt-cinq mille hommes qui la commençaient trois cent soixante mille Russes.

Maintenant, nous allons laisser parler les bulletins, dont nous avons extrait ce qui est relatif à la guerre. Nous entrerons ensuite dans quelques détails importans à connaître et dont il n'y est pas fait mention.

Le *premier bulletin de la grande armée*, daté, comme nous l'avons dit, de Gumbinem, 20 juin 1812, fait connaître la marche des troupes pendant les deux mois précédens, et montre les positions assignées aux différens corps, tant français que confédérés.

Le *second*, daté de Wilkowisky, le 22 juin, annonce que, malgré tous les préparatifs hostiles, « un léger espoir de s'entendre existait encore. L'empereur avait donné au comte Lauriston l'instruction de se rendre auprès de l'empereur Alexandre ou de son ministre des affaires étrangères, et de voir s'il n'y aurait pas moyen de concilier l'honneur de la France et l'intérêt de ses alliés avec l'ouverture des négociations. L'esprit qui régnait dans le cabinet russe empêcha, sous différens prétextes, le comte Lauriston de remplir sa mission ; et l'on vit pour la première fois un ambassadeur ne pouvoir approcher ni le souverain ni son ministre dans des circonstances aussi importantes. Le secrétaire de légation Prévost apporta ces nouvelles à Gumbinem ; et l'empereur donna l'ordre de marcher pour passer le Niémen. « Les vaincus, dit-il, pren- » nent le ton de vainqueurs : la fatalité les entraîne ; que les destins s'accom- » plissent. »

Proclamation.

« Soldats, la seconde guerre de Pologne est commencée. La première s'est terminée à Friedland et à Tilsit. A Tilsit la Russie a juré éternelle alliance à la France, et guerre éternelle à l'Angleterre : elle viole aujourd'hui ses sermens ! Elle ne veut donner aucune explication de son étrange conduite que les aigles françaises n'aient repassé le Rhin, laissant par là nos alliés à sa discrétion ! La Russie est entraînée par la fatalité ; ses destins doivent s'accomplir ! Nous croirait-elle donc dégénérés ? Ne serions-nous donc plus les soldats d'Austerlitz ? Elle nous place entre le déshonneur et la guerre : le choix ne saurait être douteux. Marchons donc en avant ! Passons le Niémen ! Portons la guerre sur son territoire ! La seconde guerre de Pologne sera glorieuse aux armes françaises comme la première ; mais la paix que nous conclurons portera avec elle sa garantie, et mettra un terme à cette orgueilleuse influence que la Russie a exercée depuis cinquante ans sur les affaires de l'Europe.

» En notre quartier général de Wilkowisky, le 22 juin 1812.

» *Signé* NAPOLÉON. »

L'empereur de Russie, ses généraux et ses prêtres font aussi des proclamations ; ils appellent leurs *esclaves* à la défense de la *patrie* et de la *liberté* ; et comme ils n'ont point à citer de glorieux souvenirs, de rapprochemens mémorables, ils entassent dans un style boursouflé, moitié sacré, moitié oriental, tout ce qu'ils croient susceptible de soulever l'ignorance, d'exaspérer le fanatisme. Mais, ce qui inspire un autre sentiment que celui de la pitié, ils osent s'adresser aussi aux troupes françaises pour leur conseiller la rébellion contre leur chef suprême ! C'est en compulsant les livres saints, en invoquant le nom du Dieu qui punit le parjure, que ces hommes prêchent la désertion, la honte, le déshonneur ! »

Le 24 et le 25 juin, la grande armée passe le *Niémen* sur trois ponts. Déjà une bande russe avait été atteinte et dispersée. (*Troisième bulletin.*)

Le 28, entrée des Français à *Wilna*. Les Russes se reploient partout, et éclairent leur retraite par l'incendie. « Jusqu'à présent la campagne n'a pas été sanglante; il n'y a eu que des manœuvres : nous avons fait en tout mille prisonniers. Mais l'ennemi a déjà perdu la capitale et la plus grande partie des provinces polonaises, qui s'insurgent. Tous les magasins de première, de seconde et de troisième ligne, résultat de deux années de soin, et évalués à plus de vingt millions de roubles, sont consumés par les flammes ou tombés en notre pouvoir. Enfin, le quartier-général de l'armée française est à Wilna, dans le lieu où la cour de Russie était depuis six semaines. » (*Quatrième bulletin.*)

Du 28 juin au 11 juillet, la grande armée rencontra dans sa marche des obstacles indépendans de la tactique militaire. « Des torrens de pluie ont tombé pendant trente-six heures sans interruption; d'une extrême chaleur le temps a passé tout à coup à un froid très vif. Plusieurs milliers de chevaux ont péri par l'effet de cette transition subite; des convois d'artillerie ont été arrêtés dans les boues. Néanmoins il y a eu autant de succès que d'engagemens. Nos avant-postes sont sur la Dwina. Presque toute la Lithuanie, ayant quatre millions d'hommes de population, a été conquise. Le soleil a rétabli les chemins; la chaleur recommence à être très-forte. Tout s'organise à Wilna. » (*Cinquième et sixième bulletins.*)

De brillans combats, qui avaient successivement conduit à la possession d'un grand nombre de villes et de possessions avantageuses, furent suivis des trois mémorables *combats d'Ostrowno*, qui eurent pour résultat la prise de dix pièces de canon, de vingt caissons de munitions et de quinze cents prisonniers. Six mille Russes furent tués ou blessés. La perte de la grande armée se monta à deux cents hommes tués, neuf cents blessés, et une cinquantaine de prisonniers. « Le 28 juillet, à la pointe du jour, nous sommes entrés à *Witepsk*, ville de trente mille habitans. Il y a vingt couvens. Nous y avons trouvé quelques magasins, entre autres un magasin de sel évalué quinze millions. Les combats de *Mohilow* et d'Ostrowno ont été brillans et honorables pour nos armes; nous n'avons eu d'engagé que la moitié des forces que l'ennemi a présentées, le terrain ne comportant pas d'autres développemens..... A l'un de ces combats l'empereur était sur une hauteur, tout près de deux cents voltigeurs qui, seuls en plaine, avaient attaqué la droite de la cavalerie ennemie. Frappé de leur belle contenance, il envoya demander de quel corps ils étaient; ils répondirent : *Du neuvième, et les trois quarts enfans de Paris!* — *Dites-leur,* dit l'empereur, *que ce sont de braves gens; ils méritent tous la croix!* » (*Bulletins 7e, 8e, 9e et 10e.*)

— Dans le septième bulletin, on lit, à la suite de la notice des marches et des engagemens de l'armée, le passage suivant sur la situation politique de la Pologne :

« La diète de Varsovie, s'étant constituée en confédération générale de Pologne, a nommé le prince Adam Czartorinski son président. Ce prince, âgé de quatre-vingts ans, a été, il y a cinquante ans, maréchal d'une diète de Pologne. Le premier acte de la confédération a été de déclarer le royaume de Pologne rétabli.

» Une députation de la confédération a été présentée à l'empereur à Wilna, et a soumis à son approbation et à sa protection l'acte de confédération. »

Réponse de l'empereur au discours de M. le comte palatin Wibicki, président de la députation de la confédération générale de Pologne.

« Messieurs les députés de la confédération de Pologne, j'ai entendu avec intérêt ce que vous venez de me dire.

» Polonais, je penserais et j'agirais comme vous; j'aurais voté comme vous dans l'assemblée de Varsovie : l'amour de la patrie est la première vertu de l'homme civilisé.

» Dans ma position, j'ai bien des intérêts à concilier et bien des devoirs à remplir. Si j'eusse régné lors du premier, du second ou du troisième partage de la Pologne, j'aurais armé tout mon peuple pour vous soutenir. Aussitôt que la victoire m'a permis de restituer vos anciennes lois à votre capitale et à une partie de vos provinces, je l'ai fait avec empressement, sans toutefois prolonger une guerre qui eût fait couler encore le sang de mes sujets.

» J'aime votre nation : depuis seize ans, j'ai vu vos soldats à mes côtés, sur les champs d'Italie, comme sur ceux d'Espagne.

» J'applaudis à tout ce que vous avez fait ; j'autorise les efforts que vous voulez faire; tout ce qui dépendra de moi pour seconder vos résolutions, je le ferai.

» Si vos efforts sont unanimes, vous pouvez concevoir l'espoir de réduire vos ennemis à reconnaître vos droits; mais, dans ces contrées si éloignées et si étendues, c'est surtout sur l'unanimité des efforts de la population qui les couvre que vous devez fonder vos espérances de succès.

» Je vous ai tenu le même langage lors de ma première apparition en Pologne; je dois ajouter ici que j'ai garanti à l'empereur d'Autriche l'intégrité de ses états, et que je ne saurais autoriser aucune manœuvre ni aucun mouvement qui tendrait à le troubler dans la paisible possession de ce qui lui reste des provinces polonaises. Que la Lithuanie, la Samogitie, Wit-psck, Polotzk, Mohilow, la Volhynie, l'Ukraine, la Podolie, soient animées du même esprit que j'ai vu dans la grande Pologne, et la providence couronnera par le succès la sainteté de votre cause; elle récompensera ce dévouement à votre patrie qui vous a rendus si intéressans, et vous a acquis tant de droits à mon estime et à ma protection, sur laquelle vous devez compter dans toutes les circonstances. »

— « Le 1ᵉʳ août l'ennemi a fait la sottise de passer la Drissa, et de se placer en bataille devant le deuxième corps. Le duc de Reggio a laissé passer la rivière à la moitié du corps ennemi ; et quand il a vu environ quinze mille hommes et quatorze pièces de canon engagées au-delà de la rivière, il a démasqué une batterie de quarante pièces de canon, qui ont tiré pendant une demi-heure à portée de mitraille. En même temps, les divisions Legrand et Verdier ont marché au pas de charge, la baïonnette en avant, et ont jeté les quinze mille Russes dans la rivière. Tous les canons et caissons pris, trois mille prisonniers, parmi lesquels beaucoup d'officiers, trois mille cinq cents hommes tués ou noyés, sont le résultat de cette affaire. Le *combat de Drissa*, ceux d'Ostrowno et de Mohilow, pourraient, dans d'autres guerres, s'appeler des batailles... Nous avons appris, par des proclamations, qu'on s'amusait en Russie à chanter des *Te Deum* à l'occasion des victoires obtenues par les Russes... Le général Ricard est entré avec sa brigade dans *Dunabourg* le 1ᵉʳ août. Ainsi cette ville, que l'ennemi fortifiait depuis cinq ans, où il a dépensé plusieurs millions, qui a coûté la vie à plus de vingt mille hommes de troupes russes pendant la durée des travaux, a été abandonnée sans tirer un coup de fusil, est en notre pouvoir comme les autres ouvrages de l'ennemi, et comme le camp retranché qu'il avait fait à Drissa. » (*Onzième et douzième bulletins.*)

Le 10 août l'empereur résolut de s'emparer de Smolensk, ville forte, que les Russes considèrent comme le *boulevart de Moscou*. Des ponts furent jetés sur le Borysthène, et différens corps d'armée passèrent ce fleuve pour prendre les positions nécessaires à cette entreprise. « Le 16, les hauteurs de Smolensk furent couronnées; la ville présenta à nos yeux une enceinte de murailles de quatre mille toises de tour, épaisses de dix pieds et hautes de vingt-cinq, entremêlées de tours, dont plusieurs étaient armées de canons de gros calibre. L'empereur reconnut la ville, et plaça ainsi son armée : le maréchal duc d'Elchingen eut la gauche, appuyant au Borysthène, le maréchal prince d'Ekmühl le centre, le prince Poniatowski la droite, la garde fut mise en réserve au centre, le vice roi en réserve à la droite; et la cavalerie, sous les ordres du roi de Naples, à l'extrême droite. L'ennemi occupait Smolensk avec trente mille hommes, et le reste de son armée se formait sur les belles positions de la rive droite du fleuve, vis-à vis la ville, communiquant par trois ponts. On savait que les généraux avaient les ordres réitérés de leur maître de livrer bataille, et de sauver Smolensk. Le 17, à trois heures après midi, la canonnade s'engagea à quatre heures et demie commença une vive fusillade; à cinq heures les divisions Morand et Gudin enlevèrent les faubourgs retranchés de l'ennemi avec une froide et rare intrépidité, et le poursuivirent jusqu'au chemin couvert, qui fut jonché de cadavres russes. A six heures du soir trois batteries de pièces de douze (de brèche) furent placées contre les murailles. On déposta l'ennemi des tours qu'il occupait par des obus qui y mirent le feu. Le général d'artillerie comte Sorbier rendit impraticable à l'ennemi l'occupation de ses chemins couverts par des batteries d'enfilade. Le combat continua toute la nuit; les trois batteries de brèche tirèrent avec une grande activité; deux compagnies de mineurs furent attachées au rempart. Cependant la ville était en feu : au milieu d'une belle nuit d'août, Smolensk offrait aux Français le spectacle qu'offre aux habitans de Naples une éruption du Vésuve. A une heure après minuit l'ennemi abandonna la ville, et repassa la rivière; à deux heures la place était évacuée; deux cents pièces de canon et mortiers de gros calibre, et une des plus belles villes de la Russie étaient en notre pouvoir, et cela à la vue de toute l'armée ennemie. Le combat de Smolensk, qu'on peut, à juste titre, appeler bataille, puisque cent mille hommes y ont été engagés de part et d'autre, coûte aux Russes quatre mille sept cents hommes restés sur le champ de bataille, deux mille prisonniers, la plupart blessés, et sept à huit mille blessés. Parmi les morts se trouvent cinq généraux russes. Notre perte se monte à sept cents morts et trois mille deux cents blessés. Toutes les troupes ont rivalisé d'intrépidité. Le champ de bataille a offert, aux yeux de deux cent mille personnes qui peuvent l'attester, le spectacle d'un cadavre français sur sept ou huit cadavres russes. Le 18, on a rétabli sur le Borysthène les ponts que l'ennemi avait brûlés, et l'on est parvenu dans cette même journée à maîtriser le feu qui consumait la ville, les sapeurs français ayant travaillé avec activité. » — A quelque distance de Smolensk, les généraux Gouvion Saint-Cyr, Gudin, Maison, Ledru, Gérard, Verdier, se couvraient de gloire, dans les combats de Polotsk et de Valontina. Le combat de *Polotsk* eut lieu le 18, et celui de *Valontina* le 19. « Dans le premier, notre perte est de mille hommes tués ou blessés : la perte des Russes est triple; on leur a fait cinq cents prisonniers. Notre perte au combat de Valontina, où plus de quatre-vingt mille hommes se sont trouvés engagés, a été de six cents morts et de deux mille six cents blessés. Le général comte Gudin est mort, atteint d'un boulet, au commencement de l'action : cette perte est sensible; le général Gudin était un des officiers les plus distingués de l'armée. La perte de l'ennemi, comme l'atteste le champ de bataille, est encore triple; nous lui avons fait un millier de prisonniers, la plupart blessés. Le lendemain l'empereur a distribué sur le champ de bataille des récompenses à tous les régimens qui s'étaient distingués; et comme le cent vingt-septième, qui est un nouveau régiment, s'était bien comporté, S. M. lui a accordé le droit d'avoir une aigle, droit que ce régiment n'avait point encore, ne s'étant trouvé jusqu'à présent à aucune bataille. Ces récompenses, données sur le champ d'honneur, au milieu des morts, des mourans, des débris et des trophées de la victoire, offraient un spectacle vraiment militaire et imposant (1). — L'ennemi court en toute hâte sur Moscou. » (*Treizième et quatorzième bulletins.*)

« L'armée ennemie, en s'en allant, brûle les ponts, dévaste les routes, pour retarder la marche de l'armée française. Les établissemens de commerce de Smolensk étaient tout entiers sur le Borysthène, dans un beau faubourg; les Russes ont mis le feu à ce faubourg pour obtenir le simple résultat de retarder notre marche d'une heure. On n'a jamais fait la guerre avec tant d'inhumanité; les Russes traitent leur pays comme ils traiteraient un pays ennemi. Le pays est beau et abondamment fourni de tout; les routes sont superbes. La chaleur est excessive; il n'a pas plu depuis un mois. Le 29 août, à la pointe du jour, le général comte Caulincourt est entré dans *Viazma*. L'ennemi avait brûlé les ponts, les magasins, et mis le feu à plusieurs quartiers de la ville. Viazma est une ville de quinze mille habitans. Deux bataillons du vingt-cinquième se sont employés avec beaucoup d'activité à éteindre l'incendie; on est parvenu à le dominer. — Les Russes continuent de brûler toutes les villes qu'ils abandonnent. Nous avons jeté six ponts sur la rivière de Ghjat, qui se jette dans le Volga : ainsi nous sommes sur le pendant des eaux qui descendent vers la mer Caspienne. L'armée prend deux jours de repos. » (*Bulletins* 15e, 16e et 17e.)

BATAILLE DE LA MOSKOWA. — *Dix-huitième bulletin.*

Oyask, le 10 septembre 1813.

« Le 4 septembre l'empereur partit de Ghjat, et vint camper près de la porte de Gritueva.

» Le 5, à six heures, du matin, l'armée se mit en mouvement. A deux heures après midi on découvrit l'armée russe, placée à la droite du côté de la Moskowa, la gauche sur les hauteurs de la rive gauche de la Kologha. A douze cents toises en avant de la gauche, l'ennemi avait commencé à fortifier un beau mamelon entre deux bois, où il avait placé neuf à dix mille hommes. L'empereur, l'ayant reconnu, résolut de ne pas différer un moment, et d'enlever cette position. Il ordonna au roi de Naples de passer la Kologha avec la division Compans et la cavalerie. Le prince Poniatowski, qui était venu par la droite, se trouva en mesure de tourner la position. A quatre heures l'attaque commença. En une heure de temps la redoute ennemie fut prise avec ses canons; le corps ennemi chassé du bois et mis en déroute, après avoir laissé le tiers de son monde sur le champ de bataille. A sept heures du soir le feu cessa.

» Le 6, à deux heures du matin, l'empereur parcourut les avant-postes ennemis; on passa la journée à se reconnaître (2). L'ennemi avait une position très-resserrée : sa gauche était affaiblie par la perte de la position de la veille;

---

(1) Un décret du 27 août, rendu au quartier-général impérial de Slavkowo, nomme *maréchal d'empire* le général Gouvion Saint-Cyr.

(2) « Au milieu de cette journée, Napoléon avait remarqué dans le camp ennemi un mouvement extraordinaire; en effet, toute l'armée russe était debout et sous les armes : Kutusof, entouré de toutes les pompes religieuses et militaires, s'avançait au

elle était appuyée à un grand bois, soutenue par un beau mamelon couronné d'une redoute armée de vingt-cinq pièces de canon. Deux autres mamelons couronnés de redoutes, à cent pas l'un de l'autre, protégeaient sa ligne jusqu'à un grand village que l'ennemi avait démoli, pour couvrir le plateau d'artillerie et d'infanterie, et y appuyer son centre. Sa droite passait derrière la Kologha, en arrière du village de Borodino, et était appuyée à deux beaux mamelons couronnés de redoutes, et armés de batteries. Cette position parut belle et forte. Il était facile de manœuvrer et d'obliger l'ennemi à l'évacuer; mais cela aurait remis la partie, et sa position ne fut pas jugée tellement forte qu'il fallût éluder le combat. Il fut facile de distinguer que les redoutes n'étaient qu'ébauchées, le fossé peu profond, non palissadé ni fraisé. On évaluait les forces de l'ennemi à cent vingt ou cent trente mille hommes. Nos forces étaient égales; mais la supériorité de nos troupes n'était pas douteuse.

« Le 7, à deux heures du matin, l'empereur était entouré des maréchaux à la position prise l'avant-veille. A cinq heures et demie le soleil se leva sans nuage; la veille il avait plu : *C'est le soleil d'Austerlitz*, dit l'empereur : quoiqu'au mois de septembre, il faisait aussi froid qu'en décembre en Moravie : l'armée en accepta l'augure. On battit un ban, et on lut l'ordre du jour suivant :

» Soldats, voilà la bataille que vous avez tant désirée ! Désormais la victoire
» dépend de vous : elle nous est nécessaire ; elle nous donnera l'abondance, de
» bons quartiers d'hiver, et un prompt retour dans la patrie ! Conduisez-vous
» comme à Austerlitz, à Friedland, à Witepsk, à Smolensk, et que la posté-
» rité la plus reculée cite avec orgueil votre conduite dans cette journée ; que
» l'on dise de vous : *Il était à cette grande bataille sous les murs de Moskou !*

» Au camp impérial, sur les hauteurs de Borodino, le 7 septembre, à deux
» heures du matin. »

» L'armée répondit par des acclamations réitérées. Le plateau sur lequel

milieu d'elle. Ce général a fait revêtir à ses popes et aux archimandrites leurs riches et majestueux vêtements, héritage des Grecs. Ils le précèdent, portant les signes révérés de la religion, et surtout cette sainte image, naguère protectrice de Smolensk, qu'ils disent s'être miraculeusement soustraite aux profanations des Français sacriléges.

Quand le Russe voit ses soldats bien émus par ce spectacle extraordinaire, il élève la voix, surtout il leur parle du ciel, seule patrie qui reste à l'esclavage. C'est au nom de la religion de l'égalité qu'il cherche à exciter ces serfs à défendre les biens de leurs maîtres ; c'est surtout en leur montrant cette image sacrée, réfugiée dans leurs rangs, qu'il invoque leur courage et soulève leur indignation.

Napoléon, dans sa bouche, « est le tyrannique perturbateur du
» monde ! un vermisseau ! un archi-rebelle qui renverse leurs autels, les souille de
» sang, qui expose la vraie arche du Seigneur, représentée par la sainte image, aux
» profanations des hommes, aux intempéries des saisons. »

Puis il montre à ces Russes leurs villes en cendres ; il leur rappelle leurs femmes, leurs enfans, ajoute quelques mots sur leur empereur, et finit en invoquant leur piété et leur patriotisme. Vertus d'instinct chez les peuples trop grossiers, et qui n'en étaient encore qu'aux sensations, mais par cela même soldats d'autant plus redoutables ; moins distraits de l'obéissance par le raisonnement, restreints par l'esclavage dans un cercle étroit, où ils sont réduits à un petit nombre de sensations, qui sont les seules sources des besoins, des désirs, des idées.

Du reste, orgueilleux par défaut de comparaison, et crédules, comme ils sont orgueilleux, par ignorance ; adorant des images, idolâtres autant que des chrétiens peuvent l'être : car cette religion de l'esprit, tout intellectuelle et morale, ils l'ont faite toute physique et matérielle, pour la mettre à leur brute et courte portée.

Mais, enfin, ce spectacle solennel, ce discours, les exhortations de leurs officiers, les bénédictions de leurs prêtres, achevèrent de fanatiser leur courage. Tous, jusqu'aux moindres soldats, se crurent dévoués par Dieu lui-même à la défense du ciel et de leur sol sacré.

Du côté des Français, il n'y eut d'appareil ni religieux ni militaire, point de revue, aucun moyen d'excitation : le discours de l'empereur ne fut même distribué que très-tard, et lu le lendemain si près du combat, que plusieurs corps s'engagèrent avant d'avoir pu l'entendre. » (*Ségur*, t. I, p. 582.)

était l'armée était couvert de cadavres russes du combat de l'avant-veille.

» Le prince Poniatowski, qui formait la droite, se mit en mouvement pour tourner la forêt sur laquelle l'ennemi appuyait sa gauche. Le prince d'Ekmühl se mit en marche le long de la forêt, la division Compans en tête. Deux batteries de soixante pièces de canon chacune, battant la position de l'ennemi, avaient été construites pendant la nuit.

» A six heures le général comte Sorbier, qui avait armé la batterie droite avec l'artillerie de la réserve de la garde, commença le feu. Le général Bernetty, avec trente pièces de canon, prit la tête de la division Compans (quatrième du premier corps), qui longea le bois, tournant la tête de la position de l'ennemi. A six heures et demie le général Compans est blessé. A sept heures le prince d'Eckmühl a son cheval tué. L'attaque avance; la mousqueterie s'engage. Le vice-roi, qui formait notre gauche, attaque et prend le village de Borodino, que l'ennemi ne pouvait défendre, ce village étant sur la rive gauche de la Kologhs. A sept heures le maréchal duc d'Elchingen se met en mouvement, et, sous la protection de soixante pièces de canon, que le général Foucher avait placées la veille contre le centre de l'ennemi, se porte sur le centre. Mille pièces de canon vomissent de part et d'autre la mort.

» A huit heures les positions de l'ennemi, son enlevées, ses redoutes prises, et notre artillerie couronne ses mamelons. L'avantage de position qu'avaient eu pendant deux heures les batteries ennemies nous appartient maintenant; les parapets, qui ont été contre nous pendant l'attaque, redeviennent pour nous. L'ennemi voit la bataille perdue, qu'il ne la croyait que commencée. Partie de son artillerie est prise; le reste est évacué sur ses lignes en arrière. Dans cette extrémité, il prend le parti de rétablir le combat, et d'attaquer avec toutes ses masses ces fortes positions qu'il n'a pu garder. Trois cents pièces de canon françaises, placées sur ces hauteurs, foudroient ses masses, et ses soldats viennent mourir au pied de ces parapets qu'ils avaient élevés les jours précédens avec tant de soin, et comme des abris protecteurs.

» Le roi de Naples, avec la cavalerie, fit diverses charges. Le duc d'Elchingen (Ney) se couvrit de gloire, et montra autant d'intrépidité que de sang-froid. L'empereur ordonne une charge de front, la droite en avant; ce mouvement nous rend maître des trois quarts du champ de bataille. Le prince Poniatowski se bat dans le bois avec des succès variés.

» Il restait à l'ennemi ses redoutes de droite : le général comte Morand y marche, et les enlève; mais à neuf heures du matin, attaqué de tous côtés, il ne peut s'y maintenir. L'ennemi, encouragé par ce succès, fit avancer sa réserve et ses dernières troupes pour tenter encore la fortune : la garde impériale en fait partie. Il attaque notre centre, sur lequel avait pivoté notre droite. On craint pendant un moment qu'il n'enlève le village brûlé; la division Friant s'y porte. Quatre-vingts pièces de canon françaises arrêtent d'abord et écrasent ensuite les colonnes ennemies, qui se tiennent pendant deux heures serrées sous la mitraille, n'osant pas avancer, ne voulant pas reculer, et renonçant à l'espoir de la victoire. Le roi de Naples décide leur incertitude; il fait charger le quatrième corps de cavalerie, qui pénètre par les brèches que la mitraille de nos canons a faites dans les masses serrées des Russes et les escadrons de leurs cuirassiers : ils se débandent de tous côtés. Le général de division comte Caulincourt (1), gouverneur des pages de l'empereur, se porte à la tête du cin-

---

(1) Frère cadet de Caulincourt, duc de Vicence.

quième de cuirassiers, culbute tout, entre dans la redoute de gauche par la gorge. Dès ce moment, plus d'incertitude ; la bataille est gagnée ; il tourne contre les ennemis les vingt et une pièces de canon qui se trouvent dans la redoute. Le comte Caulincourt, qui venait de se distinguer par cette belle charge, avait terminé ses destinées ; il tombe mort frappé par un boulet, mort glorieuse et digne d'envie !

» Il est deux heures après midi ; toute espérance abandonne l'ennemi. La bataille est finie ; la canonnade continue encore : il se bat pour sa retraite et pour son salut, mais non plus pour la victoire.

» La perte de l'ennemi est énorme ; douze à treize mille hommes, et huit à neuf mille chevaux russes ont été comptés sur le champ de bataille ; soixante pièces de canon et cinq mille prisonniers sont restés en notre pouvoir.

» Nous avons deux mille cinq cents hommes tués, et le triple de blessés. Notre perte totale peut être évaluée à dix mille hommes ; celle de l'ennemi à quarante ou cinquante mille. Jamais on n'a vu pareil champ de bataille ; sur six cadavres il y en avait un français et cinq russes. Quarante généraux russes ont été tués, blessés ou pris ; le général Bagration a été blessé. (1).

» Nous avons perdu le général de division comte Montbrun, tué d'un coup de canon ; le général comte Caulincourt, qui avait été envoyé pour le remplacer, tué d'un même coup une heure après.

» Les généraux de brigade Compère, Plauzonne, Marion, Huart, ont été tués ; sept ou huit généraux ont été blessés, la plupart légèrement. Le prince d'Eckmühl n'a eu aucun mal. Les troupes françaises se sont couvertes de gloire, et ont montré leur grande supériorité sur les troupes russes.

» Telle est en peu de mots l'esquisse de la bataille de la Moskowa ; donnée à deux lieues en arrière de Mojaïsk, et à vingt-cinq lieues de Moskou, près de la petite rivière de la Moskowa. Nous avons tiré soixante mille coups de canon, qui sont déjà remplacés par l'arrivée de huit cents voitures d'artillerie qui avaient déjà passé Smolensk avant la bataille. Tous les bois et les villages depuis le champ de bataille jusqu'ici sont couverts de morts et de blessés. On a trouvé ici deux mille morts ou amputés russes. Plusieurs généraux et colonels sont prisonniers.

» L'empereur n'a jamais été exposé ; la garde ; ni à pied ni à cheval, n'a pas donné, et n'a pas perdu un seul homme. La victoire n'a jamais été incertaine. Si l'ennemi, forcé dans ses positions, n'avait pas voulu les reprendre, notre perte aurait été plus forte que la sienne ; mais il a détruit son armée en la tenant depuis huit heures jusqu'à deux sous le feu de nos batteries, et en s'opiniâtrant à reprendre ce qu'il avait perdu : c'est la cause de son immense perte.

» Tout le monde s'est distingué. Le roi de Naples et le duc d'Elchingen se sont fait remarquer.

» L'artillerie, et surtout celle de la garde, s'est surpassée. »

Du 16 septembre. — « Depuis la bataille de la Moskowa l'armée française a poursuivi l'ennemi sur les trois routes de Mojaïsk, de Svenigorod et de Kalouga sur Moskou.

» Le 14 septembre, à midi, nous sommes entrés dans *Moskou*.

---

(1) Les évaluations données par le dix-huitième bulletin ne sont pas exactes en ce qui concerne les Français. D'après l'aveu des historiens russes, ceux-ci eurent environ cinquante mille hommes hors de combat, savoir : quinze mille tués, parmi lesquels Bagration ; trente mille blessés, et deux mille prisonniers. Les mêmes historiens évaluent la perte des Français à soixante mille hommes. Elle est évidemment exagérée. Elle a été portée par les *Mémoires de Sainte-Hélène* à vingt mille hommes, par le chirurgien en chef Larrey à vingt-deux mille dont neuf mille tués et treize mille blessés.
(*Note des auteurs.*)

» L'ennemi avait élevé sur la montagne des Moineaux, à deux werstes de la ville, des redoutes qu'il a abandonnées.

» La ville de Moskou est aussi grande que Paris ; c'est une ville extrêmement riche, remplie des palais de tous les principaux de l'empire. Le gouverneur russe Rostopchin a voulu ruiner cette belle ville lorsqu'il a vu que l'armée russe l'abandonnait : il a armé trois mille malfaiteurs qu'il a fait sortir des cachots : il a appelé également six mille satellites, et leur a fait distribuer des armes de l'arsenal, où nous avons encore trouvé soixante mille fusils neufs, et cent vingt pièces de canon sur leurs affûts.

» La plus complète anarchie régnait dans la ville ; des forcenés ivres couraient dans les quartiers et mettaient le feu partout. Le gouverneur Rostopchin avait fait enlever tous les marchands et négocians, par le moyen desquels on aurait pu rétablir l'ordre ; plus de quatre cents Français et Allemands avaient été arrêtés par ses ordres ; enfin il avait eu la précaution de faire enlever les pompiers avec les pompes.

» Les flammes consument cette grande et belle ville. Nous y avions trouvé des ressources considérables de toute espèce.

» L'empereur est logé au Kremlin, qui est au centre de la ville, comme une espèce de citadelle entourée de hautes murailles.

» Trente mille blessés ou malades russes sont dans les hôpitaux, abandonnés, sans secours et sans nourriture.

» Les Russes avouent avoir perdu cinquante mille hommes à la bataille de la Moskowa. »

Du 17. — « On a chanté des *Te Deum* en Russie pour le combat de Polotsk ; on en a chanté pour les combats de Riga, pour le combat d'Ostrowno, pour celui de Smolensk ; partout, selon les relations des Russes, ils étaient vainqueurs, et l'on avait repoussé les Français loin du champ de bataille. C'est donc au bruit des *Te Deum* russes que l'armée est arrivée à Moskou. On s'y croyait vainqueurs, du moins la populace ; car les gens instruits savaient ce qui se passait.

» Moskou était l'entrepôt de l'Asie et de l'Europe ; ses magasins étaient immenses ; toutes les maisons étaient approvisionnées pour huit mois.

» Moskou, une des plus belles et des plus riches villes du monde, n'existe plus.

» Dans la journée du 14 le feu avait été mis par les Russes à la Bourse, au Bazar et à l'Hôpital. Le 16 un vent violent s'est élevé ; trois à quatre cents brigands ont mis le feu à cinq cents endroits à la fois. Les cinq sixièmes des maisons sont en bois ; le feu a pris avec une prodigieuse rapidité : c'était un océan de flammes. Des églises il y en avait seize cents, des palais plus de mille, d'immenses magasins ; presque tout a été consumé. On a préservé le Kremlin. Trente mille blessés ou malades russes ont été brûlés.

» Cette perte est incalculable pour la Russie, pour son commerce, pour sa noblesse qui y avait tout laissé.

» On a arrêté et fusillé une centaine de ces chauffeurs ; *tous ont déclaré qu'ils avaient agi par les ordres du gouverneur Rostopchin et du directeur de la police.*

» Les ressources que l'armée trouvait sont par cet événement fort diminuées ; cependant on a ramassé et on ramasse beaucoup de choses. Toutes les caves sont à l'abri du feu, et les habitans, dans les vingt-quatre dernières heures, avaient enfoui beaucoup d'approvisionnemens.

» La température est encore celle de l'automne. Le soldat a trouvé et trouve encore beaucoup de pelisses pour l'hiver : Moskou en était le magasin. »

Du 20. — « Trois cents chauffeurs ont été arrêtés et fusillés. Ils étaient armés d'une fusée de six pouces contenue entre deux morceaux de bois. Ils avaient aussi des artifices qu'ils jetaient sur les toits. Ce misérable Rostopchin avait fait confectionner ces artifices en faisant accroire aux habitans que c'était pour exécuter un ballon qu'il lancerait plein de matières incendiaires sur l'armée française.

» Dans la journée du 19, et dans celle du 20 les incendies ont cessé. Les trois quarts de la ville sont brûlés, entre autres le beau palais de Catherine, meublé à neuf.

» Pendant que Rostopchin enlevait les pompes de la ville, il laissait soixante mille fusils, cent cinquante pièces de canon, plus de cent mille boulets et bombes, quinze cent mille cartouches, quatre cents milliers de poudre, quatre cents milliers de salpêtre et de soufre. Ce n'est que le 19 qu'on a découvert les quatre cents milliers de poudre et les quatre cents milliers de salpêtre et de soufre, dans un bel établissement situé à une demi-lieue de la ville. Cela est important; nous voilà approvisionnés pour deux campagnes.

» On trouve tous les jours des caves de vin et d'eau-de-vie.

» Les manufactures commençaient à fleurir à Moskou; elles sont détruites. L'incendie de cette capitale retarde la Russie de cent ans.

» Le temps paraît tourner à la pluie. La plus grande partie de l'armée est casernée à Moskou. »

Du 27. — « Le consul général Leiseps a été nommé intendant général de Moskou. Il a organisé une municipalité et des commissions toutes composées de gens du pays.

» Les incendies ont entièrement cessé.

» On découvre encore tous les jours des magasins de sucre, de pelleteries, de draps, etc.

» Le temps est à peu près comme à la fin d'octobre à Paris. Il pleut un peu, et l'on a eu quelques gelées blanches. On assure que la Moskowa et les rivières du pays ne gèlent point avant la mi-novembre.

» La plus grande partie de l'armée est toujours cantonnée à Moskou, où elle se remet de ses fatigues. »

Du 9 octobre. — « L'avant-garde, commandée par le roi de Naples, est sur la Nara, à vingt lieues de Moskou. L'armée ennemie est sur Kalouga. Des escarmouches ont lieu tous les jours; dans toutes nous avons l'avantage. Les Cosaques rôdent sur nos flancs.

» On vient d'armer le Kremlin de trente pièces de canon, et on a construit des flèches à tous les rentrans. Il forme une forteresse; les fours et les magasins y sont établis.

» Il fait depuis huit jours du soleil, et plus chaud qu'à Paris dans cette saison; on ne s'aperçoit pas qu'on soit dans le nord. »

Du 14. — « Le roi de Naples est toujours à l'avant-garde, sur la Nara, en présence de l'ennemi, qui est occupé à refaire son armée en la complétant par des milices.

» Les troupes que la Russie avait en Finlande ont débarqué à Riga. Elles sont sorties, et ont attaqué le dixième corps: elles ont été battues; trois mille hommes ont été faits prisonniers.

» Les ingénieurs ont levé le plan de Moskou, en marquant les maisons qui ont été sauvées de l'incendie. Il résulte que l'on n'est parvenu à sauver du feu que la dixième partie la ville. Les neuf dixièmes n'existent plus.

» Le temps est encore beau. La première neige est tombée hier. Dans vingt jours il faudra être en quartiers d'hiver. »

Du 20. — « Tous les malades qui étaient aux hôpitaux de Moskou ont été évacués sur Mojaïsk et Smolensk. Les caissons d'artillerie, les munitions prises, une grande quantité de choses curieuses et des trophées, ont été emballés et sont partis le 15.

» L'armée a reçu l'ordre de faire du biscuit pour vingt jours, et de se tenir prête à partir. Effectivement, *l'empereur a quitté Moskou le 19.* Le quartier général était le même jour à Desna.

» D'un autre côté, on a armé le Kremlin, et on l'a fortifié; dans le même temps on l'a miné pour le faire sauter.

» Les uns croient que l'empereur veut marcher sur Toula et Kalouga pour passer l'hiver dans ces provinces, en occupant Moskou par une garnison dans le Kremlin.

» Les autres croient que l'empereur fera sauter le Kremlin, et brûler les établissemens publics qui restent, et qu'il se rapprochera de cent lieues de la Pologne pour établir ses quartiers d'hiver dans un pays ami, et être à portée de recevoir tout ce qui existe dans les magasins de Dantzick, de Kowno, de Wilna et de Minsk, pour se rétablir des fatigues de la guerre. Ceux-ci font l'observation que Moskou est éloignée de Pétersbourg de cent quatre-vingts lieues de mauvaise route, tandis qu'il n'y a de Witepsk à Pétersbourg que cent trente lieues; qu'il y a de Moskou à Kiow deux cent dix-huit lieues, tandis qu'il n'y a de Smolensk à Kiow que cent douze lieues; d'où l'on conclut que Moskou n'est pas une position militaire. Or Moskou n'a plus d'importance politique, puisque cette ville est brûlée, et ruinée pour cent ans.

» L'ennemi montre beaucoup de Cosaques qui inquiètent la cavalerie. L'avant-garde de la cavalerie, placée en avant de Vinkovo, a été surprise par une horde de ces Cosaques; ils étaient dans le camp avant qu'on pût être à cheval : ils ont pris un parc du général Sébastiani, de cent voitures de bagages, et fait une centaine de prisonniers. Le roi de Naples est monté à cheval avec les cuirassiers et les carabiniers; et, apercevant une colonne d'infanterie légère de quatre bataillons que l'ennemi envoyait pour appuyer les Cosaques, il l'a chargée, rompue et taillée en pièces. Le général Dezi, aide-de-camp du roi, officier brave, a été tué dans cette charge, qui honore les carabiniers.

» Le vice-roi est arrivé à Fominskoë. Toute l'armée est en marche.

» Le maréchal duc de Trévise est resté à Moskou avec une garnison.

» Le temps est très-beau, comme en France en octobre, peut-être un peu plus chaud; mais les premiers jours de novembre on aura des froids. Tout indique qu'il faut songer aux quartiers d'hiver; notre cavalerie surtout en a besoin. L'infanterie s'est remise à Moskou, et elle est très-bien portante. »

Du 23 octobre. — « Depuis que Moskou cessait d'exister, l'empereur avait projeté, ou d'abandonner cet amas de décombres, ou d'occuper seulement le Kremlin avec trois mille hommes; mais le Kremlin, après quinze jours de travaux, ne fut pas jugé assez fort pour être abandonné pendant vingt ou trente jours à ses propres forces : il aurait affaibli et gêné l'armée dans ses mouvemens sans donner un grand avantage. Si l'on eût voulu garder Moskou contre les mendians et les pillards, il fallait vingt mille hommes. Moskou est aujourd'hui un vrai cloaque malsain et impur : une population de deux cent mille âmes, errant dans les bois voisins, mourant de faim, vient sur ces décombres chercher quelques débris et quelques légumes des jardins pour vivre. Il parut inutile de compromettre quoi que ce soit pour un objet qui n'était d'aucune importance militaire, et qui est aujourd'hui devenu sans importance politique.

» Tous les magasins qui étaient dans la ville ayant été découverts avec soin, les autres évacués, l'empereur fit miner le Kremlin. Le duc de Trévise le fit sauter le 25, à deux heures du matin. L'arsenal, les casernes, les magasins, tout a été détruit. Cette ancienne citadelle, qui date de la fondation de la monarchie, ce premier palais des czars, ont été anéantis.

» Le duc de Trévise s'est mis en marche pour Véréia.

» Le quartier-général fut porté le 19 au château de Troitskoë ; il y séjourna le 20. Le 21 il était à Ignatiew; le 22, à Pominskoï, toute l'armée ayant fait deux marches de flanc, et le 23 à Borowsk.

» L'empereur compte se mettre en marche le 24 pour gagner la Dwina, et prendre une position qui le rapproche de quatre-vingts lieues de Pétersbourg et de Wilna, double avantage; c'est-à-dire plus près de vingt marches des moyens et du but.

» De quatre mille maisons de pierre qui existaient à Moskou, il n'en restait plus que deux cents. On a dit qu'il en restait le quart parce qu'on y a compris huit cents églises; encore une partie en est endommagée. De huit mille maisons en bois, il en restait à peu près cinq cents. On proposa à l'empereur de faire brûler le reste de la ville, pour servir les Russes comme ils le veulent, et d'étendre cette mesure autour de Moskou : il y a deux mille villages et autant de maisons de campagne ou de châteaux. On proposa de former quatre colonnes de deux mille hommes chacune, et de les charger d'incendier tout à vingt lieues à la ronde. — Cela apprendra aux Russes, disait-on, à faire la guerre en règle, et non en Tartares. S'ils brûlent un village, une maison, il faut leur répondre en en brûlant cent. —

» L'empereur s'est refusé à ces mesures, qui auraient tant aggravé les malheurs de cette population. Sur neuf mille propriétaires dont on aurait brûlé les châteaux, cent peut-être sont des sectateurs du Marat de la Russie; mais huit mille neuf cents sont de braves gens, déjà trop victimes de l'intrigue de quelques misérables. Pour punir cent coupables, on aurait ruiné huit mille neuf cents innocens. Il faut ajouter que l'on aurait mis absolument sans ressources deux mille pauvres serfs innocens de tout cela. L'empereur s'est donc contenté d'ordonner la destruction des citadelles et établissemens militaires, selon les usages de la guerre, sans rien faire perdre aux particuliers, déjà trop malheureux par les suites de cette guerre.

» Les habitans de la Russie ne reviennent pas du temps qu'il fait depuis vingt jours : c'est le soleil et les belles journées du voyage de Fontainebleau. L'armée est dans un pays extrêmement riche, et qui peut se comparer aux meilleurs de la France et de l'Allemagne. »

Du 27. — « Le 22, le prince Poniatowski se porta sur Véréia. Le 23, l'armée allait suivre ce mouvement, lorsque dans l'après-midi on apprit que l'ennemi avait quitté son camp retranché, et se portait sur la petite ville de Maloïaroslavetz. On jugea nécessaire de marcher à lui pour l'en chasser.

» Le 24, à la pointe du jour, le combat s'engagea. Pendant ce temps l'armée ennemie parut tout entière, et vint prendre position derrière la ville. Les divisions Delzons, Broussier et Pino, et la garde italienne, furent successivement engagées. Ce combat fait le plus grand honneur au vice-roi et au quatrième corps d'armée. L'ennemi engagea les deux tiers de son armée pour soutenir la position; ce fut en vain; la ville fut enlevée, ainsi que les hauteurs. La retraite de l'ennemi fut si précipitée, qu'il fut obligé de jeter vingt pièces de canon dans la rivière.

» L'empereur porta son quartier-général, le 24, au village de Ghorodnia. A sept heures du matin, six mille Cosaques, qui s'étaient glissés dans les bois, firent un *houra* général sur les derrières de la position, et enlevèrent six pièces de canon qui étaient parquées. Le duc d'Istrie se porta au galop avec toute la garde à cheval : cette horde fut sabrée, ramenée, et jetée dans la rivière; on lui reprit l'artillerie qu'elle avait prise, et plusieurs voitures qui lui appartenaient; six cents de ces Cosaques ont été tués, blessés ou pris. Trente hommes de la garde ont été blessés, et trois tués. Le général de division comte Rapp a eu un cheval tué sous lui : l'intrépidité dont ce général a donné tant de preuves se montre dans toutes les occasions. Au commencement de la charge les officiers de Cosaques appelaient la garde, qu'ils reconnaissaient, *muscadins de Paris*. Le major des dragons Lefort s'est fait remarquer. A huit heures l'ordre était rétabli.

» L'empereur se porta à Maloiaroslavetz, reconnut la position de l'ennemi, et ordonna l'attaque pour le lendemain; mais dans la nuit l'ennemi a battu en retraite. Le prince d'Ekmühl l'a poursuivi pendant six lieues; l'empereur alors l'a laissé aller, et a ordonné le mouvement sur Véréia.

» Le temps est superbe; les chemins sont beaux : c'est le reste de l'automne; ce temps durera encore huit jours, et à cette époque nous serons rendus dans nos nouvelles positions. »

Du 11 novembre. — « Le quartier-général impérial était le 1er novembre à Viasma, et le 9 à Smolensk. Le temps a été très-beau jusqu'au 6; mais le 7 l'hiver a commencé, la terre s'est couverte de neige. Les chemins sont devenus très-glissans et très-difficiles pour les chevaux de trait : nous en avons beaucoup perdu par le froid et les fatigues; les bivouacs de la nuit leur nuisent beaucoup.

» Depuis le combat de Maloiaroslavetz l'avant-garde n'avait pas vu l'ennemi, si ce n'est les Cosaques, qui, comme les Arabes, rôdent sur les flancs et voltigent pour inquiéter.

» Le 2, à deux heures après midi, douze mille hommes d'infanterie russe, couverts par une nuée de Cosaques, coupèrent la route à une lieue de Viasma, entre le prince d'Ekmühl et le vice-roi. Le prince d'Ekmühl et le vice-roi firent marcher sur cette colonne, la chassèrent du chemin, la culbutèrent dans les bois, lui prirent un général major avec bon nombre de prisonniers, et lui enlevèrent six pièces de canon. Depuis on n'a plus vu l'infanterie russe, mais seulement des Cosaques.

» Le général Wittgenstein, ayant été renforcé par les divisions russes de Finlande et par un grand nombre de troupes de milice, a attaqué, le 18 octobre, le maréchal Gouvion Saint Cyr; il a été repoussé par ce maréchal et par le général de Wrede, qui lui ont fait trois mille prisonniers, et ont couvert le champ de bataille de ses morts.

» Depuis le mauvais temps du 6 nous avons perdu plus de trois mille chevaux de trait, et près de cent de nos caissons ont été détruits. »

RETRAITE DE LA BÉRÉSINA. — *Vingt-neuvième bulletin.*

Molodetschno, le 3 décembre 1812.

» Jusqu'au 6 novembre le temps a été parfait, et le mouvement de l'armée s'est exécuté avec le plus grand succès. Le froid a commencé le 7. Dès ce moment chaque nuit nous avons perdu plusieurs centaines de chevaux, qui mouraient au bivouac. Arrivés à Smolensk, nous avions déjà perdu bien des chevaux de cavalerie et d'artillerie.

» L'armée russe de Volhynie était opposée à notre droite. Notre droite quitta la ligne d'opération de Minsk, et prit pour pivot de ses opérations la ligne de

Varsovie. L'empereur apprit à Smolensk, le 9, ce changement de ligne d'opération, et présuma ce que ferait l'ennemi. Quelque dur qu'il lui parût de se mettre en mouvement dans une si cruelle saison, le nouvel état des choses le nécessitait : il espérait arriver à Minsk, ou du moins sur la Bérésina avant l'ennemi. Il partit le 13 de Smolensk; le 16 il coucha à Krasnoi. Le froid, qui avait commencé le 7, s'accrut subitement, et, du 14 au 15 et au 16, le thermomètre marqua seize et dix-huit degrés au-dessous de glace; les chemins furent couverts de verglas. Les chevaux de cavalerie, d'artillerie, de train, périssaient toutes les nuits, non par centaines, mais par milliers, surtout les chevaux de France et d'Allemagne ; plus de trente mille chevaux périrent en peu de jours. Notre cavalerie se trouva toute à pied; notre artillerie et nos transports se trouvaient sans attelage. Il fallut abandonner et détruire une bonne partie de nos pièces et de nos munitions de guerre et de bouche.

» Cette armée, si belle le 6, était bien différente dès le 14, presque sans cavalerie, sans artillerie, sans transports; sans cavalerie nous ne pouvions pas nous éclairer à un quart de lieue; sans artillerie, nous ne pouvions pas risquer une bataille et attendre de pied ferme. Cependant il fallait marcher pour ne pas être contraints à une bataille, que le défaut de munitions nous empêchait de désirer; il fallait occuper un certain espace pour ne pas être tournés, et cela sans cavalerie qui éclairât et liât les colonnes. Cette difficulté, jointe à un froid excessif subitement venu, rendit notre situation fâcheuse. Les hommes que la nature n'a pas trempés assez fortement pour être au-dessus de toutes les chances du sort et de la fortune parurent ébranlés, perdirent leur gaieté, leur bonne humeur, et ne rêvèrent que malheurs et catastrophes; ceux qu'elle a créés supérieurs à tout conservèrent leur gaieté et leurs manières ordinaires, et virent une nouvelle gloire dans les difficultés différentes à surmonter.

» L'ennemi, qui voyait sur les chemins les traces de cette affreuse calamité qui frappait l'armée française, chercha à en profiter. Il enveloppait toutes les colonnes par ses Cosaques, qui enlevaient, comme les Arabes dans les déserts, les trains et les voitures qui s'écartaient : cette méprisable cavalerie, qui ne fait que du bruit et n'est pas capable d'enfoncer une compagnie de voltigeurs, se rendit redoutable à la faveur des circonstances. Cependant l'ennemi eut à se repentir de toutes les tentatives sérieuses qu'il voulut entreprendre; il fut culbuté par le vice-roi, au-devant duquel il s'était placé, et il y perdit beaucoup de monde.

» Le duc d'Elchingen, qui, avec trois mille hommes, faisait l'arrière-garde, avait fait sauter les remparts de Smolensk. Il fut cerné, et se trouva dans une position critique; il s'en tira avec cette intrépidité qui le distingue. Après avoir tenu l'ennemi éloigné de lui pendant toute la journée du 18, et l'avoir constamment repoussé, à la nuit il fit un mouvement par le flanc droit, passa le Borysthène, et déjoua tous les calculs de l'ennemi. Le 19 l'armée passa le Borysthène à Orza, et l'armée russe, fatiguée, ayant perdu beaucoup de monde, cessa là ses tentatives.

» L'armée de Volhynie s'était portée dès le 16 sur Minsk, et marchait sur Borisow. Le général Dombrowski défendit la tête de pont de Borisow avec trois mille hommes. Le 23 il fut forcé et obligé d'évacuer cette position. L'ennemi passa alors la Bérésina, marchant sur Bohr : la division Lambert (1) faisait l'avant-garde. Le deuxième corps, commandé par le duc de Reggio, qui était à

---

(1) Général français au service de Russie.

Tscherein, avait reçu l'ordre de se porter sur Borisow, pour assurer à l'armée le passage de la Bérésina. Le 24 le duc de Reggio rencontra la division Lambert à quatre lieues de Borisow, l'attaqua, la battit, lui fit deux mille prisonniers, lui prit six pièces de canon, cinq cents voitures de bagages de l'armée de Volhinie, et rejeta l'ennemi sur la rive droite de la Bérésina. Le général Berkeim, avec le quatrième de cuirassiers, se distingua par une belle charge. L'ennemi ne trouva son salut qu'en brûlant le pont, qui a plus de trois cents toises.

» Cependant l'ennemi occupait tous les passages de la Bérésina : cette rivière est large de quarante toises ; elle charriait assez de glaces ; mais ses bords sont couverts de marais de trois cents toises de long, ce qui la rend un obstacle difficile à franchir.

» Le général ennemi avait placé ses quatre divisions dans différens débouchés, où il présumait que l'armée française voudrait passer.

» Le 26, à la pointe du jour, l'empereur, après avoir trompé l'ennemi par divers mouvemens faits dans la journée du 25, se porta sur le village de Studzianza, et fit aussitôt, malgré une division ennemie, et en sa présence, jeter deux ponts sur la rivière. Le duc de Reggio passa, attaqua l'ennemi, et le mena battant deux heures : l'ennemi se retira sur la tête de pont de Borisow. Le général Legrand, officier du premier mérite, fut blessé grièvement, mais non dangereusement. Toute la journée du 26 et du 27 l'armée passa.

» Le duc de Bellune, commandant le neuvième corps, avait reçu ordre de suivre le mouvement du duc de Reggio, de faire l'arrière-garde, et de contenir l'armée russe de la Dwina, qui le suivait. La division Partouneaux faisait l'arrière-garde de ce corps. Le 27, à midi, le duc de Bellune arriva, avec deux divisions, au pont de Studzianca.

» La division Partouneaux partit la nuit de Borisow. Une brigade de cette division, qui formait l'arrière-garde, et qui était chargée de brûler les ponts, partit à sept heures du soir ; elle arriva entre dix et onze heures ; elle chercha sa première brigade et son général de division, qui étaient partis deux heures avant, et qu'elle n'avait pas rencontrés en route. Ses recherches furent vaines ; on conçut alors des inquiétudes. Tout ce qu'on a pu connaître depuis, c'est que cette première brigade, partie à cinq heures, s'est égarée à six, a pris à droite au lieu de prendre à gauche, et a fait deux ou trois lieues dans cette direction ; que, dans la nuit et transie de froid, elle s'est ralliée aux feux de l'ennemi, qu'elle a pris pour ceux de l'armée française : entourée ainsi, elle aura été enlevée. Cette cruelle méprise doit nous avoir fait perdre deux mille hommes d'infanterie, trois cents chevaux, et trois pièces d'artillerie. Des bruits couraient que le général de division n'était pas avec sa colonne, et avait marché isolément.

» Toute l'armée ayant passé le 28 au matin, le duc de Bellune gardait la tête de pont sur la rive gauche ; le duc de Reggio, et derrière lui toute l'armée, était sur la rive droite.

» Borisow ayant été évacué, les armées de la Dwina et de Volyhnie communiquèrent ; elles concertèrent une attaque. Le 28, à la pointe du jour, le duc de Reggio fit prévenir l'empereur qu'il était attaqué ; une demi-heure après, le duc de Bellune le fut sur la rive gauche : l'armée prit les armes. Le duc d'Elchingen se porta à la suite du duc de Reggio, et le duc de Trévise derrière le duc d'Elchingen. Le combat devint vif. L'ennemi voulut déborder notre droite ; le général Doumerc, commandant la cinquième division de cuirassiers, et qui faisait partie du deuxième corps resté sur la Dwina, ordonna une charge de cavalerie aux quatrième et cinquième régimens de cuirassiers, au moment où la légion de la Vistule s'engageait dans des bois pour percer le centre de l'ennemi, qui fut culbuté et mis en déroute. Ces braves cuirassiers enfoncèrent successivement six carrés d'infanterie, et mirent en déroute la cavalerie ennemie, qui venait au secours de son infanterie. Six mille prisonniers, deux drapeaux et six pièces de canon tombèrent en notre pouvoir.

» De son côté, le duc de Bellune fit charger vigoureusement l'ennemi, le battit, lui fit cinq à six cents prisonniers, et le tint hors la portée du canon du pont. Le général Fournier fit une belle charge de cavalerie.

» Dans le combat de la Bérésina l'armée de Volhynie a beaucoup souffert. Le duc de Reggio a été blessé; sa blessure n'est pas dangereuse; c'est une balle qu'il a reçue dans le côté.

» Le lendemain, 29, nous restâmes sur le champ de bataille. Nous avions à choisir entre deux routes, celle de Minsk et celle de Wilna. La route de Minsk passe au milieu d'une forêt et de marais incultes, et il eût été impossible à l'armée de s'y nourrir; la route de Wilna, au contraire, passe dans de très-bons pays. L'armée, sans cavalerie, faible en munitions, horriblement fatiguée de cinquante jours de marche, traînant à sa suite ses malades et les blessés de tant de combats, avait besoin d'arriver à ses magasins. Le 30, le quartier-général fut à Plechnitsi; le 1er décembre à Slaïki, et le 3 à Molodetschno, où l'armée a reçu les premiers convois de Wilna.

» Tous les officiers et soldats blessés, et tout ce qui est embarras, bagages, etc., ont été dirigés sur Wilna.

« Dire que l'armée a besoin de rétablir sa discipline, de se refaire, de remonter sa cavalerie, son artillerie et son matériel, c'est le résultat de l'exposé qui vient d'être fait. Le repos est son premier besoin. Le matériel et les chevaux arrivent. Le général Bourcier a déjà plus de vingt mille chevaux de remonte dans différens dépôts. L'artillerie a déjà réparé ses pertes. Les généraux, les officiers et les soldats ont beaucoup souffert de la fatigue et de la disette. Beaucoup ont perdu leurs bagages par suite de la perte de leurs chevaux; quelques-uns par le fait des embuscades des Cosaques. Les Cosaques ont pris nombre d'hommes isolés, d'ingénieurs géographes qui levaient les positions, et d'officiers blessés qui marchaient sans précaution, préférant courir des risques plutôt que de marcher posément et dans des convois.

» Les rapports des officiers-généraux commandant les corps feront connaître les officiers et soldats qui se sont le plus distingués, et les détails de tous ces mémorables événemens.

» Dans tous ces événemens, l'empereur a toujours marché au milieu de sa garde, la cavalerie commandée par le maréchal duc d'Istrie, et l'infanterie commandée par le duc de Dantzick. S. M. a été satisfaite du bon esprit que sa garde a montré; elle a toujours été prête à se porter partout où les circonstances l'auraient exigé, mais les circonstances ont toujours été telles que sa simple présence a suffi, et qu'elle n'a pas été dans le cas de donner.

» Le prince de Neufchâtel, le grand maréchal, le grand écuyer, et tous les aides-de-camp et les officiers militaires de la maison de l'empereur, ont toujours accompagné S. M.

» Notre cavalerie était tellement démontée, que l'on a dû réunir les officiers auxquels il restait un cheval pour en former quatre compagnies de cent cinquante hommes chacune. Les généraux y faisaient les fonctions de capitaine, et les colonels celles de sous-officier. Cet escadron sacré, commandé par le général Grouchy, et sous les ordres du roi de Naples, ne perdait pas de vue l'empereur dans tous les mouvemens.

» La santé de S. M. n'a jamais été meilleure. »

— La publication de ce bulletin jeta la consternation en France, et cependant il était loin de faire connaître toute la vérité. Le désastre était immense; les corps de Victor et d'Augereau, neuvième et onzième, formant ensemble, selon Thibaudeau, quatre-vingt-deux mille hommes, y avaient été enveloppés et avaient péri comme les autres.

Les pertes qu'avait éprouvées l'armée pendant son mouvement offensif, et qui étaient dues en grande partie au défaut de subsistances, devaient faire prévoir toutes les misères qui l'accableraient si elle était jamais réduite à la retraite. On avait déjà beaucoup souffert en Lithuanie, le mal devint plus grand dès qu'on eut passé la frontière russe. Alexandre avait ménagé la Lithuanie, afin de ne pas éloigner davantage de lui de nouveaux sujets. Mais dans son pays rien ne fut épargné. Les nobles et les paysans mirent eux-mêmes le feu à leurs villages. L'incendie de Smolensk fut le premier signal du système adopté par les Russes, et qui allait nous livrer une terre déserte, sans abris et sans vivres. Leur armée en reculant incendia tout, villes et villages; elle détruisit tout et emmena les habitans; toute la population mâle devint cosaque. Le pays, d'ailleurs, était peu peuplé, en sorte que le sacrifice fut moins considérable. Autour de Moscou où les villages étaient nombreux, on les trouva déserts et évacués de toutes richesses alimentaires, mais la plupart entiers et debout. L'ennemi, qui avait incendié sa capitale, en avait brûlé seulement quelques-uns, soit qu'il les eût oubliés, soit que l'égoïsme des nobles eût reculé devant ce sacrifice personnel. Si l'empereur eût dirigé son invasion par une autre route, par un territoire qui ne fût pas peuplé de Russes, où la propriété fût plus individuelle et moins seigneuriale, il est probable que l'égoïsme des populations eût, comme aux environs de Moskou, résisté aux mesures qui affamèrent l'armée; il est possible, il est probable que les Cosaques, qui étaient chargés de cette opération de destruction, auraient trouvé moins de complaisance, et que le peuple indigné nous eût reçus en libérateurs.

Dans sa campagne de Russie, Napoléon suivit le système qui

lui avait réussi dans ses campagnes d'Autriche et de Prusse, celui de marcher sur la capitale ennemie. Mais en Russie, il y en avait deux ; Moscou était sans doute jusqu'à un certain point la capitale morale ; mais Pétersbourg était la capitale réelle, le centre du gouvernement, la tête et le point où aboutissaient toutes les communications. Dans un pays composé de tant de nations et de langues diverses, elle était à l'empire ce que l'empereur était aux peuples eux-mêmes, l'unité où se portaient tous les regards et d'où partaient tous les ordres. Ainsi, en prenant Moscou on n'avait rien. Dans un pays où la population est comptée pour peu et où le gouvernement est tout, on ne désorganisait rien. En prenant Pétersbourg au contraire on eût jeté le désordre dans l'administration, c'est-à-dire paralysé en grande partie les forces d'une nation où l'administration est tout.

Dans les campagnes précédentes, l'empereur avait presque toujours dirigé ses troupes parallèlement à un grand fleuve sur lequel il appuyait l'un des flancs de son armée. En marchant sur Moscou au contraire la ligne qu'il suivait était perpendiculaire à toutes les rivières qu'il devait rencontrer ; il fallait les traverser toutes ; c'était autant de positions dont l'ennemi pouvait profiter pendant le mouvement offensif, autant de difficultés à vaincre dans une retraite ; et en effet, le passage de quelques-unes de ces rivières entra pour beaucoup dans les désastres de la retraite de Moscou. En outre, ses deux flancs étaient découverts, ou en l'air, comme on dit en style militaire ; l'un et l'autre étaient livrés, sans appui, aux tentatives de l'ennemi. Ce fut en effet cette circonstance qui dans la retraite permit aux généraux russes de couper incessamment nos colonnes et de nous enlever un nombre immense de prisonniers.

Nous nous sommes demandé pourquoi, dans son projet d'invasion de la Russie, Napoléon ne choisit pas de préférence de marcher sur Pétersbourg, en suivant les bords de la Baltique. Il aurait eu d'abord l'un de ses flancs appuyé ; il eût marché à travers des contrées qui ne sont point peuplées de Russes, mais d'Allemands et de Suédois ; la Samogitie, la Courlande, la Livonie, l'Estonie. Ces provinces ne sont point presque désertes ; elles sont au contraire couvertes de villes riches et de nombreux villages, où l'on eût trouvé à vivre. Au fur et à mesure qu'on se fût avancé on eût rencontré un pays plus riche, plus peuplé, comme l'est toujours celui qui avoisine les grandes capitales. Il n'eût point été aussi facile de brûler une ville bâtie en pierre comme Pétersbourg qu'une ville de bois comme Moscow. On y eût en outre trouvé une population plus européenne que russe. Sans doute il eût fallu faire quelques siéges, enlever Mittau, Riga, Revel ; mais en prenant ces places on eût été forcé à des mouvemens moins brusques, moins désastreux ; on eût été obligé de se conduire avec plus de mesure et de prudence, et l'on eût acquis des points d'appui. Enfin, l'on eût possédé un sol propre à se couvrir, à établir des points de résistance et de manœuvres, coupé par de grands lacs et des cours d'eau, c'est-à-dire avantageux pour une armée dirigée par des généraux habibiles, peu favorable aux armées russes, qui ne savent point manœuvrer et ne sont guère propres qu'à des mouvemens d'attaque ou de défense. Quant aux routes à suivre, il y en a deux. L'une part de Riga, passe au nord du lac Peypas, aboutit à Narwa et de là à Petersbourg ; l'autre est celle de Wilna, qui, après avoir traversé la Dwina, passe par Sebeck, Ostrow et en suivant la rive méridionale du lac Leypus, aboutit encore à Narwa. La Dwina passée, tous les cours d'eau étaient favorables au mouvement offensif comme à celui de retraite. Les Russes semblaient nous attendre sur cette route, car ils avaient retranché un camp à Dunabourg et à Drissa sur la Dwina. Ils avaient réuni deux cent mille hommes de Riga à Drissa.

Nul doute que si la mer eût été libre, que si Napoléon eût possédé sur la Baltique une flotte sur laquelle il eût pu charger ses vivres et son matériel, il n'eût préféré le mouvement sur Pétersbourg dont nous parlons ; mais, même sans ces avantages, il semble qu'il eût été préférable. Cette voie était d'ailleurs moins longue d'un dixième de marche que celle de Moscou. Nous aurions pu, en la suivant, prendre également Wilna, organiser la

Lithuanie, dont l'armement eût couvert notre flanc droit ; nous aurions pu tenir long-temps l'ennemi en doute sur le point où nous voulions porter notre attaque. Si, un jour, une puissance continentale aidée d'une puissance maritime devait recommencer l'invasion de 1812, il nous paraît que la route que nous indiquons est la meilleure et la plus certaine. Mais revenons à l'histoire de la campagne, dont ces réflexions nous éloignent.

Déjà pendant la marche offensive on vit se former à la suite de l'armée ces colonnes de bandes nombreuses de traînards et de cavaliers démontés, de longues files de voitures, les unes chargées de malheureux abîmés de fatigue, de blessés ou de malades, les autres de toutes les provisions que la maraude parvenait à trouver. Il paraît que l'une des principales alimentations des troupes consista en blé de seigle vert, que l'on faisait griller, que l'on écrasait ensuite et que l'on convertissait en une sorte de pain. Une pareille nourriture devait exténuer tous les jeunes soldats ; aussi l'armée était déjà fort réduite lorsqu'on arriva à Borodino.

On a blâmé l'empereur d'avoir ainsi précipité sa marche ; on lui a reproché de ne s'être point arrêté à Smolensk. Il aurait dû, disait-on, prendre position sur la Dwina et le Dnieper, et se donner le temps d'organiser l'insurrection lithuanienne. Nous avions en effet été reçus en libérateurs à Wilna ; les acclamations du peuple nous y avaient accueillis. Il y avait toute apparence que si l'on se fût donné le temps et que l'on eût proclamé hautement le rétablissement de la Pologne, les Lithuaniens, qui formaient une population de quatre millions d'âmes, auraient fourni une armée et de nombreux Cosaques, tandis qu'ils ne fournirent que quelques escadrons et quelques bataillons. Mais l'empereur, dit-on, n'était pas encore décidé à rétablir la Pologne ; il craignait d'ôter par là toute espérance à cette paix qu'il allait chercher à Moscou et qu'il comptait y imposer. Quoi qu'il en soit, on assure qu'en entrant à Witepsk sur la Dwina il manifesta l'intention de s'y arrêter. Son premier mot, dit-on, fut : « La campagne de 1812 est finie ; celle de 1813 fera le reste. » D'un autre côté, on lui prêta ce propos contradictoire : « Croyez-vous donc que je sois venu si loin pour conquérir cette masure? » Ce qui est certain, c'est que l'empereur tint un conseil. Plusieurs généraux furent d'avis de s'arrêter; d'autres voulaient qu'on continuât les opérations. Il est vrai que parmi les officiers qui demandaient une halte, on comptait les plus actifs et les plus habiles. A Smolensk ils essayèrent encore de l'obtenir; tout l'état-major était de cet avis, Sébastiani, Murat, Rapp, Lauriston, Mouton, etc. Lorsque l'on vit la marche continuer, on se plaignit du temps que l'empereur avait perdu en séjournant dix-huit jours à Wilna, et presque autant à Witepsk. On voyait en effet l'automne s'avancer à grands pas. On disait qu'il n'avait plus la même activité qu'autrefois, que l'embonpoint dont il était surchargé le rendait lourd et paresseux; on remarquait qu'il n'était plus insensible aux variations de l'atmosphère. Selon M. de Ségur, il fut retenu à Wilna par les premières atteintes d'une maladie grave et douloureuse (la dysurie). La vérité est, cependant, que ces longues stations furent utiles à l'armée, à laquelle elles permirent de se reformer, de se reposer et de se refaire un peu. Elles ne furent pas même assez prolongées pour donner le temps à tout le monde de rejoindre, et aux approvisionnemens d'arriver. On partit toujours trop tôt, sans avoir pu profiter des secours en ce genre que l'administration travaillait à réunir.

Dans la marche de Smolensk à Gjatsk, c'est-à-dire du 19 août au 1er septembre, l'armée d'invasion était diminuée de quarante mille combattans. Le résultat d'un appel général fait le 2 fut que sur cent soixante mille hommes qui étaient partis de Smolensk, cent vingt mille seulement étaient présens. Ce déficit considérable ne provenait point des pertes faites en pressant la retraite de l'ennemi; elles n'en formaient pas le dixième. On l'attribua à la maraude, à la fatigue, à la maladie, qui avaient retardé ou arrêté beaucoup de soldats. Cela était si vrai, qu'un grand nombre de ces traînards rejoignirent l'armée à Moscou. En effet, l'armée, lors de son entrée dans cette capitale, n'était plus forte que de quatre-vingt-dix mille combattans. Elle fut affaiblie encore par divers engagemens, et particulièrement par l'échec qu'éprouva Murat, le 17 octobre, et qui acheva la destruction de notre cavalerie ; cependant, lorsqu'on sortit de Moscou, l'armée présentait un effectif plus considérable qu'à son entrée. Elle comptait plus de quatre-vingt-dix mille fantassins, de douze ou treize mille hommes de cavalerie, et de plus de six cents pièces de canon. Cet accroissement était l'effet de la réunion des traînards, des maraudeurs, dont la marche en aboutissant à Moscou les reconduisit à leurs corps. Mais pendant que ces adjonctions avaient lieu, et garnissaient les cadres de quelques régimens, d'autres corps sans doute se désorganisaient, ou il arriva qu'un grand nombre de traînards ne rejoignirent pas leurs drapeaux ; car, on ne pourrait expliquer autrement la formation de cette population sans armes qui sortit de Moscou avec l'armée et qu'on n'évalue pas à moins de cinquante mille âmes. On avait fait partir les blessés d'avance, le 17. En réunissant tous les Français qui habitaient la capitale russe, tous les employés, tous les cavaliers nouvellement démontés, on ne donnerait pas raison d'un pareil total, si l'on n'y joignait un plus grand nombre de traînards.

En sortant de Moscou, l'armée présentait encore un effectif redoutable. Malgré l'incendie, elle avait trouvé dans cette ville des provisions. Les caves n'avaient pas été atteintes et l'on y avait découvert des ressources en subsistances ; enfin, on était entré en rapport avec quelques paysans et on en avait tiré des vivres. Aussi les soldats avaient repris des forces et se trouvaient en état de livrer bataille. Des maréchaux même avaient proposé de ne point évacuer la place ; mais, au contraire, de la fortifier et d'y hiverner. La situation des troupes était telle que Kutusof, qui était à la tête d'une armée plus nombreuse, bien réorganisée, crut imprudent de tenter une bataille générale, et se borna à côtoyer l'armée, à l'inquiéter, à retarder et à lui disputer vigoureusement sa retraite, mais sans s'engager à fond. Il la tint assiégée avec ses Cosaques, dont il venait de recevoir un renfort composé de vingt-deux nouveaux régimens venant du Don. Il comptait pour l'achever sur la longueur des marches, sur la famine, et sur le froid qui allait venir. L'événement prouva qu'il avait raison.

A Smolensk, on rallia l'armée. L'élite des soldats se tenait encore réunie, suivait ses chefs, et gardait quelque discipline. Cette élite ne dépassait pas cinquante mille hommes. Le thermomètre marquait seize à dix-huit degrés au-dessous de glace lorsque l'armée quitta cette ville. Au passage de la Bérésina, on ne comptait guère plus que trente mille combattans. Il fallut se faire jour en tête, et résister en queue pour protéger le passage; la plupart de ces troupes furent détruites dans ces divers combats où les Russes attaquaient avec un acharnement pareil à celui de la défense. Sur huit mille hommes avec lesquels Victor protégeait le passage dans la journée du 8 novembre, il en perdit cinq mille. Lorsque l'armée arriva (8 et 9 décembre), à Wilna, elle ne présentait plus qu'une masse confuse, où quelques bataillons à peine, dont les uns improvisés, les autres grossis de tous les hommes les plus énergiques, se maintenaient encore en ordre. Le thermomètre descendit à trente degrés au-dessous de zéro. Lorsque le canon des Russes se fit entendre, on quitta Wilna en déroute. Ce fut encore un acte de courage de la part de ceux qui y prirent part; les moins braves aimèrent mieux rester et s'abandonner à l'ennemi. Les Russes, de leur côté, commençaient à poursuivre mollement. Ils subissaient aussi les effets du froid et des bivouacs. L'armée de Kutusof, qui était forte de cent soixante-dix mille combattans, au moment où nous quittions Moscou, était en ce moment réduite à moins de cinquante mille hommes. Cet affaiblissement explique comment on cessa de nous poursuivre au moment même où nous ne pouvions plus nous défendre. Enfin, le 13 décembre, après quarante-six jours de marche, les débris de la grande armée repassèrent le Niémen, à Kowno. Les historiens ne sont pas d'accord sur le nombre d'hommes dont elle était composée. Les uns l'évaluent à vingt mille, les autres à trente-six mille. Ainsi, en consultant les chiffres que nous avons donnés en premier, et en retranchant l'effectif du corps de Macdonald, composé en partie de Prussiens; de celui de Schwartzemberg, composé d'Autrichiens, et de celui de Reynier, composé de Saxons, il se trouvera que la campagne de 1812 coûta, au minimum, à la France, trois cent quatre-vingt-treize mille hommes. Si nous prenons le chiffre donné par Ségur, la perte serait plus considérable encore. Le fait est que nous nous souvenons que, dans le temps, les rapports officiels des Russes évaluaient le nombre de leurs prisonniers à deux cent treize mille hommes.

Cependant, le 5 décembre, l'empereur réunit au quartier-général de Smorgony les principaux chefs de l'armée : il leur fit connaître qu'il avait nommé le roi de Naples son lieutenant-général. Ensuite il se mit en route pour Paris, voyageant incognito dans un seul traîneau, avec et sous le nom du duc de Vicence. Le 14, il atteignit Dresde, où il s'entretint avec le roi de Saxe, et de là il partit pour Paris, où il arriva inopinément vingt-quatre heures après la publication du XXIXe bulletin. L'impératrice même n'était pas prévenue de son arrivée.

La désorganisation de l'armée ne cessa point après le départ de l'empereur ; le général d'York, qui commandait les Prussiens placés sous les ordres de Masséna, traita avec les Russes, et passa de leur côté avec son corps d'armée. Macdonald se retira à Kœnisberg avec ses Français, au nombre d'environ sept mille, et se joignit au mouvement général de rétrogradation de l'armée, que Murat conduisit jusque derrière la Vistule. Là, ce prince abandonna l'armée, et remit le commandement au prince Eugène. De son côté, Schwartzemberg abandonna aux Russes le grand-duché de Varsovie, et leur en remit la capitale par capitulation. Il laissa à Reynier le temps de se retirer. La position des Russes à Varsovie eût forcé l'armée française de se replier, si elle eût encore existé, mais elle s'était dispersée et réfugiée soit à Dantzick, soit dans les autres places ; un grand nombre d'individus regagnèrent la France isolément. Dans ce grand désastre, parmi tant de généraux qui payèrent si courageusement de leur personne, un homme s'était fait distinguer, c'était Ney ; l'empereur le nomma prince de la Moscowa par décret du 21 février 1813.

Pendant l'absence de Napoléon, une tentative hardie avait

failli lui ravir l'empire. La conspiration de Mallet avait éclaté et avait été sur le point de réussir. Ce général avait choisi pour agir, un moment où depuis long-temps on manquait de nouvelles de l'armée. Sa tentative peut être considérée comme un signe des inquiétudes et du mécontentement public. Nous en empruntons les détails à l'histoire de Thibaudeau.

« Le général Malet, depuis son arrestation en 1808, presque oublié et sans importance, avait eu la permission d'habiter une maison de santé où il jouissait d'une certaine liberté. Il forma, dès que Napoléon partit pour la campagne de Russie, le projet de le renverser du trône. Il mit dans sa confidence deux individus, l'abbé Lafon, agent bourbonnien, prisonnier comme lui ; Rateau, jeune caporal de la garde municipale, employé dans cette maison. La supposition de la mort de l'empereur en Russie fut la base des combinaisons de Malet, une série d'actes en était la conséquence. Une proclamation du sénat au peuple, pour annoncer cet événement, contenait une critique amère de son gouvernement ; un sénatus-consulte qui déclarait Napoléon et sa famille déchus du trône, et nommait une commission de cinq membres pour exercer provisoirement le pouvoir exécutif ; des lettres de service par lesquelles elle chargeait Malet du commandement des troupes de la première division et de la place de Paris ; un arrêté qui lui conférait le grade de général de division ; l'épuration des autorités ; le remplacement du ministre de la police générale et du préfet de police par les généraux Lahorie et Guidal, ennemis du gouvernement, détenus à Paris ; tout fut prévu, calculé, préparé. Malet projetait, Lafon soignait la rédaction et la forme, Rateau faisait les expéditions. Ce travail, qui devait être secret, renfermé entre trois personnes, était considérable ; il dura plusieurs mois, et ne se trouva terminé qu'au commencement d'octobre ; le moment était favorable : depuis quinze jours Paris était sans nouvelles de l'armée de Russie. Alors Malet se décida à agir. Il réunit chez le prêtre espagnol Caamagno, autre connaissance de prison, place Royale, tous ses documens, des armes, un uniforme de général pour lui, un d'aide-de-camp pour le caporal Rateau, et une ceinture de commissaire de police. Il s'assura de deux chevaux et de leur harnachement: Il fixa l'exécution de son plan à la nuit du 22 au 23 octobre.

» A onze heures du soir, Malet et Rateau se rendirent chez Caamagno, prirent leurs costumes, allèrent rejoindre leurs chevaux, et se dirigèrent successivement aux quartiers du 2e régiment d'infanterie de la garde de Paris et de la 10e cohorte des gardes nationales. Malet montra toutes ses fausses paperasses aux deux chefs, Rabbe et Soulier, qui eurent la bonhomie d'y croire et de mettre leurs corps à sa disposition. Malet les harangua, leur annonça la mort de l'empereur, les résolutions prises par le sénat, et envoya plusieurs détachemens au trésor, à la Banque, à la poste aux lettres et à l'Hôtel-de-Ville.

» A la tête du reste de ses troupes, il se dirigea vers la Grande-Force, où les généraux Lahorie et Guidal étaient détenus, les délivra, leur expliqua en peu de mots l'état des affaires, leur remit leurs nominations, et leur donna à chacun un détachement en leur recommandant d'aller promptement occuper leurs postes, et d'envoyer dans leurs places, à la Force, les deux fonctionnaires auxquels ils succédaient. Un Corse, nommé Bocchechiampo, fut aussi mis en liberté, et nommé préfet de la Seine.

» Malet marcha ensuite à la place Vendôme, il faisait grand jour; il entra chez le général Hullin, lui annonça les nouvelles, et lui déclara qu'il le remplaçait et qu'il était chargé de le faire garder à vue: Hullin lui demanda de représenter ses ordres; Malet tira un pistolet et le lui déchargea au visage. Hullin tomba baigné dans son sang.

» Malet se porta à l'état-major de la première division militaire, situé aussi place Vendôme, fit arrêter le chef de bataillon Laborde, entra chez l'adjudant-commandant Doucet, chef de l'état-major de la place, lui remit ses pièces, et l'informa de ce qu'il avait déjà fait. Pendant leur conversation, Laborde, qui avait échappé à ses gardes, arriva; Doucet et lui s'élancèrent sur Malet; le désarmèrent, le terrassèrent et le livrèrent à des gendarmes. Laborde descendit sur la place, harangua la troupe, la détrompa sur la mort de l'empereur et sur le caractère du prétendu général, qui n'était qu'un prisonnier d'état évadé, actuellement entre les mains de la gendarmerie, et qui serait incessamment fusillé : les soldats répondirent par des cris de : *Vive l'empereur!*

» Pendant ce temps-là, Guidal avait envahi la préfecture de police, s'était emparé du préfet Pasquier et l'avait envoyé, sous escorte, à la Force. Lahorie en avait fait autant du ministre Savary et s'était établi au ministère de la police. Le chef de bataillon Soulier, envoyé par Malet à l'Hôtel-de-Ville, s'y était rendu avec des instructions de ce général pour le préfet Frochot, dans lesquelles il lui était prescrit, entre autres dispositions, de faire préparer un local pour recevoir le gouvernement provisoire. Frochot avait couché à la campagne. En revenant à Paris, le 23 au matin, il reçut un billet d'un de ses employés, qui lui annonçait de grands événemens et se terminait pas ces mots : *Fuit Imperator!* Il hâta sa marche, arriva à l'Hôtel-de-Ville, où Soulier lui remit une dépêche de Malet. Frochot, étourdi et profondément affecté, ne conçut pas le moindre doute, et donna l'ordre de préparer un local pour les séances du gouvernement provisoire, en présence de Soulier, qui ne le quitta pas.

» Le conseiller-d'état Réal, informé seulement à huit heures du matin de l'arrestation du ministre de la police par Lahorie, qui avait pris sa place, courut chez l'archi-chancelier, qui resta interdit. Il fut convenu d'avertir le ministre de la guerre, afin qu'il fît venir en poste les élèves de l'école de Saint-Cyr pour la garde du roi de Rome, et diriger sur les Tuileries tous les hommes disponibles des dépôts de la garde impériale. Mais avant que ces ordres fussent exécutés, l'arrestation de Malet avait coupé court au complot; il était avorté. Doucet, que des rapports successifs informaient de ce qui s'était passé, donnait des ordres pour rétablir les choses dans leur état ordinaire. Laborde, à la tête des troupes, arrêta sans résistance Lahorie et Guidal, qui s'occupaient niaisement de leurs costumes, des détails de leur établissement et d'affaires courantes. Il débarrassa Frochot de

l'espèce de surveillance où le tenait le chef de bataillon Soulier ; il délivra de la Force Savary et Pasquier. Les complices de Malet furent arrêtés ; à neuf heures du matin, tout était fini et rentré dans l'ordre avant que dans Paris on eût soupçonné l'existence du complot. Le public n'en fut informé que par cet avis laconique du ministère de la police : « Trois ex-généraux, Malet, Lahorie
» et Guidal ont trompé quelques gardes nationales, et les ont
» dirigées contre le ministre de la police et le commandant de la
» place de Paris. Ils ont exercé des violences contre eux ; ils ré-
» pandaient faussement le bruit de la mort de l'empereur. Ces
» ex-généraux sont arrêtés, ils sont convaincus d'imposture : il
» va en être fait justice. Le calme le plus absolu règne à Paris, il
» n'a été troublé que dans les trois hôtels où les brigands se sont
» portés. »

» Pendant le reste de la journée du 23, divers détails venaient à la connaissance du public. Il se livrait à toutes sortes de conjectures, et s'attendait à ce que l'autorité satisferait la curiosité et la juste impatience des citoyens. Les journaux du lendemain furent presque muets, ou ne firent que d'insignifians commentaires de l'avis du ministère de la police, qui n'apprenaient rien. On se dédommagea du silence de l'autorité par des suppositions et des calembours sur Savary et Pasquier, qui avaient *fait*, dit-on, *un fameux tour de force* (prison).

» Les généraux Malet, Lahorie, Guidal, le colonel Rabbe, le chef de bataillon Soulier, le caporal Rateau et dix-huit officiers, en tout vingt-cinq accusés, furent traduits à une commission militaire présidée par le général Dejean, premier inspecteur général du génie. Les pièces de la procédure n'ayant point été publiées, on ne connut point l'étendue du complot, ses ramifications, son but. On sait seulement que, dans le cours des débats, Malet ne démentit point son caractère ; qu'il se montra constamment calme, ferme et réservé, et qu'à la décharge de ses coaccusés, il assuma sur lui toute la responsabilité du complot. Il répondit au président, qui lui demandait s'il avait des complices : « Toute la
» France, vous-même, si j'eusse réussi. » Par jugement du 29,

la commission militaire acquitta dix accusés, et en condamna quinze à mort, comme coupables ou complices, dont les six ci-dessus nommés et huit officiers ; ils furent fusillés le même jour à la plaine de Grenelle, excepté Rabbe et Rateau, auxquels il fut accordé un sursis, depuis converti en grace.

» Malet marcha à la mort avec son calme accoutumé mêlé d'un peu d'ironie, adressant aux spectateurs des allocutions conformes à sa cause. Ses compagnons, la plupart non moins fermes, restaient muets, s'étonnant d'aller au supplice pour un complot et avec un homme qui leur étaient également inconnus. Guidal, seul, s'exhala en pleurs, en cris, en vociférations contre l'empereur.

» Le crime de plusieurs des accusés ne fut que d'avoir été trop crédules. L'empereur blâma la rigueur du jugement et la promptitude de son exécution. Il n'est pas probable que Malet eût écrit d'avance la liste des cinq membres de son gouvernement provisoire. On lui en a cependant attribué plusieurs. On y voyait figurer pêle-mêle des hommes de tous les partis, Matthieu de Montmorency, Alexis de Noailles, le général Moreau, Frochot, Férand, Puyvert, les Polignac, Siéyès, Destutt de Tracy, Garat et l'abbé Grégoire.

» En renversant le gouvernement impérial, que se proposait réellement Malet? On n'a nul aveu de lui, nuls documens avérés. Après la restauration des Bourbons, on a dit qu'il avait travaillé pour eux. Cependant Malet avait servi honorablement dans les armées républicaines : pour tous ceux qui avaient eu des relations avec lui, c'était un républicain. Les principaux complices de son choix, Lahorie et Guidal, avaient toujours professé les mêmes principes. Le but du complot semblerait donc avoir été la liberté. On a dit qu'au premier bruit de la conspiration, une réunion de sénateurs eut lieu pour aviser aux moyens à prendre, qu'ils en donnèrent même avis à Fouché, qui habitait son château de Ferrières, et que ce fut alors qu'il fit cette réponse : « Je ne travaille pas en serre chaude. »

» Au premier avis qui vint à Cambacérès de l'entreprise de

Malet, son premier mot, dans sa frayeur, fut d'envoyer au Luxembourg fermer les portes des salles du sénat.

» On a traité de folie cette conspiration. On y voit une audace, une prévoyance, une résolution qui dénotent un grand caractère. Le moment était bien choisi; Napoléon était, avec toutes les forces de l'empire, à six cents lieues de la capitale. Son armée avait fait de grandes pertes dans le cours de cette campagne. Il était stationnaire dans les ruines de Moscou. L'avenir ne présentait pas un aspect rassurant. Malet, dans quelques heures, avait réussi à se rendre maître des principales forces militaires et des deux magistratures essentielles de Paris. Si Laborde eût été mieux gardé, et ne se fût pas mis en communication avec Doucet, le complot, pour le moment, eût probablement réussi. Ensuite que serait-il arrivé? Il est difficile de le dire. Mais précisément à cette époque, Napoléon évacuait Moscou, et commençait cette tardive retraite qui détruisit son armée. Personnellement, nous avons lieu de croire que le complot de Malet avait des ramifications dans les départemens. Depuis plusieurs années, il existait, dans le midi, une conspiration contre l'empereur, qui recevait l'impulsion et attendait le mot d'ordre de Paris. Elle était tramée par les restes du parti dit anarchiste, ranimé et entretenu par Barras. Guidal y avait joué un rôle, et avait été par ce motif arrêté à Marseille, et traduit à Paris. »

Cette conspiration fut sur le point de réussir; et l'on peut douter si ce ne fut pas un malheur pour la France qu'elle ait échoué. La nation, en effet, était encore en état, en se repliant derrière le Rhin, de résister à la coalition tout entière. Les forces énormes qui furent dissipées en 1813, à tenter de nouveau l'asservissement de l'Allemagne, lui eussent suffi pour défendre avec succès ses frontières. Comme par une sorte de pressentiment de l'avenir, le public accueillit la nouvelle de cette conspiration avec des sentimens tout autres que ceux de la colère; il accompagna les conjurés de ses sympathies, et ne vit qu'avec dégoût les témoignages exagérés de dévouement que les autorités répandirent dans leurs discours.

L'empereur fut effrayé de cette tentative; elle lui montrait le peu de solidité de son pouvoir. Aussi ne put-il s'empêcher de témoigner quelque chose de son mécontentement, lorsque le sénat, le lendemain de son arrivée, eut l'impudeur d'aller le complimenter sur son retour. Voici l'adresse du sénat, et la réponse de l'empereur. Nos lecteurs apprécieront la valeur du style officiel adopté dans ces deux discours.

AUDIENCE SOLENNELLE DU DIMANCHE 20 DÉCEMBRE 1812.

Discours du sénat à l'empereur, prononcé par M. Lacépède, président annuel.

« Sire, le sénat s'empresse de présenter au pied du trône de votre majesté impériale et royale l'hommage de ses félicitations sur l'heureuse arrivée de votre majesté au milieu de ses peuples.

» L'absence de votre majesté, sire, est toujours une calamité nationale; sa présence est un bienfait qui remplit de joie et de confiance tout le peuple français.

» Votre majesté impériale et royale a posé toutes les bases de l'organisation de son vaste empire; mais il lui reste encore bien des objets à consolider ou à terminer, et le moindre retard dans le complément de nos institutions est un malheur national.

» Pendant que votre majesté, sire, était à huit cents lieues de sa capitale, à la tête de ses armées victorieuses, des hommes échappés des prisons, où votre clémence impériale les avait soustraits à la mort méritée par leurs crimes passés, ont voulu troubler l'ordre public dans cette grande cité. Ils ont porté la peine de leurs nouveaux attentats.

» Heureuse la France, sire, que sa Constitution monarchique met à l'abri des effets funestes des discordes civiles, des haines sanglantes que les partis enfantent, et des désordres horribles que les révolutions entraînent!

» Le sénat, premier conseil de l'empereur, et dont l'autorité n'existe que lorsque le monarque la réclame et la met en mouvement, est établi pour la conservation de cette monarchie et de l'hérédité de votre trône dans notre quatrième dynastie.

» La France et la postérité le trouveront, dans toutes les circonstances, fidèle à ce devoir sacré, et tous ses membres seront toujours prêts à périr pour la défense de ce palladium de la sûreté et de la prospérité nationale.

» Dans les commencemens de nos anciennes dynasties, sire, on vit plus d'une fois le monarque ordonner qu'un serment solennel liât d'avance les Français de tous les rangs à l'héritier du trône, et quelquefois, lorsque l'âge du jeune prince le permit, une couronne fut placée sur sa tête, comme le gage de son autorité future et le symbole de la perpétuité du gouvernement.

» L'affection que toute la nation a pour le roi de Rome prouve, sire, et l'attachement des Français pour le sang de votre majesté, et ce sentiment intérieur qui rassure chaque citoyen, et qui lui montre dans cet auguste enfant la sûreté des siens, la sauvegarde de sa fortune, et un obstacle invincible à ces divisions intestines, ces agitations civiles et ces bouleversemens politiques, les plus graves des fléaux qui puissent affliger les peuples.

» Sire, votre majesté a arboré les aigles françaises sur les tours de Moscou. L'ennemi n'a pu arrêter ses succès et contrarier ses projets qu'en ayant recours aux affreuses ressources des gouvernemens despotiques, en créant des déserts sur toutes ses frontières, en portant l'incendie dans ses provinces, en livrant aux flammes sa capitale, le centre de ses richesses et le produit de tant de siècles.

» Ils connaissaient mal le cœur de votre majesté, sire, ceux qui ont renouvelé cette tactique barbare de leurs sauvages ancêtres! Elle eût volontiers renoncé à des trophées qui devaient coûter tant de sang et de maux à l'humanité.

» L'empressement avec lequel on voit arriver de tous les départemens de l'empire, sous les drapeaux de votre majesté les nombreux soldats appelés par le sénatus-consulte de septembre dernier, est un exemple de tout ce que votre majesté doit attendre du zèle, du patriotisme et de l'ardeur belliqueuse des Français pour arracher à l'influence de nos ennemis les diverses portions du continent, et pour conquérir une paix honorable et solide.

» Que votre majesté impériale et royale, sire, agrée le tribut de la reconnaissance, de l'amour et de l'inviolable fidélité du sénat et du peuple français. »

Réponse de l'empereur.

« Sénateurs, ce que vous me dites m'est fort agréable. J'ai à cœur la gloire et la puissance de la France; mais mes premières pensées sont pour tout ce qui peut perpétuer la tranquillité intérieure, et mettre à jamais mes peuples à l'abri des déchiremens des factions et des horreurs de l'anarchie. C'est sur ces ennemies du bonheur des peuples que j'ai fondé, avec la volonté et l'amour des Français, ce trône auquel sont attachées désormais les destinées de la patrie.

» Des soldats timides et lâches perdent l'indépendance des nations; mais des magistrats pusillanimes détruisent l'empire des lois, les droits du trône, et l'ordre social lui-même.

» La plus belle mort serait celle d'un soldat qui périt au champ d'honneur, si la mort d'un magistrat périssant en défendant le souverain, le trône et les lois n'était plus glorieuse encore.

» Lorsque j'ai entrepris la régénération de la France j'ai demandé à la Providence un nombre d'années déterminé. On détruit dans un moment, mais on ne peut réédifier sans le secours du temps. Le plus grand besoin de l'état est celui de magistrats courageux.

« Nos pères avaient pour cri de ralliement: *Le roi est mort, vive le roi!* Ce peu de mots contient les principaux avantages de la monarchie. Je crois avoir bien étudié l'esprit que mes peuples ont montré dans les différens siècles; j'ai réfléchi à ce qui a été fait aux différentes époques de notre histoire; j'y penserai encore.

» La guerre que je soutiens contre le Russie est une guerre politique. Je l'ai faite sans animosité; j'eusse voulu lui épargner les maux qu'elle-même s'est faits. J'aurais pu armer la plus grande partie de sa population contre elle-même en proclamant la liberté des esclaves; un grand nombre de villages me l'ont demandé; mais, lorsque j'ai reconnu l'abrutissement de cette classe nombreuse du peuple russe, je me suis refusé à cette mesure, qui aurait voué à la mort et aux plus horribles supplices bien des familles. Mon armée a essuyé des pertes, mais c'est par la rigueur prématurée de la saison.

» J'agrée les sentimens que vous m'exprimez. »

Discours du conseil d'état à l'empereur, prononcé par M. le comte Defermont, président de la section des finances.

« Sire, le premier besoin qu'éprouvent, avec tous vos fidèles sujets, les membres de votre conseil d'état, est d'apporter au pied du trône de votre majesté leurs félicitations sur son heureux retour, et de lui exprimer les sentimens de reconnaissance dont ils ont été pénétrés en apprenant que votre majesté venait combler par sa présence les vœux et les espérances de ses peuples.

» Tandis que, pendant l'absence de votre majesté, nous nous occupions des travaux qu'elle a daigné nous confier, et que tous nos instans étaient consacrés à l'exécution de ses ordres pour le bonheur et la prospérité de l'empire, nous étions loin de penser qu'aucun Français pût méconnaître les principes sacrés et conservateurs qui nous ont tirés de l'anarchie, et doivent à jamais nous en garantir.

» Sire, nous avons vu avec la plus profonde douleur l'attentat commis par un homme en délire, qui, par un premier crime constaté, avait déjà mérité une peine que votre majesté avait eu la générosité de lui remettre; mais sa tentative n'a servi qu'à prouver à nos anciens ennemis l'inutilité de pareils complots, et à mettre dans un nouveau jour le sincère attachement de tous les fonctionnaires de l'empire pour la Constitution que votre majesté lui a donnée. Toutes les parties de l'empire ont donné la preuve de leur attachement, et tous vos sujets ont rivalisé avec les fonctionnaires publics de respect pour les principes, et d'attachement à votre personne sacrée et à son auguste dynastie.

» Dieu, qui protége la France, la préservera long-temps du plus grand des malheurs; mais dans cette circonstance tous les cœurs se rallieraient autour du prince qui est l'objet de nos vœux et de nos espérances, et chaque Français renouvellerait à ses pieds les sermens de fidélité et d'amour pour l'empereur que la Constitution appelle à succéder.

» Nous avons été sensibles aux récits que renferme le dernier bulletin de la grande armée; quelle admiration ne doit pas inspirer le développement du plus auguste caractère pendant ce mois de périls et de gloire, où les peines du cœur n'ont rien pu ôter à la force de l'esprit!

» Quel sentiment ne doit pas faire naître chez une nation vraiment généreuse le tableau fidèle de ses pertes imprévues, en voyant que le génie tutélaire de la France a su en prévenir les effets, et en faire l'occasion d'une gloire nouvelle! votre majesté parut-elle jamais mieux à la hauteur de ses destinées que dans ces momens où la fortune semblait essayer, en armant les élémens, de rappeler qu'elle peut-être inconstante?

» Que nos ennemis s'applaudissent s'ils le veulent des pertes matérielles que nous ont occasionnées la rigueur de la saison et l'âpreté du climat; mais qu'ils calculent nos forces, qu'ils sachent qu'il n'est point d'efforts et de sacrifices dont, à l'exemple de votre majesté, la nation française ne soit capable pour réaliser ses glorieux projets!

» Nous ne pouvons, sire, offrir à votre majesté, comme tout votre empire, en reconnaissance de ses travaux et de ses soins paternels, que l'expression de nos sentimens de respect, d'admiration et d'amour. Nous osons espérer que votre majesté daignera accueillir cet hommage avec la même bonté dont elle n'a cessé d'honorer la fidélité et le dévouement de son conseil d'état. »

Réponse de l'empereur.

« Conseillers d'état, toutes les fois que j'entre en France, mon cœur éprouve une bien vive satisfaction. Si le peuple montre tant d'amour pour mon fils, c'est qu'il est convaincu par sentiment des bienfaits de la monarchie.

» C'est à l'*idéologie*, à cette ténébreuse métaphysique, qui, en recherchant avec subtilité les causes premières, veut sur ses bases fonder la législation des peuples, au lieu d'approprier les lois à la connaissance du cœur humain et aux leçons de l'histoire, qu'il faut attribuer tous les malheurs qu'a éprouvés notre belle France. Ces erreurs devaient et ont effectivement amené le régime des hommes de sang. En effet, qui a proclamé le principe d'insurrection comme un devoir? qui a adulé le peuple en le proclamant à une souveraineté qu'il était incapable d'exercer? qui a détruit la sainteté et le respect des lois, en les faisant dépendre non des principes sacrés de la justice, de la nature des choses et de la justice civile, mais seulement de la volonté d'une assemblée, composée d'hommes étrangers à la connaissance des lois civiles, criminelles, administratives, politiques et militaires?

» Lorsqu'on est appelé à régénérer un état, ce sont des principes constamment opposés qu'il faut suivre. L'histoire peint le cœur humain; c'est dans l'histoire qu'il faut chercher les avantages et les inconvéniens des différentes législations. Voilà les principes que le conseil d'état d'un grand empire ne doit jamais perdre de vue; il doit y joindre un courage à toute épreuve, et, à l'exemple des présidens Harlay et Molé, être prêt à périr en défendant le souverain, le trône et les lois.

» J'apprécie les preuves d'attachement que le conseil d'état m'a données dans toutes les circonstances. J'agrée ses sentimens. »

— Chose singulière! Napoléon reçoit des félicitations, des consolations et donne des leçons après un désastre dont il était le seul auteur, après tant de sang répandu, tant d'hommes perdus dont il devait demander pardon à la France, lorsque, dans une République, il eût été destitué et puni!

ANNÉE 1813.

Le brusque retour de Napoléon déplut grandement à l'opinion. On l'accusa d'avoir lâchement abandonné son armée, et de ne l'avoir pas protégée de sa présence, lorsqu'elle avait plus que jamais besoin de lui, car on croyait qu'elle existait encore; mais ces discours n'étaient point publics, quoiqu'ils fussent ceux de presque tout le monde. On n'aurait alors osé se communiquer de pareilles confidences ailleurs que dans le secret du foyer domestique, tant la terreur de la police était grande. Cependant Napoléon avait fait ce qu'il y avait de plus raisonnable à faire; il était venu au centre de ses ressources, chercher des moyens d'empêcher les effets de l'immense désastre qui avait anéanti l'armée française.

Dès qu'il fut arrivé, il pensa à mettre ordre aux affaires qu'il considérait comme relatives à l'administration intérieure de l'empire. Il s'occupa d'abord de rétablir la paix de l'Église. Au 1er janvier, il fit complimenter sa sainteté qui se trouvait alors, ainsi que nous l'avons dit, à Fontainebleau; et il saisit cette occasion pour ouvrir de nouvelles conférences. Il se rendit lui-même, le 19 janvier, à Fontainebleau; il eut une longue entrevue avec le pape, où furent jetées les bases d'un nouveau concordat qui fut signé le 25. On lui donnait Avignon pour résidence et on lui assurait un revenu considérable. Ce concordat fut publié comme loi de l'état, le 13 février. Cependant Pie VII ne tarda pas à se repentir. Il écrivit, le 24 mars, à l'empereur une lettre dans laquelle il rétractait cet acte comme contraire aux lois de l'Église. L'empereur n'y répondit pas et la tint pour non avenue.

Le 14 février, il ouvrit la session du corps législatif. Il prononça le discours suivant.

« Messieurs les députés des départemens au corps législatif, la guerre, rallumée dans le nord de l'Europe, offrait une occasion favorable aux projets des Anglais sur la Péninsule; ils ont fait de grands efforts. Toutes leurs espérances ont été déçues; leur armée a échoué devant la citadelle de Burgos, et a dû, après avoir essuyé de grandes pertes, évacuer le territoire de toutes les Espagnes.

» Je suis moi-même entré en Russie. Les armes françaises ont été constamment victorieuses aux champs d'Ostrowno, de Polotzk, de Mohilow, de Smolensk, de la Moskowa, de Maloiaroslavetz; nulle part les armées russes n'ont pu tenir devant nos aigles. Moskou est tombé en notre pouvoir.

» Lorsque les barrières de la Russie ont été forcées, et que l'impuissance de ses armes a été reconnue, un essaim de Tartares ont tourné leurs mains parricides contre les plus belles provinces de ce vaste empire, qu'ils avaient été appelés à défendre. Ils ont en peu de semaines, malgré les larmes et le désespoir des infortunés Moskovites, incendié plus de quatre mille de leurs plus beaux villages, plus de cinquante de leurs plus belles villes, assouvissant ainsi leur ancienne haine, et sous le prétexte de retarder notre marche en nous environnant d'un désert.

» Nous avons triomphé de tous ces obstacles. L'incendie même de Moskou, ou en quatre jours ils ont anéanti le fruit des travaux et des épargnes de quarante générations, n'avait rien changé à l'état prospère de mes affaires.

» Mais la rigueur excessive et prématurée de l'hiver a fait peser sur mon armée une affreuse calamité. En peu de nuits j'ai vu tout changer.

» J'ai fait de grandes pertes. Elles auraient brisé mon ame si dans ces grandes circonstances j'avais dû être accessible à d'autre sentiment qu'à l'intérêt, à la gloire et à l'avenir de mes peuples.

» A la vue des maux qui ont pesé sur nous, la joie de l'Angleterre a été grande; ses espérances n'ont pas eu de bornes. Elle offrait nos plus belles provinces pour récompense à la trahison; elle mettait pour condition à la paix le déchirement de ce bel empire : c'était, sous d'autres termes, proclamer *la guerre perpétuelle.*

» L'énergie de mes peuples dans ces grandes circonstances, leur attachement à l'intégrité de l'empire, l'amour qu'ils m'ont montré, ont dissipé toutes ces chimères, et ramené nos ennemis à un sentiment plus juste des choses.

» Les malheurs qu'a produits la rigueur des frimas ont fait ressortir dans toute leur étendue la grandeur et la solidité de cet empire, fondé sur les efforts et l'amour de cinquante millions de citoyens, et sur les ressources territoriales des plus belles contrées du monde.

» C'est avec une vive satisfaction que nous avons vu nos peuples du royaume d'Italie, ceux de l'ancienne Hollande et des départemens réunis, rivaliser avec les anciens Français, et sentir qu'il n'y a pour eux d'espérance, d'avenir et de bien que dans la consolidation et le triomphe du grand empire.

» Les agens de l'Angleterre propagent chez tous nos voisins l'esprit de révolte contre les souverains ; l'Angleterre voudrait voir le continent entier en proie à la guerre civile et à toutes les fureurs de l'anarchie ; mais la Providence l'a elle-même désignée pour être la première victime de l'anarchie et de la guerre civile.

» J'ai signé directement avec le pape un concordat qui termine tous les différends qui s'étaient malheureusement élevés dans l'Église.

» La dynastie française règne et régnera en Espagne.

» Je suis satisfait de la conduite de tous mes alliés. Je n'en abandonnerai aucun ; je maintiendrai l'intégrité de leurs états. Les Russes rentreront dans leur affreux climat.

» Je désire la paix ; elle est nécessaire au monde. Quatre fois, depuis la rupture qui a suivi le traité d'Amiens, je l'ai proposée dans des démarches solennelles. Je ne ferai jamais qu'une paix honorable et conforme aux intérêts et à la grandeur de mon empire. Ma politique n'est point mystérieuse ; j'ai fait connaître les sacrifices que je pouvais faire.

» Tant que la guerre maritime durera, mes peuples doivent se tenir prêts à toute espèce de sacrifice ; car une mauvaise paix nous ferait tout perdre, jusqu'à l'espérance, et tout serait compromis, même la prospérité de nos neveux.

» L'Amérique a recouru aux armes pour faire respecter la souveraineté de son pavillon. Les vœux du monde l'accompagnent dans cette glorieuse lutte. Si elle la termine en obligeant les ennemis du continent à reconnaître le principe que le pavillon couvre la marchandise et l'équipage, et que les neutres ne doivent pas être soumis à des blocus sur le papier, le tout conformément aux stipulations du traité d'Utrecht, l'Amérique aura mérité de tous les peuples : la postérité dira que l'ancien monde avait perdu ses droits et que le nouveau les a reconquis.

» Mon ministre de l'intérieur vous fera connaître, dans l'exposé de la situation de l'empire, l'état prospère de l'agriculture, des manufactures et de notre commerce intérieur, ainsi que l'accroissement toujours constant de notre population. Dans aucun siècle l'agriculture et les manufactures n'ont été en France à un plus haut degré de prospérité.

» J'ai besoin de grandes ressources pour faire face à toutes les dépenses qu'exigent les circonstances ; mais, moyennant différentes mesures que vous proposera mon ministre des finances, je ne devrai imposer aucune nouvelle charge à mes peuples. »

La séance fut levée au bruit des applaudissemens et des vivats officiels. La seconde séance eut lieu le 25 février. Le ministre de l'intérieur présenta l'exposition de la situation de l'empire. Ce rapport était le plus long et le plus complet de tous ceux qui avaient été faits ; il semblait avoir été rédigé dans le but de montrer les avantages de l'administration impériale et d'en faire apercevoir les bienfaits. N'ayant plus de victoires à glorifier, on montrait ses succès administratifs. On avait, au reste, pris le plus grand soin pour ne donner aucune prise à la critique ; on avait multiplié les chiffres ; on y commençait par évaluer les produits de l'agriculture ; on les portait à 5,051,000,000 fr. Les produits des manufactures étaient comptés pour 1,500,000,000 fr. Les produits des nouvelles industries ne s'élevaient pas à moins de 65,000,000 ; enfin, en ajoutant la valeur de la main d'œuvre à celle des produits bruts agricoles, valeur évaluée à 639,600,000 fr., on montrait que le travail livrait annuellement à la consommation une valeur égale à 7,035,600,000 fr. Ensuite on passait à l'examen des bénéfices du commerce ; puis on rendait compte des travaux de toute espèce, exécutés soit par le génie militaire ou maritime, soit par les ponts et chaussées. On n'y oublia, en un mot, aucune partie de l'administration ; mais on insista particulièrement sur celle où les démonstrations pouvaient le mieux être calculées et présenter des avantages plus incontestables.

Le produit des dépenses de 1815 fut fixé à 1,150 millions. Il fallait de plus couvrir un déficit sur les exercices de 1811 et 1812. En 1811 les revenus estimés à 980 millions n'en avaient produit que 953. En 1812, les recettes évaluées à 1,030 millions n'avaient produit que 992 millions. On ne pouvait point augmenter les impôts. On proposa donc de mettre en vente pour 370 millions de biens des communes. La loi du budget fut votée avec la complaisance obligée à laquelle on était façonné. Peu de jours après, le 23 mars, les députés allèrent présenter une adresse à l'empereur ; ils venaient le remercier même de ce qu'il faisait dans l'intérêt de sa dynastie et dont nous parlerons plus bas ; ils lui promettaient *une assistance sans bornes.* L'empereur leur répondit :

« Monsieur le président et messieurs les députés,

» Le corps législatif m'a donné pendant cette courte, mais importante session, des preuves de sa fidélité et de son amour. J'y suis sensible.

» Les Français ont justifié entièrement l'opinion que j'ai toujours eu d'eux.

» Appelé par la Providence et la volonté de la nation à constituer cet empire, ma marche a été graduelle, uniforme, analogue à l'esprit des événements et à l'intérêt de mes peuples. Dans peu d'années ce grand œuvre sera terminé, et tout ce qui existe complétement consolidé.

» Tous mes desseins, toutes mes entreprises n'ont qu'un but ; la prospérité de l'empire, que je veux soustraire à jamais aux lois de l'Angleterre.

» L'histoire, qui juge les nations comme elle juge les hommes, remarquera avec quel calme, quelle simplicité et quelle promptitude de grandes pertes ont été réparées; on peut juger de quels efforts les Français seraient capables s'il était question de défendre leur territoire ou l'indépendance de ma couronne.

» Nos ennemis ont offert au roi de Danemarck, en compensation de la Norwége, nos départemens de l'Elbe et du Weser. Par suite de ce projet ils ont ourdi des trames dans ces contrées. Le Danemarck a rejeté ces propositions insidieuses, dont le résultat était de le priver de ses provinces, pour lui leguer en échange une guerre éternelle avec nous.

» J'irai bientôt me mettre à la tête de mes troupes, et confondre les promesses fallacieuses de nos ennemis. Dans aucune négociation l'intégrité de l'empire n'est ni ne sera mise en question.

» Aussitôt que les soins de la guerre nous laisseront un moment de loisir, nous vous rappellerons dans cette capitale, ainsi que les notables de notre empire, pour assister au couronnement de l'impératrice notre bien-aimée épouse, et du prince héréditaire, roi de Rome, notre très-cher fils.

» La pensée de cette grande solennité, à la fois religieuse et politique, émeut mon cœur. J'en presserai l'époque pour satisfaire aux désirs de la France. »

L'empereur, en effet, préparait tout pour une nouvelle campagne. Ce qui était arrivé à Paris pendant son absence en 1812, la prévoyance d'une tentative analogue à celle de Malet ou de quelque autre malheur, le déterminèrent à organiser un gouvernement qui pût suppléer à sa présence. Sur sa demande, le sénat rendit, le 2 février, un décret qui réglait tout ce qui était relatif à la régence. Le 30 mars Napoléon conféra la régence à Marie-Louise.

En même temps, il cherchait par tous les moyens à s'assurer

la faveur publique. Il se faisait populaire; il parcourait les rues de la capitale, visitait les ateliers et causait avec les ouvriers. Enfin il se montrait préoccupé de projets d'amélioration à venir, comme s'il eût été certain, comme s'il n'eût pas douté de sa fortune.

Ces soins ne le détournaient pas de ceux que réclamaient la guerre et la diplomatie. La conscription levée et organisée l'année précédente lui fournit les premiers élémens de réorganisation de l'armée. Ces jeunes gens, encadrés entre de vieux sous-officiers et commandés par des officiers expérimentés, lui parurent propres à former de bons régimens. Pour les recevoir on appela d'Espagne cent quarante cadres de bataillons, composés d'officiers et sous-officiers expérimentés.

La gendarmerie fournit les officiers et sous-officiers nécessaires pour réorganiser la cavalerie. On rappela enfin les régimens de marine qui fournirent des canonniers. Ce furent ces troupes qui les premières passèrent le Rhin et allèrent en Prusse et en Saxe retarder les progrès de l'ennemi; on les expédia au fur et à mesure qu'elles furent formées. Le 11 janvier un sénatus-consulte mit à la disposition du ministre de la guerre les cent cohortes du premier ban de la garde nationale, organisée depuis un an, contenant plus de cent mille hommes. On en forma trente-quatre nouveaux régimens que l'on put de suite faire entrer en ligne. L'empereur en passa une grande partie en revue à Paris; tout le monde admira la belle tenue des corps, aussi bien que la vigueur et la tournure militaire de ces hommes. On reconnut alors la différence qui existait entre de tout jeunes hommes, comme nos conscrits, et des hommes formés comme ceux des cohortes. Ceux-ci présentaient l'aspect et les manières vigoureuses de vieilles troupes déjà éprouvées par le feu de l'ennemi. Outre ces cent cohortes comptées dans le décret du sénat seulement pour cent mille hommes, le sénatus-consulte ordonnait la levée de cent mille conscrits pris sur les années 1809, 1810, 1811 et 1812. C'était enlever le reste de la population valide de ces années. Enfin il appelait cent cinquante mille conscrits de 1814. Toutes ces levées, jointes à la conscription de 1813 qui était en marche, formaient un total d'environ cinq cent mille hommes. En même temps le corps municipal de Paris offrait cinq cents hommes de cavalerie tout armés et tout équipés. A son exemple toutes les villes, tous les cantons en firent autant, offrant des cavaliers équipés et montés en nombre proportionné à leurs moyens. A voir ces démarches, à lire les adresses dont elles étaient accompagnées, n'aurait-on pas cru que le plus grand enthousiasme animait la France? Il n'en était rien cependant; tout cela ou presque tout cela n'était que servilité; c'étaient les autorités qui parlaient; c'étaient les élus de l'administration qui votaient, les mêmes hommes qui, une année plus tard, montrèrent le même zèle aux Bourbons.

Mais ce n'était pas encore assez que ces cinq cent mille hommes; il fallait garder la France; il fallait avoir des hommes pour remplir les cadres que la guerre dégarnirait. On ne prévoyait pas la possibilité d'un nouvel échec; car on eût sans doute eu recours à des mesures plus extrêmes que celle dont nous allons parler. Le 5 avril, sur la proposition de l'empereur, le sénat rendit un décret qui contenait les dispositions suivantes:

« Une force de *cent quatre-vingt mille hommes* est mise à la disposition du ministre de la guerre pour augmenter les armées actives, savoir: — Dix mille hommes de GARDES D'HONNEUR A CHEVAL, quatre-vingt mille hommes qui seront appelés *sur le premier ban* de la garde nationale, et quatre-vingt-dix mille hommes *de la conscription de* 1814, qui étaient destinés à la défense des frontières de l'ouest et du midi. — Les gardes d'honneur formeront quatre régimens. Les hommes composant lesdits régimens devront s'habiller, s'équiper et se monter à leurs frais. Les membres de la Légion-d'Honneur ou leurs fils, s'ils n'ont pas assez de fortune, pourront être montés et équipés aux frais de la Légion. — Ils auront la solde des chasseurs de la garde. — Lorsque après la campagne il sera procédé à la formation de *quatre compagnies* DE GARDES DU CORPS, une partie de ces compagnies sera choisie parmi les hommes des régimens de gardes d'honneur qui se seront le plus distingués. — Afin de rendre disponibles les quatre-vingt-dix mille hommes de la conscription de 1814 qui étaient destinés à la défense des frontières de l'ouest et du midi, il y sera pourvu par les gardes nationales sédentaires, qui seront en conséquence organisées dans ces départemens. »

Conformément à cette dernière disposition du sénatus-consulte du 3 avril, un décret impérial du 5 appela tous les Français de l'âge de vingt à soixante ans pour former dans les arrondissemens désignés, et d'après les obligations déjà imposées aux citoyens par les lois relatives à la force publique, des cohortes de gardes nationales divisées en grenadiers et chasseurs, des cohortes urbaines composées de grenadiers, de chasseurs et de canonniers, etc. Le sénatus-consulte qui créait les gardes d'honneur fit beaucoup crier la noblesse et la bourgeoisie. C'était sur elle que s'appesantissait l'impôt du sang que le peuple acquittait depuis si long-temps, et dont elle rachetait ses enfans en payant à prix d'or (15 ou 20 mille francs) des remplaçants. La levée des gardes d'honneur appelait aux armes les remplacés eux-mêmes. C'est ainsi qu'on régularisa les offres que les autorités avaient faites au nom de leurs villes et de leurs cantons. Ce furent leurs fils qui furent chargés de les acquitter.

Ces levées considérables, la rapidité avec laquelle les armemens se faisaient, donnèrent à l'empereur une grande confiance en ses forces. Il se crut assuré de maintenir la position qu'il occupait en Europe. Mais, de leur côté, les Russes agissaient avec activité et avec tous les avantages d'un rôle où ils se présentaient comme les libérateurs des princes que Napoléon tenait asservis. Ils rassemblaient des levées considérables que le dévouement des seigneurs russes avaient offertes à leur empereur, lors de l'invasion. Leur armée était formidable. Alexandre avait eu, le 28 août, une entrevue avec Bernadotte à Abo en Finlande, dans laquelle celui-ci avait promis une armée qui était prête à entrer en ligne. La Prusse, qui avait d'abord désavoué la conduite du général d'York, ne tarda pas à démasquer ses intentions. Les Français occupaient encore Dantzig, Glogau, Stettin et quelques autres places de l'Oder; ils avaient une garnison à Berlin. Une armée d'environ trente mille hommes se réunissait à Posen. Leurs forces sur ces divers points étaient encore considérables. Le roi était en quelque sorte assiégé; ses propres troupes disséminées au milieu des cantonnemens français, n'étaient guère libres d'agir. Le seul corps de Bulow présentait réunie une masse considérable. Il était campé sur l'Oder, paraissant disposé à prendre avec nous la défense de cette ligne importante. Cependant dès le 22 janvier, Frédéric-Guillaume quitta brusquement Postdam et se rendit à Breslau où il se trouvait à portée de l'armée russe. Aussitôt Bulow prit une position neutre et laissa passer les troupes légères ennemies. En même temps son roi appelait aux armes toute la jeunesse de ses états et bientôt toute la population mâle. On répondit de toutes parts avec ardeur à cet appel; car on sentait que la cause du roi était celle de tous; il s'agissait de se débarrasser de la lourde oppression qui pesait si cruellement sur le pays depuis bien des années déjà. Les apôtres de la guerre étaient partout; ils agissaient avec l'énergie d'hommes qui la voulaient par conviction. Les sociétés secrètes qui existaient en Prusse rendirent alors leurs pensées publiques; leurs nombreux adeptes dispersés dans la population, y répandirent l'enthousiasme qui les animait. En chassant les Français, ils espéraient conquérir plus que la liberté; mais en outre une constitution libérale. Ils s'en donnaient pour gage toutes les améliorations législatives que Frédéric-Guillaume avait déjà introduites dans ses états. Mais, pour que ce mouvement se propageât librement, et produisît tout ce que l'on devait en attendre, il fallait se débarrasser des Français qui occupaient encore quelques-unes des principales communications du royaume. En conséquence, le roi de Prusse ayant eu à Glogau une entrevue avec l'empereur Alexandre qui vint l'y rejoindre, on envoya proposer à Napoléon une trêve dont les conditions seraient que les Russes resteraient derrière la Vistule, que les Français se retireraient derrière l'Elbe, remettant aux Prussiens la garde des places de l'Oder qu'ils occupaient, et évacuant Dantzig.

Cette proposition fut rejetée; et ce fut selon nous un tort grave. En acceptant une pareille trêve on se fût donné l'espace nécessaire pour se réorganiser complétement. On aurait peut-être pu gagner toute une année et donner aux jeunes conscrits le temps de se former comme soldats et comme hommes. On eût ainsi diminué l'une des chances de pertes que présentaient nos armées, car on savait, depuis longtemps déjà, que les conscrits n'ayant pas achevé leur croissance étaient hors d'état de supporter les fatigues, que les hommes faits soutenaient sans souffrir, en sorte que la maladie plus que le feu de l'ennemi détruirait nos armées. Enfin cette trêve eût elle été un leurre, ce qui n'est pas probable puisqu'elle était conforme à l'*ultimatum* de la Russie en 1812, eût elle été un leurre, disons-nous, employé comme moyen d'acquérir quelques places fortes sans combattre, il nous semble qu'il était encore de notre intérêt et surtout de notre prudence de l'accepter. En effet, nous aurions retiré de ces places plus de soixante mille hommes de vieilles troupes, sans nous compromettre vis-à-vis de l'opinion européenne puisque nous aurions donné une preuve de nos intentions pacifiques; et, dans le cas où la trêve n'eût point été suivie de la paix, nous aurions eu au moins l'apparence de gens dont on avait abusé la bonne foi.

Quoi qu'il en soit, la proposition étant rejetée, le roi de Prusse conclut le 28 février un traité d'alliance offensive et défensive avec la Russie. Celle-ci promettait cent cinquante mille hommes; la Prusse quatre-vingt, sans compter ses levées en masse : les Russes eux-mêmes portèrent leurs forces actives à un effectif qui dépassa de beaucoup leurs promesses.

Napoléon n'était guère plus rassuré sur le parti que prendrait l'Autriche; celle-ci offrait sa médiation, mais une médiation armée, à laquelle Metternich donnait seulement le nom d'intervention. C'était le moyen de couvrir les relations qu'elle avait ouvertes avec Alexandre. On avait acquis en outre la certitude qu'elle était en négociations avec l'Angleterre. On avait arrêté un de ses courriers.

La position militaire des Français dans le nord de l'Allemagne devenait en même temps chaque jour plus fâcheuse.

Le 18 janvier, comme nous l'avons indiqué, le prince Eugène avait pris le commandement général de l'armée que lui avait laissé Murat. Celui-ci était précipitamment retourné dans son royaume de Naples, afin d'être à même de prendre librement son parti pour la conservation de sa couronne, et de ne consulter que son intérêt propre.

Le prince Eugène avait essayé de se reformer à Posen; mais les Russes ayant passé la Vistule après avoir bloqué Dantzig (20 janvier), et Bulow leur ayant livré le passage de l'Oder, il fut obligé d'abord de se retirer derrière l'Oder (7 février). Il y trouva quinze mille hommes que le général Grenier lui amenait d'Italie. Mais le pays n'était pas tenable; l'insurrection s'organisait autour de nous et prenait une attitude de plus en plus hostile. Favorisés par elle, les Russes s'avançaient. Il fallut donc se retirer derrière l'Elbe, après avoir jeté des garnisons dans les places. Berlin fut évacué du 3 au 4 mars. Le vice-roi se trouva là à la tête d'un peu plus de quarante mille hommes, grâces aux renforts qui arrivaient de France. L'ennemi menaçait incessamment ses ailes. Dix mille Cosaques commandés par Tettemborn après avoir, aidés de l'insurrection, déblayé la Poméranie et le Mecklembourg, inondèrent le Bas-Elbe. Hambourg s'insurgea; les autorités françaises le quittèrent le 12 mars. Le Danemarck se trouva isolé et il adopta en conséquence un système de neutralité armée. Les Français évacuèrent Dresde le 27 mars. Davoust en fit sauter le pont. De là ce maréchal fit retraite en descendant l'Elbe, et, pivotant sur Magdebourg, il alla prendre position à Brunswick, couvrant ainsi la ligne du Weser. Le prince Eugène s'arrêta sur les bords escarpés de la Saale; puis, lorsqu'il sut que Wittgenstein avec les Russes avait passé l'Elbe, il déboucha vivement de Magdebourg et culbuta le corps d'observation établi devant cette place (5 avril), ayant l'air de menacer la route de Berlin. Ce retour offensif avait pour but d'arrêter la marche de l'ennemi; il le retarda en effet d'une quinzaine de jours. Il l'attira sur la Saale. Cependant, bientôt il se remit à avancer et vint occuper Leipzig. Mais, en ce moment, des corps français s'avançaient de toutes les frontières de l'empire et de l'Italie. L'empereur allait reprendre l'offensive.

L'ennemi avait mis le temps à profit. Il avait inondé l'Allemagne de proclamations. Par une convention conclue à Breslau entre la Prusse et la Russie, le 19 mars, il avait été stipulé que les deux puissances annonceraient, par une proclamation, qu'elles n'avaient d'autre but que de soustraire l'Allemagne à l'oppression exercée par la France, qui, depuis sept ans, lui demandait ses soldats et ses richesses pour défendre ses intérêts propres; que tous les princes allemands était appelés à concourir, dans un délai fixé, à l'affranchissement de leur patrie, sous peine d'être privés de leurs états; qu'un conseil central serait créé pour administrer, au profit des alliés les provinces conquises; et qu'il serait organisé une armée de ligne, une milice et une levée en masse dans les états dits de la confédération du Rhin. Six jours après, une proclamation annonça que cette dernière confédération était dissoute.

On employa tous les moyens possibles pour donner une grande publicité à ces arrêtés. L'Autriche, dit-on, y accéda aussitôt, mais en secret. On organisa immédiatement le conseil chargé d'administrer l'insurrection; il fut composé pour la Russie du comte de Kotschubey et du baron de Stein, pour la Prusse des conseillers Schoen et Redeger.

Les proclamations adressées à la population furent une conséquence de cet arrangement. Elles étaient signées par les généraux russes et prussiens. Ils appelaient les Allemands aux armes; il s'agissait, y disait-on, de conquérir leur indépendance et leur liberté politique; il s'agissait de se débarrasser pour toujours des tributs en homme et en argent qu'on leur imposait chaque année; il s'agissait de briser le sceptre de ce Napoléon qui s'était montré autant l'ennemi des peuples que des rois, en enlevant aux premiers la liberté, et aux seconds la dignité. L'époque était venue pour les nations germaniques de conquérir de vrais gouvernemens constitutionnels fondés sur l'intérêt national et la véritable égalité. Ces promesses enflammèrent tous les cœurs ; propagées et commentées par les associations secrètes, elles causèrent une fermentation dont les effets tournèrent contre la France. Le comte de Lille, Louis XVIII, lança lui-même d'Hartwel, en Angleterre, une proclamation adressée aux Français. Il les invitait à se soulever contre *le dévastateur de l'Europe* et à acheter ainsi la paix et la sympathie des peuples.

Le prince de Mecklembourg-Schewrin fut le premier qui obéit au décret de la Prusse et de la Russie. Il rompit avec la confédération du Rhin. Le roi de Saxe, qui s'etait d'abord retiré à Ratisbonne, se jeta entre les bras de l'Autriche et se réfugia définitivement à Prague avec ce qu'il avait de troupes autour de lui. Quant à l'Autriche elle armait ; elle avait déjà réuni en Bohême cent mille hommes prêts à entrer en ligne, cinquante mille hommes devaient bientôt rejoindre ces premières troupes. Elle était entrée en négociation avec les princes de la confédération du Rhin, leur offrant sa protection et les engageant à ne point faire d'armemens inutiles, mais à se tenir neutres et armés dans leurs états. Elle fit les mêmes ouvertures au roi de de Westphalie, à celui de Wurtemberg et au roi de Naples, et, chose singulière ! il n'y eut que le roi de Wurtemberg qui en fit la révélation à l'empereur.

Le moment était arrivé pour Napoléon d'entreprendre le retour offensif qu'il méditait. Un mois encore d'immobilité et tous ses alliés du Rhin eussent pris la position d'une neutralité armée ; lui-même eût été réduit à ses propres frontières de France et d'Italie. L'événement a prouvé que ce fut un malheur pour lui que les choses ne se soient pas ainsi passées ; avec cinq cent mille hommes derrière le Rhin, il eût été invincible et peut-être n'eût-il pas été obligé à cette extrémité. L'Alemagne, satisfaite d'être délivrée, aurait trouvé son intérêt à le conserver puissant, afin de garder contre la Russie une rivalité redoutable.

L'empereur quitta Saint-Cloud le 15 avril. Le 16, il était à Mayence, où il inspecta les troupes et eut une entrevue avec plusieurs princes de la confédération du Rhin. Le 25 il était à Erfurt.

Il s'agissait d'abord de reprendre Leipzig. Dans ce but, il donna l'ordre au prince Eugène qui occupait toute la ligne de la Saale et qui y avait été successivement renforcé, de marcher sur cette ville; Ney dût déboucher par Naumbourg située sur la même rivière et dans la même direction. Le reste de l'armée eût l'ordre de défiler par le flanc gauche, le long de la Saale pour venir rejoindre Ney. Dans le temps où ces mouvemens s'opéraient, Wittgenstein, qui ignorait l'approche de la grande armée, s'avançait avec des forces considérables pour déborder le vice-roi et pénétrer derrière lui en Thuringe. Il arriva donc que les colonnes françaises et prusso-russes se rencontrèrent en quelque sorte en marche. L'avant-garde de Ney repoussa toutes les troupes qu'elle rencontra pendant deux jours de suite, dans deux combats successifs. On remarqua que son corps composée de conscrits et presque uniquement composé d'infanterie, résista parfaitement à la cavalerie ennemie en se formant en carré, et attaqua l'infanterie ennemie avec une vigueur de vieux soldats. Ce fut dans l'affaire qui eut lieu le second jour que le maréchal Bessières fut tué. Cependant l'armée entière passa par la route que venait de lui frayer le corps de Ney et s'établit dans la plaine de Lutzen. Maintenant nous allons laisser parler les Bulletins, ils vont nous rendre compte de la bataille de Lutzen.

A S. M. l'impératrice-reine et régente.

Le 2 mai, à neuf heures du matin.

« Le premier mai, l'empereur monta à cheval à neuf heures du matin, avec le prince de la Moskwa et le général Souham. La division Souham se mit en mouvement vers la belle plaine qui commence sur les hauteurs de Weissenfels et s'étend jusqu'à l'Elbe. Cette division se forma en quatre carrés de quatre bataillons chacun, chaque carré à cinq cents toises l'un de l'autre, et ayant quatre pièces de canon. Derrière les carrés se plaça la brigade de cavalerie du général Laboissière, sous les ordres du comte de Valmy qui venait d'arriver. Les divisions Gérard et Marchand venaient d'arriver en échelons et formées de la même manière que la division Souham. Le maréchal duc d'Istrie tenait la droite avec toute la cavalerie de la garde.

» A onze heures, ces dispositions faites, le prince de la Moskwa, en présence d'une nuée de cavalerie ennemie qui couvrait la plaine, se mit en mouvement sur le défilé de Poserna. On s'empara de différens villages sans coup férir. L'ennemi occupait, sur les hauteurs du défilé, une des plus belles positions qu'on puisse voir; il avait six pièces de canon, et présentait trois lignes de cavalerie.

» Le premier carré passa le défilé au pas de charge et aux cris de *vive l'empereur* long-temps prolongés sur toute la ligne. On s'empara de la hauteur. Les quatre carrés de la division Souham dépassèrent le défilé.

» Deux autres divisions de cavalerie vinrent alors renforcer l'ennemi avec vingt pièces de canon. La canonnade devint vive; l'ennemi ploya partout : la division Souham se dirigea sur Lutzen; la division Gérard prit la direction de la route de Pegaü. L'empereur, voulant renforcer les batteries de cette dernière division, envoya douze pièces de la garde, sous les ordres de son aide-de camp le général Drouot, et ce renfort fit merveille. Les rangs de la cavalerie ennemie furent culbutés par la mitraille.

» Au même moment, le vice-roi débouchait de Mersebourg, avec le onzième corps, commandé par le duc de Tarente, et le cinquième, commandé par le général Lauriston : le corps du général Lauriston tenait la gauche sur la grande route de Mersebourg à Leipsick; celui du duc de Tarente, où était le vice-roi, tenait la droite. Le vice-roi, ayant entendu la vive canonnade qui avait lieu près de Dutzen, fit un mouvement à droite, et l'empereur se trouva presqu'au même moment au vi lage de Lutzen.

» La division Marchand, et successivement les divisions Brenier et Ricard passèrent le défilé; mais l'affaire était décidée quand elles entrèrent en ligne.

» Quinze mille hommes de cavalerie ont donc été chassés de ces belles plaines, à peu près par un pareil nombre d'infanterie. C'est le général Wintzingerode qui commandait ces trois divisions, dont l'une était celle du général Lanskoi; l'ennemi n'a montré qu'une division d'infanterie. Devenu plus prudent par le combat de Weissenfels, et étonné du bel ordre et du sang-froid de notre marche, l'ennemi n'a osé aborder d'aucune part l'infanterie, et il a été écrasé par notre mitraille. Notre perte se monte à trente-trois hommes tués et cinquante-cinq blessés, dont un chef de bataillon. Cette perte pourrait être considérée comme extrêmement légère, en comparaison de celle de l'ennemi qui a eu trois colonels, trente officiers et quatre cents hommes tués ou blessés, outre un grand nombre de chevaux; mais, par une de ces fatalités dont l'histoire de la guerre est pleine, le premier coup de canon qui fut tiré dans cette journée, coupa le poignet au duc d'Istrie, lui perça la poitrine, et le jeta raide mort. Il s'était avancé à cinq cents pas du côté des tirailleurs pour bien reconnaître la plaine. Ce maréchal qu'on peut à juste titre nommer brave et juste, était recommandable autant par son coup d'œil militaire, par sa grande expérience de l'arme de la cavalerie, que par ses qualités civiles et son attachement à l'empeur. Sa mort sur le champ d'honneur est la plus digne d'envie; elle a été si rapide qu'elle a dû être sans douleur. Il est peu de pertes qui pussent être plus sensibles au cœur de l'empereur; l'armée et la France entière partageront la douleur que S. M. a ressentie.

» Le duc d'Istrie, depuis les premières campagnes d'Italie, c'est-à-dire depuis seize ans, avait toujours, dans différens grades, commandé la garde de l'empereur qu'il avait suivi dans toutes ses campagnes et à toutes ses batailles.

» Le sang-froid, la bonne volonté et l'intrépidité des jeunes soldats étonne les vétérans et tous les officiers : c'est le cas de dire qu'*aux âmes bien nées, la valeur n'attend pas le nombre des années.*

» S. M. a eu, dans la nuit du 1er au 2 mai, son quartier-général à Lutzen; le vice-roi avait son quartier-général à Markrandstedt; le général Lauriston était à Kiebersdorf; le prince de la Moskwa avait son quartier-général à Kaya, et le duc de Raguse avait le sien à Poserna. Le général Bertrand était à Stohssen; le duc de Reggio en marche sur Naumbourg.

» A Dantzick la garnison a obtenu de grands avantages et fait une sortie si heureuse qu'elle a fait prisonnier un corps de trois mille Russes.

» La garnison de Wittemberg paraît aussi s'être distinguée et avoir fait, dans une sortie, beaucoup de mal à l'ennemi.

A S. M. l'impératrice-reine et régente.

Le 2 mai 1813.

« Les combats de Weissenfels et de Lutzen n'étaient que le prélude d'événemens de la plus haute importance. L'empereur Alexandre et le roi de Prusse qui étaient arrivés à Dresde avec toutes leurs forces et dans les derniers jours d'avril, apprenant que l'armée française avait débouché de la Thuringe, adoptèrent le plan de lui livrer bataille dans les plaines de Lutzen, et se mirent en marche pour en occuper la position; mais ils furent prévenus par la rapidité des mouvemens de l'armée française; ils persistèrent cependant dans leurs projets, et résolurent d'attaquer l'armée pour la déposter des positions qu'elle avait prises.

» La position de l'armée française au 2 mai, à neuf heures du matin, était la suivante :

» La gauche de l'armée s'appuyait à l'Elster; elle était formée par le vice-roi, ayant sous ses ordres les cinquième et onzième corps. Le centre était commandé par le prince de la Moskwa, au village de Kaïa. L'empereur avec la jeune et la vieille garde était à Lutzen.

Le duc de Raguse était au défilé de Poserna, et formait la droite avec ses trois divisions. Enfin le général Bertrand, commandant le quatrième corps, marchait pour se rendre à ce défilé. L'ennemi débouchait et passait l'Elster aux ponts de Zwenkau, Pegau et Zeist. S. M. ayant l'espérance de le prévenir dans son mouvement, et pensant qu'il ne pourrait attaquer que le 3, ordonna au général Lauriston, dont le corps formait l'extrémité de la gauche, de se porter sur Leipsick, afin de déconcerter les projets de l'ennemi, et de placer l'armée française, pour la journée du 3, dans une position toute différente de celle où les ennemis avaient compté la trouver et où elle était effectivement le 2, et de porter ainsi de la confusion et du désordre dans leurs colonnes.

» A neuf heures du matin, S. M. ayant entendu une canonnade du côté de Lepsick, s'y porta au galop. L'ennemi défendait le petit village de Listenau et les ponts en avant de Leipsick. S. M. n'attendait que le moment où ces dernières positions seraient enlevées, pour mettre en mouvement toute son armée dans cette direction, la faire pivoter sur Leipsick, passer sur la droite de l'Elster, et prendre l'ennemi à revers; mais à dix heures, l'armée ennemie déboucha vers Kaïa, sur plusieurs colonnes d'une noire profondeur; l'horizon en était obscurci. L'ennemi présentait des forces qui paraissaient immenses. L'empereur fit sur-le-champ ses dispositions. Le vice-roi reçut l'ordre de se porter sur la gauche du prince de la Moskwa; mais il lui fallait trois heures pour exécuter ce mouvement. Le prince de la Moskwa prit les armes, et avec ses cinq divisions soutint le combat, qui au bout d'une demi-heure devint terrible. S. M. se porta elle-même à la tête de la garde derrière le centre de l'armée, soutenant la droite du prince de la Moskwa. Le duc de Raguse, avec ses trois divisions, occupait l'extrême droite. Le général Bertrand eut ordre de déboucher sur les derrières de l'armée ennemie, au moment où la ligne se trouverait le plus fortement engagée. La fortune se plut à couronner du plus brillant succès toutes ces dispositions. L'ennemi, qui paraissait certain de la réussite et de son entreprise, marchait pour déborder notre droite et gagner le chemin de Weissenfels. Le général Compans, général de bataille du premier mérite, à la tête de la première division du duc de Raguse, l'arrêta tout court. Les régimens de marine soutinrent plusieurs charges avec sang-froid, et couvrirent le champ de bataille de l'elite de la cavalerie ennemie; mais les grands efforts d'infanterie, d'artillerie et de cavalerie étaient sur le centre. Quatre des cinq divisions du prince de la Moskwa étaient déjà engagées. Le village de Kaïa fut pris et repris plusieurs fois. Ce village était resté au pouvoir de l'ennemi. Le comte de Lobau dirigea le général Ricard pour reprendre le village; il fut repris.

» La bataille embrassait une ligne de deux lieues couvertes de feu, de fumée et de tourbillons de poussière. Le prince de la Moskwa, le général Souham, le général Girard, étaient par out, faisaient face à tout. Blessé de plusieurs balles, le général Girard voulut rester sur le champ de bataille. Il déclara vouloir mourir en commandant et dirigeant ses troupes, puisque le moment était arrivé pour tous les Français qui avaient du cœur de vaincre ou de mourir.

» Cependant, on commençait à apercevoir dans le lointain la poussière et les premiers feux du corps du général Bertrand. Au même moment le vice-roi entrait en ligne sur la gauche, et le duc de Tarente attaquait la réserve de l'ennemi; et abordait au village où l'ennemi appuyait sa droite. Dans ce moment, il redoubla ses efforts sur le centre; le village de Kaïa fut emporté de nouveau; notre centre fléchit; quelques bataillons se débandèrent; mais cette valeureuse jeunesse, à la vue de l'empereur, se rallia en criant vive l'Empereur! S. M. jugea que le moment de crise qui décide du gain ou de la perte des batailles était arrivé: il n'y avait plus un moment à perdre. L'empereur ordonna au duc de Trévise de se porter avec seize bataillons de la jeune garde au village de Kaïa, de donner tête baissée, de culbuter l'ennemi, de reprendre le village, et de faire main-basse sur tout ce qui s'y trouvait. Au même moment, S. M. ordonna à son aide-de-camp le général Drouot, officier d'artillerie de la plus grande distinction, de réunir une batterie de quatre-vingts pièces, et de la placer en avant de la vieille garde, qui fut disposée en échelons comme quatre redoutes, pour soutenir le centre, toute notre cavalerie rangée en bataille derrière. Les généraux Dulauloy, Drouot et Devaux partirent au galop avec leurs quatre-vingts bouches à feu placées en un même groupe. Le feu devint épouvantable. L'ennemi fléchit de tous côtés. Le duc de Trévise emporta sans coup férir le village de Kaïa, culbuta l'ennemi et continua à se porter en avant en battant la charge. Cavalerie, infanterie, artillerie de l'ennemi, tout se mit en retraite.

» Le général Bonnet, commandant une division du duc de Raguse, reçut ordre de faire un mouvement par sa gauche sur Kaïa pour appuyer les succès du centre. Il soutint plusieurs charges de cavalerie dans lesquelles l'ennemi éprouva de grandes pertes.

» Cependant le général comte Bertrand s'avançait et entrait en ligne. C'est en vain que la cavalerie ennemie caracola autour de ses carrés; sa marche n'en fut pas ralentie. Pour le rejoindre plus promptement, l'empereur ordonna un changement de direction en pivotant sur Kaïa. Toute la droite fit un changement de front, la droite en avant.

» L'ennemi ne fit plus que fuir ; nous le poursuivîmes une lieue et demie. Nous arrivâmes bientôt sur la hauteur que l'empereur Alexandre, le roi de Prusse et la famille de Brandebourg occupaient pendant la bataille. Un officier prisonnier qui se trouvait là, nous apprit cette circonstance.

» Nous avons fait plusieurs milliers de prisonniers. Le nombre n'en a pu être considérable, vu l'infériorité de notre cavalerie et le désir que l'empereur avait montré de l'épargner.

» Au commencement de la bataille, l'empereur avait dit aux troupes : *C'est une bataille d'Égypte. Une bonne infanterie doit savoir se suffire.*

» Le général Gouré, chef d'état-major du prince de la Moskwa a été tué, mort digne d'un si bon soldat ! Notre perte se monte à dix mille hommes tués ou blessés ; celle de l'ennemi peut être évaluée de vingt-cinq à trente mille hommes. La garde royale de Prusse a été détruite. Les gardes de l'empereur de Russie ont considérablement souffert : les deux divisions de dix régimens de cuirassiers russes ont été écrasés.

» S. M. ne saurait trop faire l'éloge de la bonne volonté, du courage et de l'intrépidité de l'armée. Nos jeunes soldats ne considéraient pas le danger. Ils ont dans cette circonstance relevé toute la noblesse du sang français.

» L'état-major-général, dans sa relation, fera connaître les belles actions qui ont illustré cette brillante journée, qui, comme un coup de tonnerre, a pulvérisé les chimériques espérances et tous les calculs de destruction et de démembrement de l'empire. Les trames ténébreuses ourdies par le cabinet de Saint-James pendant tout un hiver se trouvent en un instant dénouées comme le nœud gordien par l'épée d'Alexandre.

» Le prince de Hesse-Hombourg a été tué. Les prisonniers disent que le jeune prince royal de Prusse a été blessé, que le prince de Mecklenbourg-Strelitz a été tué.

» L'infanterie de la vieille garde, dont six bataillons étaient seulement arrivés, a soutenu par sa présence l'affaire avec ce sang-froid qui la caractérise. Elle n'a pas tiré un seul coup de fusil. La moitié de l'armée n'a pas donné, car les quatre divisions du corps du général Lauriston n'ont fait qu'occuper Leipsick ; les trois divisions du duc de Reggio étaient encore à deux journées du champ de bataille ; le comte Bertrand n'a donné qu'avec une de ses divisions, et si légèrement, qu'elle n'a pas perdu cinquante hommes ; ses seconde et troisième divisions n'ont pas donné. La seconde division de la jeune garde, commandée par le général Barrois, était encore à cinq journées ; il en est de même de la moitié de la vieille garde, commandée par le général Decouz, qui n'était encore qu'à Erfurt : des batteries de réserve, formant plus de cent bouches à feu, n'avaient pas rejoint, et elles sont encore en marche depuis Mayence jusqu'à Erfurt : le corps du duc de Bellune était aussi à trois jours du champ de bataille. Le corps de cavalerie du général Sébastiani, avec les trois divisions du prince d'Eckmühl, étaient du côté du Bas-Elbe. L'armée alliée, forte de cent cinquante à deux cent mille hommes, commandée par les deux souverains, ayant un grand nombre de princes de la maison de Prusse à sa tête, a donc été défaite et mise en déroute par moins de la moitié de l'armée française.

» Les ambulances et le champ de bataille offraient le spectacle le plus touchant : les jeunes soldats, à la vue de l'empereur, faisaient trêve à leur douleur, en criant : *Vive l'empereur ! — Il y a vingt ans*, a dit l'empereur, *que je commande des armées françaises ; je n'ai pas encore vu autant de bravoure et de dévouement.*

» L'Europe serait enfin tranquille, si les souverains et les ministres qui dirigent leurs cabinets, pouvaient avoir été présens sur ce champ de bataille. Ils renonceraient à l'espérance de faire rétrograder l'étoile de la France; ils verraient que les conseillers qui veulent démembrer l'empire français et humilier l'empereur, préparent la perte de leurs souverains. »

Cette bataille eût été décisive; elle eût eu les résultats ordinaires; mais nous manquions de cavalerie; et celle que nous possédions était en partie montée sur des chevaux qui n'étaient pas habitués au feu. On ne put donc jeter le désordre dans les corps qui se retiraient, on ne put ni les achever, ni les poursuivre, ni faire de prisonniers. Le bulletin exagérait la perte de l'ennemi et diminuait la nôtre; il paraît qu'elle fut à peu près égale de part et d'autre; l'ennemi n'avait laissé sur le champ de bataille que quelques milliers d'hommes de plus que nous. Il faut encore attribuer cette presque égalité au défaut de cavalerie; elle manquait partout où il eût été nécessaire d'achever les corps que l'infanterie ou l'artillerie avaient rompus. Le bulletin exagérait en outre la force de l'ennemi; il n'avait guère plus, à ce qu'il paraît, que cent cinq mille hommes; quant aux Français, ils étaient à peine au nombre de quatre-vingt-cinq mille.

Le 5 mai, l'empereur adressa à son armée la proclamation suivante :

« Soldats, je suis content de vous! Vous avez rempli mon attente. Vous avez suppléé à tout par votre bonne volonté et par votre bravoure. Vous avez, dans la célèbre journée du 2 mai, défait et mis en déroute l'armée russe et prussienne, commandée par l'empereur Alexandre et par le roi de Prusse. Vous avez ajouté un nouveau lustre à la gloire de mes aigles; vous avez montré tout ce dont est capable le sang français. La bataille de *Lutzen* sera mise au-dessus des batailles d'Austerlitz, d'Iena, de Friedland et de la Moscowa! Dans la campagne passée l'ennemi n'a trouvé de refuge contre nos armes qu'en suivant la méthode féroce des barbares ses ancêtres; des armées de Tartares ont incendié ses campagnes, ses villes, la sainte Moskou elle-même! Aujourd'hui ils arrivaient dans nos contrées précédés de tout ce que l'Allemagne, la France et l'Italie ont de mauvais sujets et de déserteurs pour y prêcher la révolte, l'anarchie, la guerre civile, le meurtre; ils se sont faits les apôtres de tous les crimes : c'est un incendie moral qu'ils voulaient allumer entre la Vistule et le Rhin, pour, selon l'usage des gouvernemens despotiques, mettre des déserts entre nous et eux. Les insensés ! ils connaissaient peu l'attachement à leurs souverains, la sagesse, l'esprit d'ordre et le bon sens des Allemands ; ils connaissaient peu la puissance et la bravoure des Français !

» Dans une seule journée vous avez déjoué tous ces complots parricides ! Nous rejetterons ces Tartares dans leurs affreux climats, qu'ils ne doivent pas franchir. Qu'ils restent dans leurs déserts glacés, séjour d'esclavage, de barbarie et de corruption, où l'homme est ravalé à l'égal de la brute ! Vous avez bien mérité de l'Europe civilisée, soldats ! L'Italie, la France, l'Allemagne vous rendent des actions de grace.

» De notre camp impérial de Lutzen, le 3 mai 1813. *Signé* NAPOLÉON. »

La bataille de Lutzen nous livra Leipzig et Dresde. En effet, après avoir donné ordre à Davoust de marcher sur Hambourg et de là de menacer la route de Berlin ; à Ney, qu'il renforça, celui de marcher sur Wittemberg et Turgau, l'empereur se mit à la poursuite de l'ennemi par les routes de Leipzig, Burna et Chemnitz. L'avant-garde, commandée par le prince Eugène, eut à combattre tous les jours. Les Prusso-Russes, rassurés par leur nombreuse cavalerie qui couvrait leur retraite, par la nullité de la nôtre qui ne pouvait les poursuivre, s'arrêtaient chaque jour et défendaient la route. Néanmoins, le vice-roi arriva devant Dresde le 8 mai ; il s'établit dans la vieille ville située sur la rive gauche de l'Elbe. On rétablit les ponts que l'ennemi avait détruits, et l'on prit possession de la ville nouvelle que Frédéric-Guillaume et Alexandre venaient de quitter. Napoléon y entra le même jour. Le 12, il reçut le roi de Saxe qui venait reprendre sa capitale et lui amenait quelques troupes, dont quatre mille chevaux, force précieuse dans le manque où nous étions de cavalerie.

La bataille de Lutzen eut des conséquences plus importantes que la possession d'une bonne ligne militaire, celle de l'Elbe.

Elle eut un grand retentissement en Europe, et enchaîna pour un moment les mauvaises dispositions de l'Autriche; on commença à parler d'armistice. Cette puissance proposa un congrès. Napoléon y donnait son consentement; il fut fait mention de la composition de l'Autriche dans le *Moniteur* du 24 mai. Mais il fallait une nouvelle bataille pour contraindre les coalisés à y consentir.

Leur armée s'était concentrée à Bautzen; elle avait reçu de nombreux renforts, et se montrait disposée à recevoir la bataille. En conséquence, l'empereur partit de Dresde, massant dans cette direction toutes les troupes qu'il avait conservées sous ses ordres. En même temps, il donna les ordres nécessaires pour que l'ennemi fût surpris et anéanti par une de ces grandes manœuvres auxquelles il avait dû tant de victoires complètes. Ce fut Ney qui fut chargé de l'exécuter. Ce maréchal avait alors dépassé de beaucoup Wittemberg; il était arrivé en face de Berlin avec une armée considérable, poussant devant lui le corps de Bulow, et menaçant déjà cette capitale. On lui prescrivit de laisser une partie de ses troupes pour masquer son mouvement et occuper Bulow; de rétrograder rapidement lui-même, et de se porter avec soixante mille hommes sur Hoyerswerda, position qui coupait directement la route de Bautzen à Berlin; de marcher de là de manière à tomber sur les derrières de la grande armée prusso-russe réunie à Bautzen. Sa marche devait être calculée de telle sorte que son arrivée sur ce dernier point coïncidât avec une attaque de front que l'empereur dirigerait lui-même. Les choses furent en effet ainsi conduites. La concordance entre les deux mouvemens fut aussi parfaite que l'on pouvait le désirer.

Avant d'engager la bataille, Napoléon attendit une réponse à un message qu'il avait adressé à l'empereur Alexandre en partant de Dresde. Caulaincourt en avait été chargé. « Oui, disait-il en
» attendant avec une vive impatience la réponse de son parle-
» mentaire, oui, je veux un armistice et m'entendre avec les
» Russes pour me débarrasser des Autrichiens. Si nous étions
» d'un mois plus vieux, je ne demanderais jamais une plus belle
» occasion pour finir, les armes à la main, les affaires du monde;

T. XXXIX, 27

» car j'aurais de la cavalerie. Sans cela je ne lui proposerais pas
» l'armistice. Ils sont loin de s'attendre à ce qui va leur tomber
» sur le corps (les soixante mille hommes de Ney); jamais je n'ai
» eu une plus belle chance de succès. Ce serait sur les bords de
» la Vistule que je leur dicterais mes conditions et que mon beau-
» père me supplierait d'oublier le passé. » La nuit vint; on ne
reçut pas de réponse : il fallut se préparer à combattre. (*Thibaudeau*, *Histoire de Napoléon*). Voici maintenant le bulletin de la bataille de Bautzen.

A S. M. l'impératrice-reine et régente.

Le 22 mai 1813.

« L'empereur Alexandre et le roi de Prusse attribuaient la perte de la bataille de Luizen à des fautes que leurs généraux avaient commises dans la direction des forces combinées, et surtout aux difficultés attachées à un mouvement offensif de cent cinquante à cent quatre-vingt mille hommes. Ils résolurent de prendre la position de Bautzen et de Hochkirch, déjà célèbre dans l'histoire de la guerre de sept ans; d'y réunir tous les renforts qu'ils attendaient de la Vistule et d'autres points en arrière; d'ajouter à cette position tout ce que l'art pourrait fournir de moyens, et là, de courir les chances d'une nouvelle bataille, dont toutes les probabilités paraissaient être en leur faveur.

» Le duc de Tarente, commandant le onzième corps, était parti de Bischofswerda, le 15, et se trouvait, le 15 au soir, à une portée de canon de Bautzen, où il reconnut toute l'armée ennemie. Il prit position.

» Dès ce moment, les corps de l'armée française furent dirigés sur le champ de Bautzen.

» L'empereur partit de Dresde le 18; il coucha à Harta, et le 19, il arriva, à dix heures du matin, devant Bautzen. Il employa toute la journée à reconnaître les positions de l'ennemi.

» On apprit que les corps russes de Barclai de Tolly, de Langeron et de Sass et le corps prussien de Kleist avaient rejoint l'armée combinée, et que sa force pouvait être évaluée de cent cinquante à cent soixante mille hommes.

» Le 19 au soir, la position de l'ennemi était la suivante : sa gauche était appuyée à des montagnes couvertes de bois, et perpendiculaire au cours de la Sprée, à peu près à une lieue de Bautzen. Bautzen soutenait son centre. Cette ville avait été crénelée, retranchée et couverte par des redoutes. La droite de l'ennemi s'appuyait sur des mamelons fortifiés qui défendent les débouchés de la Sprée, du côté du village de Nimschütz : tout son front était couvert sur la Sprée. Cette position très-forte n'était qu'une première position.

» On apercevait distinctement; à trois mille toises en arrière; de la terre fraîchement remuée, et des travaux qui marquaient leur seconde position. La gauche était encore appuyée aux mêmes montagnes, à deux mille toises en arrière de celles de la première position, et fort en avant du village de Hochkirch. Le centre était appuyé à trois villages retranchés, où l'on avait fait tant de travaux, qu'on pouvait les considérer comme des places fortes. Un terrain marécageux et difficile couvrait les trois quarts du centre. Enfin leur droite s'appuyait, en arrière de la première position, à des villages et des mamelons également retranchés.

» Le front de l'armée ennemie, soit dans la première, soit dans la seconde position, pouvait avoir une lieue et demie.

» D'après cette reconnaissance il était facile de concevoir comment, malgré une bataille perdue comme celle de Lutzen, et huit jours de retraite, l'ennemi pouvait encore avoir des espérances dans les chances de la fortune. Selon l'expression d'un officier russe à qui on demandait ce qu'ils voulaient faire : *Nous ne voulons*, disait-il, *ni avancer, ni reculer.* — *Vous êtes maîtres du premier point*, répondit un officier français; *dans peu de jours, l'événement prouvera si vous êtes maîtres de l'autre!* Le quartier-général des deux souverains était au village de Natchen.

» Au 19, la position de l'armée française était la suivante :

» Sur la droite était le duc de Reggio, s'appuyant aux montagnes sur la rive gauche de la Sprée, et séparé de la gauche de l'ennemi par cette vallée. Le duc de Tarente était devant Bautzen, à cheval sur la route de Dresde. Le duc de Raguse était sur la gauche de Bautzen, vis-à-vis le village de Niemenschütz. Le général Bertrand était sur la gauche du duc de Raguse, appuyé à un moulin à vent et à un bois, et faisant mine de déboucher de Jaselitz sur la droite de l'ennemi.

» Le prince de la Moskwa, le général Lauriston et le général Reynier étaient à Hoyerswerda sur la route de Berlin, hors de ligne et en arrière de notre gauche.

» L'ennemi, ayant appris qu'un corps considérable arrivait par Hoyerswerda, se douta que les projets de l'empereur étaient de tourner la position par la droite, de changer le champ de bataille, de faire tomber tous ses retranchemens élevés avec tant de peine, et l'objet de tant d'espérances. N'étant encore instruits que de l'arrivée du général Lauriston, il ne supposait pas que cette colonne fût de plus de dix-huit à vingt mille hommes. Il détacha donc contre elle, le 19 à quatre heures du matin, le général York, avec douze mille Prussiens, et le général Barclay de Tolly, avec dix-huit mille Russes. Les Russes se placèrent au village de Klix, et les Prussiens au village de Weissig.

» Cependant le comte Bertrand avait envoyé le général Pery, avec la division italienne, à Kœnigswartha, pour maintenir notre communication avec les corps détachés. Arrivé à midi, le général Pery fit de mauvaises dispositions; il ne fit pas fouiller la forêt voisine. Il plaça mal ses postes, et à quatre heures il fut assailli par un *hourra* qui mit du désordre dans quelques bataillons. Il perdit six cents hommes, parmi lesquels se trouve le général de brigade italien Balathier, blessé; deux canons et trois caissons; mais la division ayant pris les armes, s'appuya au bois, et fit face à l'ennemi.

» Le comte de Valmy étant arrivé avec de la cavalerie, se mit à la tête de la division italienne, et reprit le village de Kœnigswartha. Dans ce même moment, le corps du comte Lauriston, qui marchait en tête du prince de la Moskwa pour tourner la position de l'ennemi, parti de Hoyerswerda, arriva sur Weissig. Le combat s'engagea, et le corps d'York aurait été écrasé, sans la circonstance d'un défilé à passer, qui fit que nos troupes ne purent arriver que successivement. Après trois heures de combat, le village de Weissig fut emporté, le corps d'York, culbuté, fut rejeté sur l'autre côté de la Sprée.

» Le combat de Weissig serait seul un événement important. Un rapport détaillé en fera connaître les circonstances.

» Le 19, le comte Lauriston coucha donc sur la position de Weissig; le prince de la Moskwa à Mankersdorf, et le comte Reynier à une lieue en arrière. La droite de la position de l'ennemi se trouvait évidemment débordée.

» Le 20, à huit heures du matin, l'empereur se porta sur la hauteur en arrière de Bautzen. Il donna ordre au duc de Reggio de passer la Sprée, et d'attaquer les montagnes qui appuyaient la gauche de l'ennemi ; au duc de Tarente de jeter un pont sur chevalets sur la Sprée, entre Bautzen et les montagnes ; au duc de Raguse de jeter un autre pont sur chevalets sur la Sprée, dans l'enfoncement que forme cette rivière sur la gauche, à une demi-lieue de Bautzen ; au duc de Dalmatie, auquel S. M. avait donné le commandement supérieur du centre, de passer la Sprée pour inquiéter la droite de l'ennemi ; enfin, au prince de la Moskwa, sous les ordres duquel étaient le troisième corps, le comte Lauriston et le général Reynier, de s'approcher sur Klix, de passer la Sprée, de tourner la droite de l'ennemi, et de se porter sur son quartier-général de Wurtchen, et de là sur Weissemberg.

» A midi, la canonnade s'engagea. Le duc de Tarente n'eut pas besoin de jeter son pont sur chevalets : il trouva devant lui un pont de pierre, dont il força le passage. Le duc de Raguse jeta son pont ; tout son corps d'armée passa sur l'autre rive de la Sprée. Après six heures d'une vive canonnade et plusieurs charges que l'ennemi fit sans succès, le général Compans fit occuper Bautzen ; le général Bonnet fit occuper le village de Niedkayn, et enleva au pas de charge un plateau qui le rendit maître de tout le centre de la position de l'ennemi ; le duc de Reggio s'empara des hauteurs, et, à sept heures du soir, l'ennemi fut rejeté sur sa seconde position. Le général Bertrand passa un des bras de la Sprée ; mais l'ennemi conserva les hauteurs qui appuyaient sa droite, et par ce moyen se maintint entre le corps du prince de la Moskwa et notre armée.

» L'empereur entra à huit heures du soir à Bautzen, et fut accueilli par les habitans et les autorités avec les sentimens que devaient avoir des alliés, heureux de se voir délivrés des Stein, des Kotzbue et des cosaques. Cette journée, qu'on pourrait appeler, si elle était isolée, *la bataille de Bautzen*, n'était que le prélude de la bataille de Wurtchen.

» Cependant l'ennemi commençait à comprendre la possibilité d'être forcé dans sa position. Ses espérances n'étaient plus les mêmes, et il devait avoir dès ce moment le présage de sa défaite, déjà toutes ses dispositions étaient changées. Le destin de la bataille ne devait plus se décider derrière ses retranchemens. Ses immenses travaux, et trois cents redoutes devenaient inutiles. La droite de sa position, qui était opposée au quatrième corps, devenait son centre, et il était obligé de jeter sa droite, qui formait une bonne partie de son armée, pour l'opposer au prince de la Moskwa, dans un lieu qu'il n'avait pas étudié et qu'il croyait hors de sa portée.

» Le 21, à cinq heures du matin, l'empereur se porta sur les hauteurs, à trois quarts de lieue en avant de Bautzen.

» Le duc de Reggio soutenait une vive fusillade sur les hauteurs que défendait la gauche de l'ennemi. Les Russes qui sentaient l'importance de cette position, avaient placé là une forte partie de leur armée, afin que leur gauche ne fût pas tournée. L'empereur ordonna aux duc de Reggio et de Tarente d'entretenir le combat, afin d'empêcher la gauche de l'ennemi de se dégarnir et de lui masquer la véritable attaque dont le résultat ne pouvait pas se faire sentir avant midi ou une heure.

» A onze heures, le duc de Raguse marcha à mille toises en avant de sa position, et engagea une épouvantable canonnade devant les redoutes et tous les retranchemens ennemis.

» La garde et la réserve de l'armée, infanterie et cavalerie, masquées par un rideau, avaient des débouchés faciles pour se porter en avant par la gauche ou par la droite, selon les vicissitudes que présenterait la journée. L'ennemi fut tenu ainsi incertain sur le véritable point d'attaque.

» Pendant ce temps, le prince de la Moskwa culbutait l'ennemi au village de Klix, passait la Sprée, et menait battant ce qu'il avait devant lui jusqu'au village de Preilitz. A dix heures, il enleva le village; mais les réserves de l'ennemi s'étant avancées pour couvrir le quartier-général, le prince de la Moskwa fut ramené et perdit le village de Preilitz. Le duc de Dalmatie commença à déboucher à une heure après-midi. L'ennemi, qui avait compris tout le danger dont il était menacé par la direction qu'avait prise la bataille, sentit que le seul moyen de soutenir avec avantage le combat contre le prince de la Moskwa, était de nous empêcher de déboucher. Il voulut s'opposer à l'attaque du duc de Dalmatie. Le moment de décider la bataille se trouvait dès lors bien indiqué. L'empereur, par un mouvement à gauche, se porta, en vingt minutes, avec la garde, les quatre divisions du général Latour-Maubourg et une grande quantité d'artillerie, sur le flanc de la droite de la position de l'ennemi, qui était devenue le centre de l'armée russe.

» La division Morand et la division wurtembergeoise enlevèrent le mamelon dont l'ennemi avait fait son point d'appui.

» Le général Devaux établit une batterie dont il dirigea le feu sur les masses qui voulaient reprendre la position. Les généraux Dulauloy et Drouot, avec soixante pièces de batterie de réserve, se portèrent en avant. Enfin, le duc de Trévise, avec les divisions Dumoutier et Barrois de la jeune garde, se dirigea sur l'auberge de Klein-Baschwitz, coupant le chemin de VVurtchen à Baugen.

» L'ennemi fut obligé de dégarnir sa droite pour parer à cette nouvelle attaque. Le prince de la Moskwa en profita et marcha en avant. Il prit le village de Preisig, et s'avança, ayant débordé l'armée ennemie, sur VVurtchen. Il était trois heures après-midi, et, lorsque l'armée était dans la plus grande incertitude de succès, et qu'un feu épouvantable se faisait entendre sur une ligne de trois lieues, l'empereur annonça que la bataille était gagnée.

» L'ennemi voyant sa droite tournée se mit en retraite, et bientôt sa retraite devint une fuite.

» A sept heures du soir, de prince de la Moskwa et le général Lauriston arrivèrent à VVurtchen. Le duc de Raguse reçut alors l'ordre de faire un mouvement inverse de celui que venait de faire la garde, occupa tous les villages retranchés, et toutes les redoutes que l'ennemi était obligé d'évacuer, s'avança dans la direction d'Hochkirch, et prit ainsi en flanc toute la gauche de l'ennemi, qui se mit alors dans une épouvantable déroute. Le duc de Tarente, de son côté, poussa vivement cette gauche et lui fit beaucoup de mal.

» L'empereur coucha sur la route au milieu de sa garde à l'auberge de Klein-Baschwitz. Ainsi, l'ennemi, forcé dans toutes ses positions, laissa en notre pouvoir le champ de bataille couvert de ses morts et de ses blessés, et plusieurs milliers de prisonniers.

» Le 22, à quatre heures du matin, l'armée française se mit en mouvement. L'ennemi avait fui toute la nuit par tous les chemins et par toutes les directions. On ne trouva ses premiers postes qu'au-delà de VVeissemberg, et il n'opposa de résistance que sur les hauteurs en arrière de Reichenbach. L'ennemi n'avait pas encore vu notre cavalerie.

» Le général Lefèvre-Desnouettes, à la tête de quinze cents chevaux lanciers polonais et des lanciers rouges de la garde, chargea, dans la plaine de Reichenbach, la cavalerie ennemie, et la culbuta. L'ennemi, croyant qu'ils étaient seuls, fit avancer une division de cavalerie, et plusieurs divisions s'engagèrent successivement. Le général Latour-Maubourg, avec ses quatorze mille chevaux et les cuirassiers français et saxons, arriva à leurs secours, et plusieurs charges de cavalerie eurent lieu. L'ennemi, tout surpris de trouver devant lui quinze à seize mille hommes de cavalerie, quand il nous en croyait dépourvus, se retira en désordre. Les lanciers rouges de la garde se composent en grande partie des volontaires de Paris et des environs. Le général Lefèvre-Desnouettes et le général Colbert, leur colonel, en font le plus grand éloge.

» Dans cette affaire de cavalerie, le général Bruyères, général de cavalerie légère de la plus haute distinction, a eu la jambe emportée par un boulet.

» Le général Reynier se porta avec le corps saxon sur les hauteurs au-delà de la Reichenbach, et poursuivit l'ennemi jusqu'au village de Hotterndorf. La nuit nous prit à une lieue de Gœrlitz. Quoique la journée eût été extrêmement longue, puisque nous nous trouvions à huit lieues du champ de bataille, et que les troupes eussent éprouvé tant de fatigues, l'armée française aurait couché à Gœrlitz; mais l'ennemi avait placé un corps d'arrière-garde sur la hauteur en avant de cette ville, et il aurait fallu une demi-heure de jour de plus pour la tourner par la gauche. L'empereur ordonna donc qu'on prit position.

» Dans les batailles des 20 et 21, le général wurtembergeois Franquemont et le général Lorencez ont été blessés. Notre perte dans ces journées peut s'évaluer à onze ou douze mille hommes tués ou blessés. Le soir de la journée du 22, à sept heures, le grand maréchal duc de Frioul, étant sur une petite éminence à causer avec le duc de Trévise et le général Kirgener, tous les trois pied à terre et assez éloignés du feu, un des derniers boulets de l'ennemi rasa de près le duc de Trévise, ouvrit le bas-ventre au grand-maréchal, et jeta roide mort le général Kirgener. Le duc de Frioul se sentit aussitôt frappé à mort; il expira douze heures après.

» Dès que les postes furent placés et que l'armée eut pris ses bivouacs, l'empereur alla voir le duc de Frioul. Il le trouva avec toute sa connaissance, et montrant le plus grand sang-froid. Le duc serra la main de l'empereur, qu'il porta sur ses lèvres. «Toute ma vie,» lui dit-il, « a été consacrée à votre ser» vice, et je ne la regrette que pour l'utilité dont elle pouvait vous être encore!
» — Duroc,» lui dit l'empereur, « il est une autre vie! C'est là que vous irez » m'attendre, et que nous nous retrouverons un jour! — Oui, sire; mais ce » sera dans trente ans, quand vous aurez triomphé de vos ennemis, et réalisé » toutes les espérances de notre patrie..... J'ai vécu en honnête homme; je ne » me reproche rien. Je laisse une fille, V. M. lui servira de père.»

» L'empereur serrant de la main droite le grand-maréchal, resta un quart d'heure la tête appuyée sur la main gauche dans le plus profond silence. Le grand-maréchal rompit le premier ce silence. « Ah! sire, allez-vous-en! ce » spectacle vous peine!» L'empereur, s'appuyant sur le duc de Dalmatie et sur le grand-écuyer, quitta le duc de Frioul sans pouvoir lui dire autre chose que ces mots : « Adieu donc, mon ami!» S. M. rentra dans sa tente, et ne reçut personne pendant toute la nuit.

» Le 23, à neuf heures du matin, le général Reynier entra dans Gœrlitz. Des ponts furent jetés sur la Neiss, et l'armée se porta au-delà de cette rivière.

» Le 23, au soir, le duc de Bellune était sur Botzemberg; le comte Lauriston avait son quartier-général à Hochkirch, le comte Reynier en avant de Trotskendorf sur le chemin de Lauhan, et le comte Bertrand en arrière du même village; le duc de Tarente était sur Schœnberg; l'empereur était à Gœrliz.

ANNÉE 1813.

» Un parlementaire, envoyé par l'ennemi, portait plusieurs lettres, où l'on croit qu'il est question de négocier un armistice.

» L'armée ennemie s'est retirée, par Banalau et Lauban, en Silésie. Toute la Saxe est délivrée de ses ennemis, et dès demain 24, l'armée française sera en Silésie. L'ennemi a brûlé beaucoup de bagages, fait sauter beaucoup de parcs, disséminé dans les villages une grande quantité de blessés. Ceux qu'il a pu emmener sur des charrettes n'étaient pas pansés; les habitants en portent le nombre à dix-huit mille. Il en est resté plus de dix mille en notre pouvoir.

» La ville de Gœrlitz, qui compte huit à dix mille habitans, a reçu les Français comme des libérateurs.

» La ville de Dresde et le ministère saxon ont mis la plus grande activité à approvisionner l'armée, qui jamais n'a été dans une plus grande abondance.

» Quoiqu'une grande quantité de munitions ait été consommée, les ateliers de Torgau et de Dresde, et les convois qui arrivent, par les soins du général Sorbier, tiennent notre artillerie bien approvisionnée.

» On a des nouvelles de Glogau, Custrin et Stettin. Toutes ces places étaient dans un bon état.

» Ce récit de la bataille de Wurtchen ne peut être considéré que comme une esquisse. L'état-major-général recueillera les rapports qui feront connaître les officiers, soldats et les corps qui se sont distingués.

» Dans le petit combat du 22, à Reichenbach, nous avons acquis la certitude que notre jeune cavalerie est, à nombre égal, supérieure à celle de l'ennemi.

» Nous n'avons pu prendre de drapeaux; l'ennemi les retire toujours du champ de bataille. Nous n'avons pris que dix-neuf canons, l'ennemi ayant fait sauter ses parcs et ses caissons. D'ailleurs l'empereur tient sa cavalerie en réserve; et, jusqu'à ce qu'elle soit assez nombreuse, il veut la ménager. »

L'empereur fut dans l'enthousiasme du gain de cette bataille, quoiqu'elle eût été une horrible boucherie. Le nombre des hommes tués et blessés, de part et d'autre, est évalué à peu près à soixante mille hommes. On a pu faire ici là même remarque qu'à la bataille de Lutzen. Le défaut de cavalerie nous avait empêché de faire des prisonniers, d'achever les régimens rompus, en un mot de produire une déroute; en sorte que notre perte était presque égale à celle de l'ennemi. Napoléon n'en avait pas moins été ravi d'admiration en voyant la résistance et l'acharnement au feu des conscrits et des cohortes de la garde nationale; aussi rendit-il le décret suivant :

Décret. — « *En notre camp impérial de Klein-Baschwitz, sur le champ de bataille de* Wurtchen, *le 22 mai, à quatre heures du matin*, 1813.

» Napoléon, etc. Nous avons décrété et décrétons ce qui suit :

» Un monument sera élevé sur le Mont-Cenis. Sur la face de

ce monument qui regardera le côté de Paris seront inscrits les noms de tous nos cantons des départemens en deçà des Alpes ; sur la face qui regardera Milan seront inscrits les noms de tous nos cantons des départemens au-delà des Alpes et de notre royaume d'Italie. A l'endroit le plus apparent du monument sera gravée l'inscription suivante :

« *L'empereur Napoléon, sur le champ de bataille de Wurtchen, a ordonné l'érection de ce monument, comme un témoignage de sa reconnaissance envers ses peuples de France et d'Italie, et pour transmettre à la postérité la plus reculée le souvenir de cette époque célèbre où, en trois mois, douze cent mille hommes ont couru aux armes pour assurer l'intégrité du territoire de l'empire et de ses alliés. —* » *Signé* NAPOLÉON. »

Ce décret fut assez mal accueilli par l'opinion publique; on le trouva plein d'exagération; le temps de l'enthousiasme était passé. Le sentiment français se sentit blessé de voir la France l'objet d'une récompense destinée à transmettre à la postérité son dévouement pour un homme. On sentit qu'on était ravalé au niveau d'un serviteur vulgaire; on vit que c'était chose ridicule, et l'on repoussa le signe de reconnaissance. On s'irrita en outre d'y trouver un mensonge; il n'était pas vrai que douze cent mille hommes eussent couru aux armes; ils avaient été appelés et en un nombre moindre de moitié. Napoléon avait l'habitude d'exagérer ses forces, comme de diminuer celles qu'on lui opposait, autant pour rassurer les siens, que pour effrayer ses adversaires. Mais cette tactique était connue; elle ne trompait plus que peu de personnes.

Cependant le résultat de la bataille de Bautzen et de Wurtchen détermina les coalisés à accepter l'armistice qu'ils avaient refusé. Le 5 juin les parties belligérantes signèrent une convention portant armistice jusqu'au 22 juillet.

Cet armistice fut considéré par tout le monde comme une faute. L'empereur lui-même, en quittant son quartier-général pour retourner à Dresde, disait que « si les alliés ne voulaient pas de bonne foi la paix, cet armistice pouvait nous devenir bien fatal. » En effet, il donnait le temps à l'ennemi de réorganiser ses armées; il lui permettait de s'arrêter dans le mouvement général de retraite dans lequel il était entraîné et qui avait déjà jeté dans ses troupes un désordre tel que quelques échecs eussent suffi pour le rendre irréparable. En même temps, il laissait à l'Autriche le loisir de concentrer ses forces en Bohême. « J'eus tort, disait » Napoléon à Sainte-Hélène, de signer cette convention; car si » j'eusse continué à marcher en avant comme je le pouvais, mon » beau-père n'eût pas pris parti contre moi. »

La diplomatie mit à profit ce temps de repos. Toutes les démarches de celle de Napoléon eurent pour but d'amener la fin de la guerre. Ce fut avec le cabinet autrichien qu'eut lieu la correspondance la plus active. Celui-ci offrit sa médiation. Metternich vint lui-même à Dresde ouvrir des conférences. Il fut reconnu que la qualité d'allié n'était pas compatible avec celle de médiateur. En conséquence, on insinua que pour rendre la médiation de l'Autriche possible, il fallait renoncer à son alliance. Napoléon consentit à ce que l'on lui proposait : il autorisa son ministre à renoncer à cette alliance. Mais, en cette circonstance, il fut trompé. Par cette intrigue Metternich l'amena à quitter volontairement une alliance que son maître reculait à rompre, moins par scrupule de famille que par respect humain, et par crainte de l'opinion publique. Napoléon avait ainsi l'apparence d'avoir voulu une rupture qu'il n'avait acceptée que dans l'espérance d'une médiation nécessaire pour obtenir la paix; il avait d'ailleurs promis de rendre à l'Autriche, en échange de sa neutralité et de sa médiation, les provinces illyriennes, en ajoutant que ce n'était pas là son dernier mot. Cependant, avant de quitter Dresde, Metternich trouva encore le moyen de gagner du temps; il signa, le 30 juin avec le ministre de l'empereur, une convention secrète par laquelle la médiation était offerte et acceptée. Les plénipotentiaires russes, prussiens et français devaient se réunir, le 5 juillet, à Prague. Napoléon, enfin, s'engageait à ne pas dénoncer l'armistice avant le 10 août. L'Autriche se réservait de faire agréer le même engagement aux puissances coalisées.

Pendant que Napoléon faisait ces démarches pacifiques, la diplomatie des coalisés était toute à la guerre. Le 15 juin, la Russie, la Prusse et l'Angleterre signaient à Reichenbach un nouveau traité d'alliance par lequel la Prusse et la Russie s'engageaient à poursuivre la guerre avec la plus grande énergie, et l'Angleterre promettait un subside de 45 millions de francs par mois. L'Autriche n'ignora rien de ces arrangemens : un de ses ministres, Stadion, était à Reichenbach.

On voit que les coalisés n'étaient guère disposés à faire la paix. La situation des armées en Espagne devait encore les encourager à persister. Nous en avions retiré beaucoup de troupes en sorte qu'il n'était resté à Soult que trente-cinq mille hommes; le reste de l'armée qui couvrait Tolède, Madrid, la Castille et le royaume de Léon, ne comptait pas quarante-cinq mille hommes en y comprenant la garde du roi Joseph et quelques bataillons espagnols. Aussi à l'instant où Wellington reprit l'offensive à la tête de près de cent cinquante mille hommes anglais, portugais et espagnols, il fallut reculer; on s'arrêta à Vittoria. L'ennemi nous attaqua le 21 juin; la supériorité du nombre était de son côté; il nous opposait trois soldats contre un; et ce n'était point avec des bandes indisciplinées qu'il manœuvrait contre nous, mais avec des régimens anglais et portugais. La position en outre était mauvaise; Clausel qui devait se trouver en ligne ne s'y trouva pas; il arriva lorsque tout était fini. Nous fûmes battus et obligés de nous retirer précipitamment sur les Pyrénées, abandonnant toute notre artillerie et tous nos bagages. Napoléon ne pouvait envoyer des renforts de ce côté; il ne put que perfectionner le commandement; Joseph y renonça sans peine, et Soult prit sa place en qualité de lieutenant-général des armées françaises en Espagne; Suchet lui-même était mis sous ses ordres. Le sénat ordonna, le 24 août, une levée de trente mille hommes dans les départemens du Midi pour remplir les cadres affaiblis de ces armées. — Mais ce n'étaient pas là les seuls encouragemens que recevaient les coalisés; la France n'était pas seulement attaquée en tête et en queue; elle commençait à présenter quelques signes de trouble à l'intérieur : le parti royaliste se remuait ; il répandait des proclamations en Vendée ; il enrégimentait des hommes ; Louis de la Rochejacquelin était à la tête de ces mouvemens. Protégé par ses liaisons avec M. de Barante préfet de la Loire-Inférieure, il parcourait librement les départemens de l'ancienne Vendée et le pays de la chouannerie. La police découvrit une conspiration parmi les gardes d'honneur qui s'organisaient à Tours. Elle arrêta quelques-uns d'eux, sans toutefois rien ébruiter. Sans doute, il avait existé un temps où la France, quoique tourmentée par la guerre civile, avait heureusement résisté à une coalition redoutable. Mais, alors elle n'était obligée que de se garder elle-même, elle était pleine d'enthousiasme et d'hommes ; aujourd'hui son sang était épuisé et son dévouement détruit.

Aussi ne doit-on pas être étonné de la persistance des coalisés et du parti que prit l'Autriche. D'abord on ajourna le congrès jusqu'au 12 juillet ; ensuite on fit des difficultés pour la prolongation de l'armistice, on n'y accéda que le 15. Enfin, les plénipotentiaires alliés se rendirent à Prague ; c'étaient M. de Humboldt pour la Prusse, et d'Anstett pour la Russie ; l'empereur nomma Caulaincourt et Narbonne. Metternich ouvrit les négociations par une note du 29 juillet, où il proposait d'adopter la marche suivie au congrès de Teschen, où chaque puissance belligérante prenait pour intermédiaire la puissance médiatrice, et lui remettait par écrit ce qu'elle voulait communiquer ou répondre à la partie adverse. C'était rendre l'Autriche maîtresse du congrès en sa qualité de médiatrice. Les Prussiens et les Russes acceptèrent cette proposition ; les Français hésitèrent. Ils en référèrent à l'empereur. Celui-ci n'était plus à Dresde ; il en était parti le 16 ; il avait profité de l'armistice pour se rendre à Mayence, où il avait été se concerter avec ses ministres et obtenir, dit-on, de l'impératrice qu'elle écrivît d'une manière pressante à son père. Lui-même, en envoyant sa réponse sur la note du 29 juillet, ordonnait à Caulaincourt d'avoir une entrevue secrète avec Metternich, de lui annoncer que Napoléon avait intérêt à ne pas différer la reprise des hostilités même quand il devrait avoir l'Autriche contre lui, de demander au ministre de quelle manière l'Autriche entendait que la paix pût se faire. Metternich, à cette ouverture, répondit qu'il allait consulter son maître; le 7 août, il donna l'*ultimatum* suivant : 1º La dissolution du duché de Varsovie, qui serait partagé entre la Russie, l'Autriche et la Prusse; Dantzik à la Prusse; 2º l'indépendance des villes de Hambourg et Lubeck; 3º la dissolution de la confédération du Rhin; 4º la cession à l'Autriche de l'Illyrie; 5° l'indépendance de la Hollande; 6º et Ferdinand VII pour roi en Espagne. L'empereur répondit, le 9 août, en concédant une partie de ces demandes et en en refusant une autre. Le 10 août expira pendant que cette réponse était en route; à minuit, les plénipotentiaires déclarèrent à Metternich que leurs pleins pouvoirs avaient cessé. Néanmoins Caulaincourt communiqua la décision de Napoléon; on la trouva insuffisante. Enfin Napoléon se détermina à autoriser Caulaincourt à accepter l'*ultimatum de l'Autriche* avec cette seule condition que la Hollande et les villes anséatiques seraient gardées par la France en dépôt jusqu'à la paix avec l'Angleterre, pour en faire un objet de négociation. A cette dernière et définitive communication, Metternich déclara que ces concessions eussent pu faire la paix le 10; mais qu'il était maintenant trop tard, et qu'il fallait en référer à l'empereur Alexandre et au roi de Prusse. Or, **alors**, le congrès était rompu; il fallait négocier un nouvel armistice, un nouveau congrès, pendant qu'on courait les chances de la guerre. L'Autriche elle-même venait de publier sa déclaration de guerre, la cessation de l'armistice avait été dénoncée pour le 16.

Les coalisés avaient mis le temps à profit. Le 9 août, ils avaient eu une nouvelle réunion militaire et diplomatique à Trachemberg. L'Autriche y avait deux représentans. Là on fixa les contingens de chaque puissance; on arrêta un plan de campagne. On établit pour principe général que les armées alliées, qui opéreraient secondairement, reculeraient toujours lorsque Napoléon se présenterait devant elles, et reprendraient l'offensive aussitôt qu'elles n'auraient plus affaire qu'à ses lieutenans. L'Autriche, par un traité secret, s'obligea à fournir à la coalition deux cent mille hommes ; l'Angleterre lui promit un subside de 12,500,000 francs par mois. Les forces alliées qui allaient entrer en campagne et agir contre Napoléon ne montaient pas, selon Thibaudeau, à moins de six cent cinq mille hommes : c'était la contre-partie de l'expédition de Russie. Schwarzemberg commandait les Autrichiens de Bohême auxquels devaient se rallier les Russes de Wittgenstein, ensemble, cent quatre-vingt à deux cent mille hommes ; Blücher commandait en Silésie une armée de Russo-Prussiens qui formaient, en y joignant une armée russe cantonnée sur la Vistule, au moins cent quatre-vingt mille hommes ; Bernadotte couvrait Berlin avec plus de cent mille hommes suédois, prussiens, russes, etc. Enfin Walmoden, à la tête de trente mille hommes, devait contenir Davoust, qui tenait Hambourg avec un nombre pareil de troupes. Ce n'était pas encore là toutes les forces qui se préparaient à fondre sur la France et ses alliés. Une armée autrichienne se portait sur l'Inn pour opérer contre la Bavière ; une autre forte de soixante mille hommes se préparait à envahir l'Illyrie et l'Italie.

Moreau était au camp des alliés. Il ne fut pas, dit-on, étranger au plan de campagne très-habile et très-simple arrêté par la coalition. Il représentait là la cour d'Hartwel ou de Louis XVIII. Il s'était d'abord rendu auprès de son ancien camarade Bernadotte. Celui-ci entra, dit-on, dans l'intrigue des Bourbons qui se proposaient d'opposer Moreau à Bonaparte. Quoi qu'il en soit, Moreau se rendit au quartier-général d'Alexandre ; il fut convenu que lorsqu'on aurait atteint le Rhin, il adresserait une proclamation aux Français, et userait de l'influence de son nom pour les détacher de la cause de Napoléon. On voit que l'ennemi s'était bien préparé et avait en quelque sorte tout prévu.

Qu'avait fait Napoléon pendant ce temps ? Il avait disposé avec le plus grand soin ses moyens de résistance. Il avait adopté la ligne de l'Elbe depuis Dresde jusqu'à Hambourg. Trois points importans de cette ligne, entre Dresde et Hambourg, étaient appuyés par des places fortes de premier ordre, Torgau, Wittemberg et Magdebourg. Il s'agissait de fortifier les deux points extrêmes. C'est ce que l'on fit. Davoust, qui avait été chargé de reprendre Hambourg, avait aussi reçu l'ordre de traiter cette ville en province insurgée; il adoucit la sévérité des ordres qu'il avait reçus; néanmoins en ne les exécutant qu'en partie il y trouva les moyens pour faire de Hambourg une place respectable et d'assez bonne défense. L'empereur surveilla lui-même les fortifications de Dresde, qui furent presque achevées pendant la durée de l'armistice. Il se proposait d'en faire le pivot principal de ses manœuvres contre les armées qui descendraient de Bohême. La ligne de l'Elbe devait être pour son armée comme un grand camp retranché, derrière lequel ses communications seraient assurées, et il pourrait faire marcher ses troupes en sécurité pour les masser rapidement sur les points menacés.

Cette ligne d'opération n'était point à l'abri de la critique. En effet, on objecta que l'ennemi pourrait la prendre à revers par la Bohême; en conséquence on proposait de se retirer sur le Rhin. C'était en effet ce qu'eût dû faire Napoléon, puisque dans son *ultimatum* il avait renoncé au protectorat de la confédération du Rhin. Mais il n'en eut pas le courage; il aima mieux tenter la fortune et tout hasarder que de renoncer à ses apparences victorieuses. Au reste ce que l'on avait prévu arriva: sa ligne de l'Elbe fut tournée par la Bohême.

Malgré tous ses efforts, il n'avait pu réunir sur la ligne de l'Elbe plus de trois cent trente mille combattans, selon les évaluations les plus exagérées. Il n'avait pas refait sa cavalerie; il n'avait encore que quarante mille hommes à opposer à cent mille. De ces trois cent trente mille soldats, trente mille étaient avec Davoust à Hambourg; soixante-dix mille avec Oudinot sur la route de Berlin; deux cent trente mille, formant la grande armée sous les ordres de l'empereur, étaient échelonnés de Liégnitz à Dresde.

Avant d'entreprendre l'esquisse des opérations militaires, il nous reste à mentionner quelques anecdotes qui ne sont pas sans importance historique, et qui se passèrent pendant la durée de l'armistice.

On vit subitement apparaître à Dresde un personnage depuis quelque temps oublié : c'était Fouché, que l'empereur, instruit de certaines démarches fort singulières de sa part, avait fait appeler auprès de lui. Cet ex-ministre de la police, doutant de la fortune de son maître, avait voulu sauver la sienne. Il avait arrangé un projet dans lequel, supposant l'abdication de l'empereur, la régence de la France était remise à l'impératrice Marie-Louise, aidée d'un conseil composé de Talleyrand, Macdonald, Montmorency, Narbonne et lui. La France eût été réduite à ses frontières du Rhin et des Alpes ; on eût satisfait les maréchaux en leur donnant des gouvernemens militaires. Fouché ne s'était pas contenté de faire ce projet, il s'en était ouvert au cabinet autrichien qui, sans doute, le révéla à Napoléon.

Le 16 août, au moment où les hostilités allaient commencer, on éprouva une autre surprise. On vit reparaître Murat. Ce prince avait long-temps hésité sur le parti qu'il prendrait comme roi de Naples. Il avait eu des pourparlers avec l'Autriche. Enfin, les victoires de Lutzen et de Bautzen, et l'espérance de nouveaux succès, l'avaient déterminé à rentrer sous le drapeau français. En même temps qu'on acquérait ce général, on en perdait un autre : le général Jomini, chef d'état-major de l'armée de Ney, passa à l'ennemi. Cette défection était grave ; car on pouvait croire qu'elle livrait aux Russes le plan de campagne adopté par Napoléon. Jomini était d'origine suisse. Son affaire fut portée devant un conseil de guerre. Il fut condamné à mort.

Les hostilités ne devaient commencer que le 16 août ; cependant, dès le 12, Blücher se jeta sur le territoire neutralisé et Sacken s'empara de Breslau. Les Français, surpris, se replièrent en toute hâte ; mais ils reprirent bientôt l'offensive et chassèrent l'ennemi des postes dont il s'était emparé. L'empereur laissa Macdonald avec quatre-vingt-six mille hommes pour contenir Blücher et Sacken, et lui-même, avec soixante mille hommes, reprit la route de Dresde, dans l'intention de marcher sur

Prague par Zittau. En même temps il avait ordonné à Oudinot de marcher sur Berlin, contre Bernadotte. Mais on avait compté que celui-ci n'avait que cinquante mille hommes; il en avait cent mille, dont vingt mille de cavalerie. Les soixante mille Français d'Oudinot ne furent pas en état de culbuter une pareille masse. Ils la rencontrèrent à Gross-Beeren, le 23 août, à quelques lieues de Berlin, étant en marche, c'est-à-dire sans pouvoir se mettre en même temps tous en ligne. Après une bataille acharnée qui dura toute la journée, et où nous eûmes les premiers avantages, Oudinot fut obligé de se retirer; il battit en retraite sur Wittemberg. Ce fut une faute; il eût dû, au contraire, se jeter sur sa droite du côté de la Silésie, où il se fût mis en communication avec l'empereur et avec Macdonald qui s'y trouvaient. En même temps, Schwarzemberg sortait de la Bohême, et s'avançait avec deux cent mille hommes sur Dresde.

L'empereur avec ses soixante mille hommes était en pleine marche sur Prague; il avait de sa personne dépassé Zittau et nos coureurs avaient poussé jusqu'à seize lieues de la capitale de la Bohême, lorsqu'il apprit l'échec d'Oudinot, et la marche de Schwarzemberg; on lui annonça de plus que celui-ci avait forcé les Français de se replier dans le camp retranché de Dresde, où ils n'espéraient pas tenir plus de vingt-quatre heures s'ils étaient vigoureusement attaqués. Or, il fallait encore trois jours pour atteindre les derrières de l'ennemi en prenant la route de la Bohême; il renonça donc à son premier plan. Par une contre-marche il parcourut en sens inverse la route qu'il venait de prendre, et se hâta d'accourir à Dresde où il arriva à temps. Son armée avait fait quarante lieues en quatre jours. Laissons maintenant parler l'empereur lui-même. Voici le bulletin de la bataille de Dresde.

A S. M. l'impératrice-reine et régente.

Le 28 août 1813.

» Le 26, à huit heures du matin, l'empereur entra dans Dresde. La grande armée russe, prussienne et autrichienne, commandée par les souverains, était en présence; elle couronnait toutes les collines qui environnent Dresde, à la distance d'une petite lieue par la rive gauche. Le maréchal Saint-Cyr, avec le quatorzième corps et la garnison de Dresde, occupait le camp retranché, et bordait de tirailleurs les palanques qui environnaient les faubourgs. Tout était calme à midi; mais, pour l'œil exercé, ce calme était le précurseur de l'orage: une attaque paraissait imminente.

» A quatre heures après midi, au signal de trois coups de canon, six colonnes ennemies, précédées chacune de cinquante bouches à feu, se formèrent, et peu de momens après descendirent dans la plaine; elles se dirigèrent sur les redoutes. En moins d'un quart-d'heure la canonnade devint terrible. Le feu d'une redoute étant éteint, les assiégeans l'avaient tournée et faisaient des efforts au pied de la palanque des faubourgs, où un bon nombre trouvèrent la mort.

» Il était près de cinq heures; une partie des réserves du quatorzième corps était engagée. Quelques obus tombaient dans la ville; le moment paraissait pressant. L'empereur ordonna au roi de Naples de se porter avec le corps de cavalerie du général Latour-Maubourg sur le flanc droit de l'ennemi, et au duc de Trévise de se porter sur le flanc gauche. Les quatre divisions de la jeune garde, commandées par les généraux Dumoutier, Barrois, Decouz et Roquet, débouchèrent alors, deux par la porte de Pirna, et deux par la porte de Plauen. Le prince de la Moskowa déboucha à la tête de la division Barrois. Les divisions culbutèrent tout devant elles; le feu s'éloigna sur-le-champ du centre à la circonférence, et bientôt fut rejeté sur les collines. Le champ de bataille resta couvert de morts, de canons et de débris. Le général Dumoutier est blessé, ainsi que les généraux Boyeldieu, Tindal et Combelles. L'officier d'ordonnance Béranger est blessé à mort; c'était un jeune homme d'espérance. Le général Gros, de la garde, s'est jeté le premier dans le fossé d'une redoute où les sapeurs ennemis travaillaient déjà à couper des palissades: il est blessé d'un coup de baïonnette.

» La nuit devint obscure et le feu cessa, l'ennemi ayant échoué dans son attaque et laissé plus de deux mille prisonniers sur le champ de bataille, couvert de blessés et de morts.

» Le 27, le temps était affreux, la pluie tombait par torrens. Le soldat avait passé la nuit dans la boue et dans l'eau. A neuf heures du matin, l'on vit distinctement l'ennemi prolonger sa gauche et couvrir les collines qui étaient séparées de son centre par le vallon de Plauen.

» Le roi de Naples partit avec le corps du duc de Bellune et les divisions de cuirassiers, et déboucha sur la route de Freyberg pour attaquer cette gauche. Il le fit avec le plus grand succès. Les six divisions qui composaient cette aile furent culbutées et éparpillées. La moitié, avec les drapeaux et les canons, est faite prisonnière et dans le nombre se trouvent plusieurs généraux.

» Au centre, une vive canonnade soutenait l'attention de l'ennemi, et des colonnes se montraient prêtes à l'attaquer sur la gauche.

» Le duc de Trévise, avec le général Nansouty, manœuvrait dans la plaine, la gauche à la rivière et la droite aux collines.

» Le maréchal Saint-Cyr liait notre gauche au centre, qui était formé par le corps du duc de Raguse.

» Sur les deux heures après midi l'ennemi se décida à la retraite; il avait perdu sa grande communication de Bohême par sa gauche et par sa droite.

» Les résultats de cette journée sont vingt-cinq à trente mille prisonniers, quarante drapeaux et soixante pièces de canon.

» On peut compter que l'ennemi a soixante mille hommes de moins. Notre perte se monte, en blessés, tués ou pris, à quatre mille hommes. »

» La cavalerie s'est couverte de gloire. L'état-major de la cavalerie fera connaître les détails et ceux qui se sont distingués.

» La jeune garde a mérité les éloges de toute l'armée. La vieille garde a eu deux bataillons engagés; ses autres bataillons étaient dans la ville, disponibles en réserve. Les deux bataillons qui ont donné ont tout culbuté à l'arme blanche.

» La ville de Dresde a été épouvantée et a couru de grands dangers.

» La conduite des habitants a été ce qu'on devait attendre d'un peuple allié. Le roi de Saxe et sa famille sont restés à Dresde, et ont donné l'exemple de la confiance.

A S. M. l'impératrice-reine et régente.

Le 2 septembre 1813.

» Le 21 août, l'armée russe, prussienne et autrichienne, commandée par l'empereur Alexandre et le roi de Prusse, était entrée en Saxe, et s'était portée le 22 sur Dresde, forte de cent quatre-vingt à deux cent mille hommes, ayant un matériel immense, et pleine de l'espérance non-seulement de nous chasser de la rive droite de l'Elbe, mais encore de se porter sur le Rhin, et de nourrir la guerre entre le Rhin et l'Elbe. En cinq jours de temps, elle a vu ses espérances confondues; trente mille prisonniers, dix mille blessés tombés en notre pouvoir, ce qui fait quarante mille; vingt mille tués ou blessés, et gâtant de malades par l'effet de la fatigue et du défaut de vivres (elle a été cinq à six jours sans pain); l'ont affaiblie de près de quatre-vingt mille hommes.

» Elle ne compte pas aujourd'hui cent mille hommes sous les armes; elle a perdu plus de cent pièces de canon, des parcs entiers, quinze cents charrettes de munitions d'artillerie, qu'elle a fait sauter ou qui sont tombées en notre pouvoir; plus de trois mille voitures de bagages, qu'elle a brûlées ou que nous avons prises. On avait quarante drapeaux ou étendards. Parmi les prisonniers, il y a quatre mille Russes. L'ardeur de l'armée française et le courage de l'infanterie fixent l'attention.

» Le premier coup de canon tiré des batteries de la garde impériale dans la journée du 27 août a blessé mortellement le général Moreau, qui était revenu d'Amérique pour prendre service en Russie.

Pendant que l'empereur entrait à Dresde et gagnait une bataille (26 et 27 août), Macdonald en perdait une à Katzbach le 26 août. A peine Napoléon l'eut-il laissé seul que Blücher, qui avait si rapidement évacué le terrain, se mit en disposition de prendre l'offensive contre le lieutenant de l'empereur, ainsi que le plan de campagne l'avait réglé. En même temps, Macdonald prenait la résolution de poursuivre l'ennemi jusqu'à l'Oder. Il se choqua donc bientôt avec la masse des forces ennemies qui étaient supérieures du double aux siennes. Les dispositions militaires, en outre, ne furent pas bonnes; on s'attendait à poursuivre et l'on fut attaqué. Après une défense vivement disputée, il fallut reculer; il arriva de plus que les pluies avaient grossi toutes les rivières; en sorte que l'on n'eut qu'un seul point de retraite;

une division fut coupée, et, après avoir long-temps cherché à se faire jour, obligée de se rendre. Macdonald ne sauva que soixante mille hommes de cette bataille, qui eût été appelée une échauffourée si elle n'eût pas été aussi sanglante et si elle ne nous eût pas coûté vingt-cinq mille hommes tués, blessés ou prisonniers.

Napoléon ignorait ce désastre, lorsqu'il ordonna de poursuivre rapidement l'armée battue à Dresde sur sa route de retraite, qui était la Bohême. Il chargea Vandamme de cette poursuite. Outre son corps d'armée, on mit sous ses ordres la division Corbineau, et quelques autres brigades, en tout trente mille hommes. L'empereur devait marcher de sa personne derrière lui avec sa garde ; mais une indisposition subite le força de revenir à Dresde. Cependant Vandamme marchait en avant, suivant un plan dont le résultat pouvait être de détruire l'armée ennemie s'il eût eu des forces suffisantes ou si l'empereur l'eût suivi. En effet, l'armée alliée, en se retirant, avait pris diverses routes qui, après avoir traversé des gorges de montagnes, aboutissaient à un point central, qui était Tœplitz. Si l'on parvenait à s'emparer de cette ville avant que l'ennemi s'y fût concentré, on le coupait, on isolait ses corps, on pouvait le battre en détail, on lui enlevait son matériel. Vandamme prit la route du centre, comme la plus courte ; il pénétra par Pétersvald, déboucha des montagnes sur Culm le 29 ; il y trouva les Russes qu'il ne put forcer à reculer ; des renforts qu'ils recevaient incessamment leur permirent de résister à toutes ses attaques. Il séjourna à Culm le 30. Les Russes recevaient incessamment des renforts, et ils prirent eux-mêmes l'offensive. Vandamme était occupé à combattre et à défendre sa position, lorsqu'il vit paraître sur ses derrières une longue colonne hérissée de baïonnettes. On crut d'abord que c'était l'armée impériale ; mais on fut bientôt détrompé ; c'était le corps prussien du général Kleist que le hasard et le désordre de sa retraite avaient conduit sur cette route. Il fallut faire face en tête et en queue. Le général Corbineau se jeta tête baissée avec sa division sur les Prussiens ; il les traversa et sauva le corps qu'il commandait. D'autres régimens se jetèrent à droite et à gauche dans les montagnes et parvinrent à s'échapper. Vendamme et les généraux Haxo et Guyot furent obligés de se rendre avec quinze mille hommes et soixante pièces de canon. L'ennemi ne fut pas généreux avec Vandamme. A Tœplitz et à Prague on le laissa exposé sur une charrette aux injures du peuple et à celles des soldats.

Napoléon apprit coup sur coup les malheurs de Macdonald et Vandamme. Il calcula cependant qu'il avait encore quinze ou seize jours devant lui avant que la grande armée où étaient les empereurs alliés se fût reformée. Il résolut de pousser une expédition sur Berlin; elle était nécessaire, car Bernadotte menaçait la gauche de la ligne de l'Elbe entre Wittemberg et Hambourg; il fallait le mettre hors d'état d'agir. Ney fut chargé de cette expédition; Napoléon lui-même devait le suivre avec le corps qu'il s'était réservé. Mais, comme l'armée s'ébranlait pour se porter sur Berlin, Bücher, poussant devant lui les débris de Masséna, était au moment d'atteindre Bautzen et de se lier avec l'armée de Bohême. L'empereur fut obligé d'y courir; il replia facilement l'armée de Silésie; elle recula devant lui autant qu'il voulut. Mais, pendant ce temps, Bernadotte, instruit du mouvement de Ney, s'avançait contre ce général. Les deux armées se rencontrèrent à Dennewitz le 3 septembre. Le maréchal français, après avoir rendu longtemps la victoire douteuse, fut accablé par le nombre. Les divisions saxonnes se conduisirent mal; enfin ses troupes se réfugièrent dans un désordre affreux sur le canon de Torgau.

L'empereur, instruit à temps de ce nouveau malheur, au lieu de se porter sur sa gauche, revint à Dresde. Il trouva la ville en alarmes; les têtes des colonnes ennemies s'étaient montrées aux débouchés de la Bohême, à Pyrna. En conséquence, le 8 septembre, il marcha avec quarante mille hommes sur ce point. L'ennemi ne tint pas, et recula, comme il avait déjà fait ailleurs plusieurs fois. Napoléon, fatigué de tant d'efforts vains, prit un moment le parti d'attendre l'attaque sur la ligne de l'Elbe.

Bientôt les trois armées des coalisés communiquèrent entre elles. Elles résolurent de porter leurs efforts sur les deux ailes de

Napoléon. Blücher opéra sa jonction avec Bernadotte pour couper la ligne de l'Elbe entre Hambourg et Wurtemberg, pendant que l'armée de Bohême marcherait sur Leipsick, enfermant ainsi Napoléon dans Dresde. En effet, Bernadotte jeta des ponts au-dessus de Dessau et y fit passer des corps de partisans sur la Saale et le Weser, qui allèrent occuper Brême, Naumburg et Merseburg; un détachement de Cosaques occupa Cassel. Bientôt Blücher et Bernadotte suivirent leurs partisans. Ils avaient passé l'Elbe le 3 octobre. D'un autre côté, les troupes légères de Schwartzenberg battaient les environs de Leipsick.

Alors Napoléon, pénétrant le plan des alliés, résolut de recourir lui-même à une combinaison par laquelle il attaquerait séparément avec l'ensemble de ses forces chacune de ces deux grandes ailes qui s'avançaient pour l'envelopper. En conséquence il laissa dans Dresde deux corps pour garder la ville et arrêter les Russes qui s'avançaient; il chargea Murat avec les corps de Victor, Lauriston et Poniatowski, de disputer pied à pied la route de Leipsick, et lui-même se mit, le 7 octobre, à descendre le long de l'Elbe pour gagner Torgau, y rallier les troupes de Ney, et de là marcher contre Blücher et Bernadotte. Mais déjà ceux-ci avaient passé l'Elbe après avoir bloqué Wurtemberg. On s'avança contre eux; mais ils cédèrent; en cedant ils enveloppaient l'armée française; ils entrèrent le 11 à Halle. Chose singulière, notre armée avait alors l'Elbe à dos, tandis que l'ennemi avait à dos les provinces de la confédération du Rhin. En même temps, Schwartzenberg poussait Murat devant lui sur la route de Leipsick. Les routes de France allaient être fermées pour Napoléon.

Mais, cette circonstance ne l'effraya pas; il médita de manœuvrer sur les derrières de l'ennemi en s'appuyant sur les places qu'il possédait. Il passa les journées des 11, 12 et 13 à méditer et à discuter ce nouveau plan, effrayant d'audace, dans lequel il faisait entrer le projet de s'emparer de Berlin et de nettoyer la Silésie. Il hésitait encore, lorsqu'il apprit la défection de la Bavière, et que son roi avait, par un traité conclu le 8, joint l'armée qui devait le défendre aux Autrichiens, qui venaient l'attaquer. Il renonça à son hardi projet; il céda, dit-on, contre son sentiment intime, aux observations de ses officiers généraux. Il prit le parti de retourner sur le Rhin. Mais il fallait traverser l'Allemagne soulevée et percer l'armée ennemie. On sut que l'armée de Bohême et celles de Blücher et de Bernadotte étaient à plus d'une journée de marche l'une de l'autre. En conséquence on conçut l'espoir de battre la première avant la jonction des secondes. Ney fut laissé avec une force suffisante pour observer celles-ci; le reste de l'armée se porta rapidement sur Leipsick et vint prendre position à une demi-lieue de cette ville du côté de la Bohême, se trouvant placée exactement au centre des deux grandes armées des coalisés. Nous laissons au bulletin à raconter la bataille qui reçut le nom de bataille de Leipsick ainsi que celle de Hanau.

A S. M. l'impératrice-reine et régente.

Le 16 octobre au soir.

» Le 15, le prince de Schwartzenberg, commandant l'armée ennemie, annonça à l'ordre du jour, que le lendemain 16 il y aurait une bataille générale et décisive.

» Effectivement le 16, à neuf heures du matin, la grande armée alliée déboucha sur nous. Elle opérait constamment pour s'étendre sur sa droite. On vit d'abord trois grosses colonnes se porter, l'une le long de la rivière de l'Elster, contre le village de Dœlitz; la seconde contre le village de Wachau, et la troisième contre celui de Liberwolkowitz. Ces trois colonnes étaient précédées par deux cents pièces de canon.

» L'empereur fit aussitôt ses dispositions.

» A dix heures, la canonnade était des plus fortes, et à onze heures les deux armées étaient engagées aux villages de Dœlitz, Wachau et Liberwolkowitz. Ces villages furent attaqués six à sept fois; l'ennemi fut constamment repoussé et couvrit les avenues de ses cadavres. Le comte Lauriston, avec le cinquième corps, défendait le village de gauche (Liberwolkowitz); le prince Poniatowski, avec ses braves Polonais, défendait le village de droite (Dœlitz), et le duc de Bellune défendait Wachau.

» A midi, la sixième attaque de l'ennemi avait été repoussée; nous étions maîtres des trois villages, et nous avions fait deux mille prisonniers.

» A peu près au même moment, le duc de Tarente débouchait par Holzhausen, se portant sur une redoute de l'ennemi, que le général Charpentier enleva au pas de charge en s'emparant de l'artillerie, et faisant quelques prisonniers.

» Le moment parut décisif.

» L'empereur ordonna au duc de Reggio de se porter sur Wachau avec deux divisions de la jeune garde. Il ordonna également au duc de Trévise de se porter sur Liberwolkowitz avec deux autres divisions de la jeune garde et de s'emparer d'un grand bois qui est sur la gauche du village. En même temps, il fit avancer sur le centre une batterie de cent cinquante pièces de canon, que dirigea le général Drouot.

» L'ensemble de ces dispositions eut le succès qu'on en attendait. L'artillerie ennemie s'éloigna. L'ennemi se retira, et le champ de bataille nous resta en entier.

» Il était trois heures après midi. Toutes les troupes de l'ennemi avaient été engagées. Il eut recours à sa réserve. Le comte de Merfeld, qui commandait la réserve autrichienne, releva avec six divisions toutes les troupes sur toutes les attaques, et la garde impériale russe qui formait la réserve de l'armée russe, les releva au centre.

» La cavalerie de la garde russe et les cuirassiers autrichiens se précipitèrent par leur gauche sur notre droite, s'emparèrent de Dœlitz, et vinrent caracoler autour des carrés du duc de Bellune.

» Le roi de Naples marcha avec les cuirassiers de Latour-Maubourg et chargea la cavalerie ennemie par la gauche de Wachau dans le temps que la cavalerie polonaise et les dragons de la garde, commandés par le général Letort, chargeaient par la droite. La cavalerie ennemie fut défaite; deux régimens entiers restèrent sur le champ de bataille. Le général Letort fit trois cents prisonniers russes et autrichiens. Le général Latour-Maubourg prit quelques centaines d'hommes de la garde russe.

» L'empereur fit sur-le-champ avancer la division Curial, de la garde, pour renforcer le prince Poniatowski. Le général Curial se porta au village de Dœlitz, l'attaqua à la baïonnette, le prit sans coup férir, et fit douze cents prisonniers, parmi lesquels s'est trouvé le général en chef Merfeld.

» Les affaires ainsi rétablies à notre droite, l'ennemi se mit en retraite, et le champ de bataille ne nous fut pas disputé.

» Les pièces de la réserve de la garde, que commandait le général Drouot, étaient avec les tirailleurs; la cavalerie ennemie vint les charger. Les canonniers rangèrent en carré leurs pièces, qu'ils avaient eu la précaution de charger à mitraille, et tirèrent avec tant d'agilité, qu'en un instant l'ennemi fut repoussé. Sur ces entrefaites, la cavalerie française s'avança pour soutenir ces batteries.

» Le général Maison, commandant une division du cinquième corps, officier de la plus grande distinction, fut blessé. Le général Latour-Maubourg, commandant la cavalerie, eut la cuisse emportée d'un boulet. Notre perte, dans cette journée, a été de deux mille cinq cents hommes, tant tués que blessés. Ce n'est pas exagérer que de porter celle de l'ennemi à vingt-cinq mille hommes.

» On ne saurait trop faire l'éloge de la conduite du comte Lauriston et du prince Poniatowski dans cette journée. Pour donner à ce dernier une preuve de sa satisfaction, l'empereur l'a nommé sur le champ de bataille maréchal de France, et a accordé un grand nombre de décorations aux régimens de son corps.

» Le général Bertrand était en même temps attaqué au village de Lindenau par les généraux Giulay, Thiehnann et Lichtenstein. On déploya de part et d'autre une cinquantaine de pièces de canon. Le combat dura six heures, sans que l'ennemi pût gagner un pouce de terrain. A cinq heures du soir le général Bertrand décida la victoire en faisant une charge avec sa réserve, et non-seulement il rendit vains les projets de l'ennemi, qui voulait s'emparer des ponts de Lindenau et des faubourgs de Leipsick, mais encore il le contraignit à évacuer son champ de bataille.

» Sur la droite de la Partha, à une lieue de Leipsick, et à peu près à quatre lieues du champ de bataille où se trouvait l'empereur, le duc de Raguse fut engagé. Par une de ces circonstances fatales qui influent souvent sur les affaires les plus importantes, le troisième corps, qui devait soutenir le duc de Raguse, n'entendant rien de ce côté, à dix heures du matin, et entendant au contraire une effroyable canonnade du côté où se trouvait l'empereur, crut bien faire de s'y porter, et perdit ainsi sa journée en marches. Le duc de Raguse, livré à ses propres forces, défendit Leipsick et soutint sa position pendant toute la journée; mais il éprouva des pertes qui n'ont point été compensées par celles qu'il a fait éprouver à l'ennemi, quelque grandes qu'elles fussent. Des bataillons de canonniers de la marine se sont faiblement comportés. Les généraux Compans et Frédérichs ont été blessés. Le soir, le duc de Raguse, légèrement blessé lui-même, a été obligé de resserrer sa position sur la Partha. Il a dû abandonner dans ce mouvement plusieurs pièces démontées et plusieurs voitures. »

A S. M. l'impératrice-reine et régente.

Le 24 octobre 1813.

» La bataille de Wachau avait déconcerté tous les projets de l'ennemi; mais son armée était tellement nombreuse, qu'il y avait encore des ressources. Il rappela en toute hâte, dans la nuit, les corps qu'il avait laissés sur sa ligne d'opération et les divisions restées sur la Saale; et il pressa la marche du général Benigsen, qui arrivait avec quarante mille hommes.

» Après le mouvement de retraite qu'il avait fait le 16 au soir et pendant la nuit, l'ennemi occupa une belle position à deux lieues en arrière. Il fallut employer la journée du 17 à le reconnaître et à bien déterminer le point d'attaque. Cette journée était d'ailleurs nécessaire pour faire venir les parcs de réserve et remplacer les quatre-vingt mille coups de canon qui avaient été consommés dans la bataille. L'ennemi eut donc le temps de rassembler ses troupes qu'il avait disséminées lorsqu'il se livrait à des projets chimériques, et de recevoir les renforts qu'il attendait.

» Ayant eu avis de l'arrivée de ces renforts, et ayant reconnu que la position de l'ennemi était très-forte, l'empereur résolut de l'attirer sur un autre terrain. Le 18, à deux heures du matin, il se rapprocha de Leipsick de deux lieues, et plaça son armée, la droite à Connewitz, le centre à Probstheide, la gauche à Stœtteritz, en se plaçant de sa personne au moulin de Ta.

» De son côté, le prince la Moskowa avait placé ses troupes vis-à-vis l'armée de Silésie, sur la Partha; le sixième corps à Schœfeld, et le troisième et le septième le long de la Partha à Neutsch et à Teekla. Le duc de Padoue avec le général Dombrowski, gardait la position et le faubourg de Leipsick, sur la route de Halle.

» A trois heures du matin, l'empereur était au village de Lindenau. Il ordonna au général Bertrand de se porter sur Lutzen et Weissenfels, de balayer la plaine et de s'assurer des débouchés sur la Saale, et de la communication avec Erfurt. Les troupes légères de l'ennemi se dispersèrent, et à midi le général Bertrand était maître de Weissenfels et du pont sur la Saale. Ayant ainsi assuré ses communications, l'empereur attendit de pied ferme l'ennemi.

» A neuf heures, les coureurs annoncèrent qu'il marchait sur toute la ligne. A dix heures la canonnade s'engagea.

» Le prince Poniatowski et le général Lefol défendaient le pont de Connewitz. Le roi de Naples, avec le deuxième corps était à Probstheide, et le duc de Tarente à Holzhausen.

» Tous les efforts de l'ennemi, pendant la journée, contre Connewitz et Probstheide, échouèrent. Le duc de Tarente fut débordé à Holzhausen; l'empereur ordonna qu'il se plaçât au village de Sœtteritz. La canonnade fut terrible. Le duc de Castiglione, qui défendait un bois sur le centre, s'y soutint toute la journée.

» La vieille garde était rangée en réserve sur une élévation, formant quatre grosses colonnes dirigées sur les quatre principaux points d'attaque.

» Le duc de Reggio fut envoyé pour soutenir le prince Poniatowski, et le duc de Trévise pour garder les débouchés de la ville de Leipsick.

» Le succès de la bataille était dans le village de Robstheude. L'ennemi l'attaqua quatre fois avec des forces considérables, quatre fois il fut repoussé avec une grande perte.

» A cinq heures du soir, l'empereur fit avancer ses réserves d'artillerie, et reploya tout le feu de l'ennemi, qui s'éloigna à une lieue du champ de bataille.

» Pendant ce temps, l'armée de Silésie attaqua le faubourg de Halle. Ses attaques, renouvelées un grand nombre de fois dans la journée, échouèrent toutes. Elle essaya, avec la plus grande partie de ses forces, de passer la Partha à Schœufeld et à Saint-Teekla. Trois fois elle parvint à se placer sur la rive gauche, et trois fois le prince de la Moskowva la chassa et la culbuta à la baïonnette.

» A trois heures après-midi, la victoire était pour nous de ce côté contre l'armée de Silésie, comme du côté où était l'empereur contre la grande armée; mais en ce moment l'armée saxonne, infanterie, cavalerie et artillerie, et la cavalerie wurtembergeoise, passèrent tout entières à l'ennemi. Il ne resta de l'armée saxonne que le général Zeschau, qui la commandait en chef, et cinq cents hommes. Cette trahison, non-seulement mit le vide dans nos lignes, mais livra à l'ennemi le débouché important confié à l'armée saxonne, qui poussa l'infamie au point de tourner sur-le-champ ses quarante pièces de canon contre la division Durutte. Un moment de désordre s'ensuivit; l'ennemi passa la Partha et marcha sur Reidnitz, dont il s'empara : il ne se trouvait plus qu'à une demi-lieue de Leipsick.

» L'empereur envoya sa garde à cheval, commandée par le général Nansouty, avec vingt pièces d'artillerie, afin de prendre en flanc les troupes qui s'avançaient le long de la Partha pour attaquer Leipsick. Il se porta lui-même avec une division de la garde au village de Reidnitz. La promptitude de ces mouvemens rétablit l'ordre : le village fut repris, et l'ennemi repoussé fort loin.

» Le champ de bataille resta en entier en notre pouvoir, et l'armée française resta victorieuse aux champs de Leipsick, comme elle l'avait été aux champs de Wachau. A la nuit, le feu de nos canons avait, sur tous les points, repoussé à une lieue du champ de bataille le feu de l'ennemi.

» Les généraux de division Vial et Rochambeau sont morts glorieusement. Notre perte dans cette journée peut s'évaluer à quatre mille tués ou blessés; celle de l'ennemi doit avoir été extrêmement considérable. Il ne nous a fait aucun prisonnier, et nous lui avons pris cinq cents hommes.

» A six heures du soir, l'empereur ordonna les dispositions pour la journée du lendemain; mais à sept heures, les généraux Sorbier et Delauloy, commandant l'artillerie de l'armée et de la garde, vinrent à son bivouac lui rendre compte des consommations de la journée : où avait tiré quatre-vingt quinze mille coups de canon. Ils dirent que les réserves étaient épuisées, qu'il ne restait pas plus de seize mille coups de canon; que cela suffisait à peine pour entretenir le feu pendant deux heures, et qu'ensuite on serait sans munitions pour les événemens ultérieurs; que l'armée, depuis cinq jours, avait tiré plus de deux cent vingt mille coups de canon, et qu'on ne pourrait se réapprovisionner qu'à Magdebourg ou à Erfurt.

» Cet état de choses rendait nécessaire un prompt mouvement sur un de nos grands dépôts ; l'empereur se décida pour Erfurt par la même raison qui l'avait décidé à venir sur Leipsick, pour être à portée d'apprécier l'influence de la défection de la Bavière.

» L'empereur donna sur-le-champ les ordres pour que les bagages, les parcs, l'artillerie, passassent les défilés de Lindenau; il donna le même ordre à la cavalerie et à différens corps d'armée, et il vint dans les faubourgs de Leipsick, à l'hôtel de Prusse, où il arriva à neuf heures du soir. Cette circonstance obligea l'armée française à renoncer aux fruits des deux victoires où elle avait, avec tant de gloire, battu des troupes de beaucoup supérieures en nombre et les armées de tout le continent.

» Mais ce mouvement n'était pas sans difficultés. De Leipsick à Lindenau, il y a un défilé de deux lieues, traversé par cinq ou six ponts. On proposa de mettre six mille hommes et soixante pièces de canon dans la ville de Leipsick, qui a des remparts, d'occuper cette ville comme tête de défilé, et d'incendier ses vastes faubourgs, afin d'empêcher l'ennemi de s'y loger et de donner jeu à notre artillerie placée sur les remparts.

» Quelque odieuse que fût la trahison de l'armée saxonne, l'empereur ne put se résoudre à détruire une des belles villes de l'Allemagne, de la livrer à tous les genres de désordres inséparables d'une telle défense, et cela sous les yeux du roi, qui, depuis Dresde, avait voulu accompagner l'empereur, et qui était si vivement affligé de la conduite de son armée. L'empereur aima mieux s'exposer à perdre quelques centaines de voitures que d'adopter ce parti barbare.

» A la pointe du jour, tous les parcs, les bagages, toute l'artillerie, la cavalerie, la garde et les deux tiers de l'armée avaient passé le défilé.

» Le duc de Tarente et le prince Poniatowski furent chargés de garder les faubourgs, de les défendre assez de temps pour laisser tout débouché, et d'exécuter eux-mêmes le passage du défilé vers onze heures.

» Le magistrat de Leipsick envoya, à 6 heures du matin, une députation au prince de Schwartzenberg, pour lui demander de ne pas rendre la ville le théâtre d'un combat qui entraînerait sa ruine.

» A neuf heures, l'empereur monta à cheval, entra dans Leipsick et alla voir le roi. Il a laissé ce prince maître de faire ce qu'il voudrait, et de ne pas quitter ses états, en les laissant exposés à cet esprit de sédition qu'on avait fomenté parmi les soldats. Un bataillon saxon avait été formé à Dresde, et joint à la jeune garde. L'empereur le fit ranger à Leipsick devant le palais du roi, pour lui servir de garde, et pour le mettre à l'abri du premier mouvement de l'ennemi.

» Une demi-heure après, l'empereur se rendit à Lindenau, pour y attendre l'évacuation de Leipsick, et voir les dernières troupes passer les ponts avant de se mettre en marche.

» Cependant l'ennemi ne tarda pas à apprendre que la plus grande partie de l'armée avait évacué Leipsick, et qu'il n'y restait qu'une forte arrière-garde. Il attaqua vivement le duc de Tarente et le prince Poniatowski ; il fut plusieurs fois repoussé ; et, tout en défendant les faubourgs, notre arrière-garde opéra sa retraite, mais les Saxons restés dans la ville tirèrent sur nos troupes de dessus les remparts; ce qui obligea d'accélérer un peu la retraite et mit un peu de désordre.

» L'empereur avait ordonné au génie de pratiquer des fougassses sous le grand pont qui est entre Leipsick et Lindenau, afin de le faire sauter au dernier moment, de retarder ainsi la marche de l'ennemi, et de laisser le temps aux bagages de filer. Le général Du'auloy avait chargé le colonel Montfort de cette opération. Ce colonel, au lieu de rester sur les lieux pour la diriger et pour donner le signal, ordonna à un caporal et à quatre sapeurs de faire sauter le pont aussitôt que l'ennemi se présenterait. Le caporal, homme sans intelligence, et comprenant mal sa mission, entendant les premiers coups de fusil tirés des remparts de la ville, mit le feu aux fougasses, et fit sauter le pont : une partie de l'armée était encore de l'autre côté, avec un parc de quatre-vingts bouches à feu et de quelques centaines de voitures.

» La tête de cette partie de l'armée, qui arrivait au pont, le voyant sauter, crut qu'il était au pouvoir de l'ennemi. Un cri d'épouvante se prolongea de rang en rang : *L'ennemi est sur nos derrières, et les ponts sont coupés!* — Ces malheureux se débandèrent et cherchèrent à se sauver. Le duc de Tarente passa la rivière à la nage ; le comte Lauriston moins heureux, se noya ; le prince Poniatowski monté sur un cheval fougueux, se lança dans l'eau et n'a plus reparu. L'empereur n'apprit ce désastre que lorsqu'il n'était plus temps d'y remédier ; aucun remède même n'eût été possible. Le colonel Montfort et le caporal de sapeurs sont traduits à un conseil de guerre.

» On ne peut encore évaluer les pertes occasionnées par ce malheureux événement ; mais on les porte, par approximation, à douze mille hommes et à plusieurs centaines de voitures. Les désordres qu'il a portés dans l'armée, ont changé la situation des choses : l'armée française victorieuse, arriva à Erfurt comme y arriverait une armée battue. Il est impossible de peindre les regrets que l'armée a donnés au prince Poniatowski, au comte Lauriston, et à tous les braves qui ont péri par la suite de ce funeste événement.

» On n'a pas de nouvelles du général Reynier ; on ignore s'il a été pris ou tué. On se figurera facilement la profonde douleur de l'empereur, qui voit, par un oubli de ses prudentes dispositions, s'évanouir les résultats de tant de fatigues et de travaux.

» Le 19, l'empereur a couché à Markranstaed ; le duc de Reggio était resté à Lindenau.

» Le 20, l'empereur a passé la Saale à Weissenfels.

» Le 21, l'armée a passé l'Unstrut à Fribourg ; le général Bertrand a pris position sur les hauteurs de Coesen.

» Le 22, l'empereur a couché au village d'Ollendorf.

» Le 24, il est arrivé à Erfurt.

» L'ennemi, qui avait été consterné des batailles du 16 et du 18, a repris, par le désastre du 19, du courage et l'ascendant de la victoire.

» L'armée française, après de si brillans succès, a perdu son attitude victorieuse.

» Nous avons trouvé à Erfurt, en vivres, munitions, habits, souliers, tout ce dont l'armée pouvait avoir besoin.

» L'état-major publiera les rapports des différens chefs d'armée, sur les officiers qui se sont distingués dans les grandes journées de Wachau et de Leipsick. »

A S. M. l'impératrice-reine et régente.

Le 31 octobre 1813.

« Les deux régimens de cuirassiers du roi de Saxe, faisant partie du premier corps de cavalerie, étaient restés avec l'armée française. Lorsque l'empereur eut quitté Leipsick, il leur fit écrire par le duc de Vicence, et les renvoya à Leipsick, pour servir de garde au roi.

» Lorsqu'on fut certain de la défection de la Bavière, un bataillon bavarois était encore avec l'armée : S. M. a fait écrire au commandant de bataillon par le major-général.

» L'empereur est parti d'Erfurt le 25.

» Notre armée a opéré tranquillement son mouvement sur le Mein. Arrivé le 29 à Gelnhausen, on aperçut un corps ennemi de cinq à six mille hommes, cavalerie, infanterie et artillerie, qu'on sut par les prisonniers être l'avant-garde de l'armée autrichienne et bavaroise. Cette avant-garde fut poussée et obligée de se retirer. On rétablit promptement le pont que l'ennemi avait coupé. On apprit aussi par les prisonniers que l'armée autrichienne et bavaroise, annoncée forte de soixante à soixante-dix mille hommes, venant de Braunau, était arrivée à Hanau, et prétendait barrer le chemin de l'armée française.

» Le 29 au soir, les tirailleurs de l'avant-garde ennemie furent poussés au-delà du village de Langenseholde; et à sept heures du soir, l'empereur et son quartier-général était dans ce village au château d'Issenbourg.

» Le lendemain 30, à neuf heures du matin, l'empereur monta à cheval. Le duc de Tarente se porta en avant avec 5,000 tirailleurs sous les ordres du général Charpentier. La cavalerie du général Sebastiani, la division de la garde, commandée par le général Friant, et la cavalerie de la vieille garde suivirent; le reste de l'armée était en arrière d'une marche.

» L'ennemi avait placé six bataillons au village de Ruchingen, afin de couper toutes les routes qui pouvaient conduire sur le Rhin. Quelques coups de mitraille et une charge de cavalerie firent reculer précipitamment ces bataillons.

» Arrivés sur les lisières du bois, à deux lieues de Hanau, les tirailleurs ne tardèrent pas à s'engager. L'ennemi fut acculé dans le bois jusqu'au point de jonction de la vieille et de la nouvelle route. Ne pouvant rien opposer à la supériorité de notre infanterie, il essaya de tirer parti de son grand nombre; il étendit le feu sur sa droite. Une brigade de deux mille tirailleurs du deuxième corps, commandée par le général Dubreton, fut engagée pour le contenir, et le général Sébastiani fit exécuter avec succès, dans l'éclarci du bois, plusieurs charges sur les tirailleurs ennemis. Nos cinq mille tirailleurs continrent ainsi toute l'armée ennemie, en gagnant insensiblement du temps, jusqu'à trois heures de l'après-midi.

» L'artillerie étant arrivée, l'empereur ordonna au général Curial de se porter au pas de charge sur l'ennemi avec deux bataillons de chasseurs de la vieille garde, et de le culbuter au-delà du débouché; au général Drouot, de déboucher sur-le-champ avec cinquante pièces de canon; au général Nansouty, avec tout le corps du général Sébastiani et la cavalerie de la vieille garde, de charger vigoureusement l'ennemi dans la plaine.

» Toutes ces dispositions furent exécutées exactement.

» Le général Curial culbuta plusieurs bataillons ennemis. Au seul aspect de la vieille garde, les Autrichiens et les Bavarois furent épouvantés.

Quinze pièces de canon, et successivement jusqu'à cinquante, furent placées en batterie avec l'activité et l'intrépide sang-froid qui distinguent le général Drouot. Le général Nansouty se porta sur la droite de ces batteries et fit charger dix mille hommes de cavalerie ennemie par le général Levèque, major de la vieille garde, par la division de cuirassiers Saint-Germain, et successivement par les grenadiers et les dragons de la cavalerie de la garde. Toutes ces charges eurent le plus heureux résultat. La cavalerie ennemie fut culbutée et sabrée;

plusieurs carrés d'infanterie furent enfoncés; le régiment autrichien Jordis et es hulans du prince de Schwartzenberg ont été entièrement détruits. L'ennemi abandonna précipitamment le chemin de Francfort, qu'il barrait, et tout le terrain qu'occupait sa gauche. Il se mit en retraite, et bientôt après en complète déroute.

» Il était cinq heures. Les ennemis firent un effort sur leur droite pour dégager leur gauche et donner le temps à celle-ci de se replier. Le général Friant envoya deux bataillons de la vieille garde à une ferme située sur le vieux chemin de Hanau. L'ennemi en fut promptement débusqué, et sa droite fut obligée de plier et de se mettre en retraite. Avant six heures du soir, il repassa en déroute la petite rivière de Kintzig.

» La victoire fut complète.

» L'ennemi, qui prétendait barrer tout le pays, fut obligé d'évacuer le chemin de Francfort et de Hanau.

» Nous avons fait six mille prisonniers et pris plusieurs drapeaux et plusieurs pièces de canon. L'ennemi a eu six généraux tués ou blessés. Sa perte a été d'environ dix mille hommes tués, blessés ou prisonniers. La nôtre n'est que de quatre à cinq cents hommes tués ou blessés. Nous n'avons eu d'engagés que cinq mille tirailleurs, quatre bataillons de la vieille garde, et à peu près quatre-vingts escadrons de cavalerie, et cent vingt pièces de canon.

» A la pointe du jour, le 31, l'ennemi s'est retiré, se dirigeant sur Aschaffenbourg. L'empereur a continué son mouvement, et à trois heures après midi, S. M. était à Francfort.

» Les drapeaux pris à cette bataille et ceux qui ont été pris aux batailles de Wachau et de Leipsick sont partis pour Paris.

» Les cuirassiers, les grenadiers à cheval, les dragons ont fait de brillantes charges. Deux escadrons de gardes d'honneur du troisième régiment commandés par le major Saluces, se sont spécialement distingués, et font présumer ce qu'on doit attendre de ce corps au printemps prochain, lorsqu'il sera parfaitement organisé et instruit.

» Le général d'artillerie de l'armée Nourrit, et le général Devaux, major d'artillerie de la garde, ont mérité d'être distingués; le général Letort, major des dragons de la garde, quoique blessé à la bataille de Wachau, a voulu charger à la tête de son régiment, et a eu son cheval tué.

» Le 31 au soir, le grand quartier-général était à Francfort.

» Le duc de Trévise, avec deux divisions de la jeune garde et le premier corps de cavalerie, était à G Inhaussed. Le duc de Reggio arrivait à Francfort.

» Le comte Bertrand et le duc de Raguse étaient à Hanau.

» Le général Sébastiani était sur la Nida.

A S. M. l'impératrice-reine et régente.

Francfort, le 1er novembre 1813.

« Madame et très-chère épouse, je vous envoie vingt drapeaux pris par mes armes aux batailles de Wachau, de Leipsick et de Hanau; c'est un hommage que j'aime à vous rendre. Je désire que vous y voyiez une marque de ma grande satisfaction de votre conduite pendant la régence que je vous ai confiée.

» NAPOLÉON. »

A S. M. l'impératrice-reine et régente.

Le 3 novembre 1813.

» Le 30 octobre, dans le moment où se livrait la bataille de Hanau, le général Lefevre-Desnouettes, à la tête de sa division de cavalerie et du cinquièm corps de cavalerie commandée par le général Milhau, flanquait toute la droite de l'armée, du côté de Bruckœbel et de Nieder-Issengheim. Il se trouvait en présence d'un corps de cavalerie russe et alliée, de six à sept mille hommes : le combat s'engagea ; plusieurs charges eurent lieu, toutes à notre avantage, et ce corps ennemi, formé par la réunion de deux ou trois partisans, fut rompu et vivement poursuivi. Nous lui avons fait cent cinquante prisonniers montés. Notre perte est d'une soixantaine d'hommes blessés.

» Le lendemain de la bataille de Hanau, l'ennemi était en pleine retraite ; l'empereur ne voulut point le poursuivre, l'armée se trouvant fatiguée, et S. M., bien loin d'y attacher quelque importance, ne pouvant voir qu'avec regret la destruction de quatre à cinq mille Bavarois, qui aurait été le résultat de cette poursuite. S. M. se contenta donc de faire poursuivre légèrement l'arrière-garde ennemie, et laissa le général Bertrand sur la rive droite de la Kintzig.

» Vers les trois heures de l'après-midi, l'ennemi, sachant que l'armée avait filé, revint sur ses pas, espérant avoir quelque avantage sur le corps du général Bertrand. Les divisions Morand et Guilleminot lui laissèrent faire ses préparatifs pour le passage de la Kintzig, et quand il l'eut passée, marchèrent à lui à la baïonnette, et le culbutèrent dans la rivière, où la plus grande partie de ses gens se noyèrent. L'ennemi a perdu trois mille hommes dans cette circonstance.

» Le général bavarois de Wrede, commandant en chef de cette armée, a été mortellement blessé, et on a remarqué que tous les parens qu'il avait dans l'armée ont péri dans la bataille de Hanau, entre autres son gendre le prince d'Oettingen.

» Une division bavaroise-autrichienne est entrée le 30 octobre à midi à Francfort ; mais à l'approche des coureurs de l'armée française, elle s'est retirée sur la rive gauche du Mein, après avoir coupé le pont.

» Le 2 novembre, l'arrière-garde française a évacué Francfort, et s'est portée sur la Nidda.

» Le même jour à cinq heures du matin l'empereur est entré à Mayence.

» On suppose, dans le public, que le général de Wrede a été l'auteur et l'agent principal de la défection de la Bavière. Ce général avait été comblé des bienfaits de l'empereur.

A S. M. l'impératrice-reine et régente.

Le 7 novembre 1813.

» Le duc de Tarente était à Cologne, où il organise une armée pour la défense du Bas-Rhin.

» Le duc de Raguse était à Mayence.

» Le duc de Bellune était à Strasbourg.

» Le duc de Valmy était allé prendre à Metz le commandement de toutes les réserves.

» Le comte Bertrand, avec le quatrième corps, composé de quatre divisions d'infanterie et d'une division de cavalerie, et fort de quarante mille hommes, occupait la rive droite en avant de Cassel. Son quartier général était à Hocheim. Depuis quatre jours, on travaillait à un camp retranché sur les hauteurs à une lieue en avant de Cassel. Plusieurs ouvrages étaient tracés et fort avancés.

» Tout le reste de l'armée avait passé le Rhin.

» S. M. avait signé, le 7, la réorganisation de l'armée et la nomination à toutes les places vacantes.

» L'avant-garde commandée par le comte Bertrand n'avait pas encore vu d'infanterie ennemie, mais seulement quelques troupes de cavalerie légère.

» Toutes les places du Rhin s'armaient et s'approvisionnaient avec la plus grande activité.

» Les gardes nationales récemment levées se rendaient de tous côtés dans les places pour en former la garnison et laisser l'armée disponible.

» Le général Dulauloy avait réorganisé les douze cents bouches à feu de la garde. Le général Sorbier était occupé à réorganiser cent batteries à pied et à cheval, et à réparer la perte des chevaux qu'avait éprouvé l'artillerie de l'armée. «

L'empereur arriva le 9 novembre au soir à Saint-Cloud. Le dimanche suivant, 14, le sénat vint aux Tuileries lui présenter ses félicitations.

« Sire, dit le président, la pensée du sénat a constamment accompagné votre majesté au milieu des mémorables événemens de cette campagne; il a frémi des dangers que votre majesté a courus.

» Les efforts des ennemis de la France ont en vain été secondés par la défection de ses alliés, par des trahisons sans exemple, par des événemens extraordinaires et des accidens funestes. Votre majesté a tout surmonté; elle a combattu pour la paix.

» Avant la reprise des hostilités votre majesté a offert la réunion d'un congrès où toutes les puissances, même les plus petites, seraient appelées, pour concilier tous les différends, et pour poser les bases d'une paix honorable à toutes les nations.

» Vos ennemis, Sire, se sont opposés à la réunion de ce congrès. C'est sur eux que doit retomber tout le blâme de la guerre.

» Votre majesté, qui connaît mieux que personne les besoins et les sentimens de ses sujets, sait que nous désirons la paix. Cependant tous les peuples du continent en ont un plus grand besoin que nous, et si, malgré le vœu et l'intérêt de plus de cent cinquante millions d'âmes, nos ennemis, refusant de traiter, voulaient, en nous imposant des conditions, nous prescrire une sorte de capitulation, leurs espérances fallacieuses seraient déjouées! Les Français montrent par leur dévouement et par leurs sacrifices qu'aucune nation n'a jamais mieux connu ses devoirs envers la patrie, l'honneur et son souverain. »

Réponse de l'empereur.

« Sénateurs, j'agrée les sentimens que vous m'exprimez.

» Toute l'Europe marchait avec nous il y a un an; toute l'Europe marche aujourd'hui contre nous : c'est que l'opinion du monde est faite par la France ou par l'Angleterre. Nous aurions donc tout à redouter sans l'énergie et la puissance de la nation.

» La postérité dira que, si de grandes et critiques circonstances se sont présentées, elles n'étaient pas au-dessus de la France et de moi. »

— Le sénat ne se montra pas moins complaisant qu'il était obséquieux. Un sénatus-consulte du 15 novembre mit à la disposition du ministre de la guerre *trois cent mille conscrits*, pris dans les classes des années 11, 12, 13, 14 de la République, 1806 et années suivantes, jusque et compris 1814. Les hommes mariés étaient exempts de cette levée. Déjà le 9 octobre précédent, sur la demande de l'impératrice, le même sénat avait décrété une levée de *deux cent quatre-vingt mille conscrits*, dont cent vingt mille devaient être pris sur les classes de 1814 et années antérieures et cent soixante mille sur la conscription de 1815; les départemens qui avaient été chargés de la levée du 24 août pour l'armée d'Espagne, ainsi que les hommes mariés étaient exemptés. Ces divers décrets avaient évidemment pour but d'appeler sous les armes tous les hommes valides et disponibles qui restaient en France, sans en excepter aucun. On calcula qu'ils atteindraient même les hommes âgés de trente-trois ans. Il était impossible au reste que les levées s'élevassent jamais aux chiffres fixés par le sénat. La population était épuisée et elle ne contenait pas ce nombre de célibataires. Mais on voulait prendre tout ce que l'on pourrait avoir ; on voulait peut-être plus encore en imposer à l'ennemi en exagérant les ressources dont on disposait. Il n'en est pas moins vrai que les levées ordonnées dans le cours de cette année présentaient le total énorme de onze cent quarante mille hommes. Ainsi, l'exagération du décret impérial de Wurtzchen fut justifiée.

ANNÉE 1813.

L'empereur s'empressa ensuite de réunir le corps législatif. Doutait-il de son opinion et de son enthousiasme? Nous l'ignorons : quoi qu'il en soit, sur la proposition du conseil d'état, le sénat rendit encore, le 15 novembre, un décret, par lequel il était décidé, Article premier, que les députés de la quatrième série exerceraient leurs fonctions pendant toute la durée de la session qui allait s'ouvrir ; article 2, que le sénat et le conseil d'état assisteraient en corps aux séances impériales du corps législatif, et que l'empereur nommerait à la présidence de ce corps. En effet Napoléon nomma Regnier, duc de Massa, président :

Le dimanche, 19 décembre, l'empereur se rendit en grande pompe, mais en bravant un temps détestable qui fut pris pour un mauvais présage, au corps législatif ainsi composé. Il y prononça un discours dont nous allons donner le texte.

« Sénateurs, dit l'empereur, conseillers d'état, députés des départemens au corps législatif, d'éclatantes victoires ont illustré les armes françaises dans cette campagne, des défections sans exemple ont rendu ces victoires inutiles : tout a tourné contre nous. La France même serait en danger sans l'énergie et l'union des Français.

» Dans ces grandes circonstances, ma première pensée a été de vous appeler près de moi. Mon cœur a besoin de la présence et de l'affection de mes sujets.

» Je n'ai jamais été séduit par la prospérité. L'adversité me trouverait au-dessus de ses atteintes.

» J'ai plusieurs fois donné la paix aux nations lorsqu'elles avaient tout perdu. D'une part des conquêtes j'ai élevé des trônes pour des rois qui m'ont abandonné.

» J'avais conçu et exécuté de grands desseins pour la prospérité et le bonheur du monde !..... Monarque et père, je sens ce que la paix ajoute à la sécurité des trônes et à celle des familles. Des négociations ont été entamées avec les puissances coalisées. J'ai adhéré aux bases préliminaires qu'elles ont présentées. J'avais donc l'espoir qu'avant l'ouverture de cette session le congrès de Manheim serait réuni ; mais de nouveaux retards, qui ne sont pas attribués à la France, ont différé ce moment, que presse le vœu du monde.

» J'ai ordonné qu'on vous communiquât toutes les pièces originales qui se trouvent au portefeuille de mon département des affaires étrangères. Vous en prendrez connaissance par l'intermédiaire d'une commission. Les orateurs de mon conseil vous feront connaître ma volonté sur cet objet.

» Rien ne s'oppose de ma part au rétablissement de la paix. Je connais et je partage tous les sentimens des Français : je dis des Français, parce qu'il n'en est aucun qui désirât la paix au prix de l'honneur.

» C'est à regret que je demande à ce peuple généreux de nouveaux sacrifices ; mais ils sont commandés par ses plus nobles et ses plus chers intérêts. J'ai dû renforcer mes armées par de nombreuses levées : les nations ne traitent avec sécurité qu'en déployant toutes leurs forces. Un accroissement dans les recettes

T. XXXIX.

devient indispensable. Ce que mon ministre des finances vous proposera est conforme au système des finances que j'ai établi. Nous ferons face à tout sans emprunt, qui consomme l'avenir, et sans papier-monnaie, qui est le plus grand ennemi de l'ordre social.

» Je suis satisfait des sentimens que m'ont montrés dans cette circonstance mes peuples d'Italie.

» Le Danemarck et Naples sont seuls restés fidèles à mon alliance.

» La république des États-Unis d'Amérique continue avec succès sa guerre contre l'Angleterre.

» J'ai reconnu la neutralité des dix-neuf cantons suisses.

» Sénateurs, conseillers d'état, députés des départemens au corps législatif, vous êtes les organes naturels de ce trône : c'est à vous de donner l'exemple d'une énergie qui recommande notre génération aux générations futures. Qu'elles ne disent pas de nous : Ils ont sacrifié les premiers intérêts du pays ! ils ont reconnu les lois que l'Angleterre a cherché en vain, pendant quatre siècles, à imposer à la France !....

» Mes peuples ne peuvent pas craindre que la politique de leur empereur trahisse jamais la gloire nationale. De mon côté, j'ai la confiance que les Français seront constamment dignes d'eux et de moi !..

— Le 21 décembre, un décret de Napoléon autorisa le corps législatif et le sénat à nommer les commissions extraordinaires, composées de cinq membres non compris les présidens, qui devaient prendre connaissance des pièces relatives aux négociations qui avaient échoué. Le corps législatif nomma membres de cette commission Raynouard, Lainé, Gallois, Flaugergues et Maine-de-Biran.

Un message fut immédiatement porté à l'empereur pour l'informer de l'exécution de son décret par le corps législatif.

Le 23 Napoléon adressa au président une lettre ainsi conçue :

« Monsieur le duc de Massa, président du corps législatif, nous vous adressons la présente lettre close pour vous faire connaître que notre intention est que vous vous rendiez demain, 24 du courant, heure de midi, chez notre cousin le prince archichancelier de l'empire, avec la commission nommée hier par le corps législatif, en exécution de notre décret du 20 de ce mois, laquelle est composée des sieurs Raynouard, Lainé, Gallois, Flaugergues et Biran; et ce à l'effet de prendre connaissance des pièces relatives à la négociation, ainsi que de la déclaration des puissances coalisées, qui seront communiquées par le comte Regnault, ministre d'état, et le comte d'Hauterive, conseiller d'état, attaché à l'office des relations extérieures; lequel sera porteur desdites pièces et déclaration.

» Notre intention est aussi que notredit cousin préside la commission.

» La présente n'étant à d'autres fins, je prie Dieu qu'il vous ait, monsieur le duc de Massa, en sa sainte garde. A Paris, ce 23 décembre 1813.—*Signé* NAPOLÉON. »

La commission extraordinaire du sénat se composait de MM. *Fontanes, Talleyrand, Saint-Marsan, Barbé-Marbois, Beurnonville*. De même que dans le corps législatif, le président annuel du sénat, M. *Lacépède*, était de droit membre de la commission.

Des conférences s'établirent immédiatement entre les ministres de l'empereur et les membres des commissions. Elles présentèrent un contraste frappant : les commissaires du sénat ne démentirent point le dévouement connu de leur corps ; mais un sentiment marqué de défiance, un esprit de sédition, animait les députés commissaires. La liberté, dont le sacrifice avait été supporté depuis si long-temps sans effort; la paix, qu'il n'était possible d'obtenir que par une attitude guerrière; la liberté et la paix, voilà ce qu'avant tout les députés réclamaient avec chaleur. M. Raynouard se fit surtout remarquer par l'énergie de ses discours.

Napoléon, en accordant au corps législatif une apparente confiance, voulait rattacher tous les citoyens à sa cause, et répondre ainsi aux alliés, qui dans leurs déclarations s'efforçaient de séparer le peuple du trône afin d'éviter une guerre nationale. Mais il avait montré une défiance peu adroite en lui imposant un président de son choix, un président non député, et pris parmi les agens de la couronne. Le duc de Massa avait été accueilli par des murmures, et la chambre entière, dans ses relations avec cet organe du pouvoir devenu aussi le sien, témoignait beaucoup de répugnance. Un membre de la commission, M. Flaugergues, à qui le duc de Massa reprochait l'*inconstitutionnalité* d'une observation, répondit à ce président : « Je ne connais ici rien de plus

» *inconstitutionnel* que vous-même, vous qui, au mépris de nos lois,
» venez présider les représentans du peuple, quand vous n'avez
» pas même le droit de siéger à leurs côtés. » Et cette réplique
obtint l'approbation de toute la chambre.

C'est dans ces dispositions, si différentes, que les deux commissions rédigèrent leurs rapports.

L'orateur du sénat, M. de Fontanes, modérant le style adulateur dont il s'était fait une si longue habitude, s'attacha surtout à démontrer la marche des cabinets alliés. Le sénat entendit son rapport le 27, et vota une *adresse à l'empereur* qui fut présentée le 30 décembre.

M. Raynouard devait parler au nom de la commission du corps législatif; mais M. Lainé fut chargé du rapport, qu'il prononça le 28.

Ce rapport, mis aux voix dans la séance du 29, fut adopté à la majorité de deux cent vingt-trois voix contre trente et une. L'assemblée en ordonna l'impression à six exemplaires pour chacun de ses membres. On confia à la même commission la rédaction d'une adresse qui devait porter au pied du trône l'esprit et les vues du rapport.

Mais le 30, Napoléon fit arrêter l'impression et saisir les premières épreuves de ce rapport, qu'il condamna comme séditieux et injurieux à sa personne; il ne voulut point recevoir l'adresse. Le 31, par un décret impérial, le corps législatif fut ajourné.

Il n'y avait pas eu de discours de *clôture*; mais le lendemain, jour de réception d'étiquette à la cour, Napoléon répondit aux hommages du corps législatif en s'abandonnant à une improvisation qui montre moins l'empereur justement irrité que le magistrat trompé dans ses espérances, dans ses affections civiques.

Voici le rapport de Lainé et l'allocution de l'empereur.

Rapport fait au corps législatif, au nom de sa commission extraordinaire, par M. Lainé. — Comité secret du 28 décembre 1813.

Messieurs, la commission extraordinaire que vous avez nommée, en vertu du décret de l'empereur du 20 décembre 1813, vient vous présenter le rapport que vous attendez en ces graves circonstances.

Ce n'est pas à la commission seulement, c'est au corps législatif en entier à exprimer les sentimens qu'inspire la communication ordonnée par Sa Majesté des pièces originales du portefeuille des affaires étrangères.

» Cette communication a eu lieu, messieurs, sous la présidence de S. A. S. l'archichancelier de l'empire.

Les pièces qu'on a mises sous nos yeux sont au nombre de neuf.

Parmi ces pièces se trouvent des notes du ministre de France et du ministre d'Autriche qui remontent aux 18 et 21 août.

On y trouve le discours prononcé par le régent, le 5 novembre, au parlement d'Angleterre; il y disait :

Il n'est ni dans les intentions de Sa Majesté, ni dans celles des puissances alliées, de demander à la France aucun sacrifice qui puisse être incompatible avec son honneur et ses justes droits.

La négociation actuelle pour la paix commence au 10 novembre dernier; elle s'engagea par l'entremise d'un ministre de France en Allemagne. Témoin d'un entretien entre les ministres d'Autriche, de Russie et d'Angleterre, il fut chargé de rapporter en France des paroles de paix, et de faire connaître les *bases générales et sommaires* sur lesquelles la paix pouvait se négocier.

Le ministre des relations extérieures, M. le duc de Bassano, a répondu le 16 à cette communication du ministre d'Autriche. Il a déclaré qu'une paix fondée sur la base de l'indépendance générale des nations, tant sur terre que sur mer, était l'objet des désirs de la politique de l'empereur : en conséquence, il proposait la réunion d'un congrès à Manheim.

Le ministre d'Autriche répondit, le 25 novembre, que Leurs Majestés impériales et le roi de Prusse étaient prêts à négocier dès qu'ils auraient la certitude que l'empereur des Français admettait les *bases générales et sommaires* précédemment communiquées. Les puissances trouvaient que les principes contenus dans la lettre du 16, quoique généralement partagés par tous les gouvernemens de l'Europe, ne pouvaient tenir lieu de bases.

Dès le 2 décembre, le ministre des relations extérieures, M. le duc de Vicence, donna la certitude désirée. En rappelant les principes généraux de la lettre du 16, il annonce, avec une vive satisfaction, que Sa Majesté l'empereur a adhéré aux bases proposées; qu'elles entraîneraient de grands sacrifices de la part de la France, mais qu'elle les ferait sans regret pour donner la paix à l'Europe.

A cette lettre, le ministre d'Autriche répondit, le 10 décembre, que Leurs Majestés avaient reconnu avec satisfaction que l'empereur avait adopté *des bases essentielles au rétablissement de l'équilibre et de la tranquillité de l'Europe*; qu'elles ont voulu que cette pièce fût communiquée sans délai à leurs alliés, et qu'elles ne doutaient pas que les négociations ne pussent s'ouvrir immédiatement après leurs réponses.

C'est à cette dernière pièce que, d'après les communications qui nous ont été faites, s'arrête la négociation : c'est de là qu'il est permis d'espérer qu'elle reprendra son cours naturel, lorsque le retard exigé pour une communication plus éloignée aura cessé. C'est donc sur ces deux pièces que peuvent reposer nos espérances.

Pendant que cette correspondance avait lieu entre les ministres respectifs, on a imprimé dans la *Gazette de Francfort*, mise sous les yeux de votre commission en vertu de la lettre close de Sa Majesté, une déclaration des puissances coalisées en date du 1er décembre, où l'on remarque, entre autres choses, le passage suivant :

Les souverains alliés désirent que la France soit grande, forte et heureuse, parce que la puissance française grande et forte est une des bases fondamentales de l'édifice social; ils désirent que la France soit heureuse, que le commerce français renaisse, que les arts, les bienfaits de la paix refleurissent, parce qu'un grand peuple ne saurait être tranquille qu'autant qu'il est heureux. Les puissances confirment à l'empire français une étendue de territoire que n'a jamais connu la France sous ses rois, parce qu'une nation valeureuse ne déchoit pas pour avoir à son tour éprouvé des revers dans une lutte opiniâtre et sanglante, où elle a combattu avec son audace accoutumée.

Il résulte de ces pièces que toutes les puissances belligérantes ont exprimé hautement le désir de la paix.

Vous y avez remarqué surtout que l'empereur a manifesté la résolution de faire de grands sacrifices, qu'il a accédé *aux bases générales et sommaires* proposées par les puissances coalisées elles-mêmes.

L'anxiété la plus patriotique n'a pas besoin de connaître encore ces bases générales et sommaires.

Sans chercher à pénétrer le secret des cabinets lorsqu'il est inutile de le connaître pour le but qu'on veut atteindre, ne suffit-il pas de savoir que ces bases ne sont que les conditions désirées pour l'ouverture d'un congrès? Ne suffit-il pas de remarquer que ces conditions ont été proposées par les puissances coalisées elles-mêmes, et d'être convaincu que Sa Majesté a pleinement adhéré aux bases nécessaires à l'ouverture d'un congrès dans lequel se discutent ensuite tous les droits, tous les intérêts?

Le ministre d'Autriche a d'ailleurs reconnu lui-même que l'empereur avait adopté des *bases essentielles au rétablissement de l'équilibre et de la tranquillité de l'Europe*; par conséquent l'adhésion de Sa Majesté à ses bases a été un grand pas vers la pacification du monde.

Tel est, messieurs, le résultat de la communication qui nous a été faite.

D'après les dispositions constitutionnelles, c'est au corps législatif qu'il appartient d'exprimer les sentimens qu'elle fait naître; car l'article 50 du sénatus-consulte du 28 frimaire an XII porte: « Le corps législatif, toutes les fois que le gouvernement lui aura fait une communication qui aura un autre objet que le vote de la loi, se formera en comité général pour délibérer sa réponse. »

Comme le corps législatif attend de sa commission des réflexions propres à préparer une réponse digne de la nation française et de l'empereur, nous nous permettrons de vous exprimer quelques-uns de nos sentimens.

Le premier est celui de la reconnaissance pour une communication qui appelle en ce moment le corps législatif à prendre connaissance des intérêts politiques de l'état.

On éprouve ensuite un sentiment d'espérance au milieu des désastres de la guerre, en voyant les rois et les nations prononcer à l'envie le nom de la paix.

Les déclarations solennelles et réitérées des puissances belligérantes s'accordent en effet, messieurs, avec le vœu universel de l'Europe pour la paix, avec le vœu si généralement exprimé autour de chacun de nous dans son département, et dont le corps législatif est l'organe naturel.

D'après les bases générales contenues dans les déclarations, les vœux de l'humanité pour une paix honorable et solide sembleraient pouvoir bientôt se réaliser. Elle serait honorable, car, pour les nations comme pour les individus, l'honneur est dans le maintien de ses droits et dans le respect de ceux des autres. Cette paix serait solide, car la véritable garantie de la paix est dans l'intérêt qu'ont toutes les puissances contractantes d'y rester fidèles.

Qui donc peut en retarder les bienfaits? Les puissances coalisées rendent à l'empereur l'éclatant témoignage qu'il a adopté *des bases essentielles au rétablissement de l'équilibre et de la tranquillité de l'Europe*. Nous avons pour premiers garans de ses desseins pacifiques et cette adversité, véridique conseil des rois, et le besoin des peuples, hautement exprimé, et l'intérêt même de la couronne.

A ces garanties, peut-être croirez-vous utile de supplier sa majesté d'ajouter une garantie plus solennelle encore.

Si les déclarations des puissances étrangères étaient fallacieuses, si elles voulaient nous asservir, si elles méditaient le déchirement du territoire sacré de la France, il faudrait, pour empêcher notre patrie d'être la proie de l'étranger, rendre la guerre nationale. Mais, pour opérer plus sûrement ce beau mouvement qui sauve les empires, n'est-il pas désirable d'unir étroitement et la nation et son monarque?

C'est un besoin d'imposer silence aux ennemis sur leurs accusations d'agrandissement, de conquête, de prépondérance alarmante. Puisque les puissances coalisées ont cru devoir rassurer les nations par des protestations publiquement proclamées, n'est-il pas digne de sa majesté de les éclairer par des déclarations solennelles sur les desseins de la France et de l'empereur?

Lorsque ce prince à qui l'histoire a conservé le nom de Grand voulut rendre de l'énergie à ses peuples, il leur révéla tout ce qu'il avait fait pour la paix, et ses hautes confidences ne furent pas sans effet.

Afin d'empêcher les puissances coalisées d'accuser la France et l'empereur de vouloir conserver un territoire trop étendu, dont elles semblent craindre la prépondérance, n'y aurait-il pas une véritable grandeur à les désabuser par une déclaration formelle?

Il ne nous appartient pas sans doute d'inspirer les paroles qui retentiraient dans l'univers; mais, pour que cette déclaration eût une influence utile sur les puissances étrangères, pour qu'elle fît sur la France l'impression espérée, ne serait-il pas à désirer qu'elle proclamât à l'Europe et à la France la promesse de ne continuer la guerre que pour l'indépendance du peuple français et l'intégrité de son territoire? Cette déclaration n'aurait-elle pas dans l'Europe une irrécusable autorité?

Lorsque sa majesté aurait ainsi, en son nom et en celui de la France, répondu à la déclaration des alliés, on verrait d'une part des puissances qui protestent qu'elles ne veulent pas s'approprier un territoire par elles reconnu nécessaire à l'équilibre de l'Europe, et de l'autre un monarque qui se déclarerait animé de la seule volonté de défendre ce même territoire.

Que si l'empire français restait seul fidèle à ces principes libéraux que les chefs des nations de l'Europe auraient pourtant tous proclamés, la France alors forcée par l'obstination de ses ennemis à une guerre de nation et d'indépendance, à une guerre reconnue juste et nécessaire, saurait déployer, pour le maintien de ses droits, l'énergie, l'union et la persévérance dont elle a déjà donné d'assez éclatans exemples. Unanime dans son vœu pour obtenir la paix, elle le sera dans ses efforts pour la conquérir, et elle montrera encore au monde qu'une grande nation peut tout ce qu'elle veut lorsqu'elle ne veut que ce qu'exigent *son honneur et ses justes droits*.

La déclaration que nous osons espérer captiverait l'attention des puissances, qui rendent hommage à la valeur française; mais ce n'est pas assez pour ranimer le peuple lui-même, et le mettre en état de défense.

C'est, d'après les lois, au gouvernement à proposer les moyens qu'il croira les plus prompts et les plus sûrs pour repousser l'ennemi, et asseoir la paix sur des bases durables. Ces moyens seront efficaces si les Français sont persuadés que le gouvernement n'aspire plus qu'à la gloire de la paix ; ils le seront si les Français sont convaincus que leur sang ne sera versé que pour défendre une patrie et des lois protectrices. Mais ces mots consolateurs de paix et de patrie retentiraient en vain, si l'on ne garantit les institutions qui promettent les bienfaits de l'une et de l'autre.

Il paraît donc indispensable à votre commission qu'en même temps que le gouvernement proposera les mesures les plus promptes pour la sûreté de l'état, sa majesté soit suppliée de maintenir l'entière et constante exécution des lois qui garantissent aux Français les droits de la liberté, de la sûreté, de la propriété, et à la nation le libre exercice de ses droits politiques.

Cette garantie a paru à votre commission le plus efficace moyen de rendre aux Français l'énergie nécessaire à leur propre défense.

Ces idées ont été suggérées à votre commission par le désir et le besoin de lier intimement le trône et la nation, afin de réunir leurs efforts contre l'anarchie, l'arbitraire et les ennemis de notre patrie.

Votre commission a dû se borner à vous présenter ces réflexions, qui lui ont paru propres à préparer la réponse que les constitutions vous appellent à faire.

Comment la manifesterez-vous ?

La disposition constitutionnelle en détermine le mode. C'est en délibérant votre réponse en comité général ; et puisque le corps législatif est appelé tous les ans à présenter une adresse à l'empereur, vous croirez peut-être convenable d'exprimer par cette voie votre réponse à la communication qui vous a été faite. Si la première pensée de sa majesté, en de grandes circonstances, a été d'appeler autour du trône les députés de la nation, leur premier devoir n'est-il pas de répondre dignement à cette convocation, en portant au monarque la vérité et le vœu des peuples pour la paix ?

Adresse du corps législatif à l'empereur, lue à la suite de ce rapport par M. Raynouard. — Comité secret du 28 décembre 1813.

« Nous avons examiné avec une scrupuleuse attention les pièces officielles que l'empereur a daigné mettre sous nos yeux. Nous nous sommes regardés alors comme les représentans de la nation elle-même, parlant avec effusion à un père qui les écoute avec bonté. Pénétrés de ce sentiment si propre à élever nos ames et à les dégager de toute considération personnelle, nous avons osé apporter la vérité au pied du trône ; notre auguste souverain ne saurait souffrir un autre langage.

» Des troubles politiques, dont les causes furent inconnues, rompirent la bonne intelligence qui régnait entre l'empereur des Français et l'empereur de toutes les Russies ; la guerre fut sans doute nécessaire, mais elle fut entreprise dans un temps où nos expéditions devenaient périlleuses. Nos armées marchèrent avec celles de tous les souverains du Nord contre le plus puissant de tous. Nos victoires furent rapides, mais nous les payâmes cher. Les horreurs d'un hiver inconnu dans nos climats changèrent en défaites toutes nos victoires, et le souffle du Nord dévora l'élite des armées françaises. Nos désastres parurent des crimes à nos alliés. Les plaintes publiques de la Prusse, les sourds murmures du cabinet autrichien, les inquiétudes des princes de la confédération, tout dès-lors dut faire présager à la France les malheurs qui ne tardèrent pas à fondre sur elle. Les armes de l'empereur de Russie avaient traversé la Prusse et menaçaient l'Allemagne chancelante. L'Autriche offrit sa médiation aux deux souverains,et s'affranchit elle-même, par un traité secret, des craintes d'un envahissement. Les funestes conséquences de nos premiers désastres ne tardèrent pas à se manifester par des désastres nouveaux. Dantzick et Torgau avaient été l'asyle de nos soldats vaincus; cette ressource nous fut enlevée par la déclaration de la Prusse; ces places furent enveloppées, et nous fûmes privés par la force des choses de quarante mille hommes en état de défendre la patrie. Le mouvement simultané de la Prusse devint pour l'Europe le signal d'une défection solennelle.

» En vain l'armistice de juillet semblait porter les puissances à un accord que tous les peuples désiraient. Les plaines de Lutzen et de Bautzen furent signalées par de nouveaux exploits; il semble dans ces mémorables journées que le soleil éclaira le dernier de nos triomphes. Un prince fidèle à son alliance appela dans le cœur de ses états l'armée française et son auguste chef; Dresde devint le centre des opérations militaires. Mais tandis que la cour de Saxe se distinguait par sa fidélité généreuse, une opinion contraire fermentait au milieu des Saxons et préparait l'inexcusable trahison qu'une inimitié mal placée aurait dû laisser prévoir.

» La Bavière avait, depuis la retraite de Moskou, séparé sa cause de la nôtre; le régime de notre administration avait déplu à un peuple dès long-temps accoutumé à une grande indépendance dans la répartition de ses contributions et dans la perception des impôts. Mais il y avait loin de la froideur à l'aggression; le prince bavarois crut devoir prendre ce dernier parti aussitôt qu'il jugea les Français hors d'état de résister à l'attaque générale dont nos ennemis avaient donné le signal. Un guerrier né parmi nous, qui avait osé préférer un trône à la dignité de citoyen français, voulut asseoir sa puissance par une éclatante protestation contre la main bienfaisante à laquelle il devait son titre. Ne scrutons point la cause d'un si étrange abandon, respectons sa conduite, que la politique doit tôt ou tard légitimer, mais déplorons des talens funestes à la patrie. Quelques journées de gloire furent suivies de désastres plus affreux peut-être que ceux qui avaient anéanti notre première armée. La France vit alors contre elle l'Europe soulevée, et tandis que le héros de la Suède guidait ses phalanges victorieuses au milieu des confédérés, la Hollande brisait les liens qui l'attachaient à nous; l'Europe enfin cherchait à embraser la France du feu dont elle était dévorée. Nous n'avons, messieurs, à vous offrir aucune image consolante dans le tableau de tant de malheurs. Une armée nombreuse emportée par les frimats du Nord fut remplacée par une armée dont les soldats ont été arrachés à la gloire, aux arts et au commerce; celle-ci a engraissé les plaines maudites de Leipsick, et les flots de l'Elster ont entraîné des bataillons de nos concitoyens. Ici, messieurs, nous devons l'avouer, l'ennemi porté par la victoire jusque sur les bords du Rhin, a offert à notre auguste monarque une paix qu'un héros accoutumé à tant de succès a pu trouver bien étrange. Mais si un sentiment mâle et héroïque lui a dicté un refus avant que l'état déplorable de la France eût été jugé, ce refus ne peut plus être réitéré sans imprudence lorsque l'ennemi franchit déjà les frontières de notre territoire. S'il s'agissait de discuter ici des conditions flétrissantes, sa majesté n'eût daigné répondre qu'en faisant connaître à ses peuples les projets de l'étranger; mais on veut non pas nous humilier, mais nous renfermer dans nos limites et réprimer l'élan d'une activité ambitieuse si fatale depuis vingt ans à tous les peuples de l'Europe.

» De telles propositions nous paraissent honorables pour la nation, puisqu'elles prouvent que l'étranger nous craint et nous respecte. Ce n'est pas lui qui assigne des bornes à notre puissance, c'est le monde effrayé qui invoque le droit commun des nations. Les Pyrénées, les Alpes et le Rhin renferment un vaste territoire dont plusieurs provinces ne relevaient pas de l'empire des lys, et cependant la royale couronne de France était brillante de gloire et de majesté entre tous les diadèmes. (Ici le président interrompt l'orateur en ces termes : « Orateur, ce que vous dites là est inconstitutionnel. » M. Raynouard a répondu : il n'y a ici d'inconstitutionnel que votre présence, et a continué.)

» D'ailleurs, le protectorat du Rhin cesse d'être un titre d'honneur pour une couronne, dès le moment que les peuples de cette confédération dédaignent cette protection.

» Il est évident qu'il ne s'agit point ici d'un droit de conquête, mais d'un titre d'alliance utile seulement aux Germains. Une main puissante les assurait de son secours; ils veulent se dérober à ce bienfait comme à un fardeau insupportable; il est de la dignité de S. M. d'abandonner à eux-mêmes ces peuples qui courent se ranger sous le joug de l'Autriche. Quant au Brabant, puisque les coalisés proposent de s'en tenir aux bases du traité de Lunéville, il nous a paru que la France pouvait sacrifier sans perte des provinces difficiles à conserver, où l'esprit anglais domine presque exclusivement, et pour lesquelles enfin le commerce avec l'Angleterre est d'une nécessité si indispensable, que ces contrées ont été languissantes et appauvries tant qu'a duré notre domination. N'avons-nous pas vu les familles patriciennes s'exiler du sol hollandais, comme si les fléaux dévastateurs les avaient poursuivies, et aller porter chez l'ennemi les richesses et l'industrie de leur patrie? Il n'est pas besoin sans doute de courage pour faire entendre la vérité au cœur de notre monarque; mais dussions-nous nous exposer à tous les périls, nous aimerions mieux encourir sa disgrâce que de trahir sa confiance, et exposer notre vie même que le salut de la nation que nous représentons.

» Ne dissimulons rien : nos maux sont à leur comble; la patrie est menacée sur tous les points de ses frontières; le commerce est anéanti, l'agriculture languit, l'industrie expire; et il n'est point de Français qui n'ait dans sa famille ou dans sa fortune une plaie cruelle à guérir. Ne nous apesantissons pas sur ces faits : l'agriculteur, depuis cinq ans, ne jouit pas; il vit à peine, et les fruits de ses travaux servent à grossir le trésor qui se dissipe annuellement par les secours que réclament des armées sans cesse ruinées et affamées. La conscription est devenue pour toute la France un odieux fléau, parce que cette mesure a toujours été outrée dans l'exécution. Depuis deux ans on moissonne trois fois l'année; une guerre barbare et sans but engloutit périodiquement une jeunesse arrachée à l'éducation, à l'agriculture, au commerce et aux arts. Les larmes des mères et les sueurs des peuples sont-elles donc le patrimoine des rois? Il est temps que les nations respirent; il est temps que les puissances cessent de s'entrechoquer et de se déchirer les entrailles; il est temps que les trônes s'affermissent, et que l'on cesse de reprocher à la France de vouloir porter dans tout le monde les torches révolutionnaires. Notre auguste monarque, qui partage le zèle qui nous anime, et qui brûle de consolider le bonheur de ses peuples, est le seul digne d'achever ce grand ouvrage. L'amour de l'honneur militaire et des conquêtes peut séduire un cœur magnanime; mais le génie d'un héros véritable qui méprise une gloire achetée aux dépens du sang et du repos des peuples, trouve sa véritable grandeur dans la félicité publique qui est son ouvrage. Les monarques français se sont toujours glorifiés de tenir leur couronne de Dieu, du peuple et de leur épée, parce que la paix, la morale et la force sont, avec la liberté, le plus ferme soutien des empires. »

ANNÉE 1813.

Allocution de l'empereur aux membres du corps législatif présens à l'audience du 1er janvier 1814.

Messieurs, vous pouviez faire beaucoup de bien, et vous n'avez fait que du mal.

Les onze douzièmes d'entre vous sont bons; les autres sont des factieux.

Qu'espériez-vous en vous mettant en opposition ? vous saisir du pouvoir ? Mais quels étaient vos moyens ? Êtes-vous représentans du peuple ? Je le suis, moi : quatre fois j'ai été appelé par la nation, et quatre fois j'ai eu les votes de cinq millions de citoyens pour moi. J'ai un titre et vous n'en avez pas. Vous n'êtes que les députés des départements de l'empire.

Qu'auriez-vous fait dans les circonstances actuelles, où il s'agit de repousser l'ennemi ? Auriez-vous commandé les armées ? Auriez-vous eu assez de force pour supporter le poids des factions ? Elles vous auraient écrasés, et vous auriez été anéantis par le faubourg Saint-Antoine et le faubourg Saint-Marceau. Auriez-vous été plus puissans que l'assemblée constituante et la convention ? Que sont devenus les Guadet et les Vergniaud ? Ils sont morts, et votre sort eût été bientôt le même.

Comment avez-vous pu voter une adresse pareille à la vôtre ? Dans un moment où les ennemis ont entamé une partie de notre territoire, vous cherchez à séparer la nation de moi ! Ne savez-vous pas que c'est à moi seul qu'on fait la guerre ? Certes il est honorable pour moi de voir dirigés contre moi les efforts de nos ennemis. Ils savent bien que s'ils me renversaient ils pourraient avoir de grands avantages sur la nation, une fois qu'elle serait séparée de son chef; et, loin de voir ce qui ne pouvait échapper aux hommes les moins clairvoyans, vous avez servi nos ennemis !

Votre commission a été conduite par l'esprit de la Gironde et d'Auteuil. M. Lainé est un conspirateur, un agent de l'Angleterre, avec laquelle il est en correspondance par l'intermédiaire de l'avocat Desèze. Les autres sont des factieux.

Je suivrai de l'œil M. Lainé : c'est un méchant homme.

Que vous a donc fait cette pauvre France pour lui vouloir tant de mal !

Vous exigez de moi ce que n'exigent pas les alliés. S'ils me demandaient la Champagne, vous voudriez que je leur donnasse la Brie.

Votre rapport est rédigé avec une astuce et des intentions perfides dont vous ne vous doutez pas. Deux batailles perdues en Champagne eussent fait moins de mal.

Vous pouviez faire tant de bien ! J'attendais de vous des consolations. Quoique j'aie reçu de la nature un caractère fort et fier, j'avais besoin de consolations.

J'ai sacrifié mes passions, mon ambition, mon orgueil au bien de la France. Je m'attendais que vous m'en sauriez quelque gré, et lorsque j'étais disposé à faire tous les sacrifices, j'espérais que vous m'engageriez à ne pas faire ceux qui ne seraient point compatibles avec l'honneur de la nation. Loin de là, vous, dans votre rapport, vous avez mis l'ironie la plus sanglante à côté des reproches ! Vous dites que l'adversité m'a donné des conseils salutaires. Comment pouvez-vous me reprocher mes malheurs ? Je les ai supportés avec honneur, parce que j'ai un caractère fort et fier; et si je n'avais pas cette fierté dans l'ame, je ne me serais point élevé au premier trône de l'univers.

Cependant j'avais besoin de consolations, et je les attendais de vous. Vous avez voulu me couvrir de boue ; mais je suis de ces hommes qu'on tue, et qu'on ne déshonore pas.

Était-ce avec de pareils reproches que vous prétendiez relever l'éclat du trône? Qu'est-ce que le trône au reste? quatre morceaux de bois dorés, revêtus d'un morceau de velours? Le trône est dans la nation, et l'on ne peut me séparer d'elle sans lui nuire, car la nation a plus besoin de moi que je n'ai besoin d'elle. Que ferait-elle sans guide et sans chef?

Je vous le répète, votre rapport était fait dans des intentions perfides. Je le garde pour le faire imprimer un jour, et apprendre à la postérité ce que vous avez fait. S'il circule dans les départemens, à votre honte, je le ferai imprimer dans le *Moniteur* avec des notes, et je ferai voir dans quelles vues il était rédigé.

Lorsqu'il s'agit de repousser l'ennemi, vous demandez des institutions! Comme si nous n'avions pas d'institutions! N'êtes-vous pas contens de la Constitution, il y a quatre ans qu'il fallait en demander une autre, ou attendre deux ans après la paix pour faire cette demande. Était-ce dans ce moment qu'il fallait la présenter, cette demande? Vous voulez donc imiter l'assemblée constituante, et commencer une révolution? Mais je ne ressemblerais pas au roi qui existait alors, j'abandonnerais le trône, et j'aimerais mieux faire partie du peuple souverain que d'être roi esclave.

Vous avez été entraînés par l'esprit de faction, quoique les onze douzièmes de votre corps soient de bons citoyens, et retournent dans leurs départemens avec toute ma confiance.

Je sais comment se conduisent les grandes assemblées : un individu se met à droite, un second à gauche, un troisième au milieu, et les factieux s'agitent, et entraînent la majorité. C'est ainsi que vous avez été conduits.

Vous avez nommé cinq membres de votre commission à la commission des finances, comme s'il n'y avait que ces cinq hommes-là au corps législatif. Vous avez repoussé ceux qui tenaient à la cour, au gouvernement, et pourquoi? Vous n'avez pas voulu de celui-ci parce qu'il était procureur-général, de celui-là parce qu'il était de la Cour des comptes : c'étaient pourtant de bons Français, et vous leur avez préféré des factieux. On est venu vous dire qu'avant de combattre il fallait savoir si l'on avait une patrie : on ne trouvait donc de patrie que là où régnait l'anarchie?

Moi aussi je suis sorti du milieu du peuple, et je sais les obligations que j'ai contractées.

Vous pouviez faire beaucoup de bien, et vous avez fait beaucoup de mal ; et vous en auriez fait plus si j'avais laissé imprimer votre rapport. Vous parlez d'abus, de vexations. Je sais comme vous qu'il y en a eu ; cela dépend des circonstances et du malheur des temps. Mais fallait-il mettre toute l'Europe dans le secret de nos affaires? C'est du linge sale qu'il fallait blanchir en famille, et non sous les yeux du public.

Dans tout ce que vous dites il y a la moitié de faux ; l'autre moitié est vraie. Que fallait-il faire? Me communiquer confidemment tout ce qui était à votre connaissance, département par département, individu par individu ; je vous aurais mis en rapport avec mes ministres, mes conseillers d'état ; nous aurions tout examiné en famille ; j'aurais été reconnaissant des renseignemens que vous m'auriez donnés, et j'aurais fait punir les dilapidateurs ; je ne les aime pas plus que vous.

Mais dans vos plaintes il y a de l'exagération. M. Raynouard a dit, par exemple, que le maréchal Masséna avait pillé la maison de campagne d'un citoyen de Marseille. M. Raynouard en a menti. Ce citoyen est venu se plaindre au ministre de l'intérieur de ce que sa maison, où logeait le maréchal Masséna, était occupée par le quartier-général pendant un temps plus long que ne le permettaient les lois. Il ne s'est pas plaint d'autre chose, et comme le quartier-général ne pouvait pas être établi ailleurs, je lui ai fait donner une indemnité. Je vous le dis, il y a de l'exagération dans vos plaintes.

Les onze douzièmes de votre corps retourneront dans leurs départemens avec ma confiance tout entière. Qu'ils disent que je veux sincèrement la paix, que je la désire autant que vous, que je ferai tous les sacrifices pour la donner à la France, qui en a besoin.

Dans trois mois nous aurons la paix; les ennemis seront chassés de notre territoire, ou je serai mort.

Nous avons plus de ressources que vous ne pensez. Les ennemis ne nous ont jamais vaincu; ils ne nous vaincront point, et ils seront chassés plus promptement qu'ils ne sont venus.

Les habitans de l'Alsace et de la Franche-Comté ont un meilleur esprit que vous. Ils demandent des armes, je leur en fais donner ; je leur envoie des aides-de-camp pour les conduire en partisans.

Retournez dans vos départemens; je ferai assembler les colléges électoraux, et compléter le corps législatif.

Nous ne faisons pas mention de l'adresse du sénat, ni de la réponse qu'il reçut : l'une et l'autre étaient conçues dans le style officiel ordinaire.

L'espèce de coup d'état dont venait d'être frappé le corps législatif eut des conséquences diverses sur l'opinion. Les uns trouvèrent qu'il avait été bien d'anéantir une opposition qui se montrait dans un moment inopportun ; d'autres pensèrent que le moyen de produire un élan national était de montrer qu'on comptait la nation pour quelque chose et de l'appeler elle-même à participer au gouvernement de ses affaires, si réellement celles de Bonaparte étaient siennes. Le plus grand nombre fut mécontent et blessé. L'empereur avait bien fait, dans son intérêt, d'arracher l'adresse des députés à la connaissance publique, car elle eût peut-être produit une révolution. Cependant on répandit le bruit que Lainé était l'agent du parti royaliste, que celui-ci était constitué. En effet, si l'on en croit les mémoires publiés plus tard, ce parti était organisé. Il avait à sa tête à Paris, les ducs de Duras, de la Trémouille, de Fitz-James ; MM. de Polignac, Ferrand, Montmorency, Sosthène de la Rochefoucauld, de Sesmaisons et la Rochejacquelin. A Bordeaux il y avait une association du même genre, organisée sous la direction d'un M. Taffard de Saint-Germain.

JANVIER, FÉVRIER ET MARS 1814.

Après la retraite des Français, les coalisés firent de leur armée deux parts : l'une destinée à assiéger les nombreuses places ou nous avions garnison ; l'autre, la plus considérable, destinée à envahir la France. Les corps chargés des siéges ne montaient pas ensemble à moins de deux cent mille hommes. Les places qu'ils devaient attaquer ne renfermaient pas moins de cent quarante mille Français, qui furent perdus pour la défense de leur patrie. Ce fut l'un des fâcheux résultats du système adopté par Napoléon en 1813. La place de Dresde fut la première qui se rendit. Gouvion Saint-Cyr y était resté enfermé avec une trentaine de mille hommes. Il capitula, le 11 novembre 1813, à condition que la garnison rentrerait en France, mais sans pouvoir servir contre les alliés, à moins d'échange. Le général autrichien Klenau, ayant accepté ces conditions, prit possession des principaux points ; mais son général en chef Schwartzenberg ne voulut point ratifier la capitulation ; les Français furent conduits comme prisonniers de guerre dans les états autrichiens. C'était abuser indignement de la bonne foi de Gouvion-Saint-Cyr. On se conduisit de la même manière à l'égard de la garnison de Torgau, composée de trente-sept mille hommes, et de celle de Dantzick. Celle-ci se rendit le 1er janvier 1814 après dix mois de siége, aussi à condition d'être reconduite en France ; mais on la retint prisonnière. Il semblait que les coalisés eussent mis l'empereur et ses armées hors les lois qui constituaient le droit public européen. Ces violations de la foi promise ne se renouvelèrent pas cependant à l'égard des autres garnisons qui successivement capitulèrent, sauf celle de Hambourg. La plus grande partie des armées que les coalisés avaient consacrées à l'opération des siéges furent libres au commencement de 1814 et vinrent renforcer l'armée d'invasion.

Cette armée, réduite à l'effectif qui se présenta en première ligne sur nos frontières et les traversa, était plus considérable encore que celle dirigée contre Napoléon à Dresde. Elle avait été renforcée de nombreux secours venus de l'intérieur de l'Autriche, de la Russie, de la Prusse et de la Suède ; toutes les forces de la confédération du Rhin, accrues des bataillons de volontaires et des levées en masses, marchaient avec elle. Aussi, elle ne s'élevait pas à moins de six cent quatre-vingt mille hommes. Elle se hâta d'envahir la France, afin de ne pas permettre à Napoléon d'organiser ses levées et de grouper ses moyens. L'aile droite, composée de deux cent mille hommes Suédois, Prussiens et Russes, commandée par Bernadotte, fut chargée d'envahir la Hollande et la Belgique. Pour la Hollande c'était chose facile. Ce ne fut qu'une promenade militaire. Le 24 novembre, le général prussien Bulow prit Amsterdam. Le parti du stathouder se releva ; un gouvernement provisoire proclama l'indépendance des Provinces-Unies, et rappella la maison d'Orange. Le général français Molitor, avec environ quinze mille hommes, s'était replié d'Amsterdam sur Utrecht, qu'il fut encore contraint d'abandonner après quelques jours. A la fin de décembre les troupes françaises avaient entièrement évacué la Hollande. Revenons à l'énumération des forces ennemies. Le centre, commandé par Blücher, dit aussi armée de Silésie (cent quatre-vingt mille hommes) fut chargé de passer le Rhin à Neuwied, entre Coblentz et Manheim. Enfin, l'aile gauche, formée par la grande armée ou armée de Bohême, forte de trois cent mille hommes, commandés par Schwartzenberg sous la direction des empereurs de Russie et d'Autriche et du roi de Prusse, qui la suivaient, dut passer le Rhin sur divers points depuis l'embouchure du Mein jusqu'en Suisse.

Cependant les coalisés n'étaient point rassurés par la supériorité de leurs forces ; ils craignaient que la France ne se soulevât et que le peuple insurgé ne détruisît une armée qui avait épuisé leurs états. Ils rédigèrent en conséquence la déclaration suivante, qu'ils eurent soin de faire répandre en France, et qui arriva jusqu'à Paris.

DÉCLARATION DES PUISSANCES ALLIÉES (1). — *Du 1ᵉʳ décembre.*

Le gouvernement français vient d'arrêter une nouvelle levée de trois cent mille conscrits. Les *motifs* du sénatus-consulte renferment une provocation aux puissances alliées : elles se trouvent appelées à promulguer de nouveau, à la face du monde, les vœux qui les guident dans la présente guerre, les principes qui font la base de leur conduite, leurs vœux et leurs déterminations.

Les puissances alliées ne font point la guerre à la France, mais à cette prépondérance hautement annoncée, à cette prépondérance que, pour le malheur de l'Europe et de la France, l'empereur Napoléon a trop long-temps exercée hors des limites de son empire.

La victoire a conduit les armées alliées sur le Rhin. Le premier usage que LL. MM. impériales et royales ont fait de la victoire a été d'offrir la paix à S. M. l'empereur des Français. Une attitude renforcée par l'accession de tous les souverains et princes de l'Allemagne n'a pas eu d'influence sur les conditions de la paix. Ces conditions sont fondées sur l'indépendance de l'empire français, comme sur l'indépendance des autres états de l'Europe. Les vues des puissances sont justes dans leur objet, généreuses et libérales dans leur application, rassurantes pour tous, honorables pour chacun.

Les souverains alliés désirent que la France soit grande, forte et heureuse, parce que la puissance française grande et forte est une des bases fondamentales de l'édifice social. Ils désirent que la France soit heureuse, que le commerce français renaisse, que les arts, ces bienfaits de la paix, refleurissent, parce qu'un grand peuple ne saurait être tranquille qu'autant qu'il est heureux. Les puissances confirment à l'empire français une étendue de territoire que n'a jamais connu la France sous ses rois, parce qu'une nation valeureuse ne déchoit pas pour avoir à son tour éprouvé des revers dans une lutte opiniâtre et sanglante, où elle a combattu avec son audace accoutumée.

Mais les puissances aussi veulent être heureuses et tranquilles; elles veulent un état de paix qui, par une sage répartition des forces, par un juste équilibre, préserve désormais leurs peuples des calamités sans nombre qui depuis vingt ans ont pesé sur l'Europe.

Les puissances alliées ne poseront pas les armes sans avoir atteint ce grand et bienfaisant résultat, ce noble objet de leurs efforts. Elles ne poseront pas les armes avant que l'état politique de l'Europe ne soit de nouveau raffermi, avant que des principes immuables n'aient repris leurs droits sur de vaines prétentions, avant que la sainteté des traités n'ait enfin assuré une paix véritable à l'Europe.

Francfort, ce 1ᵉʳ décembre 1813.

Déjà, précédemment à cette déclaration, les coalisés avaient fait une démarche qui annonçait leur indécision et combien ils craignaient de s'engager au-delà du Rhin. Le 9 novembre, le baron de Saint-Aignan, ministre de France à Weimar, avait été appelé à Tœplitz par les ministres des trois grandes puissances continentales. Il fut expressément chargé de transmettre à Na-

(1) Elle fut insérée avec autorisation, mais sans signatures, dans le journal de Francfort du 7 décembre 1813.

poléon une note dont la rédaction fut approuvée par Metternich pour l'Autriche, Nesselrode pour la Russie, lord Aberdeen, Schwartzenberg, etc. Elle était datée du 9 novembre et portait :

> Que les puissances coalisées étaient engagées par des liens indissolubles, qui faisaient leur force, et dont elles ne dévieraient jamais ;
> Que les engagemens réciproques qu'elles avaient contractés leur avaient fait prendre la résolution de ne faire qu'une paix générale ;
> Que lors du congrès de Prague on avait pu penser à une paix continentale, parce que les circonstances n'auraient pas donné le temps de s'entendre pour traiter autrement ; mais que depuis, les intentions de toutes les puissances et celles de l'Angleterre étaient connues ; qu'ainsi il était inutile de penser soit à un armistice, soit à une négociation qui n'eût pas pour premier principe une paix générale ;
> Que les souverains coalisés étaient unanimement d'accord sur la puissance et la prépondérance que la France doit conserver dans son intégrité, et en se renfermant dans ses limites naturelles, qui sont le Rhin, les Alpes et les Pyrénées ;
> Que le principe de l'indépendance de l'Allemagne était une condition *sine quâ non* ; qu'ainsi la France devait renoncer, non pas à l'influence que tout grand état exerce nécessairement sur un état de force inférieure, mais à toute souveraineté sur l'Allemagne ; que d'ailleurs c'était un principe que S. M. avait posé elle-même en disant qu'il était convenable que les grandes puissances fussent séparées par des états plus faibles ;
> Que, du côté des Pyrénées, l'indépendance de l'Espagne et le rétablissement de l'ancienne dynastie étaient également une condition *sine quâ non* ;
> Qu'en Italie, l'Autriche devait avoir une frontière qui serait un objet de négociation ; que le Piémont offrait plusieurs lignes que l'on pourrait discuter, ainsi que l'état de l'Italie, pourvu toutefois qu'elle fût, comme l'Allemagne, gouvernée d'une manière indépendante de la France ou de toute autre puissance prépondérante ;
> Que de même l'état de la Hollande serait un objet de négociation, et partant toujours du principe qu'elle devait être indépendante ;
> Que l'Angleterre était prête à faire les plus grands sacrifices pour la paix, fondée sur ces bases, et à reconnaître la liberté du commerce et de la navigation, à laquelle la France a droit de prétendre ;
> Que, si ces principes d'une pacification générale étaient agréés par S. M., on pourrait neutraliser sur la rive droite du Rhin tel lieu qu'on jugerait convenable où les plénipotentiaires de toutes les puissances belligérantes se rendraient sur-le-champ sans cependant que les négociations suspendissent le cours des opérations militaires.

Caulaincourt, qui venait de remplacer Maret aux affaires étrangères et que Napoléon avait choisi comme plus agréable à la Russie, répondit, le 2 décembre 1813, à cette note par une acceptation. Il proposait de neutraliser Manhein, et d'y réunir un congrès. Les alliés y consentirent ; mais la réunion n'eut pas lieu. Ces échanges diplomatiques n'arrêtaient point les opérations militaires; les coalisés gagnaient chaque jour du terrain et des forces; ils voyaient plus clairement celles de la France. En outre, l'Angleterre ne voulait pas qu'Anvers et la Belgique restassent à la France. On prit donc un prétexte pour ajourner les négociations; on accusa les intentions de l'empereur; on lui objecta la levée des trois cent mille conscrits qu'il venait de faire décréter, l'activité de ses armemens, etc. De là une correspondance qui consomma le temps sans l'utiliser.

Le 21 décembre 1813, les premiers corps de l'armée de Schwartzenberg passèrent le Rhin à Bâle. Napoléon avait renoncé à son titre de médiateur de la confédération suisse pour permettre aux cantons de se déclarer neutres. Mais on ne respecta point cette neutralité bien qu'elle fût déclarée. En passant le Rhin, le général autrichien publia la proclamation suivante :

« Français, la victoire a conduit les armées alliées sur votre frontière; elles vont la franchir.

» Nous ne faisons pas la guerre à la France; mais nous repoussons loin de nous le joug que votre gouvernement voulait imposer à nos pays, qui ont les mêmes droits à l'indépendance et au bonheur que le vôtre.

» Magistrats, propriétaires, cultivateurs, restez dans vos foyers. Le maintien de l'ordre public, le respect pour les propriétés particulières, la discipline la plus sévère marqueront le passage et le séjour des armées alliées; elles ne sont animées de nul esprit de vengeance.

» D'autres principes et d'autres vues que celles qui ont conduit vos armées chez nous président aux conseils des monarques alliés : leur gloire sera celle d'avoir amené la fin la plus prompte des malheurs de l'Europe. La seule conquête qu'ils ambitionnent est celle de la paix; mais d'une paix qui assure à leurs pays, à la France, à l'Europe, un véritable état de repos. Nous espérions la trouver avant de toucher au sol français; nous allons l'y chercher.

» Au quartier général de Lœrrak, le 21 décembre 1813.

» Signé le général en chef de la grande armée des alliés, le feld maréchal prince de SCHWARTZENBERG. »

Le 31 décembre 1813, Blücher, à la tête de l'armée de Silésie, passa à son tour le Rhin entre Coblentz et Manhein. Il écrivit une proclamation rédigée à peu près dans le même sens. La voici :

Aux habitans de la rive gauche du Rhin.

» J'ai fait passer le Rhin à l'armée de Silésie pour rétablir la liberté et l'indépendance des nations, pour conquérir la paix. L'empereur Napoléon a réuni à l'empire français la Hollande, une partie de l'Allemagne et de l'Italie, et a déclaré qu'il ne céderait aucun village de ses conquêtes, quand même l'ennemi occuperait les hauteurs qui dominent Paris.

» C'est contre cette déclaration et ces principes que marchent les armées de toutes les puissances européennes.

» Voulez-vous défendre ces principes, mettez-vous dans les rangs des armées de l'empereur Napoléon, et essayez encore de combattre contre la juste cause que la Providence protége si évidemment.

» Si vous ne le voulez pas, vous trouverez protection en nous. Je vous assurerai vos propriétés. Tout habitant des villes ou des campagnes doit rester tranquille chez lui, tout employé à son poste, et continuer ses fonctions.

» Du moment de l'entrée des troupes alliées, toute communication avec l'empire français devra cesser. Tout ceux qui ne se conformeront pas à cet ordre seront coupables de trahison envers les puissances alliées; ils seront traduits devant un conseil de guerre, et punis de mort.

» De la rive gauche du Rhin, 1er janvier 1814. — *Signé* DE BLUCHER.

Ces proclamations servirent de texte à tous les ennemis de Napoléon pour vanter la modération et la probité des alliés et pour désarmer les courages. Beaucoup de gens y crurent, et séparèrent en conséquence la cause de Napoléon de celle de la France. Le peuple seul ne comprit point ces distinctions; il vit seulement que l'indépendance nationale était menacée. Mais que pouvait-il faire? Il fut surpris dans un état de sécurité complète, que les communications officielles s'étaient efforcé et avaient trop bien réussi à maintenir. Il était sans armes; non-seulement on ne lui en avait pas donné; car la cour impériale craignait le peuple et ne croyait pas en lui; mais, de plus, la loi qui punissait tout possesseur d'armes de guerre l'avait depuis long-temps privé de tout moyen de défense : il fut donc obligé de supporter la présence de l'ennemi. Ce ne fut que quelques mois après que commença une guerre de partisans qui eût pu devenir terrible, si les événemens n'avaient pas si rapidement atteint le dernier terme.

Quelles armées opposait Napoléon aux forces qui s'avançaient? Les débris ramenés de Leipzig avaient été dévorés par le typhus : à peine restait-il à opposer au premier choc soixante mille hommes et douze mille chevaux. Decaen, remplacé plus tard par Maison (douze mille hommes) couvrait la route d'Anvers; Macdonald était en position de Nimègue à Cologne (dix-huit à vingt mille); Marmont était en présence de l'armée de Silésie (dix-huit mille) ; enfin Victor (dix mille) occupait l'Alsace depuis Landau jusqu'à Huningue.

Trois corps de réserve : Mortier, avec la vieille garde ; Ney, avec deux divisions de la jeune ; Augereau, avec des détachemens tirés d'Espagne et du midi, se formaient à Namur, Nancy et Lyon. Enfin, Napoléon de sa personne était à Paris où il organisait le peu de ressources que lui offrait la France.

A la fin de janvier, les coalisés, masquant les places fortes, avaient pénétré jusque dans les bassins de la Seine et de la Meuse, occupant la Bourgogne, la Lorraine, les limites de la Champagne et menaçant Lyon. Il fallait que Napoléon se hâtât s'il ne voulait bientôt être attaqué sous les murs de Paris.

Il s'était empressé, en effet, de mettre ses affaires en ordre. Par un traité conclu à Valencey, le 11 décembre 1813, il reconnut Ferdinand VII pour roi d'Espagne et des Indes, et s'engagea à retirer ses troupes. Le roi s'obligea à faire évacuer son territoire par les Anglais. Le 19 janvier 1814, il permit au pape de quitter Fontainebleau et de retourner en Italie ; mais en même temps il donnait l'ordre secret de le retenir à Savonne. Le pape cependant partit le 23, croyant retourner à Rome, et Napoléon conservant la pensée de garder cette capitale ; mais elle ne lui appartenait pas. Murat avait envahi les états romains avec les Napolitains, et il venait de traiter, le 11 janvier, avec les Autrichiens, s'engageant, au prix de la conservation de ses états, à fournir trente mille hommes à la coalition. Il ne restait plus un seul allié à l'empereur. Le roi de Danemarck venait d'être forcé à conclure un armistice. Le prince Eugène, son lieutenant en Italie, résista cependant aux propositions qu'on lui faisait ; il disputait courageusement le terrain, mais il était obligé de reculer devant le nombre, et la défection de Murat le mit dans la situation la plus fâcheuse.

Napoléon espérait-il encore résister ? La nature de quelques-unes des mesures qu'il prit à l'intérieur, et l'incomplet de quelques autres semblent le prouver. Le 17 décembre 1813, il organisa la garde nationale des places fortes et la police des villes ouvertes. — Le 26, il nomma vingt-quatre commissaires généraux choisis dans le sénat ou le conseil d'état, chargés de se rendre dans chaque division pour accélérer les levées des conscrits, l'habillement et l'armement des troupes, l'approvisionnement des places fortes, la rentrée des chevaux requis pour le service des armées et l'organisation de la garde nationale. Inutile de dire qu'un grand nombre de ses commissaires généraux trouvèrent occupé le pays qui leur était désigné. Le 4 janvier, il régla, par un décret, la loi des finances. Il usurpait ainsi les fonctions du corps législatif. Beaucoup de gens y firent attention; plusieurs l'excusèrent, car le temps pressait, et le corps législatif étant dissous, on n'avait pas le loisir de réunir une autre assemblée. Le budget des recettes et dépenses fut établi sur les mêmes fixations qu'en 1813. Seulement on imposa 50 centimes additionnels au principal de la contribution foncière, et on doubla celle des portes et fenêtres.

Ce ne fut que le 8 janvier que l'empereur pensa à organiser la garde nationale de Paris. En cette occasion, la cour impériale montra une défiance à laquelle les vieilles dynasties elles-mêmes avaient renoncé : c'était en insurgeant les populations qu'elles avaient détruit nos armées; ce n'était qu'en les imitant qu'on pouvait encore leur résister. Mais Napoléon avait une répugnance extrême contre les moyens de ce genre; le seul prince qui fût en ce moment l'élu du peuple fut aussi le seul qui craignit de se fier à lui. Ce ne fut qu'au commencement de janvier, lorsque déjà les départemens de l'Est étaient envahis, que le *Moniteur* annonça que le peuple en masse y était appelé aux armes. Aussi cette mesure n'eut point de résultats. Quant à Paris, la garde nationale fut organisée comme un corps privilégié; elle devait être composée de trente mille hommes ou plus, choisis parmi ceux que l'on pouvait croire les plus amis de l'ordre. Provisoirement elle ne fut composée que de dix à douze mille hommes pris parmi les employés du gouvernement, les officiers ministériels, les avoués, les notaires; en un mot, tous ceux qui en dépendaient, soit directement, soit indirectement. L'empereur en était le commandant en chef. Le commandement en second fut donné au maréchal Moncey. Les officiers furent nommés par l'empereur et choisis parmi des hommes qui dépendaient du pouvoir. Enfin, la méfiance fut portée à ce point que les gardes nationaux furent armés de piques; quelques-uns seulement reçurent des carabines sans baïonnette. On motivait ce singulier équipement par le manque de fusils; et cependant il y en avait trente mille en magasin à Paris. Quelques jours après le départ de l'empereur, les douze légions furent passées en revue; et tout Paris put voir des compagnies, parfaitement habillées, défiler sans autres armes que des sabres et des piques de six pieds, ornées d'une petite banderolle tricolore; de distance en distance, on remarquait dans le rang quelques hommes portant des carabines en bandoulière. Au 30 mars, le plus grand nombre des gardes nationaux étaient encore armés de la même manière; mais déjà quelques-uns étaient parvenus, par leurs propres efforts, à se procurer des fusils de munition ou de chasse; on en donna à ceux qui furent de piquet aux barrières; enfin, soit que l'armée en se retirant leur eût laissé des fusils, soit par les efforts de la municipalité parisienne, le lendemain de cette fatale journée, la garde nationale avait enfin l'apparence d'une force militaire. On avait pensé aussi à fortifier Paris; mais, soit encore défiance, soit qu'on n'en eût pas le temps, on se borna à couvrir les barrières par des palissades, sans fossé, qu'un coup de canon devait renverser. Ce fut une grande faute. Dans un pays où tout est centralisé, comme en France, intérêts, sentimens et administration, où l'on n'est maître de rien si l'on n'est maître de la capitale, il est de la dernière imprudence de la laisser sans défense. Si, en 1814, Paris eût été entouré de fossés et de murs, si Paris eût été une place forte, il est probable que l'ennemi eût été obligé de repasser le Rhin.

La dernière mesure que Napoléon décréta avant de quitter Paris fut la formation de douze régimens de tirailleurs de sa jeune garde, composés de volontaires, et par enrôlement d'hommes de vingt à cinquante ans. Mais elle n'eut pas lieu; le temps manqua.

Pendant que Napoléon faisait ces préparatifs militaires, il ne négligeait point les soins diplomatiques. Caulaincourt était toujours au quartier général ennemi, témoignant par sa présence des dispositions pacifiques de celui dont il était le ministre. Le 25 janvier il proposa un armistice à Metternich, offrant pour sûreté des places en Italie et celles qu'il possédait encore en Allemagne. Le diplomate autrichien ne jugea pas que cette proposition fût acceptable, et n'en fit pas usage. Cependant les alliés avaient désigné Châtillon-sur-Seine pour la tenue du congrès. Caulaincourt s'y était rendu le 21 janvier. Mais il y avait peu à espérer de cette réunion, si l'ennemi ne perdait l'espoir de pouvoir triompher de la France.

Le 23 janvier, l'empereur reçut aux Tuileries le serment des officiers de la garde nationale. « Je pars, leur dit-il; je vais combattre l'ennemi, et je vous laisse ce que j'ai de plus cher, l'impératrice et mon fils. » Le même jour il reçut le serment de l'impératrice, à laquelle il conférait la régence. Il nomma son frère Joseph son lieutenant. Le 24, Carnot, oubliant tout, lui ayant écrit pour se mettre à sa disposition dans le danger commun, il le nomma gouverneur d'Anvers. Enfin il quitta Paris le 25 pour aller se mettre à la tête de l'armée.

L'armée active ne s'élevait guère au-delà de soixante-douze mille hommes, dont vingt-sept mille étaient dans le bassin de la Seine, trente-huit dans celui de la Meuse, et dont sept de la garde accompagnaient l'empereur. Avec des forces aussi faibles, il était impossible de s'opposer de front aux deux colonnes ennemies qui marchaient sur Paris : l'une, en suivant les vallées de la Seine et de ses affluens; l'autre, celles de la Marne et de l'Aisne. Napoléon résolut de se placer entre les deux bassins, et, en passant, selon l'occurrence, d'un bassin dans l'autre, de manœuvrer de manière, non-seulement à empêcher les deux colonnes ennemies de se joindre, mais encore à porter successivement et tour à tour toute la masse de ses forces sur les points où il jugerait le plus avantageux d'attaquer, ou le plus nécessaire de repousser les coalisés. Cette manœuvre lui procura en effet de nombreux succès. La campagne de 1814 fut une des plus brillantes de l'empereur, l'une des mieux conduites. Mais ce n'est que dans un ouvrage spécial que l'on pourrait donner une idée des mouvemens compliqués de l'armée française. Ce fut une suite continuelle et rapide de marches et de contre-marches, dans lesquelles on admire également l'habileté du général qui les dirige, et la fermeté, ainsi que l'énergie de ses troupes peu nombreuses, dont rien n'affaiblit le courage; ni la fatigue de marches incessantes par des chemins affreux, ni des engagemens répétés qui n'étaient pas toujours suivis de succès. Nous nous bornerons à donner une notice sur les nombreux événemens de guerre qui se succédèrent depuis le 27 janvier jusqu'au 30 mars.

Napoléon commença par porter ses forces dans les bassins de l'Aube et de la Seine. Son but était de séparer l'armée de Silésie de celle de Bohême, qui avaient opéré leur jonction dans ces bassins. Il obtint ce résultat par une suite de combats dont il va être fait mention.

Du 27 janvier. — Napoléon chasse l'ennemi de Saint-Dizier, et lui fait éprouver une grande perte.

Des 29 et 30 janvier. — Combats de Brienne. — Napoléon, avec une force numérique de moitié inférieure à celle de l'ennemi, remporte une victoire signalée sur le prussien Blücher et le russe Sacken.

Du 1er février. — Bataille de la Rothière, à deux lieues de Brienne. — L'ennemi a cent dix mille hommes, tant Russes que Prussiens, Autrichiens et Bavarois, commandés par les généraux Blücher, de Wrède, Giulay, les princes de Wirtemberg et Constantin de Russie. Napoléon n'a pu réunir sur ce point que quarante mille combattans. L'engagement dure douze heures. Les Français font des prodiges de valeur; ils mettent hors de combat six mille ennemis, essuient une perte de trois mille des leurs, et, contraints de céder au nombre, se replient en bon ordre sur Troyes.

Du 5 février. — Ouverture d'un congrès à Châtillon, département de la Côte-d'Or. — Les bases établies dans la note écrite de Francfort, le 9 novembre 1813, par M. de Saint-Aignan, et acceptée par Napoléon pour la réunion projetée d'un congrès à Manheim, sont encore admises pour le congrès de Châtillon. Les plénipotentiaires sont, pour la Russie, le comte Rasumawski; pour la Prusse, le baron de Humboldt; pour l'Autriche, le comte de Stadion; pour l'Angleterre, les lords Aberdeen, Cathcart, Stewart et Castlereagh; pour la France, M. de Caulaincourt, duc de Vicence.

Outre les négociations publiques entre Napoléon et les alliés, pour lesquelles on semblait avoir ouvert le congrès, il y avait une négociation secrète qui en formait probablement le réel motif. On y réglait d'avance l'avenir; les coalisés disposaient des fruits de la victoire.

Talleyrand avait un agent à Châtillon; il était particulièrement en rapport avec Nesselrode et Metternich. Il agissait, dit-on, en faveur de Louis XVIII. Peut-être sa première intention, en se mettant en communication avec les ministres étrangers, n'avait-elle pas été celle-là. Mais la cour d'Hartwel faisait de son côté des démarches; son parti s'organisait en France et se montrait publiquement sur plusieurs des points où les alliés avaient pénétré. Ces circonstances lui donnaient des chances que Talleyrand sut apprécier et qui décidèrent de la direction de ses négociations.

Du 5. — Le général prussien York s'empare de Châlons-sur-Marne.

Du 7. — La ville de Troyes, que Napoléon a quittée pour se mettre à la poursuite du général prussien Blücher, est occupée par l'avant-garde de la grande armée alliée. C'est à Troyes que des royalistes, protégés par l'étranger, ont fait entendre les premiers cris en faveur de l'ancienne dynastie. Dans ce moment Napoléon concentrait ses forces pour se porter de sa personne dans le bassin de la Marne.

Du 10 au 14 février. — Combats de Champaubert, de Montmirail, de Vauchamp. — Ces brillantes victoires de Napoléon, dans lesquelles il perdit fort peu de monde, ont coûté à l'ennemi une armée de quatre-vingt mille hommes, battue, poursuivie pendant cinq jours, enfin dispersée ou détruite. Elle était commandée par les généraux prussiens Blücher, Kleist et York, et par les généraux russes Sacken et Langeron. Napoléon était secondé par les maréchaux Ney, Mortier, Lefebvre, Oudinot.

Les prisonniers faits dans cette bataille furent amenés à Paris. On leur fit traverser la ville; une grande affluence de peuple se porta sur leur passage. C'étaient des soldats. Les blessés étaient transportés dans des fiacres. La vue de ces malheureux toucha beaucoup de gens; ils n'avaient point l'air fier et menaçant. Quelques-uns même demandaient l'aumône. On la leur fit largement; on leur donna à peu près à tous du pain et du vin. On remarqua que les Russes, en passant devant les invalides et voyant la grande croix qui en surmonte le dôme, se signèrent tous. Dans un autre temps de semblables affaires auraient mis fin aux hostilités; mais les alliés avaient des forces telles, que la perte de cent mille hommes n'étaient pas sensible sur leurs masses. Dans les mêmes cinq jours des corps autrichiens, bavarois et russes, s'emparaient de Nogent-sur-Seine, de Sens, de Pont-sur-Yonne, de Laon, de Montereau, etc., et préparaient ainsi la marche de leur grande armée sur Paris.

Du 11 février. — Le duc d'Angoulême, arrivé à Saint-Jean-de-Luz avec l'armée anglaise, adresse une proclamation aux Français, datée du 2 février. « J'arrive, disait-il, je suis en France, dans cette France qui m'est si chère. Je viens briser vos fers; je viens déployer le drapeau blanc, le drapeau sans tache. Ralliez-vous autour de lui, braves Français; marchons tous ensemble au renversement de la tyrannie. » Dans cette proclamation on s'adressait, en terminant, à l'armée, on lui promettait, au nom de Louis XVIII, la conservation des grades, des traitemens et des récompenses.

Du 17 février. — Congrès de Châtillon. Les alliés rejettent ouvertement les bases qu'ils avaient eux-mêmes fait proposer à Francfort, et que tout récemment ils avaient encore admises. Ils font transmettre à Napoléon un projet de traité portant entre autres dispositions : « L'empereur des Français renonce à la totalité des acquisitions faites par la France depuis le commencement de 1792, et à toute influence constitutionnelle hors de ses anciennes limites. — Il remettra dans de très brefs délais, et sans exception, les forteresses des pays cédés, et toutes celles encore occupées par ses troupes en Hollande, en Belgique, en Allemagne, en Italie. Ces places seront remises dans l'état où elles se trouvent, avec leur artillerie, les munitions, etc. — Les places de Besançon, Béfort, Huningue, seront remises aux armées alliées, également sans délai, à titre de dépôt jusqu'à la ratification de la paix définitive. » — Napoléon venait de vaincre à Champaubert, à Montmirail, lorsqu'on lui proposa ces conditions : *Ah! c'est par trop exiger!* s'écria-t-il ; *les alliés oublient que je suis beaucoup plus près de Munich qu'ils ne le sont de Paris.*

Du 16 février. — Napoléon se met en mouvement pour aller repousser dans le bassin de la Seine l'armée de Bohême, commandée par Schwartzenberg, qui était en pleine marche sur Paris.

Du 17 février. — Combat de Nangis. — Deux divisions de l'armée russe sont mises en déroute complète par Napoléon. L'ennemi perd dix mille hommes, cinq mille tués et cinq mille prisonniers ; mille Français au plus sont hors de combat.

Du 18. — Combat de Montereau. — Même engagement, même résultat.

Du 21. — Arrivée du comte d'Artois à Vesoul, avec l'arrière-garde de la grande armée alliée. Il data de cette ville une proclamation qui fut envoyée à Paris, et qui, reproduite par une presse secrète, y fut distribuée par les soins de Mathieu de Montmorency et par ceux de Talleyrand qui avait formé une régence royaliste. Cette proclamation, où le comte d'Artois prenait le titre de *Monsieur* et de lieutenant-général du royaume, était ainsi rédigée. « Français, y disait-on, le jour de votre délivrance approche ; le frère de votre roi est arrivé. *Plus de tyran, plus de guerre, plus de conscription, plus de droits réunis.* Qu'à la voix de votre souverain, de votre père, vos malheurs soient effacés par l'espérance, vos erreurs par l'oubli, vos dissensions par l'union dont il veut être le gage. Les promesses qu'il vous a faites solennellement, il brûle de les accomplir et de signaler par son amour et ses bienfaits le moment fortuné qui, en lui ramenant ses sujets, va lui rendre ses enfans. Vive le roi ! »

Du 22. — Combat de Mery-sur-Seine. — Les généraux Blücher, York et Sacken sont battus et culbutés par le général Boyer. Ce combat eut lieu le mardi-gras; les Français trouvèrent des masques dans une boutique, s'en emparèrent, et combattirent masqués avec autant de gaieté que de courage.

Du 23. — Le prince de Schwartzenberg, généralissime des armées alliées, fait proposer un armistice. De part et d'autre on nomme des plénipotentiaires qui se réunissent à Lusigny; mais les hostilités continuent.

Du 24. — Napoléon bat l'armée russe et autrichienne, la contraint à une prompte retraite, et rentre dans la ville de Troyes. Cette capitale de la Champagne renfermait dans son sein des agens de l'émigration française; des vœux pour le royalisme y avaient éclaté publiquement pendant l'occupation de l'étranger. Le même jour Napoléon rend ces décrets : « 1° il sera dressé une liste de Français qui, étant au service des puissances coalisées, ou qui, sous quelque autre titre que ce soit, ont accompagné les armées ennemies dans l'invasion du territoire de l'empire, depuis le 20 décembre 1813. Les individus qui se trouveront compris sur ladite liste seront traduits, sans aucun délai, et toutes affaires cessantes, devant nos cours et tribunaux, pour y être jugés, condamnés aux peines portées par les lois, et leurs biens être confisqués au profit du domaine de l'état, conformément aux lois existantes. — 2° tout Français qui aura porté les signes ou les décorations de l'ancienne dynastie dans les lieux occupés par l'ennemi, et pendant son séjour, sera déclaré traître, et comme tel jugé par une commission militaire, et condamné à mort. Ses biens seront confisqués au profit du domaine de l'état. »

Le 25, les souverains alliés et leur état-major tinrent un conseil de guerre à Bar-sur-Aube. Les succès de Napoléon les avaient étonnés; ils hésitaient entre la retraite et l'offensive. Il y fut décidé que Blücher se joindrait dans le bassin de la Marne aux corps de Bulow et de Vintzingerode qui venaient de Belgique, et menacerait Paris. Quant à la grande armée de Schwartzenberg, elle se retirerait sur Langres où elle accepterait une bataille. En effet, Blücher commença son mouvement; mais Schwartzenberg n'acheva pas le sien.

Du 27 février. — Prise de La Fère par le général prussien Bulow.

Des 27 et 28. — Combats de Bar et de la Ferté-sur-Aube. — A Bar, quarante mille Austro-Russes attaquent quinze mille Français. Les pertes sont égales, et la victoire reste incertaine. A La Ferté, vingt mille Français tiennent tête à cinquante mille ennemis. Néanmoins, après ces deux combats, les Français se replient sur la Seine pour conserver leurs communications. L'empereur part avec une partie de ses forces, et court sur la Marne dans l'intention de battre l'armée de Blücher qui marchait sur Paris, et de la détruire avant qu'elle eût été rejointe par les armées de Bulow et de Wintzingerode venant de Belgique.

Du 1er mars. — Par un traité d'alliance conclu à Chaumont (Haute-Marne), l'Angleterre, la Russie, l'Autriche et la Prusse s'engagent, dans le cas où Napoléon refuserait d'accepter les conditions de paix qui lui ont été proposées le 17 février, et dans le cas de nouveaux échecs, à poursuivre la guerre avec vigueur et dans un parfait concert; la Russie, l'Autriche et la Prusse, à tenir chacune en campagne active cent cinquante mille hommes au complet, et l'Angleterre à fournir un subside annuel de cent vingt millions de francs repartis entre ses trois alliés. « Aucune négociation séparée n'aura lieu avec l'ennemi commun. Ce traité, qui a pour but d'arriver à une paix générale et de maintenir l'équilibre en Europe, *sera en vigueur pendant vingt ans.* »

Du 2. — Prise de Soissons par le général prussien Bulow. La capitulation de cette place, défendue par le régiment de la Vistule sauve l'armée de Blücher, qui battait précipitemment en retraite, poursuivie par l'empereur.

Du 4. — Les Français, restés au nombre d'environ trente

mille en présence de la grande armée alliée, forte de cent mille hommes, pour la contenir en l'absence de l'empereur occupé sur la Marne, évacuent la ville de Troyes.

Le 5 mars, de son quartier général à Fismes, Napoléon décrète : « Considérant que les généraux alliés ont déclaré qu'ils passeraient par les armes tous les paysans qui prendraient les armes : 1° tous les citoyens français sont non-seulement autorisés à courir aux armes, mais requis de le faire ; de sonner le tocsin aussitôt qu'ils entendront le canon de nos troupes s'approcher d'eux ; de se rassembler, de fouiller les bois, de couper les ponts, d'intercepter les routes, et de tomber sur les flancs et sur les derrières de l'ennemi ; 2° tout citoyen français pris par l'ennemi et qui serait mis à mort, sera sur-le-champ vengé par la mort, en représailles, d'un prisonnier ennemi. — Considérant que les peuples des villes et des campagnes, indignés des horreurs que commettent sur eux les ennemis, et spécialement les Russes et les Cosaques, courent aux armes par un juste sentiment de l'honneur national, pour arrêter des partis de l'ennemi, enlever ses convois et lui faire le plus de mal possible, mais que dans plusieurs lieux ils en ont été détournés par le maire ou par d'autres magistrats : Tous les maires, fonctionnaires publics et habitans qui, au lieu d'exciter l'élan patriotique du peuple, le refroidissent, ou dissuadent les citoyens d'une légitime défense, seront considérés comme traîtres, et traités comme tels. » En effet, le peuple des campagnes, quoique misérablement armé, commençait déjà la guerre de partisans ; il enlevait les convois, les patrouilles, les corps isolés, et causait à l'ennemi des pertes de détail qui devenaient considérables. Dans les Vosges, un corps de partisans nombreux s'était mis en mouvement et rendait déjà la route de Lorraine infranchissable pour les corps isolés ; les mêmes symptômes se manifestaient en Alsace et dans la Haute-Saône, en Bourgogne et en Champagne. Les coalisés brûlaient les villages où quelques-uns de leurs détachemens avaient été détruits, lorsqu'ils parvenaient à les connaître ; mais ces actes de violence exaspéraient les paysans. Les Cosaques furent particulièrement victimes de cette guerre de partisans. Napoléon alors dut grandement se reprocher d'avoir désarmé le peuple et de ne pas l'avoir organisé.

Du 7 mars. — Bataille de Craonne. — Napoléon, avec trente mille hommes, et secondé par les maréchaux Ney et Mortier, les généraux Grouchy, Nansouty, Drouot, Laferrière, Belliard, etc., remporte une nouvelle victoire sur les forces combinées des généraux Blücher, Sacken et Woronzoff, évaluées à cent mille hommes.

Des 9, 10 et 11. — Combats partiels autour de Laon. Jonction de différens corps ennemis qui présentent une masse de quatre-vingt-dix mille hommes. Les Français furent obligés de reculer.

Du 12. — Le duc d'Angoulême fait son entrée à Bordeaux avec l'avant-garde de l'armée anglaise ; il est y reçu aux acclamations d'un nombreux parti de Français royalistes réunis dans cette ville, la première de l'empire qui se déclare pour les Bourbons.

Du 14. — Napoléon reprend la ville de Reims, après un combat soutenu de part et d'autre avec acharnement ; deux divisions alliées y furent écrasées.

En ce moment, les progrès de Schwartzenberg dans le bassin de la Seine, rappelant l'empereur dans cette direction, il se mit en marche confiant à Marmont et à Mortier le soin d'observer l'armée de Silésie, et abandonnant la défense de Reims aux soins de la garde nationale. Celle-ci avait déjà fait ses preuves lorsque les coalisés s'y étaient présentés pour la première fois ; elle les avait arrêtés plusieurs jours.

Du 19. — Congrès de Châtillon. — Napoléon ignorait le traité conclu à Chaumont entre les alliés. En réponse aux conditions de paix qui lui ont été imposées le 17 février, il fait présenter par son ministre, M. de Caulincourt, un projet de traité qui restreint sa domination dans l'ancienne France, augmentée de la Savoie et de l'île d'Elbe, mais qui conserve la couronne d'Italie au prince Eugène, dont le royaume aurait l'Adige pour frontière du côté de l'Autriche. Ce projet de traité porte encore que les principautés de Lucques et de Neufchâtel, ainsi que le grand-duché de

Berg, resteront aux titulaires qui en ont été précédemment investis. Les propositions de Napoléon sont rejetées, et les alliés en donnent pour motif « que, la France gardant une force territoriale infiniment plus grande que ne le comporte l'équilibre de l'Europe, conservant des positions offensives et des points d'attaque, au moyen desquels son gouvernement a déjà effectué tant de bouleversemens, les cessions qu'elle ferait ne seraient qu'apparentes. Les principes avoués à la face de l'Europe par le souverain actuel de la France, et l'expérience de plusieurs années ont prouvé que les états intermédiaires sous la domination des membres de la famille régnant en France ne sont indépendans que de nom. En déviant de l'esprit qui a dicté les bases du projet de traité du 17 février, les puissances n'eussent rien fait pour le salut de l'Europe; les efforts de tant de nations réunies pour une même cause seraient perdus; la faiblesse des cabinets tournerait contre eux et contre leurs peuples; l'Europe et la France même deviendraient bientôt victimes de nouveaux déchiremens. L'Europe ne ferait pas la paix; mais elle désarmerait. Les cours alliées, considérant que le contre-projet présenté ne s'éloigne pas seulement des bases de paix proposées par elles, mais qu'il est essentiellement opposé à leur esprit, et qu'ainsi il ne remplit aucune des conditions qu'elles ont mises à la prolongation des négociations de Châtillon, elles ne peuvent reconnaître dans la marche suivie par le gouvernement français que le désir de traîner en longueur des négociations aussi inutiles que compromettantes. *Les cours alliées déclarent* qu'indissolublement unies pour le grand but qu'elles espèrent atteindre, elles ne font point la guerre à la France; qu'elles regardent les justes dimensions de cet empire comme une des premières conditions d'un état d'équilibre politique; mais qu'elles ne poseront pas les armes avant que leurs principes n'aient été reconnus et admis par son gouvernement. » Cette déclaration entraîne la rupture immédiate du congrès de Châtillon.

Des 20 et 21 mars. — Combats d'Arcis-sur-Aube. — Napoléon ayant réussi à rejeter l'armée de Silésie en dehors de sa ligne d'opérations, et croyant qu'elle serait contenue assez long-temps par les forces qu'il avait laissées devant elle, accourut sur la ligne de l'Aube pour poursuivre l'armée de Bohême. Il s'empara sans peine d'Arcis-sur-Aube qu'il trouva évacuée. Mais, l'ennemi vint l'y attaquer. Les Français étaient peu nombreux et la position importante. L'ennemi, trois fois plus fort, renouvela ses attaques à plusieurs reprises; sa cavalerie non moins supérieure en nombre mit la nôtre en déroute. Il fallut battre en retraite. Ce furent les carrés d'infanterie qui arrêtèrent l'ennemi et sauvèrent l'armée d'une défaite. L'empereur fut obligé de donner personnellement l'exemple de la résignation et de la fermeté. Un carré de sa garde s'était ébranlé à la vue d'un obus prêt à éclater dans ses rangs; il pousse vers ce carré, voit la cause du mouvement qui s'opère, promène la tête de son cheval sur la mêche enflammée du projectile, et reproche à ses vieux compagnons une faiblesse indigne d'eux. A sa voix le carré se reforme; l'obus éclate sous tous les yeux, et personne n'en est atteint.

Le lendemain, 21, l'empereur ayant reçu des renforts, reprit l'offensive, mais il se trouva en tête d'une armée quadruple de la sienne. Il eût été imprudent de s'engager. La retraite fut ordonnée. Les Français repassèrent l'Aube et incendièrent les ponts. Napoléon résolut alors de se porter sur les derrières de l'ennemi, d'aller rallier les garnisons des places fortes de la Lorraine et de l'Alsace, et avec elles d'agir sur les communications de l'ennemi. En conséquence, en se retirant, il prit la route de Vitry-le-Français, qu'il trouva occupé par une garnison ennemie. De là il se porta sur Saint-Dizier, où il entra le 23. Ce fut là qu'il fut rejoint par Caulaincourt et qu'il apprit comment les coalisés avaient refusé ses propositions le 19 et par quelle déclaration ils y avaient répondu.

Dans le moment où il se déterminait à marcher sur les derrières des coalisés, ceux-ci prenaient la résolution de faire avec toutes leurs forces une pointe sur Paris. Ils y étaient encouragés par les avis qu'ils recevaient des royalistes; ils savaient qu'on y était dans une sécurité complète; que rien n'y était prêt pour se défendre, que le peuple était sans armes et tranquille. L'empereur Alexandre fit décider dans un conseil que l'armée de Bohême irait rejoindre celle de Blücher sur la Marne et qu'on s'avancerait en une seule masse sur la capitale.

En conséquence, pendant que l'empereur marchait sur Vitry, au lieu de le suivre ou de s'arrêter, on traversa l'Aube comme lui et l'on se mit en marche pour pénétrer dans le bassin de la Marne, où l'on rejoignit en effet l'armée de Silésie. On laissa devant Napoléon un corps russe commandé par Winzingerode et une masse de cavalerie qui eurent ordre de reculer devant lui, en lui faisant croire que la grande armée alliée était en retraite. En effet Napoléon le pensa pendant quelques jours. C'était assez pour opérer la jonction qui eut lieu le 25 mars. Un temps magnifique, un peu froid mais sec., favorisa la marche des coalisés.

25 mars, bataille, dite par les coalisés, de la Fère champenoise. — Par l'effet du mouvement de concentration des coalisés, les maréchaux Marmont et Mortier, auxquels Napoléon avait donné le soin d'observer le bassin de la Marne, se trouvèrent placés entre les masses énormes de l'ennemi. Pour comble de malheur, ce corps avait reçu l'ordre de venir rejoindre Napoléon sur la route de Vitry à Saint-Dizier, en sorte qu'il marchait sans le savoir à la rencontre de l'armée de Bohême. En effet, à la pointe du jour, Marmont, qui formait la droite et la tête de colonne, se trouva en contact avec les troupes ennemies; il fallut d'abord s'arrêter, puis reculer. Il fut séparé brusquement de Mortier qui commandait le centre, et se hâta aussi lui-même de reculer. Mais les deux maréchaux ne firent pas ces mouvemens sans éprouver de grandes pertes. Chargés de tous côtés par une formidable cavalerie plus nombreuse à elle seule que l'armée entière des maréchaux, se trouvant entourés sur tous les points, ils se battirent tout le jour, perdirent des brigades entières et une partie de leur artillerie. La résistance des troupes fut désespérée; elles furent encouragées par le bruit d'une canonade acharnée qu'elles entendaient sur leur gauche; elles crurent que Napoléon lui-même s'y trouvait. L'ennemi partagea cette erreur; et cette pensée jeta quelque incertitude dans ses attaques. Ce bruit d'artillerie venait d'un corps de gardes nationaux volontaires que commandait le général Pactod et qui, formant l'extrême gauche des maréchaux, suivait le mouvement général imprimé par les ordres de Napoléon à tout le corps d'armée, lorsqu'il fut attaqué par l'avant-garde tout entière de l'armée de Silésie. Ces troupes qui s'étaient formées à la hâte dans les départemens envahis, qui étaient à peine exercées, qui avaient reculé avec l'armée laissant derrière elle tout ce que chacun des soldats avait personnellement de plus cher, montrèrent alors une fermeté incompréhensible ailleurs qu'en France; car chez nous, il y a émulation dans la voie du dévouement et du bien, comme il y en a ailleurs pour le mal; on regarde comme un bonheur dont on est jaloux, celui d'accomplir un devoir périlleux; au lieu de trembler, on envie le danger; on envie ceux qui ont le bonheur de s'y sacrifier. La belle action des citoyens soldats commandés par Pactod ne fut pas même récompensée par un souvenir. A peine s'il en fut fait mention. Ces troupes, formant six à huit mille hommes, furent, pendant toute la journée, exposées à des charges furieuses de cavalerie. Au lieu de hâter sa retraite, Pactod avait accepté le combat et les avait formées en carré. Bientôt elles furent entourées de toutes parts par plus de douze mille chevaux; leurs carrés repoussèrent avec vigueur des charges faites à fond; puis elles se remirent en marche; elles furent attaquées de nouveau; la cavalerie et la bayonnette ne faisaient rien, on dirigea contre elles le feu de nombreuses batteries, qui les battirent en quelque sorte en brèche. Ce petit corps arrêta une armée. A la mitraille succédaient des charges de cavalerie; à celle-ci, du canon. Enfin, les hommes manquèrent à la résistance. Mille à quinze cents réussirent à se retirer; plus de quatre mille restèrent sur le champ de bataille. Pactod avec le reste consentit à se rendre; il capitula en rase campagne. L'énergie de ses gardes nationaux sauva les corps de Marmont et de Mortier. Autrement, ils eussent été coupés et pris.

Le 26, à *Saint-Dizier*, Napoléon attaque, culbute et détruit en partie le corps du général russe Winzingerode, composé de dix mille chevaux. Mais tandis que Napoléon obtenait des succès à plus de cinquante lieues de sa capitale, les maréchaux Mortier et Marmont, restés en tête avec vingt-cinq mille hommes, se trouvaient, comme nous l'avons vu, vivement pressés et poursuivis par les généraux Blücher et Schwartzenberg. Ces deux maréchaux, contraints de céder le terrain, furent rejetés sous les murs de Paris. — L'empereur de Russie et le roi de Prusse établirent leur quartier-général à deux lieues de là, à Bondy. — L'empereur d'Autriche resta à Dijon. — Aussitôt que Napoléon fut instruit de ce mouvement sur la capitale, il revint sur ses pas, porta son quartier-général à Troyes, laissa le commandement de l'armée au maréchal Macdonald, et se rendit de sa personne à Fontainebleau, où il arriva le 30 au soir. Napoléon espérait être sous les murs de Paris le 2 avril avec son armée. Il comptait que la défense de cette ville occuperait l'ennemi au moins pendant trois jours, et qu'ainsi, après avoir paralysé ses derrières, il arriverait à temps pour exterminer son avant-garde; mais il s'abusait à la fois et sur les forces de l'ennemi, et sur la résistance que Paris lui opposa.

SITUATION DE PARIS LE 29 MARS 1814.

Le 27 on était encore dans la plus grande sécurité à Paris. Joseph passa en revue la garde nationale et un petit corps de ligne. Par une fatalité singulière, le vent d'est soufflait; il faisait déjà, depuis plusieurs jours, un temps magnifique. Il faisait froid; mais le soleil était brillant et la terre poudreuse. Le 28, on publia un bulletin qui était de nature à rassurer tout le monde. « Les patrouilles, y disait-on, vont jusqu'à Langres. La » santé de sa majesté est très-bonne. Le 26, l'empereur a battu » à Saint-Dizier le général Winzingerode, lui a fait deux mille » prisonniers, lui a pris des canons et beaucoup de voitures de » bagages. Ce corps a été poursuivi très-loin. »

Mais on était mieux instruit à la cour. Le conseil de régence s'assembla. On y mit en délibération si l'impératrice et le roi de

Rome ne devaient pas s'éloigner? Après quelques discussions, cette question fut résolue par l'affirmative. La décision du conseil fut emportée par une lettre de Napoléon, datée du 16, que Joseph montra. Il y était dit, qu'on les fît partir, si l'ennemi s'avançait avec de telles forces que la résistance fût impossible. En conséquence, le jour même, 28 mars, l'impératrice et le roi de Rome, le conseil de régence, les ministres, la cour, le trésor et de nombreux bagages sortirent de Paris. Du conseil de régence il ne resta que Joseph, Talleyrand et le ministre de la police, Savary. Cette nouvelle se répandit dans Paris lentement; elle était encore généralement ignorée le 29, on le disait: mais on n'y croyait pas; on pensait que c'était un bruit répandu par la malveillance.

Le 29 au matin, les habitans des quartiers du nord de Paris virent se répandre dans les rues d'abord quelques soldats harassés et couverts de poussière qui annonçaient qu'ils avaient été surpris, trahis, livrés. Puis on vit entrer de nombreuses bandes d'habitans de la campagne, hommes, femmes, enfans, poussant devant eux le bétail de leurs écuries, amenant sur des charrettes tout ce qu'ils avaient pu enlever. Ces malheureux campaient dans les rues avec leurs bagages accumulés autour d'eux; d'autres s'établissaient dans les cours des maisons; ils finirent presque tous par trouver une hospitalité généreuse. Cependant on ne comprenait rien à cette invasion. On se demandait si ce n'était pas une terreur panique qui poussait ainsi dans Paris les habitans des campagnes. On commença cependant à donner foi au bruit qui courait de l'abandon de la capitale par la cour impériale. Enfin, la proclamation suivante vint éclairer l'opinion :

« Citoyens de Paris, une colonne ennemie s'est portée sur Meaux. Elle s'avance par la route d'Allemagne; mais l'empereur la suit de près, à la tête d'une armée victorieuse.

» Le conseil de régence a pourvu à la sûreté de l'impératrice et du roi de Rome. Je reste avec vous.

» Armons-nous pour défendre cette ville, ses monumens, ses richesses, nos femmes, nos enfans, tout ce qui nous est cher. Que cette vaste cité devienne un camp pour quelques instans, et que l'ennemi trouve sa honte sous ses murs, qu'il espère franchir en triomphe!

» L'empereur marche à notre secours, secondons-le par une courte et vive résistance, et conservons l'honneur français. «

» Paris, le 29 mars 1814. Signé JOSEPH, *lieutenant-général de l'empereur, commandant en chef de la garde nationale.* »

En même temps parut une invitation plus véhémente, et dont l'exécution aurait eu certainement un résultat salutaire et glorieux; mais cette pièce n'était appuyée d'aucune signature, et dans une telle circonstance, il fallait ou que l'autorité avouât les mesures conseillées, ou que des orateurs citoyens, excitant partout l'enthousiasme, les proposassent directement à la multitude assemblée sur les places publiques. Voici cette pièce, émanée du gouvernement, mais publiée d'une manière apocryphe :

« *Nous laisserons-nous piller? nous laisserons-nous brûler?*

» Tandis que l'empereur arrive sur les derrières de l'ennemi, vingt-cinq à trente mille hommes, conduits par un partisan audacieux, osent menacer nos barrières! en imposeront-ils à cinq cent mille citoyens qui peuvent les exterminer? Ce parti ne l'ignore point, ses forces ne lui suffiraient pas pour se maintenir dans Paris; ils ne veulent faire qu'un coup de main. Comme il n'aurait que peu de jours à rester parmi nous, il se hâterait de nous piller, de se gorger d'or et de butin; et quand une armée victorieuse le forcerait à fuir de la capitale, il n'en sortirait qu'à la lueur des flammes qu'il aurait allumées.

» Non, nous ne nous laisserons pas piller! nous ne nous laisserons pas brûler! Défendons nos biens, nos femmes, nos enfans, et laissons le temps à notre brave armée d'arriver pour anéantir sous nos murs les barbares qui venaient les renverser! Ayons la volonté de les vaincre, et ils ne nous attaqueront pas! Notre capitale serait le tombeau d'une armée qui voudrait en forcer les portes. Nous avons en face de l'ennemi une armée considérable, commandée par des chefs habiles et intrépides; il ne s'agit que de les seconder.

» Nous avons des canons, des baïonnettes, des piques, du fer; nos faubourgs, nos rues, nos maisons, tout peut servir à notre défense. Établissons, s'il le faut, des barricades; faisons sortir nos voitures et tout ce qui peut obstruer les passages; crénelons nos murailles, creusons des fossés, montons à tous nos étages les pavés des rues, et l'ennemi reculera d'épouvante!

» Qu'on se figure une armée essayant de traverser nos faubourgs au milieu de tels obstacles, à travers le feu croisé de la mousqueterie, qui partirait de toutes les maisons, des pierres, des poutres qu'on jetterait de toutes les croisées!

» Cette armée serait détruite avant d'arriver au centre de Paris. Mais non; le spectacle des apprêts d'une telle défense la forcerait à renoncer à ses vains projets, et elle s'éloignerait à la hâte pour ne pas se trouver entre l'armée de Paris et l'armée de l'empereur. »

— Alors des groupes commencèrent à se former; on s'interrogeait, on se demandait des nouvelles; on s'entretenait du départ de la cour; on disait qu'on était trahi; on cherchait comment se défendre, où se procurer des armes; où était cet ennemi? s'il était vrai qu'il fût si peu nombreux; pourquoi alors l'impératrice et le roi de Rome s'étaient-ils enfuis; voulait-on les livrer? A toutes ces questions, il n'y avait dans le peuple qu'une réponse : il fallait s'armer et se défendre de quelque côté que vînt l'ennemi. Mais, en même temps, des agens de police déguisés en bourgeois, se répandaient dans les groupes et affirmaient, comme le tenant de quelque source respectable, qu'il ne s'agissait que d'un *hourra* de cosaques, que l'empereur allait arriver, qu'il n'y avait aucun danger. Les gens, alors, se séparaient presque rassurés, pour rencontrer un autre groupe où après avoir pris les mêmes craintes, ils recevaient les mêmes encouragemens. Ainsi, le misérable pouvoir impérial travaillait à empêcher l'explosion qui pouvait seule sauver la capitale et l'empereur.

On était mieux instruit ailleurs. Les royalistes se remuaient activement. Les autorités de la capitale, les préfets et les municipaux, préparaient une défection. A l'état-major, on comptait ses forces : on avait dix à quinze mille gardes nationaux, la plupart armés de piques. On en occupa une partie à faire des patrouilles, à faire faction dans les corps-de-garde; une autre partie fut envoyée aux barrières pour en garder les palissades. On donna des fusils à ceux-là. On plaça également à ces portes quelques canons, et des invalides chargés de les servir.

En même temps, on comptait les forces de ligne dont on pouvait disposer; or, en employant tous les dépôts et la gendarmerie, on se trouva n'avoir pas plus de douze à quinze mille hommes, ce qui, ajouté aux débris échappés de la Fère champenoise, ne formerait pas plus de vingt à vingt-cinq mille hommes. Peut-être même ce chiffre, qui est celui des historiens, est-il encore exagéré, car il nous souvient d'avoir entendu dire qu'à l'état-major de la place, on trouvait, en défalquant les troupes nécessaires pour faire la police, ne pouvoir mettre en ligne que dix-huit mille hommes.

Avec si peu de forces, on fut imprudent au dernier point; sauf à renforcer la garde des barrières, on ne pensa point à occuper les hauteurs qui couvrent Paris du côté du nord, du côté de l'ennemi. La population apercevant qu'il y ayait si peu de mouvemens militaires, et voyant le pouvoir dans une si grande sécurité apparente, finit par se rassurer, et par croire qu'il ne s'agissait que d'une fausse alarme. Vers le soir, elle était assez tranquille. L'autorité exigea que les théâtres fussent ouverts comme à l'ordinaire.

JOURNÉE DU 30 MARS 1814.

Pendant que Paris, dans la nuit du 29 au 30, dormait dans une profonde sécurité, comme à cent lieues de l'ennemi, les avant-gardes des coalisés prenaient possession des hauteurs qui couvrent Paris; elles occupaient les villages de la Villette, de la Chapelle, de Pantin, de Romainville et de Charonne. Le gros de l'armée, formant une masse évaluée, par les étrangers eux-mêmes, à cent quatre-vingt mille hommes, s'était arrêté au pied de ces hauteurs. S'il avait avancé une lieue de plus, Paris eût été pris sans combattre et endormi.

Le 30 mars, au petit jour, Marmont mit ses troupes en mouvement. On chassa rapidement l'ennemi des villages qu'il occupait ainsi que des hauteurs. Le bruit du canon et de la fusillade réveilla la capitale et lui apprit que les craintes de la veille n'étaient que trop vraies. La population se répandit sur les boulevards et dans les rues des quartiers du nord. Partout on demandait des armes; on demandait à marcher contre l'ennemi. Plusieurs même, ne prenant conseil que de leur courage, voulurent sortir; mais les barrières étaient fermées; on laissait entrer; mais on ne permettait pas de sortir. D'autres en grand nombre couraient aux mairies, aux corps-de-garde, aux casernes, partout où il y avait des troupes, et demandaient des fusils à grands cris. On leur disait qu'il n'y en avait pas; et lorsqu'ils voulaient s'assurer par eux-mêmes si l'assertion était véritable, on croisait la baïonnette contre eux. Nous avons vu, dans la rue Saint-Antoine, une compagnie de la vieille garde croiser la baïonnette contre une masse de peuple pour protéger des voitures qu'elle accompagnait et où l'on disait qu'il y avait des armes. Les soldats furent même obligés de se réfugier dans une petite rue, afin de présenter une résistance plus efficace aux flots du peuple.

Cependant on se fusillait sur les hauteurs de Chaumont et de Romainville. L'ennemi persistait à reprendre ces positions. Le terrain sur ces points est coupé de haies, de murs, séparés par des sentiers étroits qui forment un véritable labyrinthe extrêmement favorable à la guerre de tirailleurs, et où il est impossible de faire mouvoir des masses. Nos troupes se mirent donc à tirailler; quelques gardes nationaux, quelques habitans se joignirent à eux et les guidaient dans ce dédale de chemins accidenté de mille manières. Quelques têtes de colonnes, quelques pièces de canon suffisaient pour contenir l'ennemi, lorsqu'il essayait de déboucher par les routes plus larges et plus praticables. L'avantage de la position était tout entier pour nous. Aussi l'ennemi y fit des pertes considérables.

Enfin, vers une heure après midi, voyant qu'il ne pouvait l'emporter sur ce point, l'ennemi résolut de prendre les hauteurs à revers. Il conduisit une attaque qui, partant de Montreuil, fut dirigée sur notre flanc. Il trouva de ce côté une résistance également vigoureuse. Mais les assaillans étaient nombreux, le terrain plus découvert. Marmont reconnut qu'il ne pouvait tenir plus de deux heures; il envoya demander l'autorisation de capituler, qui lui fut accordée par le roi Joseph. L'empereur Alexandre lui en avait déjà fait faire la proposition par plusieurs officiers français faits prisonniers dans le combat. On leur avait fait voir la formidable masse des troupes coalisées; puis on les avait remis en liberté, et renvoyé à leurs généraux, chargés de propositions pacifiques.

Sur la gauche, du côté de Montmartre, les Français n'étaient pas plus heureux ou plutôt plus en état de se défendre. Montmartre n'était pas fortifié; il y avait sept pièces de canon et une centaine de vétérans et de pompiers. Cette hauteur ne fut pas défendue, car elle ne fut attaquée que lorsque les villages qui sont situés entre elle et les buttes Saint-Chaumont furent pris. Ce fut l'armée de Silésie qui acheva cette opération. Elle passa le canal qui traverse la plaine Saint-Denis; y balaya quelques escadrons de gendarmerie, et attaqua les villages qui bordent les routes qui vont à Paris. On les défendit quelque temps avec succès; mais les troupes peu nombreuses chargées, sur ces points, de tenir tête à l'ennemi, étant débordées de toutes parts, furent obligées de se réfugier sous les murs de Paris, et de rentrer enfin dans la ville. L'ennemi fit quelques tentatives sur les barrières, entre autres à celle de Clichy. La garde nationale les repoussa, et l'ennemi s'arrêta. Ce fut alors que Mortier expédia son chef d'état-major Lapointe pour demander une suspension d'armes *in statu quo*. Schwartzenberg, auquel on s'adressa, refusa, et Orlof, aide-de-camp d'Alexandre, vint à son tour proposer à Mortier de mettre bas les armes, ce qui fut également refusé.

En même temps, sur la droite, entre Charonne et la Seine, l'armée de Bohême gagnait aussi les boulevards extérieurs. Elle s'était d'abord emparée du bois de Vincennes, puis de Saint-Mandé; un corps de cavalerie s'avança sur la chaussée de Vincennes et se jeta sur un parc d'artillerie qui était comme abandonné sur cette route; mais la garde nationale de service à la barrière Vincennes fit une sortie et chassa cette cavalerie à coups de fusil et de canon. Les Cosaques, en même temps, tâtaient toutes les barrières; ce fut sur ces points qu'ils enlevèrent une batterie servie par les élèves de l'École polytechnique. Un de leurs escadrons pénétra dans une barrière du faubourg Saint-Antoine, qu'on lui avait ouverte; mais on la referma, et il fut pris.

Cependant, dans Paris, la population s'agitait en vain. Déjà les boulets des batteries russes venaient tomber dans les rues, jusque dans la place Royale. On courait secourir nos blessés au fur et à mesure qu'ils rentraient; on regardait avec plaisir passer quelques prisonniers ennemis, peu nombreux, qu'on amenait de temps en temps. Tout ce peuple, quoi que l'on en ait dit, n'avait pas peur; il se promenait résigné, s'interrogeait, demandait des nouvelles; si ce n'eût été cette fermentation et la négligence des vêtemens, à voir la foule qui innondait les rues, et les boutiques en partie fermées, on se fût cru dans un jour de fête.

Paris ignora complétement quel était le sort des nos armes; ne voyant point paraître l'ennemi dans son sein, il put croire qu'on l'avait contenu; et fatigué des vaines agitations du jour, il s'endormit sans savoir ce qu'on avait décidé sur son sort. Cependant, le bruit de l'abandon de la capitale, avait commencé à se répandre. Joseph l'avait quittée dans l'après-midi. On parlait aussi de trahison. On disait que les canonniers avaient reçu des gargousses pleines de son. La vérité est que le service était si mal réglé, que les munitions manquèrent à l'artillerie, et qu'entre autres les batteries de la brigade Secretant reçurent des boulets qui n'étaient par de calibre.

Vers deux heures et demie, Marmont avait signé une suspension d'armes, qui fut de suite établie sur toute la ligne. Il accourut ensuite pour s'entendre avec les autorités de la capitale. Le préfet Chabrol annonça qu'il irait au camp des alliés avec le corps municipal pour traiter d'une capitulation. On commença dans cette réunion à parler des Bourbons et de la déchéance de l'empereur. En même temps, une autre réunion avait lieu chez Talleyrand. Là se trouvaient le duc Dalberg, Jaucourt, l'abbé Louis, de Pradt, Montesquiou, etc. La légitimité y fut adoptée en principe; on décida qu'on agirait pour les Bourbons.

Les préfets de Paris, Chabrol et Pasquier, se rendirent, dans la nuit, au quartier général des souverains coalisés. Ils en obtinrent les promesses les plus rassurantes, et, dit-on, prirent eux-mêmes des engagemens. Le colonel Denys de Damrémont et le chef d'escadron Fabvier, aides-de-camp de Marmont, s'y rendirent aussi. Mortier n'y envoya personne. Les deux officiers dont il s'agit capitulèrent plus régulièrement. Les coalisés voulaient que l'armée se rendît prisonnière. Ce ne fut qu'après de longs débats qu'ils renoncèrent à cette prétention. Il fut convenu que « 1° les corps des maréchaux ducs de Trévise et de Raguse évacueraient la ville de Paris, le 31 mars, à sept heures du matin;

2° qu'ils emmèneraient le matériel de leur armée ; 3° que les hostilités ne pourraient recommencer que deux heures après l'évacuation de Paris ; 4° que tous les arsenaux, ateliers, édifices militaires et magasins resteraient dans l'état où ils se trouvaient avant la capitulation (Par l'effet de cet article, les coalisés entrèrent en possession de trente mille fusils neufs qu'on avait refusés à Paris pour se défendre, plus de cent vingt-cinq pièces de canons, deux cent cinquante milliers de poudre, cinq millions de cartouches, vingt-cinq mille gargousses, trois mille obus chargés, etc.) ; 5° que la garde nationale était entièrement séparée de la troupe de ligne ; qu'elle serait conservée ou licenciée selon que le décideraient les souverains alliés ; 6° que la gendarmerie municipale partagerait le sort de la garde nationale ; 7° que les blessés et maraudeurs qui, après sept heures, seraient encore à Paris, seraient prisonniers de guerre ; 8° que la ville de Paris était recommandée à la générosité des hautes puissances. »

Telle fut la conclusion de la journée du 30 mars. La bataille coûta à l'ennemi, d'après son aveu, dix-huit mille hommes blessés ou tués. Il est à croire que ce total est inférieur au chiffre réel. En effet les huit bataillons de la garde royale prussienne perdirent à eux seuls mille trois cent cinquante-cinq hommes, dont soixante-neuf officiers. Les Français ne perdirent pas quatre mille hommes tués, blessés ou prisonniers. La garde nationale eut environ trois cents tués et le double de blessés.

JOURNÉE DU 31 MARS 1814.

Ce fut en se réveillant que Paris apprit la capitulation de la veille qui le livrait aux armées coalisées. La garde nationale avait relevé de grand matin tous les postes occupés par la troupe de ligne, et l'armée avait filé par le pont d'Austerlitz sur la route de Fontainebleau, en sorte que, lorsque la population descendit dans les rues, elle se vit sans soldats, sans généraux, sans administration, sans police. Les premières colonnes des alliés pénétraient dans Paris, en occupaient les principaux points ; défilaient en masses serrées dans les principales rues, conservant d'ailleurs un ordre et une discipline remarquables. Les soldats qui les composaient, ne semblaient nullement préoccupés de la grandeur de leurs succès, mais seulement des sentimens qui animent un étranger qui parcourt pour la première fois une grande et fameuse capitale. Ils semblaient frappés d'étonnement, de respect et quelquefois d'admiration. Les regards farouches que leur lançait une population nombreuse, qui les entourait et les pressait audacieusement, comme si elle eût eu l'assurance de pouvoir encore les écraser si elle l'eût voulu, contribuaient avec les ordres des chefs, à maintenir dans les colonnes coalisées un calme qui leur donnait moins l'apparence d'ennemis que celles de troupes alliées, et qui eut pour résultat définitif de faire que le Parisien leur pardonna presque leur présence. Il ne vit plus en eux que des instrumens des ennemis de la France. Chose singulière! le peuple n'eut point peur un seul instant; sa sécurité était si complète, qu'elle gagna la bourgeoisie; les boutiques, qui étaient restées fermées d'abord, ne tardèrent pas à s'ouvrir. A neuf heures du matin, une partie de Paris était déjà occupée par les coalisés.

Vers onze heures une bande royaliste parcourut les boulevards. C'étaient quelques hommes qui, montés sur des calèches, agitaient des drapeaux blancs et criaient : *Vivent les Bourbons !* une petite troupe de gens à pied les suivait en poussant les mêmes cris. La population les vit passer avec indifférence; les uns, et c'étaient tous les jeunes gens, ne comprenaient rien à cette manifestation et à ces cris. Ils ignoraient qu'il y eût encore des Bourbons : un grand nombre, n'entendant que crier, mais ignorant le sens de ces acclamations, sachant que le drapeau blanc était un signe de paix, ayant vu d'ailleurs que les officiers alliés portaient, dans cette intention, une brassière de cette couleur, crurent que ce n'était qu'un appel pacifique adressé aux Parisiens par l'ordre des souverains alliés. D'autres, enfin, se souvenant des Bourbons, y reconnurent une tentative du parti royaliste; mais ils ne crurent pas qu'elle pût réussir.

A midi, l'empereur de Russie, le roi de Prusse et le prince généralissime Schwartzenberg entrèrent à Paris avec les gardes russe et prussienne. L'empereur Alexandre alla loger chez Talleyrand. La masse du peuple assista au défilé des troupes avec une curiosité tranquille. Lorsque ces premiers corps eurent passé, le reste de l'armée coalisée, et particulièrement la cavalerie légère, fut dirigé par les boulevards et le pont d'Austerlitz sur la route de Fontainebleau. Ce fut un défilé très-curieux pour les Parisiens; l'étrangeté des costumes de ces soldats sauvages venus du fond de l'Asie, de ces Cosaques de toutes tribus, de ces Tartares, de ces Calmoucks couverts de cottes de maille, les attachèrent et les amusèrent. L'invasion amenait sous nos yeux toutes les populations dont, jusqu'à ce jour, nous n'avions connu les habitudes et les mœurs que par les relations des voyageurs.

Mais, si la masse de la population resta immobile, il n'en fut pas de même de celle qui composait ce que l'on appelle les hautes classes de la société. Celle-ci se précipita sur le passage des princes coalisés; les femmes agitaient des mouchoirs blancs; elles osaient crier: *Vive l'empereur Alexandre! vivent les alliés!* Heureusement ces manifestations n'eurent lieu que sur quelques points bornés; heureusement Paris n'en fut pas témoin, et les ignora; car cette lâcheté eût suffi pour le faire révolter. D'un autre côté, des femmes qui s'étaient jetées dans le peuple aux principaux passages, aux portes des jardins publics, distribuaient des nœuds de ruban blanc, sollicitaient les passans à les prendre, et les attachaient même avec une sorte de violence à leurs chapeaux. Cependant on publiait et on affichait la proclamation suivante. Elle avait circulé la veille dans la haute société; elle fut publiée le 31.

« Habitans de Paris, les armées alliées se trouvent devant Paris. Le but de leur marche vers la capitale est fondé sur l'espoir d'une réconciliation sincère et durable avec elle. Depuis vingt ans l'Europe est inondée de sang et de larmes. Les tentatives faites pour mettre un terme à tant de malheurs ont été inutiles, parce qu'il existe dans le pouvoir même du gouvernement qui vous opprime un obstacle insurmontable à la paix. Quel Français qui ne soit pas convaincu de cette vérité?

» Les souverains alliés cherchent de bonne foi une autorité salutaire en France, qui puisse cimenter l'union de toutes les nations et de tous les gouvernemens. C'est à la ville de Paris qu'il appartient, dans les circonstances actuelles, d'accélérer la paix du monde. Son vœu est attendu avec l'intérêt que doit inspirer un si immense résultat. Qu'elle se prononce, et dès ce moment l'armée qui est devant ses murs devient le soutien de ses décisions.

» Parisiens, vous connaissez la situation de votre patrie, la conduite de Bordeaux, l'occupation amicale de Lyon (1), les maux attirés sur la France, et les dispositions véritables de vos concitoyens. Vous trouverez dans ces exemples le terme de la guerre étrangère et de la discorde civile ; vous ne sauriez plus le chercher ailleurs.

La conservation et la tranquillité de votre ville seront l'objet des soins et des mesures que les alliés s'offrent de prendre avec les autorités et les notables qui jouissent le plus de l'estime publique. Aucun logement militaire ne pèsera sur la capitale.

C'est dans ces sentimens que l'Europe, en armes devant vos murs, s'adresse à vous. Hâtez-vous de répondre à la confiance qu'elle met dans votre amour pour la patrie et dans votre sagesse.

» *Signé* le commandant en chef des armées alliées, maréchal prince
» de SCHWARTZENBERG. »

Cette proclamation, pleine de ménagemens, qui respectait les susceptibilités de l'honneur national et qui remettait, en termes exprès, à la décision de Paris de décider de la paix ou de la guerre, fut un acte de haute habileté. La France était si redoutable qu'il fallait la tromper pour la vaincre. Les coalisés ne démentirent pas, au reste, leur proclamation. La discipline la plus sévère fut observée ; les troupes irrégulières furent rapidement éloignées de la capitale. Il fut défendu aux soldats, sous peine de mort, de pénétrer dans les rues ; les voies des boulevards et des quais leur furent seules réservées. On remarqua avec quelque étonnement cette sage conduite ; on ne fut pas moins étonné d'entendre les officiers, qui, seuls, étaient libres d'aller et de venir dans la grande ville, parler purement notre langue, et se piquer d'une politesse toute française. Il semblait que les étrangers, les Russes surtout, en entrant dans la capitale de la civilisation moderne, tinssent par-dessus tout à mériter ses suffrages et à se montrer dignes d'elle. Ce ne fut qu'après quelques jours que l'on aperçut combien le sort des soldats était à plaindre ; on prit ceux-ci en pitié ; on en voulut aux officiers de toute la misère qui accablait ces derniers. Alors on commença à dessiner, à graver, à exposer des caricatures qui exprimaient combien cette différence

---

(1) Lyon avait été, le 21 mars, réuni à l'armée coalisée par une capitulation signée *Augereau*.

nous choquait. Le plus grand nombre de ces caricatures fut acheté par des sous-officiers et des soldats russes, qui les emportèrent dans leur pays.

Cependant, l'empereur Alexandre, le roi Frédéric-Guillaume, Schwartzenberg, Lichtenstein, Nesselrode, Pozzo-di-Borgo, etc., s'assemblaient chez Talleyrand.

Alexandre ouvrit la conférence. Il dit qu'il y avait à choisir entre trois partis : soit faire la paix avec Napoléon, soit établir la régence, soit rappeler les Bourbons. Talleyrand prêcha chaudement la cause des Bourbons; il se fit fort de l'assentiment du sénat et des principales autorités. Cette opinion fut appuyée par plusieurs Français, soit déjà présens, soit mandés à cet effet, tels que le duc Dalberg, l'abbé Louis, de Pradt, Beurnonville, etc. En conséquence, on rédigea la déclaration qu'on va lire. Elle fut signée par l'empereur Alexandre seul. Ce prince avait, en effet, en ce moment la haute main; non-seulement il était le premier auteur, et, en quelque sorte, le chef de la coalition, mais encore il était celui dont l'armée était partout la plus nombreuse et particulièrement à Paris. Les troupes prussiennes avaient été en grande partie détruites; quand on demandait aux officiers de Frédéric-Guillaume où étaient leurs soldats, que l'on rencontrait en si petite quantité, et que l'on avait dit cependant si nombreux : « Dans les plaines de la Champagne, répondaient-ils ! »

DÉCLARATION. — (*Publiée le 1er avril 1814.*)

« Les armées des puissances alliées ont occupé la capitale de la France. Les souverains alliés accueillent le vœu de la nation française.

» Ils déclarent :

» Que si les conditions de la paix devaient renfermer de plus fortes garanties lorsqu'il s'agissait d'enchaîner l'ambition de Bonaparte, elles doivent être plus favorables lorsque, par un retour vers un gouvernement sage, la France elle-même offrira l'assurance de ce repos.

» Les souverains alliés proclament en conséquence :

» Qu'ils ne traiteront plus avec Napoléon Bonaparte, ni avec aucun de sa famille;

» Qu'ils respectent l'intégrité de l'ancienne France, telle qu'elle a existé sous ses rois légitimes : ils peuvent même faire plus, parce qu'ils professent toujours le principe que, pour le bonheur de l'Europe, il faut que la France soit grande et forte;

» Qu'ils reconnaîtront et garantiront la Constitution que la nation française se donnera.

» Ils invitent par conséquent le sénat à désigner un gouvernement provisoire qui puisse pourvoir aux besoins de l'administration, et préparer la Constitution qui conviendra au peuple français.

» Les intentions que je viens d'exprimer me sont communes avec toutes les puissances alliées.

» *Signé* ALEXANDRE. Par S. M. I.; *le secrétaire d'état* comte DE NESSELRODE. — Paris, 31 mars 1814, trois heures après midi. »

A côté de cette déclaration, on lisait une proclamation du conseil général municipal de Paris, dont l'extrait suivant fera connaître l'esprit.

» Habitans de Paris, vos magistrats seraient des traîtres s'ils comprimaient plus long-temps la voix de leur conscience : elle leur crie que vous devez tous les maux qui vous accablent à un seul homme. C'est lui qui, chaque année, par la conscription, décime nos familles. Qui de nous n'a perdu un fils, un frère, des parens, des amis ? Pourquoi tous ces braves sont-ils morts ? pour lui seul, et non pour le pays. Pour quelle cause ? ils ont été immolés, uniquement immolés à la démence de laisser après lui le souvenir du plus épouvantable oppresseur qui ait pesé sur l'espèce humaine..... Qu'importe qu'il n'ait sacrifié qu'un petit nombre d'hommes à ses haines ou bien à ses vengeances particulières, s'il a sacrifié la France ? que disons-nous, la France ? toute l'Europe à son ambition sans mesure !.... Que nous parle-t-on de ses victoires passées ? Quel bien nous ont-elles fait ces funestes victoires ? la haine des peuples, les larmes des familles, le célibat forcé de nos filles, la ruine de toutes les fortunes; le veuvage prématuré de nos femmes, le désespoir des pères et des mères, à qui, d'une nombreuse postérité, il ne reste plus la main d'un enfant pour leur fermer les yeux ? Voilà ce que nous ont produit ses victoires !..... C'est au nom de nos devoirs mêmes, et les plus sacrés de tous, que nous *abjurons toute obéissance envers l'usurpateur, pour retourner à nos maîtres légitimes*. 1er avril 1814. *Signé*, les membres du conseil général municipal de Paris, *Bellart*, (rédacteur de la proclamation), *Barthélemy, Bonnomet, Bascheron, Davillier, Demautort, Gauthier, Harcourt, de Lamoignon, Lebeau, Mallet, Montamant, Pérignon, Thibou, Vial.* »

La presse prit part à ces attaques; mais elle ne pouvait parler que dans un seul sens. Les frères Bertin et Laborie s'emparèrent, dès le 30 mars, du *Journal de l'empire*, qu'ils appelèrent *Journal des Débats*. Ils en firent l'organe des royalistes. M. Châteaubriand ne tarda pas non plus à se montrer sur la scène politique; il y fit son apparition par une brochure dont le titre explique suffisamment le sens : *De Buonaparte et des Bourbons, et de la nécessité de se rallier à nos princes légitimes pour le bonheur de la France et de l'Europe*. L'abbé de Pradt l'imita; il se distingua par ses invectives de mauvais goût : il alla jusqu'à appeler Bonaparte un *Jupiter Scapin*.

DÉCHÉANCE DE L'EMPEREUR NAPOLÉON.

Conformément à ce qui avait été convenu chez Talleyrand, on s'adressa au sénat. Il se composait alors de cent quarante membres. L'opposition que le système impérial y avait rencontrée dès l'origine ne s'était point grossie; six voix au plus se joignaient encore à celles de MM. Grégoire, Lambrechts, Destut-Tracy, Lanjuinais et Garat. Dans les derniers jours de mars cette faible opposition avait amené plusieurs membres de la majorité à former quelques réunions particulières à l'effet de s'entretenir de la situation de l'état : les opinions étaient trop différentes, ou l'indépendance de caractère trop rare, pour que ces assemblées eussent un résultat. La dernière eut lieu le 30, chez M. Lambrechts, au moment même où l'on se battait devant Paris. La discussion s'engageait, lorsque Syéyès annonça à ses collègues que l'on négociait déjà la capitulation : il était trois heures. L'étonnement fut grand; mais il ne fut pas général. On convint d'envoyer sur-le-champ une députation auprès du lieutenant général de l'empereur. M. Lambrechts, Destut-Tracy, Tascher, chargés de se rendre chez le prince Joseph, apprirent en arrivant, qu'il était parti depuis midi.

La déchéance de Napoléon était le vœu de l'opposition; depuis deux ans Grégoire en avait rédigé un projet d'acte avec ses motifs. Dans la journée du 31, ce vœu, que cinq ou six personnes seulement connaissaient et partageaient, devint celui de vingt sénateurs; de sorte que Talleyrand et Montesquiou, qui, pour l'exécution de leurs projets, devaient aussi et de prime-abord obtenir cette déchéance, se trouvèrent en rapport sur ce point avec l'opposition sénatoriale.

Séance du 1ᵉʳ avril 1814.

Trente membres environ sont présens. La séance est ouverte à trois heures et demie, sous la présidence de S. A. S. le prince de Bénévent, vice-grand électeur (Talleyrand). Le président prend la parole, et dit :

« Sénateurs, la lettre que j'ai eu l'honneur d'adresser à chacun de vous pour les prévenir de cette convocation leur en fait connaître l'objet. Il s'agit de vous transmettre des propositions; ce mot seul suffit pour indiquer la liberté que chacun de vous apporte dans cette assemblée. Elle vous donne les moyens de laisser prendre un généreux essor aux sentimens dont l'âme de chacun de vous est remplie, la volonté de sauver votre pays, et la résolution d'accourir au secours d'un peuple délaissé.

» Sénateurs, les circonstances, quelque graves qu'elles soient, ne peuvent être au-dessus du patriotisme ferme et éclairé de tous les membres de cette assemblée, et vous avez sûrement senti tous également la nécessité d'une délibération qui ferme la porte à tout retard, et qui ne laisse pas écouler la journée sans rétablir l'action de l'administration, ce premier de tous les besoins, par la formation d'un gouvernement dont l'autorité, formée pour le besoin du moment, ne peut qu'être rassurante. »

Plusieurs membres obtiennent successivement la parole pour faire diverses propositions, que le sénat adopte immédiatement en ces termes :

I. « Il sera établi un gouvernement provisoire, chargé de pourvoir aux besoins de l'administration, et de présenter au sénat un projet de constitution qui puisse convenir au peuple français. Ce gouvernement sera composé de cinq membres. — Le sénat élit, pour membres du gouvernement provisoire : M. de Talleyrand, prince de Bénévent; M. le sénateur comte de Beurnonville; M. le sénateur comte de Jaucourt; M. le duc de Dalberg, conseiller d'état; M. de Montesquiou, ancien membre de l'assemblée constituante.

II. » L'acte de nomination du gouvernement provisoire sera notifié au peuple français par une adresse des membres de ce gouvernement. — Le sénat arrête en principe, et charge le gouvernement provisoire de comprendre en substance dans son adresse au peuple français : 1° que le sénat et le corps législatif seront déclarés partie intégrante de la constitution projetée, sauf les modifications qui seront jugées nécessaires pour assurer la liberté des suffrages et des opinions; 2° que l'armée, ainsi que les officiers et soldats en retraite, les veuves et officiers pensionnés, conserveront les grades, honneurs et pensions dont ils jouissent; 3° qu'il ne sera porté aucune atteinte à la dette publique; 4° que les ventes de domaines nationaux seront irrévocablement maintenues; 5° qu'aucun Français ne pourra être recherché pour les opinions politiques qu'il a pu émettre; 6° que la liberté des cultes et des consciences sera maintenue et proclamée, ainsi que la liberté de la presse, sauf la répression légale des délits qui pourraient naître de l'abus de cette liberté; 7° enfin que le gouvernement provisoire est chargé de présenter un projet de Constitution tel qu'il ne soit porté aucune atteinte aux principes qui font la base de ces propositions. »

Ces délibérations prises, et signées des président et secrétaires, le sénat s'ajourne à neuf heures du soir, pour entendre et adopter la rédaction du procès-verbal de cette séance, et pour en signer individuellement l'expédition.

A neuf heures du soir la séance est reprise, sous la présidence de M. le sénateur comte Barthélemi. Le procès-verbal du matin est lu et adopté, « avec mention des excuses fournies par les sé-
» nateurs Vernier, Decroix, Garran-Coulon, François (de Neuf-
» château) et Thévenard, qui, pour cause de maladie, n'ont pu
» assister à la séance de ce jour. »

Il est ensuite procédé par les membres présens à la signature de ce procès-verbal ainsi qu'il suit : — *Abrial. — Barbé de Marbois. — Barthélemi. — De Bayane. De Belderbusch. — Bertholet. — De Beurnonville. — Buonacorsi. — Carbonara. — Chasseloup-Laubat. — Chole. — Colaud. — Cornet. — Davous. — De Grégory. — Mercorengo. — Dambarrère. — Depère. — Destut de Tracy. — D'Harville. — D'Häubersaert. — D'Hédouville. — Du Bois du Bais. — Emmery. — Fabre (de l'Aude). — Férino. — De Fontanes. — Garat. — Grégoire. — Herwin de Nevelle. — De Jaucourt. — Journu Auber. — Klein. — Lambrechts. — Lanjuinais. — De Lannoy. — Le Brun de Richemont. — Lejear. — Lemercier. — De Lespinasse. — De Malleville. — De Meerman Vandalem. — De Monbadon. — Pastoret. — Péré. — De Pontécoulant. — Porcher de Richebourg. — Rigal. — Roger Ducos. — Saint-Martin de Lamotte. — De Sainte-Suzanne. — Saur. — Schimmelpenninck. — Serrurier. — Soulès. — De Tascher. — De Valence. — Maréchal duc de Valmi. — Van Dedem Van Gelder. — Van Depoll. — De Vaubois. — Villetard. — Vimar. — De Volney.* »

Séance du 2 avril. — (Extrait du procès-verbal.)

« A sept heures du soir les membres du sénat se réunissent en vertu d'une convocation extraordinaire faite sur l'invitation du gouvernement provisoire, conformément à la demande de plusieurs sénateurs.

» La séance est présidée par M. le sénateur comte Barthélemy.

» Un membre propose de déclarer l'empereur Napoléon et sa famille déchus du trône, et de délier en conséquence le peuple français et l'armée du serment de fidélité.

» Cette proposition est appuyée par plusieurs membres. On demande qu'elle soit mise aux voix. (*Des membres de l'ancienne majorité sortent de la salle;*

mais déjà ils avaient signé le procès-verbal de la veille, dont la conséquence nécessaire était la déchéance.)

» La proposition est résumée, mise aux voix, et adoptée en ces termes :

« Le sénat déclare Napoléon Bonaparte et sa famille déchus du trône, et
» délie en conséquence le peuple français et l'armée du serment de fidélité. »

« Un membre (M. Lambrechts) demande que l'acte de déchéance qui vient d'être prononcé, soit précédé de considérans qui en exposent les motifs. — Adopté.

» On demande que ces considérans soient rédigés et adoptés séance tenante. Quelques membres proposent au contraire de se borner, quant à présent, au décret qui vient d'être rendu, et de renvoyer à demain l'adoption des considérans. — Adopté.

» Le sénat s'ajourne à demain midi pour l'adoption des considérans, dont la rédaction est confiée à M. le sénateur comte Lambrechts.

» Un membre demande que, attendu l'importance de la mesure qui vient d'être prise pour sauver l'armée française et arrêter l'effusion du sang, M. le président soit chargé d'inviter dès ce soir les membres du gouvernement provisoire à la faire connaître au public. — Adopté.

» La séance est levée. »

Audience donnée au sénat par l'empereur de Russie. — (*Procès-verbal.*)

« L'an 1814, le samedi 2 avril, à neuf heures et demie du soir, sur l'avis donné par M. le président que S. M. l'empereur Alexandre recevrait aujourd'hui le sénat, ses membres, réunis à l'issue de la séance qui vient d'avoir lieu, se rendent en corps au palais habité par S. M.

» Admis à son audience, ils sont présentés par S. A. S. le prince de Bénévent, membre du gouvernement provisoire.

» M. le comte de Barthélemy, au nom de ses collègues, exprime à l'empereur Alexandre tous les sentimens dont le sénat est pénétré pour la modération et la générosité que S. M. a déployées envers la ville de Paris.

» S. M. répond :

« Messieurs, je suis charmé de me trouver au milieu de vous. Ce n'est ni l'am-
» bition ni l'amour des conquêtes qui m'y ont conduit ; mes armées ne sont en-
» trées en France que pour repousser une injuste agression. Votre empereur a
» porté la guerre chez moi lorsque je ne voulais que la paix. Je suis l'ami du
» peuple français; je ne lui impute point les fautes de son chef. Je suis ici dans
» les intentions les plus amicales ; je ne veux que protéger vos délibérations.
» Vous êtes chargés d'une des plus honorables missions que des hommes géné-
» reux aient à remplir ; c'est d'asurer le bonheur d'un grand peuple, en donnant
» à la France les institutions fortes et libérales dont elle ne peut se passer dans
» l'état actuel de ses lumières et de sa civilisation.

» Je pars demain pour commander mes armées, et soutenir la cause que
» vous venez d'embrasser. Il est temps que le sang cesse de couler ; il en a été
» trop répandu : mon cœur en souffre. Je ne poserai les armes qu'après avoir
» assuré la paix, qui a été le but de toutes mes démarches, et je serai content si,
» en quittant ce pays, j'emporte la satisfaction d'avoir pu vous être utile, et con-
» tribuer au repos du monde (1). »

---

(1) Ce texte du discours de l'empereur Alexandre est celui qui a été consigné dans les registres du sénat. Le voici d'après le *Moniteur* :

« Un homme qui se disait mon allié est arrivé dans mes états en injuste agresseur
» C'est à lui que j'ai fait la guerre, et non à la France ; je suis l'ami du peuple français.

» S. M., après s'être un peu éloignée, revient sur ses pas et dit :

« Le gouvernement provisoire m'a demandé ce matin la délivrance de tous les » Français prisonniers en Russie. Je l'accorde au sénat. Depuis que ces prison- » niers sont en mon pouvoir, j'ai fait pour adoucir leur sort tout ce qui a dépendu » de moi. Je vais donner des ordres pour leur retour; qu'ils reviennent dans » leur famille jouir de la tranquillité qu'un nouvel ordre de choses doit as- » surer. »

» Le sénat se retire, après avoir offert à l'empereur Alexandre le témoignage de sa profonde reconnaissance pour cet acte de magnanimité. »

Séance du dimanche 3 avril.

La séance est ouverte à midi, sous la présidence de M. le comte Barthélemy. Sur la proposition d'un membre, l'assemblée prend l'arrêté suivant :

» Le sénat rappelle dans son sein tous les sénateurs absens, excepté ceux dont la présence sera jugée utile dans les départemens. »

« Le président communique à l'assemblée plusieurs lettres qu'il a reçues de divers membres du sénat. Quatre de ces lettres, écrites sous la date courante du 3 avril, contiennent l'adhésion des sénateurs Daboville, François de Neufchâteau, Lenoir-Laroche et Shée aux mesures prises par le sénat dans ses précédentes séances. Les sénateurs Lejeas, Legrand et Falette-Barol s'excusent, par trois autres lettres sous la même date, de ne pouvoir, attendu leur état de maladie, assister aux séances du sénat. »

Conformément à l'ordre du jour, M. le sénateur Lambrechts présente le projet des considérans qui doivent accompagner l'acte de déchéance décrété la veille, et dont la rédaction lui a été confiée. Après deux lectures successives, ce projet est renvoyé à l'examen d'une commission spéciale, formée, outre le rapporteur, des sénateurs Barbé-Marbois, de Fontanes, Garat et Lanjuinais. Les commissaires se retirent, et la séance est suspendue jusqu'à leur retour. A quatre heures elle est reprise. M. Lambrechts donne une nouvelle lecture de son projet, revu et adopté par la commission; il est immédiatement mis aux voix et adopté en ces termes :

» Le sénat conservateur, considérant que dans une monarchie constitutionnelle le monarque n'existe qu'en vertu de la constitution ou du pacte social;

» Que Napoléon Bonaparte, pendant quelque temps d'un gouvernement ferme et prudent, avait donné à la nation des sujets de compter pour l'avenir sur des actes de sagesse et de justice; mais qu'ensuite il a déchiré le pacte qui l'unissait au peuple français, notamment en levant des impôts, en établissant des taxes

---

» Ce que vous venez de faire redouble encore ce sentiment. Il est juste, il est sage de » donner à la France des institutions fortes et libérales, qui soient en rapport avec les » lumières actuelles. Mes alliés et moi nous ne venons que protéger la liberté de vos » décisions.

» Pour preuve de cette alliance durable que je veux contracter avec votre nation, je » lui rends tous les prisonniers français qui sont en Russie. Le gouvernement provi- » soire me l'avait déjà demandé; je l'accorde au sénat d'après les résolutions qu'il a » prises aujourd'hui. »

autrement qu'en vertu de la loi, contre la teneur expresse du serment qu'il avait prêté à son avénement au trône, conformément à l'article 53 de l'acte des constitutions du 28 floréal an xii.;

» Qu'il a commis cet attentat aux droits du peuple lors même qu'il venait d'ajourner sans nécessité le corps législatif, et de faire supprimer comme criminel un rapport de ce corps, auquel il contestait son titre et sa part à la représentation nationale;

» Qu'il a entrepris une suite de guerres en violation de l'article 50 de l'acte des constitutions du 22 frimaire an viii, qui veut que les déclarations de guerre soient proposées, discutées, décrétées et promulguées comme des lois;

» Qu'il a inconstitutionnellement rendu plusieurs décrets portant peine de mort, nommément les deux décrets du 5 mars dernier, tendant à faire considérer comme nationale une guerre qui n'avait lieu que dans l'intérêt de son ambition démesurée;

» Qu'il a violé les lois constitutionnelles par ses décrets sur les prisons d'état;

» Qu'il a anéanti la responsabilité des ministres, confondu tous les pouvoirs, et détruit l'indépendance des corps judiciaires:

» Considérant que la liberté de la presse, établie et consacrée comme l'un des droits de la nation, a été constamment soumise à la censure arbitraire de sa police, et qu'en même temps il s'est toujours servi de la presse pour remplir la France et l'Europe de faits controuvés, de maximes fausses, de doctrines favorables au despotisme, et d'outrages contre les gouvernemens étrangers;

» Que des actes et rapports entendus par le sénat ont subi des altérations dans la publication qui en a été faite;

» Considérant qu'au lieu de régner dans la seule vue de l'intérêt, du bonheur et de la gloire du peuple français, aux termes de son serment, Napoléon a mis le comble aux malheurs de la patrie par son refus de traiter à des conditions que l'intérêt national obligeait d'accepter, et qui ne compromettaient pas l'honneur français;

» Par l'abus qu'il a fait de tous les moyens qu'on lui a confiés en hommes et en argent;

» Par l'abandon des blessés sans pansement, sans secours, sans subsistances;

» Par différentes mesures dont les suites étaient la ruine des villes, la dépopulation des campagnes, la famine et les maladies contagieuses :

» Considérant que par toutes ces causes le gouvernement impérial, établi par le sénatus-consulte du 28 floréal an XII, a cessé d'exister, et que le vœu manifeste de tous les Français appelle un ordre de choses dont le premier résultat soit le rétablissement de la paix générale, et qui soit aussi l'époque d'une réconciliation solennelle entre tous les états de la grande famille européenne :

» Le sénat déclare et décrète ce qui suit :

» Article 1er. Napoléon Bonaparte est déchu du trône, et le droit d'hérédité établi dans sa famille est aboli;

» 2. Le peuple français et l'armée sont déliés du serment de fidélité envers Napoléon Bonaparte.

» 3. Le présent décret sera transmis par un message au gouvernement provisoire de France, envoyé de suite à tous les départemens et aux armées, et proclamé incessamment dans tous les quartiers de la capitale. »

CORPS LÉGISLATIF. — *Séance du 3 avril* 1814.

Sur l'invitation du gouvernement provisoire, les députés présens à Paris se sont réunis dans le palais du corps législatif, au nombre de soixante-dix-sept. Le fauteuil est occupé par M. Félix-Faulcon, vice-président.

Lecture faite des délibérations du sénat, un arrêté est pris dont voici la teneur :

« Vu l'acte du sénat du 2 de ce mois, par lequel il prononce la déchéance de Napoléon Bonaparte et de sa famille, et déclare les Français dégagés envers lui de tous les liens civils et militaires, et de toute obéissance;

» Vu l'arrêté du gouvernement provisoire du même jour, par lequel le corps législatif est invité à participer à cette importante opération;

» Le corps législatif, considérant que Napoléon Bonaparte a violé le pacte constitutionnel,

» Adhérant à l'acte du sénat.

» Reconnaît et déclare la déchéance de Napoléon Bonaparte et des membres de sa famille.

» Signé : *Félix-Faulcon*, président; *Chauvin de Bois-Savary, D. Laborde, Fauré*, secrétaires. — *Aubert.* — *Barrot.* — *Botta.* — *Boutelaud.* — *Bruys-Charly.* — *Caze de la Boive.* — *Challan.* — *Chappuis.* — *Charles Deluid.* — *Châtenay-Lanty.* — *Cherrier.* — *Chirat.* — *Clausel de Coussergues.* — *Clément.* — *Colchen.* — *Dalmassy.* — *Dampmartin.* — *Dauzat.* — *Delattre.* — *Duchesne de Gillevoisin.* — *Durbach.* — *Ébaudy de Rochetaillé.* — *Émeric-David.* — *Emmery.* — *Estourmel.* — *De Falaiseau.* — *Finot.* — *Flaugergues.* — *Fornier de Saint-Lary.* — *De Fougerais.* — *Gallois.* — *Garnier.* — *Geoffroy.* — *Gerolt.* — *De Girardin.* — *Goulard.* — *Gourlay.* — *De Grote.* — *Griveau.* — *Jacobi.* — *Janod.* — *Jaubert.* — *Lajard de la Seine.* — *Lefeuvre.* — *Lefèvre-Gineau.* — *Delesné-Harel.* — *Louvet.* — *Metz.* — *Moreau.* — *Morellet.* — *Pémartin.* — *Pérèze.* — *Petersen.* — *Petit de Beauverger.* — *Petit du Cher.* — *Pictet Deodati.* — *Poggi.* — *Poyféré de Cère.* — *De Prunelé.* — *Ragon-Gillet.* — *Raynouard.* — *Rigaut de l'Isle.* — *Rivière.* — *Rossée.* — *De Septenville.* — *Sylvestre de Sacy.* — *Sturtz.* — *Thiry.* — *Travaglini.* — *Van Recum.* — *Vigneron.* — *Villiers.* — *De Wadner-Freundstein.*

» Il est en outre arrêté que MM. les députés se rendront en corps auprès de LL. MM. l'empereur de Russie et le roi de Prusse, à l'effet de leur présenter les hommages du corps législatif. »

Séance levée. — Le bureau, chargé par l'assemblée de présenter une adresse au gouvernement provisoire, s'acquitta de sa mission en ces termes :

Du 4. — « *A messieurs les membres du gouvernement provisoire.* — Messieurs, le corps législatif nous a chargés de vous exprimer la vive satisfaction que lui a fait éprouver la communication de l'acte du sénat qui vous appelle au gouvernement provisoire.

» Cet acte vous confie encore l'honorable mission de lui présenter les bases d'une charte constitutionnelle. Puisse-t-elle établir un équilibre invariable dans ses premiers pouvoirs, et asseoir enfin le bonheur de tous et la sûreté de chacun sur des fondemens solides et durables! Les membres du corps législatif se trouvent heureux de ce qu'il est à la fois dans la nature de leurs droits et de leurs devoirs de prendre part à ce grand œuvre de régénération politique.

» Nous sommes avec respect, messieurs, vos très-humbles et très-obéissans serviteurs. — Signé Félix-Faulcon, vice-président; Chauvin-de-Bois-Savary, Laborde, Faure, secrétaires. »

ACTES DU GOUVERNEMENT PROVISOIRE.

Du 2 avril. — « Le gouvernement provisoire arrête que le général de division comte Dessoles est nommé commandant en chef de la garde nationale de Paris et du département de la Seine. Il commencera immédiatement ses fonctions. »

Du même jour. — « Le gouvernement provisoire nomme commissaires, savoir : pour la justice, M. Henrion de Pensey; les affaires étrangères, M. le comte Laforêt, et M. le baron Durand, adjoint; l'intérieur, M. le comte Beu-

gnot, et jusqu'à son arrivée M. Benoît; la guerre, en y réunissant l'administration de la guerre, M. le général Dupont; la marine, M. le baron Malouet, et jusqu'à son arrivée M. Jurieu; les finances, le trésor, les manufactures et commerce, M. le baron Louis; la police générale, M. Anglès, maître des requêtes. M. Dupont (de Nemours) est nommé secrétaire général du gouvernement provisoire; et M. Roux de Laborie, avocat en la cour impériale, adjoint.
— M. de Lavallette s'étant absenté, M. de Bourienne, ancien conseiller d'état, est nommé directeur général des postes. »

Du même jour. — Adresse du gouvernement provisoire aux armées françaises. — « Soldats, la France vient de briser le joug sous lequel elle gémit avec vous depuis tant d'années.

« Vous n'avez jamais combattu que pour la patrie; vous ne pouvez plus combattre que contre elle sous les drapeaux de l'homme qui vous conduit.

» Voyez tout ce que vous avez souffert de sa tyrannie! Vous étiez naguère un million de soldats, presque tous ont péri; on les a livrés au fer de l'ennemi sans subsistances, sans hôpitaux; ils ont été condamnés à périr de misère et de faim.

» Soldats, il est temps de finir les maux de la patrie! La paix est dans vos mains. La refuserez-vous à la France désolée? Les ennemis même vous la demandent; ils regrettent de ravager ces belles contrées, et ne veulent s'armer que contre votre oppresseur et le nôtre. Seriez-vous sourds à la voix de la patrie, qui vous rappelle et vous supplie? Elle vous parle par son sénat, par sa capitale, et surtout par ses malheurs! Vous êtes ses plus nobles enfants, et vous ne pouvez appartenir à celui qui l'a ravagée, qui l'a livrée sans armes, sans défense; qui a voulu rendre votre nom odieux à toutes les nations, et qui aurait peut-être compromis votre gloire si un homme, qui n'est pas même Français, pouvait jamais affaiblir l'honneur de nos armes et la générosité de nos soldats!

» Vous n'êtes plus les soldats de Napoléon; le sénat et la France entière vous dégagent de vos serments. »

Du 4 avril. — « Les relations qui viennent de s'établir entre les puissances alliées et le gouvernement français sont de nature à permettre immédiatement que la France soit considérée en état de paix avec elles. En conséquence, le gouvernement provisoire, par suite de la sécurité que les relations inspirent, arrête : Que tous les conscrits actuellement rassemblés sont libres de retourner chez eux, et que tous ceux qui n'ont point encore été enlevés de leur domicile sont autorisés à y rester; la même faculté est applicable aux bataillons de nouvelle levée que chaque département a fournis, ainsi qu'à toutes les levées en masse. »

Du 4 avril. — « Le gouvernement provisoire arrête : 1° Que tous les emblèmes, chiffres et armoiries qui ont caractérisé le gouvernement de Bonaparte seront supprimés et effacés partout où ils peuvent exister; 2° que cette suppression sera exclusivement opérée par les personnes déléguées par les autorités de police ou municipales, sans que le zèle individuel d'aucun particulier puisse y concourir ou les prévenir; 3° qu'aucune adresse, proclamation, feuille publique ou écrit particulier ne contiendra d'injures ou expressions outrageantes contre le gouvernement renversé, la cause de la patrie étant trop noble pour adopter aucun des moyens odieux dont il s'est servi. »

Du même jour. — Adresse du gouvernement provisoire au peuple français. —
« Français, au sortir des discordes civiles vous avez choisi pour chef un homme qui paraissait sur la scène du monde avec les caractères de la grandeur. Vous avez mis en lui toutes vos espérances; ces espérances ont été trompées : sur les ruines de l'anarchie, il n'a fondé que le despotisme.

» Il devait au moins, par reconnaissance, devenir Français avec vous ; il ne l'a jamais été. Il n'a cessé d'entreprendre, sans but et sans motif, des guerres injustes en aventurier qui veut être fameux. Il a, dans peu d'années, dévoré vos richesses et votre population.

» Chaque famille est en deuil ; toute la France gémit : il est sourd à nos maux. Peut-être rêve-t-il encore à ses desseins gigantesques, même quand des revers inouïs punissent avec tant d'éclat l'orgueil et l'abus de la victoire.

» Il n'a su régner ni dans l'intérêt national ni dans l'intérêt même de son despotisme. Il a détruit tout ce qu'il voulait créer, et recréé tout ce qu'il voulait détruire. Il ne croyait qu'à la force ; la force l'accable aujourd'hui, juste retour d'une ambition insensée.

» Enfin cette tyrannie sans exemple a cessé ! Les puissances alliées viennent d'entrer dans la capitale de la France.

» Napoléon nous gouvernait comme un roi de barbares : Alexandre et ses magnanimes alliés ne parlent que le langage de l'honneur, de la justice et de l'humanité ; ils viennent réconcilier avec l'Europe un peuple brave et malheureux.

» Français, le sénat a déclaré Napoléon déchu du trône ; la patrie n'est plus avec lui ; un autre ordre de choses peut seul la sauver. Nous avons connu les excès de la licence populaire et ceux du pouvoir absolu ; rétablissons la véritable monarchie en limitant, par de sages lois, les divers pouvoirs qui la composent.

» Qu'à l'abri d'un trône paternel l'agriculture épuisée refleurisse ; que le commerce, chargé d'entraves, reprenne sa liberté ; que la jeunesse ne soit plus moissonnée par les armes avant d'avoir la force de les porter ; que l'ordre de la nature ne soit plus interrompu, et que le vieillard puisse espérer de mourir avant ses enfans. Français, rallions-nous ! Les calamités passées vont finir, et la paix va mettre un terme au bouleversement de l'Europe. Les augustes alliés en ont donné leur parole. La France se reposera de ses longues agitations ; et, mieux éclairée par la double épreuve de l'anarchie et du despotisme, elle trouvera le bonheur dans le retour d'un gouvernement tutélaire. »

Les actes précédens devinrent le signal de nombreuses défections, qui furent enregistrées dans les journaux ; elles étaient presque toutes motivées. La plupart des hommes qui avaient plié avec complaisance devant tous les caprices de Napoléon, qui exagéraient la rigueur de ses décrets, et qui avaient été si zélés à exécuter les lois de la conscription, lui reprochaient comme des crimes toutes les mesures dont ils avaient été complices. Le peuple pouvait-il croire à ce retour singulier ; pouvait-il ajouter foi à ces brusques palinodies ?

Dès le 3, la cour de cassation envoya son acte d'adhésion. Le 4, le préfet de la Seine, Chabrol, le préfet de police, Pasquier, le conseil de préfecture et les maires de Paris imitèrent cet exemple. Vint ensuite le collége des avocats à la cour de cassation ; ceux-ci exprimèrent leurs vœux pour une charte constitutionnelle et le retour des *descendans d'Henri IV*. Le 5, la cour impériale de Paris, le parquet, l'ordre des avocats, le tribunal de première instance, la cour des comptes exprimèrent les mêmes vœux. La défection devait être bientôt complète; l'armée allait y prendre part.

— Que se passait-il, en effet, pendant ce temps à l'armée? L'empereur accourait de Fontainebleau à Paris pour prendre part à la défense de la capitale, lorsqu'il apprit la capitulation de Paris. Il passa la nuit du 30 au 31 à la Cour-de-France, et retourna à Fontainebleau résolu à tenter un retour offensif pour chasser l'ennemi. Mais il fallait attendre l'arrivée de ses troupes. Le 3, elles étaient réunies en avant de Fontainebleau; en comptant le corps de Mortier et de Marmont qui en formait l'avant-garde, elles s'élevaient environ à soixante-cinq mille hommes, dont aucun n'ignorait les événemens des derniers jours. Ils en avaient été instruits par le bulletin suivant publié le 1er avril.

« Fontainebleau, le 1er avril 1814.

» L'empereur, qui avait porté son quartier général à Troyes le 29, s'est dirigé à marches forcées par Sens sur sa capitale. S. M. était le 31 mars à Fontainebleau; elle a appris que l'ennemi, arrivé vingt-quatre heures avant l'armée française, occupait Paris après avoir éprouvé une forte résistance, qui lui a coûté beaucoup de monde. Les corps des ducs de Trévise, de Raguse, et celui du général Compans, qui ont concouru à la défense de la capitale, se sont réunis entre Essonne et Paris, où S. M. a pris position avec toute l'armée qui arrive de Troyes.

» L'occupation de la capitale par l'ennemi est un malheur qui afflige profondément le cœur de S. M., mais dont il ne faut pas concevoir d'alarmes; la présence de l'empereur avec son armée aux portes de Paris empêchera l'ennemi de se porter à ses excès accoutumés, dans une ville si populeuse, qu'il ne saurait garder sans rendre sa position très-dangereuse. »

— En attendant la jonction des divers corps appelés à Fontainebleau on tint divers conseils de guerre. Il fut question de porter le théâtre de la guerre entre la Loire et la Gironde. La régence était à Blois; une proclamation, signée *Marie-Louise*, avait instruit les départemens, restés libres, de ne plus obéir aux ordres qui leur viendraient de Paris. Mais obéiraient-ils? On résolut donc de marcher sur Paris. Napoléon instruisit sa garde de sa résolution en la passant en revue, le 2 avril.

« Officiers, sous-officiers et soldats de ma vieille garde, lui dit-il, l'ennemi nous a dérobé trois marches, et il est arrivé à Paris avant nous. Quelques factieux, restes des émigrés à qui j'avais pardonné, ont entouré l'empereur de Russie ; ils ont arboré la cocarde blanche, et ils veulent nous forcer à la prendre. Depuis la révolution la France a été maîtresse chez elle, souvent chez les autres, mais toujours chez elle. J'ai offert la paix ; j'ai proposé de laisser la France dans ses anciennes limites, en perdant tout ce qu'elle avait acquis. On a tout refusé. Dans peu de jours j'attaquerai l'ennemi ; je le forcerai de quitter notre capitale. J'ai compté sur vous ; ai-je eu raison? (*Oui! oui!* s'écrient les braves ; *comptez sur nous! Vive l'empereur!*) Notre cocarde est tricolore ; plutôt que d'y renoncer, nous périrons sur notre sol ! (*Oui! oui! Paris! Paris!*) »

Le soir même, la garde reçut l'ordre de se porter en avant, pour se mettre en seconde ligne derrière la rivière d'Essonne. Le 3, l'empereur parcourut les avant-postes ; il y fut partout accueilli avec les acclamations. Le 4, les ordres furent donnés pour transférer le quartier-général entre Ponthierry et Essonne. Mais une démarche des maréchaux et la capitulation de Marmont changèrent les projets offensifs et y firent succéder une triste réalité.

Le séjour de Napoléon à Fontainebleau, la concentration des troupes qui s'y opérait suffisait pour indiquer aux coalisés quelles étaient ses intentions. Ils délibérèrent, dit-on, s'ils n'évacueraient point Paris, plutôt que d'accepter une bataille avec la capitale derrière eux. En effet, dans le cas d'une défaite, cette situation eût perdu leurs armées. Mais, ajoute-t-on, les instances et les conseils du gouvernement provisoire les déterminèrent à rester et à entreprendre quelques démarches dont on va voir l'effet.

Par une lettre du 3 avril 1814, Schwartzenberg envoya à Marmont, duc de Raguse, *une invitation des membres du gouvernement provisoire à se ranger sous les drapeaux de la bonne cause française*, ainsi que les pièces relatives à la déchéance, et ses pressantes sollicitations. Marmont répondit le même jour à ces communications. « L'armée et le peuple étant, disait-il, déliés du serment de fidélité envers l'empereur par le décret du sénat, il était disposé à quitter avec ses troupes l'armée de Napoléon, à certaines conditions dont il demandait une garantie écrite. » Il envoya le modèle de cette garantie ; le premier article concernait ses troupes ; il voulait qu'elles fussent libres en Normandie, et traitées comme troupes alliées ; le second article était relatif à Napoléon; il demandait « que sa vie et sa liberté lui fussent garanties dans un espace de terrain et dans un pays circonscrit au choix des puissances alliées et du gouvernement français. » On satisfit complétement le duc de Raguse; on accepta la rédaction qu'il avait choisie. Schwartzenberg lui envoya cette réponse et ses félicitations le 4 au matin. En conséquence, le 5, à cinq heures du matin, Marmont mit son corps, fort d'environ douze mille hommes, en marche sur Versailles. Les troupes, croyant aller surprendre l'ennemi, cheminèrent d'abord en silence; mais, bientôt cependant, la vue de masses de cavalerie ennemie qui restaient immobiles sur leurs flancs, et de nombreuses divisions d'infanterie qui ne les attaquaient pas, leur donnèrent des doutes; on commença à crier à la trahison. Quelques officiers et les éclaireurs polonais tournèrent bride et retournèrent vers Fontainebleau; le reste de l'armée continua sa route en criant *vive l'empereur!*

Mais déjà tout était terminé à Fontainebleau. Marmont, en acceptant les conditions de Schwartzenberg était, dit-on, instruit de ce qui devait s'y passer. Quoi qu'il en soit; dès le 3 au matin, les maréchaux qui entouraient Napoléon n'ignoraient rien de ce qui avait eu lieu à Paris, et s'occupaient, entre eux, du parti qu'ils devaient prendre en cette circonstance. Ils avaient tout appris de Caulaincourt, duc de Vicence, qui était arrivé de Paris et en avait instruit l'empereur. Dans la nuit du 3 au 4, Marmont envoya lui-même à Napoléon les pièces de sa correspondance avec Schwartzenberg. Enfin, le 4 au matin, un instant après que l'empereur eut donné l'ordre de porter son quartier-général en avant, les maréchaux Berthier, Ney, Lefebvre, Oudinot, Macdonald se réunirent après la parade et se rendirent auprès de lui. Les ministres Maret et Caulaincourt, le grand-maréchal Bertrand et quelques autres se joignirent à eux. Ney porta la parole et conseilla l'abdication. *Est-ce l'avis des généraux?* demanda Napoléon. — *Oui, sire.* — *Est-ce le vœu de l'armée?* — *Oui, sire!* — En conséquence il signa l'ordre du jour suivant :

Fontainebleau, 4 avril 1814.

« L'empereur remercie l'armée pour l'attachement qu'elle lui témoigne, et principalement parce qu'elle reconnaît que la France est en lui, et non pas dans le peuple de la capitale. Le soldat suit la fortune et l'infortune de son général, son honneur et sa religion. Le duc de Raguse n'a pas inspiré ces sentimens à ses compagnons d'armes, il est passé aux alliés. L'empereur ne peut approuver la condition sous laquelle il a fait cette démarche; il ne peut accepter la vie ni la liberté de la merci d'un sujet. Le sénat s'est permis de disposer du gouvernement français : il a oublié qu'il doit à l'empereur le pouvoir dont il abuse maintenant; que c'est lui qui a sauvé une partie de ses membres de l'orage de la révolution, tiré de l'obscurité et protégé l'autre contre la haine de la nation. Le sénat se fonde sur les articles de la Constitution pour la renverser; il ne rougit pas de faire des reproches à l'empereur sans remarquer que, comme premier corps de l'état, il a pris part à tous les événemens. Il est allé si loin, qu'il a osé accuser l'empereur d'avoir changé des actes dans la publication : le monde entier sait qu'il n'avait pas besoin de tels artifices; un signe de sa part était un ordre pour le sénat, qui toujours faisait plus qu'on ne désirait de lui. L'empereur a toujours été accessible aux sages remontrances de ses ministres, et il attendait d'eux, dans cette circonstance, une justification la plus indéfinie des mesures qu'il avait prises. Si l'enthousiasme s'est mêlé dans les adresses et discours publics, alors l'empereur a été trompé; mais ceux qui ont tenu ce langage doivent s'attribuer à eux-mêmes la suite funeste de leurs flatteries. Le sénat ne rougit pas de parler des libelles publiés contre les gouvernemens étrangers; il oublie qu'ils furent rédigés dans son sein. Aussi longtemps que la fortune s'est montrée fidèle à son souverain, ces hommes sont restés fidèles, et nulle plainte n'a été entendue sur les abus du pouvoir. Si l'empereur avait méprisé les hommes, comme on le lui a reproché, alors le monde reconnaîtrait aujourd'hui qu'il avait raison. Il tenait sa dignité de Dieu et de la nation ; eux seuls pouvaient l'en priver : il l'a toujours considérée comme un fardeau; et lorsqu'il l'accepta ce fut dans la conviction que lui seul était en état de le porter dignement. Aujourd'hui que la fortune s'est décidée contre lui, la volonté de la nation seule pourrait le persuader de rester plus longtemps sur le trône. S'il se doit considérer comme le seul obstacle à la paix, il fait volontiers ce dernier sacrifice à la France; il a en conséquence envoyé le prince de la Moskowa et les ducs de Vicence et de Tarente à Paris pour entamer des négociations. L'armée peut être certaine que son honneur ne sera jamais en contradiction avec le bonheur de la France. »

En même temps il signa l'acte suivant : « Les puissances alliées
» ayant proclamé que l'empereur Napoléon était le seul obstacle
» au rétablissement de la paix en Europe, l'empereur Napoléon
» fidèle à son serment, déclare qu'il est prêt à descendre du trône,
» à quitter la France et même la vie, pour le bien de la patrie,
» inséparable des droits de son fils, de ceux de la régence de
» l'impératrice et du maintien des lois de l'empire. — Fait en
» notre palais de Fontainebleau le 4 avril 1814. »

Caulaincourt fut chargé de porter cet acte à Paris. Napoléon lui adjoignit les maréchaux Ney et Macdonald. Les puissances coalisées refusèrent d'accepter les conditions qu'il mettait à son abdication; ils s'étaient déjà officiellement engagés à *ne traiter avec aucun membre de sa famille*. On négocia donc inutilement sur ce point; mais, sur la proposition de l'empereur de Russie, on régla l'établissement de l'île d'Elbe.

Napoléon parut accepter ces conditions qui lui furent transmises par Ney : mais il fit attendre son abdication définitive jusqu'au 11. Pendant ce temps il fit faire des démarches auprès de son beau-père. Ses tentatives furent vaines de ce côté comme elles l'avaient été de l'autre. Enfin repoussé partout, il se détermina à signer l'acte suivant et à accepter le traité qui y était joint.

ABDICATION.

« Les puissances alliées ayant proclamé que l'empereur Napoléon était le seul obstacle au rétablissement de la paix en Europe, l'empereur Napoléon, fidèle à son serment, déclare qu'il renonce, pour lui et ses héritiers, au trône de France et d'Italie, et qu'il n'est aucun sacrifice personnel, même celui de la vie, qu'il ne soit prêt à faire à l'intérêt de la France.

» Fait au palais à Fontainebleau, le 11 avril 1814. — *Signé* NAPOLÉON. »

Traité entre les puissances alliées et l'empereur Napoléon.

« ART. 1er. S. M. l'empereur Napoléon renonce pour lui ses successeurs et descendans, ainsi que pour tous les membres de sa famille, à tout droit de souveraineté et de domination tant sur l'empire français que sur le royaume d'Italie et tout autre pays.

» 2. LL. MM. l'empereur Napoléon et Marie-Louise conserveront leurs titres et rang, pour en jouir pendant leur vie. La mère, les frères, sœurs, neveux et nièces de l'empereur conserveront aussi, en quelque lieu qu'ils résident, les titres de princes de sa famille.

» 3. L'île d'Elbe, que l'empereur Napoléon a choisie pour le lieu de sa résidence, formera pendant sa vie une principauté séparée, qu'il possédera en toute souveraineté et propriété. Il sera en outre accordé en toute propriété à l'empereur Napoléon un revenu annuel de deux millions de francs, qui sera porté comme rente sur le grand-livre de France, de laquelle somme un million sera réversible à l'impératrice.

» 4. Les duchés de Parme, de Plaisance et de Guastalla seront donnés en toute propriété et souveraineté à S. M. l'impératrice Marie-Louise; ils passeront à son fils et à ses descendans en ligne directe. Le prince son fils prendra à l'avenir le titre de prince de Parme, de Plaisance et de Guastalla.

» 5. Toutes les puissances s'engagent à employer leurs bons offices auprès des états barbaresques pour faire respecter le pavillon de l'île d'Elbe; et à cet effet les relations avec ces états seront assimilées à celle de la France.

» 6. Il sera réservé, dans les territoires auxquels il est par le présent renoncé, à S. M. l'empereur Napoléon, pour lui et sa famille, des domaines ou des rentes sur le grand-livre de France, produisant un revenu, libre de toute charge ou déduction, de deux millions cinq cent mille francs. Ces domaines ou rentes appartiendront en toute propriété aux princes et princesses de sa famille, qui pourront en disposer comme ils le jugeront à propos; ils seront partagés entre eux de manière à ce que chacun d'eux ait les revenus suivans :

» Madame mère, trois cent mille francs ; le roi Joseph et sa femme, cinq cent mille; le roi Louis, deux cent mille; la reine Hortense et ses enfans, quatre cent mille; le roi Jérôme et sa femme, cinq cent mille; la princesse Élisa (Bacciochi), trois cent mille; la princesse Pauline (Borghèse), trois cent mille.

» Les princes et princesses de la maison de l'empereur Napoléon retiendront en outre leur propriété mobilière et immobilière, de quelque nature que ce soit, qu'ils posséderont par droit public et individuel, et les rentes dont ils jouiront aussi comme individus.

» 7. La pension de l'impératrice Joséphine sera réduite à un million, en domaines ou en inscriptions sur le grand-livre de France; elle continuera de jouir en toute propriété de ses propriétés personnelles, mobilières ou immobilières, avec faculté d'en disposer conformément aux lois de France.

» 8. Il sera formé un établissement convenable, hors de France, au prince Eugène, vice-roi d'Italie.

» 9. Les propriétés que l'empereur Napoléon possède en France, soit comme domaines extraordinaires, soit comme domaines particuliers attachés à la couronne; les fonds placés par l'empereur soit sur le grand-livre de France, soit à la Banque de France, en actions des forêts, ou de toute autre manière, et que S. M. abandonne à la couronne, seront réservés comme un capital qui n'excédera pas deux millions, pour être employés en gratifications aux personnes dont les noms seront portés sur une liste signée par l'empereur Napoléon, et qui sera transmise au gouvernement français.

» 10. Tous les diamans de la couronne resteront en France.

» 11. S. M. l'empereur Napoléon remettra au trésor public et aux autres caisses toutes les sommes qui en auront été prises par ses ordres, à l'exception de ce qui a été approprié à la liste civile.

» 12. Les dettes de la maison de S. M. l'empereur Napoléon, telles qu'elles existaient le jour de la signature du présent traité, seront payées sur l'arriéré dû par le trésor public à la liste civile, d'après l'état qui sera signé par une commission nommée à cet effet.

» 13. Les obligations du Mont-Napoléon de Milan envers les créanciers français ou étrangers seront acquittées, à moins qu'il n'en soit autrement convenu par la suite.

» 14. Tous les passeports nécessaires seront délivrés pour laisser passer librement S. M. l'empereur Napoléon, l'impératrice, les princes, les princesses, et toutes les personnes de leur suite qui voudraient les accompagner, ou s'établir hors de France, ainsi que pour leurs équipages, chevaux et effets. En conséquence, les puissances alliées fourniront des officiers et des troupes pour l'escorter.

» 15. La garde impériale française fournira un détachement de douze à quinze cents hommes, de toutes armes, pour servir d'escorte à l'empereur Napoléon jusqu'à Saint-Tropez, lieu de son embarquement.

» 16. Il sera fourni une corvette et les bâtimens nécessaires pour transporter S. M. l'empereur Napoléon et sa maison; et la corvette appartiendra en toute propriété à S. M. l'empereur.

» 17. L'empereur Napoléon pourra prendre avec lui, et retenir comme sa garde, quatre cents hommes, officiers, sous-officiers et soldats volontaires.

» 18. Aucuns Français qui auraient suivi l'empereur Napoléon ou sa famille ne seront censés avoir perdu leurs droits de Français en ne retournant pas dans le cours de trois ans; au moins ils ne seront pas compris dans les exceptions que le gouvernement français se réserve de faire après l'expiration de ce terme.

» 19. Les troupes polonaises de toutes armes auront la liberté de retourner en Pologne, et garderont leurs armes et bagages, comme un témoignage de leurs services honorables. Les officiers et soldats conserveront les décorations qu'ils ont obtenues, et les pensions qui y sont attachées.

» 20. Les hautes puissances alliées garantissent l'exécution du présent traité, et s'engagent à obtenir qu'il soit accepté et garanti par la France.

» 21. Le présent acte sera ratifié, et les ratifications échangées à Paris dans deux jours.

» Fait à Paris, le 11 avril 1814. — *Signé*, METTERNICH, STADION, RASUMOWSKI, NESSELRODE, CASTLEREAGH, HARDENBERG, NEY, CAULAINCOURT. »

Napoléon fut, dit-on, désespéré de la situation où ce traité le réduisait. Il parla de suicide; puis, dans la nuit du 11 au 12, il tenta de s'empoisonner avec de l'opium; mais il fut secouru à temps, et la dose du poison n'était pas d'ailleurs assez forte. Beaucoup de gens mettent ce fait en doute; d'autres assurent que ce ne fut qu'une comédie jouée pour intéresser le public en sa faveur. Quoi qu'il en soit, Napoléon partit de Fontainebleau le 20 avril, avec une nombreuse escorte, et un commissaire de chacune des quatre grandes puissances alliées. Il avait avec lui les généraux Drouot, Cambronne et Bertrand. Avant de quitter Fontainebleau, il parla une dernière fois aux soldats de sa garde réunis dans les cours du château.

« Officiers, sous-officiers et soldats de la vieille garde, je vous fais mes adieux, leur dit-il.

» Depuis vingt ans que je vous commande, je suis content de vous, et je vous ai toujours trouvés sur le chemin de la gloire.

» Les puissances alliées ont armé toute l'Europe contre moi; une partie de l'armée a trahi ses devoirs, et la France a cédé à des intérêts particuliers.

» Avec vous et les braves qui me sont restés fidèles, j'aurais pu entretenir la guerre civile pendant trois ans; mais la France eût été malheureuse, ce qui était contraire au but que je m'étais proposé. Je devais donc sacrifier mon intérêt personnel à son bonheur : ce que j'ai fait.

» Soyez fidèles au nouveau souverain que la France s'est choisi; n'abandonnez point cette chère patrie, trop long-temps malheureuse! Ne plaignez point mon sort : je serai toujours heureux quand je saurai que vous l'êtes. J'aurais pu mourir; rien n'était plus facile; mais non, je suivrai toujours le chemin de l'honneur; j'écrirai ce que nous avons fait.

» Je ne puis vous embrasser tous; mais je vais embrasser votre chef. Venez, général. (*Il embrasse le général Petit.*) Qu'on m'apporte l'aigle! (*Il l'em-*

brasse.) Cher aigle, que ces baisers retentissent dans le cœur de tous les braves!
» Adieu, mes enfans! Adieu, mes braves! Entourez-moi encore une fois. »

Napoléon recueillit sur sa route l'expression de sentimens divers. Dans le plus grand nombre des villes du centre de la France on lui témoigna de vifs regrets, on le salua par les acclamations d'usage ; plus loin on le contempla dans un froid silence ; mais dans ces contrées où la beauté du ciel semble être un dédommagement du caractère de leurs habitans, à Avignon et dans plusieurs autres cités de la Provence, il reçut des outrages et des menaces qui le firent consentir à se cacher sous un uniforme étranger. Dans chaque lieu de repos il reçut les autorités ; les principaux personnages, et, comme au temps de sa puissance, il sema ses entretiens les moins importans de traits toujours remarquables. A Roanne il dit au maire : *Vous deviez avoir ici six mille hommes de troupes de l'armée d'Espagne. Si je n'avais été trahi que quatorze fois par jour, je serais encore sur le trône.* — Au sous-préfet d'Aix, ancien auditeur : *Vous ne m'auriez pas reconnu sous ce costume? Ce sont ces messieurs* (les commissaires) *qui me l'ont fait prendre, le jugeant nécessaire à ma sûreté. J'aurais pu avoir une escorte de trois mille hommes ; je l'ai refusée, préférant de me confier à la loyauté française. Je n'ai pas eu à me plaindre de cette confiance depuis Fontainebleau jusqu'à Avignon ; mais depuis cette ville jusque ici j'ai été insulté, et ai couru bien des dangers. Les Provençaux se déshonorent. Depuis que je suis en France je n'ai pas eu un bon bataillon de Provençaux sous mes ordres, ils ne sont bons que pour crier. Les Gascons sont fanfarons, mais ils sont braves. Dites à vos Provençaux que l'empereur est bien mécontent d'eux.* — A des dames, dans un château du département du Var : *N'est-ce pas qu'on dit maintenant que je suis un scélérat, un brigand? Convenez-en, mesdames. Maintenant que la fortune m'est contraire, on dit que je suis un coquin, un brigand : mais savez-vous ce que tout cela veut dire?* J'AI VOULU METTRE LA FRANCE AU-DESSUS DE L'ANGLETERRE, VOILA TOUT. — Au maire de Fréjus : *Vous voyez Napoléon, ce maître du monde ; le voilà empereur de l'île d'Elbe. Que pense-t-on de cet événement?* — *Sire, on croit que vous vous êtes perdu par les droits réunis et par la guerre.* — *Je le sais, mais trop tard ; cependant je n'ai jamais fait que prévenir mes ennemis ; étant sûr d'être attaqué si je ne les attaquais le premier. Au surplus, j'ai été trahi par des maréchaux. Je suis content de la réception qu'on m'a faite dans cette ville. Je suis fâché que Fréjus soit en Provence.* (Extrait de Lallemant.)

Napoléon s'embarqua pour l'île d'Elbe le 28 avril, à Saint-Raphau, le même jour qui l'avait reçu quinze ans auparavant, lors de son retour d'Égypte.

Pendant que l'empereur quittait la France, Marie-Louise se mettait en route pour les états héréditaires. Le 8, le général russe Schouwalow et le baron Saint-Aignan arrivèrent à Blois ; ils venaient chercher Marie-Louise et le roi de Rome. Personne ne pensa à s'opposer à leur mission. En conséquence, ils partirent le lendemain, 9 avril, avec cette princesse et son fils, et les conduisirent à Rambouillet où se trouvait l'empereur d'Autriche.

Marie-Louise y séjourna quelques jours; elle y reçut la visite de l'empereur Alexandre et du roi de Prusse; enfin, elle se mit en route le 23 pour l'Autriche. Elle passa le Rhin à Bâle le 2 mai, et quitta la France pour n'y plus rentrer.

Nous ne devons pas passer sous silence un épisode singulier qui signala cette déroute de la famille impériale. Un chevalier d'industrie, nommé Maubreuil, gentilhomme breton, reçut, le 17 avril, un plein pouvoir qui mettait à sa disposition toutes les autorités, et la force armée, *pour une mission secrète de la plus haute importance*. Ce plein pouvoir portait la signature du ministre de la police Anglès, du ministre de la guerre Dupont, du directeur des postes Bourienne, du général russe Sacken, gouverneur de Paris, et du général prussien Brockenhausen. Maubreuil s'associa une bande de partisans et se mit à parcourir les environs de Fontainebleau. Il rencontra la reine de Westphalie, l'arrêta, et pilla ses voitures, où il enleva des diamans et de l'or. Ce fut à cet acte de brigandage que se borna l'expédition de Maubreuil. Était-ce là le but des pouvoirs extraordinaires accordés à cet aventurier? Maubreuil s'est chargé de répondre lui-même. Plus tard il fut arrêté. La reine avait réclamé ses diamans, et quoiqu'il n'en eût pas tiré parti, quoiqu'il les eût remis dans les mains d'un commissaire du roi, et en définitive, de M. de Vitrolles, secrétaire d'état, il n'en fut pas moins détenu, interrogé, tourmenté, puis enfin remis en liberté; car on voulait assoupir cette affaire. Maubreuil, irrité, écrivit une brochure, dans laquelle il déclara, qu'il avait été chargé par Talleyrand d'assassiner Napoléon et le roi de Rome. Ni Talleyrand, ni les signataires des pleins pouvoirs n'ont relevé cette accusation. Doit-on y ajouter foi? Il est certain que Maubreuil insulta plusieurs fois Talleyrand, sans qu'il en résultât aucune suite fâcheuse pour lui-même.

Il ne nous reste maintenant, pour terminer l'histoire de l'empire, qu'à exposer les actes du sénat et du gouvernement provisoire.

CONSTITUTION DÉCRÉTÉE PAR LE SÉNAT. — *Séance du 6 avril 1814.*

Le gouvernement provisoire, chargé de présenter une Constitution, avait invité les membres du sénat à l'aider de leurs lumières, mais dans le seul but, dit-on, d'engager et de compromettre ce corps, et surtout l'*opposition;* car il était bien décidé qu'il n'y aurait point de Constitution sans la participation du roi. Le retour de l'ancienne dynastie était regardé comme inévitable par tous les partis : les républicains se trouvaient réduits au silence. Le nom des Bourbons, invoqué dès le 1er avril par le conseil municipal de Paris, retentissait de toutes parts, et quelques instances qu'eussent faites des sénateurs, principalement le général Colaud, pour le maintien de la cocarde tricolore, la cocarde blanche fut arborée dans des groupes nombreux long-temps avant qu'un arrêté du gouvernement la déclarât cocarde nationale.

Le sénat se croyait d'ailleurs reconnu par le roi; Louis XVIII, dans une proclamation datée de Buckingam, le 1er janvier 1814, avait dit : « Une destinée glorieuse appelle le sénat à être le pre-
» mier instrument du grand bienfait qui deviendra la plus solide
» comme la plus honorable garantie de son existence et de ses
» prérogatives. »

Le 4 avril, le gouvernement provisoire chargea directement cinq sénateurs de la rédaction d'un acte constitutionnel : MM. Lebrun (l'archi-trésorier), Lambrechts, Destut-Tracy, Emmery, Barbé-Marbois. Il était onze heures du matin. Le projet devait être et fut apporté au gouvernement le même jour à huit heures du soir. Différentes personnes avaient été réunies pour le juger. Il parut long à quelques-unes, inutile à d'autres. On n'arrêta rien dans ce premier examen. Le lendemain 5, il y eut une nouvelle assemblée, et la discussion se prolongea jusque dans la nuit.

Le projet fut adopté dans la nuit du 5, et présenté le 6 au sénat assemblé dans son palais. Une commission fut nommée pour l'examiner : on la composa de MM. Vimar, Cornet, Abrial, Fabre de l'Aude, Grégoire, Garat et Lanjuinais. Les trois derniers membres se prononcèrent *contre*. La majorité vota l'*adoption*, et le sénat *décréta*. Le *Moniteur* annonça qu'il l'avait été à *l'unanimité*, après avoir été *pesé et mûrement réfléchi*.

DÉCRET.

« Le sénat conservateur, délibérant sur le projet de constitution qui lui a été présenté par le gouvernement provisoire en exécution de l'acte du sénat du 1er de ce mois;

» Après avoir entendu le rapport d'une commission spéciale de sept membres;

» Décrète ce qui suit :

» Art. 1er. Le gouvernement français est monarchique et héréditaire de mâle en mâle, par ordre de primogéniture.

» 2. Le peuple français appelle librement au trône de France *Louis-Stanislas-Xavier* de France, frère du dernier roi, et après lui les autres membres de la maison de Bourbon, dans l'ordre ancien et accoutumé.

» 3. La noblesse ancienne reprend ses titres; la nouvelle conserve les siens héréditairement. La Légion-d'Honneur est maintenue avec ses prérogatives; le roi déterminera la décoration.

» 4. Le pouvoir exécutif appartient au roi.

» Le roi, le sénat et le corps législatif concourent à la formation des lois.

» Les projets de loi peuvent être également proposés dans le sénat et dans le corps législatif.

» Ceux relatifs aux contributions ne peuvent l'être que dans le corps législatif.

» Le roi peut inviter également les deux corps à s'occuper des objets qu'il juge convenables.

» La sanction du roi est nécessaire pour le complément de la loi.

» 6. Il y a cent cinquante sénateurs au moins, et deux cents au plus.

» Leur dignité est inamovible et héréditaire de mâle en mâle, par primogéniture. Ils sont nommés par le roi.

» Les sénateurs actuels, à l'exception de ceux qui renonceraient à la qualité de citoyen français, sont maintenus, et font partie de ce nombre. La dotation actuelle du sénat et des sénatoreries leur appartient. Les revenus en sont partagés également entre eux, et passent à leurs successeurs. Le cas échéant de la mort d'un sénateur sans postérité masculine directe, sa portion retourne au trésor public. Les sénateurs qui seront nommés à l'avenir ne peuvent avoir part à cette dotation.

» 7. Les princes de la famille royale et les princes du sang sont de droit membres du sénat.

» On ne peut exercer les fonctions de sénateur qu'après avoir atteint l'âge de majorité.

» 8. Le sénat détermine les cas où la discussion des objets qu'il traite doit être publique ou secrète.

» 9. Chaque département nommera au corps législatif le même nombre de députés qu'il y envoyait.

» Les députés qui siégeaient au corps législatif lors du dernier ajournement continueront à y siéger jusqu'à leur remplacement. Tous conservent leur traitement.

» A l'avenir ils seront choisis immédiatement par les colléges électoraux, lesquels sont conservés, sauf les changements qui pourraient être faits par une loi à leur organisation.

» La durée des fonctions des députés au corps législatif est fixée à cinq années.

» Les nouvelles élections auront lieu pour la session de 1816.

» 10. Le corps législatif s'assemble de droit chaque année le 1er octobre. Le roi peut le convoquer extraordinairement; il peut l'ajourner; il peut aussi le dissoudre; mais dans ce dernier cas un autre corps législatif doit être formé au plus tard dans les trois mois par les colléges électoraux.

» 11. Le corps législatif a le droit de discussion. Ses séances sont publiques, sauf le cas où il juge à propos de se former en comité général.

» 12. Le sénat, le corps législatif, les colléges électoraux et les assemblées de canton élisent leur président dans leur sein.

» 13. Aucun membre du sénat ou du corps législatif ne peut être arrêté sans une autorisation préalable du corps auquel il appartient.

» Le jugement d'un membre du sénat ou du corps législatif accusé appartient exclusivement au sénat.

» 14. Les ministres peuvent être membres soit du sénat, soit du corps législatif.

» 15. L'égalité de proportion dans l'impôt est de droit. Aucun impôt ne peut être établi ni perçu s'il n'a été librement consenti par le corps législatif et par le sénat. L'impôt foncier ne peut être établi que pour un an. Le budget de l'année suivante et les comptes de l'année précédente sont présentés chaque année au corps législatif et au sénat, à l'ouverture de la session du corps législatif.

» 16. La loi déterminera le mode et la quotité du recrutement de l'armée.

» 17. L'indépendance du pouvoir judiciaire est garantie.

» Nul ne peut être distrait de ses juges naturels.

» L'institution des jurés est conservée, ainsi que la publicité des débats en matière criminelle.

» La peine de confiscation des biens est abolie.

» Le roi a le droit de faire grâce.

» 18. Les cours et tribunaux ordinaires actuellement existans sont maintenus; leur nombre ne pourra être diminué ou augmenté qu'en vertu d'une loi. Les juges sont à vie et inamovibles, à l'exception des juges de paix et des juges de commerce. Les commissions et les tribunaux extraordinaires sont supprimés, et ne pourront être rétablis.

» 19. La cour de cassation, les cours d'appel et les tribunaux de première instance proposent au roi trois candidats pour chaque place de juge vacante dans leur sein; le roi choisit l'un des trois. Le roi nomme le premier président et le ministère public des cours et des tribunaux.

» 20. Les militaires en activité, les officiers et soldats en retraite, les veuves, les officiers pensionnés, conservent leurs grades, leurs honneurs et leurs pensions.

» 21. La personne du roi est inviolable et sacrée. Tous les actes du gouvernement sont signés par un ministre. Les ministres sont responsables de tout ce que ces actes contiendraient d'attentatoire aux lois, à la liberté publique et individuelle, et aux droits des citoyens.

» 22. La liberté des cultes et des consciences est garantie. Les ministres des cultes sont également traités et protégés.

» 23. La liberté de la presse est entière, sauf la répression légale des délits qui pourraient résulter de l'abus de cette liberté. Les commissions sénatoriales de la liberté de la presse et de la liberté individuelle sont conservées.

» 24. La dette publique est garantie.

» Les ventes des domaines nationaux sont irrévocablement maintenues.

» 25. Aucun Français ne peut être recherché pour les opinions ou les votes qu'il a pu émettre.

» 26. Toute personne a le droit d'adresser des pétitions individuelles à toute autorité constituée.

» 27. Tous les Français sont également admissibles à tous les emplois civils et militaires.

» 28. Toutes les lois actuellement existantes restent en vigueur jusqu'à ce qu'il y soit légalement dérogé. Le Code des lois civiles sera intitulé : *Code civil des Français*.

» 29. La présente Constitution sera soumise à l'acceptation du peuple français, dans la forme qui sera réglée. Louis-Stanislas-Xavier sera proclamé roi des Français aussitôt qu'il l'aura jurée et signée par un acte portant : *J'accepte la Constitution ; je jure de l'observer et de la faire observer*. Ce serment sera réitéré dans la solennité où il recevra le serment de fidélité des Français.

» *Signé* Le prince de BÉNÉVENT, président ; les comtes de VALENCE et de PASTORET, secrétaires. — Le prince, architrésorier, LEBRUN. — Abrial. — Barbé de Marbois. — Barthélemy. — Belderbush. — Berthollet. — Beurnonville. — Carbonara. — Chasseloup. — Cholet. — Colaud. — Cornet. — Davous. — De Croix. — Degregory. — Dembarrère. — Depère. — Destut de Tracy. — D'Harville. — D'Haubersaert. — D'Hédouville. — Dubois du Bais. — Emmery, comte de Grosyeulx. — Fabre (de l'Aude). — Ferino. — De Fontanes. — Garat. — Grégoire. — Herwin de Nevèle. — François Jaucourt. — Journu Aubert, comte de Tustal. — Klein. — Lambrechts. — Lanjuinais. — Lebrun de Rochemont. — Legrand. — Lejeas. — Lemercier. — Lenoir de Laroche. — De Lespinasse. — De Maleville. — De Meerman. — De Monbadon. — Péré. — De Pontécoulant. — Porcher de Richebourg. — Redon. — Rigal. — Roger Ducos. — Saint-Martin de Lamotte. — Sainte-Suzanne. — Saur. — Schimmelpennink. — Tascher. — Duc de Valmy. — Van Dedem van Gelder. — Van Depool. — De Vaubois. — Venturi. — Villetard. — Vimar. — Zuileen de Nievelt. »

LISTE DES SÉNATEURS QUI DEPUIS LE 6 JUSQU'AU 26 AVRIL ONT ADHÉRÉ A TOUS LES ACTES DU SÉNAT ET SIGNÉ LA CONSTITUTION.

Séance du 7. — De Bayanne. — D'Aboville. — Dedelay-d'Agier. (Par lettre du 4 il avait adhéré à la déchéance.) — Dyrez. — François de Neufchâteau. Garron-Coulon. — De Lannoy. — Maréchal Serrurier. — Shée. — Soulès. — Thévenard. — Vernier. — Syéyès. (Par une lettre du 4 il avait adhéré à la déchéance.)

Séance du 8. — Colchen. — Maréchal Lefebvre.

Séance du 9. — Buonacorsi. — Clément de Ris. — D'Aguesseau. — Dupuy. — Laplace. — Volney.

Séance du 11. — Le cardinal Cambacérès. (Par lettre datée de Rouen, le 9.) — Latour-Maubourg. (Par lettre datée de Caen, le 8 avril.)

Séance du 13. — Dejean. — Dupont. — Garnier. — Laville. — Montesquiou. — Ségur. — De Villemanzy. (Par une lettre datée d'Arras, le 7, il avait adhéré aux premières délibérations du sénat.)

Séance du 14. — Le prince Cambacérès, duc de Parme. — Duc d'Otrante (Fouché). — Champagny, duc de Cadore. — De Beauharnais. — Corsini.

Séance du 16. — Lecouteulx-Canteleu. — Chasset. (Par lettre datée de Metz, le 11.) — Cornudet. — Lamartillière. — Gueheneuc. — Boissy-d'Anglas. — Duc de Vicence. — Prince de Neufchâtel (Berthier).

Séance du 18. — Gassendi. — De Barral. — Monge. — Lacépède. (Par lettre datée de Tours, le 12.) — *De Beaumont.* (Par lettre datée de Brest, le 15.) — *Canclaux.* (Par lettre datée de Rennes, le 16.)

Du 21. — *Chaptal.* — *Saint-Vallier.* — *De Lapparent.*

Séance du 26. — *Demont.* — *Sémonville.* — *Rœderer.* — *L'archevêque de Toulouse.* — *Spada.* — *Maréchal Pérignon.* (Les trois premiers en personne; les trois autres par lettres des 19, 21 et 26.)

ACTES DU GOUVERNEMENT PROVISOIRE. — *Du 7 au 14 avril 1814.*

Du 7. — « Le gouvernement provisoire arrête et ordonne que les arrêts, les jugemens, les actes des notaires, et tous autres qu'il avait fallu depuis plusieurs années rendre ou faire au nom du gouvernement alors subsistant, et maintenant détruit, seront, jusqu'à l'arrivée et l'installation de S. M. le roi Louis XVIII, intitulés *au nom du gouvernement provisoire.* »

Du 7. — « Le gouvernement provisoire, considérant que le moyen le plus certain d'établir la liberté publique est d'empêcher la licence; que la liberté de la presse, qui doit être la sauvegarde des citoyens, ne doit pas devenir un moyen d'insulte et de diffamation; que dans les circonstances présentes un pareil abus, et surtout celui qu'on pourrait faire des pamphlets et affiches publiques, deviendrait facilement une arme perfide dans les mains de ceux qui pourraient chercher encore à semer le trouble parmi les citoyens, et mettre ainsi obstacle au noble élan qui doit les réunir tous dans une même et si juste cause; ouï le rapport du commissaire au département de la police générale, et conformément au principe établi dans l'article 5 de son arrêté du 4 avril 1814; — arrête ce qui suit : Art. 1er. Aucun placard ni affiche ne pourra être apposé dans les rues ou places publiques sans avoir été préalablement présenté à la préfecture de police, qui donnera le vu pour afficher. — 2. Il est défendu à aucun colporteur de crier dans les rues, vendre et distribuer aucun pamphlet et aucune feuille dont la distribution n'ait pas été autorisée par la préfecture de police. »

Du même jour. — « M. Michaux, membre de l'Institut, est nommé censeur des journaux existans au 31 mars dernier, autre que le journal officiel; il exercera cette censure sous l'autorité du commissaire provisoire chargé du portefeuille de la police générale. — Les règlemens sur la librairie et l'imprimerie continueront provisoirement à être exécutés et observés dans toute leur teneur, sous l'autorité du commissaire provisoire chargé du portefeuille de l'intérieur, et du commissaire provisoire chargé du portefeuille de la police générale, chacun en ce qui le concerne.

Du 8. — « Le gouvernement provisoire, pénétré d'admiration et de reconnaissance pour l'éclatante générosité de S. M. l'empereur de Russie, qui a ordonné la restitution des prisonniers de guerre français qui se trouvent dans ses états, et voulant témoigner à S. M. autant qu'il est en lui sa profonde gratitude, arrête : Les prisonniers de guerre russes qui sont en France seront remis sur-le-champ à Son Excellence M. le général en chef des armées russes. »

Du même jour. — « Le gouvernement provisoire, considérant que le système de diriger exclusivement vers l'état et l'esprit militaire les hommes, leur inclination et leurs talens, a porté le dernier gouvernement à soustraire un grand nombre d'enfans à l'autorité paternelle, ou à celle de leurs familles, pour les faire entrer et élever suivant ses vues particulières dans des établissemens publics; que rien n'est plus attentoire aux droits de la puissance paternelle; et que d'un autre côté cette mesure vexatoire s'oppose directement au développement des différens genres de génie, de talens et d'esprit que donne la nature, et dont l'ensemble varié forme la richesse morale publique; qu'enfin la prolongation d'un pareil désordre serait une véritable contradiction avec les principes d'un gouvernement libre ; — arrête que les formes et la direction de l'éducation des enfans seront rendues à l'autorité des père et mère, tuteurs ou familles, et que tous les enfans qui ont été placés dans des écoles, lycées, institutions, et autres établissemens publics sans le vœu de leurs parens, ou qui seront réclamés par eux, leur seront sur-le-champ rendus, et remis en liberté. »

Du 9. — *Rectification (officielle) de l'arrêté ci-dessus, relatif à l'instruction publique.*—«C'est par erreur que, dans l'arrêté du 8 avril, on a joint le nom des lycées à celui des écoles spéciales de La Flèche, de Saint-Germain et de Saint-Cyr, où l'on a effectivement fait entrer par contrainte des jeunes gens que leurs goûts et la volonté de leur famille éloignaient de l'état militaire. — Tous les élèves admis dans les lycées y sont entrés volontairement, les bourses qui leur étaient accordées étaient sollicitées comme des faveurs et des récompenses. L'Université, dont ces établissemens font partie, a déjà rendu de grands services ; le chef qui la gouverne est entouré de la confiance et de la considération publique. Sous un gouvernement paternel, le corps enseignant contribuera plus puissamment encore au maintien des bonnes mœurs et au progrès des bonnes études, et pour arriver à ce but il n'aura pas besoin de changer d'esprit. »

Du 9. — « Le gouvernement provisoire arrête ce qui suit : — ART. 1er. M. le sénateur comte de Fontanes, grand maître de l'Université de France, est invité à continuer ses fonctions. — 2. Tous les jeunes élèves des lycées et des collèges nommés à des bourses, soit du gouvernement, soit des communes, continueront à jouir de ce bienfait. »

Du 9. — « Le gouvernement provisoire ordonne à M. le général Dessolles de faire prendre la *cocarde blanche* à la garde nationale de Paris. »

Du 13. — « Le gouvernement provisoire arrête : *Le pavillon blanc* et la cocarde blanche seront arborés sur les bâtimens de guerre et sur les navires du commerce. »

Du même jour.—Le gouvernement provisoire arrête : *La cocarde blanche est la cocarde française* ; elle sera prise par toute l'armée. »

Du même jour. — « Le gouvernement provisoire, considérant qu'il importe de rendre à leur famille, à l'agriculture, au commerce et aux arts une foule de braves dont la carrière sous les drapeaux était sans terme, et que la délivrance de congés définitifs est une mesure à la fois juste et utile à la bonne constitution de l'armée, arrête : 1º Il sera délivré des congés dans tous les corps de l'armée, de manière que le nombre de ces congés n'excède pas le dixième pour l'infanterie, et le quinzième pour la cavalerie, l'artillerie et le génie ; 2º Les hommes qui auraient quitté leur corps sans autorisation légale, ou qui n'y seraient pas rentrés dans le délai fixé par le commissaire au département de la guerre, ne pourront participer à la distribution des congés ; il sera pris des mesures sévères pour les faire rejoindre leurs drapeaux. »

Du même jour. — « Le gouvernement provisoire, considérant que la plus grande partie des travaux précédemment ordonnés pour la défense et l'approvisionnement des places fortes deviennent aujourd'hui sans objet, et qu'il est urgent de rendre à l'agriculture des terrains immenses couverts par les inondations, et d'arrêter la dévastation des forêts, arrête : Les approvisionnemens et les travaux extraordinaires prescrits pour la défense des places de guerre seront restreints de suite à ce qui est indispensable dans les circonstances ordinaires. »

Du même jour. — « Le gouvernement provisoire, considérant combien il importe de mettre un terme au fléau de la guerre, et d'en réparer autant qu'il est en lui les terribles résultats, arrête : 1º Tous les prisonniers de guerre retenus sur le territoire français seront de suite rendus à leurs puissances respectives ; 2° Cette mesure sera communiquée aux ministres plénipotentiaires de ces diverses puissances, avec invitation d'en garantir à la France la réciprocité. »

ADRESSE DU GOUVERNEMENT PROVISOIRE A L'ARMÉE. — *Du 13 avril 1814.*

« Soldats, vous n'êtes plus à Napoléon ; mais vous êtes toujours à la patrie : votre premier serment de fidélité fut pour elle ; ce serment est irrévocable et sacré.

» La constitution nouvelle vous assure vos honneurs, vos grades, vos pensions. Le sénat et le gouvernement provisoire ont reconnu vos droits : ils sont sûrs que vous n'oublierez pas vos devoirs. Dès ce moment vos souffrances et vos fatigues cessent : votre gloire demeure tout entière. La paix vous garantira le prix de vos longs travaux.

» Quelle était votre destinée sous le gouvernement qui n'est plus? Traînés des bords du Tage à ceux du Danube, des bords du Nil à ceux du Niéper, tour à tour brûlés par les chaleurs du désert ou glacés par les frimas du nord, vous éleviez, sans intérêt pour la France, une grandeur monstrueuse, dont tout le poids retombait sur vous comme sur le reste du monde. Tant de milliers de braves n'ont été que les instrumens et les victimes d'une force sans prudence, qui voulait fonder un empire sans proportion! Combien sont morts inconnus pour augmenter la renommée d'un seul homme! Ils ne jouissent pas même de celle qui leur était due ; leurs familles à la fin de chaque campagne ne pouvaient constater leur fin glorieuse, et s'honorer de leurs faits d'armes.

» Tout est changé ; vous ne périrez plus à cinq cents lieues de la patrie pour une cause qui n'est pas la sienne. Des princes nés français ménageront votre sang, car leur sang est le vôtre. Leurs ancêtres ont gouverné vos ancêtres ; le temps perpétuait entre eux et nous un long héritage de souvenirs, d'intérêts et de services réciproques. Cette race antique a produit des rois qu'on surnommait *les pères du peuple*; elle nous donna Henri IV, que les guerriers nomment encore le *roi vaillant*, et que les laboureurs nommeront toujours le *bon roi*.

» C'est à ses enfans que votre sort est confié. Pourriez-vous concevoir quelques alarmes? Ils admiraient, dans une terre étrangère, les prodiges de la valeur française ; ils l'admiraient en gémissant que leur retour fût suspendu par tant d'exploits inutiles.

» Ces princes sont enfin au milieu de vous! Ils furent malheureux comme Henri IV ; ils régneront comme lui.

» Ils n'ignorent pas que la portion la plus distinguée de leur grande famille est celle qui compose l'armée; ils veilleront sur vous comme sur leurs premiers enfans.

» Restez donc fidèles à votre drapeau! De bons cantonnemens vous seront donnés. Il est parmi vous des guerriers qui, jeunes encore, sont déjà des vétérans de la gloire; leurs blessures ont doublé leurs années : ceux-là, s'ils le veulent, iront vieillir auprès de leur berceau avec des récompenses honorables. Les autres continueront à suivre la carrière des armes, avec toutes les espérances d'avancement et de stabilité qu'elle peut offrir.

» Soldats de la France, que tous les sentimens français vous animent ; ouvrez vos cœurs à toutes les affections de famille! Revenez vivre avec vos pères, vos frères, vos compatriotes! Gardez votre héroïsme, mais pour la défense du territoire, et non pour l'invasion du territoire étranger! Gardez votre héroïsme, mais que l'ambition ne le rende point funeste à la France, funeste à vous-mêmes, et qu'elle n'en fasse plus un sujet d'inquiétude pour l'Europe entière! »

— A peine la Constitution décrétée par le sénat, ou plutôt le projet de constitution fut-il connu, que les adhésions devinrent innombrables; tout le monde des puissans de l'empire s'empressa; les généraux offrirent leurs divisions; d'autres, leurs personnes. M. de Fontanes fut l'organe de l'Université. « L'Université, dit-il dans son adresse le 6 avril, hâte de tous ses vœux le moment où elle pourra présenter au descendant de saint Louis, de François Ier et de Henri IV l'hommage de son amour et de sa fidélité. — *Signé*, Fontanes, Villaret, Delambre, Arnault, de Beausset, Cuvier, etc. » Napoléon avait façonné tous ces hommes à la plus basse servilité; maintenant il recueillait les fruits des habitudes qu'il leur avait imposées.

Les armées éloignées du centre obéirent aux décisions parties de Paris et du gouvernement provisoire. Carnot, à Anvers, se soumit le 18; Augereau, dans le Midi, le 19; Davoust, à Hambourg, le 29; en Italie, le prince Eugène avait conclu un armistice, le 16 avril, et quitté le commandement; les troupes françaises passèrent sous les ordres du général Grenier, qui leur fit prendre la cocarde blanche le 25 à Pavie. Le maréchal Suchet adhéra le 14. Quant au maréchal Soult il ne fit cette démarche que le 19, et après avoir livré la fameuse bataille de Toulouse.

Soult, après avoir en vain tenté de disputer à l'ennemi la ligne de l'Adour, après avoir successivement évacué deux champs de bataille qu'il avait choisis, mais qu'il fut obligé d'abandonner par suite de la désobéissance que quelques généraux montraient à ses ordres, s'était concentré sur Toulouse où il espérait être rejoint par l'armée d'Aragon. Il n'avait que vingt-deux mille hommes; les Anglais s'avançaient contre lui, présentant en première ligne plus de soixante mille hommes. Le 10, à la pointe du jour, Wellington donna à ses troupes l'ordre d'attaquer.

Voici quelle était la disposition des lieux. A la gauche des Français, il y avait un mamelon sur lequel ils avaient élevé des redoutes; au pied de ce mamelon, en allant vers la droite, au point qu'on pouvait appeler le centre, était la route de Toulouse. Ensuite s'élevait une petite chaîne de hauteurs qui s'abaissaient vers la gauche. Cette chaîne était couverte par des prairies basses, noyées, bourbeuses, et par le petit ruisseau de l'Ers, qui, après après avoir parcouru ces prairies, contournait notre droite.

Les troupes françaises attendaient l'ennemi, leur gauche sur le mamelon, leur centre massé sur la route de Toulouse et derrière les hauteurs, leur droite étendue sur la chaîne de collines dont nous avons parlé.

L'armée anglaise arrivait par la route; elle manœuvra pour enlever notre gauche et prendre notre droite à revers; mais pour obtenir ce dernier résultat, il fallait défiler en nous présentant le flanc, le long des prairies basses dont nous avons parlé, et aller atteindre l'extrémité de la chaîne de collines dont elles formaient le pied, manœuvre qui mettait l'ennemi à notre discrétion, si, par une attaque vigoureuse de notre centre sur la route, on parvenait à percer sa ligne. Heureusement pour lui, cette attaque ne fut pas faite, bien qu'il en laissât tout le temps, car il mit plusieurs heures à traverser les prairies, et encore il y embourba son canon. Peut-être le maréchal attendait-il pour faire ce mouvement décisif, qu'il fût engagé sur l'extrémité de notre droite.

Quoi qu'il en soit, l'ennemi attaqua vigoureusement le mamelon de gauche. Il fut repoussé, à plusieurs reprises, avec des pertes considérables; plusieurs de ses régimens y furent détruits. Il échoua complétement sur ce point. Il n'en fut pas de même sur notre extrême droite. Beresfort ayant réussi à y conduire les divisions Cole et Clinton, se disposa à tourner la position. Notre réserve s'avança contre lui; mais le général Taupin, qui la commandait, ayant été tué, les troupes hésitèrent et reculèrent. On aurait pu encore peut-être tenter l'attaque du centre; on se borna à défendre les hauteurs jusqu'à la nuit; quand elle fut venue, on les évacua. L'armée anglaise perdit dans cette affaire douze à quinze mille hommes; les Français, trois mille deux cents. Ce fut le dernier coup de canon de la campagne. Toulouse se rendit, et le maréchal vint lui-même présenter, le 29 avril, ses hommages au duc d'Angoulême.

DOCUMENS COMPLÉMENTAIRES

A L'HISTOIRE DE L'EMPIRE.

État des conscriptions levées sous l'empire (1).

Du 2 vendémiaire an xiv (septembre 1805). — Quatre-vingt mille conscrits seront levés en l'an 1806. Ils seront pris parmi les Français nés depuis le 25 septembre 1785, jusques et compris le 31 décembre 1806. ci...hommes   80,000

Du 4 décembre 1806. — Quatre-vingt mille conscrits seront levés en 1807...   80,000

Du 7 avril 1807. — Quatre-vingt mille conscrits de la conscription de 1808 sont mis à la disposition du gouvernement....   80,000

Du 21 janvier 1808. — Quatre-vingt mille conscrits de la conscription de 1809 sont mis à la disposition du gouvernement...   80,000

Du 10 septembre 1808. — Il est mis à la disposition du gouvernement quatre-vingt mille conscrits, qui seront répartis sur les classes de 1806, 1807, 1808 et 1809..........................   80,000

Les conscrits de ces différentes années mariés avant la publication du présent sénatus-consulte ne concourront pas à la formation du contingent de ces 80,000 hommes. — Les conscrits des classes des années vIII, IX, X, XI, XII, XIII et XIV, qui n'ont pas été appelés sont libérés, et il ne sera levé sur ces classes aucun nouveau contingent.

Il est également mis à la disposition du gouvernement quatre-vingt mille conscrits sur la classe de 1810......................   80,000

Du 25 avril 1809. — Trente mille conscrits de la classe de 1810 sont mis à la disposition du gouvernement...............   50,000

Dix mille conscrits seront pris sur les classes de 1806, 1807, 1808, 1809, pour faire partie des régiments de la garde impériale..   10,000

Du 5 octobre 1809. — Il est mis à la disposition du gouvernement trente six mille conscrits qui seront pris sur les classes de 1806, 1807, 1808, 1809 et 1810. — Il ne sera levé sur ces classes aucun nouveau contingent, et ceux des conscrits de ces classes qui n'auront été appelés, ni pour le contingent de ces trente-six mille hommes, ni pour les contingens levés précédemment, seront libérés..   36,000

Du 3 décembre 1810. — Cent vingt mille hommes de la conscription de 1811 sont mis à la disposition du ministre de la guerre..   120,000

Du 13 décembre 1810. — Les cantons littoraux des trente départemens ci-après désignés cesseront de concourir à la conscription pour l'armée de terre, et seront réservés pour la conscription du service de mer. — Les trente départemens dans lesquels

A reporter....................................   676,000

(1) En 1812, la population totale de l'empire était évaluée à 47,700,000 ames, dont l'ancienne France contenait 28,700,000 ames. — En 1801, la population n'était que de 34 millions et en 1811 de 42. — L'armée, en 1812, comptait 152 régimens d'infanterie de ligne; 37 d'infanterie légère; 15 d'artillerie; 30 bataillons du train; 90 régimens de cavalerie; 4 régimens suisses; 6 régimens étrangers. La garde impériale formait de plus 20 régimens d'infanterie et 44 escadrons de cavalerie.

CONSCRIPTIONS.

Report..	676,000

les arrondissemens maritimes seront réservés sont : Alpes Maritimes, Apennins, Aude, etc.

Dix mille conscrits de chacune des classes de 1813, 1814, 1815 et 1816, sont dès à présent mis à la disposition du ministre de la marine... 40,000

(Un sénatus-consulte du 19 février 1811 a ordonné que les conscrits des arrondissemens maritimes déterminés par le sénatus-consulte du 15 décembre 1810, appartenant aux classes de 1811 et 1812, concourront avec ceux des classes de 1813, 1814, 1815 et 1816, à former le nombre des 40,000 conscrits.)

Du 20 décembre 1811. — Cent vingt mille hommes de la conscription de 1812 sont mis à la disposition du ministre de la guerre... 120,000

Du 15 mars 1812. — La garde nationale de l'empire se divise en premier ban, second ban et arrière-ban. — Le premier ban se compose des hommes de vingt à vingt-six ans, qui appartiennent aux six dernières classes de la conscription mises en activité et qui n'ont point été appelés à l'armée active. — Ce premier ban ne doit pas sortir du territoire de l'empire. Cent cohortes du premier ban sont mises à la disposition du ministre de la guerre... 100,000

Du 1er septembre 1812. — Cent vingt mille hommes de la conscription de 1813 sont mis à la disposition du ministre de la guerre... 120,000

Dix-sept mille hommes, pris sur la conscription de 1813, parmi ceux qui n'auront point été appelés à faire partie de l'armée active, seront destinés à remplacer les hommes manquant au complet des cohortes du premier ban, mis à la disposition du ministre de la guerre... 17,000

Du 11 janvier 1813. — Cent mille hommes forment les cent cohortes du premier ban de la garde nationale : (Voyez le sénatus-consulte du 13 mars 1812.)

Cent mille hommes des conscriptions de 1809, 1810, 1811 et 1812 pris parmi ceux qui n'auront pas été appelés à faire partie de l'armée active... 100,000

Cent cinquante mille hommes de la conscription de 1814 sont mis à la disposition du ministre de la guerre................. 150,000

Du 3 avril 1813. — Une force de cent quatre-vingt mille hommes est mise à la disposition du ministre de la guerre...... 180,000

Savoir :
10,000 hommes de gardes d'honneur à cheval.
80,000 qui seront appelés sur le premier ban de la garde nationale.
90,000 de la conscription de 1814.

— Les dix mille hommes de garde d'honneur à cheval formeront quatre régimens. — Les hommes composant lesdits régimens devront s'habiller, s'équiper et se monter à leurs frais. — Ils auront la solde des chasseurs de la garde. — Après douze mois de service dans lesdits régimens, ils auront le grade de sous-lieutenant. — Lorsqu'après la campagne il sera procédé à la formation de quatre compagnies de gardes du corps, une partie de ces compagnies sera choisie parmi les gardes d'honneur qui se seront le plus distingués.

Du 24 août 1813. — Trente mille hommes pris sur les classes de 1814, 1813, 1812 et antérieures, dans les départemens ci-après : Ardèche, Aveyron, Gard, etc. (vingt-cinq départemens situés entre le Rhône, la Loire et les Pyrénées), sont mis à la disposition du ministre de la guerre pour être répartis entre les corps de l'armée d'Espagne................................. 30,000

A reporter........................ 1,525,000

Report..	1,523,000
Du 9 octobre 1813. — Deux cent quatre-vingt mille conscrits sont mis en activité et à la disposition du ministre de la guerre.	280,000

Savoir :
10,000 hommes sur les classes de 1814 et antérieures, pris dans les départemens désignés ci-après : Ain, Aisne, Allier, etc., (tous les départemens qui n'avaient pas concouru à la formation du contingent de la levée de 50,000, levés en vertu du sénatus-consulte du 24 août 1813).
160,000 sur la conscription de 1815.

Du 15 novembre 1813. — Considérant que l'ennemi a envahi les frontières de l'empire du côté des Pyrénées et du Nord ; que celles du Rhin et d'au-delà des Alpes sont menacées : Trois cent mille conscrits pris dans les classes des années xi, xii, xiii, xiv, 1806, 1807 et années suivantes, jusques et compris 1814, sont mis à la disposition du ministre de la guerre. — 150,000 hommes seront levés sans délais. — 150,000 autres ne le seront que dans le cas seulement où la frontière de l'Est serait envahie. Il sera formé des armées de réserve à Bordeaux, Metz, Turin, Utrecht et autres points où elles pourront être jugées nécessaires. — Les conscrits mariés seront dispensés, etc........	300,000
Total des hommes mis à la disposition du gouvernement par le sénat depuis le mois de septembre 1805 jusqu'au 15 novembre 1813...	2,103,000

Finances. — Budgets des dépenses.

Ces budgets ne présentent qu'une idée approximative des dépenses et des richesses de l'empire. Il y a d'abord lieu d'en mettre l'exactitude en doute. Lorsque l'on tient compte des variations et des rectifications que l'on faisait chaque année dans les fixations antérieures, on est porté à croire que jamais on n'a accusé le chiffre véritable. Mais, quand même il en serait autrement, le total de ces budgets ne présenterait pas encore le montant des dépenses. En effet, les départemens et les communes étaient chargés d'un grand nombre de dépenses dont on ne fait pas mention ici. En outre, on ne tenait pas compte, comme aujourd'hui, des frais de perception des contributions directes et indirectes. La police de Paris était payée sur des revenus secrets de diverses espèces, dont on ne parlait pas, et qui ne commencèrent à figurer dans le budget de la commune que dans les dernières années de la restauration. Enfin, il existait un revenu considérable dont il n'est question nulle part : c'est celui qui résultait de la délivrance des patentes pour l'importation des produits coloniaux. On comprendra, en lisant les comptes publics des dépenses arrêtés par le corps législatif, que le montant des budgets était insuffisant pour solder les grandes armées de l'empire, pour faire en même temps de fréquentes largesses et enrichir un grand nombre de personnages.

Loi des finances du 24 avril 1806. On y apura les comptes des exercices antérieurs. — Les dépenses des années ix, x, xi et xii de la République s'élevaient ensemble à 2,486,269,152 fr.

Les dépenses de l'an xiii étaient fixées à 700,000,000 fr.
L'exercice de l'an xiv et de 1806 était ainsi réglé :

Dette publique perpétuelle (trois semestres)............	72,938,564 fr.
Dette viagère (deux semestres)....................	18,236,347
Dette perpétuelle du Piémont (trois semestres)........	3,600,000
Id. viagère (deux semestres)........	485,000
Dette perpétuelle de la Ligurie (trois semestres).......	1,738,300
Total de la dette..................	96,998,211

DÉPENSES.

Report de la dette....................		96,998,244
Liste civile et deux millions aux princes, quinze mois et dix jours calculés à vingt-sept millions par an........		34,425,000

Dépenses générales du service.

Grand juge..		25,640,953
Relations extérieures.............................		10,000,000
Intérieur...		34,548,889
Finances...		59,679,604
Trésor public......................................		10,190,000
Ministère de la guerre............	229,064,000	390,563,257
Administration id................	161,499,257	
Marine...		166,400,000
Cultes, y compris vingt-quatre millions de pensions.....		56,600,000
Police générale...................................		894,445
Frais de négociations.............................		15,500,000
Fonds de réserve.................................		35,000,000
Total pour quinze mois et dix jours............		894,240,559

Budget des dépenses pour 1807.

Dette	perpétuelle............	57,174,000	75,159,000
	viagère................	17,985,000	
Pensions	civiles................	5,000,000	29,000,000
	ecclesiastiques...........	24,000,000	
Liste civile..			28,000,000
Grand juge..			22,194,000
Relations extérieures.............................			8,650,000
— Intérieures..............................			55,000,000
Finances.	Service ordinaire..........	26,000,000	36,000,000
	Caisse d'amortissement.....	10,000,000	
Trésor public......................................			8,100,000
Guerre...			192,000,000
Administration de la guerre.......................			129,400,000
Marine...			106,000,000
Cultes...			12,500,000
Police générale...................................			1,000,000
Frais de négociations.............................			10,000,000
Fonds de réserve.................................			9,000,000
Total.....................			720,000,000

Budget des dépenses pour 1808.

Les dépenses de l'an xiv et 1806 (quinze mois), évaluées à 894,240,559, s'étaient élevées à 902,148,490. Les recettes étaient montées à la même somme. Ainsi cet exercice pouvait être considéré comme clos. Les dépenses de 1807 avaient excédé la fixation du budget de 10,000,000 fr.; mais les recettes avaient excédé cette somme de 5,500,000 fr. Ainsi elles suffisaient, et au-delà, pour couvrir les dépenses.

Le budget des dépenses, pour 1808, fut fixé à 750,000,000.

Les détails sont à peu près les mêmes que dans le précédent; seulement la guerre est portée à 204,000,000, l'administration de la guerre à 134,000,000.

Budget des dépenses pour 1809.

On régla de nouveau les dépenses des exercices antérieurs. Les dépenses de 1807 furent portées à 755,880,000, somme égale à celle des recettes.

Les dépenses pour 1809 furent fixées à 750,000,000.

Budget des dépenses pour 1810.

Les dépenses de 1809 portées à 730.000,000 s'élevèrent à 740,000,000. Cet excédant fut couvert par un excédant de recettes. Les dépenses de 1810 furent fixées à 740,000,000.

Budget des dépenses pour 1811.

1808. Les dépenses évaluées à 740,000,000, furent fixées définitivement à 772,744,445.
1809. Les dépenses de 740,000,000 furent portées à 786,740,214.
1810. Les dépenses furent fixées définitivement à 795,414,093.
Ces excédans de dépense étaient, disait-on, couverts par des excédans correspondans de recette.
1811. Les dépenses furent ainsi fixées :

Dette perpétuelle..	62,500,000	
Id. de Hollande	26,000,000	
Id. viagère	16,500,000	
Id. de Hollande	1,200,000	148,000,000

Pensions.

Civiles et militaires	10,000,000	
Id. de Hollande	3,500,000	
Ecclésiastiques	28,900,000	
Liste civile		28,500,000

Services publics.

Grand juge	27,466,000
Relations extérieures	8,800,000
Intérieur	60,000,000
Finances	24,000,000
Trésor	8,400,000
Guerre	280,000,000
Administration de la guerre	180,000,000
Marine	140,000,000
Cultes	16,500,000
Police générale	2,000,000
Frais de négociations	8,500,000
Fonds de réserve	22,054,000
Total	954,000,000

Compte général détaillé des fonds composant les capitaux du domaine extraordinaire arrêté le 31 décembre 1810.

3° *coalition.*

Autriche. Contributions de toute nature	74,502,297
Francfort. Id	2,000,000
Suisse. Confiscation de marchandises anglaises	1,085,657
Restitution par le général Solignac	50,908

4° *coalition.*

Prusse. Contributions	274,586,171
Westphalie, id	56,755,539
Saxe, id	50,554,779
Grand-duché de Varsovie id	5,294,687
Divers cercles de Saxe id	2,668,048
États dont l'empereur a disposé	16,559,240
A reporter	488,609,326

DÉPENSES.

Report...............................	488,609,326
Provinces réservées après le traité d'Erfurt............	24,586,316
Saisies et confiscations; bâtimens ennemis............	4,954,807
— marchandises anglaises.........	54,749,260
Restitutions par divers..........................	709,444
Recettes diverses, imprévues....................	2,502,267
— provenant des domaines impériaux en Allemagne dont l'empereur a disposé..	5,555,517
— valeurs provisoires réalisées.........	209,927

5ᵉ coalition.

Autriche, contribution de toute nature..............	141,176,424
Valeurs en billets de banque..............	25,738,411
Pays réservés sur la rive droite du Rhin.....	3,517,555
Provinces illyriennes, contributions........	14,932

Recettes diverses.

De la Bavière......................	25,000,000
Saisies et confiscations, bâtimens ennemis...	428,058
— marchandises angl...	5,949,189
Recettes d'Espagne, biens confisqués.......	12,848
— vente de laines saisies à Burgos.....	10,766,096

Recettes extraordinaires.

Inscriptions sur le mont Napoléon, remises par le gouvernement italien..................	10,000,000

Récapitulation	5ᵉ coalition.......	74,456,868
	4ᵉ —	489,246,997
	5ᵉ —	169,854,567
	Recette d'Espagne..	10,778,945
	extraordin..	10,000,000

Total	754,257,174

Budget des dépenses pour 1812 et 1815.

En 1812, comme nous l'avons vu, il n'y avait pas eu de convocation du corps législatif; partant point de compte public des dépenses. Le budget de 1812 fut arrêté en 1815 en même temps que celui de l'année courante.

Les dépenses de 1811 s'étaient élevées au delà des prévoyances. On les évalua à un milliard. Les recettes étaient restées au-dessous des prévoyances; au lieu de 980,000,000 elles n'en avaient produit que 953,200,000. Restait donc un déficit de 46,800,000.

Les dépenses de 1812 étaient de 1,050,000.000; les recettes n'avaient été que de 992,000,000 fr.; il y avait donc encore un déficit de 57,500,000. fr.

Les dépenses de 1815 furent portées à 1,150,000,000. Il était impossible que les recettes, telles qu'elles étaient, pussent balancer ces dépenses. En conséquence, tant pour couvrir les déficits de 1811 et de 1812 que ceux de l'année courante 1815, on ordonna la vente des biens des communes. Sur ces biens, évalués à 570,000,000 fr., on devait en prélever 252,500,000 fr. pour couvrir le déficit. Le reste devait être employé, 1° à amortir des reliquats imprévus sur les dépenses des exercices antérieurs à 1809; 2° comme fonds de réserve.

Résumé.

Le budget des dépenses de 1811 se trouva élevé à.....	1,000,000,000 fr.
celui de 1812 à................	1,050,000,000
celui de 1815 à.................	1,150,000,000

Ainsi depuis l'an XIII, jusqu'y compris 1815, l'état, selon les comptes publics, avait dépensé plus de sept milliards sept cent vingt millions fournis par les contributions imposées à l'empire. Il faut ajouter à cette somme énorme les ressources fournies par le domaine extraordinaire, dont nous avons donné plus haut un aperçu.

FIN DU VOLUME TRENTE-NEUVIÈME.

TABLE DES MATIÈRES

DU TRENTE-NEUVIÈME VOLUME.

Fin de l'histoire du consulat. — Du 16 thermidor an x (4 août 1802) au 28 floréal an xii (18 mai 1804), p. 1-186.

Empire. — Considérations préliminaires, p. 187-192. — Années 1804 et 1805, p. 192-206. — Années 1806 et 1807, p. 207-240. — Année 1808, p. 240-264. — Année 1809, p. 264-504. — Années 1810 et 1811, p. 504-547. — Année 1812, p. 547-595. — Année 1813, p. 596-462.

Janvier, février et mars 1814, p. 462-498. — Déchéance de l'empereur Napoléon, et Restauration, p. 490-526.— *Documens complémentaires*, p. 528-528. — Conscription, p. 526. — Budgets annuels, p. 528.

www.ingramcontent.com/pod-product-compliance
Lightning Source LLC
Chambersburg PA
CBHW051356230426
43669CB00011B/1668